KB166805

냉전 아시아의 문화풍경 1

: 1940~1950년대

아시아 문화연구 총서 1

냉전 아시아의 문화풍경 1 : 1940~1950년대

편 성공회대 동아시아연구소
글쓴이 백원담 김예림 렁유(김수현 역) 윤영도 뤄융성(김수현 역) 미치바 치카노부(다지마 데쓰오 역) 이종님 이선이 신현준 · 허둥훙 도야 마모루(송태욱 역) 이동연 염찬희 박자영
펴낸곳 현실문화연구
펴낸이 김수기

편집 좌세훈 강진홍
디자인 권 경 강수돌
마케팅 오주형
제작 이명혜

첫 번째 찍은 날 2008년 2월 25일
등록번호 제1999-72호
등록일자 1999년 4월 23일
주소 서울시 서대문구 충정로 2가 190-11 반석빌딩 4층
전화 02)6326-1125(편집) 02)393-1125(영업)
팩스 02)393-1128
전자우편 hyunsilbook@paran.com
값 30,000원
ISBN 978-89-92214-46-9 94910
978-89-92214-45-2 (세트)

이 도서의 국립중앙도서관 출판시도서목록(CIP)은 e-CIP홈페이지(http://www.nl.go.kr/cip.php)에서 이용하실 수 있습니다. (CIP제어번호: CIP2008000322)

이 저서 내의 연구논문들은 2005년 한국학술진흥재단의 기초인문학연구지원으로 수행된 연구임 (KRF-2005-079-AM0045).

아시아 문화연구 총서 1

냉전 아시아의 문화풍경 1
: 1940~1950년대

성공회대 동아시아연구소 편

현실문화

발간의 말

성공회대 동아시아연구소는 지난 4년간 동아시아 지역 내 문화교통의 흐름을 이론적 · 현장적으로 포착하고자 다양한 시도를 해왔다. 그리고 이제 그간 축적해 온 연구의 성과들을 《아시아 문화연구 총서》라는 이름으로 출간하게 되었다.

지역의 문화 연구는 지역에서 벌어지는 복합적인 관계들을 동시대적으로 체험하고 역사적으로 되물을 수 있는, 깨어 있는 감각과 사유를 필요로 한다. 《아시아 문화연구 총서》는 우리가 이 작업을 '두텁게' 실행하고 있다고 섣불리 답하기 위한 것이 아니라 오히려 우리가 지금 무엇을 발견하고 무엇을 문제화할 것인가를 묻기 위한, 일련의 과정적인 결과물이 될 것임을 말해 두고 싶다.

아시아 사회의 문화적 구조에는 식민화와 냉전이라는 역사적 경험들이 축적되어 있고 그 위아래로 지구화의 현재적 흐름들이 끊임없이 교차하고 있다. 오늘날 요구되는 문화 연구란 이 시간적 · 공간적 혼종과 복합의 풍경을 크로키하고 나아가 그 풍경의 이면과 심층을 천착해 들어가는 그런 작업일 것이다. 문화 연구자들이 대면해야 하는 것은 아시아라는 지역의 특수한 정치적 · 사회적 · 문화적 환경이 낳은 수많은 생활의 장면, 심성의 장면, 욕망의 장면, 제도의 장면, 권력의 장면이다.

우리의 관심의 방향은 여럿이고 그래서 아시아 지역의 문화적 실천과 실천 주체들의 여러 문제들을 지속적으로 찾아내고 사유해 나갈 수 있을 것이다. 지역적 관계 구조의 역사성을 비판적인 문화정치학적 관점에서 탐색해 들어갈 《아시아 문화연구 총서》가 독자 여러분의 진지한 관심과 만날 수 있기를 기대한다.

차례

II. 냉전풍경 2: 지식/정보 혹은 규율의 재생산 제도

III. 냉전풍경 3: 일상의 재편과 욕망의 미시정치학

글 문을 열며

2004년 겨울 한국학술진흥재단 기초인문학 과제를 준비하면서 냉전연구로 주제가 모인 것은 기존 연구과제(〈동아시아 대중문화에 관한 성찰적 연구〉)를 수행하는 과정에서 도출된 고민들, 곧 동/아시아의 문화구성 문제를 해명하는 것이 필요하다는 절박한 인식에서였다. 한류란 무엇인가. 그것은 동/아시아가 미국의 지배력으로부터 자유로울 수 없는 역사적 현실 속에서 아시아와 한반도의 종횡적 문화구성 문제를 제기한다. 그런데 문화구성은 필연적으로 미국화의 문제와 직결되어 있을 터 이를 전후 냉전구도 속에서 문화냉전의 문제로 놓고 사고해 보고자 하는 것이었다.

냉전시대 열전으로 전장화되었던 아시아에서 냉전은 어떤 의미였을까. 연구진들은 전후 아시아의 전체상을 제대로 그려보고 싶다는 열망에 들떠 있었다. 문화라면 가능하지 않을까. 문화적 총체성과 가치창조의 의미로 접근해 보면 그 전체상을 그려낼 수 있을 것 같았다. 우리는 집중된 논의를 통해 아시아에서 냉전은 문화적 의미가 강하다는 데 동의했다. 냉전기 아시아에서 문화는 강렬한 정치투쟁의 부지였다. 이 상황은 다층적으로 분석되어야 한다. 무엇보다도 냉전의 문화화 과정은 이데올로기적 차원과 제도적, 그리고 일상적 · 심미적 차원에서 이루어졌고, 거기서 사람들의 일상과 심미과정에 내재화되어 있는 문화혼종의 과정을 통찰해 보아야 하는 것이다. 이를 일방적인 미국화의 과정으로 파악한다면 기왕의 문화제국주의 논의에서 한 치도 빠져나오지 못한 수준이 될 것이다. 중요한 것은 동아시아에서의 탈식민화와 근대적 국민국가 형성 과정이 냉전구조 속에서 이루어졌다는 점 그리고 그 냉전의 체제화가 국민국가 형성과 결탁해 오늘의 양상에 이르렀다는 점이다. 그 메커니즘을 규명해 내는 것이 문제의 초점이었다.

이런저런 무거운 문제의식을 안고 우리는 '냉전기 동아시아에서 문화교통과 국민문화 형성 문제'라는 연구과제를 잡기에 이르렀다. 그러나 이것은 그리 만만한 작업이 아니었다. 무엇보다도 역사적 문화연구의 정체성과 수준을 확보하지 않으면 안 되었다. 하지만 모든 것을 처음부터 시작하는 것 외에, 우리의 열악한 학문 지반 위에서 역사적 문화연구의 방법론을 어떻게 확보할 수 있을 것인가. 기존의 냉전연구는 반공이데올로기의 문제를 일국적 수준에서 제기하는 정도에서 그치고 있었다. 게다가 100년이 넘는 일본의 아시아론을 생각해 보면, 한국발 아시아 · 동아시아론의 빈약함이란 굳이 확인하지 않아도 자명하리라. 연구의 진행이라는 실제적인 측면에서도 어려움은 많았다. 동아시아라는 광역의 공간에서 생산된 막대한 양의 1차 자료를 확보하는 일은 거의 불가능에 가까웠다. 그리고 언어의 문제가 있다. 아시아 곳곳에 놓인 냉전의 궤적들을 실감 있게 더듬기에는 언어의 장벽이 너무 높았고, 특히나 동남아시아 지역의 경우 그동안 많은 연계

고리를 조성했음에도 불구하고 현지 연구의 조건을 확보하기란 쉬운 일이 아니었다.

문제의 전치(轉置). 우리의 문제의식은 아시아의 문화구성 문제를 일국적 · 지역적 과정에서 파악해 보자는 것이고, 이를 위해 각국의 문화구성 과정과 지역적 문화 교통을 냉전지형 속에 돌려놓고 일종의 문화지형도를 그려보는 것이다. 일본에서는 냉전문화 연구가 상당 정도 축적되어 있지만, 주로 일국적 관점에서 미국과 전후 일본의 비대칭적 관계와 종속적 문화구성 양상을 문제 삼고 있다. 트랜스내셔널한 문화교통의 문제를 일본의 일류 경험을 토대로 왕성하게 제기하기 시작한 것은 비교적 최근이다. 중국 학계의 관심은 아직 냉전연구로까지 확장 심화되지 못한 상태이며, 현실문화에 대한 진단과 가치 중심의 해체상황 속에서 사상지형을 만들어가는 데 보다 주력하는 단계다. 그럼에도 불구하고 중국의 학술담론은 세계적인 주목을 받는다. 특히 쑨거(孫歌)나 왕후이(汪暉)의 작업은 한 수준을 장악한 것으로 정평이 나있다. 최근의 학문 추세로 보자면, 냉전연구를 아직 시작하지 않아서 그렇지 일단 문제 인식이 생겨 돌입한다면 무서운 속도로 전개될 것이다. 물론 그들의 작업이 구체적인 현실 분석의 힘과 전환의 계기를 찾아낼 것인가는 따져봐야 할 것이지만 말이다.

이 과정에서 아시아 학자들과의 협동연구와 작은 집담회 등을 통해, 같은 고민을 해나가는 연구 역량과 상호교통을 거쳐 연구의 외연을 확장하고 질적 심도를 갖게 된 것은 다행스러운 일이 아닐 수 없다. 우리는 중국, 일본, 타이완, 싱가포르, 타이, 필리핀 등의 연구진과 생산적인 대화의 장을 가져왔다. 특히 중국 상하이대학 당대문화연구 중심의 젊은 연구자들과 매년 연속적인 교차연구를 진행해 온 것은 공통의 지향 속에 (동)아시아 문화연구 진지를 만들고 (동)아시아적 학문적 · 실천적 정체성을 형성해 가는 중요한 경로가 아닐 수 없다. 이처럼 국내외 학자들과의 만남을 계속하면서 문제 인식의 공유 단계로 접어든 것은 우리로서는 매우 뜻 깊은 일이다.

어쨌든 동/아시아에 학문적 명함을 들이미는 일은 그 어떤 명분에도 불구하고 시급한 일이었다. 역사적 문화연구라는 것이 우리의 학문적 정체성, 연구 경향을 제대로 표방하는 개념인지는 앞으로 연구 성과를 축적해 나가면서 입증해 보일 수밖에 없을 것이다. 전후 아시아의 추형을 냉전의 문화화과정으로 그려내는 작업은 지금 시작되고 있고 이를 시작으로 지속적으로 전개해 가지 않으면 안 될 일이다.

이 책은 한국학술진흥재단 기초인문학연구의 1차년도 수행결과로서 이루어진 것이다. 시기적으로 보면 제2차 세계대전 직후부터 1950년대까지로, 냉전의 초기 구축기로부터 그것이 아시아적 구조를 갖는 과정을 주로 다루고 있다. 이 책은 크게 세 부분 즉 아시아 냉전 문화를 구성하는 세 개의 풍경으로 구성되어 있다.

첫 번째 장은 '냉전풍경 1: 지역적 사건 혹은 지정학적 상상력' 이다. 이 장에서는 식민주의적 아시아주의가 전후 아시아주의로 재편되는 양상을, 주로 이데올로기적 상황의 검토를 통해 탐색하고 있다.

백원담은 전후 아시아에 의한 아시아 인식과 아시아 구성의 문제를 제기한다. 전후 아시아의 세계적 재편이라는 문제를 냉전의 체제화, 냉전질서의 아시아적 구축과정으로 보고, 이 냉전적 아시아의 대두와 전개를 이끄는 힘의 각축, 그 이데올로기적 지반들을 전후 아시아주의로 지형화하는 것이다. 일본에서 아시아주의의 실종과 귀환의 문제는 다케우치 요시미(竹內好)의 논의를 둘러싸고 쟁점화한다. 그리고 북한 · 중국 · 베트남의 아시아의 사회주의국가를 중심으로 탈식민화와 국민국가 건설 과정에서 일어난 내전(內戰)과 그것을 둘러싼 전선의 트랜스내셔널한 확대 속에서 국제관계의 사상지형들은 동선회의 아시아주의로 개념화하여 규명해 간다. 아시아에서 민족해방운동과 국민국가 형성 과정에서 관철된 문화냉전은 아시아 내셔널리즘이라는 바탕 위에서 그 각기의 사상문화적 변주를 통해 정체성 정치를 구현해 왔다. 그 정체성 정치는 아시아에서 정치적 · 경제적 · 사회적, 특히 문화-이데올로기적 · 제도적 · 심미적 분단선을 만들어왔다. 그러나 경계의 공고화 속에 아시아를 공통의 삶의 공간으로 만들어가고자 경계를 넘던 역사적 경험, 아시아적 민족주의와 지역주의의 절합이라는 사상적 연쇄와 문화적 실상을 새로운 아시아 지역화가 일어나는 궁극의 장소로, 가능성으로 안아야 한다는 것이 이글의 주장이다.

김예림은 1945~1950년대에 걸쳐, 한국의 '아시아 상상'이 냉전이라는 새로운 국제적 환경과 국민국가 건설이이라는 국내적 요구 속에서 어떠한 양상으로 전개되었는지를 검토한다. 이에 대한 논의를 통해 지식집단의 아시아론에서 나타나는 냉전적 심상지리의 표상과 그 정치성을 규명하고 있다. 이 시기에 아시아 지역은 경제적 · 문화적 후진성의 공간으로 상상되었고 여기에 반공주의적 적색 공포가 덧붙여지면서 냉전기 아시아상이라는 것이 구체적으로 구성되기에 이른다. 필자는 특히 해방 이후의 아시아론을 식민지 시기에 형성된 지역주의나 탈냉전의 동아시아적 전망의 사이에 놓고 비판적으로 검토할 것을 제기한다. 아시아론에 대한 계보학적 분석은 한국사회의 식민성과 반공주의 그리고 지구화 시대의 지역주의를 관계론적으로 성찰하는 계기가 될 것이다.

렁유는 동남아시아 냉전경험의 이해에 유럽 · 미국 중심의 문화냉전학의 틀을 바로 전이시키는 것이 타당한가라는 문제를 우선적으로 제기하고 있다. 더불어 동서 구분을 둘러싼 일반담론이나 공산주의/자본주의라는 지정학적 대결에 입각한 관점이 갖는 문제점을 지적한다. 이 글은 '중심'과 유관하지만 결코 '중심'으로 환원될 수는 없는 '주변부' 냉전의 특수한 분파적 성격과 그 긴장을 파악하기 위한 것으로, 1950년대 싱가포르를 비롯한 동남아시아 지역의 다양한 식민사회가 냉전 서사에 어떻게 응답했는지를 논하고 있다. 필자의 문제의식은 한국 학계에 아직 충분하게 알려지지 않은 동남아시아 지역 냉전 문화의 역사와 구조를 서구 및 동북아 지역과의 비교 속에서 구체적으로 파악해 나가는 데 풍부한 시사점을 던져줄 것이다.

두 번째 장은 '냉전풍경 2: 지식/정보 혹은 규율의 재생산 제도'로서, 제도적 측면에서 냉전풍경을 전치해 내고 있다. 냉전의 문화화과정이 보다 실제화하는 과정을 보여주는 장이다.

여기에서 윤영도는 제2차 세계대전 직후, 남한과 타이완의 고등교육, 특히 두 지역의 국립대학인 국립서울대학교와 국립타이완(臺灣)대학의 인문학 분야의 재편 과정에 대한 반성적 접근을 시도하고 있다. 일제시기 두 식민지에 세워진 경성제국대학과 타이베이제국대학을 전신으로 해서 설립되었던 두 국립대학은 이제 막 독립한 국민국가의 건설이라는 과제를 안고서 제국대학 시기의 학문분과 체계를 새롭게 재편해 나가게 되는데, 그러한 과정 속에서 가장 중심적인 지식-담론의 생산자 역할을 했던 인문학 학제 내에 어떠한 변화가 일어나고 있었는지, 그리고 당시 아직은 맹아 상태에 있던 냉전문화가 그 과정 속에서 어떻게 반영되고 있는지 등의 문제가 이 글에서 주로 다루어지고 있다. 이 글은 탈식민과 냉전이 뒤엉킨 채 형성해 나갔던 동아시아 내 지식-담론의 계보와 지형도를 파악하고자 하는 시론적 연구로서의 의미를 지닌다 하겠다.

뤄융성은 사회주의 중국 내부에서 서구 식민지로 존재했던, 즉 '내부의 외부' 이자 '외부의 내부' 였던 홍콩이라는 지역을 대상으로 동아시아 냉전 경험의 복잡한 구조를 분석하고 있다. 그는 냉전의 문제를 2차대전 후의 아시아 민족주의 운동과의 연계 속에서 사고할 때 동아시아 지역에서의 냉전의 결정력과 영향력을 온전히 규명할 수 있음을 역설하고 있다. 국민당과 공산당 그리고 영미 세력의 각축장이었던 홍콩은 1945년 이후에는 이들 각 세력 간의 상호 충돌과 상호 용인 과정에서 생겨난 수많은 정치난민, 경제난민, 지식인 난민의 집합지이기도 했다. 그리고 국제적인 냉전체제가 심화되어 감에 따라 이 지역에 대한 냉전적 재편 역시 본격적으로 진행된다. 필자는 이 과정을 출판, 영화, 교육을 포괄하는 문화정책 차원에서 구체적으로 분석함으로써 '경제 도시' 로 표상되기까지 홍콩이 거쳐온 경로와 그 냉전적 유산의 무게를 추적하고 있다.

미치바 치카노부는 패전 이후 형성된 일본문화론에 대한 비판적 접근을 통해 미국 점령하 일본에서 작동했던 문화정치/정치문화의 메커니즘을 분석한다. 그는 일미 합작으로 상징 천황제가 형성 · 용인되었다는 점에 주목하면서 특히 이를 정당화하기 위해 동원된 사회과학적 '지' 의 정치적 역할을 문제 삼고 있다. 필자가 규명하고자 한 것은 냉전기 미국의 일본 점령 정책이 전시의 심리전 전략과 어떠한 연계성을 가지는지 그리고 이 심리전 전략에 학계의 지식 · 연구 시스템이 실제적으로 어떻게 동원되었는가 하는 것이다. 이를 위해 미국에서의 일본연구와 그 강력한 자장 내에서 형성되고 지속적으로 재구성되어 온 일본문화론의 이데올로기를 되묻고 있다. 이 글은 전후 일본사회 형성의 문화론적 층위와 냉전적 심층을 포착하는 데 도움을 줄 것이다.

이종님은 해방기로부터 1950년대에 걸쳐 한국에서 전개된 사회구조적 변동을 대중매체, 특히 국내의 뉴스영화를 중심으로 논의하고 있다. 해방 이후 신문 통신 등 언론매체가 쏟아져 나왔지만, 공공매체를 통해 자유로운 의사표현과 대중들과의 교감을 이루는 기간은 매우 짧았다. 역사적으로 한국 언론은 해방기에는 미공보부 주도하에 교육이나 대중매체를 통한 선전의 장으로 활용되었고 정부 수립 이후에는 정권의 통제하에 종속되는 등 타율적인 힘에 의해 유지되었다. 필자는 전후 남한에서의 대중매체에 대한 분석을 통해 냉전적 국제관계의 한국적 진행 과정을 비판적으로 드러내고 있다. 인쇄매체, 라디오방송, 전쟁기록 영화에서 시작한 뉴스영화는 전후 혼란스럽던 사회정치적 환경 속에서 미공보부 주도의 선전도구로 활용되었는데 이에 관한 검토는 곧 공론장의 형성과 왜곡 그리고 그것에 영향을 미친 냉전이데올로기와의 관계성에 대한 분석을 시도한 것이다.

이선이는 2차대전 후의 한국과 중국을 대상으로 '섹슈얼리티'를 둘러싼 물리적 · 이데올로기적 통제 및 그 냉전적 영향 관계를 규명하고 있다. 필자는 1945년 이후 미군정, 나아가 미국의 군대에 의지하지 않을 수 없었던 한국과 '민족주의'를 고양시키며 사회주의적 국민통합을 유도했던 중국이 국가적인 성관리 양태에서 현격한 차이를 드러내고 있음을 보여준다. 이 연구를 통해 냉전이라는 국제적 · 국내적 환경이 각 국가의 특수한 조건에 작용하면서 여성과 섹슈얼리티를 어떤 식으로 규율했는지 그 실상을 파악할 수 있을 것이다. 더불어 서로 다른 정치적 · 문화적 체제를 선택한 두 국가에서 이 규율적 제도가 갖는 현실적 · 이데올로기적 의미가 무엇이었는지를 이해할 수 있을 것이다.

세 번째 장은 '냉전풍경 3: 일상의 재편과 욕망의 미시정치학'이다. 냉전이 대다수 (동)아시아적 삶의 일상과 심미 과정에 내재화되는 양상을 대중문화적 차원으로 전치해 드러내보이는 것이다.

여기에서 신현준과 허둥홍은 이 냉전연구의 연구방법론을 가장 잘 구현한 것으로서 한국과 타이완의 공동작업을 통해 냉전풍경을 거울처럼 마주 세워 비추어보이고 있다. 이 글은 냉전 시기 정치적 · 이데올로기적 형제국이었다가 후냉전 시기 정치적 · 문화적 적대국으로 전화되고 있는 남한과 타이완 사이의 관계를 대중연예/대중음악의 역사를 통해 검토한다. 이를 위해 양국에서 자연스러운 것으로 간주되고 있는 대중음악의 국민사('국사')가 실제로는 매우 복잡한 문화적 과정을 통해 고안된 것임을 밝히고 있다. 더불어 전전(戰前)에 기원을 둔 일본 문화 영향의 은폐된 재생산, '민족 분단' 이후 공산 진영에 대한 문화적 타자화 그리고 냉전기 불가항력적으로 유입된 미국 대중문화의 번역이라는 복합 구조에서 냉전기 동아시아 대중문화 형성의 조건들을 찾고 있다. 이들의 분석은 1990년대 이후 국제적으로 부활하고 있는 아메리카나이제이션 담론을 확장하는 동시에 새로운 시각을 부여하는 이론적 효과를 낳을 것으로 기대된다.

도야 마모루는 미국의 일본 점령기에 출현한 미군기지 음악 클럽을 대상으로, 일본에게 미국과 미국 문화라는 존재가 어떠한 의미를 가졌던가를 논하고 있다. 필자는 일본과 미국의 관계를 일방적인 '미국화'의 관점에서 파악하지는 않는다. 오히려 미국 문화의 모방 · 수용 · 변형을 통해 일본 대중문화에 새로운 문화 창출의 계기를 제공했음을 역설하고 있다. 물론 패전 후 일본의 문화적 상황이 외압에 의해 형성되었고 대중음악 영역도 그런 점에서는 예외가 아니겠지만, 그럼에도 불구하고 실제적인 문화번역의 과정에 개입되어 있는 가변성의 지점에 주목할 필요가 있을 것이다. 특히 이는 냉전기 문화정치적 헤게모니의 영향과 아시아 문화 형성의 구조를 입체적으로 파악하는 데 요구되는 관점일 것이다. 도야 마모루의 논의는 아시아에서 문화 번역의 역상을 이해하는 데 적지 않은 도움을 줄 것이라 기

대한다.

이동연은 1950년대 한국 청년문화에 대한 비판적 분석을 시도하고 있다. 1950년대는 반식민-민족주의에 대한 청년지식인들의 이념적 혼란이 가중되던 시기이자 식민지 시대에 이미 축적된 도시문화의 새로운 문화적 경험들이 청년문화의 유행 안으로 편입된 시기였다. 필자는 이 시기 청년세대의 문화적 · 정치적 갈등 양상이 시대적 아포리아를 이해하는 데 중요한 관건임을 지적하면서 해방 정국과 전쟁과 냉전의 지속이라는 상황에서 형성된 한국 청년문화의 이중적이고 역설적인 양상들을 보여준다. 이는 구체적으로는 식민지의 흔적과 미국화의 욕망의 갈등적 공존이라 요약할 수 있는바, 이를 통해 궁극적으로는 식민지-냉전이라는 암흑기를 견디기 위한 냉소적 퇴폐적 감수성과 역사적 상처에 대한 무의식, 최초의 미국적 라이프스타일에 대한 대중적 열망이 공존했던 1950년대 일상문화의 풍경을 묘사한다.

염찬희는 한국의 1950년대 영화산업의 장에서 정부와 영화계 세력, 그리고 관객 사이에서 일어났던 헤게모니 투쟁의 현장을 중국과 비교해 분석했다. 미군정과 이승만 정권은 서로 다른 이념적 지향을 드러내는 영화계 세력들을 정리하기 위해 배제와 금지의 방식을 강하게 작동시켰는데, 이에 반해 중국은 이미 단일한 이념 지향을 갖는 세력들로 정리되어 있었기 때문에 권유와 동조의 방식을 활용할 수 있었다. 나아가 이 글은 상반되는 방식의 저변을 흐르는 국민 동원의 구조 역시 지적함으로써 냉전기 상호 대립하는 체제의 문화정치를 보다 심층적인 차원에서 문제화하고자 했다. 냉전기 영화라는 대중매체를 둘러싼 역학관계를 다루고 있는 이 비교연구는 탈냉전기 아시아 역내 문화교통에 내재된 시장 중심적 시스템에 대해서도 동시에 문제 제기를 함으로써, 역사적 규명을 현재적으로 연장시키는 한 시야를 제공해 준다.

박자영은 중화인민공화국의 성립 이후에 대표적인 국제도시였던 상하이(上海)가 어떻게 변모하는가를 상하이의 영화 제작/텍스트/관객 수용이라는 측면에서 다각적으로 검토하고 있다. 국제성이라는 관점을 삽입해 냉전 초기 동아시아 국제도시의 변모를 추적하는 작업은 이 시기 동아시아에서 진행된 냉전문화의 역학을 새롭게 조명할 수 있는 계기를 제공한다. 이 글은 냉전기 아시아에서 국제성이 불온한 것으로 간주되면서 국민국가 내부로 폐쇄되는 운명을 맞이한다는 점을 포착한다. 그러나 이와 동시에 이 시기의 국제성과 관련된 기호들은 그 기의를 다시 씀으로써 보유되는 지점이 있음을 밝혀내고 있다. 결과적으로 상하이의 국제성은 선택과 배제, 개조와 보유, 관방 이데올로기에 대한 순응과 균열이라는 방식을 통하여 사회주의 중국의 냉전문화의 형식을 구성했음을 알 수 있다.

근현대 중국역사학계의 의고학파를 대표하는 구제강(顧頡剛)은 자신의 《고사변자서(古史辨自序)》에서 자신들이 논의한 중국고대사에 대해 다른 사람이(曹聚仁)이 책을 출판하자 그의 동인들이(樸史) 모두 "왜 자꾸 미루기만 하다 결국 다른 사람에게 빼앗기고 마느냐"며 원망하는 대목을 소개한 바 있다. 구제강은 미안했지만, 상하이에서 출판된 책을 보니 잘못된 글자가 너무 많고 인쇄도 조잡해서 기분이 유쾌하지 못했기에 얼른 책을 편집해서 내겠다고 했으나, 일단 작업에 착수해 보니 양이 많아 고생했다는 회고를 하는 것이다.

전장으로부터 시장으로 급격하게 경제적으로 통합되는 (동)아시아의 오늘을 직시하면서 그 불행한 관계의 역사를 이렇게 호도해 갈 수 없다는 생각에 (동)아시아 지역화를 위한 올바른 경로를 놓고 씨름한 세월이 적지 않고, 동아시아문화공동체포럼과 동아시아연구소를 만들어 동분서주하며 문제의 핵심을 붙잡고자 진력한 지 5년을 넘기고도 아직 변변한 책 한권 나온 바 없다는 상황은 순전히 게으름의 소치로서 달리 변명할 도리가 없다. 루쉰의 논적이며, 의고사학의 대가로서 중국혁명기에 복고의 근대기획을 세웠던 구제강의 상황을 떠올리는 것이 꼭 적절한 경우는 아니지만, 여기저기서 동아시아 관련 서적들이 봇물처럼 쏟아져 나오는 걸 보는 나와 우리 동료연구진의 심정이 결코 편치 않았음을 그를 빌어 토로해 보는 것 또한 하나의 역사적 · 문화적 전치작업이 아닌가 한다.

연구 성과의 공간(公刊)이 늦어진 것과 관련해, 연구 지반을 만드느라고 외도를 많이 한 탓도 없다고는 할 수 없다. 그러나 한국의 학문 지형에서 이 분야의 연구 축적이 너무도 미진해 모든 것을 새롭게 공부하지 않으면 안 되었다는 점, 여러 갈래 질문들(공부길을 내는 문제만도 아직 멀었다는 생각, 무엇보다도 왜 아시아인가, 지역화의 문제가 왜 관건인가)을 나와 연구성원들이 스스로와 서로에게 부단히 해명하지 않으면 안 되었던 시간들이 결코 짧지 않았다는 점은 밝혀두어야 할 듯하다. 힘겨운 시간과 축적된 고민을 거쳐 냉전을 문제의 집점으로 포착하기까지의 과정, 그리고 그 후 아시아와 한반도에서 냉전의 가닥을 잡고자 헤매고 뒤척였던 시간 또한 미흡한 대로 우리 학문사의 한 궤적을 그리는 것은 아닐까, 그 지난한 과정의 기록 또한 중요한 자산이 아닌가 한다. 식민지와 냉전의 그늘 속에서, 이념적 제약과 기득권의 횡포 속에서 온전한 학문의 경계를 열 수 없었던 지난 과정은 확실히 쉽게 뛰어넘을 수 없는 시공의 장벽으로 버티고 서있기 때문이다.

신보수주의 세력이 정권을 장악하고 그에 의한 전면적인 신자유주의 개혁 광풍이 한겨울 혹한보다 더 예리하게 살을 에며 파고드는 이때, (동)

아시아를 붙들고 있는 심정의 답답함과 아득함을 어떻게 표현해야 할지 모르겠다. 우리는 그동안 우리 분단의 아픔에만 너무 부박되어 (동)아시아적 지평에서 문제의 객관화와 보편화를 이루는 큰 문화정치의 창을 열어내지 못한 것이 아니었을까. ASEAN과 다른 동남아시아국가들을 뒤로 놓고, 우리 안에 혼종과 혼혈로 이미 내재화되고 있는 동남아를 경제적으로 대상화하며, 미국의 파트너가 되고자 하는 욕망의 포로가 된 것이 어제오늘의 일은 아니다. 일제식민지 시기에는 2등국민을 꿈꾸며 남양만으로 나아갔고, 냉전기에는 일본을 대체할 아시아 반공국가의 수장을 꿈꾸면서 미국의 전략적 동반자가 되기를 욕망했다. 이후 김대중은 ASEAN과의 관계를 주도하면서 가장 현실적인 시장 아시아의 기획을 가시화했던가. 노무현은 그러한 신자유주의적 지역화 기획을 읽지 못하고 동북아로 스스로 왜들어지며 균형자를 자처했다. 그리고 이명박은 한미일 공조를 외치며, 미국의 (동)아시아 지배전략에 전적으로 편승할 것이다. 당근과 채찍을 들고 남북경협을 통한 한반도 전면적 시장화의 길을 강행해 나갈 것이다.

우리의 이 작업이 통일문제를 정치논리와 시장논리에 맡겨두지 않겠다는 의지의 직격탄일 수 없는 것은 개인적으로는 안타까운 일이다. (동)아시아 문제를 신자유주의적인 지역화 기획 속에 내맡겨둘 수는 없을 것이다. (동)아시아는 정치권의 존립 명분으로, 자본의 이해와 패권적 지배의 대상으로 전락해서는 안 된다. 이 책에 이러한 의식이 기본적으로 깔려 있음에도 불구하고, 보다 또렷한 실천성을 담보하지는 못했다는 점 역시 한계일 것이다.

그러나 우리가 꾸려낸 소박한 냉전역사의 보따리 속에는 한반도와 동아시아의 분단선과 국경을 넘어 새로운 아시아를 상상했던 숱한 피눈물과 부지런한 발걸음들이 자민족주의와 패권적 아시아주의의 일그러진 추형(醜

形)과 날카롭게 대치하며 선명한 자기궤적을 그리고 있다. 그 아름다운 진보 지향들이 실은 새로운 아시아적 정체성 형성의 진정한 기초임을 우리는 믿어 의심치 않는다. (동)아시아적 삶의 보편이라고 할 만큼 (동)아시아에서 외연적 내포적 경계, 분단선의 그늘은 깊다. 그 문제의 보편성을 사고하는 것, 냉전 아시아라는 역사의 검은 너럭바위를 걷어치우는 평등 아시아의 내일을 꿈꾸고 실제로 열어가는 것. 그 시작은 역사에 잠재되어 있는 숱한 인간적 진보 지향의 아름다운 지평을 발굴해 냄으로써 가능할 것이다. 각 민족 국가와 분단국가의 경계 내에서, 혹은 경계선에 맺힌 다른 아시아와 다른 민족국가의 지향들을 아시아의 역사로 다시 쓰는 작업. 이로부터 오늘의 민족적 지역적 교착을 넘는 역사적 문화적 상상력을 길어내는 작업은 이제 겨우 출발선에 있다.

이 책은 누구보다도 김예림 선생의 수고가 없었더라면 출간이 불가능했을 것이다. 아울러 신현준, 윤영도, 염찬희, 이선이, 이종님, 박자영, 이동연, 최영묵 선생 등 성공회대학교 동아시아연구소의 연구진의 학문적 열정과 김수현 선생, 유다진, 박명희, 오소영을 비롯한 연구 조교들의 무진 애씀을 위로하고 싶다. 기꺼이 수정원고를 보내준 뤄융성, 미치바 치카노부, 렁유, 도야 마모루, 허둥홍 그리고 이 책의 출간을 애타게 기다려준 왕샤오밍, 천광싱, 우본라트 시리유바삭 등 새로운 관계상을 만들어가는 (동)아시아의 여러 친구들에게도 특별히 고마움을 전한다. 그리고 무엇보다도 인문학이 위축되어 가는 시절, 우리의 고민과 제안을 정말 흔쾌하게 받아들여 준 현실문화연구의 김수기 대표에게 깊은 감사를 표한다. 더불어 오랜 시간 동안 이 책에 실릴 글들을 기다려주고 꼼꼼하게 다듬어준 현실문화연구의 좌세훈 팀장을 비롯한 편집진의 노고는 두고두고 갚아야 할 큰 빛으로 새길 것이다.

이 책을 새로운 세계상과 지역적 관계를 만들어가고자 혼신의 힘을 다했던 (동)아시아의 아름다운 진보일꾼들에게 바치고 싶다.

2008. 새해 벽두

항동에서 백원담

I.

냉전풍경 1
: 지역적 사건 혹은 지정학적 상상력

백원담은 1996년 〈중국 신시기 후현대문학비평론연구〉로 연세대학교에서 박사학위를 받았고, 현재 성공회대 중어중국학과 교수로 재직 중이다. 동아시아문화공동체포럼 기획집행위원장, 중국 상하이대학 대학원 문화학과 해외교수이고, 미국 컬럼비아대학 방문교수를 지냈으며, 《진보평론》, 《황해문화》 편집위원으로 활동하고 있다. 아시아의 새로운 관계상을 모색하기 위해 아시아 역내 문화 교통 및 사상적 회통에 대한 폭넓은 연구를 진행하고 있다. 주요 저서로는 《동아시아의 문화선택, 한류》(2005), 《인문학의 위기》(1999) 등이 있으며 〈동아시아에서 문화적 지역주의의 가능성〉(2005) 외 다수의 논문이 있다. arum@skhu.ac.kr

1

냉전기 아시아에서 아시아주의의 형성과 재편 1

백원담

1. 전후, 아시아, 아시아주의, 냉전이라는 문제틀

이 글은 제2차 세계대전 전후(戰後) 아시아 지역질서가 재편되는 과정에서 아시아에 의한 아시아 인식과 아시아적 관계의 실상에 주목한다. 민족적 · 사회적 해방운동이 광범하게 전개된 전후 아시아에서 '아시아'는 과연 어떤 의미였을까. 우리는 아시아, 아시아의 역사를 사회화된 공식적 과거로서 대면한 적이 없다. 타율적 근대화 이후 아시아는 늘 피해 양상으로서 형상되었지만, 그 피해 양상은 늘 민족국가 단위에서 분절된 과거로 존재했기 때문이다. 무엇보다 냉전이라는 세계적인 양극화체제에서 그 어느 한쪽에 편제되어 상호 불행한 관계를 노정시켜 온 상황이 누적되면서 온전한 아시아상을 구도하기란 거의 불가능했다고 할 것이다.

최근 언제 하나의 아시아가 있었다는 듯, 아시아의 추형(雛形)을 다시 맞추어보려는 여러 시도가 개진되고 있다. 그러나 먼저 생각해야 할 것은 아시아 지역범주 설정이 갖는 정치적 · 이데올로기적 효과는 무엇인가 하는 문제다. 최근 아시아 경제통합이 차근차근 그 단계를 밟아가는 와중에서는 경제적 효과가 가장 현실적인 목표일 것이다. 그런데 과연 아시아인들은 '아시아'를 사고의 틀 속에 넣어두기는 한 것일까, 전후 냉혹한 세계질서의 재편과정에서 과연 아시아에 의한 아시아라는 지역 구상이 가능했는가. 서구가 발명하고 발견한 아시아, 일본이 다시 편성한 패권주의적 아시아가 아니라 다원 평등한 아시아의 미래상은 누가 어떤 목적 지향성을 가지고 가시화해 냈으며 그 실제적 과정을 조직해 갔던 것일까.

이 글은 역사적 아시아를 찾아가는 하나의 길 찾기 작업이다. 특히 전후라는 시간성 속에서 실종된 아시아를 찾는 작업이 이 글의 주된 목적이다. 또한 이 글은 그 아시아의 역사를 아시아적 입지에서 다시 쓰려는 의도를 가지고 있다.

> 아시아 동포 제군, 역사의 이 새로운 시대가 시작되고 있는 때에 우리는 뉴델리에서 회합을 열었다. 우리는 과거에 수많은 역사적 고비를 겪어왔다. 우리는 영광된 시대를 경험하고 있고, 그것은 오늘날 우리의 존경할 유산이다. 우리 마음속에는 그러한 생각이 깊이 각인되어 있다. 오늘 우리는 이미 이 어두운 골짜기에서 빠져나왔고, 우리 수억 가슴속에는 앞으로 앞으로 나아가는 새로운 힘과 사람의 마음을 부추기는 힘이 자라나고 있다. 우리는 지금 전진하고 있고 자유를 지키기 위해, 두 번 다시는 잃어서는 안 되는, 쉽게 얻을 수 없는 자유를 지키기 위해 힘을 만들고 있다. 우리는 평화를 위해 몸을 바치고 있다. 평화야말로 아시아의 내재적 정신을 대표하기 때문이다.[1)]

전후라는 시간성

여기서 먼저 전후라는 시간적 개념에 대해 짚고 넘어갈 필요가 있다. 전후란 전전(戰前)과 단절된 시간축이 아니라 전전과 전후가 역사적 연속성을 갖는 의미에서 전후란 시간대에 대한 분명한 인식이 요구되는 것이다. 물론 1945년 이후의 역사적 시간대를 전후 개념으로 명명하는 데는 문제가 없지 않다. 한국에서는 전후보다는 해방 이후 1948년까지를 해방공간으로 표현하거니와, 전후 개념은 주로 일본에서 패전 이후 미국에 의한 군사 점령기를 의미하므로 일본적 의미가 강한 시각으로 비판받을 수 있다. 또한 아시아에서는 타율적 근대의 시간을 복구하고자 하는 탈식민화의 기획들이 민족적 · 사회적 해방운동으로 점철되고 각축해 왔음에도 불구하고 미국의 원자폭탄이 해체해 버린 아시아에서의 해방전선을 놓고 보면, 전후란 갑자기 주어진 상황이고, 또 다른 억압과 규정의 시간대다.[2] 그럼에도 불구하고 아시아에서 민족해방운동과 그 귀결로서 민족국가 독립이 조금씩 시간차를 두고 지속적으로 이루어진다는 점에서 전후라는 시간성을 아시아의 시침으로 돌려놓을 필요가 있다. 일본에 의한 아시아 병영체제와 미국에 의한 일본의 패배가 낳은 아시아적 파장 등 아시아에서 세계전쟁의 귀결이 남긴 문제를 '전후' 라는 개념 속에 육중한 시간감으로 놓아두는 전략이 요구되는 것이다. 한편 전후란 세계사적인 냉전체제의 구축기로서, 아시아를 놓고 벌이는 미 · 소의 세계 전략이 유럽과는 다른 양상으로 전개된다는 점에서 전후의 시간성 확장을 포착해 볼 수 있다. 특히 냉전의 중심축이 1949년 중화인민공화국의 성립과 함께 유럽에서 아시아로 이전되면서 냉전이 열전으로 전화되고, 냉전구조가 열전에 의해 지탱되는 상황에서 전후라는 시간성이 재현되는 역사적 맥락을 주시해 보아야 한다. 제국주의 전쟁 이후부터 아시아에서는 중국 대내전(大內戰), 한국전쟁, 베트남전쟁 등 민족해방전쟁이라는 외양에 계급적 격돌을 내재한 내전들이 계속되었다. 바로 이 전쟁의 연속으로 계속 재현되는 전후들, 바로 그 전쟁 이후의 시간대를 새로운 세계 인식 및 관계상이 창출되는 가치 창조의 시간성으로 파악할 필요가 있는 것이다.

냉전 아시아라는 문제틀

식민지 시기 아시아는 서구제국주의-일본제국주의의 전략 대상이었다. 그런데 일본이 탈아입구(脫亞入歐)로부터 아시아를 통한 세계 제패를 꿈꾸며 아시아(일본)에 대한 지배를 합리화하기 위해 아시아를 전략이념으로 전화시켰다. 일본의 대동아공영권 사상은 총력전 체제로서 아시아를 구성해 가는 지배이념이지만, 그것은 본래 일본의 아시아전략 구상이었다. 그러나 패권적으로 아시아를 지배하기 위해 이념형으로 전화되면서 대동아공영권 사상은 아시아에 의한 서구적 근대의 초극사상으로서 분식되고, 그로 인해 아시아를 둘러싼 사상적 각축을 야기해 온 것이다. 대동아공영권 사상이라는 패권적 아시아주의와 아시아 각지에서 벌어진 식민지해방투쟁의 이념으로서 아시아 민족주의 및 인터내셔널리즘의 대립이 그것이다.

그런데 전후 시기로 접어들어 아시아에서 아시아 인식은 제국적 지형 위에 세워진 냉전의 체제화와 깊은 연관 속에서 전개된다. 여기서 관건은 일본의 총력전의 체제이자 이념인 병영아시아와 패권적 아시아주의에 대해 아시아적인 해결과정이 없었다는 점이다. 일본의 아시아 병영체제와 침략이데올로기로서 대동아공영권 사상에 대한 아시아에서의 정치적 · 사상적 단죄 없이 아시아는 미 · 소에 의한 세계 분할의 각축 양상에 가파르게 놓이게 된 것이다. 그리하여 전후 아시아에서 아시아에 의한 아시아 인식은 냉전성을 내재한다. 냉전성이 내재된 아시아주의 곧 냉전적 아시아주의가 개진된 것이다. 따라서 이 글은 전후 아시아의 세계적 재편이라는 문제를 냉전의 체제화, 냉전질서의 아시아적 구축과정으로 보고, 이 냉전적 아시아의 대두와 전개를 이끄는 힘의 각축, 그 이데올로기적 지반들을 전후 아시아주의로 지형화하고자 한다.

일본의 아시아 지배는 식민지 경영과 세계 제패를 위한 총력전체제로 강행되었다. 그 이데올로기는 파시즘적 아시아주의 곧 대동아공영권 사상이며, 일본은 침략적 아시아주의의 강압적 동화를 통해 아시아에 대한 병영적 지배를 강행했다. 한편 제국주의전쟁에서 일본의 패퇴와 함께 아시아에서 광범한 민족해방운동은 민족독립과 국민국가 건설을 위해 매진해 나갔다. 거기서 아시아 민족주의의 다양한 표출이 이루어지는 것을 볼 수 있는데, 말하자면 대동아공영권의 패권적 아시아주의에 대응한 민족국가 해방과 독립의 이념으로서 민족주의가 전후 아시아를 재편해 나간 것이다. 그러나 이러한 아시아 민족주의에 의한 탈식민화의 추동은 미국과 소련이라는 새로운 세력권이 각기 구도하는 세계적인 지배질서의 구축과정에 규정받지 않을 수 없었다. 전후 아시아는 '종전'과 '확전', 그리고 그 이후 후식민과 잔여 전쟁이 지속되는 1950년대 초반에 이르기까지 아시아 재편기획의 각축장이었고, 거기서 그 재편의 논리들은 새로운 체제 귀속 전쟁을 야기했다는 점에서 병영적 권역주의의 변주 혹은 냉전적 아시아주의로 파악할 수 있을 것이다. 여기서 변주된 병영적 권역주의란 '황국신민화'를 기치로 일본이 아시아를 일본적 동화로 획책해 갔던 전전의 유산을 일본을 포함한 아시아가 내재화한다는 함의를 안고 있다. 그런 점에서 아시아가 경험한 황국신민화의 이데올로기적 동화과정이 가장 먼저 문제의 수면 위로 떠오르게 된다. 아시아에서 탈식민을 위한 이론적 지반은 대동아공영권 사상에 대한 해체와 성찰을 통해서만 온전히 구축될 수 있다는 것이다.

따라서 여기에서는 우선 전후 아시아에서 일본의 실종과 귀환의 문제를 '근대의 초극' 논의를 둘러싸고, 일본의 근대 환상과 아시아주의의 극복을 둘러싼 내부의 사상적 곤경으로 드러내 보이는 다케우치 요시미(竹內好)의 '방법으로서의 아시아' 논의를 통해 쟁점화하고자 한다. 이는 동아신질서-동아연맹-흥아(興亞)-대동아공영권으로 이어지는 일본에서의 파시스트적 아시아주의의 전화과정에 대한 이해가 따라야 한다는 점에서 쉽지 않은 작업이므로 다케우치의 비판적 성찰에 기대어 문제의 지점으로 나아갈 것이다.

한편 아시아에서 탈식민화 문제는 냉전체제로의 귀속을 의미한다는 점에서 냉전이 체제화하는 과정에서 만들어지는 아시아의 역사상을 구도해 내고, 아시아가 다시 세계 재분할 혹은 세계적 지배구도 속에 재배치되는 과정을 규명해 내고자 한다. 물론 그것은 일방적으로 규정당하는 과정만은 아니다. 거기에는 아시아에 의한 아시아의 재편 혹은 세계적 규모에서의 위상 재현이 탈식민=탈냉전의 역학을 만들어가는 주요한 힘으로 작동하고 있었음을 간과할 수 없다. 그럼에도 불구하고 아시아는 기본적으로 냉전적 세계화라는 기본구도 속에 자기개진이 가능했다는 점에서 냉전구도 속에서 전후 아시아상을 그려내지 않으면 안 된다. 냉전이란 강대국에 의한 세계 분할 체계방식으로서 미 · 소에 의한 대척적 체제화를 특징으로 하며, 각기의 축에서는 비대칭적 이항대립 구도를 구축해 내온 바 있다. 미국 주도의 자유주의 진영에서는 '아메리카'라는 일극에 의한 반공-자유진영이 축조되는데, 아시아에서 미국과 아시아의 비대칭성은 식민지시대 일본과 아시아의 동형구조를 이루고 있다. 그리고 반공-자유진영 내 비대칭성은 사회주의 진영과의 문화적 냉전을 통해 그 대립축 속에서 확대 재생산되는 양상이다. 따라서 전후 아시아는 서구와 아시아의 비대칭성이 재현되고, 아시아 지역 내 국가간 비대칭성이 강화되었으며, 전체적으로는 미소 냉전체제에의 분할적 귀속 여하에 따라 두 개의 아시아라는 분열적 아시아상이 만들어졌다고 할 수 있다.

내가 문제 삼고자 하는 것은 바로 분열적 아시아상이 전후 냉전의 문화기획을 통해 그려지고 공고화되었다는 점이다. 그것은 두 가지로 추적해 볼 수 있다. 먼저 전후 일본에서 아시아의 소거가 미국의 세계경영 전략 속에서 이루어지고 일본은 단절과 망각의 형태로 부재를 가장한 것, 그 이데올로기적 효과가 전후 아시아에서 냉전질서의 고착에 끼친 영향을 우선 밝혀낼 것이다. 다음으로 넓은 의미에서 문화영역(cultural arena)은 아시아에서 강렬한 정치적 투쟁의 부지(site)였고, 문화영역을 통해 정치적 양극화가 발생 · 심화되었다는 점에서 아시아의 탈식민지적 재편을 문화냉전/냉전문화의 전개되는 과정을[3] 아시아라는 지평 위에 전치(轉置)시켜 보는 것이다. 거기서 전후 국민국가의 형성과정 속에서 아메리카나이제이션과 소비에타나이제이션의 아시아적 전개를 교차해 보는 작업이 중요할 것이다. 그런데 아시아에서 문화냉전은 냉전의 열전화를 통해 극단적으로 이루어진다는 점에서 그 속에서 패권적 아시아주의의 실종과 냉전적 아시아주의의 대두 및 전개를 냉전의 문화화 문제로 놓고 탐토해 갈 필요가 있다. 냉전의 주체화라고 할 만큼 계급적으로 격돌하는 내전과 그 전선의 트랜스내셔널한 확대, 확전(擴戰)의 아시아적 의미를 문화적으로 안는 것이다. 전쟁을 통해 이루어지는 문화적 월경 등은 아시아 문화정체성을 해명하는 중요한 단서일 수 있다.

이 연구의 목적은 전후 아시아에서 대극적인 냉전적 아시아주의의 전체상을 구도해 보는 데 있다. 이른바 자유진영에서 진보적 민족주의와 반공적 아시아주의의 대두과정, 다른 한편 북한 · 중국 · 베트남 등 아시아 사회주의국가를 중심으로 탈식민화와 국민국가 건설과정에서 일어난 사상의 연쇄에 대해 각기 선색을 그리는 가운데 식민화의 유산과 냉전의 문화화를 중첩적으로 그려내면서 그 각축양상을 냉전적 아시아주의의 전개로 지형화하고자 한 것이다. 그러나 지면 관계상 아시아에서 국민국가적 세계적 모순이 표출되는 방식으로서의 내전(內戰), 특히 한국전쟁이라는 냉전의 격화지점을 놓고 그 문제의 파장을 중점적으로 살펴볼 것이다. 본래는 이승만과 박정희의 반공적 아시아의 맹주를 욕망했던 과정과 같은, 아시아에서 반공적 아시아주의의 대두 및 각축문제와, 아시아에 의한 냉전구도의 파탈과 아시아지역화 기획의 단초를 보여주는 비동맹운동 등 새로운 관계상과 사상지형들을 동선회의 아시아주의로 개념화해 총체적으로 규명하는 작업도 진행했으나 지면의 양적 제한으로 여기에서는 불가피하게 떼어낼 수밖에 없었던 점을 미리 밝혀둔다. 또한 남한과 북한에서 각기 전개하는 근대적 국민국가의 기획과 국민화의 프로세스 속에서 아메리카나이제이션과 소비에타나이제이션의 정황, 그 문화냉전의 실상에 대한 토론 속에서 냉전의 문화화의 파장을 보다 광범위하게 그려내는 것이 중요한데, 그 역시 지면 관계상 문제의 지점만 파악하는 정도에서 그친 것도 많은 아쉬움으로 남는다. 요컨대, 이 작업은 전후 일본의 아시아주의에 대한 성찰과 냉전의 아시아화, 그 속에서 일어나는 사상의 연쇄 고리를 냉전적 아시아주의의 정체를 이룬다고 할 수 있을지 규명해 내는 것과 냉전의 체제내화 과정에서 일어나는 문화월경 속에서 이른바 아시아성의 내함들을 길어내는 데 집중된다.

2. 전후 일본에서 아시아주의의 기복소장(起伏消長)

전후 일본사회에서 침략적 대동아공영권 사상이 실종 · 잠적된 것의 아시아적 의미는 무엇인가. 이 질문은 미국이 주도한 냉전의 세계화 · 지역화에서 일본의 역할과 위치를 묻는 것에 다름 아니다. 따라서 패전과 점령하에서의 망각과 성찰(마루야마 마사오(丸山眞男)적 의미에서), 이후 1955년

체제에서 문화주의적 전화(사상의 개화)와 기억(다케우치 요시미적 의미에서)의 긴장관계 속에서 일본 전후사상(戰後史像)을 재현해 아시아라는 역사적 시좌(視座) 위에 놓고 그 국내외적, 아시아적 파장을 논란에 붙이는 것이 중요하지 않은가 한다. 아시아에서 아시아주의는 그 태생적 한계로 인해 일본에서 아시아주의의 역사적 형성과 그 다양한 변주를 우선 문제 삼지 않을 수 없다. 전후 일본의 아시아 환상과 아시아주의의 극복을 둘러싼 내부의 사상적 곤경은 다케우치 요시미의 '방법으로서의 아시아' 논의 속에 집적되어 있다고 해도 과언이 아니다. 전전과 전후를 잇는 아시아주의의 연속과 불연속,[4] 이를 둘러싼 일본 좌우파 지식인들의 태도의 스펙트럼은 다케우치를 관통하며 다케우치에 의해 대비되고 정렬되며 그 상호전화의 계기를 부여받고 있는 것이다. 특히 전후 일본 사상계의 추이는 다케우치의 비판의식을 통해 그 전모가 여실히 드러난다. 따라서 다케우치의 아시아주의 논의에 대한 집중적인 조명은 전전과 전후 일본과 아시아에 대한 하나의 추형을 그려가는 가장 적실한 방법론이라고 할 수 있다.

> 일본의 근대사는 사상의 각도에서 보면 흥아(興亞)와 탈아(脫亞)의 뒤얽힘으로 진행하여 최후에는 탈아가 흥아를 흡수하는 형태로 패전에 이르렀다…… 일본에게 아시아는 연구의 대상에서 점차 지배의 대상으로 변했다는 것이다. 국책이 그렇게 바뀌었을 뿐만 아니라 학문 연구와 국민의식에도 그 영향이 미쳤다. 아시아 또는 동양이라고 할 때 처음에는 자국이 당연히 그 속에 포함되었지만 차츰 일본을 제외하고 자국을 초월적인 입장에 놓고서 아시아를 말하게 되었다…… 일본에 의해 지배당해야 하는 지역이라는 아시아관이 패전과 함께 소멸되었을 때 일본인의 아시아관은 두 가지로 분열…… 하나는 다른 아시아 쪽으로 일본을 근접시켜서 연대를 회복하고자 하는 것(신흥아파), 다른 하나는 탈아의 방향을 관념적 차

원에서 보다 전진시키는 것(신탈아파)이다…… 패전의 상처를 겨우 회복했을 때 일본의 사상계에 하나의 새로운 문명론이 도입되었다. 그 골자는 일본은 원래 아시아가 아니라는 것이다…… 만일 일본이 본래적으로 아시아가 아니었다고 한다면 아시아에 책임을 질 필요가 없다. 아시아는 타자이기 때문에 그것을 침략하고자 지배하고자 해도 혹은 또 무관심하고자 해도 상관없는 것이다. 따라서 대동아공영권이라는…… 과중한 책임감에서 자신을 해방시키는 것에 유용했다. 후쿠자와에게 탈아는 문명에 다가가기 위한 하나의 노력해야 할 목표였지만, 다케야마에게는 탈아 하는 것도 또 하지 않는 것도 일본은 애초 아시아에 속하지 않기 때문에 그러한 문제는 무의미하다는 것이 된다. 지배의 대상으로서의 아시아가 사라져버렸을 때 그 좌절감을 보상하는 것에 이 견해는 하나의 대응책이 될 수 있다. 그러나…… 아시아를 주체적으로 생각해 왔던 일본의 전통에서 이탈한다는 점, 일본이 아시아가 아니라고 아무리 주장한다 해도 다른 아시아제국의 사람들이 그것을 인정할 것인가라는 점이다…… '아시아는 버거운 것이 되었다' 라고 오엔 라티모아(Owen Latimore)가 썼던 것이 1949년의 일이다. 이것이 전후 일본이 처음 접했던 서방측의 아시아관이었다…… 라티모아에게 가르침을 받고 다시 되돌아보았을 때, 아시아의 모습은 이제까지 생각해 왔던 것과는 양상이 완전히 달랐다. 우선 중화인민공화국이 탄생했고, 그 밖의 여러 나라도 차례로 독립했다. 독립의 파고는 점차 아프리카에도 미쳤다. 중립이거나 비동맹이라고 한 외교방침도 색달랐고 평화 5원칙이라는 이제까지의 국제관계의 상식을 타파한 방식이 제출된 것도 경이로웠다…… 아시아의 변모는 그 뒤에도 계속되고 또 확대되었다. 경제건설과 외교관계에서 때로는 정체도 있었지만 일진일퇴를 하더라도 전진의 방향만은 이제 누구도 의심할 수 없게 되었다. 이 변화에 어떻게 대처할 것인가 하는 문제에 직면해서 새로운 아시아의 방향으로 일본이 다가가야 한다고 생각했던 이들이 신흥아파이다. AA연대위원회와 AA작가회의가 그 산물이다…… 신탈아론이 메이지의 탈아론과 다른 것처럼 신흥아론도 메이지의 흥아론과 다르다. 여기에는 주체적으로 문제를 생각하고 자신이 책임을 지고 문제를 해결하고자 하는 의욕이 부족하다.[5)]

다케우치는, 전후 일본의 사상계가 '아시아의 변화를 상정하고 그 변화를 추적한다는 인식방법은 대동아전쟁 시대의 인식방법을 그대로 유지한 채 단지 주체적인 책임만을 뺀' 상황의 지속이라고 비판했다. 과거의 인식의 착오를 완전히 승인하지 않는다는 것이다. 따라서 다케우치는 네루(Jawaharlal Nehru)가 말한 '아시아의 마음속에 있는 고뇌에 공감하는 것만이 상대방을 이해할 수 있다는 것', 즉 아시아적 고뇌에 공감하는 것이 메이지 이래 일본의 전통 속에도 있었던 아시아주의 심정과 일치하므로 일본의 전통에 내재한 아시아주의를 새로운 형태로 부활시켜서 아시아의 고뇌 한가운데로 돌진해 가는 방법을 제시하고 있다. 특히 다케우치는 일중관계의 회복문제를 일본인이 메이지 이래의 전통을 되살려 내어 주체적으로 아시아에 책임을 지느냐 마느냐의 관건적 문제로 제기한다.

그런데 여기서 다케우치라는 참조체계의 중요성은 그가 전후 일본의 사상풍토가 갖는 한계를 지적하며 일본의 아시아에 대한 책임의식을 아시아의 고뇌 속으로 돌진하는 방법으로 촉구한 지점에서만 포착되는 것이 아니다. 오히려 다케우치 자신이 일본과 아시아의 관계상을 적나라하게 드러내주는 거울 형상을 하고 있다는 점이 보다 문제적이다. 다케우치에 투영된 일본의 두 얼굴, 동학과 대동아전쟁, 그리고 중국과 아시아에 대한 그의 담론과 행보를 잘 들여다보면 거기에는 일본적 딜레마가 깊게 자리 잡고 있는 것이다. 다케우치의 곤경은 일본과 일본 지식인이 전전 · 전후 아시아

근현대 시공간에 처한 곤경 혹은 미로를 이해하고 소통하는 중요한 한 방법 찾기임은 분명하다. 그러나 전봉준과 천우협(天佑俠)의 관계를 아시아 연대의 기초로 삼고자 하는 다케우치의 목적의식적 논의[6]는 그 절박함이 충분히 공감되지만, 그러나 다케우치가 최대의 '참조수신'으로 삼은 루쉰(魯迅)과 마오쩌둥(毛澤東)의 중국과 다케우치가 교신하고 기대서는 것과는 다른 수준과 부정적 궤를 그린다는 점에서 다케우치의 한계를 여실히 드러내준다. 근대의 시간축에 따른 서열관계의 배열, 일본의 영향에 의한 주변국의 개조라는 구도도 문제이거니와, 조선에서 동학이 일어나게 된 내재적 계기와 동학농민전쟁이 갖는 아시아적 파장을 지극히 근대주의적으로 획득한다는 점 등이 그것이다. 그리고 이 문제는 일본의 아시아주의에 대한 다케우치의 도저한 기대 속에서 급기야 대동아전쟁의 참전에 이르는 역사적 패착과 함께 많은 문제를 성찰하게 한다.

> 역사는 만들어졌다. 세계는 하룻밤에 변모했다. 우리는 눈으로 그것을 보았다. 감동에 전율하면서 무지개처럼 흐르는 한 줄기 빛의 행위(行衛)를 지켜본다. 가슴으로 치밀어 오르는, 형용하기 어려운 어떤 격발하는 것을 감지했던 것이다. (1941년) 12월 8일, 전쟁 선포의 대명이 내린 날, 친근한 눈으로 동포를 바라보았다. 입에서 나와 말해지는 것은 아무것도 없었다. 건국의 역사가 한순간에 찾아오니, 그것은 설명을 기다릴 것도 없는 자명한 일이었다…… 우리들은 지나(支那)를 사랑하고 지나와 함께 걸어가는 것이다. 우리들은 부름 받아 병사가 될 때 용감하게 적과 싸울 것이다. 그렇지만 앉으나 서나 우리들의 책임은 중국을 놔두지 않는 것이다. 오늘 우리는 부정된 자기를 동아 해방의 투쟁 결의에 의해 다시 부정해 세운 것이다. 우리는 올바로 정위(定位)된 것이다. 우리들은 자신을 회복했다. 동아를 새로운 질서의 세계로 해방시키기 위해 오늘 이후 우리들은

우리의 직분에서 미력이나마 다할 것이다. 우리는 지나를 연구하고 지나의 진정한 해방자와 협력하고, 우리 일본 국민에게 진정한 지나를 알릴 것이다. 우리들은 사이비 지나통, 지나학자 및 절조 없는 지나 방랑자를 내쫓고, 일본과 지나 양국 만년의 공영을 위해 헌신할 것이다. 더욱이 오랫동안 유지되어 온 우리 자신의 기개 없는 혼미를 보상하고, 영광스러운 국민의 책무를 걸머지려 한다.

중국문학연구회 일천 명 회원 제군, 우리는 오늘의 비상상태에 처해 제군과 함께 이 곤란스러운 건설의 투쟁을 수행하기 위해 노력하고자 한다. 길은 멀지만, 희망은 밝다. 서로 손을 잡고 소신의 관철로 나아가지 않겠는가. 귀를 씻으면 야간공습을 틈타 멀리 우레와 같은, 골이 휑할 정도의 굉음을 들리지 않는가. 눈 돌릴 새도 없이 밤은 밝을 것이다. 우리의 세계는 우리들 손으로 눈앞에서 축조되는 것이다. 제군, 우리 새로운 결의하에 싸웁시다. 제군, 함께 싸웁시다.[7)]

다케우치는, 일본 낭만파와 일본 문화론자들이 '근대의 초극' 논의를 사상으로 건구(建構)해 내지 못함으로써 전후 일본이 문제의 재연(再燃)을 피해갈 수 없게 만들었다고 비판했다. 다케우치의 '근대의 초극' 비판은 전후 일본사회에서 유일무이하다고 할 정도로 역사적 긴장을 이끌어온 측면이 있다. 그리고 그 점이 오늘날 다케우치가 역사적으로 소환되는 가장 중요한 이유다. 그러나 다케우치의 '근대의 초극' 논의와 방법론적 아시아주의는 아시아에 대한 일본식 대상화, 패권적 아시아주의와 서구적 근대 환상과 대립축을 이루는 듯하면서도, 겐요샤(玄洋社)-천황제로 이어지는 '천우(天佑)'의 짙은 음영을 드리움으로써 그 공명을 안는 일은 다케우치의 대동아전쟁 참전 문제 속에 드리운 민족주의의 그늘과 함께 여전히 어려운 숙제로 남아 있다.[8)]

일본의 대외전쟁의 거의 전부는 자위 이외에 동아(東亞)의 안정을 명목으로 해서 행하여졌다. 그 최대 동시에 최종의 것이 대동아전쟁이었다. 이 전쟁은…… 태평양전쟁이라는 면이 있었고, 또 제2차 세계대전의 일부라는 측면도 있었지만 이것만으로도 끝나지 않는다. 그 밖에도 대동아전쟁은 고유한 성격을 갖고 있다. 그것은 바로 일본인이 아시아를 주체적으로 생각하고 아시아의 운명의 타개를 자신의 프로그램 속에 놓고서 실행에 옮겼다는 측면이다. 책임의식을 갖고 아시아를 변화시키고자 했다. 적어도 그것을 의도하고 혹은 간판으로 삼았다는 것은 잊어서는 안 된다. 당시 아시아는 일본인의 마음속에 있었다. 그 아시아 인식이 사실은 잘못되었음을 패전으로 배웠지만, 잘못되었더라도 하여간 주체적으로 생각하는 자세는 있었다. 그리고 이 자세는 메이지 이후의 근대화의 역사 속에서 배양되었던 것이다. 잃었던 것은 메이지 이래 배양되어 왔던 아시아를 주체적으로 생각하는 자세다. 아시아의 일원으로서 아시아에 책임을 지는 자세다. 그것을 방기하고 말았다. 그리고 원하기만 하면 바로 세계국가나 세계정부를 실현할 수 있다는 환상에 사로잡히고 말았다. 처음 패전을 체험한 충격이 너무 컸다지만 아무리 생각해도 아쉬움이 남는 일이다. 조선을 멸하고 중국의 주권을 침략한 난폭함이 있었지만 어쨌든 일본은 과거 70년 동안 아시아와 함께 살아왔다. 거기에는 조선과 중국과의 관련 없이는 살아갈 수 없다는 자각이 있었다. 침략은 잘못된 것이지만 침략에는 연대감의 왜곡된 표현이란 측면도 있다. 무관심하게 남에게 맡겨두는 것보다는 어떤 의미에서 건전하기까지 하다…… 일본인이 아시아를 주체적으로 생각하는 날은 아직 오지 않았다. 아시아에서 최대의 문제는 일본인의 손에 의한 해결을 기다리고 있다. 그리고 그것은 일본인이 아니면 할 수 없는 일이다. 고뇌에 공감하는 것만이 상대방을 이해할 수 있다는 것은 메이지 이래의 전통 속에서 있었던 아시아주의의 심정과 일치하고 있다. 우리들이 그것을 새로운 형태로 부화시킬 수 있는가 없는가 하는 데에 일본인의 아시아관의 전체 문제가 걸려 있다.[9)]

중국의 쑨거(孫歌)는 이러한 다케우치의 입장을 두고 다케우치가 일본에 얽매임으로 읽는다.[10)] 다케우치는 현상이 아니라 역사의 심부에서 그 구조성에 진입하는 방식으로 이른바 공식 이데올로기와 겨루고 거기에서 자신을 끄집어낸다는 숙명을 안고 아시아를 향한 일본인의 책임감을 살려내고자 보수파 내지 우익의 아성으로 간주되던 아시아주의를 '고쳐 쓴다는' 방법을 택했다는 것이다. 그러나 일본의 침략을 받고 식민지 지배를 받은 식민지민의 입장에서는, 일본이 아시아에 주체성을 갖는다는 것 자체에 대한 두려움이 앞서는 것이 사실이다. '침략에는 연대감의 왜곡된 표현이란 측면도 있다'는 다케우치의 입장이야말로 가장 일본적인 것으로서 숱한 다케우치들이 언제든 흥아와 아시아 연대의 명분을 다른 저의를 위해 높이 쳐들며 제국의 군사들로 세계와 아시아 제패라는 욕망의 화신이 될지 모르기 때문이다. 중국을 해방시키기 위해 중국 침략에 나선 다케우치의 모순이야말로 역사라는 것이 반성과 성찰을 위해 존재하는 것이 아니라 모순된 현실의 문제에 맞서며 진보 지향으로 나아가는 가운데 축적됨을 본질로 한다는 문제를 상기하게 한다고 하겠다.

쑨거가 읽어낸 다케우치식 주체성의 존재방식에 대해 거론해 보면, 그것은 비단 다케우치의 그것을 특수화시키는 것보다는 아시아에서 주체성의 존재방식이란 중국과 일본과 한국, 그리고 다른 아시아의 입지가 상이한 만큼 각기 다른 방식을 취하고 있다고 하는 편이 나을 것이다. 무엇보다도 중요한 것은 다케우치가 네루로부터 얻어낸 '아시아의 고뇌'라는 것에 보다 천착하는 일일 것이다. 일본적 현실에서 다케우치의 역사 다시쓰기의 기획은 아시아의 지평에 다시 새겨져야 할 필요가 있다. 다른 아시아가 일본을 어떻게 아시아의 역사 지평 위에 새겨 넣느냐, 그 다양한 부조(浮彫)에 대한 확인절차 없이 일본의 주체성을 촉구하는 것 또한 언제든 책략화될 수 있기 때문이다. 그런 점에서 다케우치는 자신조차 경계하는 방법으로 중국, 루쉰, 마오쩌둥이라는 참조체계를 통해 인도 · 중국 · 일본의 삼각다리를 놓고 방법으로서의 아시아를 제기하는 것으로 나아갔을지도 모를 일이다.[11)]

한편 다케우치는 일본 좌파에 대해 비판과 성찰을 통한 자기갱신을 지속적으로 촉구했다. 일본 좌파들은 전통적으로 프롤레타리아 국제주의에 의탁해 아시아주의와 내셔널리즘에 대항했으며, 내셔널리즘의 진보적 측면을 계승할 기회를 놓쳤고, 그런 점에서 프롤레타리아문학의 길 또한 반드시 울트라 내셔널리즘과의 타협으로 통할 수밖에 없다고 통박한다. 그러나 다케우치가 너무 일찍 손놓아 버린 일본공산당 등 좌파의 전후 행보를 파상적으로나마 아시아에 펼쳐진 냉전 보따리에 기워내는 작업 또한 중요하다. 이는, 다케우치가 냉전 국면 속에서 광범위하게 전개되는 아시아 민족해방운동과 그 사상적 지반인 아시아 민족주의가 다른 아시아를 구도하며 세계사의 전환을 이끄는 파장에 주목하는 것을 눈여겨보는 작업과 병행해야 할 것이다. 다케우치는 일본의 근대 환상과 제국주의적 침탈로서만 아시아를 대상화했던 과정에 대한 전(全) 일본사회의 반성과 아시아로의 진정한 귀환 혹은 아시아 일원으로서 자리매김의 계기를 촉구하는 방법으로 일본 사상계와 전 사회에 아시아의 내셔널리즘이라는 관점의 도입을 촉구했던 것이다.

"전쟁 국면뿐만 아니라 국제정치의 측면에서도…… 두 세계의 대립이라는 고정관념이나 이데올로기담론에서는 논의되지 않았던 팩터가 출현했다. 예컨대 네루의 발언이다. 간디나 타고르를 아류로 여기고, 인도가 영국의 품(懷)에서 독립되어 오늘에 이르렀다고 믿는 대부분의 일본인은 국제연합에서 인도나 다른 동양 제국의 지위가 중요시되고 있는 것에 놀랐다. 중국문제도 이데올로기만으로는 단편화되지 않는 국제적 평가를 통해 분위기가 조성되었다. 이것은…… 단순한 부족이 원인인 것이 아니라 가장 중대한 결점이 드러난 것이 아닌가, 새로운 관점의 도입이 필요한 것은 아닌가 하는 반성이 일어났다…… 만일 '아시아의 내셔널리즘' 이라는 새로운 관점의 도입이 일본인의 위기의식, 고민에서 출발하지 않고 대상화되어 논의된다면 다른 실패를 맛보게 될 것이다. 한때의 유행으로 끝나고 행동의 지침으로는 되지 않을 것이다. 지상의 공론과 행동이 아나키와 표리일체되는 일종의 괴리현상을 극복하기 위해, 일본인의 철학을 만들기 위해, 일본민족의 자멸을 위해 거의 최후의 기회가 이 '아시아의 내셔널리즘' 이라는 관점의 도입을 단서로 하여 오늘날 우리들에게 열려 있는 것은 아닌가."[12]

그렇다면 일본 전후사상사의 맥락, 사상의 매우(梅雨) 속에서 다케우치의 '아시아의 내셔널리즘' 이라는 관점의 도입은 과연 어떤 효과를 낳았을까. 일본에서 전후는 시간적 범주이지만, 그것은 전후사상, 전후사상사상(像)과 같이 기존 가치체계의 유지 · 온존과 새로운 가치체계 구축의 스펙트럼을 가지는 각축상으로서 가치적 범주를 중심 내용으로 한다. 야마다 무네무쓰(山田宗睦)는 이러한 일본에서 전후의 도래와 전개를 사상의 계절에 비유해 표상한 바 있다.

사상의 계절이 일본열도를 찾아온 듯하다. 전후 이 열도를 휩쓰는 사상상황의 기상도는 이 늙지 않는 기압의 배치를 드러내주고 있다. 대륙의

> 사회주의고기압이 시베리아로부터 중국대륙으로 내닫고, 조선반도의 북부를 통과해 일본해를 뒤덮었다. 이 정착된 우세한 대륙고기압으로 인해, 필리핀에서 북상한 열대성저기압—그것은 미군이라는 영원한 손님으로 맥아더라는 남자이름을 가지고 있었다—은 대륙의 연안을 따라 타이완 · 오키나와로부터 일본열도를 습격하고, 이로써 일본열도를 기압골이 관통하고, 전선은 정체되어 이 열도는 다양한 사상의 매우(梅雨)에 에워쌓여 있다. 짓눌릴 듯 답답한 사상의 습윤은 열도의 인민을 괴롭혔다. 일본열도에 열린 사상의 개화는 음험한 은화식물(隱花植物)에 속하고 겨우 핀 진보사상은 위태롭고 가냘픈 꽃조차도 피우지 못했다. 전후사상사라는 것은 이 같은 사상의 기상도를 그려낼 수밖에 없지만, 동시에 악천후 속에서 사상의 결실을 맺고, 새로운 사상의 계절을 가져올 방책을 제출하지 않으면 안 된다.[13)]

야마다 무네무쓰는 다케우치 요시미가 자신의 전후사상사 정리작업의 진의를 정확히 간파했다고 진술했다. 다케우치는 야마다의 전후사상사의 주제가 '일본에서 왜 좌익연합 혹은 자유주의연합이 성립하지 않았는가' 하는 문제를 다루고 있는데, 이의 해명을 위한 전제로서는 자기인식의 시험을 명확하게 하는 것이 요구된다고 했다.[14)] 야마다는 사상의 새로운 계절을 이끄는 방법으로 '마르크스주의의 순수배양의 시험관을 부수고 잡종교배(雜交媒)에 의한 사상종(思想種)의 체질 개선을 도모' 할 것을 제시했다. 그것은 무정부적으로 실행되는 것이 아니라 사상교배의 미추린[15)]적 법칙이 필요한데, 이 법칙이야말로 노동자계급과 지식인층의 사상적 동맹에 의한 정신적 생산의 법칙이라는 것이 야마다의 일본 전후사상에 대한 처방전의 핵심이다. 야마다의 논의에서는 아시아의 민족주의는 포착되지 않고 있다. 그러나 아시아에서 냉전의 한 축인 사회주의 진영의 형성과 그 사상적 연계 맥락을 이어내고 이 대륙성고기압의 강세에 대응해 다른 한 축이 열대성저기압으로 미국의 아시아 전략을 타고 동남아를 휘감아 일본을 덮치는 상황으로 대치함으로써 일본에 형성된 사상냉전 곧 문화냉전의 양상을 전후 15년 일본사상의 기상도로 집약해 내고 있다. 야마다의 기획은 전후 사상사의 객관적 과정으로부터 사회주의로의 일본의 길에 대한 사상적 생산을 위해 사상적 재료를 찾아내고, 노동자계급과 지식인층의 사상적 동맹 실현의 조건을 명확하게 하고자 하는 이론적 · 실천적 구상을 가시화하는 데 있었다.[16] 야마다는 자신의 기획에 대한 사회적 반향, 많은 논평과 사상 교통에 주의를 기울였다. 그리하여 새로운 사상 경영, 일본의 전후사상사가 자기동력과 냉전구도 속에서 일본에 불어오는 각종 사상의 동풍과의 잡종교배에 의해 새로운 진보형질을 획득해 낼 것을 역설하며, 이를 통해 궁극적으로 일본을 사회주의로 이끄는 사상적 재구성, 사상생산을 실현해 내고자 했다. 일본 공산주의 진영에서는 야마다와 다케우치가 사상의 계절이 도래했다고 판단한 것과 그들이 진행한 사상사 작업을 문학적 발상이라고 비판했다. 그러나 야마다는 그러한 문학적 발상이야말로 문제의 전체상을 조망할 수 있다고 응수했다.

> 대상의 복잡한 전체를 인간의 삶과 버무려 확실히 생활의 차원에서 포착, 사고를 생산하는 사상의 총체가 성장한 움직임을 보려면 아무래도 문학적 발상에 비길 만한 방법이 없다. 나는 문학적 발상에서 우선 총체의 구도를 이해하고 다음으로 이론의 콘텍스트로 옮겨 간다. 그러나 문학적 발상에 대한 추상 논의는 준비하지 않는다. 문학적 발상에서의 전체관을 어떻게 사상적으로 재구성하는가 하는 작업이 전후사상사에서는 문제인 것이다. 사상의 새로운 계절에는 레닌이 말한 바와 같이 마르크스주의는 새로운 주기에서의 새로운 카테고리를 생산해 내고, 그 조작에 숙달하지 않

으면 안 된다. 오늘의 사상사적 추구나 노력의 목표는 사상으로부터 전후를 잘라내 버리는 것에 있다. 전후사상사는 전후가 끝난 시점에서 성립한 전향적인 이론이다. 현대의식은 전후의식의 소멸과 함께 생겨날 것이다. 현대의 주기에서 보아 새로운 카테고리가 새로운 사상의 계절을 측정한다. 자연의 계절풍은 북반구의 이 열도에서는 서쪽에서 동쪽으로 분다. 동풍이 서풍을 압도하는 이 세기의 후반, 사상의 계절풍은 전후풍에서 현대풍으로, 습윤을 날려버릴 것이다.[17]

다케우치 또한 〈일본공산당론〉, 〈일본공산당에 대한 주문〉[18] 등의 글을 통해 끊임없이 일본좌파의 환골탈태를 촉구했지만, 전후사상사를 넘어서는 방법으로 아시아의 민족주의에 주목하고, 사상의 동풍 중에서도 특히 중국과 인도에서 불어오는 실천사상의 흐름과 일본사상계의 교통을 보다 간절히 원망(願望)했다. 그러나 다케우치가 아시아 민족주의로 일으킨 사상효과는 그리 크지 못한 것으로 보인다. 그 문제는 우선 아시아 민족주의라는 외래요소를 일본사회에 결합하는 방식에서 비롯된다. 이처럼 외래요소에 기대는 방식은 다케우치 자체가 자기 사상적 기초를 결여하고 있다는 한계로 지적할 수 있다. 다른 한편 아시아 민족주의의 발흥으로 인해 일본사회의 긴장이 오히려 보수적 민족주의의 준동을 촉구하며 제국적 정체성으로부터 민족주의 정체성으로서 동화작용을 일으키는 역사적 반동(국가주의의 재현)을 직시할 필요가 있다.

다케우치는 전후 일본의 사상 풍토가 갖는 한계를 지적하며 일본의 아시아에 대한 책임의식을 아시아의 고뇌 속으로 돌진하는 방법으로 촉성하는 한편, 서구적 근대에 대한 아시아의 주도성 혹은 책임의식 또한 조심스럽게 제기함으로써 문명사적 전환을 위한 방법으로서의 아시아를 상상한다. 그의 상상계의 원본은 오카쿠라 텐신(岡倉天心)의 '아시아는 하나다' 라는 미(美)적 명제이고, 그 방법론은 루쉰의 문명론에서 빌려왔다.

> (오카쿠라 텐신은) 현상적으로는 오욕으로 점철된 아시아가 본성의 자각에 의해 일어섬으로써 힘의 신앙을 기초로 한 서양문명의 결함을 구원하는 날이 오기를 기다려 보자는 것이 그의 진의이다. 그 아시아의 본성이란 미(美)이고 텐신은 이 미의 발굴을 일본과 중국과 인도에 대해 시도해 보는 것이다. 따라서 '아시아는 하나다' 라는 것은 무력이 아니라 미에 의해 통일되는 이념을 의미하는 것이 현상이 그대로 일체라는 것은 아니다.[19]

> 유럽인들이 중국에 와서 사람들의 눈을 제일 어지럽게 만든 것은 앞에서 든 두 가지 일(부국과 강병)에 다름 아닌데, 하지만 그 역시 밑뿌리에 도달한 것은 아니고 다만 말단 지엽을 건드린 데 지나지 않는다. 그 근원을 찾자면 깊이가 끝 간 데 없어서 한 귀퉁이 학문을 가지고는 아무런 힘도 발휘하지 못하는 것이다. 그렇다고 필자가 여기서 반드시 과학을 먼저 힘쓴 연후에 그 결과가 이루어져야만 비로소 부국강병을 진흥시킬 수 있다고 주장하려는 것은 아니고, 다만 진보에는 순서가 있고 발전에는 근원이 있어서 나라를 통틀어 오로지 지엽적인 것만 추구하되, 그 뿌리를 찾는 선비가 한두 사람도 없는 것을 우려하는 것이다. 왜냐하면 근원이라는 것은 오랜 세월을 거쳐야 마침내 말단에까지 이르는 것이기 때문이다. 오늘날의 세상은 옛날과는 달라서 실리를 존중하는 것도 가하며 방법을 모방하는 것 또한 가하지만 세상의 커다란 조류에 휩쓸리지 않고 홀로 우뚝 서서 물결을 가로질러 옛 현인들처럼 장래의 아름다운 결실을 맺게 될 좋은 종자를 지금에 파종하되, 뿌리가 있는 행복의 품종을 조국에 옮겨 심을 수 있는 자가 사회로부터 요구되지 않을 수 없으며 또한 마찬가지로

그러한 자가 사회로부터 요구되는 자로 되어야 할 것이다…….[20]

다케우치는 "서구적인 우수한 문화가치-민주를 보다 대규모로 실현하기 위해서 서양을 동양에 의해 다시 새로 싸서(包み直す), 역으로 서양 자신을 동양에서 변혁하는, 문화적 되감아 보내기(巻返し)를 '방법으로서의 아시아' 기획으로 제기한 바 있다. 동양의 힘이 서양이 만들어낸 보편적인 가치를 보다 높임으로써 서양을 변혁하는 방법으로서의 아시아가 그것이다. 다케우치는 '방법으로서의 아시아' 기획이 동양과 서양이 처한 오늘의 문제점이며, 정치상의 문제이자 문화상의 문제"임을 역설한 것이다. 그런데 여기서 다케우치는 되감아 보낼 때에는 자신(동양) 속에 독자적인 것이 없으면 안 되고, 그것(동양 혹은 아시아)이 실체라고는 생각하지 않지만 그러나 방법으로서는, 곧 주체 형성의 과정으로서는 있을 수 있다고 했다.[21] 일본 연구자들은 그러한 다케우치의 문화기획을 공생이라는 아시아적 가치를 찾아가는 과정으로 이해하고 있고, 다케우치 스스로는 그것을 아시아적 원리라고 한 바 있다. '일본이 서구인가 아니면 아시아인가는 공업화의 수준만으로 결정해서는 안 된다. 보다 포괄적인 가치체계를 자력으로 발견하고 문명의 허위화(虛僞化)를 수행하는 능력 여하에 달려 있다' 고 보아야 한다는 것이다. 다케우치는 그 능력을 발견할 수 있다면 아시아의 원리로 연결되고, 발견할 수 없다면 사이비문명과 함께 가는 수밖에 없다'[22]고 역설했다. 바꾸어 말하면, 그 포괄적인 가치체계가 일본의 대(對)아시아에 대한 주체 인식의 제고와 아시아의 타오르는 민족주의, 그리고 새로운 중국의 행복한 절합을 통해 가능하다는 것이 다케우치의 새아시아주의 논의의 핵심이라 하겠다. 다케우치의 아시아주의는 문명사적 전환까지를 염두에 두었다는 점에서 세계사적인 관계 지형의 변화를 꾀하고 있다. 그러나 그것의 원상은 동-서 이원대립에 있다는 점에서 오리엔탈리즘의 재영토화라는

비판에서 자유롭지 못하다. 특히 냉전공간으로서 아시아의 분열상에 보다 천착해 들어가서 전장 아시아의 문제에 심입(深入)하는 것을 통해 사상냉전 전선의 실상을 밝히고 그 안에서 이루어지는 사상 교통의 의미를 기존의 동-서가 아니라 새로운 동-서 관계 속에서 포착해 냈어야 한다고 본다.

다케우치의 문제는 무엇보다도 새로운 아시아주의를 실현해갈 주체를 지식인으로 설정한다는 데서 비롯하는 것이 아닌가 한다. 다케우치는 '생산에 직접 참여하는 민중이 문화의 근원이 되겠지만, 그 문화를 유지 또는 고양하는 역할을 전문적으로 담당하는 사람' 은 지식인이기 때문에 지식인이 문명사적 전환의 주역이라고 역설했다. '민중으로부터 완전히 벗어나 버린다면 유리된 문화가 되지만, 민중 자체는 노동으로 바쁘기 때문에 그러한 전문적인 일을 담당하기는 불가능' [23]하다는 것이 다케우치의 판단이었다. 이는 야마다가 '노동자계급과 지식인층 사이의 사상적 동맹을 실현할 수 있는 조건을 명확하게 하는 이론적 실천적 구상' 을 가시화한 것과 선명하게 구별된다. 또한 다케우치는 주체의 문제뿐만 아니라 '문화적 되감아 보내기(巻返し)' 의 기획에서도 서양-동양의 이원적 구분으로부터 자유롭지 못하다. 쑨거는 다케우치의 아시아주의 다시 쓰기는 역사의 기능적인 면모는 확보했으나 역사를 고쳐 쓰는 일에는 성공하지 못했다고 했다. 일본의 내셔널리즘은 아시아를 향한 연대를 심정으로만 머금은 채, 배타적인 논리로 성장해 결국 침략이데올로기로 변질되고 말았기 때문이다. 다케우치가 발견한 일본 내셔널리즘과 아시아주의에 담긴 나름의 실감과 진정성은 전후 아시아에서 아시아를 인식하고 아시아의 미래를 열어가는데 있어서 확실히 중요한 의미를 갖는다. 그러나 그것의 진가는 다케우치의 문제제기를 다른 아시아가 어떻게 체화하고 있는가를 확인하는 작업에서 드러나는 것이 아닌가한다.

다케우치의 문명사적 전환 기획은 '성찰적 근대' 의 기획이라 명명할 수 있다. 그 기획의 진정한 실현은 새로운 주체의 형성, 마루가와 데쓰시(丸川哲史)의 표현으로 말하면, 사회 기층적 아시아다움을 일본이 자기 현실 속에서 찾아 이루어내는 것을 통해서만 가능하다는 점에서 제한적 기획이었다. 아시아의 민족주의와 같은 외재적인 충격에 의한 일본의 전환이라는 일종의 자극요소 외에는 거대한 세계지배구도 속에 일본의 위치로 보면 그러한 자극요소란 얼마든지 새로운 지배논리로 수렴해 갈 수 있는 내적 기제를 가지고 있는 것으로 판단된다는 점에서 다케우치가 역설한 일본의 아시아에 대한 주체성의 획득이라는 문제만큼이나 그 실현 주체의 형성 문제가 중요하다는 점을 강조하지 않을 수 없다.

다케우치가 근대의 초극의 무사상화과정에 대한 성찰과 전후 신탈아관(新脫亞觀)과 신흥아관에 대한 긴장 속에서 방법으로서의 아시아주의를 제기하는 것과는 달리, 와다 하루키는 《조선전쟁》에서 한국전쟁의 국제전적 성격을 부각하는 가운데, 일본의 위치 특히 냉전의 체제화과정에 작동하는 일본 좌익과 북 · 중 · 소의 관계를 문제 삼은 바 있다.[24] 그것은 아시아에서 냉전의 한 축이 형성되는 과정의 정점에 놓인 한국전쟁의 국제전적 성격과 그것을 둘러싼 제 세력의 대립과 갈등, 연횡의 과정을 아시아라는 지역범주 속 힘들의 작동에 의해 실선으로 만드는 문제 제기에 해당할 수 있다. 그러나 한 걸음 더 나아가서 와다 하루키의 문제 인식은 일본의 전후 위치를 환기하는 의미, 곧 점령과 미국의 축으로 빨려 들어가는 처지에 놓인 일본의 자기파멸을 수동적 편제의 과정으로만 놓아두는 것이 아니라, 다른 한 축으로 전화(轉化)하는 움직임을 포착함으로써 일본 전후사의 굴곡을 복원해 내고자 한다. 탈아입미(脫亞入米)의 역상(逆像)으로만 일본을 전현하는 것이 아니라 아시아의 역사층면 위에 일본의 자리를 일본 스스로 찾아가게 하는 것이다. 일본의 복각과 관련된 와다 하루키의 문제 인식이 가능한 것은 다른 한 측면의 거울을 가지고 있었기 때문이다. 그것은 다름 아닌 한반도에서의 전후 역사 전개다.[25] 와다 하루키에게 전후 한반도라는 거울은 일본 내에서도 작동을 한다. 와다 하루키는 한국전쟁 개시 전후의 상황을 중국 · 소련 · 북한의 관계에서만이 아니라 당시 동북아시아 국제공산주의운동의 문맥을 생각해, 일본을 포함시킨 4국의 관계로 생각할 필요가 있다고 주장했다. 그것은 일본에서는 잘 알려진 사정인 바와 같이 한국전쟁과 일본공산당, 재일조선인의 관계가 심각한 문제를 내포하고 있기 때문에 심도 있는 연구를 필요로 한다는 것이다. 미군 점령을 해방으로 파악했고, 이후 미군정의 좌익 탄압에도 효과적으로 대응할 수 없었던 문제와 함께 전후 일본 좌파의 재일조선인을 방패막이 혹은 총알받이로 삼았던 과정에 대한 성찰 속에서 와다 하루키는 냉전 아시아에서 일본이 소거된 형태로 편제되며 냉전의 체제화에 대한 암묵적 기획자의 입지를 들추어내는 것이다.

> "일본 국민이 국제적으로도 명예로운 지위를 점하기 위해서는 아메리카의 글로벌리즘으로부터 이탈해 세계정치의 민주화에 적극적인 역할을 부여받는 것, 아울러 그와 동시에 민중이 지역지배구조로부터 해방되어 지역을 자주적으로 개조 · 발전시키는 것이 가능하게 하는 것, 이 두 가지의 일을 통하지 않으면 안 된다고 하는 것을 알게 될 것이다."[26]

일본의 '전후사상(戰後史像)이 세계사적이지 않으면 안 되고, 무엇보다도 먼저 아시아 제 국민과 우리들의 운명이나 과제의 공통성을 드러내는 것으로 묘사되지 않으면 안 된다'는 한 일본학자의 역설 또한 다케우치 요시미와 와다 하루키의 역사적 작업과 함께 아시아에서 새로운 아시아를 이끄는 주체 형성의 문제와 그 지향을 제기하는 것으로서 의미를 갖는다.

3. 한국전쟁과 냉전의 아시아화

식민지 지배의 결과로서 아시아 제 민족의 형성은 독자적 혹은 연합전선의 형태로 제국주의 세력 등 안팎의 적대세력에 대항하며 민족국가 독립을 위한 투쟁과정 속에서 이루어지거나 그 토대를 만들어가게 된다. 서구에서는 민족국가가 수립되기 이전에 부르주아민족이 이미 형성되었지만, 아시아에서 민족과 그 특징의 형성은 식민지 지배에 의해 방해받아 왔고, 민족의 형성이 제국주의와의 항쟁 속에서 이루어져왔던 것이다. 아시아민족해방운동은 전후 급속하게 발전, 인구 5억에 가까운 민족이 국가의 독립을 쟁취했다. 중국 · 베트남 · 조선에서는 인민민주주의혁명이 성공하면서 민족해방운동과 사회주의의 결합은 아시아의 거대한 변동을 예견케 했다.[27]

모리스 마이스너(Maurice Meisner)의 지적처럼, 중국혁명은 20년이 넘도록 고립된 일국적 틀 안에서 물질적으로나 정신적으로나 국제혁명의 흐름과 동떨어진 채 발전해 왔다.[28] 그런 점에서 중국의 혁명적 경험에 깊이 내재한 내셔널리즘 경향은 필연적으로 보인다. 또한 중국혁명은 1917년 소비에트혁명과 그 세계사적 의미를 달리한다는 점에서 아시아에서 냉전의 체제화와 사회주의 중국의 대두는 깊은 연관 속에 있음을 알 수 있다. 그것은 소련이라는 한 극점에 편제된 동유럽과 달리 아시아에서는 소련과 함께 사회주의 중국이 아시아에 미치는 장력이 냉전의 체제화를 이끈 측면이 강하다는 점을 인식하게 한다.

아시아에서 냉전이 열전으로 전화된 것이나 미국의 아시아전략이 전격적으로 수정된 배경에는 중국에서 사회주의정권의 형성과 출현이 결정적으로 작용했다. 1945년에서 1949년 중국 사회주의 정권 성립까지 이루어진 국공대내전이 아시아에서 냉전의 성격을 재편해 간 것이다. 이것이 냉전의 아시아화를 예고했다면, 한국전쟁은 그 내전적 성격의 계승으로 인해 냉전의 아시아성을 심화시켜 간 의미가 크다고 하겠다. 특히 중국의 한국전쟁 참전이 이루어지고 정전이 이루어지기까지 전후 아시아의 냉전적 재편은 미국과 소련을 중심으로 한 양극체제의 편제가 일방적으로 강제된 것이 아니라 다양한 역학의 작용에 의해 중층화되고 있다는 점에서 주목을 요한다.

여기에 인도의 네루가 인도의 독립 이전부터 추동한 중립노선은 식민지 해방과 근대적 민족국가를 형성해 가는 독립 인도의 현실과 미래를 이끄는 민족해방노선이면서, 아시아가 냉전구도에서 파탈하는 것을 구체적 목표로 하는 지역주의노선이라는 점에서 이후 비동맹운동의 대두와 함께 아시아에 의한 아시아인식을 정초(定礎)한 의미를 갖는다. 네루는 중립노선으로서 아시아와 세계에 대해 평화공존의 새로운 관계상을 제시했고, 다원평등의 지역질서와 세계질서의 구현을 위해 인도의 위상과 역할을 피 흘리는 전장 아시아의 현실 속에서 찾아내고자 했다.

확실히 중국의 대내전에서 중국공산당의 승리, 소련이 아닌 중국의 한국전쟁 참전, 네루의 중립노선은 자유주의와 사회주의라는 냉전의 양대 이념적 기초가 아시아에서는 그 원상으로 유지 · 강화되지 않는다는 문제를 제기한다. 다시 말해서, 아시아에서 민족해방운동과 국민국가 형성과정에서 관철된 문화냉전, 이데올로기적 대치와 제도적 장치의 구축, 일상적 · 심미적 과정에서 내재화된 냉전성은 아메리카나이제이션(Americanization)과 소비에타나이제이션의 단선적 대립과 각축에 의해서가 아니라 아시아 내셔널리즘이라는 바탕 위에서 그 각기의 사상문화적 변주를 통해 일종의 정체성 정치를 구현해 왔다는 것이다.

서양에 의해 정위(定位)되고 서양에 종속하고, 또 서양으로써 주체화한다는 오리엔탈리즘의 계기만으로는 풀리지 않는 점이 있는 듯하다. 여기서도 냉전구조가 만들어낸 적대성의 이중화와 그 은폐작용이라는 것을 문제화하지 않으면 안 될 것이다. 일본과 중국 혹은 북조선과의 관계에서 말하면, 바로 냉전구조의 저쪽과 이쪽으로 분할되어 버렸다는 문제가 있으며, 그리고 일본, 한국, 타이완에 대해서는, 같은 서방측으로 자리매김되면서 그 이전의 적대성이 분절화되지 않고 같은 진영의 것으로 겹쳐져 기술되었기 때문이다.[29)]

앞서, 일본의 다케우치가 전후 아시아에서 아시아 민족주의의 대두 국면을 직시하고 아시아의 내셔널리즘이라는 새로운 관점의 도입을 통해 전후 일본이 결코 떨치지 못한 패권적 아시아주의의 환상을 본원적으로 혁파하지 않으면 일본의 내일은 없다고 통절하게 절규했던 것을 목도한 바 있다. 그러나 이 문제는 일본에 한정되어 성찰될 수는 없는 성질의 것이다. 전후 아시아에서 미국이 일본을 목적의식적으로 소거한 것이나 중국사회주의 정권의 성립과 한국전쟁을 계기로 미 · 일 군사동맹이 강화되고 경제의 종속적 발전에 의해 일본이 전략적으로 아시아에 귀환한 것, 그리하여 일본이 다시 아시아에 대한 패권적 욕망을 내재화하는 것은 모두 아시아의 지평에 냉전이 체제화과정과 중층적인 연관 속에서 논의되지 않으면 안 되는 것이다.

여기서 전후 아시아주의의 재구성과 관련해 핵심적인 문제는 두 가지로 정리될 수 있다. 하나는 냉전의 문화화, 곧 사상적 대치의 아시아적 재구성이라는 문제다. 다른 하나는 아시아주의의 재구성이 전후 아시아의 조건 속에서 민족적 경계를 따라 일어나지만 실질에서는 민족해방전쟁의 성격이 강한 마르크시즘과 민족주의의 결합이 이루어짐으로써 사회주의진영 내에서 일어나는 사상연쇄가 아시아에서 냉전의 새로운 국면을 추동해 간

문제다.

우선 아시아에서 문화냉전의 양상을 놓고 말하면 냉전의 체제화과정에서 아시아가 강렬한 정치투쟁의 전장으로 전화되는 가운데 한편에서는 미국이 아시아 민족해방운동의 파고를 압살하고, 사회주의혁명에 대한 저지와 봉쇄정책을 가속화하기 위해 아시아에 의한 아시아의 분열과 통합이라는 전략을 채택하고, 자유주의 이념과 미국 환상을 유포하며 반공 아시아의 경계를 확대 · 강화하는 등, 이데올로기로부터 일상적 · 심미적 과정에까지 냉전문화를 각 국민국가 건설과정에 내재화해 가는 지점을 포착해 볼 수 있다. 물론 다른 한축, 소련의 아시아전략 또한 이에 대한 대응으로서 그 정치적 입지와 이념적 우위를 분명히 하면서 각축하고 있었다.

> 미국과 전 태평양지역의 안전보장을 위해 필요한 기간 동안 일본의 군사적 방위를 담당하게 되었다…… 이 방위선은 알류샨열도에서 일본을 거쳐 오키나와와 필리핀 군도에 이어진다. 기타 태평양지역의 군사적 안전보장에 관해서 말하자면 누구라 할지라도 이 지역을 군사적 공격으로부터 보증할 수 없다는 사실을 명백히 해두지 않으면 안 된다. 그러나 그와 같은 보증은 실제적인 면에서는 거의 필요가 없다는 사실도 명백히 해두지 않으면 안 된다. 공격이 있을 경우 첫째로 의지해야 할 것은 저 문명세계가 유엔헌장 아래서 맺은 약속이다. 유엔헌장은 외부로부터의 침략에 대해 자기의 독립을 지키려는 결의를 굳게 하고 있는 국민에게는 결코 무력한 신조가 아님을 보여 왔다. 그러나 태평양 내지 극동문제를 고려함에 있어서 군사적 고려에 사로잡히는 것은 잘못이라고 나는 생각한다. 이것은 중요한 사실임에 틀림이 없으나 이 밖에도 절박한 문제가 있으니 이러한 문제는 군사적 수단에 의해 해결되지 않는다…… 북태평양지역에 대한 우리들의 책임과 기회는 남태평양지역에 관한 것과 크게 다르다는 것

이다. 북태평양의 일본에 있어서는 우리들은 직접의 책임을 지며 직접적인 행동의 기회를 지닌다. 이 사실은 정도는 낮지만 한국에 관해서 진실이다. 한국에서 우리는 과거 직접적 책임을 졌고, 또한 행동했다. 현재 역시 보다 많은 성과를 올릴 큰 기회를 지니고 있다…….[30)]

위의 인용문은 한국전쟁의 발발요인으로 거론되는 미국의 딘 애치슨(Dean Gooderham Acheson, 1893~1971)의 애치슨라인 선언 내용이다. 애치슨이 말한 '외부로부터의 침략에 대해 자기의 독립을 지키려는 결의' 에서 외부란 소련과 사회주의를 말한다. 아시아 · 동아시아 민족해방운동의 물결과 사회적 해방의 격화를 외부로부터의 침략에 의한 재식민화과정으로 파악하는 애치슨의 주장이야말로 냉전적이고 패권적인 사고의 전형이라고 하겠다. 애치슨의 이 선언으로 말미암아 이승만은 북진통일론으로 광분했고, 김일성은 전쟁에 돌입했다. 한국전쟁의 기원에 대한 많은 연구가 있지만, 중요한 것은 미국의 냉전전략과 아시아전략이 중화인민공화국의 성립으로 수정되고 일본까지를 자기 방어선 안에 넣음으로써 그것이 미칠 파장을 예견하고 전쟁을 유발한 책임에서 자유롭지 못하다는 점이다. 그리고 냉전의 문화화 곧 '저 문명세계가 유엔헌장 아래서 맺은 약속' 이라는 표현에서와 같이 미국과 소련, 자유민주주의와 사회주의의 대립을 문명과 야만의 대립으로 전치(轉置)한, 동서 오리엔탈리즘의 비대칭적 구조를 동서 냉전 이데올로기로 재현하는 광경을 직접적으로 목도할 수 있다. 곧 냉전성의 핵심은 문명과 야만의 대치와 야만의 타자화 및 그것에 대한 패권적 지배에 있는 것이다. 오리엔탈리즘과 다른 것은 '근대화' 의 문제가 정치적 이데올로기화한 것, 곧 자유민주주의라는 이념으로서 제국주의의 본질을 분식하고 자기동화의 문화적(이데올로기적) 경로를 강조한 데 있다. 미국의 냉전논리가 오리엔탈리즘의 재현을 본질로 한다면 소련의 냉전논리는 프롤레타리아 국제주의와 레닌의 식민지민족테제에 입각한 모든 피압박 민족의 민족적 · 사회적 해방의 주체적 경로 형성을 지지 · 지원 · 개입하는 형식으로 대응한다.

> 위대한 미국 및 소련의 군대들은 일본제국주의자들을 분쇄함으로써 한국에서의 일본 지배를 영원히 제거했으며 한국인을 해방시켰다. 한국은 새로운 발전의 시대–국가의 재탄생과 독립국가 수립의 단계–로 들어선 것이다. 오랜 문화를 지닌 한인들은 여러 해에 걸친 어려움과 식민지 예속의 수모를 당하면서도 그들의 민족적 양심을 분명하게 표명해왔다. 이 인민은 가장 훌륭한 미래를 받을 자격이 있다. 한인들은 그들의 피와 한없는 고난으로 독립 및 자유로운 생활방식의 권리를 획득한 것이다. 소련인민은 한인의 이러한 권리를 열렬하게 지닌다. 소련은 언제나 예외 없이 모든 민족의 자결과 자유로운 경쟁을 위하여 투쟁해왔으며 앞으로도 항상 그러할 것이다. 민주적이고 독립된 한국을 만들고자 하는 위대한 열망 때문에 한인 전체의 광범한 정치적 행동이 일어나게 된 것이다. 한인들은 그들의 민주적 자치기관으로서의 민주적 정당들, 대중조직들, 인민위원회를 조직했다. 그러나 한인의 내부생활 전체의 궁극적인 민주화는 반동분자, 반(反)민주적 집단들 및 일부 분자들에 의하여 초래된 심각한 곤란에 봉착해있다. 이들의 목적은 한국에서 민주제도를 창건하고 강력히 뿌리박게 하려는 과업을 파괴하는 데 있는 것이다.
>
> 미래 한국의 임시 민주정부는 모스크바 외상회의의 결정을 지지하는 모든 정당 및 조직들의 단결이라는 기초 위에서 수립되어야 한다. 그러한 정부만이 한국의 정치적 및 경제적 생활에서 전(前) 일본 통치의 잔재들을 완전히 청산하고, 국내의 반독적 및 반민주적 분자들과 결정적 투쟁을 전개하며, 경제생활의 부흥을 위한 급진적 조치를 수행하고 한인들에게 정

치적 자유를 주면서 동시에 극동에서의 평화를 위하여 싸우도록 할 수 있을 것이다…… 소련은 한국이 진정으로 민주적이고 독립된 국가로서 소련과 우호적이 되어 앞으로 소련을 공격하는 기지가 되어서는 안 된다는 데 깊은 관심을 갖고 있다.[31)]

여기서 나의 관심은 그 속에서 일어나는 사상의 연쇄고리가 냉전적 아시아주의의 정체를 이룬다고 볼 수 있는가 하는 것이다. 특히 사회주의진영에서의 사상적 흐름과 관련해 그것이 단순한 소비에타나이제이션이 아니라 민족적 차이에 따른 마르크시즘의 차이화(differentiation)를 만들어가는 것에 대한 규명을 통해 이의 문제에 접근해 볼 수 있을 것이다. 레닌-스탈린-마오쩌둥 · 김일성 · 호치민(胡志民), 마오쩌둥-김일성, 마오쩌둥-호치민, 김일성-호치민. 한마디로 마르크스레닌주의와 민족주의의 결합으로 특징 지워지는 이러한 사상연쇄를 아시아다움, 그 동일한 지향 속에 역사적 조건에 따른 다양한 개진이라는 동형구조로서 포착할 때, 그것을 아시아적 정체성으로 이해해야 하는 것이 아닌가 하는 문제다. 이 지점에서 중화인민공화국 성립 이후 마오쩌둥의 미국에 대한 포고(종이호랑이), 거대한 동선회(東旋回)의 세계주의, 그리고 중국과 소련의 다른 아시아구상을 대비하는 가운데 아시아의 대상화문제를 부각시켜 보는 것도 중요한 논란거리가 된다. 물론 그것은 사회주의진영 내 소련과 중국의 아시아 전략의 차이로만 변별할 수는 없고, 그것이 각각이 혹은 중층적으로 맺은 관계양상을 파악하는 것이 중요하다. 사회주의 건설 경로문제를 놓고 중 · 소 간에 차이를 노정시키고 그것이 심각한 분쟁을 초래한 것은 사실이지만, 민족주의 · 인민주의 · 문화혁명의 색채가 뚜렷한 중국이 마르크스레닌주의를 계승하면서도 중국적 토양에 걸맞은 혁명노선의 전화, 곧 마르크시즘의 중국화(The Sinicisation of Marxism) 혹은 거기에 민족적 형태를 부여한 것은 구래로 모든 종교적 · 이념적 외래종들의 거대한 흡인을 통해 중국화를 이루어왔던 중국전통의 구현방식과 조금도 다르지 않다는 것이 소련의 마오이즘에 대한 평가라는 사실은 매우 흥미롭다.[32]

그러나 이러한 평가에는 '마르크시즘을 기본원리로 하는 혁명운동이 아시아주민의 리저널한 감각의 축을 격하게 요동하는 계기가 되었을'[33] 뿐만 아니라 중국과 아시아에서 민족주의의 혁명적 개진 또한 1917년 러시아혁명에서 비롯되었음을 간과해서는 안 된다. 러시아혁명의 기본원리인 마르크스레닌주의가 식민 지배하에 놓여 있던 아시아사회에 반제민족주의의 기운을 일으켰던 것이다.

> 1917년 이래의 민족독립의 세계적 흥성과 함께 러시아혁명 모델의 글로벌화라는 미증유의 실험이 개시되게 되었다…… 다만 이때 중요한 것은 그 프로세스 속에서 고양된 민족독립의 이념, 혹은 공산주의의 이념이라는 것이 새로운 우방관계를 형성하고 있었던 사실이다. 예를 들면, 중국은 청조시대부터 일관되게 러시아와의 영토문제를 안고 있었던 요인이 있지만, 민족주의의 흥성, 공산주의 이념의 신장에 따라, 중국은 일정 기간에 걸쳐 러시아(소련)우방관계를 성립시킬 수 있었던 것이다.[34]

소련이 중국마르크시즘에 대해 민족화된 마르크시즘이라고 비판하고 있지만, 중국에서 마르크시즘은 반봉건 반식민이라는 사회토양에서 러시아혁명의 강렬한 충격파에 의해 배태된 태생적 한계(?)를 갖는다. 따라서 그 '중국화된' 마르크시즘의 구성에 관여한 중국 안팎의 요인과 그 요인들에 의한 역사적 중층결정 과정에 대해 논의를 심화시킬 필요가 있을 것이다. 러시아로부터 사상연쇄를 통해 아시아 마르크시즘과 민족주의가 결합되고 아울러 그것의 사상연쇄로서 아시아 마르크시즘이 전개되는 연속되며 겹쳐지는 과정이야말로 아시아 지역정체성 형성의 원리로 삼음직하기 때문이다. 물론 '이러한 경위(經緯)는 명확히 그때마다의 친밀함이 구성되는 관념이나 이념 혹은 문화(정책)의 힘에 의한 것이지 물리적인 거리에 의한 것이 아님' 은 분명하며, 특히 아시아에서는 그 역사적 관계의 거리를 간과해서는 안 될 것이다.

브루스 커밍스는 이러한 제 측면을 놓고 중국과 북한의 관계의 밀도가 역사성이 있다는 점을 흥미 있게 추론해 간 바 있다.[35] 이종석 또한 이 문제에 밀착한 연구성과를 내고 있다. 아마도 그 관계의 역사성—단절과 연속, 부침, 연쇄 혹은 계열화—이야말로 유럽과 달리 아시아에서 냉전의 체제화, 그 특징을 규명하는 중요한 단서가 될 것이다.

먼저 전쟁과 전후 재건과정의 추이는 중국의 한국전쟁 참전과 더불어 사회주의 중국이 취한 한편의 비동맹노선과 다른 한편의 중국화 · 민족화라는 순차적 전화가 주변국가에 미치는 파장을 정리해 볼 필요가 있다. 마오쩌둥의 신민주주론과 김일성의 인민민주주의론, 마오쩌둥의 인민민주독재와 김일성의 민주주주민족통일전선의 영향 관계와 한국전쟁 이후 그 속에 내재된 민족주의의 강한 발현으로 인한 주체적 민족주의로의 경도 속에서 연대와 적대의 관계맥락을 냉전적 아시아주의의 중요한 내용으로서 확보해 내야 하는 것이다.

마오쩌둥의 주의주의는 마르크스주의 이론의 결정론적 경향을 희석시켰던 것만큼 마오쩌둥의 강력한 내셔널리즘 경향 역시 마르크스주의를 중국혁명의 필요에 맞게 변용시켜 나갔다. 마르크스주의 지식인으로서의 삶을 시작할 때부터 마오의 마음에 뿌리 깊이 박혀 있던 내셔널리즘 경향은 중국혁명이 세계혁명의 중심이 될 것이라는 신념을 불러일으켰다. 1930년에 이미 마오는 "혁명은 반드시 고조될 것이며 이는 서방에서보다

중국에서 더 빨리 일어날 것"이라고 예견했다. 이런 자신감 속에는 미래의 국제적 혁명질서를 건설하는 데 중국이 아주 특별한 역할을 할 것이라는 신앙이 자리 잡고 있었다. 이렇게 국제혁명에 대한 열망과 목표는 내셔널리즘에 대한 충동과 서로 얽혀 있었다. 정통적인 마르크스주의를 견지하면서 내셔널리즘 정서를 억제하려 했던 중국의 다른 마르크스주의자들로부터 마오쩌둥이 이탈한 것도 바로 이 영역, 즉 트로츠키가 한때 "메시아적인 혁명적 내셔널리즘"이라고 명명했던 이 불충한 영역에서였다.[36]

중국의 전후는 곧 전쟁으로 연장된다는 점에서 국공내전 시기(1945~49) 조지 마셜(George C. Marshall)의 중국플랜과 그 실패, 그로 인한 미국의 아시아에서 냉전구도 강화의 맥락 속에서 중국사회주의 승리의 아시아적 의미를 살펴 안을 수 있고, 옌안(延安) 시기에 구축된 마오노선이 이후 사회주의 건설과정에서 어떻게 관철되는가는 마오의 〈신민주주의론〉·〈인민민주독재론〉과 문화주의·대중주의노선의 구체적 전개 속에서 해명될 수 있다.

확실히 전후 아시아에서 아시아 인식은 그 이전 시기와 분절적으로 형성되는 것이 아니라 식민지 극복, 민족해방전쟁의 과정 속에서 배태되고 발전되었으며, 냉전의 체제화과정에 대한 적극적 대응 속에서 이루어졌다는 점에서 북한-중국-베트남을 중심으로 한 사회주의권과 비동맹국가 연대 움직임의 지역적 현상들과 그 운동원리를 새로운 아시아주의의 적극적 대두로 보아 심도 있게 논구해 갈 필요가 절실하다. 마오쩌둥과 저우언라이(周恩來), 김일성, 호치민의 담론들 속에는 아시아주의의 물목에 오를 많은 문제인식들이 수평적 절합과 회통의 다양한 가능성을 전현하며 건재를 과시하고 있기 때문이다. 담론적 회통만이 아니라 국공내전과 한국전쟁, 베트남전쟁 속을 함께 헤쳐간 혁명의 지도자들이 구도한 다른 아시아와 세계상은 과연 무엇이었는가. 구체적으로 보면 북한의 국공내전 지원, 북한에 대한 중국의 항미원조투쟁지원, 북 · 중의 베트남전쟁 지원, 남한의 베트남전쟁 참전, 중 · 베트남 간 국경분쟁 등 전장(戰場) 아시아에서 냉전의 한 축 간에 이 얽히고설킨 실타래 속에 '다른 아시아'와 '다른 세계'는 어떻게 형상되었던 것일까. 문제는 이들의 고민이 탈식민화 속의 국민국가 형성에 집중됨으로써 민족주의적으로 방향 선회하는 것과 인간의 주체성에 대한 도저한 믿음과 기댐의 문화주의 · 인민주의 문제를 어떻게 평가할 것인가가 난공불락이라 하지 않을 수 없다.

> 중국 인민은 일찍이 천명했다. 전 세계 각국의 사무는 당연히 각국 인민 스스로가 관장해야 하는 것이고, 아시아의 일은 응당 아시아 인민이 스스로 담당해야지 미국이 관장해서는 안 된다는 입장을 분명히 했던 것이다. 미국의 아시아 침략은 아시아 인민의 광범하고 견결한 반항을 일으킬 뿐이다. 트루먼은, 올해(1950년) 1월 미국은 타이완을 간섭하지 않는다고 다시 한 번 밝힌 바 있다. 그러나 지금 그 스스로 그것이 허구였음을 증명했을 뿐만 아니라 미국이 중국 내정에 간섭하지 않는다는 모든 국제협의를 기만하고 훼절하고 있다. 미국은 이처럼 자기의 제국주의적 면모를 폭로했다. 이는 중국과 아시아 인민에 대해 유익한 측면이 있다. 미국은 조선 · 필리핀 · 베트남 등의 나라에 대한 내정간섭은 전혀 이치에 맞지 않는 것이고, 전 중국 인민의 동정과 전 세계 광대한 인민의 동정은 모두 침략을 당한 쪽에 설 것이며, 결코 미제국주의 입장에 서지 않을 것이다. 그들은 제국주의의 이해와 유혹은 받지 않으며 또한 제국주의 위협을 두려워하지 않는다. 제국주의는 겉으로는 강하지만 속으로는 메마르기 짝이 없다. 인민의 지지가 없기 때문이다. 전국과 전 세계의 인민은 단결해 충분한 준비를 진행하고, 미제국주의의 어떠한 도발도 타파해야 할 것이다.[37]

1937년 항일민족전쟁으로부터 1945년 일본의 패망과 함께 국공내전에 들어간 중국, 1949년 10월 1일 중화인민공화국을 선포하고, 사회주의국가를 건립하고 나서 겨우 1년 뒤 중국은 김일성의 요청에 따라 한국전쟁 참전을 결정하고, 1953년 정전협정을 체결하고 나서도 전후 복구를 위해 1958년 10월까지 8년을 북조선에 머물렀다. 항일민족해방투쟁 이상의 시간, 공력과 인력, 그리고 막대한 희생을 바친 항미원조투쟁이 그것이다. 냉전적 시각에서 보면 대개는 중국이 그 힘든 때 이 정도의 공력과 희생을 감내한 것은 세계혁명의 일환이고, 중국이 소련에 도전한 자기입지 강화를 위한 책략적 성격이 강한 것으로 평가할 것이다. 그러나 과연 중국은 그럴 만한 여력이 있었던 것인가. 스탈린이 그처럼 조심스럽게 참전과 군수물자 지원을 망설이고 은폐시켰던 정황을 놓고 보면 중국과 마오쩌둥의 이러한 행보는 어떻게 이해해야 할 것인가.

중국인민지원군 각급 지도동지들:
조선 인민의 해방전쟁을 원조하고 미제국주의 및 그 주구들의 진공을 반대하고, 이로써 조선 인민과 동방 각국 인민의 이익을 보위하기 위해 동북 변방군을 중국인민지원군으로 변경해 빠른 시일 대 조선 국경 내로 출동하고 조선 동지들에 협동하고 침략자와 싸우고, 영광된 승리를 쟁취하자. 우리 중국인민지원군이 조선 국경 안에 진입하면 반드시 조선 인민과 조선인민군, 조선민주정부, 조선노동당, 기타 민주당파 및 조선 인민의 영수 김일성 동지에게 우애와 존중을 표시하고, 엄격하게 군사 기율과 정치 규율을 준수해야 한다. 이것이 군사임무를 완성하는 매우 중요한 정치 기초임을 보증하는 것이다. 갖가지 만날 수 있고 필연적으로 만날 수 있는 곤란한 상황을 반드시 심각하게 고려해야 하고, 아울러 고도의 열정 ·

용이 · 세심함과 각고의 인내와 노력의 정신으로 이러한 곤란을 극복할 것을 준비해야 한다. 목전의 모든 국제형세와 국내형세는 우리에게 유리하고 침략자에게 불리하니, 동지들이 용기를 굳건히 한다면 당지 인민을 잘 단결시킬 수 있고, 침략자와 잘 싸워나갈 수 있으며, 최후의 승리는 바로 우리 것이 될 것이다.[38]

이는 마오쩌둥의 세계정세와 중국 전 국토의 장악 국면을 간파한 적극적인 현상 타파의 책략이라고 폄하될 수 있다.[39] 그러나 에드거 스노(Edgar Snow)의 증언에 따른 마오쩌둥의 인간됨이나 신조, 그리고 혁명의 성공 속에서 거시적인 국가 보위의 측면이 고려되지 않으면 안 될 것이다.[40] 아울러 여기에는 중국내전에 깊숙이 개입한 북조선의 인민무력군의 활약과 같은 중국공산당과 북한정권, 그리고 식민지시대 일제에 맞서 공동 항일전선을 만들어갔던 연대의 역사성으로부터 문제의 정황을 파악해 가지 않으면 안 된다.

김일성: 조선노동당, 조선 인민, 조선정부를 대표해서 다시 한 번 펑더화이 동지에게 열렬한 환영의 뜻을 표합니다. 지금 우리는 가장 곤란한 시각입니다…… 나는 당신네들이 올 것이라고 믿고 있었습니다. 대단히 잘 오셨습니다. 감사합니다.

펑더화이(彭德懷): 수상 동지 수고하십니다. 당신들의 투쟁은 비단 당신들 자신을 위해서 뿐만이 아닙니다. 당신들이 이미 막중한 민족적 희생을 치렀는데, 우리가 지원하는 것은 당연하지요. 마오쩌둥 주석, 저우언라이 총리가 수상 동지께 문안하고 위문한다는 말을 전하라고 하셨습니다. 만일 감사한다면 마땅히 조선 인민과 조선인민군에 대해 우리가 감사해야지요.

김일성: 감사합니다. 정세가 매우 긴박합니다. 중공중앙의 결정과 계획을 먼저 이야기하십시오.[41)]

항미원조지원군 총사령관과 항미원조지원군의 마지막 부대가 오늘 조선에서 조국으로 떠날 예정이다. 조선에서 머무른 8년 동안 중국인민지원군은 조국의 인민들이 그들에게 부여한 임무를 기쁘게 수행했다. 미국의 침략을 막고 북조선을 지원하며, 자신들의 가정과 자신의 조국을 지키기 위해 중국인민지원군은 1950년 10월 25일 압록강을 건넜고, 북조선인민군을 따라 그들의 위치를 정했다. 바야흐로 8년의 세월이 흘렀다. 그 시기 동안, 그것은 항일민족전쟁의 전 시기만큼 긴 세월이었고, 지원군들은 그들의 미증유의 영웅주의와 고차원적인 애국주의와 인터내셔널리즘으로 역사의 빛나는 장을 일구어냈다…… 이 승리는 그것의 중요성과 효과에서 대단한 영향력을 가졌다. 그것은 중화인민공화국과 조선민주주의인민공화국의 안위와 독립을 방어했을 뿐만 아니라 아시아에서 평화를 사수했고, 세계침략전쟁을 위한 미국의 제국주의자적 계획을 분쇄한 것이다.[42)]

내가 강조하고자 하는 것은 최고 지도부의 긴밀한 결속관계도 그렇지만 항일민족해방전쟁과 국공내전, 그리고 한국전쟁으로 이어지는 전장에서 중국민과 한국민이 만나왔던 대치와 연대 항쟁의 역사성을 어떻게 맥락화할 것인가, 그것이 바로 오늘의 아시아의 문제를 넘어설 삶의 공통의 지반, 아시아적 정체성의 주요한 실마리가 될 수는 없는 것인가 하는 점이다. 여기서 북한정권의 수립과 이후 북한에서 반자본주의적 근대국가 건설과정에 소비에타나이제이션의 문제가 다시 고려되지 않으면 안 된다. 조쏘경제문화협정 체결과 이후 과정에서 볼 수 있듯이 북한이 경제적 · 군사적 · 문화적 측면에서 소련의 지원하에 소련식 개혁모델을 수용했다는 것은 부정할 수 없는 사실이다. 그러나 경제건설과 사상문화 방면에서 독자적인 민족화의 경로를 기획하고 추진했고, 백남운 또한 소련의 지원이 북한의 주체적인 사회주의개혁 프로젝트를 전격 지원하는 프로그램이라는 것으로 의미 부여한 바 있다.[43] 문제는 한국전쟁 과정과 전쟁 이후 중국의 참전과 함께 중국화(Sinicisation) 곧 북한사회가 중국화로 경도하는 문제가 논의의 초점에 떠오른다. 한국전쟁 종결 이후에도 1958년까지 중국이 무상으로 전후 복구과정을 인적 · 물적으로 지원함으로써 북한 정치사회가 중국화로 경도되는 것은 자연스러운 일로 보이기 때문이다. 그런데 이 문제는 김일성이 한국전쟁 종결 이후 박일우 등 연안파와 소련파에 대한 숙정을 감행하고 외세의 개입에 대한 경계 속에서 민족화의 독자적인 경로를 강행해 가는 과정과 이로 인해 중국 · 소련과 일정한 긴장관계가 야기되는 측면을 고려하면[44] 우려스러울 상황은 아닌 것으로 판단될 수 있다. 오히려 소련과 중국의 그처럼 전면적이고 지속적인 지도 · 지원에도 불구하고 북한이 집요하게 민족화의 경로를 갈 수 있었던 것 혹은 그리고 경도되어 간 문제가 추적되어야 할 지 모르겠다.

그러나 주의를 기울여야 하는 것은 중국의 한국전쟁 참전과 관련해 그처럼 어려운 상황에서도 지속적 지원체계가 가동될 수 있었던 힘은 무엇이며, 그러한 '혈맹관계'는 사회주의권에서 상층 권력의 관계지형에서만이 아니라 대다수 중국 인민과 북한 인민에게 어떠한 의미가 있는가 하는 점이다. 앞서 식민지시대 항일전선과 국공내전 시기로 이어지는 중국공산당과 북한 사회주의세력 간 각별한 연대투쟁의 역사성을 거론한 바 있거니와 특히 국공내전 초기부터 중국공산당이 어려운 여건에 처해 있을 때 북한이 후방기지로서 중국 동북지방의 전략적 거점을 확충하는 데 중요한 기여를 했던 측면을[45] 염두에 둘 필요가 있다. 또한 중국공산당이 중화인민공화국 건설에 즈음해 북한의 요청에 따라 조선의용군을 밀입북시키는 과정과 이후 김일성의 요청에 따라 마오쩌둥이 국가건설 초기의 어려움 속에서도 전국인민대회를 통해 항미원조운동[46]을 일으키는 일련의 과정을 상기해 볼 수 있다. 당시 구체적 상황을 생각해 보면 중국의 기본정황은 아직 전쟁의 참상이 그대로 인 채 치유되지 않은 상태이고, 경제회복을 막 시작한 단계이며, 재정상황은 매우 곤란했다. 새로운 해방지역의 토지개혁은 아직 진행되지도 않았고, 중국 내의 국민당과 군벌잔당들은 아직 철저하게 소탕되지 않았고, 기층 정권은 아직 완전히 공고화되지 않았으며 사회질서는 아주 불안정했고, 인민해방군의 무기장비는 낙후했으며 공군 엄호나 해군 지원도 없는 상황이었다.[47] 거기서 미국에 대한 항전이란 거의 불가능한 일로 보였을 터, 대다수 중국민의 반응이 속수무책, 강 건너 불구경하듯 소극적 태도를 견지하는 것은 당연한 상황일 것이다.

따라서 중국에서 항미원조투쟁이 항미원조운동으로 전개되는 과정은 근 20여 년에 걸친 항전과 내전 속에서 중국민의 일상이 피폐하고 전쟁의 폐허에서 국가건설과 함께 미국의 타이완침공의 위기 속에서 국가 존립의 문제와 더불어 대국민 선전과 의식화작업이 감행되지 않으면 안 되는 어려운 정황을 잘 반영하고 있다. 그러나 그것이 위로부터의 통지에 의한 의식화작업으로 지속적 관심과 구체적 지원 작업을 추동해 간 것이라고 해도 전 인민의 이데올로기적 동의로서 그 8년의 시간을 버티기란 쉽지 않은 일이었을 것이다. 그 기간 동안 중국 농촌에서는 토지합작화사업이 급격하게 이루어지고, 중국 공산당 지도노선 내부에 갈등이 생기고 1957년에 이르면 반우파투쟁이 전개되는 등, 초기의 긴장이 이완되는 국면을 전시동원의 체계로서 유지해 가지 않을 수 없는 정황이 속출하게 되고,[48] 이후 대약진운동과 인민공사의 실패로 인해 마오쩌둥의 정치적 실각과 문화대혁명의 비극을 야기하게 되는 것이다.

허우쑹타오(侯松濤)는 항미원조운동 당시 민중의 사회심태에 대한 연구를 통해 항미원조운동의 특징을 사회심리 전변과정에서의 다양성·복잡성과, 전변결과로서 일률성·간단성의 통일로 정리하고 있다.[49] 항미원조운동 중의 선전교육이 민중의 사회심태에 관건적 작용을 일으켰다고 보는 것이다.

허우쑹타오는 당시 항미원조에 대한 중국 민중의 사상 인식은 불일치했음을 세 가지로 분석한다. 전쟁에 대한 두려움과 안전을 추구하는 심태, 냉정하고 무심한 심태, 그리고 미국에 대한 두려움(恐美), 미국에 대한 숭앙(崇美), 친미(親美)의 심태가 그것이다. 그리고 전반적으로는 오랜 전쟁으로 인한 피로함과 미래에 대한 불안감으로 소극적 분위기가 주류를 이루었음을 부정하지 않는다. 그러나 중국정부는 이런 상황에서 대규모 선전교육운동을 통해 민중에게 조선전쟁의 형세와 항미원조의 필요성을 분명하게 인식하게 했고, 미국에 대한 공포심과 숭앙 혹은 친미의 사상들을 극복하는 작업에 돌입했다. 허우쑹타오는 미국에 대한 적대감과 미국을 멸시하는 사상을 제고하고, 민족적 자기비하, 노예심리를 극복하게 하고, 민족자존, 자신감과 자기존중심리를 배양하며 민중을 단결 일치시키고 공통의 적을 직시하게 하는 등 조선전쟁에 대한 지원운동을 계기로 한 중국 민중에 대한 선전교육작업은 초기 건국과정에서 필요하고도 필연적인 것이었다고 강조한다.

> 항미원조운동의 전개와 민중 사회심태의 전변은 항미원조전쟁 승리의 중요 요소의 하나다. 펑더화이가 1953년 9월 12일 〈중국인민지원군항미원조공작에 관한 보고〉[50] 중에서 말한 바와 같이, "항미원조운동은 전국 인민이 애국주의와 국제주의 교육을 받게 하고 민족 자존심과 자신감을 크게 제고시키고, 공통의 적에 대해 적개심을 불태우고, 미국침략자를 쳐서 물리칠 결심을 강화했으며, 바로 이러한 사상 기초 위에서 각 방면을 통

해 지원군 및 조선 인민이 침략에 반항하고 극동평화와 세계평화를 보위하는 강대한 물질역량을 산생시켰다." 더욱 중요한 것은 항미원조운동이 민족주의와 애국주의의 절합점(切入点)으로서 중화인민공화국의 건국 초기 민중 사회심태에 대한 정합을 효과적으로 촉진시켰다는 점이다…… 중국 수천 년래 민족정감의 집적은 이미 민족국가 창건과 공공화의 유력한 보증이 충분히 되었다…… 전체 항미원조 시기, 중국사회가 표현해 낸 중대한 특징은 바로 민족주의 공전의 고조와 응집력 · 구심력이 특히 강하다는 것이다. 항미원조운동 중의 "미국에 복수해야 하고(讐美), 미국을 비루하게 여기고(鄙美), 미국을 멸시한다는(蔑美) 선전교육은 또한 민족 자존심과 자신감을 증강하는 기초 위에서 백년 동안 제국주의의 중국침략이 조성한 불량한 심리를 청산하는 데 영향을 미쳤으며, 이 일체는 민족과 국가발전의 중요한 전제가 되었을 뿐만 아니라 또한 민중의 건강한 사회심리를 형성하는 데 필수불가결한 조건이 되었다.

항미원조운동이 민족주의와 애국주의의 절합점으로서 중국의 사회주의 초기 건국과정에서 민중들의 사회의식을 제고하는 효과적인 작용을 했다는 것은 그 상황적 어려움에도 불구하고 예상될 수 있는 바다. 그러나 항미원조운동이 애국주의 · 민족주의의 절묘한 절합을 실현, 민족적 결집을 이루는 정치적 이데올로기적 효과를 거두었다고 하는 것과 당시 중국민이 프롤레타리아 국제주의에 입각해 강력한 연대의식 속에서 한국전쟁에 직접 참전한 것에는 어느 정도 괴리가 있어 보인다. 건국 초기 국민 결집 혹은 국민화가 항미원조운동으로 개진된 것 또한 그 운동을 통한 의식화와 집단적 결의가 없었다면 지원군 파견이 어려운 상황을 역으로 입증하고 있다. 중국의 저명한 작가 바진(巴金)은 1950년 10월 25일 세계보위평화대회 대표단으로서 대회에 참석하고, 10월 29일 저우언라이가 대표단을 접견하는 자리에 입석한 경험, 그리고 이후 지속해서 상하이시 항미원조분회에서 열리는 회의에 몇 차례에 걸쳐 참석한 바 있다.[51] 이는 당시 작가들도 적극적으로 항미원조운동에 결합해 교육선전작업을 진행하고 있었음을 말해준다.[52] 바진의 경우 1952년 2월부터 4개월간 전국문련이 조직한 '조선전지방문단(朝鮮戰地訪問團)' 단장을 맡아 3월 16일 조선 전선(戰線)에 이르고 전쟁터에서 산문(《평양(平壤)》)과 〈조선 싸움터의 봄밤(朝鮮戰地的春夜)〉 등의 통신문을 써서 지속적으로 지면에 발표했다. 이 또한 문학활동이자 항미원조운동의 일환으로서 작가들은 물론 중국에서 1950년대 대다수 사람들의 삶은 일반적으로 항미원조운동과 직간접적으로 결부되어 있다고 해도 과언이 아니다.

그렇다면 건국 초기 이루어진 광범위한 항미원조운동이 과연 중국의 대다수 민중이 민족국가의 국경을 넘어 아시아를 보위한다는 인식을 확보한 것으로 이해할 수 있을 것인가. 당시 선전의 주된 내용과 방식을 통해 이를 살펴본다면 우선 내용에서는 대개 두 가지가 주조를 이루고 있다. 첫째는 미국이 조선에 대한 침략전쟁을 확대하고, 직접적으로 타이완을 침략해 중국의 안전을 엄중하게 위협하고 있으므로 중국은 이를 두고 볼 수 없다.[53] 둘째, 전국 인민은 미제국주의에 대해 통일적 인식과 입장이 있어야 하며, 친미적인 반동사상과 미국을 두려워하는 착오심리를 견결하고 깨끗하게 일소해야 한다. 한편 교육선전 방식에서는 각종 신문매체를 활용했고, 각종 회의와 집회를 개최했으며, 그 밖에 대중예술과 잡문, 만화, 희극, 가곡 등 대중들의 정감에 공명을 일으킬 수 있고, 특히 예술작품에 그러한 내용을 충분히 체현하는 등 대중적 결단과 응집력을 고양하는 데 최대한 역점을 두었다. 문제는 그 내용들이 주로 미국이 남으로는 조선을 침탈하고 타이완에 군사력을 뻗쳤으며, 미국의 공군력이 중조 국경을 수시로 습격하는 것을 보건대, 중국본토가 곧바로 위급상황에 놓일 수 있다는 것이고, 그런 위태로운 국면에서 '가정을 보호하고 국가를 보위하는(保家衛國)' 것은 지극히 당연한 일임을 역설하고 있다는 점이다. 여기서 당사자인 남북한보다는 주로 미국이 조선과 타이완, 나아가 필리핀과 베트남을 위협하는 상황을 들어 간접적으로 아시아의 위기를 제기하고 있는 상황에 주목해 보면, 미국의 제국주의적 침략으로 인해 아시아보다는 중국이 국가적 위기 상황에 처한 것으로 집중 선전함으로써 극명한 대립구도를 세우는 것을 볼 수 있다. 아시아의 위기보다는 국가적 이해관계의 절박함이 전적으로 강조된다는 것은 앞서 살펴본 바 있지만, 그 운동이 국제주의 혹은 아시아연대 의식보다는 민족주의와 애국주의의 강화로 귀결됨을 말해 주는 것이다. 물론 많은 항미원조지원군의 활약상과 전시기록들로부터 실제적인 전황 속에서 상호 굳건한 동지애와 연대의식을 확인할 수 있고, 마오쩌둥 또한 그러한 아시아의 주체적 지역화와 거대한 세계사의 전환을 제기하지 않은 것은 아니다. 그러나 항미원조운동의 기본틀은 '보가위국'에 있음은 부정할 수 없는 사실이다. 허우쑹타오 또한 항미원조운동이 조성해 낸 극단적인 의식적 양단논리에 대해서 그것이 이후 미친 사회적 파급효과까지를 포괄해 문제 제기한 바 있다.

> 항미원조운동은 민중 사회심태에 대한 규범에서도 몇 가지 문제가 있다. 장기간의 계급투쟁과 혁명전쟁 환경이 형성해 낸 극단적인 선성(線性: 직선적) 사유모식으로 인해 항미원조운동은 매우 호전적으로 비판하고 폭로하는 양상을 띠게 되었고, 문제에 대한 심입 분석을 결여했다. 저우언라이는 이 문제를 당시 발견했고, 1952년 5월 18일 전보에서 지적했다.[54]…… 그러나 당시 항미원조운동은 이미 고조를 거쳐 보급과 심입 발전단계로 진입한 정황에서 이미 민중이 나날이 고조되는 반미(反美), 미국에 복수해야 한다는 정서(讐美)를 휘어잡기는 어려웠다. 범정치화, 범계급

> 화, 범이데올로기화 경향의 작용으로 공미(恐美), 숭미(崇美), 친미(親美) 또는 수미(讐美), 비미(鄙美), 멸미(蔑美)는 정치적으로 선진과 낙후의 평가표준이 되었다…… 미국영화는 영화관종사자와 군중의 제어 하에 자취를 감추었고, 〈미국의 소리〉 유언비어 방송을 듣는 것은 군중들 속에서 남에게 말할 수 없는 부끄러운 일이 되었다. 이러한 정치 강제하의 심리규범은 단기간 내 신속하게 예기한 효과를 획득했지만, 장기과정으로 보면 민중 사회심리의 어떤 곤혹, 모순과 어떤 문제에 대한 비이성적이고 극단화된 인식을 쉽게 조성하고 또한 민중의 심리를 정치압력이 풀린 후 하나의 극단에서 다른 극단으로 기울게 만든다.[55]

이런 전개야말로 냉전의식이 형성되는 전형적인 예증이 아닐 수 없다. 물론 항미원조운동과 그것이 미치는 사회적 파장(이는 국민국가건설과정의 국민화 기획으로 볼 수 있다)은 당시 중국적 입지에서는 그 정당성과 불가피함을 인정하지 않을 수 없다. 그러나 아시아에서 냉전의 문화화과정을 살펴보면 국가단위에서의 하향식 의식화과정과 아래로부터의 자발적 동의 형식을 띤 동원체제의 문제와 그것의 집체적 의식체현 방식의 양가성이 문제의 본질을 이루는 측면에 주목해야 할 것이다. 이는 근대적 국민국가의 초기 건설과정이라는 현실조건에 입각해서 그 의미와 한계로 짚어낼 수 있겠다. 요컨대 냉전의 체제화란 민족국가 단위가 양 극단 체제에 일방적으로 편제되는 과정으로만 볼 수 없고, 종속성 · 비대칭성 등 관계의 역관계에 따른 관철과 동화의 작용이 그 중층결정과정이 중요하며, 그것은 초기단계 형성과 그 개진에서 집단화된 경험으로 강한 동화작용을 경험한다는 것이 문제의 본질을 이룬다고 하겠다. 아울러 그 집단의식의 형성과 공통의 경험이 야기하는 후폭풍의 문제 역시 올바른 역사인식과 세계인식 및 상호관계성을 회복하는 데 어려운 국면을 야기한다는 점을 지적해 두고자 한다.

어쨌든 한국전쟁 상황으로 돌아와 위의 문제는 민족적 위기 속에서 생사의 고락을 함께하고 ―물론 그 과정에서 일어났던 노선의 갈등과 민족적 차이로 인해 발생한 불행한 사태를 간과할 수는 없다― 국가건설 과정에서 민족분단과 외세의 개입에 대한 공동 대처로 결집하고 함께 싸워나가며 사선을 넘었던 이른바 형제애가 국민적 감정의 기억으로 공유되었던 역사의 의미를 놓고 사고해 보지 않으면 안 될 것이다. 다시 말하면 한국전쟁을 중국과 북한의 대다수 '인민'의 삶의 입지에서 바라보고 아래로부터의 상호관계성 속에서 주체의식 곧 민족적이고 세계적인 인민주체성의 획득문제를 논의해 보아야 한다는 것이다.

루링(路翎)의 소설 〈첫눈(初雪)〉[56]은 이 문제에 대한 하나의 단초를 제공해 주고 있다. 소설은 한국전쟁 후퇴과정에서 중국군 장교가 북한 주민들의 피난을 돕는 상황을 그리고 있다. 중국지원군의 눈에 비친 북한 여인들의 전쟁 중 삶은 그들이 낡아빠졌고 쓸모없지만 목숨과 같이 지켜온 피난짐들과 겹쳐지고, 그래서 중국지원군 장교가 사람도 다 실어 나르기 힘든 비좁은 차안이지만 그들의 피난짐을 꾸겨 넣어주는 대목이 압권을 이룬다. 지원군 장교는 북한 여인들의 피난짐에 대한 애착에서 중국해방전쟁 시기 자신의 어머니나 식구들이 악착같이 지키고자 했던 살림살이에 대한 집착을 상기하며 전쟁 상황에서 인민적 삶의 보편성을 이해한다. 그것은 삶의 실질적 연대라고 할 만큼 일상성을 확보한 것은 아니더라도 문제의 전현을 통해 북-중 인민의 상호이해와 공통의 처지, 따라서 상호소통의 경로들을 구체적으로 보여준 의미를 가지고 있다. 그러한 상호관계적 삶의 역사적 경험이 실은 아시아적 정체성의 내함(內涵)을 이루는 것이 아닌가 하는 것이다.

냉전이 열전으로 치달으며 세계적인 규모에서 냉전구도가 구축되는 계기로서의 한국전쟁에 대한 평가는 그동안 누가 전쟁을 일으킨 장본인가를 논의하는 데 어쩌면 너무 많은 시간을 소비했는지도 모르겠다. 이승만의 북진통일론과 애치슨선언이 전쟁을 유발한 책임은 수없이 물어졌거니와, 김일성의 초조한 남침 또한 수없이 단죄되었다. 한국전쟁의 성격 또한 미국의 수정주의 계열이 밝힌 바와 같이 지배구조의 계급대립과 국가건설 기획의 상충으로 인한 내전적 성격이 짙고, 냉전구도 속에서 대리전의 성격 또한 분명하다. 그런데 문제는 이 전쟁이 수많은 인명 살상 특히 동족상잔의 비극을 초래했지만, 그 불행한 사태 속에 내재한 참혹하지만 아름다운 순결들을 외면할 수는 없다는 데 있다. 이 문제는 경제 실리와 반공적 아시아주의 속에 한국군의 베트남전쟁 참전이 낳은 문제, 그것이 베트남민과 한국민에게 무엇이었나, 그 감정의 기억과 함께 나란히 하나의 아시아, 혹은 아시아주의를 사고하는 데에서 가장 중요한 성찰지점이자 참조체계가 아닌가 한다.

한편 이는 냉전 아시아에서 대안적 인터내셔널리즘으로서 아시아주의의 대두와 전개의 실상과 함께 아시아에서 민족주의의 전개가 일국적으로 이루어질 수 없었던 사실을 극명하게 드러내준다. 중국의 한국전쟁 참전과 전후 복구로 북한은 회생하지만, 한국전쟁 직후 김일성에 의한 연안파와 소련파의 숙청과정, 그리고 이후 강한 민족주의로 경도한다. 1958년 이후 중소 대립 속에서 김일성의 행보가 중국 측 입장에 서게 되면서 북한이 받게 되는 경제적 곤경, 이후 소련과 다시 우호적 관계를 맺게 되면서도 비동맹노선으로 주체적 존립이 절실했던 과정들, 그것은 사회주의든 자유주의든 아시아에서 민족주의의 사상 연쇄는 소련이 스탈린 사후에 불안하게 유지했던 세계사회주의에 대한 지도력과 중국의 문화대혁명이라는 비극 등의 역사적 국면 속에서 그것이 야기된 중층적 요인들을 따져 보는 것이 절실하다.

4. 남는 문제들

이 글은 원래 전후 아시아에서 아시아인에 의한 아시아 인식의 문제를 논의 주제로 하는 만큼 냉전의 문화화가 일상적 · 심미적 과정에서 어떻게 이루어지는가, 그런 과정에서 냉전적 아시아주의의 형성과 재편의 문제를 살펴보는 것에 또한 역점을 두고자 했다. 그러나 광역한 문제의 영역으로 인해 이에 대한 집중적인 연구를 개진할 수 있는 지면을 확보하지 못한 한계에 봉착했다. 다만 향후 지속작업을 기약하며 문화냉전의 아시아적 실상들을 몇 가지 단면의 연계를 통해 펼쳐보면서 문제의 지점을 확인해 본다면 다음과 같다. 해방공간에서 문화운동의 실상과 미군정의 문화정책, 북한에서 소련의 문화냉전 기획과 전개, 북 · 중관계의 이행과정, 북한의 국제관계 지형, 중국의 대내전 시기 미국의 대(對)중국공산당 선전전, 한국과 일본의 미군정 시기 문화냉전 전략과 문화통치, 북한–중국–베트남 등 사회주의권에서의 전시와 평화시기에서의 문화월경 등이 그것이다. 거기서 문제의 관건은 역시 전후 아시아에서 민족국가의 건설과 국민화의 기획이라는 일국적이고도 트랜스내셔널한 과정을 아시아의 지평 위에서 조망하는 문제다.

예컨대 한국전쟁 이후 한반도에서 문화냉전은 미국의 세계전략에 따른 후진국 '원조' 정책의 원형이라고 할 수 있는 후진지역개발원조계획(Point Four Program, 트루먼 대통령 연두교서, 1949. 1. 20)과 군사점령에 의한 일련의 프로그램을 통해 강화되어 갔고, 그 문화냉전은 필리핀을 제외하고 아시아에서 남한만큼 미국문화에 깊이 영향 받는 나라가 드물 정도로 아메리카니즘의 내재화를 이루어냈다.[57] 한편으로 아메리카는 한국민의 일상에 직접적으로 현전하는 '타자' 였다. 그렇다면 소비에트는 북한민을 비롯한 사회주의 아시아의 일상에 어떻게 현전했는가. 찰스 암스트롱은 한반도에서 문화냉전에 대한 연구로서 이 문제에 육박해 들어간 바 있다. 거기서 초점은 문화 · 전쟁 · 학술 교환을 냉전의 새로운 무기로 하여 한국민을 공산주의로부터 '전향' 시키는 것에 성공한 미국과 그 아메리카화, 그 다른 한편에 대중문화와 대중매체(특히 영화)를 통한 소련 점령당국의 소비에트화가 이룬, 놀랍게도 소련의 '사회주의적 국제주의' 가 아닌 한국의 민족주의, 대중에게 애국주의적 열정을 채워 넣는 북한식 버전의 한국 민족주의라는 점의 대비에 놓인다.

이 문제를 이 연구의 주제, 식민-냉전 체제의 연속과 변용을 겪는 아시아 여러 국가 국민들이 일상적 · 심미적 과정 속에서 어떻게 아시아를 인식해 갔는가 하는 논의의 지평에 놓는 일은 결코 다음으로 미루어둘 과제는 아니다. 그러나 여러 조건상 다음 사항만 확인해 두고자 하고 본격적인 토론영역을 남겨 두고자 한다.

해방공간과 민족내전의 시공간은 결코 국경의 형식적 경계에 묶여 있지 않았다. 경계 밖으로의 넘나듦을 통한 문화횡단의 경험은 물론 경계 안으로의 침탈과 이입에 대한 경계 안에서의 작용과 반작용, 근대적 민족국가의 주체적 형성이라는 과제를 식민-냉전이라는 체제의 연속과 변용 속에서 감당해야 했던 사람들이 그 예증이다. 당시의 작가들은 그 대다수 사람들의 삶의 실제와 의식의 변화를 함께 겪으며 세계 혹은 아시아라는 지역 인식이 체화되는 과정의 생생한 정경들을 재현해 주고 있다. 이 기록들이 격동의 아시아에서 지역정체성 형성의 주체와 경로를 이해하는 중요한 실마리를 제공해 주는 것은 물론이다. 김태준의 〈연안행(延安行)〉, 김사량의 〈노마만리(駑馬萬里)〉 · 〈종군기〉와 이태준의 〈소련기행〉, 백석의 아동문학 번역작업과 동시들, 서정주의 〈자서전〉 등 주로 당시 주요 작가들의 역사기록 작품들과 차이청원(柴成文)의 《중국인이 본 한국전쟁: 抗美援助紀實》, 루링의 〈첫눈〉, 김중생의 《조선의용군의 밀입북과 6 · 25전쟁》 등 한중 국경을 넘어 이루어진 전쟁문화 공유실록들은 그 점에서 많은 역사적 경험들을 전현해 주고 있다.

광범한 논의를 포괄하는 이 연구가 겨냥하는 바는 세계 속에 아시아 혹은 동아시아의 주체적 구획화의 가능성을 놓고 냉전이 가장 육화된 형태의 열전으로 치달았던 제2차 세계대전 종결 이후 아시아 · 동아시아의 시간성과 공간성을 다시 성찰하는 가운데 그 원상(原象) 속에서 다양한 경로를 가늠하며, 이 칙칙한 역사의 무게를 떨치고 새로운 공생적 전화를 꾀할 수 있는 창조적 시야를 열어내는 데 있다. 확실히 전후, 아시아는 모든 가능성 위에 서 있었다. 그러나 그것은 진공 속이 아니라 제국적 지형 위에 대립된 강대국의 초국가적 세력의 소용돌이 속에 존립해 있는 가능성이었다. 그리고 그 가능성들은 곧 어떤 경계 위에 고착되어 버렸었다. 냉전의 이미지즘, 분할선 · 장벽. 이 '선'을 어떻게 사고할 것인가, 그것은 한반도의 분단을 살아온 한 사람으로서는 가장 먼저 넘어서야 할 삶의 경계였지만, 중요한 것은 그 철조망에 엉겨 붙은 그 모든 희망의 찢긴 자락들, 풍화된 피눈물의 응결들을 하나하나 뜯어내어 살피는 일이었다.

미 · 소에 의해 주도된 세계의 분할지배 구도가 냉전질서로서 공고화되는 시점에 대한 논의는 분분하지만, 대개 1949년 신중국의 성립과 더불어 미국의 대(對)아시아정책이 전환되는 한국전쟁의 발발 직전이라고 할 수 있다. 미군정의 종료 및 미군철수와 1950년 1월의 미 국무장관 애치슨의 대아시아정책선언은 이른바 미국의 방위선을 다시 긋는 것이었다. 일본으로의 방위선 후퇴가 갖는 저의는 한국전쟁 발발에 대한 외인론의 근거로 제기되는 것이지만, 중요한 것은 그 미 · 소의 한반도 분할 점령이 갖는 분할선, 군사분계선이 갖는 아시아적 의미일 것이다. 그 분사경계선은 처음에는(제2차 세계대전 직후, 분할점령 당시) 정말 우연스러운 것이었다.[58] 그러나 나중에는 한반도와 아시아의 모든 내용과 형식을 규정하는 정치적 ·

경제적 · 사회적, 특히 문화 이데올로기적 · 제도적 · 심미적 분단선이 되고 말았다. 문제는 세계적인 탈냉전의 시대에도 이 한반도와 아시아가 이 분단선으로부터 결코 자유롭지 못하다는 점인데, 특히 한반도를 가르는 녹슨 철조망은 또다시 아시아 신냉전질서 구축의 선분이 될 필연의 경계로 건재하다. 그러나 스스로 무너졌거나 스스로 녹아내렸거나 무선(無線, wireless)의 문화적 무단횡단이거나 경계의 무너짐, 일단 한번 와해된 경계의 질서는 또 다른 희망, 어떤 가능성을 품고 있지 않다고 말할 수는 없다.

전후 아시아에서 아시아가 아시아를 다시 구도했던 '그 아시아'의 역사상, 그것은 하나가 아니라 여럿이며, '겹쳐 써짐(中層書寫)'을 특징으로 한다. 그러므로 다양한 아시아 그림을 어떤 하나로 규정하는 것이나 다양한 탈선으로 재맥락화하는 것, 기억의 정치학으로 아시아 자체 문제에 침잠하는 작업들은 모두 명백히 어떤 의도의 소산이라는 것이 나의 입장이다. 특히, 탈냉전 시각을 이끌어온 포스트콜로니얼의 기억과 차이의 정치학이 갖는 탈정치성, 탈역사성이야말로 나의 작업이 전적으로 대치하고자 하는 바다.

아시아가 서구적 근대와 의사서구(疑似西歐)인 일본에 의해 규정된 아시아로부터 그 스스로 아시아를 공간화하는 아시아적 탈근대의 기획은 그 어떤 진정성에도 불구하고, 아시아가 전장에서 시장으로 전화되는 전 지구적 지역화의 오늘에서 결코 순탄하게 전개되지 못할 것은 자명하다. 따라서 꼼꼼하게 출발선을 만들어가지 않으면 안 될 것이다. 한류와 이주노동자, ASEAN+3(한 · 중 · 일), 한-ASEAN FTA 등 민족국가의 경계를 넘는 트랜스내셔널의 공간 상상은 다양한 층위에서 상상이 아니라 이제 현실이 되었다. 그러나 아시아는 아시아를 아직 정체화하지 못했다. 남북한을 막론하고 아시아 전역이 전후 근대적 국민국가 형성과정에서 권위주의 정권에 의한 정체성 정치에 시달릴 대로 시달려온 만큼, 아시아를 하나의 경계로 정체화하는 것 자체가 패권적 지역주의의 다양한 개진과 각축을 예견하게 하기도 한다. 그러나 새로운 아시아를 구도해 갔던 사상적 층위에서 아시아주의의 전개는 역사이고 현실이라는 점에서 전후로부터 시작된 아시아 상상의 계보학을 다시 그리는 일은 매우 중차대한 작업이 아닌가 한다.

아시아의 역사층면에 켜켜이 쌓인 그 반자본주의적 근대 지향의 다양한 개진들과 아시아에 의한 아시아 지역화의 기획, 아시아가 아시아를 만난 관계지형들을 제대로 펼쳐보고 그 역사적 맥락 속에서 정면과 반면을 함께 안으며 그것의 가능성을 꼼꼼히 새기는 작업, 그것은 제국주의에 의한 아시아상과 일본의 아시아로부터 아시아를 탈영토화하고, 아시아에 의해 재영토화하고자 하는 탈근대적 목적의식을 분명하게 가지고 있다. 그러나 실은 다른 아시아가 가능하다고 말할 수 없는, 세계와 아시아의 진보 지향이 그 존재감을 거의 잃어가는 그야말로 아사지경의 역사지점에서 이 작업을 진행하는 것은 거의 지푸라기를 잡는 심정의 강행이라고 해도 과언이 아니다. 아시아는 과연 살 길인가.

한류의 문화월경과 이주노동자 및 이주결혼에 의한 문화적 혼종과 혼혈, 신자유주의 세계화가 감행한 위로부터의 계급투쟁으로 새로운 계급화라는 보편적 피해상황, 그것은 어쩌면 '사회기층적인 아시아다움'이 일어나는 장소로서 아시아를 다시 대면하게 하는 조짐과도 같아서, 그 '기층성'의 발랄하면서도 치열하고 열린 시야로 아시아주의의 사상행로를 실천적으로 열어내는 단꿈에 사로잡혀 보기로 한다.

김예림은 〈1930년대 몰락/재생의 서사와 미의식 연구〉로 연세대학교 국어국문학과에서 박사학위를 받았다. 근현대 한국 문학 및 문화에 대한 비평과 연구를 지속적으로 해왔으며 계간지 《문학/판》의 편집위원으로 활동했다. 최근에는 포스트콜로니얼 시대의 한일 문화번역의 역사와 구조에 관심을 두고 연구를 진행하고 있으며, 동아시아 문화연구 관련 강의를 하고 있다. 저서로는 《문학 속의 파시즘》(공저, 2002), 《1930년대 후반 근대인식의 틀과 미의식》(2004), 《문학풍경, 문화환경》 등이 있으며 주요 논문 및 비평으로는 〈미국 생존상태에 관한 문학쪽 보고서〉, 〈문화로서의 우생학〉, 〈1960년대 중후반 개발내셔널리즘과 중산층 가정 판타지의 문화정치학〉 등이 있다. yerimk@hanmail.net

2

냉전기 아시아 상상과 반공 정체성의 위상학

– 해방~한국전쟁(1945~1955) 후 아시아 심상지리를 중심으로

김예림

1. 들어가며

1945년 해방 이후부터 한국전쟁 이후인 1950년대까지, 한국의 '아시아 상상'은 냉전이라는 새로운 국제적 환경과 국민국가 건설이라는 국내적 요구 속에서 어떠한 변형을 거치면서 재/구성되었는가?[1] '재/구성'이라는 용어를 쓴 것은, 이 시기 아시아 인식이 보다 역사적이고 통시적인 관점에서 '맥락적으로' 검토되어야 한다는 판단 때문이다. 아시아 상상이라는 지역주의적(regionalistic) 문화 · 경제 · 정치 구상이 출현한 것은 특히 식민지 후반기라 할 수 있는데, 나는 여기서 식민주의적 아시아 상상 이후에 출현한 냉전적 아시아 상상을 분석 대상으로 삼는다. 식민주의적 아시아 상상과 냉전적 아시아 상상 사이에는 표면적으로 보자면 거의 '단절'에 가까운 역사적 체험이 놓여 있다. 해방과 국민국가 건설이 의미하는바, 한국은 구제국주의 세력장에서 벗어나 비록 분단 상태이긴 하지만 주권국가로의 '신생'을 맞는다. 더불어 세계정세의 변화에 따라, 한국사회에 심대한 정치적 · 문화적 영향력을 행사하게 될 헤게모니 세력도 일본에서 미국으로 바뀐다. 그러나 이러한 표면적 '단절'에는 단절을 전후한 시기의 체험을 재편하거나 변형시키는 이데올로기적인 집단 작업이 개입되어 있기 마련이고, 그런 점에서 해방 후 아시아 인식도 일련의 구조적 연관성의 관점에서 검토될 필요가 있다. 따라서 핵심적인 질문은 식민지 후반기 조선에 번성했던 일종의 지역적 상상의 구조가 해방 이후 어떤 식으로 '처리'되고 재조직되었는가 하는 점이 될 것이다. 여기에는 식민지의 기억, 보다 특수하게는 식민지의 지역적 상상 구도를 특정한 방식으로 '처분'하면서 새로운 세계체제에서 그 틀을 새로이 가공하게 되는 과정이 놓여 있다.

한국의 지역적 상상의 역사를 묻는 작업은 현재적이고 동시대적인 의미 또한 갖고 있다. 경제적 · 정치적 · 문화적 차원에서 그 어느 때보다도 열정적으로 '아시아'를 호출하고 있는 오늘의 한국사회를 생각해 볼 때, 아시아라는 것이 역사적으로 어떻게 상상되고 구성되어 왔는가, 그 구체적인 상을 결정지은 맥락과 욕망은 무엇이었는가라는 질문은 이른바 아시아론의 계보학을 작성하고 미래를 위한 비판적 전망을 제시하는 데 필수적으로 요청된다고 하겠다. '아시아'를 단위로 한 지역적 상상의 등장을 촉발시킨 비교적 최근의 계기만을 검토해 보면, 1990년대 초반 우루과이라운드 협상을 계기로 시장개방의 요구가 현실화되면서 지식계에서 지역주의 담론 및 동아시아론이 급부상했고 이후 지금까지 경제적 · 문화적 · 사회적 변화의 물줄기를 타고 다양한 아시아론이 제출되고 있음을 확인할 수 있다.[2] 더구나 현재 '아시아'는 지식계 내부의 담론화 대상으로 '추상화'되거나 '이론화'되는 데 그치지 않는다. 특히 노동시장의 개방과 함께 이주의 문화가 보편화되면서 국경을 넘는 '지역적' 현상들이 대중적 · 일상적 생활 영역에서 뚜렷한 '실감'의 대상으로 일반화되고 있기 때문이다. 그러나 한편으로 과거의 역사적 체험들은 여전히 해결되지 못한 채 지역 내 불화와 갈등의 잠재 요인으로 작용하고 있다. 동아시아의 비판적 지성들이 제국주의와 냉전의 질서가 만들어놓은 아시아 그 너머를 진지하게 모색하고 있지만, "포스트 동아시아"[3]라고도 명명된바, '탈냉전'의 아시아상은 현실적으로 그리 가까워 보이지만은 않는다. 지구화가 초래한 경제 블록화나 문화 교류는 그 어느 때보다도 활발하게 일어나고 있지만, 어둡고 복잡한 과거의 그림자와 동시대적 갈등이 우리의 일상 · 제도 · 감각 곳곳에 깊이 드리워져 있기 때문이다.

위와 같은 동시대적 문제의식을 유지하면서 냉전기 한국의 아시아 상상을 비판적으로 검토할 때, 우리가 던질 수 있는 질문은 다음과 같이 요약될 수 있다: 한국의 '아시아 발견'의 역사라는 측면에서 볼 때, 제국주의 시대의 피식민 체험과 제국 시대의 지구화 체험 '사이'를 점하고 있던 아시아 상상의 실제는 어떠했는가. 이 질문은 세계체제의 냉전적 재편과 함께 국민국가 형성의 길로 들어선 한국의 자기 정체화 과정을 비판적으로 분석하는 작업과도 이어진다. 이에 대한 규명을 위해 이 글은 논의의 시기적 대상을 1945년 이후부터 1950년대 중반까지 약 10여 년에 걸친 시기로 잡았다. 이 시기는 현실정치 측면에서 성격화하자면 이승만 정권의 시대다. 그리고 보다 복합적인 구조적 측면에서 파악하자면 한국사회가 한국전쟁을 거치면서 강력한 반공국가로서 자기구성을 시도하고, 미국 헤게모니의 자장 내에서 자신의 국가적 위상을 확보하려는 의도를 본격적으로 작동시키기 시작한 단계다. 이와 같은 국가적 차원의 자기 정체화 사업은 지역적 · 국제적 관계의 망 속에서 혹은 적어도 일국적 차원을 벗어난 국가 간 망의 상정을 통해서 이루어진다. 따라서 이 글에서는 해방 후 한국이 아시아를 '호출'하고 상상한 방식과 그 맥락에 초점을 맞추되, 동시기 일본의 '아시아 상상'의 처리 양상을 비교적 관점에서 참조하고자 한다. 제국주의적 세계 판도가 붕괴되고 냉전 헤게모니가 세계를 장악한 이후, 패전국은

일본 학계에서는 식민주의적·냉전적 아시아론에 대한 사상사적·문화사적 연구가 지속적으로 이루어져 왔다.

영토의 축소라는 형태로 그리고 해방국은 영토의 회복이라는 형태로 모두 본격적인 국민국가 '재건-갱생'의 단계로 들어섰다. 이 과정에서 한국과 일본의 지역적 상상에는 어떤 일이 벌어졌는가? 지역적 상상과 국민국가적 상상이라는 상호 연동하는 역장은 냉전 논리를 타고 어떻게 움직였는가? 비교적 관점에서 아시아 상상의 구조를 살펴봄으로써, 1945년 이후 '대동아'의 변방 '지방(local)'에서 '일국'으로 확장된 한국의 이데올로기적 '과거 청산' 작업 및 자기구축 메커니즘이 역으로 '대동아'의 중심에서 '일국'으로 축소되어 버린 일본의 그것과 어떠한 차이를 갖는지 보다 명료하게 파악할 수 있을 것이다.

1945년 이후의 지역주의적 전망이나 아시아론과 관련해 일본의 전후사 연구는 문화사적 · 사회사적 · 사상사적으로 다각적인 성과를 내고 있지만, 한국의 경우에는 주로 한미 외교 관계사나 이승만 혹은 박정희의 외교정책을 중심으로 한 정치학적 관점의 논의가 대부분을 차지하고 있다.[4] 따라서 1945년 이후의 아시아론에 대한 논의는 다음과 같은 몇 가지 이유에서 보다 확대될 필요가 있다. 우선, 아시아 상상이 특정한 파워엘리트의 정치적 · 외교적 시도를 밝히는 것만으로는 충분히 규명될 수 없다는 점을 지적할 수 있다. 1945년 이후 매체의 문헌들을 검토해 보면 알 수 있듯이, 아시아 담론은 파워엘리트와 엘리트집단의 공유물이자 상호 지지물이었다. 이 공유현상은 파워엘리트의 통치 · 정권 이데올로기와 동시대 지식인집단의 인식 · 상상체계가 서로 긴밀하게 연접하고 있었음을 의미한다.

그러므로 이 글에서는 아시아론을 특정 정권 혹은 인물의 '정치학'이나 '외교술'로 축소시키기보다는 국가 · 지역 · 세계에 대한 특정한 지식이나 정보, 전망을 소유할 수 있었던 지식인집단이 구축한 지역적 심상지리(心象地理, imaginative geography)의 장으로 파악해 검토하고자 한다. 당시의 아시아론은 냉전 시스템의 사상적 · 이념적 버전이라 할 수 있는바, '두터운'

정치적 · 문화적 상상의 체계로 이해해야 하는 것이다. 두 번째로 주목해야 할 부분은, 현재 한국의 학계에서 아시아론에 대한 역사적 검토가 식민지 시기 조선이 지지했던 대동아공영권의 아시아론을 주대상으로 해서 진행되고 있다는 점이다. 기존의 논의들은 식민지 시기의 담론에 거의 절대적인 해명의 노력을 기울여 왔기 때문에, 포스트 식민 시기의 현실적 · 이념적 환경에서 어떠한 아시아상이 구성되었는가 하는 문제는 상대적으로 간과되어 왔다. 그 결과, 아시아 상상의 전개 및 변화가 통시적 관점에서 논의될 수 없었다. 제국주의가 한국의 아시아 지도 그리기에 지배적인 결정 요소였다면 포스트 제국주의의 냉전 시스템 역시 그러한 기능을 했다.

이런 점에서 아시아 상상에 대한 검토는 시기적으로 연장되고 구조적으로 재해석될 필요가 있다. 이 시기 한국의 정책 입안자들이나 지식인들이 합작하고 공명했던 아시아론을 종합적으로 검토해 보면 냉전기 반공국가가 도모했던 일련의 아시아 프로젝트의 면면을 파악할 수 있다. 국가의 자기구성 기획이 대내적 방향으로 도모되는 동시에 대외적 방향으로도 진행되는 것, 두 방향으로의 움직임이 동시에 일어나는 것은 필수적인 현상이다. 해방 이후 한국에서 동아시아 및 동남아시아 지역에 관한 관심은 매우 높았다. 이는 주로 정치적인 방향으로 정향된 시사적인 정보나 본격 분석기사 등의 형태로 방대하고도 지속적으로 제출되고 있었다.[5] 나는 지식인집단이 구상하고 상상한 지역 지도를 재구성하기 위해, 아시아 지역 국제정세나 관련 국가에 대한 논의, 대외적 관심을 표명하고 있는 여러 유형의 자료들을 조사했다. 이 가운데 번역기사는 제외하고 짤막한 정보 전달 형식의 기사들은 보충자료로 사용했으며 주로 당대 아시아 상상의 틀과 밀도를 보여주는 논의들에 주목했다. 중요하게 참고한 매체는 1946년에 창간되어 1954년에 종간된, 해방 후의 대표적인 종합 월간지 《신천지》와 한국전쟁 이후 지식계의 동향을 알려주는 《사상계》다. 이 두 잡지는 1945년 이후 한국사회가 좌우 대립의 시기를 거쳐 반공국가로 구성되어 가는 과정을 이념사적으로 추적해 들어가는 데 결정적인 자료들을 풍부하게 제공해 준다. 그 외 《신태평양》, 《태평양》, 《전망》, 《민성》, 《초점》, 《현대공론》 등의 잡지 및 《조선일보》 기사들을 참고 · 활용했음을 알려둔다.

2. 1945~1950년의 아시아 상상

아시아, 은폐 혹은 발견의 기술

일본의 아시아론 전개를 지속적으로 검토해 온 쑨거(孫歌)가 지적하고 있듯이, 전후 일본에서 아시아를 향한 사상적 시선은 거의 사라진다. 물론 현실정치, 특히 현실경제 측면에서 아시아는 실제적인 유효 공간으로 기능하고 있었지만[6] 이러한 아시아의 '현실적 기능성'의 강화 자체가 이미 아시아에 대한 전반적인 회피, 아시아의 이념적 소거를 조건으로 한 것이라는 역설적 구조를 갖는 것이다. 쑨거에 따르면, "아시아는 민족주의와 함께 현대 일본어에서는 의미를 명확하게 하지 않으면 사용하기 힘든 모호한 말이 되었고 따라서 전후 일본의 진보적 지식인들은 기본적으로 아시아 문제에 대해 언급하려고 하지 않았다." 좌파의 경우도 마찬가지였다. 그들 역시 "어두운 역사적 기억을 환기하는 아시아 문제와 접촉하기를 원하지 않았"기 때문이다.[7] 이후 일본에서 아시아가 "사상과제"로서 다시 등장한 것은 1950년대 후반인데, 전후 일본에서의 전반적인 '아시아' 실종 양상을 생각한다면 그녀가 다케우치 요시미(竹内好)와 우메사오 다다오(梅棹忠夫)의 아시아론에 주목하는 이유를 이해할 수 있다.[8]

식민지 일본이 패전 후 대동아공영권이라는 거대한 아시아 프로젝트를 거두어들인 후 이를 둘러싼 진지한 사상적 성찰이 이루지지 않았다는 사실

은 식민주의적 아시아론의 청산과 새로운 지역주의적 전망이라는 견지에서 늘 문제적인 지점으로 인식되어 왔다. 쑨거뿐만이 아니라 일본의 많은 비판적 연구자들이 일본의 전후 아시아 인식 부재에 비판적으로 접근하고 있다. 이들 논의의 가장 핵심적인 질문은 '패전 후 일본은 아시아를 어떻게 망각했는가' 다. 대동아 구상의 종주국이었던 일본으로서는 패전 후 제국의 꿈을 재빨리 접어 수습하는 것이 유일하게 주어진 '갱생' 의 길이었다. 그러므로 이와 같은 비판적 질문은 '망각' 의 메커니즘을 파고들어 감으로써 전후 일본이 취한 '자기 축소' 의 생존기술을 드러내려는 시도라 할 수 있다. 《'민주' 와 애국('民主' と愛國)》의 오구마 에이지(小熊英二), 《오쓰카 히사오와 마루야마 마사오(大塚久雄と丸山眞男)》의 나카노 도시오(中野敏男), 《점령과 평화(占領と平和)》의 미치바 치카노부(道場親信), 《냉전문화론(冷戰文化論)》, 《리저널리즘(リーケジョナリズム)》의 마루가와 데쓰시(丸川哲史), 〈전후의 대중문화(戰後の大衆文化)〉의 오오구시 준지(大串潤兒), 〈전후세론의 성립(前後世論の成立)〉의 사토 타쿠미(佐藤卓己)의 시선은 모두 패전 이후 '국민국가' 일본이 행한 기억/시간 조작술을 향해 있다. '전후' 라는 단절적 사고, 좌파의 "단일민족국가"론, '새로운 지성' 과 청년문화가 공유한 "국민주의적" 수양주의, "일미합작"의 일본문화론, '세론(世論)' 이 상정한 '균열 없는 단일국가' 모델 그리고 기억과 망각의 교묘한 소비 형식인 "노스탤지어"에 이르기까지, 1945년 이후 일본의 자기 정체화 구조는 '아시아 망각' 이라는 계기를 통해 해부되고 있는 것이다.[9] 일본은 제국으로서 군림했던 기억과 흔적을 거두어들이면서 미국의 지원하에 '단일민족국가' 로 자신을 재정비해 나갔다. 아시아론에서뿐만 아니라 여러 측면에서 '단절' 의 테크닉이 활용된 것은 이러한 맥락에서였다.[10]

해방 이후 아시아를 둘러싼 한국의 상상적 심상지리의 내면을 살펴보기 위해서는 일본과는 다소 다른 방향의 문제틀이 필요하다. 한국의 해방 이후 아시아 상상이 구조화되는 양상을 포착하기 위해서 질문은 '1945년 이후 한국이 아시아를 어떻게 호출했는가'로 변경되어야 할 것이다. 이와 같은 변경의 근거는 우선 당시의 자료들이 실제적으로 증명하는바, 특정한 정치적 · 사회적 · 문화적 배경하에서 제출, 생산된 아시아에 대한 발언들을 복원하는 데 있다. 둘째, 1945년 이후 한국이 독립된 해방국으로서 '신생' 하는 환경에 놓이게 되었고 그래서 일본의 경우와는 다른 맥락의 지역적 호출과 상상의 기회를 갖게 되었다는 점에서 찾을 수 있다. 셋째, 냉전이라는 정치적 현실은 현실정치 측면에서 아시아 근린 제 지역을 향한 실제적 관심을 낳았으며 —이는 주로 현실정치적 정향성을 지닌 것이었지만— 이것이 지식계 및 잡지 매체로 분산 · 연장되면서 이념적 두께를 지닌 아시아 상상을 형성했다는 데 있다. 이에 대한 검토를 통해, 해방 이후 한국이 냉전기 국제관계의 역학 속에서 아시아를 (재)발견하게 되는 과정에 어떤 반성력 같은 것이 존재했었는가를 따져볼 수 있을 것이다.

전후 일본이 선택한 '아시아 묻어두기' 전략이 '말하지 않음=호출하지 않음'과 동의어라면, 한국이 취한 '불러내기'는 '말함=호출함'과 동의어가 될 것이다. 한국과 일본이 아시아에 대해 서로 각기 다른 접근법을 취하게 된 데에는 양국의 대미관계라는 현실적인 이유가 놓여 있다.[11] 미국이 아시아를 향해 펼친 군사적 · 경제적 우산 안에 안정적으로 들어가 있던 것은 일본이었고, 한국은 이 짝패의 움직임에 따라 자신의 위상을 정하고 이동 방향을 계획해야 했다. 대미관계에서 한국이 점하고 있던 '불안한' 위치 그리고 일본에 비해 상대적으로 현저하게 '불균등한' 위상은 국가 바깥을 향한 한국의 시선을 분산시켰다. 이것이 한국으로 하여금 일본과는 다른 맥락에서 '아시아'라는 것을 요구하고 상상하도록 한 것이다. 다음 절에서는 우선 한국전쟁을 통해 냉전 이데올로기가 보다 강화되기 이전 시기의 아시아 상상에 대해 검토할 것이다.

적색공포와 '태평양' 환상

1945년 한국의 아시아 호출 및 발견은 제국주의적 압력으로부터 자유와 독립을 얻어냈다는 사실에 기대어 이루어진다. 지식인집단은 아시아의 신생 해방국을 향해, 여전히 해방 투쟁 중인 민족을 향해 뜨거운 동질감을 표현하기 시작한다. "힘 있는 대로 제국주의에 대항하여 싸"운 "우리와 같은 식민지의 인도네시아",[12] "앙코르 와트의 나라/ 월남 인민군"의 "항쟁의 총소리"[13]에 바치는 송시는, 드물지만 이 시기 한국의 아시아 상상이 구체적으로 재현되고 있는 중요한 자료라 할 수 있다. 동남아시아 국가들의 "신성한 독립", 독립을 위한 투쟁에 이들이 보낸 관심과 지지는 이 시기 여타 자료들을 통해서도 확인 가능하다. 해방과 함께 한국에는 새로운 위치에서 아시아의 지도를 그릴 수 있는 권리가 주어진 듯 보인다. 식민지 경험을 가진 국가 · 민족은 동일한 체험을 공유한 '동반자'로 상상되며 그들의 긴 저항의 역사, 영광의 현재가 칭송되고 있다. 이러한 세계인식 · 지역인식의 흐름 속에서 한국의 지식인집단은 새로운 아시아 지도를 그리기 시작하는데, 이는 '국가 윤리지도'라고도 할 수 있을 상상적 아시아 지도였다. 이 포스트식민 아시아의 윤리지도에서 일본은 "제국주의" "독사의 무리"[14]로 분류되어 한국을 비롯한 신생 해방국으로부터 가장 멀리 배치되었고 반식민 투쟁의 주인공인 중국, 동남아시아 지역 제 국가들은 서로 가까이 배치되었다.

일본이 더 이상 아시아를 거론하지 않으면서 자기재건의 기회를 살렸던 것과는 달리, 한국은 본격적으로 아시아를 거론하면서 그리고 특정 국가 · 민족에 연대감을 표하면서 해방국으로서의 자기 발산을 하게 된다. 신생 독립국으로서 한국이 취했던 이러한 '아시아 호출'에는 물론 식민지 시기에 이루어졌던 아시아 호출의 기억을 깨끗이 망각하고 재구성하는 과정이 작동하고 있다. 주지하듯이, 식민지 조선은 아시아 공동체를 '동아(東

亞)'라는 이름으로 열렬하게 주창했던 시절이 있었다. 러일전쟁과 함께 대두한 아시아연맹론이 조선이 지역주의적 요구에 절합하게 된 초기적 단계였다면, 대동아공영권이 제시해 준 아시아 상상의 체계는 훨씬 더 내면화되고 전면적인 것이었다. 일본과 마찬가지로 조선에서도 '대동아공영'은 정치논리나 경제논리였을 뿐만 아니라 문화논리이자 사상논리였다. 조선의 지식인들은 미국과 일본 사이에서 벌어질 세계 최종 전쟁에서 일본이 승리할 것이라 생각했고, 이는 서구적 근대가 몰락하고 동양이 세계의 역사를 새롭게 열 것이라는 거대한 역사철학적 신념과 맞닿아 있었다. 좌파 지식인 역시 이러한 '역사단계의 비약적 전환'이라는 환상에서 자유로울 수 없었다.[15] 그러나 제국 일본이 붕괴함과 동시에, 난만하게 피었던 모방된 허구적 아시아 환상은 그야말로 온데간데없이 사라진다. 피식민지 조선이 일본이 만들어놓은 아시아 환상에 동조했었다는 사실은 해방 이후 완전히 몰각된 채 포스트 식민 아시아 상상이 그려지게 된 것이다. 해방 이후 한국의 어떤 지식인도 자신들이 일본이 그려준 이 아시아 지도에 매혹되었었다는 점을 진지하게 성찰하지 않았다. 그리고 새로운 환경이 가져다준 조건 속에서 새로운 아시아 지도를 그리기 시작한 것이다. 이 잠깐의 암전은 한국의 지역적 상상이 동조도 부정도 은폐도 모두 용이한, 일종의 식민주의적 무책임과 부주의에서 결코 자유롭지 못함을 말해 주고 있다.

그러나 해방 이후 한국이 그리고 있던 아시아 지도에는 또 한 번의 중대한 변화가 일어난다. 변화를 초래한 결정적인 계기는 1948~49년에 걸쳐 일어난 중국사회의 변모였다. '붉은 중국'의 탄생은 한국이 그리고 있던 아시아 지도에 새로운 분리선을 긋게 한다. "제국주의에 저항하는" 아시아의 "약소민족"을 향해 표했던 심정적 동질감은 거대한 '적색 국가' 건설로 인해 다소 복잡해지고 흔들리게 된 것이다. 문제는 한국이 "제국주의에 저항하는 약소민족"들 가운데서 누구와 손잡을 수 있을 것인가다. 이 시기에 나타난 아시아 심상지리의 특징적 측면은 '태평양의 발견'으로 압축할 수 있다. 중국의 공산화와 미국의 대아시아 정책의 전환 그리고 이로 인한 일본의 재부상 가능성으로 몇 겹의 근심을 얻게 된 한국은 깊어가는 냉전의 계절에 '태평양'을 발견하기에 이른 것이다. 일찍이 식민지 조선이 일본의 '남방' 진출과 더불어 동남아시아 지역과 태평양을 '발견'하게 된 것은 주지의 사실이다. 이 지역에의 탐방이 이루어지기도 했고 다양한 관련 정보나 좌담회 기사, 사진 보도 등이 잡지 매체에 실린 것은 당시로서는 매우 일반적인 경향이었다. 따라서 '태평양'으로 명명되는 상상적 지역 지도의 형성이 1945년 이후에 처음 이루어진 것은 아니다. 1942년 일본의 "싱가폴 함락"을 기념하면서 조선의 지식인은 "일어나라 동아의 십억 백성들// (……) 노래하자 태평양 천백의 섬들/ 사막의 젊은이도 적도의 딸도/ 정의의 폭탄소리 터지는 곳에/ 세계의 새 아침이 밝아오도다"[16]라는 내용의 싱가포르 함락을 기념하는 글들을 실었다. 식민지 후기 조선의 '태평양 환상'은 흥분 속에서 만개하고 있었던 셈인데 〈승리의 태평양〉이라는 제목의 위 "가요"는 '대동아공영'의 시기, 남향하는 제국주의의 해양적 확대 재편을 향해 쏟아진 조선의 열렬한 환호를 보여주는 숱한 자료들 가운데 하나일 뿐이다.[17]

그리고 해방 이후, '태평양'으로 '지리화'된 지역 환상은 식민지 말기에 조성되었던 태평양 환상과는 다른 형태로 변형되어 다시 등장한다. 이 시기 태평양이라는 심상지리는 냉전적 세계질서 속에서 이념적인 재가공을 거친 것이었다. 당시 발행된 잡지들을 통해 해방기 '태평양'에 부여되었던 현실적/상상적 의미를 유추할 수 있다. 1946년에 창간된 《태평양(太平洋)》, 1947년의 《신태평양(新太平洋)》그리고 1946년에 역시 첫 발간된 한미협회회보 《아미리가(亞美理駕)》는 공통적으로 '태평양'이 새롭게 열린 해방과 희망의 시대에 대한 지리적 메타포이자 동시에 장차 미국 없이는 상상될 수 없는 정치적 연대의 심상지리가 될 것임을 예고하고 있다. 물론 태평양이 이 시기의 지역적 상상구조를 대표하는 뚜렷한 상징이긴 했지만 이 단계에서는 "평화의 상징", "우리가 살고 있은 지 천년이 넘"은 지역이라는, 아직은 상대적으로 수사적이고 밀도 낮은 의미를 가지고 있었던 게 사실이다.

그러나 1949년을 전후해 태평양이라는 심상지리에는 정치적 상상이 보강되기 시작한다. 보다 강력하고 본격적인 태평양 환상은 중국 혁명이라는 긴박한 국제정세의 변동과 맞물리면서 나타난 지역 상상의 변화와 함께 출현한다. 중국 혁명으로 인해 동남아시아 지역의 제국이 '적화'의 위험에 노출된 잠재적인 위험지역으로 인식됨에 따라, 한국의 지식계에서는 앞서 이 지역에 표했던 친근감과 동질감을 선별적으로 거두어들인다. 그리고 일본에 대한 견제를 강화하면서 미국에 국가 방위 보장을 적극 요구하게 된다. 이와 같은 국제환경에서 이승만 정권은 태평양동맹 결성론을 주장한다. 이것은 많은 부분 현실정치의 자장에 속한 기획이었지만 중요한 것은 파워엘리트의 반공외교 노선에 대해 언론계 종사자를 비롯한 지식인집단의 호응이 일어나고 있었다는 점일 것이다. '반공 태평양'을 향한 이들의 지지 발언을 통해 우리는 당시 우파 지식인집단의 아시아 상상, 태평양 환상의 면면을 생생하게 확인할 수 있다.

반공 공동체 형성에 목적을 둔 이 시기의 태평양 환상은 아시아를 두 방향에서 정체화(identification)했다. 첫째, 아시아는 경제적·정치적·문화적 열자이며 그 결과 공산주의 바이러스에 매우 취약하다는 것. 둘째, 아시아인은 지역의 내부 단결을 통해 이와 같은 복합적인 열등성에서 비롯된 "아세아 자체 내의 제모순"[18]을 해결하는 '의지'의 주체라는 것이 그 핵심이다. "아세아인의 아세아 건설"[19]이라는 슬로건으로 압축되는 1949년 태평양 구상의 주체들은 한국·타이완·필리핀이었다. "아세아인의 아세아

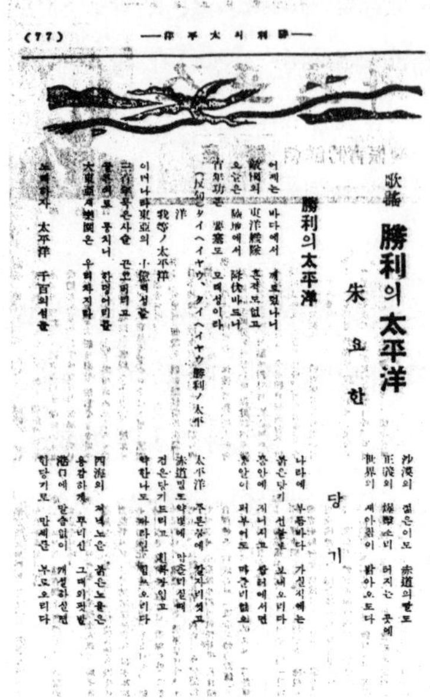

歌謠

勝利의 太平洋

朱요한

-241-

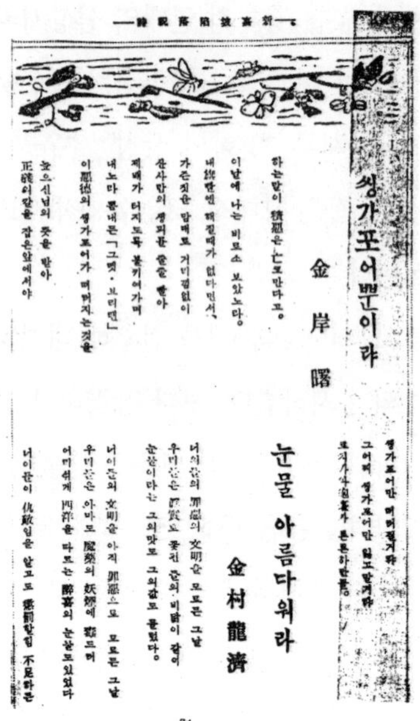

씽가포어뿐이랴

金岸曙

눈물 아름다워라

金村龍濟

-74-

주요한의 가요 〈승리의 태평양〉(왼쪽)과
일본의 싱가포르 함락을 찬양하는 글(오른쪽).

조선인 박한규는 1939년 '남양 군도'를 탐방한다. 거대한 체구의 조선인은 식민지 시기 조선의 아제국주의(亞帝國主義)의 아이콘이다(연세대학교 소장).

亞美理駕
會報 AMERICA
Vol. No. 1
September. 1946
Korean-American Association
韓美協會
創刊號
文化交流
經濟展望
亞細亞
KOREA
AMERICA
太平洋

냉전기 한국의 지역적 상상구조를 보여주는 자료들
(연세대학교 소장).

건설"이라는 주장에는, 제국주의 세력과 해방 투쟁을 계속하고 있는 동남아시아 지역의 해방운동을 지지하는 한편 이들을 공산화의 위험으로부터 지킨다는 이중의 의도가 표명되고 있었다.

미국의 지원과 지지가 없었기 때문에 태평양동맹 결성은 성사되지 않았으나[20] 이 시기 본격화된 한국의 태평양 구상, 반공 아시아 모델은 이후 한국의 자기 정체화 기제에 지속적인 영향을 미친다. 그 구체적인 양상에 대해서는 다음 절에서 살펴볼 것이지만, 태평양 환상의 장에서 확인할 수 있는 것은 결국 냉전의 보스에게 충성을 바치는 반공 위성국가의 전도된 노예의식일 뿐이다. 이 노예의식은 한국의 지식인들로 하여금 "미군이 진주하고 그들의 지배권 내에 들게"되어 "어느 정도 진정한 해방과 자유를 향유할 수 있게" 된 "남한과 필리핀"이 "영국, 블란서, 화란 등의 구라파 열강"의 "제국주의적인 잔재와 야망에서 깨끗이 탈출 못한" 채 적색 중국에 노출되어 버린 "동남아세아"[21] 국가들을 위험에서 구출한다는 허구적인 주인의식으로 반복 출현하고 있다.

3. 한국전쟁 후의 아시아 상상

국제 냉전 지도와 한국의 위치 이동

1945년 이후 한국의 지식인들이 아시아=태평양의 역사를 혼돈, 모순, 열등성과 결합된 "무서운 자기 상실"[22]의 역사로 파악한 것 그리고 아시아적 정체성을 자명한 공통 전제로 가지고 있었던 것은 보편적인 현상이다. 일본의 자기 정체화가 근대 초기부터 늘 탈아라는 문제를 놓고 작동해 왔고 전후에도 이 문제틀이 재작동하곤 했던 것에 반해,[23] 해방 후 한국은 늘 일관되게 스스로를 열등한 '아시아적 존재'로 규정해 왔다. 이 '아시아적 존재로서의 한국' 이라는 자기 이미지에는 뒤처진 근대화와 식민화라는 불우한 전락의 역사가 새겨져 있고 나아가 공산화 위협에 취약한 지구라는 표찰이 붙어 있다. 앞서 언급했던 해방 후 반공 태평양의 환상 저변에도 한국의 과거사와 현재사에 대한 불우하고도 불안한 인식이 뒤섞여 깔려 있는 것이다. 1947년을 전후해 미국의 대일본 정책은 '민주화' 에서 '부흥' 으로 이동하였고, 그 결과 일본은 '역코스' 를 타면서 국가 '재건' 에 일로매진할 수 있게 되었다.[24]

한국의 경우 당시 신문기사나 《신천지》와 같은 매체를 통해 파악할 수 있듯이, 언론계와 지식인들은 한국이 다시 식민지 신세가 되었다는 암울한 현실 진단을 내놓기도 했으며, 미군의 배타적인 일본 보호 노선을 비판하거나 구체적인 군정정책에 불신감과 비판을 표하기도 했다.[25] 물론 이 과정에서도 국민국가 건설을 위한 기획들은 계속 진행되고 있었다. 제도적 층위로부터 이데올로기적 층위에 이르기까지 다양한 국가건설 사업들이 진행되고 일제 잔재 청산론, 문화 부흥론, 애국론, 국가론 등이 쏟아져 나온다. "미국풍"에 들뜬 무리들, "커피나 밀크를 마시는…… 그런 따위의 철부지기 문화인은 건국사업과는 전혀 관계가 없"[26]다는 대중적 모럴이 형성되기도 했으며, 1950년 무렵에는 신생활촉진회가 국민 개개인의 의식주 생활에 개입해 일상의 "국민도의" 진작을 시도할 정도로 미시적인 규율들이 고안되기도 했다.

이 지속되어 온 국가건설의 다양한 기제들은 한국전쟁 이후에는 보다 절박한 "국가 재건" 의 요구 속에서 여러모로 강화, 연장된다. 이처럼 대내적 국가건설 기획이 시도되던 시점에 대외적 자기 정체화는 어떻게 진행되고 있었을까? 이 절에서는 한국전쟁을 거치면서 한국의 자기 정체화 구조에 어떠한 변화가 일어났으며, 이것이 지역적 심상지리를 어떻게 바꿔놓았는지를 살펴볼 것이다.

新生活을말하는

座談會

出席者
趙東植
柳子厚
朴順天
羅秉箕
朴鍾和
吳宗植

本社側
金晉燮
金東里
李瓘求

時日 一月十六日
於樂園

국민국가 건설기에는 미시적인 생활 규율이 작동하기 시작했다(위).
해방기의 모던 문화를 상징하는 "마카오 신사"와 "모던걸". 이들은 종종 비판의 대상이 되었다(아래).

反共自由世界文化人大會를提唱한다

—自意識革命에서 世界意識의 길로—

李 軒 求

一九五〇年으로 마지막되는 二十世紀上半期는 人類歷史上에 그類例를 볼수없을만큼 二次에亘한 大戰禍와더부터 우리의 肉體生命에對한 一大威脅이였은 뿐아니라 또한 精神上思想上에미친 影響은 絕大하였든것이다 二十世紀가 물녀가진 世紀末的苦惱와 不安과 絕望과 憂愁와懷疑에서 超脫하기爲하여 世界의 現代的文化人 知識人은헤아릴수없는 實로 하눌에 맞닿고도남을만한 片々의思想과獨白과 感情遊戲와 個々의論理와 藝術行動에서 遊離 彷徨하든 기나긴迷路의 끝은 드듸여 이제재로운 하나의眞理가 不滅의光芒을 發하지않을수없는오늘에까지 이르게한것이다

두말할것없이 오늘의 世界는 善과 惡 正義와不義 平和와戰爭 自由와屈辱의 最終的審判이 나려지는 그날까지에 막다다르고만것이다 일즉이『예루살렘』을向하여 動員되였든 十字軍의 信仰的救援에比하여 오늘『모스코바』로向하여 奴隷의屈辱을 甘受하랴는 赤色行列은 人類의 죽엄이 集團的으로 驅使되는 『메피스트』의 最後發惡인것이다 勞働者와 農民의 朦昧하고도 愚直한沒批判的無自覺한 그弱點과더부터 人間에게 賦與된 狂信的燥暴性이 極度로 相互交錯擴大 露現되여 北極圈의 冷酷한暗黑으로 끄을려가는 唯一한 不幸의 因素가되여진것이다 二十世紀를 神話의 世紀라고함은 正히 이惡魔의正體가 그모든 罪惡相을 露出시킴에도 不拘하고이

반공의 '열기'는 문학인 및 문화 종사자들의 내면에도 깊이 뿌리박혀 있었다. 반공자유세계 문화인 대회 개최를 주장하는 이헌구의 글.

1950년대 초반, 우파 지식인들을 사로잡고 있었던 멘털리티는 한국이 '적색 무리' 에 맞서 힘겹게 싸웠음에도 불구하고 미국의 휴전조치로 인해 완전한 투항을 받아낼 수 없었다는 '분통함' 이었다. 한국전쟁은 반공국가의 자기 정당성 확보에 결정적인 계기로 작용한다. 블록화된 세계 무대에 '전투' 주체로서 참여했다는 데서 국가 정당성을 찾아낸 지식인들은 한국을 냉전 세계지도의 한가운데로 갖다 놓기에 이른다. 이와 같은 국가적 위치 이동은 전쟁을 거친 후에 우파 지식인들이 작성한 심상지리의 핵심을 파악하는 데 매우 중요한 의미를 갖는다. 휴전 후의 논단에서 "세계건설", "세계문제", "세계인류 구원", "세계평화"라는 보편주의적 어사를 동원해 냉전의 서사를 쓰고 한국전쟁의 의의를 역설하는 경우는 종종 나타난다. 한국전쟁의 의의를 공표하는 논의들에서 가장 뚜렷하게 드러나는 것이 바로 "세계사적", "인류적" 차원의 거대 비전이며 이 틀에서 한국에 새롭게 주어진 지위와 사명을 확인하는 적극적인 발언들인 것이다. "한국의 현실은 세계적 현실이요 또 첨단적 현실"[27]이라는 파악, "특히 1950년대에 발발된 6 · 25를 계기로 우리 민족은 좋든 싫든 세계사를 창조하는 첨병적 역할을 담당하는 역군이 되"[28]었다는 식의 자기 인식은 이 시기에 나온 발언 곳곳에서 찾을 수 있다.

> 우리 民族의 生命的 犧牲은 勿論이고 財産 및 存在하는 모든 存在는 餘地없이 抛棄, 破滅, 損失되어 버려 그야말로 한없는 犧牲인 것이다. 미국은 이 戰爭의 勝利를 거두기 위하여 최대한 奉仕를 하고 있다. 하나 우리가 이 戰爭에 바친 犧牲은 最大가 아니라 無限인 것이다. 우리나라에 버러진 이 戰爭은 우리 戰爭인 同時에 世界 全體의 戰爭이요 人類共同의 戰爭인 것이다. 混亂된 全世界 問題를 解決하기 위하여 우리 韓國이 그 解決 場所로 選擇되었고 우리 民族이 그 混亂 解決의 先鋒으로 登場된 것이

니…….[29]

인용문이 보여주듯이 새시대, 세계평화의 열쇠를 쥐고 있는 반공 한국의 존재 의의가 반복 강조되고 있다. 피 흘린 전쟁 후, 세계평화 유지라는 보편주의적 · 인도주의적 명목하에 아시아=태평양 구상이 재차 강력하게 등장한다는 점 또한 주목할 만하다. "한국전쟁이 발발한 해인 1950년 이후로 역사의 중심은 완연히 태평양 지역에 옮아오고 있다"[30)]는 인식은 한국이라는 냉전적 충돌의 지점이 세계적인 주목을 받고 있다는 진단과 함께 표출되었다.

> 아—世界史는 오랜 동안 東洋과 西洋을 헤매다가 마침내 우리들의 손에 도라왔읍니다. 雄運한 새로운 東洋史로서의 太平洋時代의 展開. 漢土와 印度가 東洋史의 터전, 에-게 海와 地中海와 大西洋이 西洋史의 터전이던 때는 韓國은 歷史展開의 中心에서 멀리 떠러저있는 隱深한 地域이었읍니다. 그러나 歷史가 새로운 터전인 太平洋에 轉廻된 오늘에 있어서 韓國 및 韓民族은 바로 새로운 世界史 開展의 中心에 서있읍니다(……) 歷史的 意義를 가진 많은 事件과 움즈임이 太平洋 地域안에서 全開되는 것이 이 때문입니다.[31)]

이와 같은 태평양 중심적, 한국 중심적 논리는 아시아가 무사해야 서방세계도 무사할 것이라는 발언으로 이어지기도 한다. 이 시기 그려진 아시아=태평양 지도에 역시 공업화된 일본이라는 만만찮은 고민거리, 중립국이라는 모호한 잠재적 적을 향한 불안이 기록되어 있음은 당연하다. 영미 이해관계의 상충과 미국의 무관심으로 결과를 얻지 못한 태평양 구상은 한국전쟁 휴전 후 역시 반공 아시아의 단결, 아시아 후진성의 극복을 모토로

한 아시아민족반공연맹 발족을 통해 1954년 6월 진해에서 재표명된다.[32] 냉전기 한국의 반공 외교 구상과 이에 대한 지식인집단의 의견에는 충돌이란 것이 전무하며 오직 상호 지지에 기반한 공명만이 존재할 뿐이다. 반공아시아 건설에의 요구는 이런 식으로 동조 · 증폭되고 있었는데, 이는 기본적으로 "적색 아세아" 국가가 있는 한 "아세아의 분열은 불가피하다"[33]는 선언을 전제로 한 것이었다.

해방을 거쳐 한국전쟁을 통과하기까지의 한국의 자기 정체화 과정은 곧 세계 · 지역 냉전 지도의 변방에서 중심으로 상상적 위치 이동을 해나간 과정으로 파악할 수 있을 것이다. 지식인들은 한국을 중심으로 한 반공국가–반공지역–반공세계라는 동심원을 상정하면서 변방의 해방 신생국에서 냉전 질서의 한가운데로 국가 위치를 이동시켰다. 여기서 한 가지 주목해야 할 점은 냉전기 국가 정체성을 확보하는 과정에서 어떠한 제한선들을 지정하고 있었는가 하는 것이다. 이는 냉전기 국가 정체성이라는 것을 형성하는 데 반드시 '준수'되어야 할 것으로 인식된 '블록 경계'와 관련된 사항으로서, 이에 대한 당대 지식인들의 인식을 검토해 보면 이 시기 국가 정체성 주조의 냉전적 메커니즘을 확인할 수 있을 것이다. 냉전기 한국의 지역적 심상지리와 자기정체성은 국가 형태와 블록 형태를 강고하게 지키는 동시에 코스모폴리터니즘(cosmopolitanism)은 철저하게 배격하면서 구성된 것이다. 우선 당시로서는 필연적이고 일반적인 이념이라 할 수 있는 바, 단일한 조직체로서 '국가'가 갖는 중요성은 다음과 같이 설명되고 있었다.

> 그러면 이러한 意味에서 그 가장 完全한 組織體란 어떤 것인가? 우리는 그것을 오직 國家에서 求한다. 國家는 실로 人類가 그 生存目的을 完遂하기 위하여 이루어낸 가장 尊貴한 그리고 가장 優秀한 組織體인 것이다.

> 모든 人類文 化의 精華는 오직 이 國家體를 통하여서만 이루어졌었다. 아니 人類의 歷史 그 自體가 이 國家로 인하여 創成되었다. 人類歷史는 바로 이 國家의 生成과 더부러 시작된 것이 다.[34]

이와 같은 국가주의적 발상의 근저에는 무엇보다도 코스모폴리터니즘에 대한 부정이 깔려 있다. 1954년 오종식은 내셔널리즘과 코스모폴리터니즘을 논하면서 "국제국가"라는 이념어를 제시하기도 했다. "국제국가"론의 요지는 "한계집단으로서의 민족형성체를 인정하면서도 구체적 개체로서의 국민국가에 국한하지 않으며 그렇다고 해서 추상적이요 보편적인 '세계국가'로 초월하는 것도 아니요 오직 구체적이면서 보편적인 '국제국가'로서 새로운 자기전환을 기필하므로써 인류공존사회로서의 국제사회의 평화와 자유와 번영을 확보"[35]하자는 것이다. 여기서 국제주의와 코스모폴리터니즘의 차이가 언급된다.

> 國際主義는 他國民을 制壓하거나 强制하므로써 正常한 發展을 할수 없는 것이요 制壓이나 强制는 諸國民에 대해서 國民的 敵愾心과 武力的 防衛를 煽動하고 國家間의 友好的 接近을 妨害하므로써 國際主義 本來의 精神에 不幸한 反動을 招來하기 때문이다. 國際主義의 健實한 發展은 獨立的 國民體의 維持와 그 自然한 發達을 期待하는 것이라야 하는 것이다. 만일 그렇지 못하다면 國際主義는 다만 無秩序하고 根據없는 抽象的 코스모포리타니즘에 끄치고 말것이다.[36]

냉전의 들판에서 무책임하게 떠돌지 않기 위해서 국가는 언제나 그것이 귀속될 보다 큰 지역을 필요로 한다. 한국이 아시아라는 지역 상상을 전개한 것은 이러한 맥락에서였다. 네이션(국가) 그리고 인터-네이션(국제)

The true stories of the North Korea
以北實話
創刊號
自由民 이여! 世界에 傳하여 다오
To free People! Transmit This to all over The World

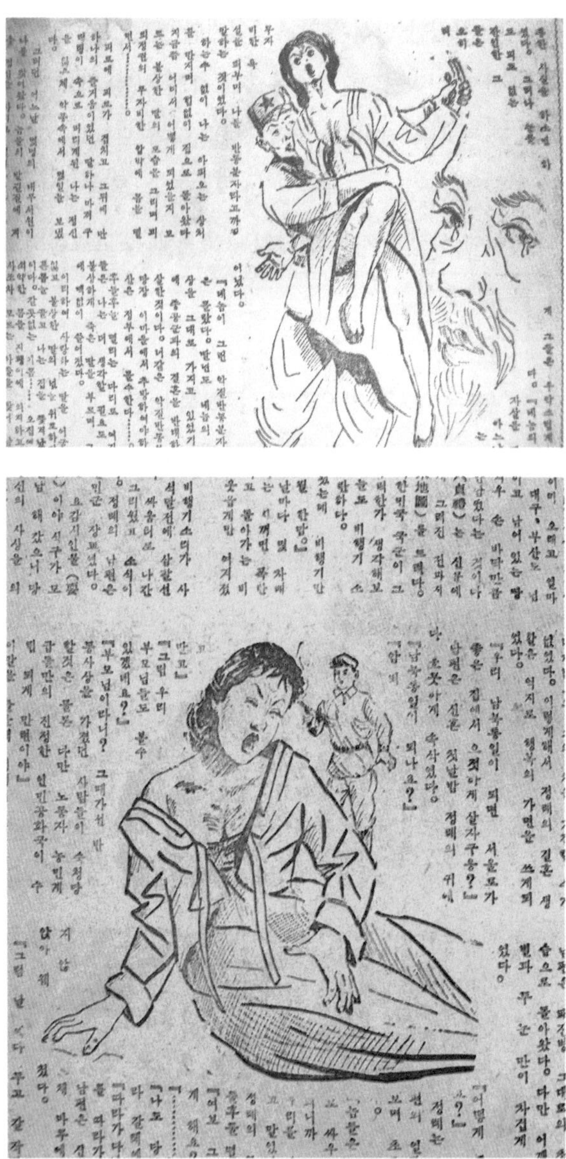

지식인의 반공주의와 더불어 대중적인 yellow anticommunism 역시 강고하게 형성되고 있었다. (연세대학교 소장).

에 대한 철저한 인식은 강조되었지만, 코스모폴리터니즘은 국가 경계를 흐릴 뿐만 아니라 블록 경계를 모호하게 하는 것이기 때문에 언제나 위험한 것으로 경계된 것이다. '바람직한' 국가 모델과 지역/국제 모델의 결합체라 할 수 있을 이 "국제국가"라는 모형은 무르익어 가는 냉전의 시절 한국의 아시아 상상과 자기 인식의 구축 방식을 고스란히 보여주고 있다.[37)]

'동양' 혹은 아시아의 역사적·문화적 버전

한국에서 반공의 정치적 단일체/분열체로서의 아시아가 문화적 층위에서 성격화되기 시작한 시점 역시 한국전쟁 이후로 볼 수 있다. 1953년경부터는 정치체로서의 아시아 모델과 더불어 문화사적 함의를 담은 "동양", "동양인" "동양학", "동양사"라는 용어들이 특히 《사상계》의 동양론 관련 주창자들의 발언에 등장하기 시작한다. 이 시기 "동양"이라는 어사는 논자에 따라 물리적인 아시아 지역을 지시하기도 하지만, 주로 문명권이나 문화권이라는 의미를 담은 개념으로 쓰이고 있다. 당대의 개념어 활용의 용례를 검토해 보면, '아시아'가 주로 동시대 정치적 심상지리와 결합되어 쓰이고 "동양"은 과거의 지역적 문명체·문화체를 상정하면서 쓰이고 있음을 알 수 있다. 이 절에서는 휴전 직후 반공 이데올로기가 보다 강력해지는 시점에 《사상계》를 중심으로 이루어진 동양론을 검토하고, 그 근저에 흐르는 정치적 무의식을 드러내고자 한다.

이 동양론은 표면적으로는 역사학적 정보나 지식의 형태로 제출되고 있으나 실제로 역사학이나 동양사학 연구의 장에서 나온 것은 아니다. 그리고 시기적으로도, 아카데미즘 영역에서 동양학 학회가 조직되고 학회지가 공간(公刊)되는 본격적인 시점보다 앞서 있다. 이에 대해서는 후에 보다 자세하게 검토하겠지만, 기존 동양사학계의 학술지식 장과 그리 긴밀한 내적 연계성을 갖지 않는 일종의 '변종' 동양론은 냉전 이데올로기가 문화론의 옷을 입고 변형되는 과정을 보여주는 중요한 지점이라 하겠다. 따라서 이에 대한 분석을 통해 우리는 냉전문화론의 한 면을 파악할 수 있을 것이다. 문명권과 문화권을 지시하는 범주로서의 "동양"은 이미 대학 아카데미즘의 장에서 역사 연구의 형태로 누적되어 오고 있었다. 1956년에는 중국문화, 인도문화 등에 대한 검토와 더불어 동양문화/서양문화 비교론이 논쟁의 형식으로 이루어지기도 했다.[38] 1960년을 전후해서는 동양사 연구, 동방 연구를 목적으로 한 학회나 연구소가 출현하고 또 학술지의 발행이 본격화하기 시작한다. 비교적 초기에 해당하는 연구기관 및 학술지가 연세대학교 동방학연구소와 《동방학지》(1954)이지만, 한국의 학계에서 동양학 지식체계의 양적 · 질적 확대와 조직적 구축이 활발해진 것은 실제로 이보다 수년 후다. 한국 · 중국 · 일본 등의 고대사 · 중세사 · 문화사 연구의 결과들을 《아세아연구》라는 제명하에 묶어 공간하기 시작한 때가 1958년이며, 제1회 동양학 심포지움이 열린 때는 1962년이다. 1960년에 대구대학교에 동양문화연구소가 생기고 학술지 《동양문화》가 발간되었으며, 1965년에는 고병익 등 서울대 인사를 중심으로 한 동양사학회가 창립되고, 이듬해 《동양사학연구》가 출간된다.[39]

그렇다면 이와 같은 역사학 혹은 동양사학이라는 학제적 · 학술적 장 내에서 생산된 역사 지식체계와는 다른 성격을 갖는 1950년대 초반의 동양론은 과연 무엇인가? 이 담론을 동양에 대한 학적 접근으로 평가하기는 어렵다. 그렇다면 겉으로는 역사학의 용어들을 빌어 동양을 말하고 동양학 연구의 필요성을 역설했던 논자들은 무엇을 의도하고 있었던 것일까? 이들이 제시한 동양학 혹은 아시아 역사에 대한 '반성'은 냉전기 한국 지식인이 가졌던 동시대적 관심사와 어떤 식의 절합관계를 맺고 있는 것일까? 이 심층의 구조적 연관성을 포착할 때, 우리는 동양이라는 문화적 심상지

POTO
RAIDO SHOP
MP
EAST GATE

八月號 目次

東洋의 再發見

★評 論

한국전쟁 직후의 거리풍경 스케치(왼쪽).
《사상계》에서 마련한 동양론 특집(오른쪽).

리의 정치성을 파악할 수 있다. 이는 곧 유사 지식의 정치성, 문화적 상상의 정치성을 분석하는 일이기도 하며 또 그 안을 채우고 있는 잘 보이지 않는 냉전적 욕망과 공포를 포착해 내는 일이기도 할 것이다.

1950년대 초반 동양론에서 언제나 강조되는 동양의 핵심적 성격은 후진성과 정체성이다. 동양은 외세의 침략으로 인해 온전히 꽃펴 보지 못했고 줄곧 봉건적 침체성에 빠져 있었으며 이러한 경험들이 오랜 시간 축적되면서 패배주의적인 "쇠퇴사관"을 내면화하게 되었다는 점이 지적된다. 동양의 정치사상을 논하는 글에서 배성룡은 다음과 같이 언급하고 있다.

> 서양의 政治哲學은 古代보다 近代를 重要視함에 반하여 東洋에서는 近代哲學은 보잘것이 없고 古代의 그것을 重要視하는 그 早期的 發展이 매우 燦爛하였다. 이래 數千年 동안 停滯를 계속한 까닭일 것이다. …… 오늘에 이르러서 近代 民主主義를 實踐하고 있으면서도 그 弊端은 百出하여 좀체로 新政治事態에로의 發展을 보지 못하는 것이니 國父 中國, 韓國을 위시하여 日本도 定度에는 氣分의 차가 있으나 그 東洋 社會로의 本質적인 弊端의 樣相을 벗어나지 못하는 것이다."[40]

'동양'이 정체된 대륙이자 퇴보적인 문화를 의미한다는 설정은 이 시기 아시아 인식의 핵심이기도 한 동시에 동양 담론의 공통적인 전제이기도 했다. 그리고 한국은 아시아적 정체성의 폐해를 고스란히 안고 있는 전형적인 '동양적' 국가로 인식된다. 한국의 퇴보에 대한 진단과 원인 분석은 다음과 같은 질문을 통해 진행된다

> 이러한 危機의 樣相은 新羅末期에 있어서 또 古代 李朝末期를 통하여서도 發見할 수 있는 現像이었다. 이른바 '亞細亞的 惡循環'으로 이 特色은

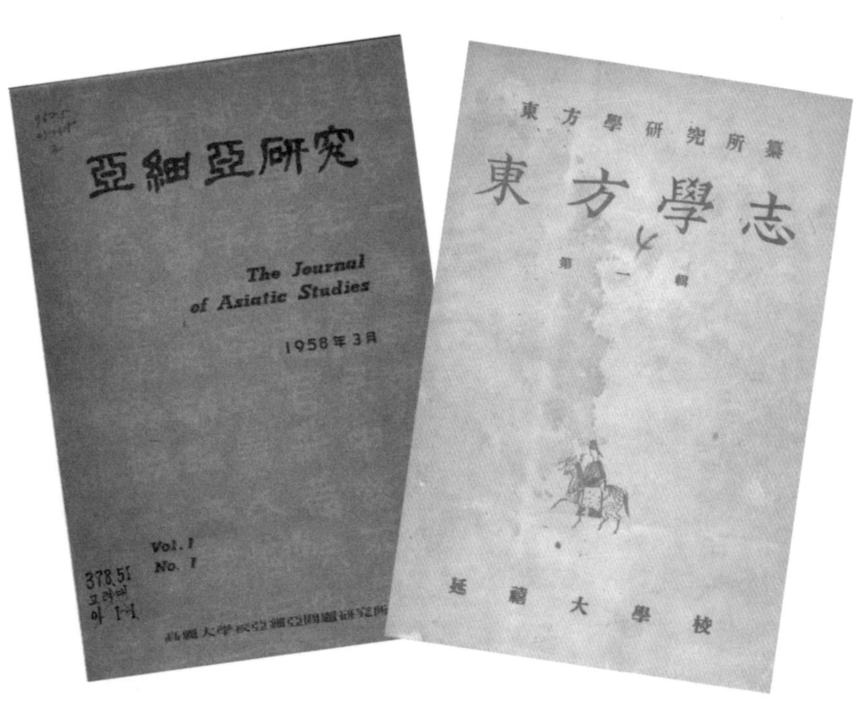

1950년대 학계의 동양학 연구 성과를 보여주는
《아세아연구》와 《동방학지》.

中國에서 一層 典型的이지만 韓國을 包涵한 東洋 社會를 數千을 두고 停滯시키고 만 것이다……. 우리가 西歐와 같이 近代科學文明을 建設하지 못하고 世界進運에 뒤진 原因은 奈邊에 있는가? 千年 如一한 農業生産과 生活樣式 一種 惰氣의 連續인 듯한 消極的인 社會相 우리 社會의 停滯性의 原因은 무엇인가?[41]

아시아의 퇴보와 한국의 정체(backwardness)에 대해 한결같이 비판하고 반성을 촉구하고 있는 이 시기의 동양론은 표면적으로는 역사 연구의 형태를 띠고 있거나 역사적 사실들을 논의의 주 대상으로 삼고 있다. 그러나 앞서 언급했듯이, 우리가 주목해야 할 부분은 이것의 심층구조일 것이다. 당시 논자들이 어떠한 사고 구조 속에서 동양학을 언급하고 그것의 연구 필요성을 역설한 것인지 보다 구체적으로 살펴보도록 하자.

동양학 연구가 이 시기에 언급될 수 있었던 구체적이고 실제적 배경은 무엇이었을까. 우선은 제2차 세계대전 후 본격적으로 활성화된 서구 특히 미국의 지역 연구, 동양학 연구열이[42] 한국의 이데올로그들이 "동양학"이라는 용어를 써가며 동양을 거론하는 데 물리적인 영향을 주었을 가능성을 들 수 있다. 실제로 배성룡은 "2차대전 후 전 세계 학계에서는 중국열이 매우 높아"지고 있으며 미국 · 일본에서 동양학 관련 서적의 수요가 크게 증가하고 있음을 전하면서 한국의 학자들이 동양학 연구를 왜 해야 하는가 하는 점을 설명한다. 그에 따르면, 오늘의 한국의 국민성과 그 유래를 알기 위해서는 오랜 세월 동안 한국에 절대적인 영향을 미쳐온 중국을 알아야 한다. 그를 비롯한 동양론자들에게 동양사 연구는 궁극적으로 '과거'를 묻는 작업이 아니라 현재를 묻는 작업인 것이었다. 이러한 입장과 의도는 다음과 같은 언급을 통해 확인된다. "요컨대 현실을 규명하기 위하여 필자는 동양문화에 접촉하여 써 한국의 현실정을 지배하고 있는 근본적인 제경향을 발견하려는 것이니…… 오늘의 민족의 저열 또 사회적 혼란의 근원은 필자의 보는 바로서는 분명히 동양문화의 발전과정에 파생한 것이다."[43] 중국은 아시아 정체성의 가장 결정적인 책임을 진 존재로 파악되고 있었다. 더불어 일본 역시 아시아를 후퇴로 몰아넣은 주범으로 지목된다. 중국이 과거의 한국 혹은 아시아를 훼손시킨 존재라면, 일본은 중국의 뒤를 이어 한국 혹은 아시아를 훼손시킨 존재인 것이다. '동양으로서의 자각이 전혀 없었던 일본이 "반역"을 일으켜 "동양사를 더럽혔다"는 비판은 이들에게 폭넓게 받아들여지고 있었다.[44] 중국에 의해 그리고 일본에 의해 거듭 위축된 동양사는 줄곧 쇠퇴의 길을 걸을 수밖에 없었고, 이제는 이러한 쇠퇴의 사슬에서 벗어나야 할 때라는 것이 1950년대 초반 동양론 논자들의 공통된 입장이다. 동양사회는 "지극히 비생산적이며 비창조적이며 역사의 진보와 문화의 발전을 부인하는" "동양적 쇠퇴사관"[45]에서 벗어나야 한다는 것이 이들의 핵심 주장인 것이다.

1950년대 초반에 제출된 동양론의 문제의식과 저변의 의도는 다음과 같이 정리될 수 있다. 첫째, 현금의 후진 아시아 지역이 처한 모순과 복잡성의 '공통된 연원'을 살핀다. 둘째, 고대 · 중세로부터 존속되어 온 중국문명의 폐해를 검증한다. 이는 곧 '중공'이라는 문제적 존재의 출현 근거를 역사적으로 규명하는 것이기도 했다. 셋째, 동양의 온전한 발전을 저해한 일본의 불의를 묻는다. 넷째, 한국에 절대적 영향을 미쳤던 악조건들을 따짐으로써 현재 한국이 안고 있는 문제를 확인한다. 다섯째, 동양 전통에서 버릴 것은 버리고 취할 것은 취할 수 있도록 면밀하게 그 성격을 해부한다 여섯째, 궁극적으로는 아시아 주요 국가들의 뒤엉킨 과거를 청산하고 새로운 동양사의 전개를 도모한다. 물론 이때 '새로운 동양사'라는 것이 서양사 · 서양문화와 대립하는 가치론적 우월성을 의미하지는 않는다. 이 점은 식민지 시기 동양론과 크게 다른 점이다. 동양적 정체성을 전제로 한

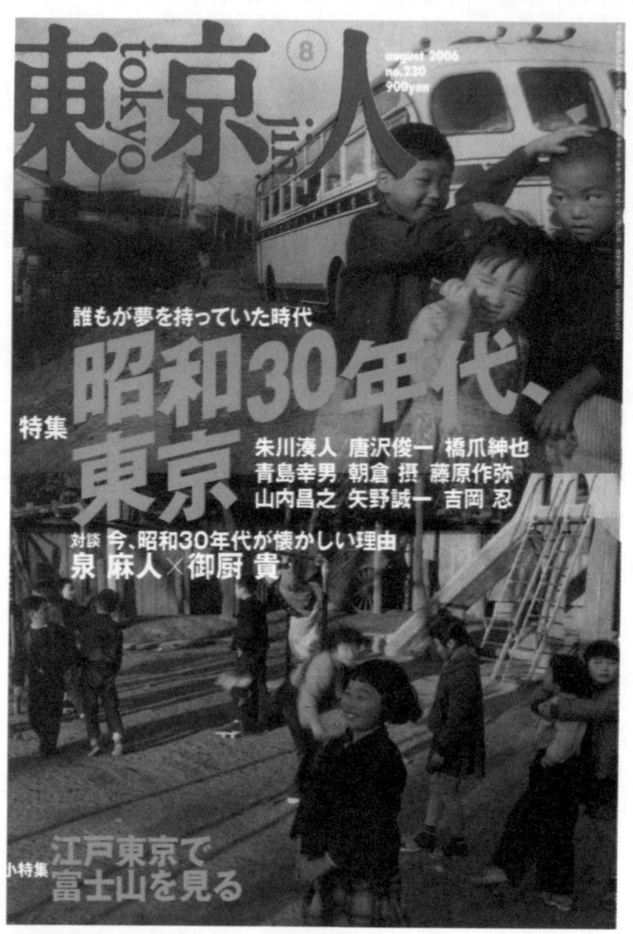

전후 1950년대 일본인의 일상문화를 다루고 있는 최근의 잡지. 일본에서 전쟁과 냉전의 기억은 '발전' 과 '풍요' 의 기억으로 대체되었다.

漢江과 메콩江을 이은 사랑의 架橋

泳權 母前

5월26일 일요일이오.
이곳 월남전선에는 휴일없는 전쟁이 계속되
고 있고 밤낮으로 들려오는 우군의 포사격소리
를 자장가 삼아 눈을 붙여보오. 당신도 알다시
피 전에야 꼬마 울음 소리에도 신경을 곤두세웠

월남의 戰地와 国内의 家庭을 잇는 二元取材

자유의 십자군으로 대한의 아들들이 파월된지도 3년째。 베트콩에겐 공포의 대상、월남인에겐 다정한 벗으로 「따이한」의 이름을 새겨놓고、용사들은 오늘도 폭양과 포연이 작열하는 정글을 누비고 있다。67년 12월 파월된 이래 주월청룡부대 제1대대 2중대장으로 용명을 떨쳐온 고택선(해사14기・서울)대위가 아내(신옥성・28・서울 서대문구만리동 2가 292)와 주고받은 사연을 곁들여 (戰場과 市場)의 표정을 살펴보자。

共同取材 高炳恩 (越南에서)
崔涫植 (本社編輯局第1取材部)

그리운 당신께
며칠을 애타게 기다리던 끝에 당신의
사진을 받았읍니다. 작전을 나가셨었
고생이 많으셨겠지만 무사하시고 건재
셨다니 우선 깊이 감사할 따름입니다.
로나마 당신의 건강한 모습을 대하니

1960년대 한국의 개발 내셔널리즘은 '전장'이자 '시장'이었던 베트남을 거치면서 본격화된다. 여기에는 일국적 차원에서의 젠더 규율 역시 강고하게 작동하고 있다.

이들의 주장과 깊이 습합(習合)하고 있는 것은 다음과 같은 반공주의적 발전주의의 전망이었다.

> 다음으로 貧困과 混亂과 無智와 政治的 後進性이 共産主義 浸透의 溫床이 되는 故로 아시아 後進 各國은 內政의 淨化와 收合을 게을리하지 말 것이오, 또 植民主義 侵略主義의 殘滓를 完全히 一掃해 버려야 할것이다. …… 아시아의 新生 後進 國家들이 國內 政治를 收拾하고 共産主義의 威脅으로부터 벗어나기 위하여서는 帝國主義와 封建主義의 殘滓를 一掃해 버리고 自由와 平等과 兄弟愛의 基礎 위에서 民主 政治를 實踐하여야 할 것이며 戰禍와 生活苦에 허덕이는 民衆의 生活을 向上시켜야 할 것이다.[46]

공산주의의 위협으로부터 안전해지기 위해서 반드시 정신적 · 물질적 빈곤에서 벗어나야 한다는 의식은 당시 한국의 지식인들에게는 이미 내면화된 것이었고, 또 그만큼 절박한 것이었다. 한국이든 아시아 전체든, 공산화의 위험에서 스스로를 지키기 위해 필요한 것은 전면적인 '갱생'이자 '갱생'에의 의지였다. 동양론은 거대한 (반공) 연합지역으로 동시대 아시아를 재편하고 "아세아인의 대동단결과 아세아인의 공동한 평화유지"를 도모하며 "공통의 적을 막기"[47] 위한, 아시아 자체에 대한 사적 탐색이라 할 수 있을 것이다.

결과적으로 봤을 때 1950년대 초반의 동양론은 아시아의 열등성의 기원을 문화사적으로 파헤치고, 특정 국가의 배제/선택을 통해 아시아의 새로운 반공적 갱생을 추진한다는 이중의 시도를 담고 있다. '아시아'라는 심상지리는 1950년대 초반에 이처럼 동양 문화론의 형태를 띠고 그 냉전적 성격을 은폐하는 동시에 내화하고 있었던 것이다. 반공주의의 틀 내에서 동양문화 · 아시아의 정체성을 역설하고 이로부터의 탈각을 강조한 동양담론은 그러므로 서양문화를 동양문화의 대쌍 세력으로 뚜렷하게 설정하지 않았다. 서양문화와 대립선을 긋는 것보다는 '적대 블록'에 대한 경계선을 긋는 것이 훨씬 더 긴급하고 당연한 일이었기 때문이다. 서양문화=서양사회가 동양문화=동양사회의 대립항으로 설정되거나 혹은 서구에 대한 문제제기가 가끔씩 출현하게 된 것은 1955년 반둥회의를 계기로 아시아 · 아프리카 블록이 가시화되면서라고 할 수 있다. 하지만, 1960년으로 넘어가는 시점에서도 한국의 지식계에서는 중립국에 대한 비판만이 지배적이고 무성했을 뿐이었고, 들린다 해도 '국제무대에서의 한국의 고립 가능성'에 대한 불안의 표현 정도였다.

4. 결론

지금까지 해방기부터 한국전쟁 전후에 이르는 시기를 대상으로 한국의 냉전적 아시아 상상이 어떤 식으로 전개되었는가를 살펴보았다. 일본의 경우 1950년을 전후해 강화문제를 둘러싸고 지식계 내부의 입장이 서로 충돌하고 좌파와 우파의 대립이 복잡하게 전개된다. 일본의 대미 인식, 아시아 인식의 구체적인 추이를 살피기 위해서는 이 지점을 확대시켜 보아야 할 것이다. 자신들의 '도덕적' 결여를 자아비판하면서 맥아더로 표상되는 권력에 기꺼이 복종하면서 곧바로 영어 공부 열풍에 휩쓸려 들어간 일상의 차원과는 또다른 층위가 드러나기 때문이다.[48] 오구마 에이지(小熊英二)는 일본의 안전보장, 강화회의와 관련해 불거진 일본 내 대미 불신의 여러 측면을 분석하면서, 오히려 매우 예외적인 현상으로서 "전면 강화론자에게는 아시아에 대한 관심이 있었"음을 지적한다. 그러나 그 관심이란 사실상 강화가 가져올 경제적 득실에 대한 관심이었다. 단독강화 반대론자 가운데에는 중국과의 관계 단절이 일본에 가져올 경제적 타격을 우려하는 쪽이 많았고,[49] 그래서 이에 대한 불안이 그들로 하여금 '현실적인 시장' 으로서의 아시아를 인지하도록 했던 것이다. 그러나 이미 일본의 대아시아 인식은 미국과 결탁한 국가 재건의 논리 속에서 주로 배제와 소거의 방식으로 '청산' 되고 있었다. 오구마 에이지(小熊英二)가 지적한 것처럼 좌파 역시 단일민족 담론을 생산하는 데 열중한 만큼, 이 시기 일본에서 아시아는 공동(空洞)의 어떤 것이었다.

앞에서 살펴본 것처럼 한국은 반공 공동체 안에서 자기보존을 하기 위해 늘 아시아를 필요로 했고 이 과정에서 아시아에 대한 냉전적 상상틀을 구축했다. 1960년대로 들어서면서 한국의 아시아 상상에는 다시 한 번 몇 가지 연속 · 변동의 계기들이 생겨난다. 우선 개발 내셔널리즘의 강화와 그것의 실제적인 현실화를 들 수 있겠다.[50] 특히 1960년대 중후반에 베트남전을 통해 경제개발 총력전의 '대외화', '지역화' 가 진행되면서 동남아시아 지역이 현실적인 시장으로 '활용' 되기 시작했다.

이에 대한 성찰적 검토를 위해 우리는 몇 가지 남은 문제들을 생각해 봐야 할 것이다. 이 시기 베트남전에 대한 영상 · 문자 기록이나 베트남이라는 동남아시아 지역 국가에 대한 문화적 보고[51] 및 재현물은 1960년대 개발기 아시아 상상의 일단을 보여줄 중요한 자료들이다. 더불어, 현실정치 측면에서 박정희 정권의 동아시아/동남아시아 지역 국가에 대한 외교관계와 지식계의 아시아 상상의 상관관계 역시 주목해야 할 지점이다. 박정희의 동아시아 인식을 규명한 논의가 제기하듯이[52] 1960년대 한국의 경제상황, 대미 관계, 그리고 베트남 문제는 현실정치 차원에서 긴밀하게 서로 얽혀 있었고 이 지점에서 아시아 상상의 전개를 연속적으로 검토할 수 있을 것이다. 현실정치 영역과의 관련 속에서 지식계가 어떠한 이념적 반응을 보였는지, 그 결과 아시아 상에 어떠한 변화가 일어났는지가 논의되어야 할 것이다. 그리고 1950년대와는 다른 1960년대 지식인집단 내부의 보다 복합적인 이념적 분화나 《청맥》과 같은 매체의 등장, 아시아 · 아프리카 지역성에 대한 새로운 성찰력의 형성 과정에 관한 보다 면밀한 분석이 필요할 것이다. 1960년대 아시아 상상 및 지역주의적 전망의 실상은 앞으로의 연구과제로 남겨 둔다.

렁유(Leong YEW)는 현재 국립싱가포르대학(National University of Singapore) 대학 학술프로그램(University Scholars Programme) 조교수로, 싱가포르학과 글로벌 정치학을 가르치고 있다. 저서로는 《The Disjunctive Empire of International Relations》(2003) 이 있으며, 냉전기 싱가포르인들의 동남아시아 상상 및 아메리카 문화의 영향관계에 관한 연구를 진행해 왔다. 최근에는 아시아 국가들의 자기 정체화 구조와 타자 상상의 문제를 연구 중에 있으며 관련 저서의 출간을 준비하고 있다. LYEW@nus.edu.sg

김수현은 연세대학교 중어중문학과에서 〈장이머우의 《秋菊打官司》 연구〉(2004)로 석사학위를 받았고, 2003년부터 성공회대동아시아연구소에서 일하며 중국문화 및 서구 문화연구 관련 논문들을 번역하고 있다. 2004~2005년 부산국제영화제와 서울여성영화제 프로그램팀에 참여했으며, 이후 인디다큐페스티벌과 인디포럼 등에서 번역가로 활동했다. 현재 중앙대학교 첨단영상대학원 영상이론전공 박사과정에 재학 중이며, 동아시아 문화 특히 중국영화에 관심을 두고 공부하고 있다. march33@freechal.com

3

복수성 관리하기

– 냉전 초기 싱가포르 주변의 정치학

렁유 저

김수현 역

'서구권' 국가들의 서사에 따르면, 1940년대 후반과 1950년대는 냉전 역사에서 중대하고 의미 있는 시점(時點)이다. 이 시기는 냉전의 익숙한 모습들—공산주의 확장주의, 소련의 침략전쟁, 양극성, 핵무기, 민주주의와 공산주의적 전체주의를 나누는 이데올로기적 구분, 국가 내 전복의 끊임없는 열망 등—이 보편적 적절성을 띠면서 빠르게 생성된 때였다. 다시 말해, 쇠약해지는 제국 권력의 식민지 혹은 새로 독립한 국가들처럼 '주변부'에 속해 있던 많은 정치적 실체가 일정하게 이 냉전 지정학적 풍경 속으로 융합된 것이다. 냉전에 대한 서구 서사들에게 냉전이란 식민지 상태에서 독립한 국가들의 감성과 지성을 위한 전쟁이었고, 이 독립국들에는 서구 진영으로 가거나 그렇지 않으면 분명히 공산주의 진영으로 떨어질 가능성만이 남아 있었다.

서구 냉전 서사들에서 보이는 이러한 이분법적 본성은, 식민지 대도시 중심부와 주변부 사이의 관계에 수반되는 근본적 양가성을 정확하게 평가하기 어렵게 만든다. 이는, 진정 중요한 정치적 축이 자본주의와 공산주의 사이의 축이며, 반면 식민지의 중심–주변 축은 일시적이고 불합리해 보인다는 개념에서 주로 기인한다. 전 지구의 정치적 복수성(political plurality)을 단순화 · 동질화하려는 서구 냉전 서사들의 시도 속에서는 더 이종적인 민족주의와 그 민족주의로부터 고무된 지역주의를 광범하게 설명할 수 없었다. 예를 들어, 동남아시아에서 공산주의는 훨씬 더 복잡하게 민족주의와 얽혀 있었다. 또한 민족주의 지식인들이 더 폭넓은 민중을 동원하는 데 요구했던 노력은, 국가성이라는 현대적 요구를 가진 전통적 공공 인식들과 협상하고, 그 인식을 변형하며, 심지어 회유해야 하는 더 이접적인 시도다.

그러므로 이 글에서는, 쇠락하는 제국을 여전히 통치하고 있고 필수적으로 문화적 · 이데올로기적 · 지정학적인 자세를 새겨 넣으면서도 다른 한편으로는 주변부 주체들 속에서 냉전을 향한 양가적 태도를 명기하고 있는, 그러한 대도시 중심부의 작용 속에 나타나는, 대도시 중심부와 식민지 주변부 사이의 더욱 문제시되는 관계를 묘사할 것이다. 이를 위해 이 글은 많은 분석을 진행할 것이다. 첫째, 이 글은 1950년대 싱가포르(와 말레이반도까지 확대해)에 초점을 맞출 것이며, 이는 냉전 서사 내에서 이 지역이 두드러지게 문제시되는 경향이 있기 때문이다. 싱가포르가 냉전, 공산주의, 민족주의를 향한 동남아시아의 경험을 뚜렷하게 대표하지는 않지만, 어떻게 다양한 식민사회가 냉전 서사들에 응답하는지 그리고 어떻게 서구의 관점들(주로 영국과 미국의 관점)조차 싱가포르의 문제에 접근하는 방식이 분열되는지에 대해 싱가포르는 흥미로운 통찰을 제공한다. 둘째, 이 글이 취하고 있는 접근법은 냉전학의 '문화론적 전환'을 선회한다. 이를 통해 냉전을 둘러싼 역사적 사건, 과정, 사물들이 문화적으로 구성되고 재생산되는 것을 목격할 수 있는데, 사실상 이것들이 물리적으로 실제적이고 즉각적인 결과를 낳는다고 보일 정도다. 여기에는 텍스트의 차원이 중요한데, 이는 적어도 미국과 서구 유럽의 더욱 넓은 중산계층 사람들이 냉전에 대한 글을 읽고 현실감각을 얻었으며 그에 기반을 둔 상상의 작품들(imaginative works)을 생산했기 때문이다. 짧게 말해서, 픽션과 논픽션이 지적 · 사회적 · 정치적 토포스(topos)에 반복적으로 의미와 형상을 제공하는 문화를 창조했기 때문인 것이다. 이 텍스트들이 가까운 유럽과 미국 수용자 내부에서는 '냉전 여론'[1]을 정전(正典)으로 창조했던 반면, 그 텍스트들이 수출되는 주변부에서는 그와 유사한 여론을 만드는 능력이 훨씬 불분명했다. 여기에서 전개되는 이 글의 세 번째 작업은 문화냉전학을 주변부 동남아시아의 냉전 경험에 바로 전이하는 일이 가능한가에 대한 의문을 풀어가는 점이다.

이 세 가지 분석 모두는 다음을 주장한다. 마지막(형식적) 식민 시기 동안 냉전에 대한 서구의 메타서사들은 적어도 싱가포르에서는(1948~63년) 더욱 파편적인 추진력을 받았고, 서구 · 냉전 텍스트의 수입과 소비는 싱가포르 냉전 주체성 형성을 이해하기 위한 불안정한 안내책자만을 왕권 식민지에 남겨 두었다. 오히려 우리는 싱가포르의 문화냉전을 모순되면서 많은 접합 지점을 가로지르는 끊임없는 절충의 연속으로 생각해야 한다. 심지어 싱가포르 공산주의의 '서구적' 재현들에게도, 말레이반도의 공산주의 위기를 완화시키기 위해 무엇을 해야 하는가에 대한 미국과 영국의 인식 사이에서 또 영국이 다양하고 때론 모순적인 태도를 취했던 서로 다른 대중 사이에서, 일련의 상당히 유동적인 대척점들이 계속 꼬리를 물었다. 적도의 다른 쪽에서는 민족주의 지식인들 스스로가 공산주의의 역할에 대해 더욱 실용적으로 대처했던 반면, 때론 냉전을 향한 식민지적 태도를 재생산하고, 수용하고, 흉내 내기도 하면서 동시에 이러한 식민적 외관으로서의 태도를 민첩하게 비난하기도 했다.

그래서 이 글에서는 다음과 같은 순서로 논의가 진행된다. 첫째, 식민주의와 제국주의에 대한 동시대 형식비평 내에서 공통되는 중심-주변 축을 다시 명기하고자 할 때 발생하는 문화냉전과 아이러니 사이의 긴장들을 논의한다. 둘째, 보통 국가비상령으로 유명한 싱가포르와 말레이시아의 역사 속에서, 또한 어떻게 국가비상령이 문화적 세분화를 갖는지 보여주기 위해 비상령 기간에 대해 더 구체적으로 연구한다. 이 세분화는 결과적으로 어떻게 싱가포르, 말레이반도의 공산주의와 냉전의 재현이 다른 참여자, 정치적 대상, 이데올로기적 태도를 가로지르는 일련의 문화적 상호작용을 통해 더 많이 구성되는가에 대한 결론을 이끌어낼 것이다. 예컨대 미국과 영국, 영국 식민 당국/지역 말레이시아 지도자와 농민들, 싱가포르와 영국에서 서로 다른 민족주의적 태도를 나타내는 그룹들 사이의 문화적 상호작용을 말하는 것이다.

1. 냉전문화와 식민지 주변부

의심의 여지 없이 냉전연구는 다양한 학문적 관점, 해석적 양식, 지리학적 초점에 걸쳐 거대한 학문적 기획이 되어왔으며 또한 정치-사회학적 효용과 결과를 변화시켜 왔다. 냉전에 대해 더욱 역사주의적이고 반영적이며 비평적인 자세를 통합하려는 수단으로서 문화학을 포괄하게 되면서 하나의 지적 공간이 더해져 나타나는데,[2] 그 공간 안에서 국제관계, 정치과학, 역사, 그리고 미국의 정치권력과 야망과의 관계와 같은 냉전 학문분과들의 지식 구성적인 면은 더욱 명확해진다.[3] 그럼에도 냉전문화학은 주변의 정치학과 효과적으로 맞물려 왔으며, 그 속에서 서발턴(subaltern: 여성, 유색인종, 소수 인구, '제3세계')은 냉전의 '포스트콜로니얼(탈식민주의)'

을 만드는 데에 활동적이고 저항적이면서 심지어 변형적인 역할을 하고 있다.[4)]

탈식민적인 것이 침묵되어 온 방식 중 한 예로, 냉전이 구성되어 온 방법으로 특정한 축이 특권화된 것을 볼 수 있다. 전후 세계가 양극화되었으므로 문제가 되는 그 축은 '서양'과 '동양' 사이에 놓인 것이었다. 비록 이 극점들이 지리적인 것 같아 보이지만, 본래는 더욱 이데올로기적이다. 이는 지리적으로 동양쪽 반구에 위치하면서 비공산권인 국가(아시아에서 주로 남한과 일본처럼)가 '서구권'의 일부분으로 동일시될 수 있었던 반면, 그 반대 지점은 서양쪽 반구에 있던 유럽 소련의 위성국가였기 때문일 것이다. 냉전의 주류 관점들이 세계를 경제적 · 산업적 부를 근거로 나누었던 남-북의 구분이나, 생산의 경제양식에 기반을 둔 유형학인 '3개 세계(제1세계, 제2세계, 제3세계)'와 같은 대안적 축을 인지했던 것처럼, 이러한 동-서 구분은 반드시 배타적이지는 않았다. 그럼에도 그러한 구조가 바로 동양 대 서양이라는 사고를 자극했기 때문에, 그리고 동-서 이데올로기적 대결에 전장을 형성했고 미-소의 군사적 갈등을 위한 대리인으로 기능했던 가난하고 새로 독립한 국가들의 존재를 '남쪽' 혹은 '제3세계'라는 말이 강조했기 때문에, 그 구분들은 본래 부차적이었다. 이 세 축 중에서, '중심-주변' 구분은 주류 냉전담론 속에서 대체로 무시되어 왔기 때문에 논쟁의 여지가 있으면서 더욱 양가적이기도 하다. 주지하다시피 '중심-주변' 축은 유럽 중심주의적 국제 역사에서 유래한 것이며, 그 역사 속에서 유럽의 제국주의적 대도시 중심부는 세계의 식민지와 주변 지역을 지배하고 통제하며 관리하는 중심으로 여겨졌다. 명백히 반식민적이었던 미국에게 유럽 제국주의 국면의 종말이라는 것은 기껏해야 중심-주변 축을 시대에 뒤떨어지거나, 나빠도 과도기적인 것으로 만들어버리는 정도였다. 중심-주변 축을 어떻게든 계속 사용하는 것은 마르크시즘적 전유로 주목되었고,

이는 냉전에 대한 소비에트적 해석을 계속해서 알리고 있는 것이다.

이런 점에서 볼 때 (이데올로기적이라기보다는) 문화적이고 관념적인 실체로서 '서양' 이라는 비유적 사고는 즉각적으로 이치에 맞지 않는 것으로 보였다. 이는 그 이성적이고 현대적인 냉전세계의 구조, 즉 전술적이고 '지정학적' 인 구조가 동-서라는 축을 보편적인 것으로 보이도록 하는 여지를 주었기 때문이다. 결과적으로 유럽 중심주의[5]가 냉전 역사에서 '지워진' 것처럼 보일지라도, 유럽 중심주의는 널리 퍼져 있다. 이를테면, 그 역사들이 얼마나 많이 국제적으로 적용되는지는 관계없이 대부분 냉전의 역사들은 지속적으로 그 진원지인 유럽으로 되돌아갔고, 그 지점에서야 전세계 모든 현상이 의미 있고 이해 가능하게 될 수 있었다.[6] 표면적으로 냉전의 역사에서 아시아를 재배치하고자 한 아키라 이리예(Akira Iriye)의 뛰어난 저작 《아시아의 냉전(The Cold War in Asia)》조차도 냉전 역사 내에 아시아라는 장소를 연관시키기 위해 유럽 중심적이지만 탈문화화된 '국제 체제' 라는 수사에 의존한다. 특히 이리예의 텍스트는 냉전에 대한 주류적 사상을 혼란시킬 수 있는 '아시아적' 목소리 발굴을 시도하지 않으면서 익숙한 역사 지형으로 돌아가 버린다. 이 경우에 얄타조약의 흥기와 몰락은 냉전 속 아시아 공간이 가치 평가되는 중요한 역할을 한다.[7]

시대에 상당히 뒤떨어진 이리예의 작업은 냉전의 결과로 나온 비판적 문화이론의 회고적이고 통찰력있는 관점을 결코 공유하지는 않지만, 최근 문화적 구성으로서 냉전을 강조한 것을 볼 때 원칙적으로 어떻게 냉전이 문화적으로 다채로운 역사 현상으로 해석될 수 있는가를 논증하고 있다. 요약하자면 텍스트성의 강조, 냉전 픽션과 논픽션 사이의 상호 연관성, 권력과 지식 사이의 관계, 적을 구축함에 있어서 대외정책의 기본요건이 되는 정체성의 확언 등, 모두가 냉전이 가정한 현실과 객관성에 의문을 제기하는 시도였다.

냉전 연구의 대표적인 저널인 《The Journal of Cold War Studies》. 냉전에 대한 연구는 여전히 유럽 중심주의적 관점을 벗어나지 못하고 있다.

그럼에도 냉전하에서 주변화된 사람들이 자신들의 종속성을 절합하는 수단, 혹은 언어를 제공하는 방법을 위한 역량은 더욱 의문스럽다. 특히 냉전문화학은, 많은 예의 담론 분석이 서양 텍스트와 그 즉각적이며 중요한 수용자 사이의 관계를 밝혀내는 것을 목표로 하는 것과 같이 여전히 주로 유럽 혹은 서양 중심적이다.[8] 그러한 경우 기존의 냉전 여론과 넓은 중산층 혹은 중간계층 수용자들에게 일련의 텍스트(보통 픽션, 영화, 문학, 예술, 음악)들은, 분석의 주제로 선결된 공동체 혹은 민족적 콘텍스트를 널리 대표하게 되었다.[9] 방법론적으로 이 일련의 텍스트들은 주변부 영역으로 그리 쉽게 이식 가능하지는 않다. 이는 문화적 세계관, 학적 기준, 문화 생산의 형식들이 대도시 중심에서 발견되는 것들과 깔끔하게 병행되지는 않기 때문이다. 그래서 냉전의 구성 역할을 하는 것으로 확인되는 텍스트들이 주변부로 전달되었을 때 이 같은 방식으로 수용되지는 않을 것이다. 나아가 아이자즈 아마드(Aijaz Ahmad)가 단언한 대로, 이러한 분석 양식들에는 서양의 것과 같은 방식으로는 개발도상국의 무의식을 재현하지 못한다는 본성적으로 부르주아적 특성이 있다.[10]

이것은 하나의 수수께끼를 낳는다. 만약 주류 냉전의 '자본주의-공산주의' 축이 '중심-주변' 축을 잠식하고, 비평적 냉전문화학이 후자를 인지하면서도 중심 혹은 중앙을 과대 강조한다면, 변방화되고 주변적인 목소리들은 불명료함이라는 위험에 계속 처하게 된다. 그러나 이는 주류의 탈중심화가 이후 뒤따르는 다른 절합을 위한 공간을 명확히 한다는 점에서, 문화학이 도움이 되지 못함을 의미하지는 않는다. 그러면 주변화된 목소리들이 다시 수면에 떠오를 수 있고, 그 목소리들이 재-현하고(re-present) 오해하고 전복하고 전유하는 방식으로, 다시 말해 이 주변 영역들에서 냉전으로 이해했던 것을 변형시키는 방식으로 주목을 받을 수도 있다.[11] 그렇게 함으로써 이 시도는 냉전을 더욱 정확히 묘사해 주지는 않지만, 그 시대의 이종적이고 특색 있는 관점들을 특징짓게 된다. 이 경우에 더 넓은 권역의 콘텍스트 내에서 싱가포르와 말레이반도를 차용하는 것은, 냉전 서사들에 대한 주변적 응답이 전 지구적 대표성을 띤다는 것을 목표로 하지는 않는다. 오히려 그 차용은 어떻게 중심-주변 관계가 연관되어 있는지 뿐 아니라, 어떻게 복수의 후기-식민지정세가 냉전의 확산되고 다양한 해석들을 일으키는가를 제시하는 사례 연구를 제공한다.

2. 국가비상령의 문화

냉전의 국제적 중요성이 싱가포르와 말레이반도의 역사와 함께 언급될 때마다 쉽게 떠오르는 것은 '비상령'으로 유명한 특정 시기의 공산주의 봉기—도시 행동주의/전복과 정글 게릴라전 모두—다. 이 비상령은 모스크바에서 직접 지령을 받은 것으로 확인된 주요 지도자들이 합세한 소비에트 확장주의의 더 확장된 세계 전략의 일부로 인식되었기 때문이다. 이에 대한 증거는 마르크스주의 혁명의 지속성에 대한 예상된 이론들의 혼합을 통해, 그리고 더욱 중요하게는 1948년 두 차례의 캘커타회의(Calcutta Conference) 결과를 통해 드러났다. "'어떻게 해서든' 세력을 잡기"[12] 위한 코민포름의 확실한 지령이 있었으며, 그 회의에 각국의 공산당이 참석했고, 말레이시아 공산주의자들이 캘커타회의에 참석한 이후 말레이반도에서 뒤이어 발생한 봉기들은, 영국 정책입안자들과 분석가들 모두가 보기에 이 비상령이 체계적이고 조직적인 폭력 지배였다고 생각하게 된 논쟁의 여지없는 증거가 되었다. 이 폭력은 오직 말레이시아 정부 전복을 목표로 하고 있었으며, 동남아시아에 냉전을 형성하도록 해주었다는 것이다.

그러나 냉전의 모순적 기원, 말레이반도 공산주의자들의 내적 혼란, 영국과 미국의 잡다한 반응, 그리고 공산주의 · 반공산주의와 같은 용어들이 민족주의 내에서 적용될 수 있다는 애매함을 고려한다면, 비상령과 동남아시아 냉전 사이의 관계는 더욱 의문으로 남는다. 그점에서 볼 때, 말레이공산당(MCP: Malayan Communist Party, 비상령의 주요 범인)과 연관이 되었다는 오명에도 불구하고, 말레이반도 공산주의자들은 식민 당국과 한 번의 동맹을 맺게 된다. 제2차 세계대전 동안 말레이공산당은 절박한 일본의 침략에 맞서 영국이 지원하고 훈련시킨 말레이 항일인민군(MPAJA: Malayan People' s Anti-Japanese Army)으로 알려진 반일사단을 형성했으며, 점령 말기에는 그 지휘자들이 전쟁 영웅으로 훈장을 받기도 했다. 말레이공산당은 뒤이어 영국의 희망에 따라 해산되었고, 도시 전략을 채택해 싱가포르 시민사회 내의 직종별 노동조합, 젊은이와 여성조직과 같은 다양한 기관에서 새로 구성원을 모집했다. 후에 말레이공산당은 1948년 합법적 정치 정당으로는 금지된다. 그래서 이후 이 조직이 말레이시아 정글로 후퇴해 무장폭동의 시발점을 만든 것 즉, 식민 정부의 전초기지와 그 인사들을 공격하고 소작농과 고무 채취업자들과 같은 농촌 노동자에게서 강탈한 물품을 빼앗은 일이, 캘커타회의에서 전해진 지령과 결합된 전술 변화의 표시라고 영국은 보았던 것이다. 그러나 필립 디어리(Phillip Deery)는 최근 글에서, 그것은 동남아시아 냉전과 거의 연관이 없다고 지적한다. 연관이 있다 하더라도, 이 비상령이 정당 지도자들의 내적 분열 그리고 조직과 조정의 결핍을 상징했으며, 이는 지도자 라이 테크(Lai Teck, 3중 스파이인 것으로 드러났음)[13]의 이탈이 말레이공산당을 위기로 몰았기 때문이라는 것이다.[14] 1954년 무장봉기는 실패로 끝났고, 말레이공산당 지도자들은 다시 한 번 도시 정치로 초점을 바꾸어 방향을 재설정하면서 자신들의 이데올로기적 지위를 진전시키기 위해서뿐만 아니라 신규 인원 모집을 위한 수단으로 싱가포르의 주요 사회운동 속에 침투하고자 했다. 공산주의와 좌익 정치 지도자들이 갓 탄생한 싱가포르 인민행동당(PAP: People' s Action Party)과 협력하기 시작한 것도 바로 이 중요한 시점에서였다. 이 당은 5년 후에 —이 협력의 결과로— 권력으로 나오게 된다. 궁극적으로 공산주의, 사회주의, 민족주의를 각각 분리하는 구분을 모호하게 만든 것이 바로 이 합병이었다.

이 중대한 시점에서 비상령, 그리고 그와 연관된 공산주의 전복이 싱가포르 내에서 역사 지식의 목적으로 변환되었던 특정한 방법론을 언급하는 것 역시 중요하다. 위에서 언급한 것을 종합해 보자면, 대부분의 경우 이 역사 기술은 수집된 연구를 통해서 나온 것이며, 대체로 식민지와 정부의 기록들을 수반하고 있다. 이런 점에서 비상령은 종종 문화적인 것으로 이해되지 않는다. 하지만 갈등 구축과 재생산에 연관된 다양한 단체들이 비상령에 대한 인식을 서로 주장하고 변화시키도록 하였다. 만일 1950년대와 60년대 대중영화, 음악, 예술, 문학 그리고 언론과 같은 서구의 문화적 산물이 내재적이거나 외재적으로 냉전과 공산주의에 대한 사고를 절합했다면, 그리고 싱가포르 수용자들이 왕성하게 서구의 문화적 산물을 소비했다면, 이는 냉전의 서구적 상상이 싱가포르로 이식되는 수단을 제시하는 것이 아니었을까? 거꾸로, 만약 싱가포르의 문화적 정세가 —단지 '서양' 에서 온 문화적 소재의 원천이 되는 다민족적 배경 때문에— 더 이종적으로 인식되었더라면, 냉전담론이 다르게 구성될 수 있었을까? 첫 번째 시나리오는 싱가포르인의 주체성이 서구의 미미크리(mimicry, 모방)의 하나라고 제안하는 반면, 두 번째 시나리오는 좀 더 복잡한 문화적 상호작용을 재현한다. 그러나 어떤 경우든지 다음 질문들이 결핍된 것이 분명하다. 싱가포르에서 문화적 정세가 어떻게 서구의 냉전 텍스트에 응답했는지, 그리고 이 문화적 정세의 마지막 결과가 서구 도시 중심부의 결과와는 분명하게 다른 냉전에 대한 의식이었는지 아닌지. 이러한 연관 속에서 비상령에 대해 '문화적'으로 생각하는 것은 많은 함의를 가진다. 다음에 이어질 싱가포르의 복수적 문화 정세에 대한 논의를 통해 그 함의의 건설을 시도하고자 한다.

3. 복수성 관리

이 글 전체를 통해 냉전의 '주류' 서사를 가리키는 것은 국제정치를 재작업하거나 전유하고 있는 더 작고 다양한 세계관들의 존재를 강조하고자 하는 의도이다. 그래서 냉전에 대한 일반적 역사들이 위계적으로 다른 전 세계의 사회적 · 정치적 현상에 대해 하향식 설명을 제공하기보다는, 이 주변화된 관점들은 냉전으로 환원되는 사건들이 아닌 반대서사로서 민족주의, 반식민주의, 제국주의와 같은 대안적 역사를 재위치시키고자 시도했다. 그렇게 하여 비록 영국과 미국은 싱가포르의 1950년대와 60년대 초 전반에 걸쳐 만연했던 공산주의 운동을 동남아시아 냉전의 일부로 보았지만, 서구 세력의 실제 대응들, 지역 주민들로부터 날조된 이종 분파들, 그 분파들 사이에서 상호 작용하는 방식은 냉전에 더욱 문제적인 그림을 생산했다. 이를테면, 싱가포르에서 영국과 미국이 공산주의 활동을 평가하는 데 완전히 의견이 일치했는가? 당시 공산주의자들은 말레이반도와 싱가포르에서 권력을 빼앗고자 했던 많은 분파 중 하나로 단순히 정의될 수 있는가? 그 활동은 민족을 기반으로 한 반식민 운동이었는가? 또는 그들은 모스크바나 베이징을 보조하는 권력을 위해 작업하면서 코민테른을 대신해 활동했었는가?

1950년대 이후, 말레이반도의 영국 정부는 이 비상령을 말레이시아 정글에서 말레이공산당이 전개한 게릴라전뿐만 아니라 동남아시아 냉전, 중국의 공산주의로의 '몰락'과 분명히 연결된 것으로 해석하기 시작했다. 이 위험들은 서구의 다양한 공개 자료 혹은 비밀문서에서는 불분명한 용어로 절합되었다. 예를 들어 동남아시아 지역 영국 총판무관인 맬컴 맥도널드(Malcolm MacDonald)는 1951년 한 싱가포르 연보에서, 말레이시아는 '남부 아시아'로 통합되었으며 말레이시아가 추구했던 '자유 민족주의'는 '남부 아시아를 침략해 민주, 민족, 자유의 진보에 반대하고자 했던 반대파 운동'[15]으로 인해 위험에 처하게 되었다고 적었다. 그리고 사적 모임들 내의 문서번호 FO 371/84482로 보관된 영국 외무성 기록은 동남아시아 냉전 내 말레이시아의 위협적 지위와 그에 대항할 전체적인 노력에 대한 진술을 제공해 주었다.[16] 디어리가 생각한 것처럼, 목전의 전후 시기 동안[17] 영국이 많은 자원을 가지고 있었던 것을 고려하더라도, 영국 정부가 무장폭동 진압을 위해 1950년까지 5억~7억 파운드 정도를 썼던 것은 이 비상령이 권역 안보를 위한 더 큰 전략적 함의를 갖는다는 확신을 보여준다.

말레이반도에서 일어난 사건들과 영국의 행동에 대한 미국의 반응은 흥미롭게도 실망과 불승인이었다. 영국 정부와 미국 정부 모두 말레이반도의 확인되지 않은 공산주의 활동 결과를 인지하고 있었지만, 미국은 영국이 별 효과를 보지 못했다고 여긴 것이다. 부분적으로 그 원인은 영국 정부가 말레이반도 사람들과 소통했을 당시 공산당의 위협을 경시했던 방식 때문이었다. 그러나 더 중요한 것은 말레이공산당이 게릴라전을 포기하고 1954년 도시 전복 운동으로 돌아왔을 때, 미국 정책입안자들은 더 이상 영국이 현실적으로 도시 전복 운동을 저지할 수 있으리라고 믿지 않았다는 점이다. 당시까지 말레이공산당은 싱가포르의 중국계 학파들, 직종별 노동조합(trade unions), 대학들 그리고 정치정당에까지 다시 침투해 있었다. 특히 관심을 두었던 것은 (현재 통치하고 있는) 싱가포르 인민행동당이라는 떠오르는 별, 말레이공산당 관련자들이 인민행동당을 장악해 온 방식, 그리고 사회주의, 공산주의, 반식민주의로 일어난 강령을 지지하는 방식이었다. 1959년 총선에 앞서 싱가포르 인민행동당은 싱가포르의 광범한 중국 인구로부터 지지를 끌어내는 데 압도적인 성공을 거두었고, 미국인들은 새 정부가 공산당에 의해 형성될 것이라는 전망에 불안해했다.[18] 이 사건을 계획할 때 비밀 정책 문서에서 미국 정부가 영국이 렌들 헌법(Rendel Constitution)을 폐기하고 싱가포르 선거를 지휘해 최후의 수단으로 자체 정부를 위한 길을 닦는 청사진을 지지할 것이라고 밝혔다.[19] 미 국방부 공직자들 역시 대규모로 싱가포르의 공산주의 확산과 전쟁을 하기 위한 자신들의(추측하건대 상보적인) 전략을 세웠다. 지역 직종별 노동조합들을 서구의 대응 행동과 연관시키며, 싱가포르의 교육 활동을 지지하고, 부정적이고 긍정적인 선전 모두를 흩트리기 위해 미 정보국(US Information Service)을 이용해 '친자유세계' 언론을 소개했던 것이다.[20]

일반적으로 공산주의에 대한 미국과 영국의 반응 차이는 화해의 수사학의 어려움과 정책의 실천적 실행을 관찰하도록 해주었다. 영국과 미국이 냉전에 대한 거대 인식들을 공유할 준비를 했던 반면, 그 인식 각각은 독특한 상황으로 나뉘게 된다. 제국이 쇠퇴하면서 영국은 스스로 대도시 중심부를 재건설함과 동시에, 다루기 힘들면서도 민족적으로 격렬한 식민지들을 관리해야만 했다. 결과적으로 말레이반도에 냉전담론을 주입하고자 했던 시도는 몇 가지 모순된 방법으로 분리되었다. 그 방법은 각각 그 식민지들이 흡수하고자 한 지역 조직에 따라 달랐다. 싱가포르에 살고 있던 서양 거주민들에게 서양 냉전 주체는 자연스럽게 쉬운 근거지를 얻게 해주었고, 그들이 소비하는 매스미디어나 그들이 관여하는 사회적 모임들은 냉전이라는 사고가 재생산되는 수단을 제공했다. 《스트레이츠 타임스(The Straits Times)》와 《싱가포르 스탠더드(The Singapore Standard)》와 같은 영자 일간지에서 '빨갱이들이 캄보디아를 침략하다: 디엔비엔푸 내부 방어선이 뚫리다[21]', '동남아 방어 보호막이 빨갱이의 위협을 무찌르는 데 도움을 주다'[22], '시암(미얀마)은 동남아시아에서 빨갱이에 반대하는 요새로 남을 수 있을 것인가?[23]', '말레이반도와 냉전'[24]과 같은 헤드라인이 모두 냉전 서사 내의 은유, 꼬리표, 지정학적 암시들에 친숙한 독자들 사이에서 형성된 담론적 공동체의 존재를 암시한다. 나아가 예를 들어 1952년 《스트레이츠 타임스 연감(The Straits Times Annual)》에서는 각기 다른 3개 기사—비상령 생활에 익숙해진 영국 이주민 부인의 자전적인 이야기,[25] 브리그 계획(Briggs Plan)의 일부분으로 재정착한 정착자의 장미빛 이야기,[26] 반공산주의 정글 분대의 실제 이야기[27]—가 나왔는데, 이 기사들은 '공산주의 테러리즘'의 위험과 그 위험을 극복하는 권력자들의 능력 모두를 텍스트적으로 강화하고 있다.

농촌과 토착민, 노동계급, 중국 지식인 집단 등으로 구성된 다양한 주민들에게는, 분명 또 다른 공산주의의 이미지를 제안하는 지역 토착 엘리트들과 영국이 합작하는 것처럼 보였다. 공산주의보다 더욱 바람직한 것으로 미국식 민주주의를 선전하기 위해서 싱가포르에 미 정보국 같은 서구 동력들을 세워야 한다고 제시한 정보[28]는 있는 반면, 영국과 지방 엘리트들이 대중을 적극 교육시켜 비상령과 냉전의 권역적(regional) 연계를 갖도록 시도했는가를 규명할 근거는 거의 없다. 사실상, 대중들은 다른 민족집단 구성원들과의 평화적 유대를 유지하면서, 생계, 국내법, 질서라는 기본적인 문제에 더욱 신경을 쓰는 것 같았다. 그 때문에 영국은 이러한 수요를 만족시키는 프로파간다를 지도할 준비를 하면서 공산주의자들에 대한 외적 지원을 낮추었다. 이는 영국과 지역 시민군의 손쉬운 통제하에 공산주의자들이 고립되고 약화된다는 것을 보여주기 위함이었다.[29] 영국은 또한 공산주의자들에게 '도적(Bandits)'이라는 꼬리표를 붙이면서, 그들이 재정적 · 경제적 행복에 대한 분명하고 현재적인 위협이라는 점을 대중들에게 보여주었다. 이 용어는 사회적 실천을 통해 더욱 구체화되었는데, 1950년 2월에서 4월 사이에 '반(反)도적'의 달이 제정되었으며, 반(反)모반 작업을 위해서 안전보장군과 함께 일하는 42만 명을 동원하기도 했다. 그 '달'에는 언론 자료, 라디오 좌담, 연설 등과 같은 대중선전이 이루어졌고, 참가자들이 거리에서 불심검문을 하고 이민자 재정착을 돕기도 했다.[30] 이를테면, 공식적인 '반도적'의 달을 공표하면서 도적이라는 공산주의자의 이미지가 각기 다른 민족공동체에 다양한 방식으로 이야기되는 특징들을 갖게 되었다. 일반적으로 '도적들'은 말레이반도에서 교육을 방해하고 통상노조의 교육과 지도를 방해하는 것으로 여겨졌으며, 중국인들에게는 재정적으로 생계를 방해하는 것으로 보였다. '도적들'은 말레이반도 사람들에게는 이슬람을 전복시키는 것으로, 말레이시아의 인도인들에게는 인도의 추방자로 동일시되기도 했다.[31]

영국 외무부가 '도적'이라는 근시안적 성격에 대해 비판한 후에야 이 용어는 점점 사라지고 '공산주의 테러리스트(Communist terrorist)'라는 말로 대체되었다. 디어리의 평가에 따르면, 이 새로운 명칭은 비상령을 냉전에 더 적절하게 재연결시킨 한편, '테러리스트'라는 용어는 말레이공산당의 파괴적이고 악마적인 형상을 환기시키게 되었다.[32] 그러나 비상령이 권역적이고 지정학적인 관련을 가지고 대중들과 소통하는 커다란 경향이 있었는지를 이 명칭이 드러내주는가는 여전히 불확실하다. 1957년 정부 발표문 〈위험과 그것이 놓여 있는 곳(The Danger and Where it Lies)〉에서는, 냉전이 다시 주변적 역할을 하게 된다. 이 문건에서 개괄하고 있는 주요 '위험'은 새 말레이반도 국가를 전복하고 공산주의 정권으로 대체하려는 즉각적인 위협이었다. 공산주의자들이 사용한 폭력은 최종 목적을 가진 것이라기보다는 '그 자체가' 실재인 것으로 보였다. 이 문건은 "공산주의 신념은 폭력의 신념이다. 말레이반도의 공산주의자들은 폭력을 결코 포기하지 않았다; 그들은 폭력이 일시적인 이해관계에 복무한다고 생각할 때에만 단지 어조를 누그러뜨렸을 뿐"[33]이라는 사실을 상기시킨 것과 같다.

비록 〈위험과 그것이 놓여 있는 곳〉이라는 글이 지역통치 엘리트들과 영국 통치자 사이의 결합을 제안하는 것 같아 보이지만, 지역 인텔리겐치아의 다른 구획—특히 싱가포르에서—들은 좀 더 복잡한 그림을 제시한다는 많은 사례들도 있었다. 여기에서 인텔리겐치아란 단지 싱가포르 입법의회의 지역의원과 같은 정치권력을 가진 엘리트만이 아닌, 더 광범위한 도시 프롤레타리아에게 권고할 수 있는 지적 · 감성적 · 문화적 권력을 갖는 집단들까지 언급하는 것이다. 그러므로 인텔리겐치아는 학생, 교육자, 영어로 교육받은 전문가들로 구성된다. 특히 이 다양한 민족집단은 냉전의 핵심 의미들을 전환시킬 때 고의적이던 고의적이지 않던 좀 더 전복적인 역할을 하는 경향이 있었다. 예를 들어, 싱가포르의 첫 자치 입법기구의 맛을 보게 했던 입법의회에서 그 비상령 혹은 공산주의자 연합 운동들은 즉각적으로 지역 공산주의와 함께하는 지역 시위로 여겨졌다. 예를 들어, 〈싱가포르에서의 공산주의 위협(The Communist Threat in Singapore)〉이라는 회기 보고서에는 싱가포르 공산주의와 국제 공산주의를 연결하려는 시도가 전혀 없었으며, 이 보고서는 그 활동들을 말레이공산당의 국내 움직임으로만 한정시켰다.[34]

물론 이러한 예는 지표이긴 하지만 더 크고 분명하고 복잡한 지역 정치문화의 특성을 가리키기도 한다. 지역 정치문화 속의 제휴와 분열은 계속해서 다른 주변 위치를 끊임없이 선회했다. 다시 말해서, 인텔리겐치아는 특정 문제에서는 식민정부를 지지하는 것 같아 보였지만, 다른 문제에서는 날카롭게 대립하는 것 같았다. 특히 그들은 한편에서는 공산주의 폭력의 위험에 대해 영국의 관점을 수용하고자 하는 것처럼 보이면서도, 재빨리 그 관점을 영국의 식민적 이해에 특권을 준다거나 민족주의의 습격을 꺾어 버리는 생각처럼 재빨리 거부하기도 했다. 이 논의의 목적에는 이 제휴를 주재하는 네 가지 공통된 지점이 있다. 민족주의로 동남아시아와 다른 지역과의 연대를 촉진하고자 하는 시도, 민족주의를 위한 플랫폼으로서 사회주의를 이용하려는 경향, 특히 식민주의가 만들어낸 사회 정의 문제들을 호명하고자 하는 시도, 반식민주의적 무기로서 민주주의의 전유가 그것이다. 그리고 이 논의를 위해 나는 1950년대 말라야대학의 학생 간행물 속에 이 긴장들이 포함되어 있음을 주장할 것이다. 이 간행물들은 《말라얀 학생(The Malayan Undergrad)》, 《새로운 가마솥(The New Cauldron)》, 《파자르(Fajar)》이다.

표면적으로 각기 다른 학생조직과 연합에 속한 이 간행물들은 다른 이해관계를 위해 복무하는 것 같았다. 주요 학생신문이자 말라야대학 학생조직 기관인 《말라얀 학생》은 캠퍼스 뉴스를 전달하는 의도를 가지고 있었고, 래플스 모임(Raffles Society, 대학 내 문학, 토론, 드라마 모임)의 간행물인 《새로운 가마솥》은 문학과 문화적 표현을 위한 전달수단이었다. 그러나 1950년대라는 신기원적 시기를 고려한다면 말라야대학은 정치의식의 온상이었다고 볼 수 있다. 이런 종류의 단언적 설명들은 단지 명목상일 뿐이었다. 모든 간행물들, 특히 대학 사회주의자 모임의 간행물인 《파자르》는 여러 면에서 정치적이었다. 이를테면, 이 간행물들은 당시 말라야에 직면한 사회적 · 정치적 문제들의 전체 주인들에게 파고들었다. 그 문제들이란 민족주의와 말레이반도의 미래, 말레이시아의 정체성, 사회주의의 역할, 중도주의 사상, 제국주의의 전제정치, 최근 정부의 행동들에 대한 대응을 모두 포함하는 것이었다.

많은 사건들에서, 《말라얀 학생》과 같은 간행물들은 냉전에 대해 식민전선을 절합시키는 것 같았다. 1951년 11월의 어떤 기사는 전달에 '공산주의 도적들' 이 대학의 명예총장 헨리 거니(Henry Gurney)를 죽음으로 몰고 간 것엔 대해 언급하면서, 공산주의자들의 폭력적인 전술을 비난하고 반제국주의적 목적을 가진 행위들을 거부하고자 시도했다. 그러나 이러한 거부가 표현되자마자 그 기사는 민주주의와 공산주의 사이의 일반적인 투쟁 대신 인간성과 인류에 대한 좀 더 보편적인 콘텍스트로 이 거부를 끌어올리고자 했다.[35] 이러한 전유와 탈콘텍스트화 형식들은 눈에 띄게 더 반식민적인 많은 기사들 속에서 볼 수 있다. 냉전과 민족주의의 고리를 끊고, 권역적 연대를 강조하며, 더 '중립주의적' 입장을 취하고, 공산주의보다 더 무시무시한 공동체주의와 같은 사회문제를 우선시하는 분명한 시도들이 몇몇 기사에서 보이기도 했다.[36] 다음 《새로운 가마솥》의 한 기사는 대학 간행물에서 제기하는 한 가지 감성을 절합한다.

> 말레이반도의 우리는 미국이 러시아를 죽이거나 러시아가 미국을 전멸시키는 것에 관여하지 않는다. 하지만 우리는 그 전쟁에 우리가 끌려 들어가는 것에 맹렬하게 반대하고 반대한다. 우리는 약해서 싸우지 못하는 것이 아니며 약해서 뒤쳐져 있는 것이 아니다. 우리는 뒤얽힌 망에서 도망가고자 기도한다. 누가 이기든 우리는 여전히 지는 것이다.[37]

이런 상황에서 이 전술은 중심-주변의 존재를 재강화하는 것 중 하나였고, 심지어 국제정치 주류 관점의 무게로 인해 다른 축으로 대체되는 것 같았다. 논쟁의 여지가 있는 아래 《파자르》의 기사는 '아시아에서의 공격' 이 나아가 아시아인들에게 낯선 투쟁과 방어 협정에 끌려 들어가는 '아시아인' 의 주저함을 강화했다.

> 아시아가 '공산주의로 간다' 는 전망은, 중요한 모든 서양의 특권이 인도

독립에서부터 말레이반도의 중국인 정착민을 위한 토지에까지 미치고 있다는 것에 많은 부분 책임이 있다. 그래서 서양에 떠돌고 있는 공산주의의 유령이 아시아를 평온하게 남겨두었다는 점이 놀라운 것인가? 아시아가 반공산주의 최전선과 아무 관계가 없다는 것이 놀라운 것인가? 왜냐하면 그것은 우리의 문제가 아니기 때문이다. 우리는 평화와 자유를 필요로 한다. 아시아의 연대는 피억압자들의 연대다. 이것은 단지 우리의 투쟁이며, 우리는 다른 누군가에게 끌려가지 않을 것이다. 우리의 동정은 평화와 자유를 열망하는 우리와 같은 모든 민족들과 함께한다. 그러므로 우리는 가장 기본적인 인권을 위해 투쟁하는 아프리카인들과, 자유를 위해 싸우는 인도차이나인들과 동지다. 우리의 적은 바로 우리에게 이 권리들을 부정하는 이들이다.[38]

냉전을 전유하고 탈콘텍스트화하려는 시도는 사회주의와 민주주의가 말레이시아 민족주의 아젠다 내의 관련 범주들로 다시 회복하려는 방식에서 보이기도 했다. 사회주의 개념이 특히 미국에서 공산주의와 동의어로 사용되고 가치를 저하시키는 것으로 사용된 반면, 싱가포르 민족주의 지식인들 사이에서 사회주의는 식민주의의 마지막에 분명해진 가난, 의료, 교육과 같은 문제를 언급하는 추진력으로 여겨지게 된다. 이 간행물들, 특히 《파자르》에서는 사회주의 사상이 학생의 책임감이라는 기대로 크게 일어나게 되었고, 그 개념에 대한 다른 마르크스주의적 차원과 비마르크스주의적 차원이 독립 싱가포르의 미래를 위한 잠재적 플랫폼으로서 끊임없이 협상되었다.[39] 또한 주목할 만한 것은 '민주주의' 역시 서구 지배하의 모순들을 지적하기 위해 그리고 민족주의 지식인들의 실천과 일관된 사상으로 민주주의를 재전유하기 위해 사용되어 온 방식이라는 점이다. 이러한 연관 속에서 많은 기사들은 영국 정부가 공산주의 용의자들을 잠재우는 방법으로 임의체포권과 구류를 사용하는 것을 비난했다. 이 비판은 영국에 의해 늘어난 견해에 저항한 도전으로 사용되기도 했는데, 그 견해란 영국의 모순적 본성으로 인해 말레이반도와 싱가포르에서 자치 정부가 가까운 장래에 곧 일어난다는 것이었다. 구류의 힘을 식민정부가 사용하는 것은 자치 정부의 민주적 요구와 양립할 수 없는 것이었다.[40)]

말레이반도에서 공산주의에 대한 미국과 영국의 결합의 부족, 영국 정부가 다른 식민 수용자들에게 언술하고 알리고 그들을 교육시킬 때 채택한 모순된 실천들, 그리고 민족주의 지식인들이 냉전의 의미들을 전유하고 변형시킬 때 행한 분열 생식적인 역할 등, 논쟁적 담론으로서의 냉전을 묘사하기 위해 이 글은 다양한 출처에서 나온 많은 텍스트 사례를 사용했다. 이는 존재한다고 주장되는 더욱 거대한 현상들 속에서 그 사례들이 얼마나 대표성을 띠는지에 대한 질문을 반드시 요구한다. 이를테면 싱가포르 지역 식민지 인구의 이종적이고 복잡한 본성이, 특정 독자들을 위해 의도되고 특정한 정치적 목적에 기초한 대학 간행물들 속에서 적절하게 대표될 수 있을 것인가? 나아가 더 넓게 지역화된 반식민 담론과 의식을 보여줄 수 있는 다른 양식과 장르, 그리고 다른 언어들 속에 더 많은 텍스트들이 존재할 가능성이 있는가?

이런 염려에도 불구하고, 1950년대 대학 간행물을 강조하는 것은 1960년대 민족주의 정치학을 예상했던 역동성을 보여주기 때문이다. 이 콘텍스트 속에서 《파자르》를 다시 살펴보도록 하겠다. 대학 사회주의의 입으로서 《파자르》의 급진주의는 놀라운 것은 아니다. 친공산주의적 사설이 《파자르》를 지배하고 있다는 영국의 의심을 개의치 않고, 《파자르》의 독자와 작가군은 1960년대 초까지 리콴유(李光耀, Lee Kuan Yew), S. 라자라트남(S. Rajaratnam), 토미 코(Tommy Koh)와 같은 인물들로 구성되어 있었고, 이들은 미래 싱가포르 정치 지도력에서 우위를 점했다. 예를 들어 리콴유는 사회주의자 모임의 법적 고문이었고 《파자르》 편집이사회 회원들을 위한 공동 고문으로 활동했다. 당시는 이들이 체포되어 "아시아 내의 공격"41)이라는 출판물에서 선동을 위해 노력할 때였다. 이런 형태의 동료 이동은 정당정치에서 발생했던 것과 병행되었는데, 이는 싱가포르 인민행동당이 공산주의자들과 직접 합병하기 시작했기 때문이었다. 이어 발생한 사건은 유명하다. 《파자르》의 관심이 미치는 한에서 첫 합병이 1959년 싱가포르 인민행동당의 선거 승리 이후에도 지속되었고, 4년의 출간 금지령 종결이 인민행동당의 성공과 동시에 일어났기 때문에 이 합병은 특히 강화되었다. 1년 후 《파자르》는 특히 말레이시아와의 임박한 합병과 집권당에서 옹엥관(Ong Eng Guan)의 제명처리42)로 점차 반정부적이 되어갔다. 비록 이것이 《파자르》가 이 지점에서 다른 담론을 점하기 시작했음을 제시하기는 하지만, 그 일탈은 냉전이라는 서구에서 고취된 거대 이론들보다 국가성에 대한 해석을 달리 하고 있으며, 지역적 관심에 더 흥미를 보이는 정치적 관심들의 본질을 적절하게 획득하고 있다. 《파자르》와 같은 텍스트들을 조사하면서 대안담론의 콘텍스트를 강조하는 것이 가능하게 된 것이다.

4. 결론

이 글에서는 1950년대 싱가포르의 냉전을 재-현하는 시도 속에서, 동-서의 구분을 둘러싼 일반적 담론과 공격적 공산주의 진영과 민주-수호적 자본주의 진영이라는 지정학적 대결이 부적절함을 상세히 설명했다. 대부분 그런 주류 담론은 냉전이 가정한 정치적이고 역사적인 위계 외부에서 제공되고자 했던 논쟁적이고 대안적 담론들의 전체 배열을 잠식해 버린다. 결과적으로 이러한 대안담론들은 심지어 제국이 후퇴하는 것처럼 보일 때

조차 식민담론의 현존을 재확인하는 중심-주변 축을 재-단언하려 했으며, 싱가포르 인구의 이질성에서 제기된 문제와 민족주의가 의미하는 것에 대한 담론 내적 투쟁에 의미를 부여하기도 했다.

이는 많은 함의를 갖는다. 첫째, 국제 냉전 역사와 문화학을 넓게 반추해 보면 능동적인 지점으로서 지역(로컬)이 평가될 필요가 있음을 제안하는데, 그 지점 속에서 의미들, 문제들, 그리고 다른 우선권들이 공산주의 그리고 세계화의 지배 등에 대한 서사들을 형성하고 변형한다. 또한 냉전이 어떻게 주변화될 필요가 있는지, 그리고 그렇게 하면서 소위 동남아시아의 탈식민지 영토들이 전체적이 아닌 더욱 파편적으로 해석되어야 하는지를 제시한다. 즉, 그래서 민족주의, 권역주의(regionalism), 지역주의(localism)가 자신의 구체적인 콘텍스트로 역사적 독특함과 조화될 필요가 있는지를 제시하는 것이다. 마지막으로, 싱가포르를 분석하면서, 이 글은 싱가포르의 다른 공동체들이 어떻게 냉전에 대한 주류 담론에 도전할 수 있었는지에 대해 결코 광범한 관점을 제공하고자 하지 않았다. 여기에서는 특정하게 갈등하는 영-미와 '민족주의적 인텔리겐치아'의 갈등만이 제시되었다. 반복적으로 강조한 것처럼, 다른 공동체들에 대한 전체 설명을 위해서는 싱가포르의 다른 주요 언어들로 된 텍스트를 읽는 능력이 있어야 함을 더욱 암시하고 있다.

II.

냉전풍경 2
:지식/정보 혹은 규율의 재생산 제도

윤영도는 성공회대학교 동아시아연구소의 연구원으로, 연세대학교 중어중문학과에서 〈中國 近代 初期 西學 飜譯 硏究: 《萬國公法》 飜譯 事例를 中心으로〉로 박사학위를 받았다. 현재는 중국 및 동아시아 국가에서의 근대 국민-국가 담론의 형성 과정에 대한 연구 및 이와 관련된 문학·사상·문화 텍스트에 대한 분석을 진행하고 있다. 그간의 연구 성과물로는 중국 지역문화론에 관한 번역서인 《차이나 프로젝트》(2003)를 비롯해, 〈19세기 중엽 관립 번역기구와 근대 언어공간의 형성〉, 〈《大同書》에 대한 알레고리적 해석〉 등의 논문이 있다. ycyyd@yonsei.ac.kr

4 탈식민, 냉전, 그리고 고등교육

– 제2차 세계대전 직후 국립 서울대학교와 국립 타이완대학 내 인문학 분야의 재편을 중심으로

윤영도

1. 들어가며

'공산주의와 자본주의', '식민과 냉전' 이라는 이중의 경계

탈냉전 시기 동아시아 지역 질서 안정의 열쇠를 쥐고 있는 곳을 들라고 한다면, 아마도 한국과 타이완(臺灣)이라고 할 수 있을 것이다. 일본의 식민지 경험이 있는 이 두 지역은 해방 이후 미국을 정점으로 하는 자유진영에 편입되면서, 사회주의화한 중국의 세력 확장을 봉쇄하기 위한 미국의 전초기지로서 자리 잡게 된다. 한국과 타이완은 또한 미국과 소련에 의해 형성되었던 냉전 질서가 거의 해체된 지금에 이르기까지 여전히 냉전이 남겨놓은 문제들을 해결하지 못한 채 동아시아 지역의 커다란 불안 갈등의 요인으로 작용하고 있는 곳이기도 하다.

이 같은 지역 내 갈등의 근저에는 1945년 이전까지 '대동아공영권' 이라는 이름하에 일본 제국주의의 주도로 진행되던 동아시아 내 식민주의적 질서가 일본의 패전으로 해체되면서, 새로운 지역 질서로 재편되는 과정에 배태된 태생적 모순이 내재되어 있다. 즉 제2차 세계대전 이후 일제 식민

통치로부터 벗어나게 된 이 두 지역에서 국민국가 건설의 과정이 미국-소련을 정점으로 당시 막 형성되기 시작하던 냉전이라는 전 세계적 흐름과 상호 결합되면서, 두 국민국가의 초기 성격을 규정하게 되었던 것이다. 결국 1945년 일제 식민 통치의 종결 직후 냉전 질서의 초기 형성 과정을 이해하는 것은 이제 거의 사라져가고 있는 냉전 질서 자체에 대한 이해는 물론, 그 이후 새롭게 재편되고 있는 탈냉전 시기의 세계 질서 및 동아시아 지역 질서를 보다 더 잘 이해할 수 있는 중요한 참조체계를 제공해 줄 수 있을 것이다.

국민국가와 국립대학, 그리고 인문학

흔히 냉전 질서와 냉전 문화의 형성 과정에서 중요한 역할을 했던 기제들로, 각종 미디어를 통한 대중적인 선전 선동과 정치 · 이념의 보급, 그리고 초 · 중등교육을 통한 이데올로기의 주입 등을 손꼽는다. 또한 전쟁과 같은 물리적 · 정신적 경험과 상처 역시 냉전 문화의 형성에 심각한 영향을 주었다. 하지만 이런 단편적인 경험이나 정보의 차원에서 소비되는 담론들보다 보다 근본적인 차원에서 결정적인 역할을 하는 것은 지식의 차원에서 형성되는 담론들이라 할 수 있다. 산재되어 있는 단편적인 경험과 정보를 보다 체계적이며 논리적으로 서사화한 지식-담론은 각 주체에게 어떤 현상이나 대상에 대해서 보다 설득력 있는 총체적 상을 제공해 준다는 점에서 냉전 문화의 형성에 더욱 강력하면서도 지속적인 역할을 하게 되는 것이다. 그리고 이러한 지적 체계, 학술적 차원에서 각 담론들이 지식을 생산하고 권력을 구성하는 데 있어서 가장 중요한 역할을 하는 것이 바로 고등교육기관이다. 즉 고등교육기관에서 생산 혹은 재생산되는 지식들을 통해 담론은 권력을 행사, 유지하게 되는 것이다. 특히 종적으로 서열화한 중앙

집권적 교육제도 체계 속에서 최고 학부로서의 국립대학은 그 권위의 정점에 있다고 할 수 있다. 제2차 세계대전 이후 남한과 타이완 두 지역의 최고 학부인 국립 서울대학교와 국립 타이완대학 역시 그런 사례들 가운데 하나라 하겠다.

해방 이후 진행되었던 이 두 지역의 국민국가 건설을 위한 지식-담론의 형성과정에서 위의 두 국립대학은 매우 중요한 역할을 했으며, 특히 지적 체계의 차원에서 볼 때, 두 대학에서 이루어진 인문학적 지식의 생산은 국민국가적 자아와 타자에 대한 인식과 경계 형성에 커다란 몫을 차지했다. 이 과정 속에서 전 세계적 냉전 질서의 형성을 주도했던 미국의 전략과 의도가 직간접적으로 영향을 끼쳤으며, 이러한 미국의 영향력은 지금까지도 지속되고 있다고 할 수 있다. 일본으로부터 통치권을 이양 받은 국민당 정부의 주도하에 교육 개혁이 진행되었던 타이완에서 미국의 영향이 상대적으로 간접적이었던 데 비해, 해방 직후 미군정에 의해 교육 개혁이 주도되었던 남한의 경우 미국의 영향력은 더욱 직접적이었다. 이로 인해 사실 남한의 고등교육 체계의 초기 형성 과정에서 미국의 영향에 관한 연구 성과는 적지 않은 편이다. 하지만 기존의 국내 연구는 대체로 미군정과 친일파 사이의 정치적 권력 관계, 공모 관계에 초점이 맞추어져 있었기 때문에 보다 학문적 · 지적 체계의 차원에서 이러한 문제를 다루고 있는 연구는 매우 드물다.[1)]

또한 기존의 국내 연구는 국내의 현상만을 대상으로 하는 일국 중심적인 한정된 시각을 지녀왔던 탓에 동아시아 지역 내에서의 전반적인 변화 과정에 대한 포괄적인 상을 제시해 주지 못해 왔다. 하지만 일국적 시각을 넘어서 제2차 세계대전 이후 전 세계적 차원의 냉전 질서 형성과 관련해 당시 동아시아 지역 내에서 일어나고 있던 유사한 과정들을 다른 국가의 사례들과 함께 고찰하는 작업은 보다 총체적인 안목을 갖게 하는 데 도움을 줄 수 있을 것이다. 특히 타이완과의 비교는 남한의 냉전 질서 형성 사례를 이해하는 데 좋은 참조체계가 될 수 있을 것이다.

이 글에서는 이상과 같은 문제의식들을 기반으로, 제2차 세계대전 직후 남한의 국립 서울대학교와 타이완의 국립 타이완대학에서 이루어진 인문학 편제의 재편 과정 및 지적 계보의 초기 형성 과정에 대한 비교 고찰을 통해서, 이 두 국가에서의 국민국가 건설 과정에 위의 두 고등교육기관의 인문학 지식-담론이 구체적으로 어떠한 역할을 했는지, 그리고 이 과정 속에서 어떠한 요소들이 작용하고 있었는지, 과연 미국 주도하의 냉전 문화가 지식-담론의 차원에서 구체적으로 어떠한 영향을 주었는지, 해방 이후 이 두 지역의 지식-담론 체계 속에서 동아시아에 대한 상상은 어떻게 변화하게 되는지, 남한과 타이완의 사례는 각기 어떠한 공통점과 차이점들이 있는지 등의 문제를 살펴보고자 한다.

2. 일제 시기 두 식민지 제국대학 내의 인문학적 지식-담론 생산

우리들이 지금 쌓아올리고 있는 대동아는
보게나, 저 아름답고 풍만한 남방을
저 혹독한 추위와 더위의 북방 광야를
그리고, 그 사이에 펼쳐지는
온화하고 변화무쌍한 우리의 온대를
(중략)
이 땅, 이 백성으로 이루어내리라
새로운 세계 - 황도(皇道)의 대동아를

그 안락, 희열, 아름다움

그 찬란한 빛 – 그것은 필시 멋진 일임에 틀림없도다[2)]

공유된 제국 상상과 제국대학

위에 인용된 시는 식민지 조선 최고의 지성인이라 할 수 있는 이광수의 〈전망(展望)〉이라는 시의 일부다. 일본 제국주의 침략의 광기가 최고조에 이르던 1940년대 초반이 되면 이광수뿐만 아니라 당시 조선 지식인들의 상당수가 일제에 노골적으로 동조하게 되면서 친일로 전향하는 모습을 보이게 된다. 당시 많은 지식인들이 일제에 의해 투옥되거나 죽음의 위협까지 받고 있던 상황을 생각해 볼 때, 친일로 전향한 지식인 모두를 반민족 친일 부역자로 매도하기 힘든 부분이 없진 않다. 그리고 다른 한편으로 단순히 일제의 물리적 폭력과 강요, 그리고 집단적 광기만으로는 설명하기 힘든 무언가가 여기에 작용하고 있었음 또한 간과해서는 안 될 것이다. 제국대학을 중심으로 하는 제국의 지식인들에 의해 생산 · 보급되었던 지식–담론 체계 속에서 당시 많은 지식인들이 눈앞에서 벌어지고 있는 세계대전을 이른바 '영미 제국주의자들' 대 '대동아공영권', 혹은 '서양' 대 '동양' 사이의 결전으로 표상하면서, 제국의 지식–권력 헤게모니에 '동의', '동조' 해 가고 있었던 점 또한 부인하기 힘든 측면이 있는 것이다.

이처럼 식민지 지배에서, 식민지 지식인들의 지적 '동의'를 획득할 수 있는 중요한 매개이자, 제국주의 지식–담론 체계의 생산 · 보급 기지로서 매우 중요한 역할을 했던 것이 바로 제국대학이었다. 일본 제국주의 고등교육 체계의 핵심이라 할 수 있는 제국대학의 역사는 1886년으로 거슬러 올라간다. 메이지(明治) 19년(1886년) 3월에 제국대학령이 제정되어 도쿄대학(東京大學)이 도쿄제국대학으로 변경되면서 일본 최초의 제국대학이 설립되었던 것이다. 이후로 교토(京都, 1897), 도호쿠(東北, 1907), 규슈(九州, 1910), 홋카이도(北海道, 1918) 등지에 제국대학이 설립되어 일본 제국 고등교육의 핵심을 이루었다. 이 가운데서도 특히 도쿄제국대학은 거의 완벽하게 국가주의적 관리와 통제하에 놓여 있던 제국주의 시기 일본의 고등교육 체계 속에서 최고의 정점에 있었다. 타이베이(臺北)와 경성(京城, 서울)이라는 식민지 수도에 세워진 두 제국대학 역시 일본 제국 고등교육 체계의 일부로서 설립되었다.

1924년에 와서 여섯 번째 제국대학인 경성제국대학(京城帝國大學)이 일본 본토가 아닌 식민지 조선에 최초로 세워지고, 뒤이어 1928년에 식민지 타이완에도 타이베이제국대학(臺北帝國大學)이 설립되었다. 식민지 인민을 대상으로 하는 고등교육이 가져올 수 있는 위험에 대한 당시 일본 지배계층의 부정적인 시각에도 불구하고, 이처럼 식민지에 제국대학이 세워진 배경에는 여러 요인이 있었겠지만, 무엇보다도 일본 내적으로 '내국(內國) 식민지'의 과거 경험을 토대로 근대 학문의 범주에서 이를 정치적으로 배제하거나 통제하기 위해 이루어진 학문적 성과를 재생산해 낼 학적 구조에 대한 수요가 크게 작용했기 때문이었다. 이는 '제국대학은 국가의 수요에 응한 학술 기술을 교수(敎授)하고, 그 온오(蘊奧)를 고구(攷究)함을 목적으로 한다'고 규정되어 있는 제국대학령 제1조의 내용을 통해서도 확인해 볼 수 있다.[3] 이 같은 제국의 식민지 경영을 위한 지식-담론의 생산(혹은 재생산)이라는 국가주의적 목적을 위해 설립되었던 식민지의 두 제국대학은 총독부(한국의 경우 학무국[學務局], 타이완의 경우 문교국[文敎局])라는 일본의 지배권력과 결합해 식민지 내 최고의 '지적 체계'를 구성했다.

이처럼 전반적인 고등교육 체계 속에서 두 식민지 제국대학의 위치와 의미라는 측면에서 볼 때, 이 두 제국대학의 설립이 해당 식민지의 인민들을 위한 것은 아니었음은 충분히 짐작할 수 있을 것이다. 이는 두 제국대학의 인적 구성이라는 측면에서 보더라도 잘 드러나는데, 제국대학이 생산·보급해 내는 '지배하는 지(知)'를 공유할 수 있는 사람들 가운데 식민지인은 소수에 불과했으며, 제국대학 입학생 가운데 상당수는 이 두 식민지에 거주하던 일본인의 자녀들이었다. 경성제국대학의 경우를 살펴보면, 1925년 예과 전체 학생 324명 가운데 한국인은 91명으로 28.1퍼센트에 불과했다. 해방 3년 전인 1942년의 경우 본과·예과를 합쳐 총 1,432명의 학생 가운데 한국인이 566명으로 약 39.5퍼센트를 차지해, 한국인의 비중이 상대적으로 늘어난 것을 확인해 볼 수 있기는 하지만, 당시 3퍼센트에 채 못 미치던 재조선 일본인과 97퍼센트에 이르는 조선인의 전체 인구비율과 비교해 본다면 한국인의 제국대학 입학이 매우 제한적이었음을 알 수 있다. 타이베이제국대학의 경우 역시 마찬가지였는데, 해방 직전인 1944년도에 재학 중이던 학생 총 357명 가운데 일본인이 268명, 타이완인이 85명으로, 타이완인의 비율은 23.8퍼센트에 불과했다.[4)]

그리고 이 두 제국대학이 생산, 혹은 재생산해 내는 '지배하는 지'의 내용 역시 식민지 인민들의 고등교육을 위한 것은 아니었다. 오히려 그 내용은 두 식민지 인민을 지배·통제하고 배제하기 위한 지식들이 대부분이었으며, 이로 인해 두 제국대학은 그 식민지 자체의 특색에 따라 일본 본토의 제국대학들과는 다른 특색을 지니고 있었다. 대체로 해당 식민지 지역에 대한 경영 및 지배의 영속화, 그리고 그 주변지역에 대한 식민지 확장을 위한 지식들이 주로 특화되어 있었다. 이는 그 학문 분과들의 구성과 비중을 통해서도 살펴볼 수 있다.

'지배하는 지'와 제국대학의 학문 분과체계

우선 경성제국대학의 경우를 살펴보자면, 처음에는 법문학부(法文學部)

와 의학부만 설치되었던 것이, 1941년 중일전쟁과 태평양전쟁의 수행을 위한 일본 제국의 실질적 수요로 인해 이공학부를 신설하게 된다.[5] 이 가운데 특히 인문학적 지식과 관련된 법문학부에는, 1927년 정치학과가 폐지되면서 법학과 · 문학과 · 사학과 · 철학과 등의 4개 학과가 남게 되었는데, 이 학과들의 주된 성과는 대체로 조선에 대한 연구와 중국의 북쪽 지역, 즉 만주 · 몽고 · 신장(新疆) 등에 관한 연구에서 나오게 된다. 하지만 이 가운데 조선학 연구가 지니는 성격은 국민국가 담론의 형성과는 전혀 상관이 없는 지방학 · 민속학의 차원에서 이루어졌으며, 이 속에서 지방이란 '전통과 고향', 사라져가고 있는 전근대성, 그리고 이와 결부되어 배제 혹은 통제되어야 할 타자로서 표상하도록 만드는 지식-담론을 형성시키는 역할을 주로 했다.

이러한 지식들은 애초에 식민지에서의 대학 건설을 주장했던 도쿄제국대학의 교수들, 즉 시라토리 구라키치(白鳥庫吉), 핫토리 우노키치(服部宇之吉), 우에다 가즈토시(上田万年) 등 일본 인문학의 최고 담론-권력에 의해 생산되기 시작했다. 이들 가운데 "'동양사'를 학구적이며 과학적인 역사학 분야로 형성하고 조직화하는 데 가장 큰 역할을 한 학자"였던 시라토리 구라키치나, 뛰어난 한학자이자 경성제국대학의 초대 총장이기도 했던 핫토리 우노키치는 바로 '지나(支那)'와 조선, 더 나아가 아시아를 '동양'이라는 이름으로 명명하고 이에 '서양'과는 대비되는 아시아의 본성을 규정함으로써 일본식 오리엔탈리즘을 기초했던 장본인들이라 할 수 있을 것이다.[6]

식민지 조선에 세워진 제국대학의 학제 체계는 기본적으로 강좌제를 중심으로 구성되어 있었는데, 이는 대체로 독일식 고등교육 시스템의 영향을 받아 형성된 것이었다. 이 가운데 법문학부에는, 법학과 · 문학과 · 사학과 · 철학과 등의 각 학과 밑에 세부적인 전공 강좌들이 개설되어 있었으며, 문학과 내에는 '조선어학 · 조선문학' 제1강좌, 제2강좌를 비롯해, '국

1936년 당시 타이베이제국대학 정문의 모습(위). 높이 걸린 일장기를 제외하고 지금까지도 국립 타이완대학의 정문으로서 그 모습을 그대로 유지하고 있다.
저명한 중국 철학자이자 도쿄제국대학의 교수였던 핫토리 우노키치(아래). 경성제국대학 설립의 제안자 가운데 한 사람이자, 초대 총장(1926년 4월 ~1927년 7월)을 지낸 인물이다.

어학 · 국문학', '지나어학 · 지나문학', '외국어학 · 외국문학' 등의 총 5개 강좌가 개설되어 있었다.[7] 이 학문분야들 가운데서 식민지 조선의 어학과 문학에 관한 강좌가 개설되어 있는 점이 눈에 띄기는 하지만,[8] 앞서 언급했듯이 이 강좌들을 통해 생산, 혹은 재생산하고자 했던 지식-담론은 문화적 차원에서 조선 민족의 자기 동일성이나 일본에 대한 타자 인식을 형성하기 위한 것이 아니라, 일본 제국 인문학의 일부로서 지방학, 혹은 민속학적 지식으로서 의미를 지닌 것이었다. 결국 통제되어야 할 식민지 인민의 대상화 · 타자화된 언어와 문학으로서 실증적 차원에서 연구되었던 셈이다. 그리고 당시 '국어학 · 국문학' 강좌에서 다루어졌던 일본어와 일본문학이야말로 진정한 의미에서 제국의 규범적 헤게모니 언어이자 문학이었다고 할 수 있을 것이다.[9]

그리고 '지나언어 · 지나문학'은 일본과 한국을 포함하는 동아시아의 공통된 언어적 · 문화적 배경으로서 한학(혹은 국학) 전통과 맞물려 하나의 강좌로 설치되기도 했지만, 한편으로는 만주를 비롯한 북중국 지역으로의 일본 제국 확장을 도모하기 위한 각종 연구 조사와 지식의 생산에 보다 중요한 목적이 있었다. 특히 1931년 만주사변을 전후로 북중국 지역에 대한 더욱 본격적인 제국주의적 지식-담론 생산의 필요성이 제기됨에 따라 법문학부라는 인문학 관련 학부의 차원을 넘어서 범대학 차원에서 연구조직이 만들어지는데, 1932년 11월 17일 설립된 '만몽문화연구회(滿蒙文化研究會)'(1938년에 '대륙문화연구회'로 개칭)가 바로 그것이었다.

한편 서구의 언어와 문학은 유럽 각국에 관한 인문학이 미분화된 채 통합되어 '외국어학 · 외국문학'이라는 이름으로 1개 강좌가 개설되어 있었는데, 이는 해방 이후의 학제와 비교해 본다면 상당히 소략한 상태였다고 할 수 있을 것이다. 그 이유는 당시 일본의 제국주의적 관심과 오리엔탈리즘적 지식-담론 생산의 필요성이 '서양'보다는 주로 지배해야 할 타자인

대학로 낙산을 배경으로 한, 일제강점기 당시 경성제국대학 법문학부의 모습(위).
1930년대 타이베이제국대학 문정학부의 모습(아래). 현재에도 그 모습 그대로 타이완대학 문학원 건물로 사용되고 있다.

'동양'에 집중되어 있었기 때문이라 할 수 있을 것이다.[10)]

이와 비교해 일제 시기 타이베이제국대학의 학술 연구는 주로 일본의 남방정책과 관련된 식민지 학술, 특히 당시 일본 남방무역의 상당 부분을 차지했던 열대농업과 직간접적으로 관련된 분야, 즉 농학 · 공학 · 의학 분야가 발전된 편이었다.[11)] 상대적으로 인문학 분야는 비교적 빈약한 편이었는데, 이는 1941년 당시 경성제국대학 법문학부의 강좌가 49개였던 것에 비해 타이베이제국대학 문정학부(文政學部)의 강좌수가 총 25개에 불과했던 점을 보더라도 알 수 있다. 특히 경성제국대학 법문학부(문학과)의 경우 조선어문학에 대한 연구가 비교적 활성화되어 있었던 데 비한다면, 타이베이제국대학 문정학부의 경우 중국어문학(지나어문학)이 차지하는 비중은 극히 제한적인 수준에 머물고 있었다. 당시 문정학부의 문학과 내에 중국문학을 다루는 강좌로 1개의 동양문학 강좌가 개설되어 있었을 뿐이었다.[12)] 하지만 타이완 · 화남(華南) 및 남양(南洋)과 관련된 인문학적 연구는 상대적으로 발전된 편이었는데, 그 가운데서도 사학과 내의 토속 인종학과 남양사학(南洋史學)과 관련된 연구 성과가 가장 두드러진 편이었다.[13)] 이는 당시 타이베이제국대학이 일본 제국의 남방 진출의 학술적 전초기지로서 이 지역들에 대한 지식 생산을 주목적으로 하고 있었음을 반증해 준다.

이처럼 일제 시기 동안 경성 · 타이베이의 두 제국대학은 식민지 경영과 확장을 위한 학술적 전초기지로서 지역에 관한 지식들을 생산해 내는 역할을 하기는 했지만, 이는 일본을 타자로 하여 식민지로서 자기 동일성을 형성하기 위한 것이 아니라, 오히려 일본 제국의 '대동아공영'이라는 자기 동일성의 하위 범주로서 거시적 제국주의 담론에 복무하기 위한 것이었다. 그 속에서 상당수의 식민지 지식인들은 '제국의 상상'을 공유하고 제국주의 권력의 지식-담론 헤게모니에 '동의'했던 것이다. 하지만 제2차 세계대전의 종전과 함께 두 제국대학은 새로운 역할을 담당하게 되는데,

그것은 바로 국민국가로서 자기 동일성을 형성하기 위한 지식-담론의 생산이었으며, 또한 이와 더불어 새로운 지식-담론의 중심으로부터 생산된 냉전 문화와 지식을 재생산·보급해 내는 것이었다.

3. 식민지 제국대학에서 탈식민 국립대학으로

1945년 8월 일본의 항복과 함께, 함석헌의 표현처럼 "해방이 도둑처럼 찾아오게" 되면서, 남한이나 타이완 두 지역에는 커다란 변화가 찾아오게 된다. 이와 함께 두 제국대학 역시 변화를 맞이하게 되는데, 이는 기본적으로 동아시아에서 미국의 영향력하에 있는 지역들에 대한 미군정의 의도, 즉 일본의 군국주의적 잔재 청산, 미국의 의도를 따르는 친미적 세력 형성, 미국식 민주주의와 행정제도 이식 등의 관철이라는 커다란 흐름 속에서 진행된 하나의 과정이었다. 하지만 그 변화의 구체적인 양상에서는 두 지역의 정치적·역사적 배경의 차이로 인해 다소간의 상이함을 보이게 된다.

왜곡된 탈식민과 냉전 고등교육의 씨앗: 남한의 '국대안 파동'

제2차 세계대전 직후, 미국의 동아시아 질서 재편을 위한 의도가 가장 집중적으로 투사되었던 것은 사실 과거 제국의 중심이었던 일본 본토에서의 개혁이었다.[14] 일본과 마찬가지로 미군정의 통치하에 있던 남한에서의 고등교육 관련 개혁의 방향은 기본적으로 일본에서의 개혁정책들과 비슷한 방향으로 이루어졌다. 하지만 일본과는 달리 남한에 대한 전반적인 무지와 자신들의 대리인들을 통한 권력 장악 및 의도 관철만을 위주한 정책의 시행으로 인해 미군정은 남한에서 상당한 마찰과 진통들을 겪게 된다.

해방과 함께 대학 내에서는 식민지하의 경성제국대학이라는 교명을 경성대학으로 바꾸고, 한국인 직원들에 의해 '경성대학 자치위원회'가 결성되는 등, 내부적인 변화의 움직임이 나타나기 시작한다. 하지만 곧 남한 지역이 미군정의 통제에 놓이게 되면서, 경성대학의 개혁 역시 미군정청 학무국의 주도하에 이루어진다. 이에 따라 1945년 10월 10일에는 학무국 장교 가운데 한 명인 앨프리드 크로프츠(Alfred Crofts)가 학장으로 임명되고, 뒤이어 10월 16일에는 미군정 법령 제15호에 따라 정식으로 서울대학이라는 명칭이 사용되게 된다.

1946년 2월 크로프츠의 후임 학장으로 해리 B. 앤스테드(Harry Bidwell Ansted)를 임명한 미군정청은 서울대학을 다른 전문대학들과 통합함으로써 보다 확대 강화하는 방향으로 개혁을 진행해 나갔다. 미군정은 결국 1946년 7월 13일에 '국립서울대학교설립안(이후 국대안)'을 발표하게 되는데, 그 내용은 경성제국대학 후신인 서울대학과 일제 시기 설립된 10개의 서울 지역 관립 · 사립 전문학교들을 통합하는 것을 주요 골자로 하고 있었다.[15] 그리고 문리과대학 · 사범대학 · 법과대학 · 상과대학 · 공과대학 · 예술대학 · 의과대학 · 치과대학 · 농과대학 등 9개 단과대학과 1개 대학원을 두고, 그 통괄기관으로 1개의 이사회를 두며, 그 아래에 총장과 부총장을 한 사람씩 두어 학교를 통괄키로 한다는 내용이었다. 이처럼 기본적으로 경성대학을 중심으로 여러 전문학교들을 통합하고자 했던 '국대안'은 전반적으로 고등교육을 위한 인프라가 절대 부족했던 당시 상황 속에서 불가피한 면도 없지 않았다. 하지만 그 진행과정에서 미군정 관료들에 의한 일방적인 기안, '국대안'의 관료주의적 행정체계, '국대안'의 강제적인 시행 등은 커다란 마찰과 갈등을 불러일으켰다.

그와 같은 '국대안'을 둘러싼 갈등의 이면에는 사실 좌우 이념 대립이라는 요인이 작용하고 있었다. 당시 학내 좌익세력을 배제하고자 했던 미

1946년 동숭동 서울대학교의 전경(위). 해방 직후 교사(校舍)의 일부가 미군의 숙소로 사용되면서 수난을 겪기도 했고, 1946년에는 '국대안 파동'을 겪으면서 커다란 진통을 겪게 된다.
서울대학교 초대 총장 해리 앤스테드(아래). 미군정청 학무국에서 대학 업무를 담당했던 앤스테드 중위가 국립 서울대학교의 초대 총장(1946년 8월~1947년 10월)으로 임명되는데, 이는 국립 서울대학교의 설립 과정에서 또 하나의 갈등 요인으로 작용하게 된다.

군정이 자신들의 대리인으로 우파세력, 특히 친일세력들을 중용하게 되면서 친일과 반일, 그리고 좌와 우라는 이중의 대립과 갈등이 겹쳐지게 되어 갈등의 골이 더욱 깊어지게 되었던 것이다. 결국 '국대안'을 둘러싸고 일어났던 반대운동과 동맹휴업 등의 극단적 대립은 탈식민과 냉전이라는 이중의 모순이 외화되어 나타난 현상 가운데 하나였다고 할 수 있을 것이다.

무력충돌과 강제진압, 그리고 동맹휴업 학생들에 대한 제적 처리 등, 당시 극단으로 치닫던 '국대안' 파동은 제적 학생들의 복교 처리와 더불어 미국인 초대 총장 앤스테드를 뒤이어 이춘호가 첫 한국인 총장으로 선출되면서 점차 수습 국면으로 접어들게 된다. 이후 '국대안'의 계획에 따라 국립 서울대학교는 고등교육 체계 내 최고 기관으로서의 면모를 조금씩 갖추어 나가게 되는데, 교수진의 대부분은 경성제국대학 출신이거나 일본 유학생 출신의 학자들로 채워진다. 또한 국립 서울대학교의 초기 형성 과정에서 미국의 직간접적인 원조와 영향은 중요한 역할을 하게 되는데,[16] 이 두 가지 특징은 이 시기의 서울대학교는 물론, 고등교육 전반을 이해하는 데 중요한 배경이라 할 수 있을 것이다.

국민당의 퇴각과 대륙 고등교육 체계의 이식

타이베이제국대학의 개혁 과정은 경성제국대학의 경우와는 자못 다른 양상을 보여주고 있다. 그와 같은 차이를 낳게 되었던 중요한 배경 가운데 하나로 타이완에서 일제 총독부를 대체했던 것이 미군정이 아니라 중국의 국민당 정부였다는 점을 들 수 있을 것이다. 이는 조선에 대해 거의 무지함으로 인해 조선총독부나 친일 행적을 지닌 한국의 지식인들과 극소수의 영어 가능자들에게 의존할 수밖에 없었던 미군정 통치하의 남한 상황과는 상당히 다른 조건을 낳았으며 또한 변화 양상 역시 남한과는 다른 모습을 보이게 되었던 것이다.

장제스(蔣介石) 정부에 의해 타이완의 행정장관으로 임명된 천이(陳儀)는 1945년 10월 23일 타이완에 도착해 25일 일본의 안도 리키치(安藤利吉) 타이완총독으로부터 권력을 인계받게 되는데, 8월 15일부터 두 달이 넘는 기간 동안 일본인은 실질적인 통치권력을 상실했지만 행정관료로서, 그리고 경험 있는 중간 관리자로서 타이완에 남아 있었다. 그리고 조선의 인민들이 적어도 형식상으로는 일제하 제2국민의 지위에서 제1국민으로서 국민국가 건설의 주체로 등장할 수 있었던 데 반해, 타이완 인민들은 새로운 국민국가 건설의 주체라기보다는 여전히 본토 중국인[外省人]에 대한 제2국민의 지위에 머물러 있는 듯한 느낌이 강했다. 이는 타이완 민중과 국민당의 갈등에서 비롯한 1947년의 2 · 28사건과 그 이후로 40여 년 동안이나 지속되었던 국민당 정권의 계엄통치, 그리고 국민당 정권에 의한 타이완 내성인(內省人)에 대한 정치적 억압과 차별 등을 통해서도 확인해 볼 수 있다.

이 같은 전반적인 변화의 과정 속에서 타이베이제국대학 역시 국립 타이완대학으로 변화를 겪게 된다. 1945년 10월 17일 타이베이제국대학의 접수를 위해 타이완에 파견된 뤄쭝뤄(羅宗洛) 등은 타이베이제국대학의 실태 파악 및 각계 인물들과의 면담을 통한 의견 수렴과정을 거쳐 타이베이제국대학의 개혁 방안들을 마련하게 된다. 그리고 11월 15일 공식적으로 안도 가즈오(安藤一雄) 전 총장으로부터 접수된 타이베이제국대학의 인수인계 과정은 일본인들의 협조 속에 신속하면서도 순조롭게 이루어졌다.

이 같은 타이베이제국대학의 접수와 국립 타이완대학으로의 전반적인 개혁 과정 속에서 타이완대학 당국은 일본인 교수의 상당수를 잔류시켜 교원으로 활용하게 된다. 당시 해직된 일본인 교수는 64명이었던 데 반해, 잔류 임용된 일본인 교수는 87명이나 되었으며, 이후 전체 전임 · 겸임 교수 가운데 20퍼센트 정도가 일본인으로 채워졌다. 1947년 이후 이들 가운데 상당수가 일본으로 귀국을 희망하게 되는데, 이는 2 · 28사건으로 인한 타이완 정세의 불안 때문이었으며, 1947년 12월 무렵이 되면 일본인 교사 수는 8퍼센트 정도로 줄어들게 된다.[17] 사실 당시 타이완 학생들 가운데는 일본인 교수의 일소를 주장하던 이들도 없지 않았다.[18] 하지만 이처럼 일본인들이 패전 이후로도 귀국하지 않고 타이완에 남아 다시 등용될 수 있었던 데에는 접수위원들을 비롯해서 초대 총장을 맡았던 뤄쭝뤄나 2대 총장인 루즈홍(陸志鴻)과 같은 인물들이 '지일파(知日派)' 였던 점과 함께, 이들이 명분보다는 학문의 지속 발전이라는 실리를 택했던 점이 크게 작용했다.

국민당 정부에 접수될 당시의 타이베이제국대학의 학제는 예과와 문정학부 · 이학부 · 농학부 · 공학부 · 의학부 등의 5개 학부 및 열대의학연구소 · 남방인문연구소 · 남방자원과학연구소 등의 연구소로 구성되어 있었다. 국립 타이완대학으로 전환된 이후, 대학 당국은 중국대학법의 규정에 따라, 학교 조직과 제도를 개조해 기존의 '학부' 를 '학원' 이라 개칭하고, 문정학부를 문학원과 법학원으로 분리해 모두 28개 학과를 개설했다. 학제의 정비와 더불어 타이완대학의 규모도 급격히 성장하게 되는데, 뤄쭝뤄 총장 재임(1945년 12월~1946년 8월) 당시 모집했던 신입생의 수는 본과생 36명(일본인은 없었음), 예과생[先修班] 246명이었다. 1937년도 타이베이제국대학의 입학생 86명 중 29명이 타이완인이었던 것과 비교해 본다면, 타이완인의 입학이 대폭 늘어난 것을 확인해 볼 수 있다.[19] 해방으로 인해 일본인이 사라지고 타이완대학이 타이완인의 대학으로 전환되었던 점이 가장 중요한 원인으로 작용했겠지만, 이밖에도 해방으로 일본 유학이 어려워진 타이완인 진학 희망자들이 타이완대학에 입학할 수밖에 없게 되었던 점 또한 중요한 원인으로 작용했을 것이다. 그리고 대륙에서 건너온 외성인(外省人)들이 늘어나게 되면서 타이완대학 진학생들은 더욱 급증하게 된다. 또한 이러한 학생 수의 증가와 함께 1949년 국민당 정권의 타이완 퇴각 시 가져온 수많은 문물과 자료들을 고스란히 타이완대학이 소장하게 되고, 국민당 정권과 함께 수많은 대륙의 지식인들이 타이완으로 옮겨와 교수로 충원되면서, 점차 타이완대학은 비교적 안정감 있게 발전해 나가게 된다.

그렇다면, 대학의 학제 행정 및 제도적 측면에서 개혁이라는 외적인 변화들에 비교해 볼 때, 국민국가 건설에서 자아-타자 인식에 중요한 역할을 한 인문학 내에서는 어떠한 변화가 일어나고 있었을까?

4. 인문학 학제의 재편과 자-타 표상의 재구성

인문학은 국립대학 이후로 이전 두 제국대학 시기에는 누리지 못했던 중요한 지위를 차지하게 되는데, 이는 인문학이 새롭게 독립된 국민국가의 건설을 위한 헤게모니 지식-담론을 생산해 내는 데 핵심적인 역할을 담당하게 되었기 때문이었다.

서울대학교 문리과대학의 재편

우선 남한의 경우를 살펴보면, 서울대학교는 과거 경성대학의 법문학부 문과 계통과 이공학부 이과 계통을 통합해 문리과대학을 구성했는데, 당시 이과 관련 학과를 제외한 인문학 관련 학과들만을 꼽아보면 국어국문학과, 영어영문학과, 독어독문학과, 불어불문학과, 중국어중문학과, 언어학과, 사학과, 사회학과, 종교학과, 철학과 등이 설치되었다. 이 가운데 특히 어문학 분야를 좀 더 살펴보면, 우선 국어국문학과는 경성제국대학의 조선어문학과로부터, 그리고 중국어중문학과는 지나어문학과에서 이어져 나왔으며, 영어영문학과 · 독어독문학과 · 불어불문학과 등의 3개 학과는 외국어문학과에서 갈라져 나온 것이었다.

먼저 인문학 분야에서 자기 동일성 형성을 위한 학문의 중추라 할 있는 국어국문학과의 경우, 조윤제 · 이병기 · 이숭녕 · 이희승 · 방종현 등의 경성제국대학 조선어문학과 출신의 학자들을 중심으로 교수진이 구성되었다. 당시 서울대학교 내 다른 과들의 교수진 역시 대부분 경성제국대학 출신, 혹은 일본 본토 유학생 출신의 학자들로 구성되었다는 점에서 국어국문학과의 경우와 별반 다르지 않았다. 비록 이들의 국어국문학자로서 자질과 학문적 역량 면에서 최선의 진용이기는 했지만, 어쨌거나 이들의 학문이 일제 시기의 조선어문학 지식-담론에 대한 수용과 저항의 과정을 통해 형성된 것이라는 점에서 경성제국대학의 학풍과 인맥이 해방 이후로도 이어지고 있다는 점은 부인하기 힘들 것이다. 국립 서울대학교 국어국문학과의 교수진을 이루게 된 이들 학자들에 의해 경성제국대학 조선어문학과 시기 지방학 혹은 민속학이라는 실증적 차원에서 이루어졌던 연구 성과들은 독립된 국민국가의 문화적 자기 동일성을 형성하는 담론으로 새롭게 재서사화되기 시작했다.[20] 또한 이후 국립 서울대학교 국어국문학과에서 생산된 수많은 지식들은 하나의 동질적 자아로서 국민국가의 건설을 위한 규범적 지식으로서 역할을 해나가게 된다.

그리고 중국어중문학과의 경우, 경성제국대학에서 지나어문학을 전공한 9명의 졸업생[21] 가운데 이명선(1940년 졸업)이 교수로 선임되었고, 차상원(1936년 졸업)이 사범대학 전임으로 있으면서 중국어중문학과에 강의를 나왔으며, 이밖에 중국에서 유학을 했던 정래동과 김구경이 교수로 선임되었다. 이들에 의해서 막 형성되기 시작한 남한의 독자적인 중문학 지식-담론을 살펴보자면, 한편으로 아직 전통적 시각과 방법론의 틀에서 크게 벗어나지 못한 측면이 많았으며, 또한 다른 한편으로 일본이 중국을 타자화하는 과정에서 탄생된 '지나어문학' 적 지식들, 그리고 중국문화를 배경으로 형성된 동아시아의 동질적 문화에 대한 오리엔탈리즘 담론이라 할 수 있는 '동양' 담론을 상당 부분 이어받고 있는 측면이 많았다.[22] 이는 일본이 근대화 과정 속에서 중국을 타자화하고 '동양'이라는 오리엔탈리즘적 개념 속으로 범주화하는 과정을 거치면서 근대적 학문으로서 지나어문학을 형성했던 데 반해, 근대화 과정 속에서 그러한 근대적 타자화의 기회를 갖지 못했던 한국의 지식인들이 처한 불가피한 역사적 배경 때문이었다고 할 수 있을 것이다. 또한 당시 대부분의 학문 분야들이 마찬가지였겠지만, 패전 직후 일본으로 귀국해 버린 일본인 교수들의 공백과 좌우 이념 대립으로 인해 빚어졌던 극도의 혼란 상황 때문에 당시 서울대학교 학내에 실질적인 연구 환경 자체가 갖추어지기 힘들었던 측면도 있었다. 더욱이 김태준의 죽음을 비롯해, 한국전쟁 과정에서 남한 사회에서 대부분의 좌파 지식인들이 사라지게 됨에 따라 문헌 고증을 위주로 하는 전통 한학 방법론이나 실증주의적 방법론이 주종을 이루게 되면서 중국학의 발전 가능성은 더욱 협소화되기에 이른다. 그리고 한국전쟁 이후 남한 사회에서 중국에 대한 반감과 냉전이라는 장벽에 의해 현실 중국에 대한 관심은 물론 실질적인 지식이나 정보의 흐름 자체가 차단되어 국가로부터 철저히 통제되는 상황을 맞게 되면서 더욱 중국과 관련된 인문학은 고전 연구 위주로 제한될 수밖에 없었다.

이와 같은 타자에 대한 인문학적 관심의 차단은 중국에만 국한된 것은 아니었다. 오히려 일본의 경우는 이보다 더 심한 경우라 할 수 있을 텐데, 제국대학 시기까지만 해도 자기 동일화를 위한 규범적 담론으로서 역할을 했던 일본어문학이 서울대학교의 공식 학제 체계에서 아예 사라진 것이다. 이는, 일본이 타자로서 의미를 상실하게 되어서라기보다는 식민사관의 극복을 위한 의식적인 기억으로부터의 배제, 즉 의도적 망각의 소산이라고 여겨진다. 다시 말해서, 적어도 제도적인 학제의 분과 체계 속에서만은 일본에 관한 지식-담론의 적극적인 해체가 아닌 의식적인 망각을 택했던 것이라 하겠다.

이처럼 국립 서울대학교의 인문학 분과 학문 체계로부터 동아시아 지역 내의 타자들이 일제 시기 경성제국대학에서보다 더욱 차단되고 인문학적 표상 영역 바깥으로 사라져버리게 되었던 데 반해, 상대적으로 서구에 대한 인문학은 경성제국대학 시기에 비해 그 비중이 월등히 커진다. 경성제국대학 시절 통합되어 외국어문학 강좌로 개설되었던 서구의 어문학들은 학과제로 개편되어 영어영문학과 · 독어독문학과 · 불어불문학과 등으로 세분화하여 설치되는데, 이 가운데서도 특히 영어영문학은 미국과의 직접적인 관련 속에서 미국의 지식-담론을 번역 수용하는 통로로서 작용하게 되면서 더욱 중요한 역할을 하게 된다. 또한 이는 과거 경성제국대학 시기까지는 주로 일본의 서양에 대한 지식-담론을 통해서 바라볼 수밖에 없었던 서구를 해방 후에는 근대화의 모델이자 유일한 타자로서 인식하도록 만드는 데 중요한 역할을 하게 된다.

결국 해방 직후 국립 서울대학교 인문학 내에서 지적 체계의 재편과정은, 국민국가의 문화적 동일성 형성을 위한 거대 서사의 구축, 제한된 타자로서 중국에 대한 제한적 서사, 사라져버린 제국의 중심으로서 일본에 대한 망각, 그리고 새로운 중심으로 부각된 서구라는 타자에 대한 인식 등으로 정리해 볼 수 있을 것이다. 하지만 해방 직후의 서울대학교에는 이와 같은 의식적인 망각에도 불구하고, 제국주의 시기 일본에서 생산된 지적 체계와 담론 구조들은 여전히 많은 부분에서 영향을 미치고 있었다. 특히 서울대학교 교원들의 상당수를 차지하고 있던 경성제국대학 출신자들이나 일본 제국의 각급 대학 출신자들을 통해서, 그리고 서울대학교의 재편 과정에 남겨진 학적 체계의 흔적들을 통해서 말이다.[23] 또한 이와 동시에 미군정과 이에 공모한 친일세력의 주도하에 이루어진 좌우 대립의 과정 속에서 선별된 교수진의 구성, 그리고 좌파 지식인들의 배제가 이루어지게 되면서 자연스럽게 냉전적 지식-담론 체계가 조금씩 배태되기 시작했다.

국립 타이완대학 문학원의 재편

다음으로 국립 타이완대학에서 인문학의 재편 과정을 살펴보자면, 타이베이제국대학 시기의 문정학부에서 갈라져 나온 문학원은 다시 중국문학과 · 역사학과 · 철학과 등의 3개 과로 나뉘게 되는데, 이 가운데 특히 어문학 관련 학과인 중국문학과(中國文學系)를 중심으로 살펴보고자 한다.

1947년에 외국문학과가 설치되기 이전까지 사실상 1945년 해방 직후의 타이완대학 내에서 어문학 관련 학과로는 유일했던 중국문학과는 타이베이제국대학 시기 문학과 내에 개설되었던 동양문학 강좌를 전신으로 삼아 이루어졌다. 일제 시기 동안 동양문학을 전공한 학생 3명 가운데 우서우리(吳守禮) · 황더스(黃得時) 등이 중국문학과로 전환된 이후로도 남아 있기는 했지만, 1946년 이후로 베이징대학교 중문계 교수였던 웨이젠궁(魏建功)을 비롯해 쉬서우상(許壽裳) · 타이징눙(臺靜農) 등과 같이 뛰어난 중문학자들이 타이완으로 건너와 중국문학과의 교원을 구성하게 되면서 점차 이 대륙 출신의 학자들이 중문과의 주축을 이루게 된다. 이들 이외에도 취완리(屈萬里) · 둥쭤빈(董作賓) 등과 같은 쟁쟁한 대학자들이 연이어 대륙에서 건너와 교수로 부임하게 되는데, 이들에 의해 타이완대학 중국문학과에 대륙의 중국문학 학술 전통이 고스란히 이식될 수 있었다.[24]

이처럼 대륙 출신의 학자들이 주류로 등장하게 되면서 일제 시기의 지적 계보나 학풍이 단절되는 점은 서울대학교 교수진의 상당수가 경성제국대학 출신, 혹은 일본 유학 출신의 학자들로 채워진 점과 대조를 이룬다. 국민당이 타이베이제국대학을 접수한 직후 다른 학문 분야의 일본인 교수들은 상당수를 잔류시켜 임용했던 데 반해 인문학 분야의 일본인 교수들은 거의 모두 해임되었는데, 이를 대신할 만한 타이완 출신의 인문학자는 극히 드물었다.[25] 더욱이 제2차 세계대전의 종전 직후 대륙에서 벌어졌던 국공내전으로 인한 사회적 혼란과 국공내전의 패전으로 인한 국민당의 타이완 퇴각과 같은 정치적 상황이 맞물려 대륙 출신의 인문학자들이 혼란을 피해 대거 타이완으로 옮겨오게 되고, 또한 이들이 일본인 교수들이 떠난 뒤의 빈자리를 채우게 되면서, 대륙의 인문학 학풍이 타이완 지식계를 장악하게 되었던 것이다.

타이베이제국대학 문학과 내에 개설되었던 외국어문학 강좌를 전신으로 하고 있는 외국문학과는 1947년 8월에 정식으로 설치되었다. 외국문학과는 영어 · 독일어 · 프랑스어 · 스페인어 · 일본어 등의 외국어문학 전반을 포괄하고 있기는 하지만, 사실상 주로 영미 어문학이 주류를 이루고 있었으며, 당시 상황의 한계로 인해 보다 세분화되고 전문화된 연구를 지향하는 학문 분과로 발전하지는 못했다.[26]

1940년대 후반의 혼란 상황을 극복하고서 타이완대학이 어느 정도 정비되어 안정을 찾을 수 있게 된 데에는 제4대 총장인 푸쓰녠(傅斯年)의 역할이 컸다. 중국 근대사학의 창시자이자, 중앙연구원 역사어언연구소(歷史語言研究所) 소장을 지내기도 한 푸쓰녠은 1949년 1월부터 1950년 10월 타계하기까지, 약 1년 10개월 동안 타이완대학 총장으로 재직했는데, 이 기간 동안 많은 학자들이 대륙에서 초빙되어 왔다. 당시 타이완대학에 초빙된 학자들, 특히 사학과 학자들의 면모를 살펴보게 되면, 대체로 구미 유학의 경험이 있거나 상당히 부유한 집안 출신의 학자들이 많았고, 또한 나이 많은 학자들이 대부분이었다. 또한 '술이부작(述而不作: 서술하되 창작하지 않는다)'의 보수적 성향을 지닌 학자들이 많았는데, 이는 당시 연구 학술 중심의 대학을 만들고자 했던 푸쓰녠의 건학 지향과 관련이 깊다. 또한 당시 국공내전이 국민당의 패전으로 종결될 무렵이었던 탓에, 대륙에서 타이완으로 건너온 학자들의 상당수가 부유한 집안의 반공 성향을 지닌 보수적인 학자들이 많았던 점 또한 원인으로 작용했다.

이에 덧붙이자면, 앞서 언급한 바 있듯이 당시 타이완대학 내에 타이완 출신 학자가 거의 드물었던 점과 국민당 정권의 강압적인 동화정책 때문에 타이완인으로서 정체성이 극도로 억압당하고 있던 당시 시대 상황 등으로 인해, 타이완 문학이나 역사에 대한 연구나 남양 지역에 대한 인문학 연구는 제국대학 시기의 연구 전통이 단절됨에 따라, 사실상 일제 시기에 비해 오히려 퇴보했다고 할 수 있다. 하지만 그 대신에 국공내전 시기와 1949년 국민당 정권의 타이완 퇴각 무렵, 대륙에서 대거 유입된 학자와 자료들을 통해 대륙의 중국학 체제가 이식되었던 점은 해방 직후 타이완대학의 인문학 재편 과정을 규정하는 가장 큰 특징 중 하나라 할 수 있을 것이다.

5. 마치며

이상에서 살펴본 대로, 1945~50년 사이의 해방 후 국민국가 건설 초기 단계에 남한과 타이완에서 두 제국대학이 국립대학으로 전환 재편되는 과정은 그 구체적인 양상에서 다소 상이한 특징을 보이고 있는 사실을 확인할 수 있었다. 국립 서울대학교의 경우와는 달리, 국립 타이완대학은 대학 개혁의 주도세력이 미군정이라는 서구의 외래 세력이 아니라 식민화되지 않은 본토의 정부세력이었다는 점이나, 제국대학 시기의 일본인 교수 가운데 일부를 바로 귀환시키지 않고 상당 기간 재임용했다는 점, 교수진의 상당수가 일제 시기 타이베이제국대학 혹은 일본 본토에서 교육받았던 타이완인들로 충당되지 않고 대륙에서 건너온 보수적 지식인들로 채워졌던 점

등이 바로 그것이다.

하지만 한편으로 두 대학의 성립과정은 유사한 모습을 보여주고 있기도 하다. 전체적으로 보았을 때, 두 대학 모두 미국 주립대학식의 대규모 종합대학으로 전환된 점, 그리고 인문학 편제의 측면에서 보았을 때, 자국의 언어 문학에 관한 인문학 분야와 서양의 언어 문학과 관련된 인문학 분야의 비중이 매우 커졌던 반면, 동아시아 지역 내 다른 국민국가들과 관련된 인문학의 비중이 상당히 제한 축소되었고, 특히 제국대학 시기에 커다란 비중을 차지했던 일본어와 일본문학에 관한 부분이 공식적인 학제 속에서 사라져버리게 되었던 점 등이 유사한 측면들이라 할 수 있다.

이러한 재편과정에서 인문학 분과 학문 편제의 변화의 배경에는 여러 요인이 있었겠지만, 무엇보다도 남한과 타이완에서 국민국가의 건설이라는 가장 근본적인 요구가 중요한 요인으로 작용했다. 또한 일제 시기에 지식-담론을 생산해 내던 구조가 일본의 패전과 함께 해체되면서, 제국대학 시기에 중요한 비중을 차지했던 일본의 제국주의 확장의 지리적 범주 안에 있었던 동아시아 내 다른 지역들에 대한 인문학적 관심과 상상이 일국 중심적 범주 안으로 축소될 수밖에 없었던 점도 작용했다. 그리고 1949년 이후로 미국의 주도하에 점차 냉전 구도가 형성되기 시작하면서 이전까지 중국을 비롯한 동아시아 지역으로의 확장을 위한 전초기지였던 남한과 타이완이 중국을 비롯한 동아시아의 공산화 지역을 봉쇄하기 위한 전초기지로 전환됨에 따라, 미국이 설정한 이념의 장벽 너머에 대한 관심과 상상, 그리고 지식과 정보 자체가 극도로 제한될 수밖에 없었던 문화 냉전체제 또한 중요 요인으로 작용했다.

한편으로, 한국전쟁의 휴전 이후로 남한과 타이완에 대한 미국의 본격적인 원조, 특히 교육 원조 속에서 미국이 생산해 내는 냉전적 지식-담론이 이 두 지역의 고등교육 체계 속에 자리 잡게 되기 이전까지, 전반적인 지식-담론의 구조라는 차원에서 보았을 때, 일제 시기에 생산되었던 지식-담론들의 상당 부분은 여전히 강력한 영향력을 발휘하고 있었다. 실질적인 지배 권력 주체라는 측면에서 봤을 때 과거의 친일 세력들의 상당수가 여전히 권력을 유지하고 있었을 뿐만 아니라, 사실상 남한과 타이완 모두 많은 부분에서 국민국가 건설을 위한 중요한 담론으로서 일제에 의해 형성된 '동양'의 이중적 담론 구조, 즉 서양만을 유일한 타자로 인정하고, 다른 비서구 지역에 대해서는 오리엔탈리즘 담론을 구사하는 이중적 담론 구조를 여전히 모방하고 있었다는 점에서도 그러했다. 제2차 세계대전의 종전 이후부터 냉전 시기 동안 내내 동아시아의 각 국가들이 서로에 대한 타자 인식의 형성이 제대로 이루어지지 못하게 된 데에는 이와 같은 문화냉전하에서의 하위 오리엔탈리즘(sub-orientalism)이 중요하게 작용했기 때문이라 여겨진다. 다시 말해서, 일제 시기 동안 형성되었던 구 제국 내의 교통이 사라지고 미국이 모든 실질적인 교통의 중개자 역할을 맡게 된 냉전질서하에서 동아시아 지역 내 국민국가들이 보여주었던 서로에 대한 지식-담론 차원의 무관심이야말로 문화냉전과 결합된 하위 오리엔탈리즘 담론 구조의 산물이었던 셈인 것이다. 이같이 동아시아 각 국가들의 국민국가 건설 과정에 형성된 오리엔탈리즘적 지적 체계는 1950년 이후의 미국 주도 냉전 질서의 보급 · 확산과 결합되면서 20세기 후반기의 동아시아 지역의 담론 질서를 규정짓게 된다.

뤄융성(羅永生)은 홍콩 링난대학(嶺南大學)의 문화학부 조교수다. 홍콩 중문대학에서 사회학으로 학사학위와 석사학위를 받은 후, 2002년 시드니의 테크놀로지대학(University of Technology)에서 문화연구로 박사학위를 받았다. 연구 분야는 식민주의의 역사문화학과 비교사회사로서, 홍콩 문화 형성에 대한 분석을 중심으로 이 작업을 계속해 오고 있다. 현재 식민지 홍콩에서의 중국인 만들기라는 주제로 연구를 진행 중이며, 성과가 곧 출간될 예정이다. 그 외 《Positions》, 《East Asian Culture Critique》, 《Traces》 등의 저널에 다수의 논문을 실었으며, 다양한 문화연구 선집 및 번역 작업에 에디터로 활동하고 있다. lawws@ln.edu.hk

김수현은 연세대학교 중어중문학과에서 〈장이머우의 《秋菊打官司》 연구〉(2004)로 석사학위를 받았고, 2003년부터 성공회대동아시아연구소에서 일하며 중국문화 및 서구 문화연구 관련 논문들을 번역하고 있다. 2004~2005년 부산국제영화제와 서울여성영화제 프로그램팀에 참여했으며, 이후 인디다큐페스티벌과 인디포럼 등에서 번역가로 활동했다. 현재 중앙대학교 첨단영상대학원 영상이론전공 박사과정에 재학 중이며, 동아시아 문화 특히 중국영화에 관심을 두고 공부하고 있다. march33@freechal.com

5 홍콩의 탈식민주의 정치와 문화 냉전

뤄융성 저

김수현 역

냉전에 대한 서구 학계의 연구는 늘 미소 양대 진영의 정치 · 군사 경쟁을 분석하는 데 집중해 왔다. 이러한 연구 전통 속에서, 미소 양측의 대립 이데올로기는 각자의 지역 기반 정치진영을 세우고 냉전을 폭발시켰으며, 이는 제2차 세계대전 이후 전 세계 정치 · 경제 · 문화 발전의 결정적 요소들을 제약하는 것으로 여겨졌다. 그러나 이러한 유럽 중심의 연구 패러다임이 냉전하의 아시아 연구에 도입되면서 우리는 아시아 지역에서 펼쳐진 미소 경쟁과 그 뒤에 자리한 깊고도 복잡한 배경을 고려하지 않을 수 없다. 다시 말해서 냉전이 형성되기 전에 아시아는 장기간의 식민주의와 민족주의 운동을 경험했고, 다양한 민족주의 운동 사이에 이미 착종되고 복잡한 관계가 존재하고 있었다. 식민주의, 민족주의, 냉전이데올로기, 지역 연고 정치 등 몇몇 요소들 간의 관계는 실제로 진일보한 개념화와 이론적 해결을 필요로 한다. 그렇지 않으면 냉전이 단순히 모든 현상을 해석 가능한 거대서사로 여겨지거나 단지 한 시대 배경의 별칭 정도로만 여겨지게 되어서, 냉전 연구는 냉전기간에 발생한 모든 문화적 혹은 사회적 사태를 묘사하는 하나의 기호로 변해 버리기 때문이다.

새로 출간된 《탈제국: 방법으로서의 아시아(去帝國: 亞洲作為方)》를 통해 천광싱(陳光興)은 냉전 연구의 유럽 중심적 시역(視域)의 결점 및 냉전 연구 이론의 상대적 빈곤함을 강하게 채워주었으며, 또한 동아시아적 시각을 두드러지게 제기해 인식의 부족을 보충해 주었다. 천광싱은 '탈제국' 이라는 문제의식으로 출발해, 동아시아의 '식민주의', '냉전구조', '제국적 상상', 이러한 3자 간에 밀접한 관계가 있음을 지적했다.[1] 또한 그는 동아시아에 대한 냉전의 영향을 언급할 때는 1980년대 말 공식적으로 냉전이 종식되었음을 선언한 주류 관점에 질문을 던지면서, 나아가 동아시아 지역에 대해서는 소위 '탈냉전(後冷戰)' 시대가 아직 오지 않았다고 주장한다. 천광싱은 냉전 종결이 동아시아에 평화를 향한 큰 걸음의 계기를 제공했다는 유행어에는 동의하지 않는다. 이는 동아시아에 역사의 충돌과 모순이 여전히 존재하고 있고, 동아시아의 많은 지역이 아직도 '대화합' 을 향해 성공적으로 나아가지 못하고 있기 때문이다. 또한 동아시아의 '냉전구조' 가 변함없이 지배적인 작용을 하고 있기 때문이기도 하다. 그 뚜렷한 증거로는 미군이 지금껏 일본, 오키나와, 남한에 주둔하고 있다는 것과, 나아가 세계관, 정치기구의 형식 및 인간의 지식체계, 인지 분류, 심지어 감정구조에 이르기까지 여전히 냉전의 이분법적 단절이 작용하고 있다는 점이다. 이어서 천광싱은 '탈냉전에 대해서도 사고의 공간을 열어서, 말할 수 없었던 심지어 분명하게 말하지 못했던 역사라는 과거를 다시 펼쳐놓고, 냉전이 사람들에게 만들었던 거대한 효과를 분명히 인식함과 동시에 이런 역사가 구축한 다중의 문화정치적 효과를 그려내고 포착해야 한다고 주장한다.

그러나 냉전이 결코 끝나지 않았다는 설명을 정확히 제시한 뒤, 곧 천광싱은 "탈냉전이 동아시아 지역(地區, District)에서 전후(戰後)부터 각 층위별로 '아시아를 벗어나 미국으로 들어가기(脫亞入美)' 에서 '미국을 벗어나 아시아로 돌아가기(脫美返亞)' 로 가는 방향"을 피하지 못했으며, "탈냉전은 탈미국화이며, 이는 곧 동아시아 주체성이 형성했던 문제에 미국이 내재하고 있음을 반성하는 것"(p.186)이라고 주장했다. 또한 '탈미의 전개 가능성은 권역(區域, Region) 통합, 자주, 평화가 가장 중요한 지표' 라고 지적했다. 천광싱은 나아가 '냉전구조의 형성은 탈식민의 반성을 낳았지만…… 더 전개될 수 없었을 뿐 아니라, 오히려 냉전에 의한 절박성을 억압하게 되었다' 고 하면서, 그 구조가 식민주의에 대한 반성을 방치하도록 만들었고 또한 아시아 각계각층의 화해가 진정으로 실현될 수 없도록 만들었다고 주장한다.

필자는 설령 미국이 어떤 냉전 연구에서도 소홀히 대할 수 없는 요소라 하더라도, 냉전구조가 미국 주도 권력과 동등해지고 아시아 본래의 식민주의 통제구조를 직접 대체했다는 사실이 결코 냉전구조의 전체 양상을 이해하는 데 도움이 되지 않는다고 생각한다. 왜냐하면 이는, 최소한 ①미국의 상대(소련과 동유럽 사회주의 진영만을 말하는 것이 아니다)가 (미국과 함께) 냉전구조를 형성하는 역할을 하고 있다는 분석을 넘어서서, ②본디 상당히 복잡했던 아시아 지역의 식민 경험과 식민구조를 단순화시켰으며, ③아시아 민족주의 운동의 복잡한 구성을 모호하게 하고 또 그 운동들과 식민주의 사이의 애매한 관계도 단순화시켜 버렸기 때문이다. 필자는 동아시아 냉전 연구를 "탈냉전이 곧 탈미국화"라는 추론으로 간략화하기보다는 천광싱이 '냉전구조' 에 대해 깊은 반성을 진행했던 것을 구체화하여, 서술할 수 없었던 역사를 다시 새롭게 전개하고, 이 역사의 다중적 문화 효과에 대한 주장을 포착하고자 한다.

이 글은 홍콩의 역사적 콘텍스트를 기점으로 홍콩 '냉전 경험' 의 복잡한 구조와 그 구조가 가져온 다중 문화 효과를 설명하고자 한다. 우선 '냉전 경험'의 복합성 자체를 분석하는데, 이는 아직 깊이 반성하지 않은 '냉전구조' 개념을 가리키는 것은 아니며, 혹은 냉전과 냉전의 역사 효과에 대한 실체화를 섣불리 높이 평가하거나 냉전의 구체적 결정작용을 잘못 판단하는 일을 피하는 데 비교적 유리하게 하기 위함도 아니다. 이 글은 특히 홍콩의 냉전 경험을 통해, 제2차 세계대전 후 아시아 민족주의 운동과 식민주의/반식민주의의 현실 및 양자의 복잡한 관계에 대해 더욱 정교한 분석과 해결방법이 요구된다는 것을 설명하며, 그럼으로써 냉전이 하나의 안정된 '냉전구조'를 형성하는지 여부를 평가하게 될 것이다. 만약 이러한 평가가 가능하다면 그 구조의 함의는 주로 무엇일까? 그 구조는 동아시아의 정치, 경제, 이데올로기에 결정적인 제약을 생산했는가? 혹은 어떠한 영향을 끼쳤는가?

또한 결과적으로 냉전이 아시아 지역의 식민주의에 대한 반성을 중단시켰고(p.187), 여전히 이 지역에서 그리고 각 나라의 위치에서 식민주의와 민족주의의 착종되고 복잡한 관계가 전 지구적 냉전 양극화 경쟁의 강력한 매개 요소가 되었으며, 각국 공간에서 냉전이 인식과 감정상 생산했던 양극화의 도식 위에 끊임없는 각색, 번역, 전략이 사용되면서 다양한 지역 내 효과를 생산했으므로, 이에 대해 깊이 있는 연구가 필요한 것이다.[2)]

1. 냉전 이전의 중국 민족주의

미소 대립의 냉전이 발생하기 전 이미 중국 민족주의는, 홍콩이 다른 추세의 중국 민족주의 운동 속에 휘말리도록 만들었다. 청 제국을 전복시켜 중화민족을 세운 쑨원(孫文)은 19세기 말 홍콩에서 유학했고, 또한 홍콩에서 현대 민주주의 이념을 형성해 민족주의 혁명의 사상과 조직 준비를 추진했다. 당시 쑨원이 주장한 민족주의는 오늘날 광범위한 '중화민족'의 개념을 가리키는 것이 결코 아니었으며 또한 서구 제국주의에 주로 초점을 맞춘 것도 아니었다. 쑨원의 민족주의는 청 제국에서 만주인이 한족을 통치하는 지배구조를, 한인(漢人) 민족주의 혁명의 대상으로 보는 것이었다. 말하자면 쑨원이 고취시킨 것은 한족(漢族)의 민족주의였으며, 그 민족주의가 반대하는 것은 단지 만주인의 청 제국이었던 것이다. 즉, 만주족에 반대하는 것(反滿)이 주요 모순이었기 때문에 쑨원의 심중에는 영국이 홍콩을 식민통치하는 일이 사실 진보적인 의미를 갖는 것이었으며, 그렇게 하는 것이 부패한 청 제국에는 일종의 선진적인 사회 통치 방식의 모범을 보여주는 것이었다. 따라서 쑨원이 젊은 시절 추종했던 민족주의의 목표는 서구 침략자를 타도하거나 쫓아내는 것이 아니었다. 민국 혁명 성공 이전에는 많은 중국인들이 쑨원과 같은 생각을 하고 있었다. 비록 일본도 당시 청 제국을 침략했지만 이익을 도모할 수 있는 외국이었으므로, 중국 한족의 민족주의 혁명가들 역시 많은 수가 일본에서 유학하고 일본에 대해 공부했다.

제1차 세계대전 직후 1919년 출현한 5·4운동은 비로소 중국의 민족주의자들로 하여금 서구 열강의 제국주의 횡포의 전모를 분명히 인식케 했고, 중국 민족주의는 이제야 반서구과 반일본제국주의로의 전향을 뚜렷하게 나타냈다. 이 단계에서 민족주의가 급진전되었으며, 중국 공산당의 탄생과 국민당의 내부 분열을 자극했다. 국민당과 공산당 사이에도 역시 장기간에 걸친 분합(分合)의 역사가 전개되었는데, 때로는 합작하거나 반대로 장기간 서로 경쟁하는 국면이 출현하기도 했다.

1920년대 홍콩에서 발생한 기술 노동자 파업과 선원 파업은 1925년 공산당과 국민당 좌우연합 조직인 '(광둥)성 홍콩 대파업'을 이끌었는데, 이는 노동운동의 성격과 민족주의 운동의 성격을 동시에 띠고 있었다. 쑨원 사망(1925년) 이후 국민당은 우파인 장제스(蔣介石)가 장악해 공산당원을 제거 · 학살하는 정책을 실행했고, 국공 양당은 이때부터 대립 국면에 들어갔다. 국민당 정부는 공산당에 대해 군사적 소탕작전을 진행했고, 국민당이 장악한 지역에서는 반공 백색테러를 실시했다. 일본의 중국 침략전쟁(1937년)이 일어나자 국공 양측은 다시 항일합작을 진행했다. 그러나 1945년 항일전쟁 종료 직후 양측은 즉각 내전에 돌입했으며, 곧 1949년 중화인민공화국이 성립되고 국민당 정부는 타이완으로 쫓겨나게 되었다.

1920년대 이후의 국공투쟁과 당시 전개되었던 모든 중국 민족주의 역사에 따르면, 홍콩 역시 중요하고도 미묘한 역할을 맡고 있다. 홍콩은 한편으로 할양과 강압에 의한 외국인 조차지(租借地)로서 중국 민족의 굴욕과 수치의 상징이지만, 실질적인 역할 면에서 홍콩은 중국의 기타 연해(沿海) 도시의 조차지와 다름없이 대외 개방의 유리한 조건으로 인해 다른 세력들의 상호 연결과 경쟁의 공간이 되었다. 한편으로 제국주의 국가들이 홍콩 등 연해 조차지를 중국 침략의 발판으로 이용했지만, 다른 한편으로 홍콩은 이와 같이 외국인의 통치 지역이면서 또한 혁명 역량을 조직 · 연계시키며 중국 내 전제 권력의 핍박을 피하는 곳이 되기도 했다. 장제스 시기의 국민당은 전제적 중국 권력이었지만, 1949년 이후 공산당이 정권을 잡자 권력 국면은 역전되었다. 수년간 홍콩은 국민당의 압박을 피해 도망갔던 많은 공산주의자들을 받아들였을 뿐 아니라, 공산당 정권에서 도피한 많은 민중들이 홍콩으로 흘러들어 오기도 했다.

2. 식민 통치하에서 발생한 냉전

중국 대륙에서는 1949년 공산당이 이끄는 신중국 정권이 들어선 후 조차지를 잇달아 폐지해 많은 이들이 반제 민족주의의 기쁨에 젖어 있었지만, 홍콩과 마카오는 예외 지역으로 남게 되었다. 이런 독특한 역사적 배경은 냉전이 어떻게 홍콩에서 그 역할을 생산했는지, 그리고 어떻게 홍콩인들의 냉전 경험에 대한 해석과 이해에 영향을 미쳤는지에 심히 제약을 가했다.

영국은 중화인민공화국을 승인한 첫 번째 서양 국가지만, 냉전 중의 영국 역시 미국을 위시한 '자유세계'에 속해 있었다. 영국은 미국의 냉전 요구에 부합하기 위해 소련 세력이 홍콩에 영향력을 행사하는 것을 억제했다.[3] 그러나 공산당이 중화인민공화국을 세운 후에도 어떻게 영국이 홍콩의 식민지정권에서 여전히 48년간 권력을 유지할 수 있었는지를 해석하고자 한다면, 냉전이 만들어낸 새로운 아시아 지역 정치 형세를 지적하지 않을 수 없다.

중화인민공화국이 성립되고 오래지 않아 중국은 군대를 보내 북한을 지원했다. 미국의 봉쇄정책 아래 대(對)중국 경제봉쇄가 진행되었고, 신중국은 곧 외화와 전시물자 부족의 위기에 빠졌다. 홍콩은 당시 중국이 무역금지와 봉쇄정책을 깨뜨릴 중요한 돌파구가 되었고, 중국은 합법적 방법과 비합법적 방법, 예를 들어 밀수 등을 통해 미국의 봉쇄정책을 돌파해 나갔다. 또한 홍콩은 정치와 군사 면에서 중국이 외국과 적대 지역의 정보를 수집하는 데 유리한 거점이기도 했다. 이런 까닭에 중국은 홍콩이 계속 영국의 식민 통치를 받는 현실을 동요시킬 의도가 결코 없었다. 이런 까닭에 냉전이 홍콩에 기회를 제공한 셈이 되었는데, 바로 중국에서 거두어들인 대량의 자금이 홍콩에서 상업과 무역을 발전시킨 것이다. 홍콩은 한국전쟁이라는 열전과 냉전이라는 전쟁에 임박한 상황을 이용했고, 이 경제 회복은 미래 발전의 기초를 닦기에 이르렀다. 그러므로 한국전쟁과 냉전이 없었다면 오늘날처럼 경제가 번성한 홍콩은 불가능했다고까지 말할 수 있다. 그 지역적 위치로 인해, 홍콩은 아마도 냉전으로 이익을 얻는 적은 지역 중 하나로 여겨질 수도 있을 것이다. 당연히 이런 종류의 이익은 경제적 방면에만 국한되었다.

사회, 정치 부문에서 냉전이 식민지 말기에 처한 홍콩에 가져온 것은 오히려 장기간의 침체였고, 그 침체는 홍콩 식민주의의 권위적 통치가 사라지지 않고 유지될 수 있도록 하였다. 냉전이라는 거대한 환경 속에서 중국의 민족주의 정치 구호는 반제국주의의 기치를 높이 들었지만, 중국공산당의 홍콩정책은 오히려 홍콩의 식민지 상태를 애써 유지하면서 홍콩을 돌려받을 의사가 없음을 표함과 동시에 영국이 홍콩에서 어떠한 '비식민지화(decolonization)' 계획을 시도하고 추진하더라도 이에 대응하지 않았다. 제2차 세계대전이 끝났을 때, 영국은 일본인의 손에서 홍콩을 돌려받았다. 당시 총독이었던 마크 영(Mark Young)은 원래 홍콩에서 과거보다 더욱 시민 대표성 있는 정치제도 개혁 계획을 세우려 했었으나, 중국 정권의 변화 및 냉전의 발발로 인해 포기해야 했다. 그러나 냉전이 고조되거나 완화되는 시기와는 관계없이, 새로운 중국 정부도 마찬가지로 그 지지자들이 홍콩에서 정치제도 개혁을 실행하도록 고취할 수 없었다. 왜냐하면 그들은, 영국이 식민지 철수를 위해서 계획한 정치제도 모두가 영국이 떠난 후 자신들의 이익 유지에 더 유리할 수 있다고 생각했기 때문이다. 중국은 이렇게 입으로는 식민주의 반대를 외치면서 실제로는 식민통치 정책을 묵인했으며, 이런 변화된 모습은 중국과 영국이 홍콩을 식민지 상태로 유지하고자 했다는 사실을 설명해 준다. 1980년대 중국이 홍콩을 반환 받을 시기에 가까워졌지만, 이 같은 정책은 여전히 변하지 않았고 오히려 강화되었다. 영국이 내놓은 어떠한 개혁적 계획도 중국이 훗날 홍콩을 돌려받을 때에는 중국에 의해 이른바 난장판이 되었다. 영국의 '음모'를 배척하는 정책은 늘 반식민주의적 민족주의 구호를 진행시키는 방향으로 나아갔지만, 기이한 것은 그 구호가 끊임없이 홍콩의 '비식민지화'를 지연시켰다는 것이며,

그 영향은 오늘날에도 여전히 존재한다.

냉전은 식민 통치가 홍콩에서 지속될 수 있게 하는 원인이 되었지만, 미국을 민족주의의 반식민운동에 관여하게 하거나 식민지 사람들의 식민주의에 대한 반성을 중단하도록 하는 것에 달려 있는 문제는 아니었다. 식민주의에 대한 반성과 저항은 중국 민족주의 정권에 의해 독점되었고, 또한 냉전에 의한 분위기 속에서 서로에 대한 의심이 고정되었다. 냉전 중에 홍콩사회 자체의 발전과 수요는 냉전이 배분한 지역 정치 속에서 얼어붙었지만 냉전의 각 세력들이 양보하지 못하는 장기알이 되었으며, 또한 동시에 냉전은 홍콩을 냉전 대국의 장기판으로 만들었다. 이 판 위에서 변함없는 게임의 규칙은 여전히 식민 통치하의 모순으로 가득한 홍콩자유화정책이었다.

그러나 다른 한편으로 많은 홍콩인들에게, 냉전에 대항하는 주변 지역의 정치적 압력은 사람들을 홍콩으로 이주하도록 촉진하는 원인이었다. 이로 인해 홍콩인의 냉전경험은 피난 · 이주와 떨어뜨릴 수 없으며 홍콩은 전쟁이라는 거대한 분위기 속에서 기회를 찾은 것 같았다. 이 때문에 홍콩인에게 냉전이라는 역사 경험은 모순으로 가득한 것이며, 그 경험이 저항인 만큼 저항에서 도피하는 것이기도 했다.

3. 냉전하의 자유 홍콩과 좌우 대립

냉전기간 동안 영국은 미국의 소련 압박 정책에 부응하기 위해 소련이 홍콩에서 발전할 여지를 허용하지 않았다(예를 들어 영국은 소련의 홍콩 영사관 설치에 반대했으며 전후 영화시장에서 인기 있었던 소련영화에 대한 감시를 더욱 강화했다.[4)]

그러나 대체로 홍콩에서 영국의 식민 통치는 스스로의 경험을 계승해 홍콩자유화정책으로 홍콩을 계속 유지하는 것이었다. 따라서 냉전은 결코 중국공산당의 영향력이 홍콩에서 근절되도록 하지 않았으며 그렇게 할 수도 없었다. 사실 미소 냉전에 휩쓸린 중국국민당과 중국공산당은 홍콩에서 모두 각자의 발전 공간을 확보하고 있었다. 대립하는 양 세력들은 모두 홍콩에서 각종 문화 및 경제 기구를 세웠고, 홍콩은 국민당과 공산당 세력이 격렬하게 싸우는 전장이 되었다. 냉전의 출현은 기존의 국민당과 공산당의 경쟁을 심화시켰으나, 오히려 다른 동아시아 지역처럼 홍콩은 어느 한쪽 전선을 이루지 않았다. 영국은 냉전기간 홍콩에서 진행된 첨예한 정치투쟁에 대해 엄밀한 감사를 실시했고, 홍콩 경찰 정치부는 정보기관 역할을 맡아 사회단체를 엄격하게 감독·통제했으며, 또한 냉혹한 등기제도를 통해 정치 활동의 발전을 제한했다. 국민당과 공산당 양측이 대항했던 격렬한 투쟁 기간에 영국 식민당국은 양측의 활동가들을 축출해 홍콩에서 쫓아내는 등[5] 각종 세력들을 모두 억압했고, 또한 충돌이 극단을 향할 때에는 무력진압, 긴급법령과 계엄 선포, 야간 통행금지 등을 실시했다. 그러나 이와 같은 좌파와 우파 사이의 대결은 대체로 영국의 식민지 관리 통치 당국에 대해 근본적으로 질문을 하거나 도전하는 것이 결코 아니었다.[6]

1960년대 중반 중국 문화대혁명의 영향으로 홍콩에서 격발된 1967년 폭동(반영폭동)에서 있었던 영국 식민당국의 무력진압으로 인해, 비로소 친(親)베이징 좌파가 식민지 '애국동포'에 대한 탄압을 '민족탄압'으로 규정했고, 투쟁의 대상은 영국 식민주의 통치 자체로 변했다. 그러나 이 투쟁에서 홍콩의 좌파 무리들이 의도한 것은 베이징의 홍콩 회수와 식민 통치 종결이었으나, 베이징은 여전히 기존 정책을 유지했고, 홍콩의 '회귀'를 서둘러 받아들이지 않았다.[7] 이것은 1980년대 초 덩샤오핑(鄧小平) 노선이 마오쩌둥(毛澤東) 노선을 대체하고 서구를 향해 중국을 전면 개방하면서 중국공산당이 민족주의 기치를 높이 걸었을 때까지 계속되었고, 문화대혁명 종결 후 중국공산당은 대륙 통치 정통성(legitimacy) 위기를 완만하게 해결하고자 했다. 이 시기 홍콩 회수는 중국의 국가적 수치(羞恥)를 없앨 수 있는 중요한 계기가 되었으며, 중국은 다음 세기로의 계약 연장을 거부하기로 결의하고 1997년 홍콩을 돌려받았다.

만약 홍콩에서 냉전이 식민주의에 대한 반성을 중단하거나 보류시켰다고 한다면, 그런 중단은 결코 한쪽 측면의 강제에 의한 것이 아니었으며 냉전의 환경이 홍콩 식민주의에 그 정당성을 부여하고 그 정당성을 공고하게 한 것이었다. 1950년대 홍콩의 좌우파가 서로 투쟁하는 와중에 영국 식민정부는 '치안유지'라는 이미지를 만들었다. 1960, 70년대 좌파 폭동이 비록 식민 통치하의 모순과 폐해를 드러내기는 하지만, 폭동 중에 마오쩌둥 사상과 문화대혁명의 영향을 받은 친중국 좌파는 과격한 폭력 항쟁 수단을 사용했다. 이러한 역사 경험은 모두 폭동 이후 영국 식민정부가 스스로 홍콩 통치의 정당성을 세우게 되는 기초가 되어버렸다. 설령 이런 식민 통치 이데올로기의 인식이 주로 1970년대에 일어났던 경제성장에 주로 도움을 주었을지라도, 새로 태어난 홍콩 청년들과 사회운동의 도전을 받게 되었다. 이 새로운 세대는 사회적 동요 속에서 냉전 국면의 한계를 벗어났다. 왜냐하면 냉전 속에서 양극화된 이데올로기가 반공이든 친공이든 상관없이, 모두 그들이 홍콩에 식민통치의 현실이 존재한다는 사실을 직면하지 못하도록 할 방법은 없었기 때문이다.[8]

4. 문화냉전과 식민지의 탈정치화

100여 년간의 홍콩 통치 기간 동안 영국은 홍콩문화에 영향을 끼쳤는

데, 주로 영국식 법률제도, 종교조직 및 사회 서비스 기제 등의 측면에서 구체화되었다. 종교조직은 학교 설립, 조직 지원 및 사회 서비스 기구를 통해서 홍콩에 깊은 문화적 영향력을 만들었다. 그러나 중국문화는 식민 정치 현실에서도 홍콩에서 결코 중단된 적이 없다. 반대로 1920년대 좌익사상이 중국민족주의를 빠르게 급진화하던 시기에 영국 식민정부는 보수적이고 전통적인 중국문화를 적극 이용해, 중국 5 · 4 신문화운동(1919년)과 다른 급진적 운동의 위협에 맞섰다. 훗날, 국공 대립은 홍콩의 중국민족주의자들을 분열시켰으며, 홍콩 시민사회에는 미소 냉전 발생 전부터 이미 반목과 분열, 대립과 고도의 정치화된 양상이 나타났다. 학교, 노동조합, 상인 연합, 문화예술 조직 등은 두 파로 나뉘어 투쟁하고 경쟁하는 양상을 보였다.[9)]

1949년 중국 대륙의 정권이 바뀌자, 국민당 정부를 위해 일했던 많은 인사들과 지식인들이 대륙의 신정권에서 도피하기 위해 계속해서 홍콩으로 내려갔는데, 그중 일부는 타이완으로 넘어갔고 나머지 일부는 자의에 의해 또는 의지와는 관계없이 홍콩에 남았다. 이들은 후에 홍콩의 친국민당 우파가 되었다(이들을 '충정지사(忠貞之仕)' 라고도 한다). 그 외에 대륙에서 도피한 정치 난민과 경제 난민의 수가 급격히 늘어나면서(이 난민들은 모두 잦은 전란, 대륙의 잔혹한 토지개혁 운동, 기타 정치 운동의 박해를 겪었다), 홍콩의 중국 인구는 냉전 중 반공 선전의 주요 대상이 되었다. 1949년 이전에 대륙에서 온 이민자들과 비교해 볼 때 새로 온 난민들은 반공의식으로 가득했다.

반대로 항일전쟁과 국공내전 기간에 중국 대륙에서 홍콩으로 넘어와 전란을 피했거나 문화업무를 조직했던 좌익 지식인과 문예계의 유명 인사들은 신중국 정권 성립 후에 모두 베이징으로 올라가 신정부 업무에 참여했다. 그러나 여전히 홍콩에 남아 있던 친공산당 좌파는 앞서 언급했던 대

패배한 중국 국민당군이 도피해 모여든 홍콩 섬 서부의 난민 캠프.

량의 반공 난민들이 조성한 난민사회에 포위되어 점차 홍콩사회와 멀어졌고 결국 홍콩사회에 딱히 진입하지 못한 집단이 되어버린다. 그러나 그들의 마음은 조국을 향해 있고 대륙 정부로부터 각 방면의 지지를 얻었다. 이들의 정치적 태도와 행위는 어디에서든 베이징 당국의 지시를 따랐다. 베이징의 지시는 중국 내 정치 노선의 변화에 따라 수차례 바뀌기도 했다.

좌파 집단과 우파 집단은 각각의 정치적 신념으로 종종 충돌을 일으켰다. 예를 들어 매년 홍콩에는 중국과 관련된 두 개의 국경일이 있는데, 하나는 우파가 계승한 '중화민국(Republic of China)'의 '쌍십절'로, 쑨원이 주도한 신해혁명(1911년)을 기념한다. 다른 하나는 좌파가 참여하는 행사로, 매년 10월 1일의 '중화인민공화국(People's Republic of China)' 건국기념일이다. 양측 주민은 각자 자신이 위치한 지역 혹은 건물에 경축 편액과 깃발을 걸었는데, 때로 상대방의 깃발을 훼손해서 충돌이 발생하기도 했다. 1956년 발생한 취안완(荃灣)폭동[10] 및 1966년의 주룽(九龍)폭동은 피비린내 나는 싸움으로 커지기도 했다.

좌우 대립이 가장 극명했던 시기에는 신문, 잡지, 서점, 학교, 노조도 각자 다른 당파에 속했고 심지어 영화사와 축구팀까지도 좌파와 우파로 갈라졌다. 흥미로운 점은 예컨대 좌우파의 투쟁이 축구 경기에서도 정치 분열을 만들었다는 것이다. 홍콩의 일부 선수들은 타이완의 화교로 간주되어 중화민국 국가대표 선수로 소집되기도 했다. 이런 분열은 국제 스포츠계에서도 홍콩 정체성과 동일성의 분열 국면을 조성했다. 예를 들어 홍콩이 개최한 국제경기에서 홍콩은 세 팀의 홍콩 축구단을 출전시켰는데, 하나는 중국인과 서양인이 섞인 '홍콩연합(港聯)'이었고, 두 번째 팀은 순수 중국인으로 구성된 '화인연합(華聯)'이었으며(그 중에는 '중화민국'을 대표하는 홍콩 선수도 포함되어 있었다), 세 번째가 홍콩 대표 자격이 있지만 다른 지방 국가대표는 참가하지 않은 '홍콩대표팀(香港代表隊)'이었다.

교육분야에서 원래 식민정부는 관립학교와 교회학교가 골간이 되는 영어학교 시스템을 세웠고, 이 시스템의 최고 학부는 식민정부가 우수한 공무원과 전문인력을 양성하는 홍콩대학교(HKU)였다. 식민정부도 중국어 교육 발전을 원조했는데, 전쟁 전 홍콩에 공립과 사립의 중국어학교를 세웠다. 그러나 국공의 분열 대립에 따라 공립학교 이외의 중국어학교는 점차 좌우파가 대립하는 체계로 나뉘었다. 냉전의 대립은 더 나아가 각 학교들을 분명한 좌파 '애국학교'와 우파 '화교학교'로 나누어지게 했다. 중국대륙에서 공산당 정권에 불만이 있는 지식인들이 많이 남하했으며, 그들은 비록 영국 식민정부 주도의 홍콩대학교에서 교편을 잡을 수 없었지만 신아서원(新亞書院), 영남학원(嶺南學院), 주해학원(珠海書院), 덕명학원(德明書院) 등과 같은 중국어를 수업언어로 하는 사립전문학교를 만들었다. 이와 비교해서 홍콩이 일본으로부터 광복한 이후 좌파들이 홍콩에서 짧은 몇 년간 세웠던 달덕학원(達德學院)이 식민정부에 의해 폐쇄된 후, 좌파들은 대학 교육 분야에서 뚜렷한 성과를 얻지 못했지만 중학교 시스템에서 배교중학(培僑中學), 향도중학(香島中學), 노동자제중학(勞工子弟學校) 등과 같은 유명한 '애국' 중학교를 설립했다.

결과적으로 1950년대의 미소냉전은 홍콩에서 기존 좌파와 우파의 투쟁을 격화시켰지만, 이 투쟁들은 모두 영국 식민정권이 관리하는 홍콩자유화 정책으로 인해 줄곧 진행되었고, 많은 모순을 내포할 수밖에 없었다. 한편으로 홍콩에서 영국은 결코 완전한 식민지 문화정책을 갖고 있지 않았고 홍콩의 중국인들은 강제로 영국문화를 받아들였지만, 다른 한편으로 영국 식민정부는 오히려 절대적인 독재 권력이었다. 식민정부는 홍콩에서 자유 홍콩의 역할을 유지하고자 하면서도, 자유 홍콩의 개방적 특징이 정치활동을 발전시켜 홍콩의 안정성이 위협하지 않을까 우려했다. 때문에 냉전 중인 대립하는 좌파와 우파 양측은 확실히 이러한 자유 홍콩의 편리함을 충

우파가 계승한 '중화민국'의 쌍십절을 기념하는
친국민당 학교.

친국민당 학교의 풍경.

분히 이용해 문화 선전상의 대립을 열심히 전개했다.

영국 식민정부는 모든 방법을 이용해 이러한 자유로운 문화활동을 '탈정치화(depoliticized)' 했다. 예를 들어, 정부는 비정부 주도의 학교가 마오쩌둥이나 혹은 장제스를 나누어 숭상할 수 있도록 허용했지만, 학교 수업과 학교 활동이 정치 색채를 띠게 되는 것을 엄격하게 제한했다. 1950년대에는 계속해서 정치적 이유로 좌파학교 운영을 중지하거나 인수 관할했다. 또한 영국 식민정부는 중학교 중국역사 과목에서 근현대사 부분을 없애기 위해 애썼는데, 이는 중국 근현대사에 대한 여러 당파의 각기 다른 해석과 평가가 학생들이 어떤 정치적 입장을 선택하게끔 선동하지 않고, 학생들이 정치에 휩쓸리지 않도록 하기 위해서였다. 1953년 한국전쟁이 격렬해지자, 식민정부 교육부는 '중국어과목위원회 보고서' 를 발표하고 홍콩의 초중등 학교 과정의 중국어문, 문학, 역사의 수업 내용과 방법을 규정했다. 보고서 내용은 과거의 중국 내 중국문화에 대한 교수법을 따르지 않는다는 것을 분명히 밝혔는데, 이는 중국적 교수법이 소위 '무지와 폐쇄' 의 민족주의를 생산한다는 이유에서였다. 이 보고서는 '만약 학생들이 정확한 지도를 받지 못한다면. 이 땅의 서점은 체제 전복적 선전과 부당한 언론이 가득한 서적을 마음대로 팔려할 것' 이라는 관점을 취했다. 또한 중국 정치인들이 역사교육을 통해 민족주의, 애국주의를 이용하고 외국을 적대시하는 정서를 조장한다고 보았다. 홍콩 관점의 교과서는 '국제 우호와 이해의 촉진을 목적' 으로 해야 한다는 것이었다. 따라서 이 보고서는 의화단과 아편전쟁 등의 과제를 처리하는 데 이른바 '객관적 원칙' 을 엄수해야 한다고 명확히 지적했다.[11)]

분명한 점은, 이 발표가 홍콩 주변지역의 정치상황이 급변하고 냉전과 열전의 대립이 치열했던 시기의 문건이라는 것이며, '중국 사회생활과 문화의 부흥' 을 목적으로 한다는 것이다. 이 문건은 중국인의 자신감과 자존

1957년의 시사만화. "국민당은 어떤 길로 가야 하는가"를 묻고 있다.

심을 배양하자고 말하고 있지만, 중국이 당면한 혁명의 열정과 정치 현실에서 멀어지게 했다. 표면적으로는 홍콩 학생들이 '자신들의 문화의식과 개방적이고 균형 잡힌 국제적 시야를 갖게 하는' 것이었다. 이 문건은 홍콩의 중국어 교육과 홍콩인의 정체성을 동일시하는 데 깊은 영향을 끼친 보고서로, 실제로 홍콩 학생들의 중국인 정체성과 중국문화 동일성을 강화시킴과 동시에 이러한 정체성이 추상적이며 '탈정치화' 되도록 했다. '탈정치화' 는 홍콩 학생들의 '국제적 시각' 및 '중서(中西) 문화사상 비교' 능력과 연결되었다. 이러한 '국제적 시각' 이 제국주의, 식민주의의 역사를 추상화하며 또한 홍콩의 현실을 소외시키는 것은 분명하다. 그러나 이러한 식민통치에 유리한 중국 문화교육은 오히려 냉전의 소용돌이 속에서 난민이 주요 인구를 구성하고 있던 홍콩에서 정통성을 얻고 지속될 수 있었다.

간단히 말하면, 홍콩 식민지 문화정책은 식민지 종주국이 그 문화를 중국인들의 머리 위에 강제로 놓으려는 것이 아니라 식민지의 독점 권력을 이용해 홍콩의 '탈정치화' 를 유지하려는 것이었다. 이러한 '탈정치화' 식민정책은 냉전의 파고가 지나간 후에 점점 그 의미가 확대되고 학술적이 되어 식민관료통치와 자산계급의 이데올로기에 유리하게 변했다. 매우 기이한 것은 이런 식민지하의 '탈정치화' 정책이 중국의 암묵적 승인과 동의하에 유지되었을 뿐만 아니라, 영국의 식민 통치가 종결되어 홍콩이 중국으로 반환되던 시기에는 심지어 중국이 홍콩을 통치하기 위한 지고의 원칙으로 존중되어, 영원히 홍콩을 유지해 나가고자 한다는 점이다.[12)]

5. 남으로 온 문화인사 및 미국달러 문화

영국 식민정부는 홍콩에서 교과과정을 통제하는 방법으로 학교에서의

'탈정치화' 를 유지하려 애썼지만, 신문과 출판 등 기타 문화사업에서 냉전 대립의 정치화는 매우 극렬했다. 1950년대 초 식민정부는 좌파신문과 단체에 대해 정간과 등록취소 등의 탄압 조치를 실시하기도 했지만, 결과적으로 영국식 법률 제도 아래 여전히 상당한 정도의 출판의 자유를 누렸다. 따라서 홍콩은 냉전기간에 오히려 왕성하게 신문사업이 발전했으며 신문의 수와 종류 또한 다양했다. 그러나 대부분 상반된 두 정치 진영에 나뉘어 소속되어 있었고, 냉전 중의 양측 선전도구로 기능했다. 베이징 정부 측 입장이 반영된 신문으로는 《문회보(文匯報)》, 《대공보(大公報)》 등이 있었고, 타이완 국민당 정권을 대표하는 것으로는 《홍콩시보(香港時報)》가 있었다. 그 밖에 좌우 모두 각계각층의 구미를 겨냥한 신문들을 많이 가지고 있었고, 심지어 성(性)을 소재로 한 통속적 내용과 경마도박 정보를 위주로 하는 신문들의 경우 역시 좌우가 분명했다. 이들의 정치적 입장을 판별하는 한 가지 방법은 사용 연호를 보는 것이다. 우파는 '중화민국' 의 연도를 따랐고, 좌파와 중립적인 신문은 서기(西紀)를 사용했다.

냉전기간 활발했던 출판업과 신문업은 문학 창간에도 많은 활동 무대를 제공했다. 1949년 이후 좌파 문화인사들이 본토로 돌아가고 우파 문화인사들이 잇따라 남하함에 따라 좌우의 균형은 점점 우파 쪽으로 기울게 되었다. 1956년 국민당 당국은 홍콩에 중국문화협회를 창립하고 장학금과 문학활동 주최, 작품공모 등을 펼치면서, 홍콩에서 떠도는 대륙 지식인들을 구제했다. 한 통계에 따르면, 그해 홍콩에서 멀리 떨어진 댜오징링(調景嶺) 지역 일대를 떠도는 난민 중 수백 명이 직업적으로 글을 쓰는 작가였고 비직업적 작가는 1,000명 이상 이르렀다. 비교해 보면, 당시 좌파는 대중매체에 속하는 영화와 부유한 지방색을 띤 월극(粵劇)이 문학의 선전 효과보다 훨씬 컸다고 여겼기 때문에, 좌파 문학의 발전은 우파에 비해 보잘것없었다. 그러나 이러한 좌파 작가의 작품 대부분은 여전히 자신들이 처한 '위

국민당의 친미 성향을 풍자하는 료빙형(廖冰兄)의 만화.

기' 의 콘텍스트를 표출해 냈다. 그들은 한편으로 홍콩정부의 억압을 원망하면서, 다른 한편으로는 자신들이 진보적 정치 입장을 표방했기 때문에 비록 홍콩에 살지만 부단히 자신의 홍콩 거주민 신분을 폄하하면서 식민지와 명백한 선을 그으려 했다. 이는 '신중원 심리상태(新中原心態)' 라는 이미지로 형용되었는데, 그들이 홍콩사회의 자본주의 방향에 대해 불만을 품고 있다는 것을 함의했고, 이 역시 그들이 항상 중국 대륙의 이미지를 이상적 생활공간으로 삼았기 때문이었다.[13]

'문화냉전' 의 필요로 인해 미국이 반공 요구에 유리한 문화기구 설치와 활동을 직접 지원하게 되었고 사람들은 이것을 '미국달러 문화' 라고 칭했다. 홍콩의 아주출판사(亞洲出版社), 자유출판사(自由出版社), 인인출판사(人人出版社), 우련출판사(友聯出版社), 고원출판사(高原出版社) 등이 그 대표적인 예다. 그중에서 미국중앙정보국(CIA)은 아시아 기금을 통해 아주출판사 창간에 출자했고, 아주출판사는 후에 통신사와 영화사로 발전했다. 우련출판사는 연구소, 잡지사, 인쇄소, 배급사, 서점 등을 각각 갖추고 있었다. 이 기구들은 모두 미국이 '문화냉전' 필요에 의해 출자해 설립한 것으로, 당시 홍콩의 특정한 환경을 겨냥해서 홍콩의 난민 집단에 반공의식을 공고히 했고 상대방을 향해 반대 선전을 해나갔다. 우련출판사가 출자한 《중국학생주보(中國學生周報)》는 20여 년 동안 지속적으로 출판되면서 홍콩 문학과 문화발전에 심대한 영향을 미쳤다. 우련연구소(友聯研究所) 역시 대륙 정보를 수집해 해외 중국공산당 연구(소위 '도적 정보 연구')에 영향을 준 상당히 큰 연구기관이었다. 홍콩의 미국 신문도 《오늘의 세계(今日世界)》라는 잡지를 출판했고, '미국의 소리' 라는 방송국을 설립해 직접 미국문화를 선전하고 대륙에 방송했는데, 그 목적은 대륙의 정보 '장막' 을 없애는데 있었다.

영화분야에서는 영화제작사로 전쟁 전 좌파 계열의 대광명(大光明), 남군(南群), 남국(南國)이 있었고, 냉전기간에는 장성(長城), 봉황(鳳凰), 신연영화공사(新聯影業公司)가 그 자리를 대체했다. 간접적으로 좌파 계열의 지도를 받은 중연(中聯)과 화교(華僑)도 있었다. 그들은 만다린으로 된 영화뿐만 아니라 광둥어 영화도 찍었다. 우파인 대중화(大中華), 영화(永華), 신화(新華)와 냉전기간에 미국자유아시아협회(美國自由亞洲協會)를 통해 투자해 설립한 아주영화사(亞洲影業)가 있었다.[14] 이러한 영화제작사 외에 좌우파가 각각 단체를 설립했는데, 좌파의 홍콩영화제작자협회(香港電影工作者學會)와 우파의 영화종사자자유총회(電影從業人員自由總會)가 있었다. 이러한 단체들은 영화산업의 분규에 개입했을 뿐만 아니라, 각자 조직의 기치 아래 영화인들이 대륙과 타이완 해협 양안에서 포격전이 벌어진 타이완의 진먼 섬(金門島)로 각각 위문공연을 가기도 했다. 냉전기간에 중국 대륙과 타이완 양측 모두는 상대 영화의 수입을 금지했고, 홍콩을 연계시켜 좌우파의 영화사와 영화종사자들을 분열시켰다. 그래서 유명한 예술인은 서로 경쟁 상대가 되었으며 양측 모두 예술인을 자기편으로 끌어들이기 위한 책동을 벌였다. 이는 당시 냉전 당사자 쌍방 모두가 실천한 '통일전선' 방식이었다.[15]

미국이 자금을 댄 아주영화사가 제작한 영화는 일종의 '미국 달러 문화'로 간주될 수 있다. 그러나 식민정부가 영화로 정치선전을 하는 것을 엄격히 금지하는 검사 규정하에서, 이 영화사가 만든 영화 가운데 직접 반공을 선전하는 영화는 결코 많지 않았다.[16] 영화평론가 뤄카(羅卡)는 아주영화사가 만들 수 있었던 영화 속에서 전달하고자 한 반공의식은 저조했다고 보았다.[17] 제재 면에서 기본적으로 의협, 윤리, 혈육의 정을 취했으며, 홍콩 난민 사회생활의 고통을 반영하고 집단의 단결과 협력 등을 고취시키기 위한 것이었다. 이러한 소재와 가치관은 사실상 좌파 영화와 큰 차이가 없으며 일반적으로 소위 '미국식' 자유와 민주의 개념을 선전하지 않았다고 말할 수 있다. 이런 영화 안에 비교적 명확한 정치 반공적 내용이란 간접적으로 고향에 대한 그리움을 통해 방랑의 고통을 그리고 공산정권 치하 대륙의 고통에 몰두해 암시하는 것이었다. 때로는 비교적 전통적인 가정 가치관을 드러내면서 좌익사상의 급진주의와 대적했다.

그렇지만 냉전의 양극화된 인식구조는 1950년대 과거 좌파와 우파가 공통으로 겪은 민족의 고난을 서술하면서, 점차 이미지 세계로 분할되기 시작했다. 아주영화사의 작품들은 은유적 방식으로 영화 줄거리에 희극적 장치를 통해 가족 이산의 이야기를 논의했고, 그럼으로써 (민족의) 어머니가 수난 받는 형상을 과거 민족주의 윤리극 속에서 옛 문화와 민족수난에 대한 비판으로 은밀하게 뒤집어버렸다. 이로써 우리는 냉전 언어가 처음부터 민족주의 언어와 밀착했고 마침내 민족주의 언어로 전환되었음을 알 수 있다. 홍콩식 냉전문화의 한 가지 중요한 특징은 홍콩인이 보편적으로 체험한 이산, 유랑의 경험을 희극화하고, 홍콩의 도시생활을 찬양한다는 데 있다.[18] 그 결과는 새로운 홍콩의 도시 정체성을 찬양하는 것이었다.

직접 미국의 자금을 지원 받은 아주영화사는 1950년대 말 미국 냉전의 초점이 동남아시아로 바뀌면서 문을 닫았고, 이를 대체한 것은 싱가포르와 말레이시아의 자금이었다. 그 자금들이 광예(光藝), 전무(電懋)와 소씨(邵氏, 쇼브라더스) 등 새로운 영화기업을 지원하면서 영화가 상업성 위주로 바뀌어 1950년대 정치가 우선시되던 영화 양상이 변하게 된다. 그러나 이 새로운 동남아시장 위주의 영화기업들은 타이완 측과의 관계 유지를 중요시했으며, 홍콩 영화계에서 점차 주도적인 지위를 점하게 된 것은 우파라고 볼 수 있다. 이때 상업성을 내세운 영화들이 제작되면서 또한 아주영화사 시기에 냉전의 영향하에서 개발한 영화 요소를 그대로 계승했다. 이를테면, 여성 뮤지컬 영화, 맘보 댄스, 재즈와 같은 것들은 미국문화의 전 지구화를 받아들인 것이었다.[19] 1950년대 좌파 영화제작자들이 만든 사회주의 리얼리즘 위주의 광둥어 영화들은 1960년대 급속한 상업주의와 소비문화의 홍기로 빠르게 쇠퇴했다. 그러나 홍콩의 소비주의가 세상에서 백전백승할 수 있는 힘을 갖춘 것처럼 오해하는 것을 피하기 위해서, 우리는 냉전 대립이 홍콩과 중국에서 어떻게 미리 종결되었는지를 고려해야 한다.

6. 결론: 미리 종결을 시작한 냉전?

오늘날 냉전과 탈냉전 논의에서는 늘 1989년 소련과 동구권이 와해되는 시기를 냉전이 종결된 시점으로 여기지만, '냉전이 아직 종결되지 않았다' 는 언술은 확실히 시기적절하고 유의미한 각성이며, 냉전이 가져온 문화, 이데올로기, 인식, 감각구조상 깊은 층위의 결과를 우리로 하여금 반성케 해준다. 그러나 중국 및 홍콩의 각도에서 출발하자면, 우리는 어쩌면 다른 언술을 제기할 수 있을지도 모른다. 말하자면, 냉전은 이미 1970년 초에 종결되었다고, 혹은 중국인과 홍콩인에게 냉전은 여러 번 끝났다고 말할 수 있을 것이다.

일찍이 1960년대 중국과 소련 공산당의 분열로 인해, 세계에 이제 더 이상 '자본주의' 와 '사회주의' 라는 상호 적대적 두 경쟁 진영과 같은 냉전적 인지 도식은 나타나지 않는다는 것이 선고되었다. 양대 공산당 집권 국가의 공개적 대립 및 1970년대 말의 중국-베트남 전쟁, 베트남-캄보디아 전쟁 또한 일치단결된 사회주의운동이 있다는 것을 더 이상 믿지 못하게 해주었다. 1963년 소련공산당 중앙은 〈소련 각급 당조직과 전체 당원에게 보내는 공개서신〉을 발표했고 이후 중국공산당이 소련을 겨냥해 9편의 반박문(역사적으로 '구평(九評)' 이라 칭한다)을 발표해 유명한 '중소 대논쟁' 을 전개했다. 이후 마오쩌둥은, '소련식 수정주의' 가 중요한 적이라고 지적하고 '사회제국주의' 가 세계의 가장 큰 위협이며 피할 수 없을 3차 세계대전의 화근이 곧 소련이라고 지적했다. 이 때문에 중국은 1970년대 초 미국을 향해 손을 내밀었고 미국 대통령 닉슨이 1972년 중국을 방문하고 '핑퐁외교'를 진행하여, 미소 양극이 대립하는 냉전으로부터 미리 벗어남을 선언했다.

당시 중국은 한편으로는 '제3세계'의 지도자로 주도권을 쥐고 이데올로기적으로 반소반미를 주장했지만, 외교정책상 명확한 것은 '친소' 일변에서 '반소'로 전환했다는 점이다. 그리고 '반소'에서 한 걸음 더 나아가 '친미'로의 변화는 1980년대로 남겨져, 비록 1989년 6·4대학살(톈안먼 사건)로 이런 변화가 저지되긴 했지만 덩샤오핑 시대에 비로소 완성되기 시작한다. 1979년 덩샤오핑의 방미로 중미 간의 또 다른 단계의 '화해'를 달성했고, 이러한 '화해'의 방식은 같은 해 덩샤오핑의 명령 아래 반체제 민주운동가인 웨이징성(魏京生)을 체포함으로서 또 다른 상징적 의미를 갖는다. 따라서 설령 1989년 중국공산당이 소련과 동구권 진영의 와해와 퇴진을 따르지 않았더라도, 사실상 중국이 참여한 서구와의 이데올로기 전쟁은 1989년 이전에 이미 종결되기 시작하고 있었던 것이다. 국가주의와 발전주의는 중국을 중심으로 하는 새로운 아시아 권력구조의 기조이고, 이런 기조는 조금도 중국에 해로울 것이 없었으며, 심지어는 미국이 최후에 전 지구적 헤게모니를 거머쥐는 데 도움을 주었다. 따라서 중국이 아시아에서 미국과의 '화해'를 앞당긴 것은 오늘날 미국이 전 지구적 헤게모니를 공고히 하는 데 기여한 무시할 수 없는 요소다.

중국과 미국의 이른 '화해'는 필경 제3세계를 위해 어느 정도 반성의 공간을 여는 '화해'가 될 수 있을 것인가? 이 '화해'로 소통되고 진행될 수 있는 기본 담론은 또한 무엇인가? 과거 20여 년간 국가주의와 발전주의가 주도한 '화해'의 과정은 또한 어떻게 아시아 지역에서 떠오르는 새로운 정치 및 문화주체를 빚어낼 것인가?……. 이 질문들은 아시아의 소위 '냉전

구조' 의 결과와 '탈냉전' 문제를 분석할 때 묻지 않을 수 없는 질문들이다.

홍콩의 20여 년에 걸친 오랜 국가주의적 발전주의의 '화해' 그 자체는 '손오공의 꽉 조인 머리띠' 와 같은 구조('화해구조' 라 칭할 수 있을까?)가 되어 '냉전구조' 와 함께 뒤얽혔다. 이 중첩된 구조 속에서 오히려 식민주의 권력이 홍콩에서 유지될 수 있었다. 예컨대 중국이 홍콩을 돌려받은 이후 여전히 홍콩 식민지 방식의 관상(官商) 결탁과 정경유착 구조에 대한 개혁을 거부할 때 냉전의 어휘가 어두운 망령처럼 다시 불려 나와서 개혁에 앞장선 자를 '서방제국주의 반중국 세력' 의 매수를 받은 자로 질책한다. 어떤 지극히 완만한 사회복지개혁이라도 홍콩에서는 모두 '홍콩에서 사회주의를 시행하려는 헛된 시도' 라는 비난에 직면한다. 이런 의미에서 '냉전' 은 여전히 홍콩 생활의 일부이며 자유로운 혜안, 이성적 토론, 시민사회의 성장에 해가 되고 있다.

홍콩에서 냉전이 만든 지식과 감정에 대한 반성은 이런 종류의 교착되고 복잡한 상상의 방식과 현실상황의 은폐를 받아들이고 있다. 한편으로 냉전이 결코 홍콩에 단일한 영향을 미치거나 단일한 작용을 한 것이 아니므로 냉전의 어떤 세력도 한쪽으로 홍콩의 정치, 경제와 문화 발전을 지배하거나 주도하지 못했다. 이 때문에 냉전의 역할은 더욱 은밀하고 불분명해 그 흔적을 판단하기 어렵다. 그러나 다른 한편으로는 냉전 중 격렬하게 대립했던 양쪽 이데올로기 세력이 동시에 홍콩에 출현해 홍콩인의 일상생활에 깊숙이 침투했고, 1940년대부터 1960년대까지 줄곧 홍콩인의 문화생활을 조직했다. 따라서 냉전은 모든 홍콩 사람들로부터 나온 것이라고 할 수 있다. 냉전 대립 시기는 냉전이 개인과 가정, 크고 작은 사회조직에 침투해서, 홍콩인들이 대립하는 양측을 동시에 꿰뚫어 볼 수 있고, 냉전이 드러내는 이데올로기적 대립에 대해 일종의 쌍방향적이고 변증법적인 체험과 시각을 가질 수 있게 해주었다. 그러나 이런 독특한 체험과 시각의 대가 모두 홍콩인의 문화 정체성에 내재된 모순이며 지금까지도 여전히 홍콩의 냉전 유산을 지배하고 있다. 식민주의적 '탈정치화'는 홍콩의 중국 반환 후 10년간 홍콩의 식민 역사와 현실에 달라붙어 홍콩이 '경제도시'의 한계를 넘지 못하도록 명령하고 있는 것이다.

미치바 치카노부(道場親信)는 와세다대학에서 사회과학사 및 사회운동론을 전공했으며 현재 일본 대학 등에서 일본 사회사 관련 강의를 하고 있다. 주요 저서로는 《점령과 평화: '전후' 라는 경험(占領と平和: '戰後' という經驗)》(2005), 《사회운동의 사회학(社會運動の社會學)》(공저, 2004), 《전후의 명저 50》(2006) 등이 있다. 현재 《복각시리즈: 1960/70년대의 주민운동(復刻・シリーズ: 1960／70年代の住民運動)》, 《전후민주운동자료집성》의 편집위원으로 활동하면서 일본 고도성장기의 자료 복각 작업에 참여하고 있다. michiba@kurenai.waseda.jp

다지마 데쓰오(田島哲夫)는 서울대학교 국문학과에서 〈김사량 소설 연구〉로 석사학위를 받았고 지금 연세대학교 국문학과에서 박사과정을 밟고 있다. 〈가토 슈이치: 메이지 초기의 번역(加藤周一: 明治初期の飜譯)〉, 〈마에다 아이: 음독에서 묵독으로(前田愛 : 音讀から默讀へ)〉, 기타 〈요시미 순야: 냉전체제와 '미국의 소비'(吉見俊哉 : 冷戰體制と 'アメリカの消費')〉 등을 번역했고, 현재 '근대계몽기 언론매체에 나타난 일본 및 일본인의 표상' 이라는 주제로 박사학위 논문을 준비 중이다. tetsutaji@hanmail.net

미 점령하의 '일본문화론'

-《국화와 칼》 그리고 일본과 미국의 문화정치/정치문화

미치바 치카노부 저

다지마 데쓰오 역

1. 시작하며

제2차 세계대전 후의 일본을 사회사적으로 다룬 존 다워(John Dower)의 《패배를 부둥켜 안고(Embracing Defeat: Japan in the Wake of World War II)》는 '전후 일본'이라는 시공간이 내부로 폐색된 것이 아니라 일본 점령 미국 권력과의 '합작(a hybrid Japanese-American model)'을 통해 형성되었음을 밝히고 있는 매우 인상적인 역사서다. 이 책은 '합작(合作)'이라는 용어를 통해 미일 쌍방의 상이한 의도가 몇 가지 중요한 점에서 합치함으로써 말하자면 동상이몽을 통해 미일 상호 규정 관계가 성립되는 과정을 묘사하고 있다. 성적 관계를 암시하는 '동상이몽'이라는 단어에서도 나타나듯이, 존 다워는 패배를 '부둥켜 안는다(embracing)'라는 성적 메타포를 설정함으로써 미일 '파트너' 관계가 형성되는 과정을 포착하고 있다.[1] 이렇게 그려진 '전후 일본'의 상을 통해 나타나는 것은 '방해꾼' 없는 '커플'의 한쪽으로서의 일본 그리고 미국이라는 '파트너'와의 관계 속에서 자기를 정의하는 정체성의 실체다.

여기서 특히 중요한 초점은 천황제다. 다워의 분석은 시사해주는 바가 많은데, 특히 '천황제 민주주의(Imperial Democracy)' 라는 용어를 통해 모순적이라 할 수 있을 정치-사회 체제의 합작성을 밝히고 있는 부분이 그러하다. 그는 일본과 미국이 '상징천황제' 확립을 통해 상호 규정적으로 유착해 나가는 과정을 집중적으로 규명하였다. 그러나 그 주변의 외적인 요인 특히 일본 안팎 에스닉(ethnic)의 이동이나 군사적 긴장, 주변 여러 지역과 '점령' 간의 연관성에 대해서는 별다른 주목을 하고 있지 않는 듯하다. 즉 그는 상징천황제=미일합작 체제가 배타적 형태로 확립되는 과정을 드러내기보다는, 배타적 형태로 확립된 상징천황제=미일합작 체제를 종점으로 삼아 처음부터 미국과 일본만을 '배우' 로 묘사하고 있는 것이다. 여기에 '동아시아' 라는 문제의식은 존재하지 않는다.

'상징천황제' 확립과정의 역사적 기점이 제2차 세계대전기 미국의 전시 일본 연구―이는 미국 국무성, 육군성 그리고 대통령 직속의 '심리전' 담당기관, OWI(Office of War Information: 전시정보국), OSS(Office of Strategic Services: 전략사무국) 등의 상호 경쟁과 정보 공유를 통해 진행되었다―에 있다는 점은 지금까지의 연구를 통해 밝혀져 왔다. 전시 일본에 관한 미국 측 연구의 초점 역시 천황제의 처리에 있었다.[2] 전시에 이루어진 일본 연구는 아시아 태평양 전 지역에 걸쳐 일본군이 전개하고 있는 전투, 포로의 처리와 이용, 무장해제, 군정 실시와 같은 일련의 전쟁행위 가운데 그 위상을 부여받고 있던 것이며, 이런 의미에서 연합국 상호 간의 정책 조정이나 항일세력과의 연대까지 시야에 넣은 광범위한 전략의 일환으로 고려되었던 것이다. 그런데 일본 정부의 무조건 항복과 함께 '일본문제' 는 포츠담선언에서 지정된 열도 내부로 급속하게 좁혀지게 된다. 천황제를 분석하고 조작 가능한 것으로 대상화하기 위해 동원된 사회과학적인

지(知)는 천황제 활용을 통한 효율적이고 안정적인 점령정치를 노린 맥아더 휘하의 연합국군 최고사령관 총사령부(GHQ/SCAP: General Headquarters/Supreme Commander for the Allied Powers)의 정책에 발맞춰 상징천황제를 '학문적' 으로 정당화하는 담론으로 유통되기에 이른다.

이렇게 해서 제도화한 담론이 바로 제2차 세계대전 후 일본에서 전개된 일본문화론이라는 정치/문화담론이다. 효율적인 무장해제와 점령통치라는 단기적 목적을 축으로 유지된 천황제는 냉전이 심화되면서 일미 파트너 관계를 유지하는 중심 장치로 그 발판을 굳혀 나간다. 이 과정에서 일본문화론은 그 정치적 기원이 망각되고 또 이 망각에 의해 냉전기 일본의 문화표상을 효과적으로 지탱하는 역할을 맡게 된다. 이 글에서는 루스 베네딕트의 《국화와 칼》을 중심으로 일본문화론이 성립되는 과정을 추적하고, 전후의 일본문화론이 어떠한 정치구도 속에서 탄생했는지, 또 그것이 어떻게 무비판적으로 수용되었는지를 살펴보고자 한다. 더불어 그 배경이 되는 '심리전' 이라는 틀 속에서 천황제가 어떤 식으로 논의되었는가 하는 문제도 검토할 것이다.[3]

2. 《국화와 칼》이라는 텍스트

루스 베네딕트(Ruth Benedict)의 《국화와 칼(The Chrysanthemum and the Sword)》은 일본문화론의 고전적 명저로서, 지금까지 일본에서만 140만 부 이상이 판매되었다.[4] 이 책은 처음 출판(1946년)된 미국에서뿐만 아니라 '일본문화' 에 관심이 있는 세계 각지에서 광범하게 읽혔다. 인류학자 아오키 타모쓰(青木保)는 제2차 세계대전 후 일본문화론의 동향을 정리한 《일본문화론의 변용》에서 《국화와 칼》에 대해 다음과 같이 언급하고 있다.

> 내가 여기서 일본문화론을 거론할 때, 그 하나의 모델이 되는 것이 바로 베네딕트의 《국화와 칼》이다. 전후에 이 책이 번역 · 출간된 이래 일본문화론은 많든 적든 이 책에서 영향을 받았다. 이 책을 전혀 인용하지 않았다 해도 《국화와 칼》의 영향은 어딘가에서 발견된다. 적어도 일본문화론을 시도하는 사람이라면 1948년 일본에서 번역 · 출판된 이후에는 이 책을 읽었을 것이며, 설사 읽지 않았다 해도 그 내용의 개략을 모를 리가 없다.[5)]

아오키 타모쓰는, 《국화와 칼》이 제2차 세계대전 후 일본에서 전개된 일본문화론의 한 모델임을 지적한다. 그러나 이 모델이 어떤 배경에서 어떤 정치성을 띠고 등장했는지에 대해서는 충분한 연구가 이루어지지 않았다. 《국화와 칼》을 읽을 때 주목해야 할 것은 이 책이 제2차 세계대전 중에 미국 정부의 대일(對日) '심리작전'을 위해 만들어진, 당시의 일급 인문사회과학자들로 구성된 연구팀의 공동연구 산물이었다는 점이다. 《국화와 칼》에는 이 연구팀의 연구 목적, 일본 병사나 일본의 일반 국민(이 집단은 아무런 유보조항 없이 당시 일본 제국의 '내지'에 거주하는 에스닉한 의미에서의 '일본인'에 한정되어 있다)의 처우와 관련된 연구팀의 공통 견해, 일본의 항복을 유도하기 위한 방법, 미국의 일본 점령정책이나 점령 후의 '강화'를 향한 제언 등이 반영되어 있다. 그러므로 이 책은 베네딕트의 단독 저작이라기보다는 대일 '심리전' 연구팀원들에게 공유되어 있던 정치판단을 정당화하는 정치적인 '문화론'이라 할 수 있을 것이다.

《국화와 칼》에는 전쟁, 미국의 일본 점령 그리고 예기된(?) 냉전이 기록되어 있지만, 탈식민화와 관련된 모든 민족적 · 문화적 정보는 결락되어 있다. 그리고 일본의 항복과 제2차 세계대전 후의 세계 및 일본에 관한 논의

냉전기 전후 일본 연구의 대표적인 저작인 《국화와 칼》과 저자 루스 베네딕트.

에는 원폭 투하에 대한 정보들이 빠져 있다. 그렇다면 이러한 결락은 어떠한 '문화' 이미지를 낳았을까. 결론부터 말해보자. 첫째 문화상대주의를 내건 리버럴 좌파 지식인들의 문화상은 패전과 함께 탈식민지화한 일본의 국민국가 상(像)에 합치되었다는 것. 둘째, 문화/국민을 '단일민족' 적 표상으로 이야기함으로써 몰(沒)정치적으로 문화를 논하는 일본문화론의 전후(戰後)적 형식의 전형을 제공했다는 것. 단일민족적 표상은 동시대 동아시아와 일본 사이의 연관을 덮어버렸고, 나아가 상징천황제라는 형태로 연명했던 천황제나 '일본 국민/민족' 이라는 표상을 일미합작으로 재편 · 안정시키는 문화장치의 역할을 했던 것이다.

아오키 타모쓰의 언급에서 알 수 있듯이, 전후 《국화와 칼》을 일본문화론의 기점으로 놓는 논의는 이미 널리 알려진 것이지만 이러한 관점은 보통 문화론 내부로 제한되어 있다. 이 책이 전시 적국 연구의 성과로 산출되었다는 것은 간행 초기부터 자주 언급되어 왔고 또 명시적으로 기록되어 있기도 하다. 그럼에도 이 사실은 역사적인 문맥에서 충분히 검토되지 못했다. 중요한 것은 베네딕트 자신의 동기만이 아니라 언제, 어디서, 어떤 계기로 이 책이 쓰이고 또 받아들여졌는가 하는 점이다. 텍스트에 새겨진 시간을 오독하지 않고 '적절한 위치' 에 다시 놓는 일, 이 지점에서 되돌아보면서 전후사와 일본문화론이라는 담론을 다시 묻는 일. 《국화와 칼》이라는 텍스트를 역사적 문맥에 놓고 읽는다는 것은 바로 그 정치문화/문화정치의 형성과정을 읽는다는 것이다.

3. 전시 미국에서의 대일정책 형성과 일본 연구
:《국화와 칼》이 쓰인 장소

총력전과 심리전

20세기 전쟁은 종종 총력전(전면전, total war)이라고 불린다. 여기에는 복수의 요소가 서로 연관되어 있다. 우선, 군장비 성능 향상에 따른 전쟁 규모의 확대를 들 수 있다. 둘째, 물자를 충당하고 대량파괴로 인한 손실을 메우기 위해 상대방의 전쟁 수행 능력을 뛰어넘는 무기를 투입하기 위해 국가 생산력이 총동원된다(이 과정에서 사회 시스템이 대폭 재설계된다). 셋째, 위의 결과로서 민간의 생산설비 자체가 무차별 공격의 대상이 되어 후방과 전선의 구별이 없어지고, 전투원 이외의 모든 국민들이 전쟁체제에 편입되어 전쟁으로 사망할 가능성이 생겨난다. 넷째로 이러한 총력전 체제를 유지 · 추진하기 위해 '국민국가' 이데올로기가 최대로 증폭되어 동원된다. 총력전은 내셔널리즘 때문에 가능해진다.

제2차 세계대전은 이런 의미에서 총력전이었다. 일본의 '15년 전쟁(1931년 만주침략부터 1945년 패전까지 일본이 벌인 전쟁)', 특히 1937년에 발발한 중일전쟁 이후의 과정은 곧 총력전의 심화와 확대 과정이었다. 총력전은 사회과학적인 전쟁이다. 총력전이란 '사회'의 동원이다. 전쟁의 승리를 위해서는 해당 사회의 모든 생산력과 커뮤니케이션 능력, 국민 통합 · 동원의 이데올로기가 필요하다. 그리고 이를 지탱하는 고도화된 주체를 총동원해 가장 높은 퍼포먼스를 실현하기 위한 '종합정책'을 실시할 것이 요구된다. 또 한편으로는 상대국의 총동원 체제의 근간, 동원 시스템을 해체해야 한다. 이 때문에 첫째, 생산력의 기반 해체(도시의 무차별 폭격), 둘째, 이데올로기적 기반 해체(대적(對敵) 선전과 심리전)가 수행되었다. 후자와 관련해서는 전쟁과 점령을 쉽게 수행하기 위한 상대국의 사회 분석과 국민성의 파악이 중요한 과제가 되었고, 이에 따라 연구진이 대량 동원되어 연구 자체가 대폭 진전되었다. 전후에는 생산력과 이데올로기 양면에서 '민주화'를 구호로 삼아 전시 연구에 바탕을 둔 '개혁'이 진행되었다. 사회과학은 이 분석과 오퍼레이션(=작전/수술) 과정에 유례없이 '참여'했다. 특히 대일 점령정책에서는 경제의 군사적 의존 형태를 대표하는 재벌이 해체되었다. 더불어 식민지 의존형 경제와 이데올로기적 권위주의를 기반으로 한 농촌사회의 소작제도가 폐지될 때 사회의 근대화 · 민주화가 이룩될 것이라 여겨졌다. 이 점에서 미국의 일본 점령은 극히 사회학적인 관심(경제 시스템과 이데올로기의 관계를 구조적으로 분석하는 관점)을 가진, 사회학적인 점령이었다.

제2차 세계대전기에는 미국에서만이 아니라 세계 각국에서 전례없는 규모의 과학자 동원이 이루어졌다. 또 이를 위해 막대한 국가 비용이 투자되었다. 자연과학자는 무기 개발에 동원되었는데, 그 정점은 핵무기 개발이었다. 사회과학자 역시 현지 군정 스태프로 호출되거나 점령 전후의 정책 입안에 동원되었다. 그리고 적국의 전의를 좌절시키고 조기 항복을 끌어내기 위한 심리전에도 다수 동원되었다. 심리전이 대대적인 사회과학 동원하에서 진행되었다는 의미에서 제2차 세계대전은 이데올로기 전쟁이었다. '파시즘 대 민주주의'라는 구호로 표현된 추축국(樞軸國)과 연합국 간의 전쟁에서 연합국 측은 일체의 유화주의를 배격하고 민주주의를 위한 비타협적 전쟁을 계속할 것을 선포했다. 파시즘과의 비타협적 전쟁. 이를 단적으로 나타내는 것이 바로 1943년 1월 카사블랑카회담에서 제시된 추축국의 '무조건 항복' 방침이다. '무조건 항복'이 가져다줄 사회개조와 그 실행을 위한 연합국의 점령. 이 둘의 조합을 전제로 미국은 전후 정책 연구를 추진했다. "무조건 항복과 이에 기반한 점령은 역사에서 그 유례를 찾아볼 수 없는 새로운 성격을 지닌 것이었다. 그 근간은 점령국의 체제와 생활양식을 강제함으로써 적국의 구체제를 파괴하고 새로운 질서를 건설하는 것이었다. 어떻게 이러한 새로운 성격의 정책이 출현하게 된 것일까. 그 배경 자체가 바로 제2차 세계대전의 역사적 특성이다."[6]

이처럼 '무조건 항복이 가져올 사회개조와 이를 위한 점령' 이라는 결합을 전제로 미국의 전후 정책 연구가 이루어진다. 그리고 사회개조의 합리적 근거로서 사회과학적 지식과 견해가 다양하게 활용되었다. 더불어 적절한 '개조' 방식을 둘러싸고 논쟁 영역이 설정된다. 특히 대일정책의 초점이 된 천황제와 관련해, 한편에서는 전쟁을 유리하게 진행시키고 전쟁의 조기 종결을 유도할 프로파간다 전략=심리전(psychological warfare, psywar)에 '천황(제)을 활용한다' 는 방침을 세우고 있었다.[7] 이후에 이 방침은 프로파간다 전략을 넘어서 전후통치=사회개조 정책의 핵심으로 이어졌다. 하지만 아이러니컬하게도 제국 일본의 가혹한 지배하에서 민족 독립을 빼앗긴 조선반도(남한)에 대한 점령정책은 식민자의 시점을 그대로 계승한 반민주적이고 반공주의적인, 사회개조를 수반하지 않는 통치로 시작되었다.[8] '개조' 의 목적이 적국의 무장해제와 파시즘 근절에 있다고 할 때, 구식민지에서 이것이 철저하게 이루어지지 않았다는 사실이 의미하는 바는 무엇인가. 이는 곧 이후 동아시아 역사에 무거운 부채가 남게 되었다는 뜻이다.

그렇다면 총력전 체제하의 심리전이란 어떤 것이었을까? 단적으로 말해서 첫째, 적국의 전의를 지탱하는 근간을 파악해 이를 해체 · 약화하기 위한 프로파간다, 둘째, 자국민의 전의를 강화시키고 동원을 효과적으로 유도하기 위한 프로파간다, 셋째, 동맹세력의 '지지' 를 확대하는 프로파간다, 이렇게 세 가지 성격을 띠는 것이라 할 수 있다. 심리전은 무기와 살상을 수반하지 않는다는 점에서는 '인도적' 이라 하겠지만, 때로는 정신적 동요를 불러일으키는 정보나 데마고기를 활용하고 스파이 활동이나 후방 교란을 획책한다는 점에서 '더러운' 일이었다.[9] 이 심리전 수행에 수많은 리버럴 좌파 지식인들이 관여했다. 20세기의 전쟁이 대량살상무기가 아니라 '설득'에 의한 승리를 지향한다는 점에서 —물론 전략적으로 양자의 분리 수행이 아니라 효과적인 조합이 추구되고 있지만— 심리전은 리버럴리스트들에게 특별한 의미를 지니는 것이었다. 예컨대, 앞으로 살펴볼 OWI의 FMAD(Foreign Morale Analysis Division, 외국전의분석과(外國戰意分析課)의 책임자이자 정신의학자 · 인류학자였던 알렉산더 레이턴(Alexander H. Leighton)은 해군 중위 직함을 부여받고 있었다)은 안전보장 문제를 대량살상무기가 아닌 '인간관계론(human relations)'의 응용이라는 견지에서 생각할 것을 주장했다.[10] 그는 원폭 투하를 비판하면서, 인간의 변화 가능성을 믿고 국민에 대한 이해와 평화를 지향하는 리버럴한 교육 프로그램의 의의를 역설했다. 자유로운 선택의 가능성, 합리성에 대한 신뢰와 함께 군국주의, 관료주의, 반공주의가 비판되었다. 리버럴리스트 가운데 어떤 집단은 문화상대주의적인 입장에 서서 자국민 중심주의적인(ethno-centrism) 징벌주의적 여론에 반대하고 천황제를 활용할 것을 호소했다.

미국의 대일 심리전

가토 데쓰로(加藤哲郎)의 최근 연구에 따르면, '상징으로서의 천황 이용'이라는 정책은 심리전 연구 및 작전수행 과정에서 산출된 것이다.[11] 심리전을 담당했던 미국의 프로파간다 기관으로는 우선 1941년 7월에 설치된 대통령 직속 정보기관인 COI(Coordinator of Information: 정보조정국)를 들 수 있다. COI는 1941년 6월에 첩보 활동을 담당하는 OSS(Office of Strategic Services, 전략용무국, CIA의 전신)와 주로 정부에 의한 공식적인 대내외 프로파간다를 담당하는 OWI(Office of War Information, 전시정보

맥아더와 쇼와 천황. 미국의 대일 점령은 상징 천황제를 통한 간접통치 형식으로 진행되었다.

국)로 분리되었다. 양자 모두 심리전의 중심기관으로서 역할을 담당했다(그 외에 전투 지역마다 심리전을 위한 조직이 편성되었다. 일본과 미국이 격전을 벌였던 남서 태평양 지역에는 남서태평양지역심리작전부(PWB–SWPA: Psychological Warfare Branch-South East Pacific Area)가 세워졌다. 나중에 맥아더의 군사비서가 되어 일본 점령시에 천황제 유지론의 가장 유력한 논객이 된 보너 펠러스(Bonner Fellers) 준장도 이 PWB 출신이다).

가토 데쓰로가 밝힌 것은 초기 대일 방침에 채택된 '천황 이용' 정책의 원형이 되는 문서의 형성과정이다. 초기 대일 방침은 이후 심리전 담당기관에 공유되었을 뿐만 아니라 미국 국무성이나, 국무성 · 육군성 · 해군성의 3성조정위원회(SWNCC: State-War-Navy Coordinating Committee)에 의해 정책화되었다. '일본계획(Japan Plan)' 이라고 이름 붙은 이 문서는 1945년 5, 6월에 걸쳐 육군성 군사정보국(MIS: Military Intelligence Service)의 심리전쟁과 과장이자 미국심리전공동위원회 의장으로 활동했던 오스카 솔버트(Oscar N. Solbert)에 의해 제안된 것이다.[12] 여기에는 '일본인의 국민성과 천황제를 이용하고 군부를 배제한 입헌군주제 자본주의 국가로 일본을 재건한다' 는 구상이 제시되어 있다.[13] 이때 중심이 된 것이 천황에게 정치 권력자가 아닌 평화 지향의 상징이라는 위상을 부여해 군부를 천황과 떼어놓고 공격한다는 심리전 전략이었다. 가토 데쓰로에 따르면, 이것은 솔버트의 독자적인 아이디어가 아니다. 이 발상의 기원에는 COI의 조사분석부(R&A : Research and Analysis Branch) 극동과(Eastern Branch)가 있고, 그중에서도 찰스 파스(Charls. B. Fahs)가 중요한 역할을 했다고 한다.[14] 가토 데쓰로는 COI 조사분석과의 조사보고서로 거슬러 올라가 그 동향을 추적함과 동시에 솔버트가 작성한 '일본계획' 이 프로파간다 기관들의 분파주의로 인해 '유보상태' 가 되는 과정을 논증하고 있다. 이 문서에 정리된 방향성은 그 후에도 큰 영향력을 지녔었다고 지적되고 있다: " '일본계획' 의 상징천황제 이용론은 이후의 전황, 특히 중국 국공합작의 귀추와 국제적 · 국내적 여론의 동향에 따라 구체적 레벨에서는 무시되거나 수정되었다. 그러나 미국정부와 관계기관의 프로파간다의 큰 틀로서 기능했고 전후의 점령정책에까지 영향을 미쳤다고 여겨진다."[15]

내가 《점령과 평화》에서 지적했듯이, 천황을 상징으로 규정하고 그에 대한 공격을 회피함으로써 효과적인 반응을 끌어낼 수 있다는 발상은 맥아더의 '우연한 착상' 에 의한 것이 아니었다. 이러한 판단은 적어도 1944년경에는 심리전에 종사하는 스태프들에게 이미 공유되어 있었다고 할 수 있다. 특히 전장에서 포로가 된 일본 병사들에게서 증언을 끌어내거나 저항하는 일본군을 투항시키는 데 천황에 대한 언급 방식이 매우 중요한 의미를 지닌다는 것을 이들은 실제적으로 파악하고 있었다.[16] 이렇게 해서 대일 전략상 채택된 것이 천황과 군벌, 권력자와 일반 민중 간의 구분 그리고 천황을 공격하지 않고 군벌에 책임을 묻는 방식에 의거한 프로파간다였다. 특히 천황을 비난하지 않는 것, '포로' 로서 굴욕을 맛보게 하지 않음으로써 일본군 포로에게 연합군에 협력하도록 만들고 기밀을 말하게 하거나 우군에 투항을 적극 권하게 할 수 있다는 사실을 확인하면서 천황이라는 요소를 취급하는 방식에 익숙해져 갔다고 여겨진다. 이와 관련해 야마모토 다케토시(山本武利)는 다음과 같이 언급하고 있다.

> 일본군 및 일본인에게 가장 반발을 사는 프로파간다가 천황에 대한 공격이라는 것을 미군은 이미 1942~43년경에 깨닫게 되었다. 왜냐하면 포획한 일본병사의 일기에 천황을 숭배하는 마음이 기록되어 있었고 일본군 포로는 거의 예외없이 천황에게 심문이 미치면 거센 반발을 보여주었기 때문이다. 특히 미군 심문자를 놀라게 한 것은 천황이라는 말을 하면 일본군 포로들이 조건반사적으로 기립하고 직립부동의 진지한 표정과 말로

천황에 대한 경의를 표했던 것이다. (중략) 따라서 천황에 대한 비판이 강했던 초기의 대일 프로파간다는 금방 사라지고 천황에 대해서는 전혀 언급하지 않는 것이 상책이라고 각 기관이 다 인식하게 되었다. 그리고 전쟁 책임을 천황이 아닌 군부에 덮어씌우는 방법이 반발이 적다는 것도 알게 되었다. 특히 전쟁 말기에는 일본군 포로 대부분이 일본 군부, 특히 그 리더에게 책임을 추궁하는 것에 찬성의 뜻을 표했다.17)

앞서 언급한 레이턴이나 베네딕트가 일본 연구를 진행한 것은 OWI와 육해군의 공동 프로젝트로 1944년에 설립된 FMAD에서였다.18) 레이턴에 따르면, OWI－FMAD가 직면해 있던 과제는 다음과 같은 것이었다. "일본인과 관련해 일련의 문제들이 존재하고 있다. 일본군의 전의는 더욱더 높아지고 이 점에서는 총후 문민도 마찬가지인 것처럼 보인다. 정책 결정자들은 이들의 전의가 왜 이렇게 높은지, 여기에 약점은 없는지, 어떤 변화를 기대할 수 있는지, 이러한 상태에 영향을 미치기 위해서는 무엇을 해야 할 것인지와 관련해 정보를 수집해 왔다. 이 질문들은 군사적 · 정치적 전략에서도, 심리전에서도 매우 중요한 것이었다."19)

이에 부응한 것이 OWI－FMAD였다. FMAD의 스태프는 그 수가 가장 많을 때는 30여 명에 이르렀다. 일본 전문가라기보다는 문화인류학자, 사회학자, 정신의학자로서 훈련을 받아온 사람들이 대부분이었다. FMAD는 전장과 총후 쌍방의 전의를 분석해 어떻게 일본의 전의를 약화시킬 수 있는가, 어떻게 일본을 빨리 항복시킬 것인가 하는, 전의에 관한 연구에 특화된 활동을 했다. 연구에는 일본군 포로 심문보고서, 포획한 일기, 편지, 공문서, 일본에 있는 중립국 관찰자의 보고, 일본의 신문 · 잡지, 라디오 방송 등이었고 전전(戰前)의 소설들, 역사서, 여행기, 인류학 서적, 영화, 미국에 거주하는 일본계 미국인의 인터뷰 등이 배경 설명 및 분석 자료로서 활용되었다.

FMAD의 프로젝트 중에서 천황제를 둘러싼 문제는 역시 큰 의미를 부여받고 있었다. "FMAD는 정책 결정자들에게 천황에 대한 심리전 공격에 관해 조언을 했다"고 레이턴은 서술한다. 그의 파악-그것은 FMAD의 대세를 반영한 것으로 여겨진다-은 다음과 같은 것이었다. 즉 "천황에 대한 신앙은 문화적 신념의 형식(a cultural type of belief)을 형성할 만큼 널리 퍼져 있고, 이 형식은 어떤 개인이라 하더라도 그 사회 전체에 침투한 압력에 의해 공고하게 뒷받침되고 있다"는 것이다. 그에 따르면, 천황에 대한 충성을 받아들이지 않으면 일본에서는 완전히 고립되어 버리는데, 그 천황을 어떻게 받아들일 것인가에는 폭넓은 허용 범위가 있다. 예컨대 확장주의자나 군국주의자에게 천황은 동양을 서양의 지배에서 해방시킬 강력한 전쟁 지도자다. 이는 거꾸로 보면 전쟁에 반대하거나 반대하려고 하는 사람에게는 천황이 전쟁 도발자에게 속아 넘어가고 있는 평화주의자로 인식된다는 뜻이다. 민주주의 지지자에게 천황은 진정한 민주주의자이며, 교육 정도가 낮은 소박한 사람들에게는 초자연적인 힘을 지닌 존재, 교양이 있는 사람들에게는 일본문화의 최고 이상을 표현하는 존재인 것이다. 이런 식으로, 그 받아들임의 폭은 넓다. "그러므로 천황 상징은 중대한 역할을 수행하고 있다. 이는 일본사회에서 살아가는 구성원들의 연결고리이자 국민적 이상, 즉 해야 할 일이나 바람직한 일에 관한 감각의 용기(容器)일 뿐만 아니라, 살아 있는 자와 죽은 자를 하나의 민족으로 연결시키고 살아 있는 일본인 개개인에게 사후세계에서의 알맞은 장소를 보장해주는 존재다."[20]

레이턴은 천황 신앙이 비논리적일 뿐만 아니라 실제상의 모순을 체현하고 있지만, 이러한 모순은 많은 신앙체계의 공통적인 특징에 해당한다고 말함으로써, 어떤 신앙체계든 모순은 있다는 식의 상대주의를 취했다. 그리고 많은 일본인이 천황에 대해 취하는 태도와 행동은 1868년 메이지유신

이후에 생긴 것인데, 그 습관이 진실로 오래된 것인가 하는 것보다 중요한 문제는 사람들이 그것을 오래된 것이라고 믿는 것이라고 보았다. 즉 실제의 역사가 아니라 천황제로 가공되고 구성된 역사야말로 중요한 의미를 지닌다는 주장을 하고 있는 것이다.[21] 여기에는 문화본질주의적인 관점이 아닌, 내셔널리티나 문화상징의 구축성과 전략성을 의식한 프래그머티즘적 인식이 나타나 있다. 이 상대주의, 즉 문화상대주의적 입장은 FMAD 구성원들이 공유한 관점이었다.[22]

베네딕트의 일본 연구

총력전 체제하에서의 심리전. 《국화와 칼》이라는 텍스트는 대일 심리전의 산물이다. 이 점은 숨길 것도 없이 《국화와 칼》 제1장에 명시되어 있는데, 지금까지 이러한 문맥에서 텍스트 전체가 읽힌 적은 거의 없었다. 즉 역사적 문맥을 떼어낸 채 '뛰어난 일본문화론' 으로만 읽혀 온 것이다.

베네딕트는 1887년 미국 뉴욕에서 태어났다. 모계는 미국 독립전쟁 이전으로 거슬러 올라가는, 아메리카에서도 가장 오래된 가계에 속한다. 그녀는 어릴 적에 병을 앓아 난청이 되었지만 이후 명문대학에 속하는 배서대학(Vassar College)에 입학해 영문학을 전공한다. 스탠리 베네딕트(Stanley Benedict)와의 결혼생활이 평탄치 않았던 그녀는 시를 쓰기도 하면서 자기표현의 길을 모색하던 중 대학으로 돌아가 뉴욕 시 사회연구학교(School for Social Research)를 거쳐 1921년에는 컬럼비아대학교(Columbia University)의 프란츠 보애스(Franz Boas) 밑에서 박사과정을 밟는다. 그리고 3학기 만에 박사학위를 취득하고 36세 때 컬럼비아대학교의 연구 조수(administrative assistant)가 되었다.[23] 베네딕트의 스승인 보애스는 독일 출신의 유태계 인류학자다. 보애스는 독일에서 지리학자로 경력을 쌓고 1887

년에 미국으로 이주한 후, 인류학으로 방향을 바꾸었다. 그의 이론적 입장은 문화상대주의로 알려져 있다. 보애스는 인종주의와 진화주의에 대한 비판을 자신의 과제로 삼았다. 전자와 관련해서는 인류의 단일성과 문화의 다양성을 주장했고 문화에 우열이 없음을 역설했다. 한편 후자와 관련해서는 문화의 차이를 진화 정도의 차이로 보는 관점을 비판하면서 인류를 지배하는 진화법칙을 부정했다.[24)]

보애스의 가르침을 받은 베네딕트의 연구는 1934년 《문화의 패턴(Patterns of Culture)》으로 그 최초의 결실을 맺는다. 그녀는 이 책에서 '백인' 의 문화적 단일성의 환상에 날카로운 비판을 시도하고 동시에 인간생활을 유전과 결부시키는 관점을 부정했다. 그리고 인간의 '가소성(plasticity)'을 강조한다. 여기서 그녀가 새로운 개념으로 제출한 것이 바로 '콘피겨레이션(configuration)' 이라는 개념이다. 이것은 보통 '문화통합' 내지 '통합형태' 라고 번역된다. 이 '통합' 을 구성하는 것이 바로 이 책의 표제이기도 한 '문화 패턴' 이다. "패턴이란 그 문화 속에 있는 여러 요소—물질문화나 제도나 관습 등등—의 통일된 전체적 조합을 말한다. (중략) 그 통합을 수행하고 있는 근본적 가치관을 베네딕트는 '테마(theme)', '에토스(ētos)', '라이트 모티프(Leitmotiv)' 와 같은 용어로 표현하고 있다."[25)]

《문화의 패턴》을 간행할 무렵 베네딕트는 반유태주의와의 투쟁을 목적으로 한 '진보교육협회' 의 이문화간교육위원회(The Service Bureau for Intercultural Education of Progressive Education Association)' 멤버가 되었고(1936년), 그 후 1938년에는 진보교육협회의 회원 및 이문화간교육위원회의 위원장에 취임한다.[26)] 1937년에는 스페인 공화파를 지원하는 과정에서 생겨난 '민주주의와 지적 자유를 위한 대학연합(University Federation for Democracy and Intellectual Freedom)' 의 사무국장이 되며(회장은 보애스), 나아가 오스트리아 구원위원회(Comittee for Austrian Relief)의 회계,

전미민주주의협의회(National Council for Pan-American Democracy) 실행 위원회 멤버, '민주주의와 지적 자유를 위한 미국 위원회(American Council for Democracy and Intellectual Freedom)' 등과 같은 조직에 참여한다.[27] 이 활동의 대부분은 스승 보애스와 함께 했던 것으로, 전체적으로 좌파 내지 좌파 자유주의자의 위치에 놓을 수 있을 것이다. 1938~39년경, 이들에 대해 '공산주의적' 이라는 공격 캠페인이 시작되자 베네딕트는 그간의 활동의 장에서 떠난다.[28] 그녀는 1943년 6월부터 OWI에 근무했다. 처음에는 타이, 루마니아, 독일 등의 국민성 연구에 종사했지만 이듬해 1944년 9월부터는 OWI 내의 FMAD로 이동해 일본 연구에 관여하게 된다. FMAD에는 알렉산더 레이턴 외에 클라이드 클럭혼(Clyde Kluckhohn), 에드워드 오프라(Edward Oprah), 존 엔브리(John Enbree)와 같은 고명한 인문사회학자가 참여하고 있었다.

《국화와 칼》을 저술하기 전까지 베네딕트는 천황제 처우에 관한 짤막한 보고서나 《국화와 칼》의 직접적인 원형이 된 보고서 〈일본인의 행동 패턴(Japanese Behavior Patterns)〉 등을 발표했다. 여기에서 그녀는 천황 자체에 대한 공격이 연합국에 긍정적인 효과를 가져오지 않을 것이라는 당시 대일 심리전 각 부국(部局) 공통 견해를 이어받으면서 천황을 유효하게 활용하는 점령통치를 해야 한다고 제안한다. 텍스트들의 논점에는 약간의 차이나 공통점이 있지만, 이러한 입장은 《국화와 칼》에도 그대로 계승되고 있다. 베네딕트의 일본문화론은 이 정치적 방침을 정당화하는 근거로 제시되었고, 역시 같은 논리에서 장래 대일강화(講和)에서도 '관대' 한 강화를 요청하고 있다.

베네딕트는 1944년 9월에 일본 연구에 착수하고 1945년 8월에는〈일본인의 행동 패턴〉을 탈고하는데, 그 연구기간은 1년이 채 안 된다. 전시의 임시 프로젝트라고 해도 매우 단기간에 결론까지 도출하는 일이었기 때문에 탈고에는 꽤 강력한 지적 축적이 필요했다. 연구 기간 동안 그녀의 작업이 동료들의 보고서나 심리전 기관이 작성한 다른 보고서들, 포로 심문조서 등을 충분히 활용하면서 진행되었다는 것은 분명하다. 《국화와 칼》을 읽어보면 기존 연구에 그녀가 어느 정도 의존하고 있었는지 알 수 있다.[29] 이런 맥락에서 베네딕트의 일본 연구는 단독 작업이 아니라 FMAD 공동 프로젝트의 '총괄'이라는 의미가 있는 것이다.

4. 일본 점령과 문화/국민의 재정의

'항복 후의 일본인'

베네딕트는 1945년 가을부터 〈일본인의 행동 패턴〉을 증보해 단독 저작으로 정리하는 작업에 들어가 1년 후에 그 결과물을 출판하게 되는데, 이 기간에 그녀가 어떠한 대응을 보였는가 하는 점은 문제적이다. 미국은 일본 본토 침공작전을 입안하고 있었고, 이는 1945년 가을경에 발동될 예정이었다. 이 침공작전이 실시되었다면 오키나와에서처럼 점령지에 대한 직접 군정이 선포되었을 것이다. 하지만 1945년 8월 초의 핵폭탄 사용과 소련군의 참전이라는 상황에서 일본 제국은 포츠담선언 수락을 결정한다. 8월에 일본의 항복이 이루어지면서 미국은 군정요원 부족이라는 현실에 직면하게 되었다.[30] 정부, 특히 미국 국무성은 이 시기 대일강경파로 그 주도권이 넘어가는 중이었고, 천황을 활용하느냐 마느냐에 관한 힘겨루기가 막판까지 계속되고 있었다. 일본의 포츠담선언 수락 의향을 전제로 작성된 '초기 대일방침' 제2판(SWNCC150/1) 이후, 기존의 일본제국 정부를 해체하지 않고 천황 및 일본 정부를 통해 점령 행정을 실시한다는 간접점령 정책이 확정된다.[31] 일본 항복 후에 개정된 '초기 대일방침' 제4판(

SWNCC150/3, 1945년 8월 22일)에서는 점령 행정을 천황과 일본 정부 아래서 간접적으로 수행한다는 뜻이 명료화되면서 '간접점령' 방식이 확립되었다.[32] 천황의 이름으로 이루어진 구일본군의 무장해제는 연합국에 천황제의 '활용'이 갖는 '경제성'을 확인시켰다. 천황제에는 경제성과 아울러 자체의 권위주의적 성격도 있었기 때문에 일본 점령의 최고 사령관이었던 맥아더는 일련의 연합국 정책으로부터 쇼와 천황 히로히토를 보호하는 역할을 수행했다. 전범재판에서의 소추 저지, 신헌법 제정에서의 상징 군주화라는 두 가지 '개입'으로 쇼와 천황은 그 지위를 보장받게 된다.

《국화와 칼》에는 이러한 일련의 정책에 대한 찬미와 함께 특히 천황의 상징화야말로 '일본문화의 패턴'에 잘 맞는 적절한 정책이라는 언급이 나타난다. 이렇게 '항복 후의 일본인'에 대해 논하면서 베네딕트는 '전후' 정치적 방침을 자신의 '일본문화론'으로 정당화하고 있는 것이다. 이 같은 선택을 그녀의 문화인류학적 입장인 문화상대주의와 연관지어 설명하는 것은 비교적 용이하다. 그녀는 점령자의 입장에서 '현지인'의 문화를 존중해야 한다고 주장했다. 그러나 여기에는 문화상대주의의 아포리아가 그대로 나타나 있다. 각각의 '문화'를 체계성을 지닌 것으로, 상호 독립된 '상대적' 실재로 파악함으로써 그 '문화'의 내부는 불가침적인 것으로 보호를 받게 된다. 이는 단일민족 국가라는 전후 일본의 자기표상에 합치하는 '국민/문화'상이었다. 《국화와 칼》에는 '대일본 제국'을 구성했던 식민지도, 일본사회에 존재하는 민족적 소수자도 전혀 등장하지 않는다. 1930~40년대 미국사회에서 리버럴 좌파의 입장을 선택해 자주 보수파로부터 '빨갱이'로 불렸던 그녀가 이러한 형태로 단일민족 국가관을 보강해 천황제를 옹호한 것은 아이러니한 결과라 할 수 있다. 그리고 천황제 국가라는 것이 1860년대 이후에 구축된 이데올로기와 국가체제를 그 본질로 하고 있다는 점에 대해서도, 그녀는 노먼 허버트(Norman E. Herbert)의 역사연구에 의존하면서 충분히 대상화하지 못하고 있다(그게 아니라면 고의로 모르는 척하고 있다).[33] 천황제(상징천황제)가 오히려 몇백 년에 이르는 정치사 · 문화사를 관통하는 '불변의 패턴' 으로 제시되고 있는 것이다.

전시(전쟁 말기) 베네딕트 천황론의 주된 핵심은 천황에 대한 공격을 피하고 군, 경찰, 재벌, 사회상황을 비판 · 공격해야 마땅하며 천황(또는 천황에 대한 국민의 충성)은 군사 목적과 평화 목적에 모두 이용 가능하다는 것이었다. 이는 OWI의 대(對)천황 프로파간다 방침과 천황제 유지를 주장하는 온건 개혁파의 견해를 답습한 것이었다. 1946년 가을에 나온《국화와 칼》의 경우, 천황에 대한 병사들의 충성을 보여주는 구체적인 자료들이 많이 들어가 있다. 그리고 그녀의 입장도 천황의 음성 하나로 전투가 일제히 정지되고 무장해제가 진행된 사실을 강조하면서 이 '충(忠)' 의 장치에 대한 탐구를 진행하는 방식으로 바뀐다. 천황제가 지니는 기능으로서 유효성과 이를 지탱하는 '불변의 패턴' 으로서 계층제 원리의 일관성이 강조되면서, 상징천황제는 '불변의 패턴' 으로 더욱 분명히 제시된다. 실증을 마친 유효성이라고 할 수 있을까.《국화와 칼》에 나타나는 강경할 정도의 문화상대주의는 시종일관 천황제를 일본문화의 '불변의 패턴' 으로 존중하고 있다.

그 한편에서, 문화상대주의적 동기에 의해 정당화되고 승인된 심리전의 성과를 손익분석과 반공 보수적 전후 전략 양측 면에서(그리고 권위주의적 선호도 포함되어 있으리라) 활용한 쪽은 조지프 클라크 그루(Joseph Clark Grew)를 비롯한 미국 국무성 일본파를 중심으로 한 인사들이었다.[34] 보너 펠러스나 맥아더의 천황(제)에 대한 태도도 기본적으로 이 그룹의 동기와 동일한 것으로 여겨진다. 상징천황제를 정책 차원으로 높여 제도화하는 데 이들의 힘이 강하게 작용했다. 조기 종전과 효율적인 점령을 위해 천황제는 활용되고 보존되었다. 이 과정에서 진보주의적인 문화상대주의자 그리고 다른 상황에서라면 이들과 정치적으로 대립할 가능성이 큰 반공 보수파 사이에 기묘한 '합작'이 성립한다. 물론 그루가 어디까지나 미국의 국익이라는 입장에서 고려한 데 비해 베네딕트는 문화상대주의라는 관점에서 천황제의 처우를 정당화하고 있다는 차이가 있다.

하지만 이 천황제를 둘러싼 평가와 관련해서는, 베네딕트는 자신의 이론적 입장을 벗어나서 명백히 그루 등의 정치적 입장을 지지하고 있는 것 같이 보인다. 베네딕트는 "두세 명의 미국인"의 천황제 비판론 즉 "천황은 일본의 현대적 국가 신토(神道)의 심장이다. 만약 우리들이 천황의 신성성의 근저를 파헤쳐 이에 도전한다면 적국 일본의 기구 전체가 대들보를 떼어놓은 집처럼 와해될 것이다"라는 내용의 비판론에 대해 "일본을 잘 알고 있고 전선으로부터 또 일본측으로부터 나온 보도를 접하고 있는 많은 총명한 미국인들"은 이와는 반대되는 견해를 보인다고 하면서 다음과 같이 서술한다. "일본에서 생활해 본 경험이 있는 사람들은 천황에 대한 모욕적인 언사나 적나라한 공격만큼 일본인의 증오를 자극하거나 전의를 부추기는 일이 없다는 것을 잘 알고 있었다."[35] 베네딕트는 명백히 이러한 입장을 견지하고 있었다. 수적 비유에 따른 비교만이 아니라 "총명하다(capable)"는 형용사까지 사용해 이 입장을 정당화하고 있는 것이다. 형식적으로는 그녀의 문화상대주의가 천황제의 보존을 정당화하게 되는데, 정치적 보수주의와 문화상대주의 간의 기묘한 합작이라는 것이 무엇이었는가를 다시 생각해 볼 필요가 있다. 베네딕트는 "천황제의 보존은 대단히 중대한 의의가 있었다"[36]고 언급한다. 천황제는 이 문화상대주의적 진보주의자들에게 큰 '빚'을 지고 있다고 해도 좋을 것이다.[37]

검열과 소거: 《국화와 칼》의 적중성을 담보한 작위

지금까지의 일본문화론은 베네딕트의 텍스트가 지니는 문제성이나 역사성에 대한 자각이 없었다. 그 이유는 텍스트에 기록된 것과 소거된 것 사이에 깔려 있는 속임수를 독자들이 알아차리지 못했다는 데 있다. 그 가운데서도 가장 중요한 맥락이 간접점령을 둘러싼 문제다. 앞서 살펴보았듯이, 미국이 대일점령에 채택한 간접점령은 역사적인 타이밍이나 비용 문제, 나아가 공산주의 대 자본주의라는 이데올로기 대립 문제에 의해 결정된 정치적인 선택이지 일본문화론에 의해 도출된 것이 아니다. 그러나 베네딕트의 일본문화론은 실제 일어났던 사태에 사후적인 재해석을 부여하고 마치 '자연'스러운 선택인 것처럼 천황제를 정당화하고 있다. 천황제 존치, '상징천황제'로의 재정의. 이것이 안정적인 형태를 얻었기에 그녀는 '불변의 패턴'이라는 말을 쓸 수 있었다. 만약 이 당시 천황의 전범 소추, 퇴위 혹은 직접군정에 의한 천황제 폐지와 같은 사태가 벌어졌더라면, 그녀는 《국화와 칼》을 지금과는 좀 다른 형태로 쓰게 되었을 것이다. 하지만 이러한 정치적 과정과 존재 가능했던 선택지는 서술에서 소거되고, '문화인류학'적으로 뒷받침되고 있는 '불변의 패턴'이 초역사적으로 언급된 것이다.[38)]

한 가지 더 주의해야 할 문맥은, 이 일본문화론이 원래 미국의 독자들을 대상으로 제공된 것이었다는 점이다. 마거릿 미드(Margaret Mead)는 베네딕트의 이 책에 원폭문제가 소거되어 있다고 했다.[39)] 즉, 일본의 패전이나 새 헌법 제정과 같은 역사적인 사실을 기록하고 맥아더의 점령정책을 찬미하면서,[40)] 한편으로는 일본이 패전에 이르는 과정에서 이루어진 원폭 투하에 대해서는 베네딕트가 언급하지 않는다는 것이다. 인류사 초유의 핵폭탄 실전 사용이었던 히로시마 · 나가사키 원폭 투하와 관련해 실제로 미국에서도 투하 직후부터 찬반을 둘러싼 논의들이 분출하고 있었다.[41)] 미전략폭격조사단(United States Strategic Bombing Survey)의 일원으로 1945년 늦가을부터 겨울에 걸쳐 일본을 방문하고 히로시마의 참상을 실제로 보았던 전 FMAD의 책임자 알렉산더 레이턴은 자신의 저서에서 원폭 투하는 불필요했다는 결론을 내렸고,[42] 전략폭격조사단 보고에도 동일한 결론이 내려져 있다.[43]

이러한 논의에는 다음과 같은 배경이 있다. 당시 전략 폭격에 종사했던 군인들 사이에서도 통상 폭격—도시에 대한 무차별 폭격을 '통상 폭격'이라고 하는 것도 문제가 있지만—으로 이미 일본의 패배는 결정되어 있다는 결론이 당연시되고 있었다. 그리고 레이턴을 비롯한 심리전 스태프들도 전쟁 말기에 이미 일본의 전의는 결정적으로 저하되었으며 일본의 패전이 멀지 않았다는 분석을 내놓고 있었던 것이다. 더불어 심리전 스태프 중에는 베네딕트나 레이턴과 같은 자유주의자 내지 좌파 자유주의자가 많이 참여하고 있었고, 이들의 참여 동기에는 잔혹한 대량살상무기에 의한 승리라는 전쟁관이 군사주의(militarism)로 이어진다는 판단이 있었던 것으로 보인다. 레이턴은 제2차 세계대전 후의 세계가 군사적 확대에 의한 긴장 고조로 나아가서는 안 된다고 보았다. 그는 전시에 연구한 인간관계론(이에 대한 연구는 전시에 진행되었다)을 평화 목적으로 활용해 긴장 완화와 인간적인 사회발전이라는 방향으로 나아가야 한다고 제안했다. 즉, 원자력이 아닌 인간관계론의 평화적 이용인 것이다.

베네딕트의 저서에서 원폭문제가 소거되어 있는 현상을 이러한 문맥에서 파악하는 일은 일정한 유효성을 가질 것이다. 이와 더불어 하나 더 생각해야 할 점은 전후 미국에서 베네딕트가 해군으로부터 연구비를 받아 각국의 국민성을 연구하는 큰 프로젝트를 추진했다는 사실이다.[44] 이로부터 우리가 시사 받을 수 있는 것은 그녀가 핵개발을 위한 자금 투입보다도 인문사회과학 분야에서 이루어지는 연구의 유효성을 강하게 주장했다는 점이다. 그렇다면 우리는 그녀가 자신의 견해와 맥아더의 점령을 직결시키면서, 문화론 연구야말로 유효한 프로그램이라는 것을 증명하기 위해 그 자료로서 《국화와 칼》을 제시한 것이라고 생각할 수 있지 않을까.

더불어 이 책이 일본 국내에서 읽히고 소비되어 온 맥락에 관한 것으로서 점령군에 의한 검열문제를 고려에 넣어야 한다. 《국화와 칼》은 1948년 12월에 GHQ 제1회 번역 입찰서의 한 권으로 간행되었다. 점령정책의 일환으로 해외도서 번역을 통제하거나, 반공 · 반소련 문화정책으로서 소련도서 번역을 억제하고 미국의 전후 세계 질서에 적합한 서적을 선택해 번역시키는 시스템은 1948년 5월부터 시작되었다. 이 통제체제는 서서히 약화되면서 미국의 일본 점령 말기까지 계속된다.[45] 나카이 사부로(中井三郎), 미야타 노보루(宮田昇)는 미국이 번역서 통제를 통해 번역에서의 '냉전'을 치루고 있었던 것이라고 논한 바 있다.[46] GHQ는 민간정보교육국(CIE: The Education Division of the Civil Information and Education)이 선정한 번역허가서를 경쟁 입찰함으로써 번역권을 부여하는 시스템을 도입하는 한편 무단번역을 엄격하게 단속했다.[47]

《국화와 칼》은 GHQ가 보증한 양서로서, 국무성의 천황제 옹호 · 유지파의 우두머리였던 전 주일대사 그루(1932~41년 근무)의 《일본 체류 10년(Ten Years in Japan)》(마이니치신문사에서 상하 분권으로 1948년 10월, 12월에 간행)과 함께 제1회 번역서의 '주목 상품'으로 경쟁 입찰에 붙여졌다. 그리고 파격적인 번역권료가 화제를 불러일으키면서 베스트셀러가 되었다. 이들이 CIE 선정 제1회 번역서 목록에 올라 있다는 사실 자체가 이 두 책에 대한 GHQ의 평가를 보여준다고 할 수 있다. 남서태평양 전선에서 맥아더 밑에서 심리작전을 수행하고 있던 PWB는 일본의 항복에 따라 1945년 8월 27일 IDS(정보반포부: Information Dissemination Section)로 개편되었고 일본 점령 시작과 더불어 9월 22일에는 아메리카태평양군총사령부 민간정보교육국(CIE)이 되었다. GHQ/SCAP가 1945년 도쿄에 설치된 후에는 GHQ의 한 부국으로 존재하게 된다.48) "보너 펠러스는 이후 맥아더의 군사비서직에 전념하게 되었는데 심리작전에 종사했던 사람들 중 많은 이들이 CIE로 흘러 들어갔다. 워덜 그리니(Woodall Greene), 타로 쓰카하라(Taro Tsukahara), 켄 다이크(Ken. R. Dyke, CIE 국장), 해럴드 헨더슨(Harold Henderson, CIE 교육과장, 나중에 고문이 됨) 등이 그러하다."49)

아리야마 데루오(有山輝雄)는 전후 CIE의 임무가 무엇보다도 일본인의 '정신적 무장해제'에 있었다고 언급했다.50) 일본이 경험한 제2차 세계대전을 태평양전쟁이라 부르고 아메리카의 물질적 힘에 일본이 패배했다는 '태평양전쟁사관'을 보급하는 데 힘썼던 GHQ가 제공한 '태평양 전쟁사' 연재물은 각 신문에 게재되었는데, 이 기획은 군국주의의 잘못을 비판하고 일본의 비군사화, 민주화에 이바지할 것을 목적으로 한 것이었다.51) 아리야마 데루오는 이 기획의 준비에 임해 "아마도 본국 OWI의 대(對)일본인 선전 연구의 성과가 활용되었을 것"이라고 언급했다. 이 외에도 신토 지령이나 천황의 인간선언을 준비한 곳이 CIE였다. CIE는 "상징천황제 탄생에 관련된 개혁을 입안한" 조직이며, "이는 바로 점령기의 새로운 대일 심리작전이었다고 할 수 있다"고 히가시노 마코토(東野眞)는 지적한다.52)

CIE의 경쟁입찰이 행해진 것은 1948년 5월이었다. 《국화와 칼》의 번역자는 당시 요코하마전문학교 교수(나중에 도호쿠대학 교수가 됨)였던 하세가와 마쓰지(長谷川松治)였다. 《국화와 칼》이 GHQ에 의해 적극적으로 출판을 추천받고 있었던 반면, 검열체제로 인해 세상에 나오지 못한 저작들도 다수 있었다. 나카이 사부로에 따르면, 다음과 같은 것들이 이 출판되지 못했다.

1. 점령정책을 비판했기 때문에 금지 또는 저지당한 도서: 앤드루 로스

(Andrew Roth)의 《일본의 딜레마(Dilemma in Japan, 1945)》(시사통신), 마크 게인(Mark Gayn)의《일본 일기(Japan Diary, 1948)》(치쿠마쇼보(筑摩書房), 1951), 프랭크 릴(A. Frank Reel)의 《야마시타(山下) 재판(The case of General Yamashita, 1949)》(호세이(法政)대학출판국), 휴 딘(Hugh Deane)의 《논문집》, 윌리엄 맥마흔 볼(William Macmahon Ball)의 《일본, 적인가 아군인가(JAPAN: ENEMY OR ALLY, 1948)》(치쿠마쇼보, 1953) 등.

2. 미국을 폭로한 도서: 어스킨 콜드웰(Erskine Caldwell)의 《타바코 로드(Tobacco Road, 1932)》(이와나미쇼텐(岩波書店). 1952), 《신의 작은 땅(God' s Little Acre, 1933)》(미카사쇼보(三笠書房), 1952), 《순회목사(Journeyman, 1935)》(게쓰요쇼보(月曜書房), 1950). 리처드 라이트(Richard Light), 하워드 호스트(Howard Horst)의 저작들.[53)]

그리고 맥아더의 점령정책을 비판하고 있던 헬렌 미어즈(Helen Mears)의 《아메리카의 거울: 일본(Mirror for Americans: Japan)》의 경우 1949년 6월에 번역허가 신청을 제출했지만 8월 6일에 맥아더로부터 불허통지를 받았다. 그래서 이 책은 점령하에서는 출판되지 못하고 강화 후인 1953년에 가까스로 문예춘추사에서 출간되었다.[54)]

이렇게 해서 만들어진 '검열' 공간에는 '일본의 민주화' 라는 자유주의적 교육 프로그램과 군사력을 배경으로 한 언론 통제라는 두 얼굴을 한 CIE의 이중성격이 반영되어 있다. 이 이중성은 오늘날 일본의 국가주의자들이 직면하고 있는 딜레마와도 연관되어 있다. 2006년에 일본 국회는 제2차 세계대전 후의 평화주의나 인권과 같은 헌법의 기본적 가치와 깊이 결부된 교육이념을 내건 교육기본법을 개정하고 '애국심' 교육이념을 삽입함으로 전후(戰後)적 가치의 파괴를 도모했다. 그러나 동시에 야스쿠니 문제에 관해서는 미국의 동의라는 벽을 넘지 못한 채 우파 세력은 답보상태에 빠졌다. 쇼와 천황 및 천황제 연명이 평화주의 수용과 교환되었다는 이중성 그리고 일본 민주화 프로젝트와 천황제를 비판하는 언론을 통제한 검열 시스템 사이의 이중성[55]은 그 역사적 경위와 더불어 신중한 해명을 요하는 문제다.

전후 일본문화론의 성립

베네딕트의 의도는 당연히 당시 일본 국내에 있던 지식인들이 파악할 수 있는 것이 아니었다. 《국화와 칼》 일어판은 1948년 말에 출판되었고 순식간에 베스트셀러가 되었다. 이 책은 이 시기 일본사회에서 어떻게 읽혔는가? 베네딕트는 이 책의 말미에서 천황제의 유지 보존에 대해 다음과 같은 평가를 내리고 있다.

> "천황제의 보존은 대단히 중대한 의의가 있었다. 이것은 교묘하게 처리되었다. 처음에 천황 쪽에서 맥아더 원수를 방문한 것이지 맥아더 원수가 천황을 방문한 것이 아니다. 그리고 일본인에게 이것은 서구인으로서는 이해하기 어려운 큰 효과를 거둔 실물 교육이었다. 천황에게 신성을 부정하라는 권고가 전달되었을 때, 천황은 애초부터 갖고 있지 않던 것을 버리라는 권고는 곤란하다며 이의를 제기했다고 전해지고 있다. 천황은, 일본인들이 천황을 서구인들이 생각하는 의미의 신으로 생각하지는 않는다고 했다. 확실히 그랬다. 그러나 맥아더 사령부는 천황에게, 서구인은 천황이 지금도 여전히 신성을 주장하고 있다고 생각하고 있다, 그리고 이것이 일본의 국제적 평판을 나쁘게 만들고 있다고 설명했다. 그래서 천황은 곤혹스러움을 참고 신성 부정 성명을 승낙했다."[56]

이처럼 천황제 유지가 점령정책상 유효했다는 결론을《국화와 칼》말미에서 내리고 있는 데 대해, 상징천황제야말로 일본 국민의 전통에 알맞은 본래적인 존재양식이라고, 베네딕트와 대단히 가까운 주장을 하고 있던 — 이 주장 때문에 전시에는 언론탄압까지 받았다— 쓰다 소키치(津田左右吉)나 와쓰지 데쓰로(和辻哲郎)는 이 텍스트에 학술적 가치가 없다는 비평을 했다.[57] 1946~47년 당시, 그들은 천황을 상징화함으로써 연명시키고 이를 내셔널리즘의 핵심에 둘 것을 제안했는데, 이 일본문화론은 미국에 의해 초안이 마련된 일본국 헌법을 일본국민의 '자연스러운' 선택, '자주적인' 선택으로 받아들이는 데 중요한 역할을 했다. 즉 보수파를 설득하는 논리를 제시한 것이다. 그리고 당시 상황으로 보건데, 천황제를 유지하고 싶다고 그들이 생각했다면 그 외에 다른 방법은 없었다. 전시에는 '이단' 이었던 이들이 전후에 '정통' 의 지위로 상승한 것은 그들이 전후 헌법으로의 '전향' 회로를 제공했기 때문이다.[58]

그러나 베네딕트의 텍스트는 상징천황제를 일본문화론 연구의 성과로서 점령군으로부터 부여받은 제도로 이해하도록 하는 가능성을 내포하고 있다. 가장 노골적인 초안을 GHQ에서 작성했다고 폭로한 마크 게인의《일본 일기》가 일본에서 출판된 것은 점령이 해제된 후(1951년)의 일이다.[59] 추측건대, 쓰다 소키치와 와쓰지 데쓰로는 '미국제' 상징천황제가 좌우 양쪽으로부터 공격을 당하는 데 대한 예방책으로《국화와 칼》을 부정한 것이 아닐까? 그들은《국화와 칼》이 지니는 특정한 역사적 문맥과 정치적 성질에 관해 위에서 살펴본 의미를 알아차리고 있었던 것이 아닐까? 그들에게 헌법 제1조는 '강제된 것' 이면 안 되었다. 이를 베네딕트는 너무 쉽게 폭로하고 있다. 베네딕트의 폭로는 그들이 바라지 않는 '개헌' (천황제 폐지든 전전형태의 부활이든)으로의 길을 열어줄 위험한 것으로 이해되었던 것이 아닌가 싶다. 또 만약에 베네딕트가 미국이 만들었다는 식으로 말하는 것이 괘씸하다고 한다면, 상징 천황제에 이야기를 보탠 그들의 전략 또한 폭로되고 만다. 그래서 그들은 《국화와 칼》에 대해 본질적인 언급은 하지 않은 채 '읽을 가치가 없다'고 폄하하는 데서 유일한 해답을 찾은 것이라고 생각할 수 있지 않을까?

이 문맥을 알아차리지 못했던 사람들은 《국화와 칼》을 '뛰어난 일본문화론'으로 받아들이고 있다. 예컨대 《국화와 칼》을 출판한 사회사상연구회는 이 책을 '국민성의 개조'를 위한 '반성'의 단서로서 그 위치를 부여했다(사회사상연구회. 1948). 또 법사회학자 가와시마 다케요시(川島武宜)나 촌락사회학자 아루가 기자에몬(有賀喜左衛門), 인류학자 이시다 에이이치로(石田英一郎), 지리학자 이즈카 고지(飯塚浩二) 등이 호의적인 서평을 보내면서 《국화와 칼》을 뛰어난 일본문화 연구서라고 평가하고 있다.[60] 전쟁이나 점령, 나아가 거기에서 소거되어 있는 것들에 눈을 돌리지 않은 채 참조, 인용하면서 일본문화론이라는 장르를 전개해 나갔던 것이다. 그리고 똑같은 지적을 일본 외부의 연구자에게도 할 수 있다. 유명한 '죄의 문화', '수치의 문화'라는 이분법은 제2차 세계대전 후의 미국이나 영국의 사회학에도 수용되었다고 가토 히데토시(加藤秀俊)는 지적한다. "나아가 이 이분법은 데이비드 리스먼(David Riesman)에 의해 보다 큰 규모의 사회적 성격을 지닌 진화론 속에 편입되었고 또 그 후 로널드 필립 도어(Ronald Philip Dore)의 《도시의 일본인(City Life in Japan)》이 이를 다시 일본사회에 재적용했다. 전후 외국의 사회학·인류학의 일본 연구의 기초는 분명히 베네딕트에 의해 만들어진 것이다."[61]

일미 간에 일본문화론, 일본인론 주고받기가 반복되는 제2차 세계대전 후의 담론 상황은 이와 같은 문화정치를 통해 만들어진 역사적인 정치문화였다고 결론 내릴 수 있을 것이다. 그리고 이 일본문화론은 냉전으로 향하는 동아시아의 정치군사 체제를 구축 · 유지하는 데 하나의 요소가 되었다. 그리고 이것은 일미합작으로 전후 일본의 정치국가 체제를 만들어내는 정치과정이나 이에 대한 이해를 문화라는 가상을 통해 가려버리는 효과가 있었다. 일본문화론이 점령이라는 경험을 거치면서 교묘하게 수용되는 역사적 과정은 순식간에 망각되었다. 그리고 당연하게도, 상징천황제를 매개로 성립된 일미 유착구조를 은폐했다. 이렇게 해서 성립된 일미 '파트너십'은 냉전기 양국 관계의 표상으로 강한 규정력을 지녔을 뿐만 아니라 지금도 여전히 —그 기원을 한층 더 망각함으로써— 강력한 정치자원으로 존재하고 있다.

이종님은 중앙대학교에서 〈텔레비전 프로그램의 특성이 질 평가와 시청선택에 미치는 영향에 관한 연구〉(2006)로 언론학 박사학위를 받았다. 현재 문화연대 미디어센터에서 운영위원으로 활동하고 있으며, 미디어를 통한 사회화과정과 함께 나타나는 문화현상에 관심을 가지고 있다. 이러한 관심을 반영한 연구로는 《글로벌시대 미디어 문화의 다양성》(공저, 2006), 《전지구화시대 방송의 문화다양성과 문화다양성지수》(공저, 2006), 〈한국 내 아시아 문화연구의 현황과 의미〉(2006)등이 있다. 영상물등급위원회 영화심의위원(2004~2006) 및 SBS 시청자위원으로 활동하면서, 영상미디어 콘텐츠에 대한 심의활동을 계속해 오고 있다.
happydayljn@naver.com

7

전후 대중매체를 통한 문화전파에 관한 연구

– 뉴스영화를 통한 미공보원의 대중매체 활동을 중심으로

이종님

1. 서론

레이먼드 윌리엄스(Raymond Williams)는 매스미디어, 특히 텔레비전에 높은 관심을 보였는데 무엇보다도 자신이 속한 전후 사회에서 문화와 커뮤니케이션이 갖는 위상이 무엇인지에 관심이 많았다. 그는 커뮤니케이션 매체가 사회구조와 사회변화에 어떠한 영향을 미치는지를 제도적 실제로서의 매체가 발전하는 과정, 문화엘리트 지식계층에 의한 커뮤니케이션 매체의 평가절하, 커뮤니케이션 매체의 수사적 형식과 텍스트적 양식, 그리고 미디어가 일상생활에 미치는 영향 등을 통해 설명하고자 했다. 특히 궁극적으로 윌리엄스가 관심을 가졌던 것은 커뮤니케이션 매체가 보다 나은 세계를 창출하는 데 기여할 수 있는 가능성이었다.

《커뮤니케이션》(1966)에서 윌리엄스는 커뮤니케이션을 일종의 부수현상으로 파악하는 시각에서 보다 '실질적인' 분야인 경제적 · 정치적 영역에 부속된 현상, 즉 프로파간다(propaganda)적 모델이라 설명했다. 이는 현

대사회에서 커뮤니케이션 매체가 정치가들과 산업가들의 이데올로기적 수단으로서의 역할을 수행함과 동시에 궁극적으로는 사회지배의 목적으로 활용되는 '종속적' 보조기구로 파악했기 때문이다.[1)]

커뮤니케이션 매체가 사회지배의 목적으로 활용되었던 사례는 한국도 예외가 아닌데, 해방 이후 매체를 통한 정보의 자유로운 의사표현과 대중들과의 교감을 이루는 기간은 매우 짧았기 때문이다. 미공보원의 주도하에 교육이나 대중매체를 통한 문화전파가 이루어졌고, 이후 정권에서는 통제하에 정보생산이 이루어졌기 때문이다. 미 · 소분할 점령 이후 사회적, 문화적 측면의 영향력을 확대해 왔던 미국은 한국전쟁을 계기로 남한 국가의 존립과 재건 자체를 사실상 좌우하면서 문화적 영역에서 영향력을 한층 높일 수 있었다. 남한에서 미국식 자유민주주의 제도와 가치를 소개하며, 문화를 매개로 영향력을 확대하는 임무를 담당했던 조직이 '주한 미공보원(United States Information Services, Korea/USIS Korea, 이하 USIS)' 이다. 한국전쟁 이후 미국은 방송시설과 같은 사회적 소통을 위한 물적 시설 복구를 원조하는 한편, 대중과 직접 소통을 위한 통로를 확대했다. 전후 남한 국가 재건을 지원하며 전개되었던 USIS의 문화 관련 활동은 미국 이해의 관철을 전제로 한 것이었다.

한국 방송의 역사를 살펴볼 때 방송의 초기 구조를 형성했던 미군정 시대의 매체전략을 파악하는 것이 현재까지의 방송을 평가하고 되짚어 볼 수 있는 중요한 구성요소임에도 불구하고 실상 국내에서 실행되었던 미점령군의 선전활동을 연구하는 데 필요한 자료들을 구하기는 매우 어렵다. 가스 조웨트(Garth S. Jowett)와 빅토리아 오도넬(Victoria O' Donnell)[2)]이 언급한 대로 제2차 세계대전 중 미국에서, '선전' 은 전체주의 체제의 추축국(樞軸國)들만 수행하며, 미국을 비롯한 민주주의 체제의 연합국들은 추축국들의 선전에 수동적으로 대응할 뿐 선전활동을 능동적으로 펼치지는 않았기 때문이다. 그리하여 '선전'이라는 용어에는 부정적인 함의가 부여되었고, 종전 이후 미국의 관리들이 대외 선전활동의 중요성을 강하게 인식하고 있었지만, 트루먼 독트린이 선포된 1947년 초까지 한동안 미국 정부는 선전활동을 공개적으로 수행하기가 매우 어려웠다. 또한 냉전의 상황에서 활발히 전개된 미국 정부의 대외 선전활동은 상당 부분 비밀공작 방식으로 이루어졌고 이와 관련된 자료들도 비밀로 분류되어 일반인들의 접근이 불가능했으며, 일정 기간이 지나 비밀 분류가 해제되면 위생처리(sanitization) 과정을 거친 후에 워싱턴의 국립문서보관소 등 특정 장소에 비치해 일반인들이 자료를 이용할 수 있도록 했다. 하지만 비밀이 해제된 문서들 가운데서도 위생처리 과정에서 관계자의 판단에 따라 부분적으로 또는 전부 공개되지 않는 경우도 있었다.

미국은 종전 후 미국 패권하의 새로운 세계체제를 구축하려고 했고, 여러 점령지에서도 그에 부합하는 새로운 정치경제 질서를 확립하고자 노력했다.[3] 이를 위해 미점령군은 남한에서 경찰과 군대로 대표되는 억압적인 국가장치를 신속히 복구 · 동원했다. 이러한 강제력의 동원은 미점령군이 남한에서 새로운 사회질서를 구축하기 이전에 먼저 진보적 민족주의 세력의 주도로 진행되고 있었던 일들을 중지시켜야만 했기 때문이다. 미점령당국은 남한에서 미국의 장기적인 영향력을 확보하거나 미국에 유리한 새로운 지배이데올로기를 구축하기 위해 남한 시민사회의 여러 기구들 또는 이데올로기 장치들의 재구성에 많은 노력을 기울였다.[4]

일찍이 해방 이후 남한에서 나타난 언론매체의 소유 및 경영 방식에서도 살펴볼 수 있다. 그 당시 언론매체의 소유, 경영방식들은 크게 세 가지로 나뉘었는데, 소유나 경영 방식은 대체로 정치 노선의 차이를 수반했다.

첫 번째 부류는 공산주의 계열의 매체였다. 조선공산당 박헌영 일파의 기관지라 할 수 있는 《해방일보》(1945년 9월 창간)를 비롯해 《독립신보》

(1946년 5월 창간), 《노력인민》(1947년 6월 창간), 《전선》(1933년 1월 창간) 등이 이에 해당되었다. 이 매체는 공산당에 의해 소유 운영되었고, 편집은 당의 지침을 선전하는 내용이었으며, 상품광고는 일절 게재하지 않았다.

두 번째 부류는 보수 우익 매체다. 1940년에 폐간되었다가 해방 이후 복간된 《조선일보》(1945년 11월 복간)와 《동아일보》(1945년 12월 복간)가 이를 대표한다. 이들 신문은 자본가나 보수 명망가에 의해 발행되었으며 광고료를 주된 수입원으로 했으며, 신문의 객관성의 원칙을 내세우며 보도 위주의 편집 방침을 견지했다.

세 번째 부류는 진보적 민주주의를 표방한 진보주의 매체다. 김정도의 《조선인민보》(1945년 9월 창간), 정인익의 《자유신문》(1945년 10월 창간), 김형수의 《중앙신문》(1945년 11월 창간) 등이 대표적이다. 이들 신문은 대체로 진보적인 지식인이 소유 운영했으며, 정치적으로 통일전선 운동을 적극 지원했다.[5]

이 세 부류의 매체들은 정론지로서 성격을 분명히 했다. 사실상 모든 신문이 구독료 없이 무료로 신문을 뿌리면서 정파적 선전매체로서 기능을 충실히 수행했으며,[6] 때로는 이 신문매체들 간에 대립이 격화되어 심한 갈등을 드러내기도 했다.[7] 그 전개과정을 주도해 결과적으로 한국 언론에 분단체제의 기틀을 마련한 것은 미군정이었다.

따라서 1948년 이후 남한의 근대국가 정립은 미군정의 주도하에 냉전체제의 한 축이었던 자유진영에 편입되는 과정이었다. 남한이 냉전체제의 한 축이었던 자유진영에 편입된다는 것은 군사적으로 자유진영의 최전선 보루로서 임무를 부여받는 한편, 미국식 자유민주주의 제도와 가치를 흡수하는 과정을 의미한다. 식민지배에서 벗어난 국가가 외부에서 사회제도와 가치를 유입하는 방식은 국제질서에 편입되는 과정의 이해뿐만 아니라 내적으로 근대 민족국가의 정립의 의미를 이해하는 데 중요한 역할을 한다.

근대 민족국가는 국가 간의 갈등관계 속에서 정치적 · 경제적 측면뿐만 아니라 문화적 · 정신적 영역에서도 부단히 상호 규정하며 자신의 모습을 갖추어왔다. 정치권력은 국민들을 통합하기 위한 수단으로 억압적 기구들뿐만 아니라 기억 · 관습 · 가치를 전달하는 사회적 의사소통 기구까지 활용한다.[8] 따라서 정치권력은 문화교류 방식과 정도에 따라 상대국과 정치적 긴장을 일으키기도 하며, 때로는 민족화(民族化)[9]의 내용에 대한 변화와 갈등을 야기한다. 가장 중요한 수단으로 선택되어 온 것이 바로 대중매체이며, 남한의 경우 방송은 오랫동안 국가권력의 통제와 이용의 대상이 되어왔다. 아직 대중매체가 대중화되기 이전의 시기였던 미군정 시절 뉴스영화인 〈대한뉴스〉는 중요한 정치적 활용수단이었다.

따라서 본문에서는 텔레비전이 대중화되기 이전 극장에서 상영되었던 뉴스영화 〈대한뉴스〉가 국민통합의 수단으로 어떻게 활용되었는지 살펴보고자 한다. 문화전파는 한 사회의 다양한 제도와 가치로 구성된 생활양식이 다른 사회에 소개, 접목, 융합되는 과정인데, 여기에서 가장 효과적인 영향력을 미친 것은 대중매체다. 뉴스영화는 전후 혼란스러웠던 사회정치적 환경 속에서 USIS 주도하에 선전으로 활용되었던 가장 대표적인 문화전파 수단이었기 때문이다. 또한 같은 시기 일본의 경우 한국과 유사하게 미군이 일본의 정치 · 사회에 미친 영향력이 컸음에도 불구하고 미디어를 통한 국가권력의 통제와 활용방식에서는 서로 약간의 차이를 보이고 있었다. 동아시아 지역에서의 미디어를 통한 문화전파 효과를 파악하기 위해 미약하지만 일본에서의 '뉴스영화' 활용방식의 비교를 통해 대중매체의 활용방식과 그 효과를 살펴보고자 한다.

2. 미군정의 문화정책

점령 초기 미군정의 한국인(남한인) '재교육'은 일본의 이데올로기적 영향력 제거와 미군 점령의 정당화라는 두 가지 문제에 맞추어졌다. 미군정은 남한에 도착과 함께 일본 군국주의, 신사참배, 극단적 국수주의와 이에 대한 선전을 금했다. 남한에서 일본의 문화적 잔재의 청산 이외에 미군정 문화정책의 당연한 목표는 미국에 대한 우호적인 태도의 형성이었다. 이런 측면에서 초기 미군정의 한국인에 대한 인식은 비교적 낙관적이었다. 비록 당시 한국인들의 대미 인식 자체는 대부분 부정적이었으나, 미군정은 효과적인 정보 프로그램을 통해서 한국인을 충분히 교정할 수 있을 것으로 판단한 듯 보인다.

미군정의 초기 정책은 미국을 알리기 위해서 언론, 팸플릿, 포스터 등을 이용한 정보 제공이라는 비교적 소극적인 공보활동에 국한되어 있었다. 하지만 미군정이 1년 정도 지속되면서 미군정의 문화정책은 새로운 국면에 접어들게 된다. 무엇보다도 문화정책의 의미가 정보 제공이라는 소극적인 공보활동에서 '미국적 삶의 이식'이라는 적극적인 문화 공세로 새롭게 방향 설정을 하기 시작했다. 이러한 변화의 이면에는 한국인의 부정적 대미 인식이 예상 밖으로 견고하다는 미군정의 판단이 있었다.[10]

1946년 이후 남한에서 가시화하기 시작한 미군정에 대한 저항이 미국으로 하여금 보다 확실하게 한국인들을 미국적 기획안에 편입시킬 수 있는 문화적 공세의 필요성을 감행하도록 한 것이다. 이러한 인식은 1947년 5월 공보원(OCI: Office of Civil Information)의 설립을 가져왔고, OCI는 이후 미군정이 종료되는 시점까지 다양한 노력을 기울였다.

OCI는 기존의 공보국(DPI: Department of Public Information)이 담당하던 공보활동 이외에도 미국적 삶의 방식을 남한에 구체화하기 위한 자체적

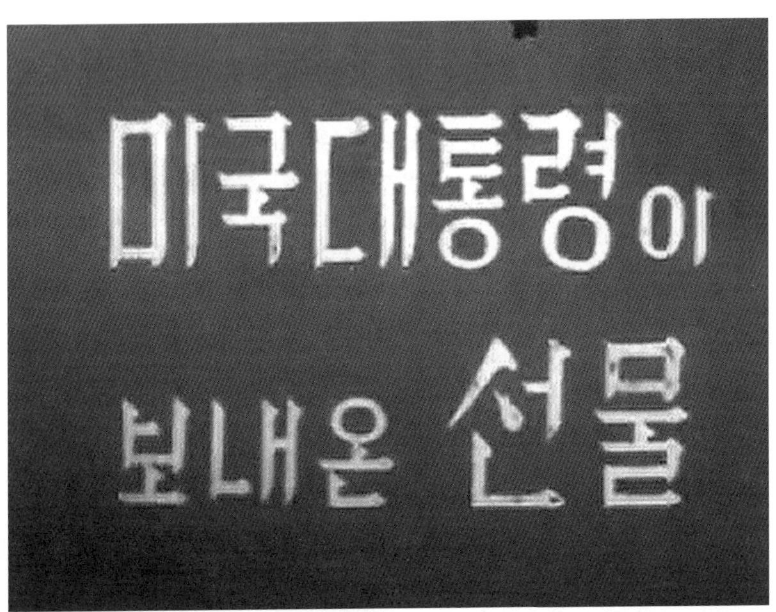

1953년 8월 17일 대한뉴스 제24호.
제목: 미국 대통령이 보내온 선물.
아이젠 하워 미국 대통령이 멸공전투의 노력을 찬양하고 경제적 어려움에 처한 한국 국민에게 구호품을 보냄. 1953년 7월 30일 많은 서울시민이 참석한 가운데 미 8군 사령관 맥스웰 D. 테일러(Maxwell D. Taylor) 장군과 김태선 서울시장이 전달식을 거행.

인 프로그램들을 진행시켰다. 이를 위해 OCI는 남한의 전국 주요 도시에 정보센터를 설립한다. 이들 센터는 미국의 문화와 삶을 남한사회에 알리는 역할을 했다. 또한 교육강좌, 문화활동의 지원, 음악회, 미국영화 감상회, 영어 웅변대회 등 다양한 활동을 주관했다. 이들 기관은 미국의 문화적 의도를 관철시키기 위한 정치적 기구였다.[11]

USIS와 언론매체의 관계

미국은 경제성장과 정치발전 둘 다를 증진시키기 위한 분명한 핵심 영역으로서 남한의 보도기관에 지속적으로 많은 관심을 가졌다. 영화와 라디오를 포함한 원거리 통신과 다양한 언론매체에 원조와 기술 지원을 쏟아부었던 것이다. USIS는 대한민국 단독정부가 수립되었을 때 미군공보처의 뒤를 이어받았고, 남한의 신문 및 그 외의 언론매체와 긴밀한 관계를 유지했다. 언론인의 교체는 인사 교체 계획의 두드러진 분야였다. 즉 USIS의 자료가 남한의 언론매체에 대량으로 제공되었고, USIS의 뉴스와 다큐멘터리 필름이 남한의 영화관에서 널리 상영되었다.

해방 직후 남한에 진주했던 미군은 해방군이면서 동시에 점령군의 성격을 지니고 있었다. 따라서 미군이 1945년 9월 8일 인천에 상륙한 이후부터 1948년 8월 15일에 남한에 정부가 수립될 때까지 실시했던 군정은 이런 이중적 성격을 지니는 군사적 통치기구였다. 즉 중앙정부의 명칭이 처음에는 군정청이었다가 1947년 6월 3일부터는 남조선과도정부로 바뀌었지만, 통치권이 계속 미군에 있었다는 점에서 미군정은 약 3년 동안 한국을 지배한 강력한 '외생국가(外生國家)' 였다고 할 수 있다.[12] 이런 미군정은 미국의 세계체제 재편 전략의 일환으로 남한에 자본주의적 질서를 형성하고, 급진적 사회주의 세력을 억압하며, 나아가 미국의 지배력을 확고히 할 수 있는 정책을 실시했다. 이에 따라 미군정은 일제하의 국가기구와 법률을 그대로 계승한 채 강력한 국가기구를 통해 한국인의 자주적 국가 수립 시도를 억압했다. 미군정이 현상 유지적이면서 강력한 억압적 통치를 했던 것은 냉전체제하의 한국에서는 미국과 소련이 남북으로 직접 대치하는 상황이 전개되었기 때문이다. 상황에서 미군정의 정책은 '자유민주주의의 제도화' 보다는 반공체제의 구축이라는 현실적 목표를 지향하는 것으로 나타났다.[13)]

미군정에 의한 남한에서 좌파의 배제는 먼저 인민공화국과 인민위원회를 사실상 종식시키고, 다음에 군정의 이해에 반하는 정치조직을 제거한 후, 마지막으로 선전 조직(언론)을 와해시키는 과정을 거쳤다. 1946년 5월 이후 전개된 공산주의 언론이나 진보주의 언론에 대한 미군정의 대대적인 탄압은 좌파 배제를 위한 작업의 하나였다.

1947년부터 1948년의 기간 동안 미군정은 남한에 친미 우익세력으로 과도정부를 구성하고 반공 분단 정권을 창출하려는 일련의 작업을 강력히 밀고 나갔다. 이 과정에서 미군정은 우파 중에서도 자주적인 정치세력을 배제하고 분단구조를 선호한 보수 우파세력을 적극 지원했다.

미군정의 이런 정책은 언론정책에 그대로 반영되었다. 미군정은 위의 첫 단계에 해당하는 1945년 8월에서 1945년 말까지는 치안을 방해하지 않는 한 좌우익 언론의 공존을 허용했다. 두 번째 단계인 1946년 초부터 1947년 6월까지 미군정은 공산주의 및 진보주의 언론과 그 언론인을 철저히 배제해 나갔다. 이 시기에 친미적 우익 언론을 제외한 대부분의 공산주의 및 진보주의 신문이 정리되었다. 미군정은 이 시기에 언론 관련 귀속재산의 자주관리 체제에 대한 해체작업을 마무리했다. 세 번째 단계인 1947년 이후 미군정은 스스로 언론 주체가 되어 분단 정권 수립을 지원하는 선전활동을 대대적으로 전개했다. 이와 아울러 미군정은 보수 우익 언론이 언론계의 주도권을 장악할 수 있도록 여건을 조성했다.[14)]

미군정은 공보기구를 구성하고 단계적으로 그 기구를 확대 개편하면서 적극적인 언론활동을 폈다. 공보기구가 벌인 활동은 크게 국외 공보와 국내(남한 내) 공보 및 특수 공보로 나눌 수 있다. 미군정의 국외 공보는 주로 미국 기자를 대상으로 한국 점령 정책을 공보하는 데 역점을 두었다. 국내 공보는 정보 서비스 활동, 직할매체의 활용 및 주체적 공보활동의 세 형태로 나눌 수 있다. 정보 서비스 활동은 기자회견, 인터뷰, 보도자료 제공 등을 통해 언론기관에 정보를 제공하는 데 초점을 두었다. 직할매체의 활용은 경성방송국과 《매일신보》를 동원해 군정활동을 널리 알리는 데 목적을 두었다. 경성방송국은 이에 적극 협조했지만 《매일신보》는 소극적인 자세로 일관했다. 《매일신보》의 경우 미군정이 1945년 10월 2일 신문사를 접수해 직할매체로 활용하고자 했으나, 신문사 자치위원회의 격렬한 반발로 쉽지 않았다. 이후 미군정은 11월 23일 새 임원진을 구성하고, 이 신문을 '서울신문' 으로 제호를 바꾸어 속간했다.[15] 국내 공보 활동은 군정 공보기구(또는 군사령부 산하의 OCI)가 스스로 언론 주체가 되어 언론활동을 전개한 것을 일컫는다. 특수 공보는 공보기구의 여론 담당 부서를 가동해 남한에서 여러 경로를 통해 여론을 수집해 분석하는 데 치중했다.

미군정은 위의 세 유형 가운데 국내 공보활동에 주력했으며, 그 가운데서도 주체적인 언론활동에 절대적인 비중을 두었다. 미군정 당국이 주체적 언론활동을 중시한 것은 남한에서는 신문 독자나 방송 청취자가 대도시에 몰려 있어 농어촌은 산간지역에 신속한 정보 전파가 어려우며, 문맹률이 높았고, 공산계열의 역선전이 활발한 점 등을 감안한 것이었다.

국민통제 수단으로서 대중매체의 다양화

점령 초기에 미국의 삶과 문화에 대한 정보를 남한에 유포하는 임무는

DPI에 맡겨졌고, 이후 OCI로 이관되었다. 이 기관들에 맡겨진 구체적 임무는 남한의 대중매체 종사자들에게 미국식 교육과 경험 제공, 모든 영화의 제작 · 배급 · 상영을 감독, 미국적 삶의 방식을 묘사한 미국영화의 한국어 번역, 미국영화의 편집 및 배급 등이었다.

USIS는 문화의 교류를 위해 서울의 본부, 서울 · 대구 · 광주 · 부산 네 곳의 지부 및 산하에 도서관을 운영하면서 다양한 문화행사를 벌였다. 문화전파의 기초 작업으로 영어의 확산이 강조되었는데, 이는 시기에 따라 그 함의가 달랐다.

그 첫 번째 이유는 한국어가 문화교류를 위한 수단으로 적절치 않다는 판단에서였다.[16] 한국전쟁 직후까지만 해도 영어교육의 강조는 USIS 내 한국인 직원들을 대상으로 업무의 효율성을 높이는 데 목적이 있었다. 두 번째 이유는 영어가 효과적인 '문화도구'가 되었기 때문이다. 1950년대 후반 지배 집단에게 영어는 미국이라는 권력의 중심에 접근할 수 있는 수단이었고, 일반 대중에게는 미국사회에 대한 지적 욕구를 해소시켜 줄 수 있는 수단이었기 때문에 영어 학습 열기는 높아만 갔다. 이러한 분위기를 바탕으로 영어교육은 USIS의 가장 효율적인 문화도구가 되었다. 1961년 USIS는 서울을 포함한 부산 · 대구 · 광주 지부에 영어학습반을 운영하고, 영어교육 관련 자료를 지역의 영어교사들에게 배포했다.[17]

USIS는 국가제도 운영자를 포함한 공공영역 종사자들(언론계, 교육계 등)과는 되도록 인적 관계를 직접 맺고 유지할 수 있는 계획들을 활용했다. 반면 대다수 일반 대중들에게는 문화정보를 전달할 수 있는 다양한 매체(기획영화, 보도영화, 농민 잡지, 전시회 등)를 통해 문화전파를 확대했다.

영화는 USIS가 남한의 일반 대중을 대상으로 중점 활용한 매체다. 라디오 같은 방송매체가 부족하고 농촌지역의 문맹률이 높은 상황에서, 영화는 거의 모든 주제를 다양한 수준의 한국인들에게 전달할 수 있는 가장 중

요하고도 유일한 매체였다.[18]

USIS는 미국해외공보처로부터 지원을 받는 것 외에 독자적으로 기획영화나 보도영화를 제작했다. USIS가 제작 상영한 기획영화는 미국 원조의 타당함을 선전하는 것과 원조기구가 전개하는 사업에 남한 국민들의 자발적인 참여를 유도하는 내용이 많았다. 또 다른 주요 주제는 역시 '반공'에 대한 것이었다. 반공 멜로물이나 반공적 시각이 전제된 노동조합 활동에 관한 제작물이 미국해외공보처의 지원을 받아 상영되었다. 그런데 USIS가 전쟁 이후 반공의 비중과 방식을 공산 진영 대응방식의 변화와 조응시켜 갔다는 것에 주의할 필요가 있다. USIS는 1955년부터 반공의식의 고취가 자칫 이미 정권 안보 차원에서 강력한 반공주의를 고수하고 있는 이승만 정권으로 하여금 '경쟁적 병존'의 냉전구도가 정착되는 시기에 돌발적 행동을 유발시킬 수 있다고 판단했다.[19] 그러나 이는 반공의식 고취의 약화나 폐기가 아니라 논리적 정치를 통한 심화를 의미했다. USIS는 공산주의 비판 관련 서적을 적지 않게 번역했던 이유도 여기에 있었다. USIS는 1951년부터 1961년까지 310권을 번역 발간했는데, 이중 50여 권이 공산주의를 다룬 반공의식 심화와 관련이 있는 책이었다. 이 시기 대표적인 보도영화는 1953년부터 상영된 〈리버티 뉴스(Liberty News)〉였는데, 1950년대 전반에 걸쳐 USIS 보도영화의 영향력은 이승만 정부의 공보영화보다 우위에 있었다.

1961년 남한 정부가 제작한 영화의 배포 범위는 USIS에 비해 25퍼센트도 못 미쳤다.[20] USIS가 기획한 보도영화는 주로 상업 영화관을 통해 이루어졌고, USIS 지부, 영사차량, 군대와 학교를 포함한 다양한 조직을 통해 배포되었다. USIS가 배포한 보도영화 · 기획영화 관람자 수는 1954년 약 2,100만 명이 넘는 것으로, 1961년에 이르면 7,650만 명으로 추산되었다.

USIS는 영화 상영 이외에도 농촌지역에 월간 잡지 《새 힘(New

1954년 대한뉴스 제46호.
제목: 미군철수는 시기상조다.
미군철수를 반대하는 시위가 벌어짐. 상이용사 250여 명이 미국대사관과 유엔기자단 숙소 앞에서 미군철수 반대 시위, 미군철수의 중지를 요청.

Strength)》을 배포했다. 《새 힘》은 1950년대 후반 USIS가 남한에서 발행하는 잡지 중 배포량이 가장 많았다. 이 잡지는 미국 농민의 영농방식, 생활, 한국 농민의 성공사례, 농업 신기술 등을 소개했고, 미국 원조의 의의, 민주주의 등과 같은 글을 실어 독자들의 의식 변화를 시도했다. 1950년대 후반 USIS는 《새 힘》 35만 부를 제작해 주로 마을 이장에게 여러 부를 배포하고 나머지는 농업학교, 농촌 지도조직 등에 배포했다.[21] 당시 국내에서 발행되었던 잡지는 극소수였고 대부분 도시의 농업 관계 기관을 중심으로 배포된 점을 고려한다면, USIS가 농민들을 위해 잡지를 만든다는 점과 잡지에 실려 있는 미국의 모습들은 남한의 농촌 독자들에게 상대적으로 크게 인식되었을 것이다. 그 외에 벽보 신문을 보급했는데, 만화와 사진에 많은 지면을 할애하고 최소한의 선전문구를 삽입한 시사만화의 형태를 취했다.

1950년대 초반 중요 매체로 평가받지 못하다가 후반기에 중요도가 커졌던 것이 '라디오 방송'과 '전시회'였다. 미국의 대중문화를 소개하는 데 한몫을 한 것은 라디오였다.[22] 미군정은 해방 후 경성방송국 기존 인력이 종전대로 방송을 계속하도록 했다. 이는 매우 중요한데, 해방 이후 미군정, 남한정부 수립, 한국전쟁, 5 · 16쿠데타로 이어지는 역사적 경험 속에서 청산되지 못한 '일본적인 것'은 인력은 물론이고 방송의 주요 기능으로서 선전과 공보의 전통, 이후 본격화될 편성과 장르 구축에서도 지속적으로 영향을 미쳐왔기 때문이다.[23] 해방 후 남한에서 방송은 기존의 일본 방식에 미국식 상업주의 시스템이 접목되는 양상으로 전개되었다. 사실 해방 후 방송은 민족 부흥 분위기 조성을 위해 민족의식을 고취할 수 있는 프로그램을 많이 편성하고자 했다. '국어 강좌', '국사 강좌'가 격일로 편성되었고, '민주주의 강좌', '정당 연설', '종교 강연'과 더불어 국악과 양악, 야담 등도 많이 편성되었다.[24]

미군정은 제2차 세계대전 이후 각 점령지역에 미국의 상품과 자본이 자

1956년 5월 5일. 대한뉴스 제83호.
제목: 테레비죤 방송 개시.
텔레비전 방송 개국식. 서울 종로사거리 RCA 빌딩 3층에 위치한 HLK스튜디오에서 개국식 거행. 이기붕 민의원 의장, 갈홍기 공보실장 등 내빈들 다수 참석했다. HLK은 3일간의 시험방송을 마치고 6월부터 본격적인 방송 시작.

유롭게 유통되는 시장을 구축하고자 하는 미국 패권의 새로운 세계질서 구축 차원에서 라디오를 접수했다. 미군정은 일본인 재산을 미군정에 귀속시킨다는 미군정 법령 제33호를 통해 조선방송협회를 귀속회사로 분류했다. 이는 프로그램에 대한 미군정의 통제가 완화될 수 있을 때까지 임시조치였지만 2년 2개월 동안 지속되었다.[25] 미군정은 대한민국 정부 수립 직전 방송을 '대한방송협회'로 돌려준다. 하지만 새로운 남한 정부는 이를 다시 공보처 산하의 국(局)으로 두어 국영의 전통을 되풀이했다. 일제강점기 '사실상의 국영방송'으로부터 미군정, 남한정부 수립에 이르기까지 국가가 방송을 직접 관리하고 통제하는 국영의 전통이 이어진 것이라 할 수 있다. 미군정기를 거치며 '정시 방송제'와 '프로그램 연속성' 등이 도입되어 현대적 방송의 틀이 정착되었다. 동시에 편성에서 띠 프로그램(across the board: 일주일간 걸쳐 매일 같은 시간에 같은 방송국에서 방송되는 라디오나 텔레비전 프로그램)과 시리즈 프로그램을 강화하도록 했다.[26]

라디오 방송은 매체의 특성상 그 영향력이 수신기의 보급 정도와 연결된다. 이와 같은 한계를 극복하기 위해 한국전쟁 기간에 USIS는 일본에서 라디오를 구입해 여론 형성층, 학교, 공공기관에 나누어주고 KBS 프로그램을 제작 지원하기도 했다. USIS가 라디오를 활용할 때 부딪혔던 또 다른 장애는 방송망이 대부분 남한 정부의 통제를 받는 국영 방송망이었다는 점이다. 이와 같은 상황으로 방송 내용에 따라 '미국의 소리(Voice of America)'나 USIS 제공 프로그램이 남한 정부에 의해 송출을 중단당하는 경우가 발생했다. 전후 USIS 라디오 담당자가 맡은 주된 업무는 KBS가 자신들이 제공한 방송물을 제대로 송출하고 있는지를 확인하는 것이었다. 1950년대 후반 급속한 증가 추세를 보이면서 1960년대에는 라디오 매체의 중요성이 더욱 부각되었다.

전시회는 대중들을 USIS가 만든 공간에 끌어들여 USIS와 대중들의 일

1955년 6월 8일 대한뉴스 제58호.
제목: NBC교향악단 내방.
NBC교향악단 120명이 5월 25일 한국 요인들의 환영을 받으며 여의도 공항에 도착, 단원들에게 꽃다발 증정, 기념사진 촬영.
5월 26일 중앙청 옆 광장 특설무대에서 마련된 연주회장에서 NBC 교향악단의 연주회가 열림.

상적 삶을 연결시키는 계기가 되었다.[27] 전시회는 1950년대 말부터 많이 활용되었는데, 미국은 남한의 관계자와 협력하며 현지(남한) 자료를 활용하거나 혹은 본국의 지원을 받아 독자적으로 전시회를 개최해, 그동안 미국의 원조가 남한의 경제성장에 얼마나 향상시켰는가를 보여주고자 했다.

이와 같이 USIS가 다양한 매체를 통해 보여주고자 했던 중심 주제는 반공정신, 대한(對韓) 정책의 타당성, 미국 문명의 성취 등이었다. 그리고 이러한 주제들의 세부적 내용들은 미국의 냉전구도를 깨뜨리지 않는 선에서 그리고 미국 문명에 대한 반발을 유발하지 않는 선에서 조율되었다.

전쟁기록영화에서 뉴스영화 〈대한뉴스〉로

대중적 공보 활용 매체로서 뉴스영화

1946년 봄부터 USIS는 미군정청의 활동에 관한 기록영화 제작을 남한의 제작자들에게 의뢰하고, 나아가 직접 뉴스영화를 제작하기도 했는데, 1947년 말까지 뉴스영화는 모두 26편, 기록영화는 7편이 제작되어 일반 영화관 등에 배포, 상영되었다. 물론 이들 뉴스영화와 기록영화는 미군정청의 제반 활동에 대한 점령지 남한 주민의 관심과 인지를 유발하기 위한 것이었다.[28] 그 밖에도 미 점령 당국의 정책이나 지시사항을 전달하기 위해 대중연설 등의 전통적인 채널도 광범위하게 이용되었는데, 1947년 미국에서 파견되었던 한 조사단은 "라디오 수신기의 낮은 보급률이나 높은 문맹률, 그리고 조선인들의 지역적 시각 등을 고려할 때 구두 언어가 점령 당국의 의사를 가장 완벽하게 전달할 수 있는 매체"라고 평가했다.

한국전쟁은 한국 국민의 생활 기반과 국가의 토대를 흔든 역사적 불행이었다. 그렇지 않아도 열악한 한국영화의 산업적 토대는 전쟁으로 인해 더욱 어려워졌다. 그러나 전쟁으로 서울이 아닌 지역에서 영화 제작이 이루어지고 전쟁 상황에 걸맞은 기록영화 제작이 활발했으며, 전쟁의 참상을 고발하고 이념적 대립을 극복하고자 하는 휴머니즘이 한국영화의 한 흐름으로 안착하게 되었다는 점은 한국전쟁이 남긴 일종의 '자산'이었다.

전쟁 기간 중 가장 활발했던 것은 기록영화 활동이었다. 이 기간에 제작된 기록영화는 〈아름다웠던 서울〉(1950, 이구영), 〈서부전선〉(1950, 윤봉춘), 〈육군포병학교〉(1951, 방의석), 〈정의의 진격〉(1951, 한형모), 〈총검은 살아있다〉(1953, 임운학) 등 6편이다. 이들의 활동은 전쟁 발발과 함께 USIS 등과 남한의 국방부 정훈국 촬영대, 공보처 등을 중심으로 이루어졌다. 이후 진해로 옮긴 USIS는 해군장교 구락부에 녹음 및 현상 시설을 마련하고 뉴스영화 〈전진대한보〉를 만들다 경상남도 창원군 상남면으로 이주해, 본격적인 활동을 했다.

〈전진대한보〉는 1953년 〈리버티 뉴스〉로 개칭되어 극장에서 상영된다. USIS에 관계한 영화인들은 임병호 · 임진환 · 배성학 · 김봉수 · 김형근 · 서은석 · 이태환 · 이태선 · 이경순 · 최칠복 · 양후보 · 유재원 · 김흥만 · 김영희로 대부분 USIS의 전신 미 육군 502부대의 기술인력이었다. 공보처는 1952년 부산에서 〈특별전시 뉴스〉를 제작하다가 1953년 〈대한뉴스〉로 개칭, 월1회 뉴스영화를 제작했다.[29)]

미군정 당국은 초기에 미국의 독립전쟁이나 제2차 세계대전 등을 주제로 한 뉴스릴(News Reel)을 미국에서 들여와 국내의 극장이나 가설극장에서 상영하게 했다. 1946년 10월 18일 USIS가 확대 개편된 뒤 영화 활동을 강화해 미국의 영화, 뉴스릴을 배포하면서 아울러 미국영화에 한글을 녹음, 2중 인화 상영하다가 차츰 뉴스영화나 다큐멘터리영화를 제작, 배급했다.[30)]

미군정은 1946년 3월 DPI 내에 영화과(Motion Picture Section)를 신설

하면서 영화에 대한 구체적 정책을 한반도에서 펼치게 된다. 그리고 같은 해 4월 12일 "영화의 제작, 배급, 상영에 관한 모든 통제권"을 경찰국(Department of Police)에서 DPI로 이관한다.[31] 동시에 중앙영화사(CMPE: Central Motion Picture Exchange)를 남한에서 미국영화 배급기구로 공식 지정하게 된다. 이는 CMPE를 제외한 어떤 기업도 한국에서 "영화 배급과 관련된 업무를 하지 못하도록 하는" 조치였으며,[32] 남한에서 미국영화의 대중화와 미국 영화사의 영화시장 독점의 길을 열기 위한 미군정의 구체적인 전략이었다.[33] CMPE의 설립은 전후(戰後) 미국의 대중문화를 전 세계적으로, 특히 미 점령국에 확산시키는 과정에서 미 정부와 미 문화산업체 간에 맺게 되는 결탁의 유형을 여실히 보여주는 대목이다. CMPE 설립 이후 한국 영화시장에는 즉각적이고 분명한 변화가 나타난다. CMPE는 미국영화의 의무상영 일수를 정해 영화관이 이를 준수하도록 했다. 그리고 미군정은 1946년 10월 모든 영화는 미군정청으로부터 허가를 얻어야만 상영할 수 있게 함으로써 그해 4월 이후 실질적으로 시행하고 있던 영화 검열제를 제도화한다.

미군정은 "영화 제작과 상영에서 일본의 잔재를 청산"하고 "건전한 한국 영화산업의 육성"을 그 이유로 제시했지만 "미군이나 관련 기관이 상영하는 영화는 적용의 대상이 되지 않음"을 명시함으로써, 이 법령이 한국 영화시장 내의 비미국 영화의 통제를 목표로 하고 있음을 잘 알 수 있다.[34] 이뿐만 아니라 미군정은 CMPE가 배급하는 영화에는 세금을 면제해 주었을 뿐만 아니라, 1947년부터는 군정의 관리하에 있는 모든 영화제작 시설을 한국 영화제작자들에게 더 이상 공개하지 않기로 한다. 결국 이러한 일련의 조치는 한국 영화시장에서 미국영화 독점과 미국 대중문화가 한국인의 일상에 더욱 밀접한 관계를 가질 수 있는 계기로 작용했다.

USIS가 행한 농촌지역 무료영화 상영은 관람 횟수의 제약에도 불구하고 농민들이 신문 구입 비용과 문맹이라는 제약조건에서 벗어나 미국이 제공하는 각종 문화정보를 흡수할 수 있는 통로였다. 영화를 거의 접할 수 없었던 농민들이 처음으로 영상을 통해 미국의 문명을 접했을 때 받은 문화적 충격은 적지 않았다. 1959년 농림부의 농촌지역 순회영화 상영 횟수는 62회(관람자 약 3만 2,500명), 문교부의 경우는 92회(관람자 약 17만 4,030명)에 그쳤으나, USIS 영화반에 의한 순회영화 상영 횟수는 7,001회(약 679만 590명)에 달했다. 농촌지역의 무료영화 상영이 농민들에게 '새로운 생각들의 원천' 역할을 하고 있다는 USIS의 평가는 과장이 아니었다.[35]

미 육군 502부대의 〈리버티 뉴스〉, 부산 정훈국의 〈국방뉴스〉, 〈백만인의 별〉, 공보처의 〈대한뉴스〉 등 전시의 한국영화는 일반 극영화보다 기록영화 제작에 혼신을 다했다. 1945년 '조선시보'로 발족해 1948년 공보처 공보국 영화과에 소속되면서 '대한전진보'로 제호가 바뀌어 흑백뉴스로 극장에서 방영되었다. 이후 한국전쟁으로 잠시 중단되었으나 1952년 임시수도인 부산에서 '대한늬우스' 제1호 16mm 흑백뉴스가 제작 방영되었다. 1945년 해방과 더불어 제작되기 시작한 '조선시보'는 1948년 정부 수립으로 공보처에 공보국 영화과가 발족되면서 '대한전진보'로 개명, 제작되었다. '대한전진보'는 부정기적인 흑백 뉴스영화로 월1회 정도 제작, 배포되다가 한국전쟁으로 제작이 중단된다. 임시수도 부산으로 후퇴한 공보처가 부산 경남도청 지하실에 현상소를 만들고 소속 뉴스 카메라맨을 전후방에 파견해 뉴스영화를 제작하기에 이른 것은 1952년이었다.[36] 1953년 '대한전진보'는 '대한뉴스'로 개명되어 16mm로 월1회씩 제작되는데, 이와는 별도로 USIS에서는 '전진대한'이라는 부정기 뉴스영화를 30벌씩 배포해오다가 1953년 5월 1일부터 '리버티 뉴스'로 개정, 영화관에서 '대한뉴스'와 교대로 상영했고, 이동 영사반을 통해 지방에 순회, 영사하기도 했다.

〈대한뉴스〉는 1957년에 이르러 주 1편씩 정기 제작되기 시작하는데,

1955년 1월 1일 대한뉴스 제51호.
제목: 보라! 공산오열의 죄상.
육군특수부대 김창룡 소장의 괴뢰 유격대 사령관 남도부 간첩의 죄상 폭로,
간첩들의 물품 전시, 간첩이 사용한 총기류, 소련제 권총 등의 물품 전시.

1961년 6월 22일 국립영화제작소가 신설된 것을 계기로 해마다 그 제작사업이 확충된다. 1961년에는 농어촌용 16mm 〈대한뉴스〉가 제작되었으며, 1962년 2월부터 1973년 12월까지는 재일동포용 뉴스영화가 '한국소식'과 '고국소식'이란 타이틀로 제작, 배포되었다. 이후 1972년부터 컬러화면으로 제작되기 시작하면서 배포량도 늘어났다.[37] 그 후 계속 제작되어 왔던 대한뉴스는 1994년 12월 제2040호를 끝으로 제작을 중단했다.[38]

일본에서 미군정의 미디어정책과 뉴스영화의 의미

일본의 매스미디어는 전전(戰前)부터 전시를 거쳐 종전에 이르기까지 일관되게 군국주의 정권의 대외 침략정책에 협력해 국민을 전쟁 수행에 동원하기 위한 전쟁 선전의 선봉에서 온갖 선동을 다해 왔는데도 미국 연합군 최고사령관(SCAP: Supreme Commander for the Allied Powers)은 점령 후에도 일본 매스미디어를 그대로 존속시키고 활동을 허용했다. 이는 독일의 경우 연합군의 점령 개시와 함께 나치에 협력한 매스미디어가 일소된 것과는 대조적이다. SCAP를 심도 있게 연구한 우치가와 요시미(內川芳美)에 따르면, 명백히 확언할 수 없지만 적어도 미국 연합군의 대(對)일본 점령통치가 간접통치 방식으로 바뀌어 시행된 것과 무관하지 않다. 그는 1945년 8월 10일자 미국의 '국무부 · 육군부 · 해군부 3부 조정위원회(SWNCC: State · War · Navy Coordinating Committee)' 산하 극동소위원회가 마련한 1945년 8월 10일자 〈일본에서의 공공 정보 및 표현 미디어의 통제(Control of Media of Public Information and Expression in Japan) 제2차안〉이라는 정책문서에 주목한다.

이 미디어의 통제안에 따르면, 통제는 일본 점령 직후 '긴급기간(emergency period)'과 '긴급후기간(post-emergency period)'으로 구분해 시행하도록 했다. 즉 미군의 점령 직후 긴급기간 중에는 "일본인에 의한 일체의 정보 제공 활동이나 통제는 정지되며 군정부가 이용 가능 한 시설을 사용해 직접 정보를 제공한다"고 되어 있으며, 긴급후기간 중에는 "될 수 있는 한 빨리 직접 통제를 완화한다. 또한 군정부는 적당한 규제 아래 일본인이 운용하고 주재하는 정보 서비스는 적당한 군정부 당국이 승인을 내릴 때까지 허가되지 않는다…… 이 허가는 특별한 승인 또는 일반적 규제 아래 부여된다"고 기록하고 있다.

또한 '미디어 통제에 관한 지' 항목에는 예컨대 방송에 관해 "점령군은 즉시 일본의 모든 시설을 접수하고 일정 기간 중요한 정보 및 지시를 일본국민에게 방송한다"고 되어 있다. 이어 '방송국의 면허' 항목에는 "일본인 방송사업자가 군정부의 일반원칙이나 규제에 따라 방송을 운용하겠다는 의사를 표시한다면 될 수 있는 한 빨리 직접 통제를 폐지하고 일본인이 운용하는 네트워크나 방송국을 면허해 이것과 대체한다"고 서술되어 있다.

SCAP의 미디어정책은 크게 보면 미국의 전시 선전정책에서 연원한다고 볼 수 있다. 일본이 항복하기 이전인 1945년 7월과 8월 마련된 정책문서는 인간의 사상을 정향하고 이념을 주입할 수 있는 선전의 힘을 굳게 믿고 있음을 보여준다. 초기 한 문건에 따르면, 일본인의 마음을 '봉건적이고 극단적인 인종적 의식과 반외국 콤플렉스'로 특징지으면서 이를 일본 교육제도의 재편이나 교과서 수정으로는 없앨 수 없다고 단정한다. 따라서 일본국민을 '재정향(reorientation)'하기 위해 '적극적인 정책'이 반드시 필요하다고 문서는 결론짓고 있다.

이는 모든 미디어, 곧 신문, 출판, 영화, 전시, 라디오를 체계적으로 활용해 미국의 역사, 문화, 이상적 목표 등을 재편집해 전체 일본 국민에게 제공함으로써, 일본 국민의 심경 변화를 유도하기 위한 것이다. 이러한 목표를 효과적으로 달성하려면 우호적이며 협조적인 일본인이 미국인의 감독 아래 주요 실무를 담당해야 할 필요가 있다고 제언하고 있다.[39] 이렇게 볼 때 초기 미 점령군의 미디어정책은 기존 일본정부의 전쟁 선전 전통을 이어받았다고 할 수 있다. 예컨대 1945년 12월부터 일본의 미디어, 곧 신문, 잡지, 방송들은 CIE의 기획작전과(Plans and Operations Bureau)가 주도한 이른바 '전쟁 유죄정보 프로그램(War Guilt Information Program)' 내용을 게재하거나 방송해야만 했다. 이는 1945년 10월 2일 SCAP이 내린 일반명령 제4호가 CIE에 부과한 임무 중 하나인 '모든 단계의 일본 공중에게 그들의 패전에 관한 진실, 전쟁 유죄, 현재와 장래 일본인의 재난과 고난에 대한 군국주의자의 책임, 연합국 군사 점령의 이유와 목적'을 분명히 밝히라는 권고에 따라 행해진 것이다. 이에 따라 일본의 신문과 방송 등 미디어는 '태평양 전쟁사, 진실 없는 군국 일본의 붕괴'를 연재물로 싣거나 방송했다.[40]

일본은 조금 일찍 전쟁기록영화에서 시작한 뉴스영화가 상영되어 왔다. 일본에서는 1900년 일본인이 촬영한 전쟁기록영화의 공개를 시작으로 요미우리신문사, 아사히신문사, 마이니치신문사, 니혼신문사에서 제작한 뉴스영화가 지속되어 왔으며, 이후 1989년 뉴스영화의 상영이 중단되었고, 1997년에 실제적인 제작이 종료되었다. 제2차 세계대전의 패전과 더불어 일본에서 대중매체로서의 방송은 미군정하에서 기존의 관영 독점체제에서 민영과 공영이라는 이원체제로 재편되었고, 1950년대 TV 방송과 1970년대 뉴미디어의 도입 속에서 뉴스영화의 역할과 영향력은 점차 축소되었다.

4. 결론

앞에서 이미 언급했듯이, 한국전쟁을 전후해 문화외교라는 목적하에 미국은 남한과 일본 내에 문화의 확장과 사회구조적 변화를 주도했다. 특히 남한의 경우 주한 USIS는 미 문화외교의 목적을 남한 현지 조건에 맞추어 조율하며 실현하는 임무를 담당했다. 그리고 여기에는 다양한 매체가 활용되었다.

남한에서 미군정의 문화정책은 군정의 통치 편의나 단기적인 정치적 효과만을 목표로 한 것이 아니었다. 미군정의 문화정책은 1930년대 이후 미국이 전 세계를 대상으로 전개해 온 미국화라는 거대한 문화적 기획의 한 부분이었다. 그리고 이러한 기획의 밑에는 문화를 정치적 · 경제적 목적을 달성하기 위해서는 없어서는 안 될 무기로 인식한 미국 정부와 미국 자본의 결탁이 깔려 있었다. 한마디로 미군정의 문화정책은 미국의 이상과 방식을 한국인의 일상에 심음으로써 지속적인 정치적 영향력을 확보하려는 미국 정부와, 새로운 시장의 개척과 그에 대한 지속적 지배를 관철시키려는 미국 자본이 만들어낸 합작품이었다.[41]

1950년대 USIS는 모든 역량을 동원해 중앙에서 지방 농촌 말단에까지 문화전파를 위한 통로를 구축했다. 문화전파 수단으로 활용할 수 있는 다양한 수단은 장기적 안목을 가지고 진행되었음을 확인할 수 있었다.

미군정의 문화정책에서 영화가 주요 수단으로 활용될 수 있었던 이유는 미국에 대한 인식의 변화와 미군정 정책을 영화를 통해 한국인의 일상생활 속에서 지속적으로 영향력을 확보할 수 있었기 때문이었다. 따라서 영화 내용은 미국 원조의 타당성과 원조기구가 전개하는 사업에 한국인의 자발적인 참여를 유도하는 것이 많았다.

USIS가 문화전파의 주요 대상자로 선정했던 이들은 국가제도의 입안자, 운용자, 언론계, 교육계에서 주요한 역할을 하는 인물들, 즉 '여론 형성자' 들이었다. USIS는 남한 국가의 공적 영역을 주도하는 이들에 대해서는 교육교환계획을 통해 관계를 만들고자 했고, 일반 대중에게는 인적인 접촉보다는 영화나 활자매체를 통해 영화 등의 시각매체를 통해 정보를 전달하고자 했다. USIS가 대중, 특히 농촌의 농민들에게 영화를 상영하고 잡지를 전달하며, 여기에 더해 지방문화원을 조직적으로 지원하며 독자적인 문화전파 통로를 유지했다는 점을 주목할 필요가 있다. 별도의 의사소통 통로가 운용된다는 것은 정보를 독점하고자 하는 국가의 입장에서는 잠재적 위협이 된다. 1952년 개헌을 위한 정치파동을 일으킬 때 이를 확인한 이승만 정부는 전후 USIS의 활동 중 정권에 대한 비판을 배제하는 데 주된 관심을 기울였다. 반면 USIS는 사설 지방문화원 설립과 유지를 지원하며 문화전파의 하위조직으로 편재시켰다. 이는 이승만 정권이 담당해야 할 남한의 이데올로기적 국가기구의 지원과 확대의 임무를 대신 수행한 것이라 볼 수 있다. 이와 같은 조직의 확대와 함께 다양한 매체의 활용을 통해 1950년대 USIS는 특히 농촌지역의 정부의 공보활동을 압도하며 자유진영의 정치적 · 문화적 지도자로서 미국의 위상을 부각시켰다.

결국 대중매체는 역사를 기록하고 구성하면서, 대중들의 기억의 관리와 유지, 보존과 불가분의 관계를 가진다. 기억의 형상과 관리, 보존에는 권력관계가 작용한다. 어떤 기억은 국가에 의해 공식성을 부여받고, 어떤 기억은 사적인 기억으로만 존재하며, 어떤 기억은 공식 기억에 의해 탄압받기도 한다. 레이먼드 윌리엄스가 관심을 가졌던 전후사회에서 문화와 커뮤니케이션이 갖는 위상과 의미, 즉 커뮤니케이션 매체가 사회구조와 사회변화에 대해 갖는 관계는 아시아 지역, 특히 남한의 경우도 예외가 아님을 알 수 있었다. 미군정에 의해 보급된 정보는 국민통합과 상업주의의 결합으로써 대중매체를 통해 정착되었으며, 철저하게 국가의 공보영역으로 자리 잡게 되었다.

〈표〉 일본 뉴스영화의 역사

연도	내 용
1900. 10	도쿄 간다니시키관에서 〈北清사변 활동 대사진〉이 7일간 흥행 : 일본인이 촬영한 전쟁기록영화의 최초 공개
1914	정기적인 뉴스영화 〈도쿄 시네마 화보〉가 등장
1924	오사카 마이니치신문사가 〈다이마이 키네마 뉴스〉를 제작
1930	쇼치크키네마가 〈쇼치크 뉴스 눈의 신문〉 시작(정기적으로 제작, 무성뉴스)
1933	〈다이마이 키네마 뉴스〉를 〈다이마이 도니치 키네마뉴스〉로 개제
1934	아사히신문사가 〈아사히 세계뉴스〉, 마이니치신문사가 〈다이마이 도니치 국제뉴스〉, 요미우리 신문사가 〈요미우리 뉴스〉를 제작
1937. 4	요미우리신문사가 영화사 설립, 〈요미우리 뉴스〉를 제작
9	1937년 일어난 루거우차오사변(盧溝橋事變: 7 · 7사변. 중일전쟁의 발단이 된 사건)의 취재를 계기로 국책통신사, 사단법인 동맹통신사가 뉴스영화부를 설립, 〈동맹뉴스〉를 제작
1937. 10	영화법의 시행(영화의 제작, 배급, 흥행을 나라의 허가제로 하고 영화제작 종사자의 등록제, 검열 강화 등). 닛카쓰(日活), 신코(新興), 다이토(大都) 등 3사를 다이니혼영화사(다이에이)로 재편성
1940. 4	각사의 영화부(반)를 흡수 합병하고 국책회사인 사단법인 니혼뉴스영화사를 설립
1940. 6	니혼뉴스영화사가 〈니혼뉴스 2호〉를 펴냄
1941. 5	니혼뉴스영화사를 사단법인 사단법인 니혼뉴스영화사(니치에이)로 개조. 도호, 쇼치크의 문화영화부, 문화영화제작회사를 흡수 합병
12	〈제국 美英에 선전〉 특집뉴스 발표: 대본영 육해군부의 개전 발표. 이 영상은 나중에 새로 촬영 중의원 본회의에서의 도조 히데키(東條英機) 수상 연설을 국민이 처음으로 관람
1943. 10	처음으로 동시녹음 터키 촬영반이 남방에 파견됨
1944	남방전선에서 보내오는 촬영필름이 줄어들고 그 부족한 부분을 보충해야 하는 필요성이 요구됨

1945. 8	오사카에서 가시와다 카메라맨을 히로시마에 파견하고 생생한 히로시마참상을 촬영(필름은 참모본부에서 미군에 압수된 채 소재 파악 안 됨)
8~9	니치에이 사내에서 민주적 개혁 운동이 일어남
10	G보에 의하여 동맹과 사단법인 니혼영화사의 해산 명령
11	영화법 폐지
12	사단법인 니혼영화사를 주식회사 니혼영화사로 개명
1946. 1	니혼영화사가 〈신일본뉴스〉 창간
3	아사히영화사가 〈신세카이뉴스〉 창간
1949. 2	〈신세카이뉴스〉 종간
3	국제영화사가 〈국제뉴스〉 제작 시작
1950. 7	국제영화사가 요미우리신문사에 매수되고 요미우리영화사(현 요미우리영상)로 개칭, 〈국제뉴스〉는 〈요미우리뉴스〉로 바꿈
1951. 12	주식회사 니혼영화사를 주식회사 니혼영화신사(니치에이신사)로 개칭
1952. 1	아사히신문사와 니혼영화신사가 제휴하고 〈니혼뉴스〉를 〈아사히뉴스〉로 개칭
1955. 1	마이니치신문사가 마이니치영화사를 설립하고 〈닛카츠세카이뉴스〉의 제작을 이관
1960. 9	〈닛카츠세카이뉴스〉를 〈마이니치뉴스〉로 개제, 전국의 영화관 7,457개에서 상영
1976. 4	아사히신문사와 니혼영화신사가 제휴하고 〈니혼뉴스〉를 〈아사히뉴스〉로 개칭
1985. 5	〈니혼뉴스〉의 공개 시기를 3주에 1회로 변경
1989	뉴스영화의 제작 중지
1992. 3	〈니혼뉴스〉의 취재활동 수료, 종간
1993	〈마이니치뉴스〉 종간
1997	〈요미우리 국제뉴스〉 종간(대기업의 뉴스영화는 모두 종간)

출처: 每日新聞社(1977). 《日本ニュース映畵史》. 쇼와칸(昭和館) 내부 자료 정리.

부록 1950년대 대한뉴스 주제별 분류

정치

1 1954 제3회 국회 개원 03:19
2 1954 제9회 광복절 행사와 이승만 대통령 재취임 기념식 02:38
3 1956 국민회 창설 제10주년 기념 01:52
4 1956 故 해공 선생 국민장 00:27
5 1956 민의원 정 · 부의장 개선 00:03
6 1956 경무대 소식 01:51
7 1956 유엔가입추진회의 00:18
8 1956 국무회의 광경 00:50
9 1956 대통령 각하 고아원 시찰 00:33
10 1957 해외 소식 05:11
11 1958 제30회 정기국회 개원식 00:26
12 1958 해외 소식 04:27
13 1958 해외 소식 05:50
14 1958 해외 소식 04:55
15 1959 해외 소식 04:21
16 1959 해외 소식 03:09
17 1959 해외 소식 03:40
18 1959 해외 소식 03:10
19 1959 해외 소식 03:56
20 1959 해외 소식 03:02
21 1959 이 민의원의장 지방 순시 00:28
22 1959 이 민의원의장 기자회견 00:24
23 1959 다우링 대사 전임 귀국 01:25
24 1959 경무대 소식 00:23
25 1959 해외 소식 03:18
26 1959 국회 소식 01:11
27 1959 해외 소식 03:18
28 1959 경무대 소식 01:15
29 1959 해외 소식 03:31
30 1959 지방 장관 회의 00:54
31 1959 민주당 전당대회 00:38
32 1959 경무대 소식 01:48
33 1959 해외 소식 02:38

국방군사

1 1953 띤 장군 귀환 01:45
2 1954 저무는 4286년 02:18
3 1954 상이군인 합동 결혼식 00:36
4 1954 연합참모회의 00:43
5 1954 이 대장 일행 귀국 00:40
6 1954 민병대 창설 1주년 00:36
7 1955 국무위원 일동 상이용사를 위문 00:30
8 1955 보라! 공산오열의 죄상 02:21
9 1955 이 교통부장관에게 미국공로훈장 전달 00:28
10 1955 제 17기 경찰 전문 학생 졸업 01:14
11 1955 경무대 소식 00:55
12 1955 국군 소식 02:33
13 1955 육탄 십용사 현충비 제막 00:34
14 1955 미 제8군 사령관 "화이트" 대장 내한 01:56
15 1955 충열탑 제막 00:58
16 1955 괴뢰 부부간첩 체포 01:51
17 1955 특보, 적성 휴전 감시위원 축출 국민데모 05:04
18 1955 대통령 저격 음모 탄로 01:23
19 1955 국군 소식 01:27
20 1955 국군 소식 04:14
21 1956 스펠만 대주교 내방 00:29
22 1956 서울특별시 경찰 신년 시무식

01:17
23 1956 국군 소식 01:41
24 1956 국군 소식 03:45
25 1956 전몰장병 합동추도식(서울출신) 00:36
26 1956 국군소식 00:17
27 1956 6 · 25 6주년 기념 00:46
28 1957 미군의 날 01:53
29 1957 주중 군사고문단 6군단 시찰 00:35
30 1957 정일권 육군참모총장 이임식, 이형군육군참모총장취임식 00:50
31 1957 해병 포항기지 군기 수여식 00:29
32 1957 해병대 상륙작전 훈련 01:18
33 1957 국군 이한식 00:43
34 1957 육사 졸업식 01:49
35 1957 제6군단 화기훈련 00:42
36 1957 신임 유엔군 사령관 덱커 내한 00:29
37 1957 체포된 대남 간첩 01:04
38 1957 환영받는 '덱커' 장군 01:07
39 1957 미 '부레이' 의원 내한 00:27
40 1958 해외소식 04:14
41 1958 미 해군 참모차장 '펠트' 제독 내한 00:42
42 1958 해외 소식 06:23
43 1958 무장 간첩선 체포 00:47
44 1959 드레이퍼 조사단 내한 02:23
45 1959 해외 소식 04:26
46 1959 미군의 날 00:13
47 1959 제4회 국군의 날 02:24
48 1959 쌍룡작전 00:34
49 1959 킬링 죤 작전 01:25
50 1959 국군소식 00:40

행정

1 1953 제헌절 5주년 경축 00:54
2 1953 제헌절 5주년 경축 00:54
3 1953 훈장 받는 고"조"대위 미망인 00:18
4 1953 마라톤 세계 제파 17주년 기념 01:24
5 1953 마라톤 세계 제파 17주년 기념 01:24
6 1953 상기하자 6.25! 03:18
7 1953 광복절(리대통령 재취임 1주년 기념) 09:20
8 1953 항공일 02:06
9 1953 항공일 02:06
10 1953 개천절 경축
11 1954 구호물자 인수 00:47
12 1954 개통된 한강 인도교 00:41
13 1954 개통된 한강 인도교 00:41
14 1954 저무는 4286년 02:18
15 1954 특보, 반공청년 돌아오다! 06:12
16 1954 제35회 3 · 1절 경축 07:16
17 1954 제 79회 리 대통령 탄신경축 02:55
18 1954 중앙 농업기술연구소 개소 00:53
19 1954 제9회 식목일 01:07
20 1954 경무대 소식
21 1954 경무대 소식 01:30
22 1954 제68회 노동절 00:20
23 1954 밴 장군 내방 01:53
24 1954 어린이 날 01:35
25 1954 학군 호국단 제5주년 기념식 01:21
26 1954 새 단장한 남한산성 공원 00:37
27 1954 광주학생독립운동 기념탑 제막 01:21
28 1954 변 국무총리 공장시찰 00:22
29 1954 6 · 25 제4주년 01:46
30 1954 제6회 제헌절
31 1954 독행자 표창 00:47
32 1954 공부자 탄강 (2505년) 01:01
33 1954 전국 통신 경기 00:53

34 1954 국립경찰 아홉돌 02:24
35 1954 대한적십자사 제5주년 00:57
36 1954 미륵불 보수제막 (파주) 01:01
37 1954 수복지구 행정권 이양 01:20
38 1954 교통정리 경기대회 00:42
39 1954 경무대 소식 01:34
40 1954 한미 방위협정 체결 경축 01
41 1954 경무대 소식 01:34
42 1955 경무대 소식 01:01
43 1955 경찰 연두 시무식 00:43
44 1955 아세아 자유문학상 수여 00:41
45 1955 제17기 경찰 전문 학생 졸업 01:14
46 1955 제36회 3.1절 경축 04:30
47 1955 리 대통령 각하 제80회 탄신 경축 09:21
48 1955 귀국하는 헐 대장 01:55
49 1955 서울시 문화상 시상 00:43
50 1955 경무대 소식
51 1955 경무대 소식 02:45
52 1955 신임 미8군 사령관 환영 00:55
53 1955 신임 미국 대사 신임장 봉정 01:32
54 1955 씩씩하게 기르자 대한의 어린이 00:42
55 1955 경무대 소식 01:10
56 1955 한 · 호협회장 내방 00:39
57 1955 활발한 대구시 재건 01:01
58 1955 경무대 소식 01:17
59 1955 서남지구 순직 경찰관 위령제 01:33
60 1955 제3회 수출 공예품 전람회 00:46
61 1955 경무대 소식 01:17
62 1955 경무대 소식 01:04
63 1955 6 · 25 5주년 기념행사 거행 01:17
64 1955 애국청년 석방 2주년 기념 00:36
65 1955 영암선 개통 01:19
66 1955 귀순한 괴뢰 비행장교 02:03
67 1955 도입된 소방차량 인수 00:35
68 1955 특보, 적성 휴전 감시위원 축출 국민데모 05:04
69 1955 광복절 10주년 기념식 01:32
70 1955 덕수궁 00:27
71 1955 특보,적성 휴전 감시위원 축출 국민데모 05:04
72 1955 미 텍사스주 4H구락부 '파' 목사 일행 내방 01:08
73 1955 미 냉전심리전략협회장 '암스트롱' 씨 내방 01:21
74 1955 미국 대표 '우-드' 씨 귀임 00:38
75 1955 주 유엔 '임' 대사 귀국 00:55
76 1955 전 미 제8군 부사령관 커리어 중장에게 경기도 도민증 수여 00:30
77 1955 군 · 관 · 민 합동 교통안전 강조기간 02:04
78 1955 경무대 소식 01:42
79 1955 주미양 대사 귀국 00:29
80 1955 한미재단 이사 '스코라우스' 씨 내방 00:30
81 1955 경무대 소식 01:42
82 1955 철도 창설 56주년 기념식 00:51
83 1955 해방 10주년 경축 산업 박람회 00:57
84 1955 개천절 기념식 00:39
85 1955 리 대통령 각하, 동상 건립 기공 00:56
86 1955 리 대통령 각하, 동상 건립 기공 00:56
87 1955 리 대통령 각하, 국전 시찰 01:11
88 1955 방화강조주간 00:51
89 1955 국군 소식 01:30
90 1955 동대문 후생주택 입주식 00:53

91 1956 새해를 맞이하는 경무대 03:51
92 1956 신년 축하식 01:00
93 1956 충무공 동상 및 우남 공원비 제막 00:52
94 1956 새해를 축복하는 연하우편 01:13
95 1956 경무대 소식 00:45
96 1956 서울특별시 경찰 신년 시무식 01:17
97 1956 모범산업전사 표창 00:51
98 1956 유람객 맞이할 관광 '뻐-스' 등장 00:47
99 1956 서울시민 연날리기 대회 01:18
100 1956 경무대 소식 00:29
101 1956 제1회 전국 연날리기 대회 01:36
102 1956 아세아 재단 자유문학상 시상 00:37
103 1956 한·호 협회 '프렌티스' 씨 내한 00:30
104 1956 청소작업에 힘쓰는 시민들 00:26
105 1956 식목일 기념식수 01:07
106 1956 전몰장병 합동추도식(서울출신) 00:36
107 1956 서울특별시 문화상 시상 01:02
108 1956 교통안전주간 행사 00:29
109 1956 어머니날 기념행사 00:42
110 1956 우량아 표창 01:09
111 1956 리 대통령 각하 제주도 시찰 01:14
112 1956 국군 소식 03:30
113 1956 제8회 권농일 00:44
114 1956 자유중국 도표(사진) 전람회 00:22
115 1956 제헌절 8주년 기념식 00:52
116 1956 유엔가입 추진 전국위원회 결성식 00:32
117 1956 서울 시의원 일동 경무대 예방 00:20
118 1956 대통령 각하 일선 시찰 04:04
119 1956 개천절 기념식 00:28
120 1956 한글 기념일 00:26
121 1956 충남 금강교 준공 00:48
122 1956 한미 재단에서 주택 기증 00:33
123 1956 경찰의 날 (창설 11주년) 00:50
124 1956 제11회 유엔데이 00:50
125 1956 다같이 청소에 힘쓰자! 00:41
126 1956 대통령 각하, 동해안지구 시찰 00:36
127 1956 창립 7주년을 맞이하는 적십자사 00:24
128 1956 제5회 국전 개막 00:32
129 1956 방화 강조 주간 00:30
130 1956 쥐를 잡읍시다! 00:31
131 1956 이조실록 편찬 완성 00:50
132 1956 제1회 체신의 날 00:37
133 1956 유엔가입 요청 국민 총궐기대회 00:56
134 1956 경찰 시무식 01:01
135 1957 화마는 노린다, 우리의 생명과 재산을! 00:26
136 1957 고 지청전 장군 사회장 엄수 01:04
137 1957 제 2회 자유문학상 시상 00:30
138 1957 중앙우체국 낙성 01:03
139 1957 제 2회 전국 연날리기 선수권 대회 01:43
140 1957 재일 청년단 -경무대 예방- 00:56
141 1957 순직 공무원 -충혼탑 제막식- 01:04
142 1957 고 주영 이공사 외무부장 엄수 01:11
143 1957 고 '비육빈' 대통령의 추도미사 00:35
144 1957 서정병원 폐원식 00:35

145 1957 춘계청소기간 00:47
146 1957 제1차 신문주간 행사 00:26
147 1957 수리조합연합회 각종 경려회 시상식 00:28
148 1957 대통령 각하 탄신 학생대표 경무대 초청 00:47
149 1957 각급 법원장 일행 경무대 예방 00:28
150 1957 전쟁미망인에게 구호품 전달 00:23
151 1957 대통령 각하 탄신 학생대표 경무대 초청 00:47
152 1957 각급 법원장 일행 경무대 예방 00:28
153 1957 각급 검찰청장 일행 경무대 예방 00:19
154 1957 미 육군 '빈스' 소장에게 태극무공훈장 수여 00:27
155 1957 제71차 노동절 기념행사 01:10
156 1957 제35회 어린이날 행사 03:17
157 1957 국산품을 애용합시다! 00:55
158 1957 베트남에 광목 전달 00:19
159 1957 어머니 날 00:48
160 1957 어머니, 어린이 위안회 00:34
161 1957 베트남에 광목 전달 00:19
162 1957 어머니날 00:48
163 1957 국보문화재 전시회 00:57
164 1957 동대문 보수공사 상량식 00:27
165 1957 미군의 날 01:53
166 1957 우량아 표창식 00:31
167 1957 국산품을 애용합시다! 01:05
168 1957 서독, '프' 대주교 경무대 예방 00:13
169 1957 대, 공사 임명 선서식 00:43
170 1957 발명의 날 00:24
171 1957 서독, '프' 대주교 경무대 예방 00:13
172 1957 정긍모 해군참모총장 대만 방문 02:05
173 1957 '나이팅 게일' 기장 받은 '이' 여사 00:47
174 1957 단오절 00:31
175 1957 제2회 현충일 01:33
176 1957 신임 삼장관 00:41
177 1957 경기공업실습장 낙성 00:47
178 1957 베트남 수예품 전시회 00:36
179 1957 신축되는 극장 00:45
180 1957 권농일 00:05
181 1957 권농일 00:05
182 1957 육사 졸업식 01:49
183 1957 영국군 이한식 00:43
184 1957 해병대 상륙작전 훈련 01:18
185 1957 해병 포항기지 군기 수여식 00:29
186 1957 전국 통신 경기대회 00:30
187 1957 미국의 밤 00:34
188 1957 반공청년 석방 네돌 00:22
189 1957 정재석 농림장관, 송창환 보사장관 임명 00:27
190 1957 제6군단 화기훈련 00:42
191 1957 고 이상재 선생 묘비 건립 00:43
192 1957 6·25의 날 02:34
193 1957 한국의 집 개관 00:46
194 1957 제9회 제헌절 경축식 01:01
195 1957 공보관 개관 00:03
196 1957 환영받는 '덱커' 장군 01:07
197 1957 재일교포 학생 야구단 내한 01:24
198 1957 광복절 12주년 기념식 05:08
199 1957 한국의 밤 01:07
200 1957 시민의 밤 00:44
201 1957 일선장병 위문 공연 00:42
202 1957 다이알 112번 01:34
203 1957 '덱커' 장군 기자회견 00:37
204 1957 제1회 광복선열 추도식 00:58
205 1957 민충정공 동상 제막식 01:18
206 1957 조국을 방문한 재일교포학생 01:11
207 1957 미 태평양 부사령관 경무대 예

방 00:27
208 1957 주일 오스트리아 공사 경무대 예방 00:13
209 1957 재일학생대표 경무대 예방 00:22
210 1957 표창 받는 제주호 선장 00:20
211 1957 주한 서독공사 신임장 봉정 01:10
212 1957 국제 팬클럽 일행 내한 02:59
213 1957 맥아더 장군 동상 제막 01:35
214 1957 월남 고딘 대통령 내한 06:16
215 1957 제3회 전국 학생 과학전람회 00:52
216 1957 철도 창설 58주년 기념 00:25
217 1957 당인리 발전소 인수 00:52
218 1957 제5회 대한부인회 전국대회 00:31
219 1957 9·28 수복 기념 01:00
220 1957 산업 기술 전람회 00:33
221 1957 교황청 사절 일행 경무대 예방 00:20
222 1957 개천절 기념식 01:28
223 1957 농림, 체신 양 장관 제주도 시찰 01:30
224 1957 유엔군 총사령부 이주 환영 음악회 00:38
225 1957 '김용우' 주영 대사 취임 선서 00:22
226 1957 신임 터키 대사 신임장 봉정 00:54
227 1957 한글 반포 511주년 01:13
228 1957 전국 학도호국단 대표 경무대 예방 00:31
229 1957 월남한 청소년 기자회견 01:09
230 1957 제6회 국전 00:54
231 1957 전국 통신 경기 대회 01:24
232 1957 제12회 유엔데이 01:54
233 1957 경찰의 날 12돌 01:50
234 1957 재일교포 교육 시찰단 내한 00:17
235 1957 독서 주간 00:26
236 1957 강원도 도청 낙성 00:36
237 1957 젊은 웅변가들 경무대 예방 00:23
238 1957 귀순한 괴뢰 장교 00:37
239 1957 제5회 학생의 날 성황 00:43
240 1957 청소 주간 00:59
241 1957 경무대 소식 00:45
242 1957 경무대 소식 00:50
243 1957 문경시멘트 경무대로 00:21
244 1957 유엔군 친목의 날 00:54
245 1957 반공 학생의 날 00:29
246 1957 이 대통령 제주도 시찰 02:03
247 1957 주일 미 해군 사령관 경무대 예방 00:16
248 1957 인권옹호주간 00:33
249 1957 새해맞이 02:21
250 1957 이태리 공사 신임장 봉정 00:39
251 1958 경찰 시무식 00:40
252 1958 연합신문사 현상 당선자 시상 00:24
253 1958 눈사람 만들기 00:54
254 1958 미국 '미네소타주' 백년제 민간 사절 내한 00:46
255 1958 나주 비료공장 건설 조인식 00:19
256 1958 '밴' 장군 내한 00:44
257 1958 '트루도' 장군 훈장 수여 00:27
258 1958 신임 미 제1군단장 경무대 예방 00:15
259 1958 반공회관 개관 00:57
260 1958 '매크로이' 씨 내한 00:35
261 1958 스칸디나비아 의료사절 내한 00:17
262 1958 ICA차관 '횟제랄드' 씨 내한 00:15
263 1958 미 국무성 극동차관 내한 00:11
264 1958 예술인 경무대 예방 00:13

265 1958 연날리기 대회 00:27
266 1958 파머 중장에 훈장 수여 00:38
267 1958 케어 학용품 전달식 00:18
268 1958 트랙터 인수식 00:47
269 1958 납북 인사 돌아오다 02:58
270 1958 독농가 표창 00:10
271 1958 미 '호놀룰루' 시장 내한 01:03
272 1958 영시 특선자 시상 00:18
273 1958 모범광부 표창 00:46
274 1958 방첩 공로자 표창 00:24
275 1958 경무대 개방 00:41
276 1958 제7회 세계보건일 00:37
277 1958 미곡 증산자 표창 00:12
278 1958 경무대 소식 00:26
279 1958 어린이날 00:58
280 1958 어머니 날 행사 00:17
281 1958 공관장 회의 00:34
282 1958 서울시 문화상 시상 00:21
283 1958 경무대 소식 00:51
284 1958 고 정해경 경위 장례식 00:47
285 1958 케어원조 어선 진수식 00:31
286 1958 경무대 소식 00:39
287 1958 제3회 현충일 01:26
288 1958 우리 선수단 귀국 01:04
289 1958 이대통령 부인 탄신일 00:25
290 1958 미 장성 경무대 예방 00:31
291 1958 이대통령 부인 탄신일 00:25
292 1958 미 장성 경무대 예방 00:31
293 1958 문화의 공로자 '슈바카' 씨 00:38
294 1958 화이트 대장 경무대 예방 00:18
295 1958 조 대법원장 취임식 00:16
296 1958 경무대 소식 00:47
297 1958 6 · 25 8주년 기념 02:38
298 1958 코리아 하우스 첫돌 맞이 02:53
299 1958 YWCA건물 기공식 00:23
300 1958 미 육군차관보 대통령 예방 00:25
301 1958 미 육군차관보 대통령 예방 00:25
302 1958 타드 중장에 훈장 수여 00:35
303 1958 동해안의 공업시설 01:42
304 1958 제10회 고등고시 00:19
305 1958 행정도표 전시회 00:15
306 1958 민충정공 추념식 00:29
307 1958 국산품 전시회 00:44
308 1958 철도 창설 59주년 00:42
309 1958 고 신규식 선생 추념식 00:21
310 1958 무술 대회(형무관 학교) 01:05
311 1958 국군의 날 01:13
312 1958 개천절 00:50
313 1958 서독대사 신임장 제정 00:36
314 1958 미 국방장관 내한 00:19
315 1958 제2회 약의날 00:40
316 1958 최 기자 위령제 00:19
317 1958 한글날 00:12
318 1958 오늘의 건설 00:44
319 1958 제 13회 유엔데이 00:47
320 1958 경무대 소식 01:00
321 1958 경무대 소식 01:00
322 1958 광복 선열추념식 00:37
323 1958 경무대 소식 00:28
324 1958 경제계 소식 01:27
325 1958 스포츠 01:51
326 1958 케어 원조 어선 진수식 00:57
327 1958 팔 데이 00:57
328 1958 영남 예술제 00:42
329 1958 영어웅변 입상자 경무대 예방 00:15
330 1958 송 부흥부 장관 귀국 00:25
331 1958 영어웅변 입상자 경무대 예방 00:15
332 1958 송 부흥부 장관 귀국 00:25
333 1958 이대 부속 병원 낙성식 00:23
334 1958 체신의 날 00:24
335 1959 해외 소식 05:10
336 1959 새로 취임한 공보실장 00:24
337 1959 제40회 3 · 1절 02:26
338 1959 경제담당 검사 회의 00:18

339 1959 제14회 식목일 00:50
340 1959 제37회 어린이날 행사 00:57
341 1959 제4회 어머니 날 01:03
342 1959 우량아 표창 00:41
343 1959 석탄 개발 공로자 표창 00:30
344 1959 제4회 현충일 02:22
345 1959 운전사의 날 00:51
346 1959 구강 보건 주간 00:37
347 1959 상이군인의 날 00:37
348 1959 6 · 25 9주년 맞이 02:37
349 1959 제11회 제헌절 01:08
350 1959 중앙 공보관 두 돌 맞이 00:49
351 1959 충현탑 제막식 00:30
352 1959 광복절 14주년 기념식 02:03
353 1959 전국 공보과장 회의 00:28
354 1959 뉴스 영화의 날 00:51
355 1959 교통부 계몽반 00:47
356 1959 뇌염 방역 대책 01:02
357 1959 리 대통령 각하 일선지구 시찰 01:30
358 1959 영양식 강습회 00:49
359 1959 경무대 소식 01:20
360 1959 리 대통령 각하 강릉 지방 시찰 01:59
361 1959 경무대 소식 01:20
362 1959 리 대통령 각하 강릉 지방 시찰 01:59
363 1959 경무대 소식 00:27
364 1959 리 대통령 각하 육군 제2훈련소 시찰 01:52
365 1959 강화되는 우리 공군 01:02
366 1959 환갑 맞은 철마 00:44
367 1959 추석 잔치 00:49
368 1959 경무대 소식 01:49
369 1959 대한 반공청년단 전국대회 00:38
370 1959 우리 경찰에 개가 01:06
371 1959 경무대 소식 00:43
372 1959 제4회 국군의 날 02:24
373 1959 제8회 국전 00:45
374 1959 한국 기독교 신교 창립 75주년 00:59
375 1959 제40회 전국 체육대회 01:37
376 1959 해외소식 02:18
377 1959 경무대 소식 00:23
378 1959 리 대통령 각하 전주지방 시찰 02:51
379 1959 손병희 선생 묘비 제막 00:32
380 1959 금남교 준공 00:47
381 1959 경무대 소식 01:06
382 1959 콜터 장군 동상 제막 00:47
383 1959 밴프리트 장군 동상 제막 00:53
384 1959 대한적십자사 창립 10주년 00:41
385 1959 사법 보호회에 새로운 시설 00:29
386 1959 경무대 소식 01:15
387 1959 제14회 유엔데이 01:09
388 1959 건설의 새소식 01:40
389 1959 경무대 소식 00:25
390 1959 리 대통령 각하 보은지구 시찰 01:13
391 1959 경무대 소식 00:25
392 1959 리 대통령 각하 보은지구 시찰 01:13
393 1959 사격대회 00:34
394 1959 제7회 학생의 날 01:33
395 1959 유엔군 우의의 날 00:45
396 1959 결핵을 예방하자 00:00
397 1959 지방 장관 회의 00:54
398 1959 새로운 이동 검진차 00:49
399 1959 사방사업 촉진 01:15
400 1959 효행 학도 표창 00:52
401 1959 사방사업 촉진 01:15
402 1959 제4회 체신의 날 00:40
403 1959 경무대 소식 01:48
404 1959 인권 옹호 주간 00:03
405 1959 간호학생 가관식 00:31
406 1959 경무대 소식 00:47

이선이는 도쿄외국어대학에서 중국 여성주의의 성립 과정과 역사적 변화에 대한 연구로 박사학위를 받았다. 성공회대학교 연구교수를 지냈으며 현재 서울여대와 경희대 등에서 중국사 강의를 하고 있다. 대표적인 글로는 〈일본군 '위안부': '민족의 상흔'을 넘어서〉(2005), 〈근대중국의 민족주의와 여성주의〉(2004), 〈연안정풍운동에 대한 지식인의 대응: 왕스웨이와 딩링을 중심으로〉(2003), 〈현대중국여성주의의 전개: 리샤오장을 중심으로〉(2002) 등이 있다. 중국의 국가와 섹슈얼리티 문제가 주요 관심사이며, 최근에는 동아시아 각국에서 냉전체재가 인구정책의 특질을 형성하는 데 어떠한 영향을 미쳤는가에 관해 탐구 중이다.
sunyi36@hanmail.net

냉전기 동아시아의 '성' 관리 정책

– 중국과 한국의 '폐창정책' 비교분석

이선이

서론

근대국가와 자본주의는 그 성립에서 강력한 군대 건설과 자본 축적 등을 위해 여성의 성(性)을 관리 · 통제의 대상으로 삼는다. 특히 의학기술과 위생학(도덕적 위생과 건강)에 힘입어 성은 아주 중요한 사회적, 정치적 사안이 된다. 국가 형성 시 새롭게 사회적 기강을 잡고자 하여 사회의 도덕적 규범과 도덕 개혁을 둘러싸고 벌어지는 논쟁에서 매매춘 문제는 핵심적인 의제가 된다. 제2차 세계대전 후 동아시아 각국에서도 성매매를 둘러싼 논의와 법안 제정, 폐창(廢娼)운동 등의 움직임이 있었다. 이는 탈식민 후 각국 사회의 성격을 구성하는 중요한 요소 중 하나가 '성'을 둘러싼 물리적, 이데올로기적 통제였음을 시사해 준다.

중국에서는 중화인민공화국이 성립한 바로 다음 달인 1949년 11월 베이징을 필두로 '창기개조사업(娼妓改造事業)'이 점차 각 도시로 확대해 간다.[1] 이는, 중국 신정부가 여타의 근대국가와 마찬가지로 섹슈얼리티에 대한 관리, 통제를 얼마나 중요시했던가를 보여주는 것이라고 할 수 있다. 전후 일본 정부 역시도 섹슈얼리티에 대한 통제와 관리를 국가 운영을 위한 중요 기제로 사용하고 있다. 일본 정부는 처음에는 중국과 달리 성매매를 폐지하기보다는 점령군 미군을 위해 성매매를 국가가 조직하는 모습을 보인다. 그러나 국가의 '근대성' 이라는 국제적 시선의 의식과 국내의 비판에 직면한 일본 정부는 1956년 '매춘방지법' 을 제정, 공포(발효는 1958년 4월)하기에 이른다. 한국에서는 해방 후 독립된 국가를 형성하지 못한 채 미군정 시대를 맞이한다. 여성단체들은 미군정에 대해 일제가 이식한 공창제 폐지를 요구하는 활동을 전개하는데, 이러한 운동이 결실을 맺어 1948년 정식으로 공창제가 폐지되기에 이른다.

그런데 1950년 전후로 중국에서 행해진 '창기개조사업' 은 성매매 근절에 '성공' 한 정책으로 평가되고 있는 반면에, 일본과 한국에서는 전후 공창제가 폐지된 이후 성매매가 근절되기보다는 오히려 산업화하면서 급격히 발전해 갔다. 이처럼 동아시아 각국의 성매매를 둘러싼 정책은 근대국가의 성관리와 성통제라는 공통점을 지니고 있으나 그 결과에서는 현저한 차이를 보이고 있다. 그 원인은 어디에 있는 것일까? 전후 동아시아 각국에서 전개된 '성매매' 를 둘러싼 담론, 법안 제정, 폐창운동 등의 움직임은 동아시아 국가의 성격을 이해하는 데 중요한 실마리를 제공한다.

한중 양국의 탈식민 과정은 '독립된' 국가 건설에 매진하면서 동시에 전후 형성되는 냉전체제 속에 급격하게 편입되어 의존하는 형태로 전개되었다. 이 과정에서 만들어진 국가의 성격이 전후 각 국가의 성관리 양태에도 영향을 미쳤다고 할 수 있으며, 바로 그 차이점이 전후 성매매 양태의 국가적 특성을 결정지은 중요한 요인의 하나였을 것으로 생각된다.

이 글에서는 '세계 역사상 유일하게' 성매매 근절에 '성공' 했다고 하는 1950년대 중국에서 진행된 '창기개조사업' 의 과정을 한국에서 행해진 공창제 폐지 과정과의 비교를 통해서 양국 섹슈얼리티 정책의 차이점과 공통점을 밝혀내고자 한다. 이는 근대국가의 성관리 정책의 특질을 밝혀내는 작업일 뿐만 아니라 현재 한국에서 '성매매특별법'을 둘러싸고 발생하고 있는 여러 문제를 해결하는 데 어떠한 실마리를 제공할 수 있을 것이다. 또한 이러한 제반 문제들의 분석을 통해 근대국가의 성관리와 성통제가 안고 있는 문제와 그 한계를 명확히 하고자 한다.

이 글에서 이용하는 사료는 물론 '남겨진 것들'이라는 태생적 한계를 안고 있음을 밝혀 둘 필요가 있다. 중국의 '창기개조사업'에 대해 보다 본격적인 연구를 위해서는 과거 그 사업의 대상이 되었던 이들의 구술이 필수 불가결하다고 생각한다. 하지만 20세기 상하이 창기문제를 포괄적이고 체계적으로 논해 중국 창기 연구의 새로운 장을 연 허셔터(G. B. Hershatter. 1997)가 이야기하고 있듯이, 그들에 대한 접근은 외국인 학자에게 현재로서는 불가능에 가깝다고 할 수 있다. 따라서 이 글에서는 당시 발간된 신문과 회고록, 그리고 약간의 당안(黨案) 자료, 다큐멘터리, 영화 등을 사료로 이용하고자 한다.

1. 역사적 배경: 냉전과 중국식 사회주의 체제

1945년 제2차 세계대전이 끝나고 1950년대는 동아시아 냉전질서가 가속화되면서 그 심화가 동아시아 사회에 미친 영향이 점차 확대된 시기라고 할 수 있다. 1947년 3월 트루먼 독트린이 선언되면서 본격적으로 냉전이 시작되었다고 할 수 있는데, 미국은 1949년 12월 30일 미국국가안보회의 정책문서인 NSC 48/2를 채택해 공산주의 확대 저지를 목적으로 인도차이나 지역에 개입하고 새롭게 건국된 중국 승인에 반대했다. 그리고 미국은

1950년 6월 재일 미군기지를 존속시키면서 일본 중심의 아시아 냉전체제를 구축했다. 주지하다시피 그해 한국전쟁이 발발하면서 냉전체제는 한층 강화되었다. 1951년 9월 4일부터 미국 샌프란시스코에서 열린 대일강화회의와 9월 8일 체결된 미일안전보장조약은 일본과 중국 대륙의 경제관계를 인위적으로 갈라놓았다. 동아시아의 전후 체제는 정치적, 경제적 분단체제라고 할 수 있는 상태로 접어들었다. 한편 아시아 지역에서는 독립과 신국가 건설을 향한 투쟁이 진전되면서 핵군비를 배경으로 한 미군의 냉전정책에 반대했으며, 그 중심에는 사회주의 국가 건설에 나선 중국이 있었다.

이처럼 세계적 냉전질서가 형성되고 심화되는 과정 속에서 행해진 중국에 대한 고립정책은 중국의 정치 · 경제 · 사회정책의 재편성을 불가피하게 만든 중요 요인이 되었다. 중국은 미국의 냉전전략으로 고립적 상황에 놓여 있으면서도 주체적으로 그 상황을 극복하고자 하는 다양한 정책들을 펼치고 있었다.

중국은 1949년 10월 1일 중화인민공화국의 성립을 선언했을 당시만 해도 구체적인 사회주의 체제가 시작된다고 보기는 어렵다. 당시 마오쩌둥은 사회주의를 '먼 장래의 일'이라고 발언하기도 했다(毛澤東. 1977. p.27). 그러나 위에서 간략하게 서술했던 것처럼, 한국전쟁과 미일안전보장조약 등으로 냉전이 더욱 가시화하면서 중국은 미국의 움직임을 심각한 위협으로 받아들이기 시작했다. 이로써 중국은 미국을 필두로 한 제국주의 침공에 대처하기 위한 총력전 태세를 구축하면서 중국 특유의 사회주의 체제를 구체화하게 된다.

중국은 1950년 한국전쟁이 발발하자 항미원조(抗美援朝)를 표방하면서 민족주의를 고양시켰으며, 민족주의의 고양은 반혁명 세력진압운동(鎭反運動)을 부추겼다. 이런 '내부의 적'을 적발하는 과정에서 많은 대중이 동원 · 조직되었고 동시에 사회의 구석구석까지 공안 조직망이 침투하게 되

탐관오리를 처형하는 베이징의 삼반 오반운동 모습(위).

한국전쟁에 참전하기 위해 떠나는 농민들(아래).

었다. 이에 더해 1951년 삼반오반(三反五反)운동[2]과 농업을 급격하게 집단화해 사회주의적으로 개조하면서 공산당은 더욱 견고하게 조직을 장악해 나갈 수 있었다.

이상의 사회주의로 개조하는 과정은 국가가 국민(인민) 한 사람 한 사람을 긴밀하게 조직하고 장악하는 과정이었으며, 이는 위로부터 진행된 급격하고 엄격한 비자율적인 일원적 국민 통합이었다. 또한 1951년 7월 공안부는 '도시 호적 관리 잠정 조례'를 공포해 도시 지역의 호적 관리제도를 기본적으로 통일하면서 모든 개인을 호적을 통해 파악하는 것이 가능해졌다. 덧붙이면, 농촌과 도시의 호적이 엄격하게 구별되어 농촌에서 도시로 이적하는 것이 강력하게 규제되었다. 이로써 농민들은 사실상 '농민'이라는 일종의 신분에 얽매여 농촌에 속박되었다. 호적제도에 이어 국가는 생활필수품을 장악하고 호적에 입각해 배급하는 제도를 엄격하게 시행했다. 도시에서는 사람들의 생활을 지배하게 된 것이 '단위(單位)'였다. 사람들은 자신이 속한 기업 · 사업체 · 기관 · 학교나 거주지역 안에서 노동은 물론 주택 · 의료 · 쇼핑 · 오락 · 교육 등 생활에 필요한 대부분의 것을 해결했다. 이 단위에서는 물질적인 생활만이 아니라 정신적인 생활도 엄격하게 관리되었다. 각 단위의 공산당위원회는 해당 단위에 소속된 모든 개인에 대해서 '당안'이라는 신상조사서를 보관했다. 당안에는 일반인의 경력이나 신상뿐만이 아니라 사상, 동향, 인간관계, 출신계급 등이 기록되었다. 이 당안에 의해 단위는 모든 개인의 사상이나 과거의 행동까지 장악했고, '정치운동'을 할 때에는 이러한 당안이 비판자료로 활용되었다(山本恒人. 1994).

농촌의 호적제도와 도시의 단위에 의해 '인민'들의 일상생활에 대한 통제가 가능해진 상황은 중국에서의 '창기개조사업'에 직간접적인 영향을 미쳤다. 예를 들면 상하이에서는 1951년 11월 중국공산당 상하이시위원회

(中共上海市委員會)가 '본시 창기 처리에 관한 계획(關于本市處置娼妓的計劃)'을 발표해 금창(禁娼)의 방침, 절차 등의 문제를 구체적이고 명확하게 규정했다. 이때에 맞추어 '창기개조사업'이 본격화했으며 1958년말까지 상하이 시 전역에서 기원(妓院) 627곳을 봉쇄하고, 기원 주인과 포주 등 920명을 구속 · 수사했으며 기녀 7,513명을 수용 · 교육하면서 이 사업을 마쳤다. 이로써 중국 정부는 자신 있게 이 사업이 성공적으로 끝났음을 선언했는데, 이러한 때는 1951년 호적 정비 시점과 1958년 1월 '중화인민공화국 호적등록 조례' 공포 시점과 미묘하게 일치하고 있다. 중국의 선언은 호적 정비사업을 통해서 모든 개인을 호적으로 관리할 수 있게 됨으로써 '개조'된 창기에 대한 관리도 가능하다는 자신감을 근거로 하고 있다고 볼 수 있다.

제2차 세계대전이 끝난 후 한국과 일본에는 각각 해방군과 점령군이라는 차이가 있었지만, 미군 주둔이라는 공통점이 있었다. 따라서 미군정기 한국사회를 이해하기 위해서는 미군정이라는 국가권력의 구실에 주목하지 않을 수 없다. 미국은 해방 직후에 38선 이남을 군사 점령하고 직접 통치했기 때문에 미군정의 권력은 시민사회의 내재적 발전의 결과로 성립된 것이 아니라 외부에서 이식된 것이다. 남한사회에서 미군정은 최종적인 국가권력, 즉 대내적 주권을 장악한 '사실상의 국가'로서 기능했다. 전술군과 군정 요원은 이러한 권력을 행사하기 위한 점령 통치기구를 동원해 수립하고 이것을 통해 자신의 이해를 관철시키는 점령정책을 수행했다(박찬표. 1997. p.12). 미군 점령정책의 기본 입장은 장기적인 지배를 위한 정치적 · 사회적 안정 유지와 자본주의 체제의 확립에 있었다. 미국은 자본주의 세계 전체를 사회주의 체제로부터 수호한다는 목표하에 한국을 이른바 반공기지로 선정했으며 한국사회 전반에 대한 지배력을 확보하는 데 주안점을 두었다(이혜숙. 1992. p.22~29).

미군정의 제반 여성정책은 여성의 삶에도 지대한 영향을 미쳤다. 그것은 남녀평등의 민주주의 질서 확립이라는 목표하에서 추진되었지만 구체적인 준비나 대안이 없는 상태에서 전개됨으로써 또 다른 사회문제를 야기하기도 했다. 뿐만 아니라 자본주의 사회로의 재편이라는 점령의 기본 목표를 관철시키는 과정에서 미군정 정책의 중심은 정부 수립과 관련된 정치적 문제의 해결이었고 이를 위한 정치적 · 사회적 안정이었다. 그런 가운데 여성문제는 정치적 · 경제적 문제에 비해 부차적인 위치를 점하는 것이었다. 미군정의 여성정책은 정치 · 경제 · 사회 · 문화의 제반 분야에서 여성의 지위를 향상시키고 여성의 권익을 옹호한다는 여성정책 고유의 업무보다는 미군정 정책 일반을 추진하는 과정에서 여성의 지지와 참여를 이끌어낸다는 측면이 강했다(이배용. 1996. p.175~176). 따라서 뒤에서 살펴보는 바와 같이 미군정은 공창제 폐지에 대한 대응에 상당히 소극적이었다.

한편 제2차 세계대전 후 형성된 냉전과 국가 건설이라는 대내외적 어려움에 처한 중국은 자국의 정당성을 사회주의 도덕 실현을 통해 증명해 보이고자 했을 것이다. 이때 여성의 지위는 언제나 그 사회 '문명'의 정도를 나타내는 척도가 된다는 것은 역사 속에서 증명되어 왔다. 특히 다음에 보는 것처럼 사회의 '야만성'을 보여주는 전형적인 예로서 '창기'는 자주 언급되며, 그 야만적 억압의 고리를 끊어준 신정부라는 상징은 새롭게 국가를 건설한 기반이 취약한 중국 공산당 정권에는 상당히 중요한 문제였을 것이다.[3] 반면에 전후 독립적인 국가를 지니지 못하고 미군정이 들어서게 된 남한에서는 공창제를 둘러싼 정책이 미군정의 군대 운영의 필요에 따라 시행되었다고 할 수 있다.

2. 동아시아의 '폐창' 과정

전사(前史): 젠더, 근대, 국가

아편전쟁(1840~42) 이후 20세기 초까지 중국의 지식인들은, 중국이 어떻게 하면 강력해질 수 있는지를 고민했다. 당시 중국의 대다수 지식인들은 유교의 가족 이데올로기, 전족, 문맹 등의 문제를 통해 중국 부녀(婦女) 지위의 열악함을 제기했으며, 바로 그 점이 중국이 빈약할 수밖에 없는 최대 요인의 하나라고 주장했다. 이처럼 개혁자들에게 젠더, 근대, 국가는 서로 밀접하게 연결되고 구속받는 관계에 있었다. 그리고 이러한 주장들 속에서 창기문제는 부녀 지위가 얼마나 열악한가를 보여주는 중요한 예증으로 자주 출현했다. 중국의 지식인들은 종종 창기문제를 중국문화 위약(危弱)의 상징으로 보았다. 만약 어떤 문화제도가 부녀를 하등인으로 설정한다면, 그 제도는 반드시 약소국을 낳는다는 식으로 청말 이래 부녀 지위에 대한 토론은 부국강병이라는 긴박한 요구와 연계되어 있었다.

특히 5 · 4 시기 지식인들은 창기, 첩제도, 노비매매 등의 악습은 모두 소탕되어야 한다고 주장했다. 중국공산당을 창당시킨 주역의 한사람인 리다자오(李大釗)는 창기문제와 국력의 빈약(貧弱)을 연계해 모 상하이 신문에 부녀 지위 문제에 대한 독자들의 의견을 구했으나 아무런 반응이 없었다. 이에 분노한 그는 "중국인들의 일반적인 심리는 부녀의 인격을 인정하지 않는다"고 단언한다. 이어서 창기업은 반드시 소멸해야 하며 그것이 존재하는 것은 인류 가치에 대한 모독이며 여성을 가장 비천한 생활방식으로 내몰아 모욕과 학대를 받게 한다고 말한다. 또한 남녀 간 자유로운 연애의 가치를 저하시키며, 성병을 만연시켜 대중 건강과 민족의 생식 번성을 위협하며 법률적 자유를 위반하기 때문에 민중의 자주를 실행하는 모든 국가에서 창기업을 허용하지 않는다고 한다. 끝으로 창기업의 폐지는 중국부녀

해방운동에서 가장 중요한 문제라고 주장했다(李大釗. 1981. p.347~348).

리다자오는 같은 글에서 창기제도를 개혁하기 위한 분투 목표를 제시하고 있다. 우선 인신매매를 금지시켜야 하며 기녀의 수를 제한하고, 교양소를 두어 기녀들이 기능을 배울 수 있도록 하며 결혼을 통해 가정을 이루도록 지원해야 한다. 그리고 무엇보다도 중요한 것은 모든 부녀들에게 무상교육을 제공해야 하며 나아가 근본 해결 방법은 매음이 아니면 생활할 수 없게 한 사회조직의 개조가 필요하다고 말한다. 리다자오는 이처럼 성매매와 부녀의 지위, 민족의 건강, 근본적인 개혁과 근대국가의 행위를 밀접하게 연계해 논하고 있다. 그가 제시하고 있는 분투 목표는 후에 공산당이 선택한 정책에 직접적인 영향을 미치고 있다.

그 후에도 중국의 사회개혁가들은 지속적으로 창기 소멸을 외치면서 창기 구제책들을 주장했다. 그리고 그들의 주장은 공산당이 1950년대 창기제도를 소멸시키고자 한 개혁의 계획을 앞서 보여주고 있는 듯하다. 예를 들면 1936년 린충우(林崇武)의 주장은 1950년대 중국 공산당의 창기개조사업에서 거의 그대로 실현된 듯하다. 그는 기구를 건립해 창기들을 관리하고 창기들에게 교육과 노동 기능을 가르치고 도리를 깨우쳐 수치심을 회복시켜야 한다고 주장했다. 그리고 이 기구에서 병든 자는 치료하고 그녀들을 도와 합당한 배우자를 찾아주어야 한다고 말했다. 나아가서 창기들의 병이 제대로 낫지 않았거나 교육을 받아도 사상이 안정되지 못해 사회로 돌아가기를 원치 않는 사람이 있으면 기관에 남도록 해야 한다고 했다. 또한 수차례 교육을 받아도 고쳐지지 않는 사람은 (갱생) 기관에 보내어 영원히 공민권을 누리고 사회로 돌아갈 수 있는 희망을 없애야 한다고 주장했다(林崇武. 1936. p.215~223).

실제로 1900년에 외국의 여성 전도사가 상하이에서 창립한 '희망의 문(希望之門)' 이라는 단체는 도움을 청한 이에게 안전한 장소를 제공해 그녀들에게 글자와 책 읽기, 기술을 가르쳐 살아갈 수 있게 했으며 혼인을 주선했다(G. B. Hershatte. 2003).

1920년대부터 50년대까지 상하이를 예를 들면 그곳의 역대 정권은 창기들을 위험시해 그녀들의 정당한 사회적 지위를 박탈했으며 창기들을 어지럽고 문란한 사회의 피해자이면서 동시에 문란한 사회의 구성요인으로 간주했다. 국민당 정권 및 20세기의 시정 당국은 전통적 유교 질서에 부합하면서 구미 현대 정권을 모방해 자신들의 관할 범위를 가정까지 확대했다. 그러나 난징(南京) 정부의 창기를 둘러싼 정책이 전국적으로 일관성을 띠고 있었던 것은 아니다. 상하이에서는 1920년에 폐창이 시작되었고, 1927년 난징 정부 성립 이후에는 난징을 시작으로 장쑤(江蘇), 저장(浙江), 안후이(安徽), 광둥(廣東) 등으로 폐창이 확대되었다. 반면 베이징(당시는 베이핑) 시 정부는 공창제도를 시행하고 있었다(신규환. 2005).

그러나 폐창정책을 취하던 공창제를 취하던 간에 '근대국가'의 성관리 정책이라는 점에서 커다란 차이는 없다고 할 수 있다. 근대국가는 일상생활에 대한 통제와 계획 및 배치를 조직함으로써 국가권력을 유지한다. 성공적으로 구조화된 일상 공간은 근대국가의 버팀목으로 작용하기 때문에 국가권력은 각종 행정기구를 통해 일상 공간을 국가 건설이 요구하는 공간으로 재배치하고자 했다. 이때 국가권력이 공공영역의 확장을 통해 근대국가와 민중의 일상생활을 매개하면서 국가권력의 의지를 현실화시킬 수 있는 수단으로 급부상한 것이 바로 위생행정이며(신규환. 2005) 위생행정의 일환으로 국가는 성에 대한 관리정책을 시행한다고 할 수 있다. 그런데 공창제의 성립은 거의 비슷한 시기에 폐창운동을 탄생시킨다. 폐창운동은 국가에 의한 여성의 성관리에 반대하기보다는 오히려 국가권력을 이용해 성의 관리와 통제를 인정할 뿐만 아니라 더욱 촉진시키는 결과를 가져왔다. 이는 근대 국민국가 형성 과정에서 나타나는 성관리라는 동전의 양면이 아닌가 생각된다.

일본에서는 1872년을 전후해 근대적 공창제가 성립하면서 곳곳에서 폐창운동이 일어났다. 전전과 전후를 막론하고 교풍회(矯風會)를 비롯한 폐창운동을 주도한 시민단체는 주로 국회나 원로원을 상대로 건의운동을 전개하거나 청원, 법안 제정 촉구 등 국가권력의 힘을 빌고자 하는 움직임이 주류를 형성하고 있었다(藤目ゆき. 2004).

한국에서도 일제에 의해서 유곽이 생겨나고 공창제가 성립하자 곧바로 폐창운동이 전개되었다. 선교단체를 중심으로 근우회(槿友會) 등의 주요 활동은 강연회 개최 혹은 서명운동을 전개해 총독부에 공창제 폐지 문제를 해결하는 법안을 제정해 줄 것을 요청했다(유해정. 2002). 이는 해방 후의 폐창운동에서도 별반 달라지지 않았다.

이처럼 동아시아 국가에서 전개된 폐창운동은 국가를 중요한 행위자로 보고 청원이나 건의 등과 같이 국가권력을 통해 성매매 문제를 해결하고자 했다. 국가 역시도 이를 제도 차원에서 흡수하고자 했다. 이는 이후 성매매의 근절이라는 측면의 성패 여부를 결정하는 중요한 요인이 된다.

중국 '창기개조사업'의 진행 과정

베이징의 기원 폐쇄 과정

1949년 11월 21일 중국공산당 베이징시위원회(中共北京市委員會)와 시인민정부(市人民政府)는 베이징 전역의 모든 기원을 봉쇄하고 1,200여 명의 여성을 부녀생산교양원(婦女生産教養院) 8곳에 분산 수용했다. 부녀연합회(부련) 활동가 10명, 그리고 공안국 · 민정국 · 위생국 · 공회(工會) 등에서 파견된 사람들이 직접 기원을 봉쇄하고 창기를 '개조' 하는 사업에 참가했는데, '특수전쟁' 이라고 불릴 만큼 치열한 작업이었다고 당시의 참여자들은 회상한다(張吉珣. 1988).

1949년 2월 3일 중국인민해방군은 베이징에서 입성식을 거행하고 그해 3월 잠행규정(暫行規定)을 발표했는데, 이에 따라 각 유곽은 반드시 유숙객 명부(성명, 연령, 직업, 주소)를 기재해야 했다. 이 외 기원등기제와 임시규정을 두었다.[4]

1949년 5월 베이징의 사회 치안이 안정되면서 시정부는 회의를 열어 전문적으로 기녀문제를 연구하고자 하여 민정국, 공안국, 부련 등의 관련 단체가 참여해 '공작조(工作組)' 를 구성했다. 그러나 이들의 조사 작업이 순탄하지는 않았던 듯하다. 리룬산(李潤山)의 회고에 의하면, "기녀들 중 일부는 너무 당황해 논의가 분분"했을 뿐 아니라 '공작조' 의 조사에 대한 방해공작을 전개했다. 그리고 "기원 주인과 포주들은 계략을 써서 기녀들과의 교제 혹은 협박"을 통해 기녀들이 해방군과 '진실' 한 이야기를 하지 못하도록 했다고 한다. 또한 "어떤 기녀들은 정부 관리들이 오면 숨거나 일이 있다, 또는 몸이 불편하다는 핑계를 대면서" 자신들에 대해 이야기하기를 꺼려했다(李潤山. 1988). 조사가 일단락되고 기녀들을 소집해 회의를 개최하던 때에 즈음한 8월 류런(劉仁), 우촹전(武創辰), 펑전(彭眞) 등 당시 이 사업의 책임자들은 13세의 소녀가 매독에 걸려서도 영업을 했다는 이야기에 직접 기원을 방문했다. 1949년 8월 9일 베이징시 제1차 각계인민대표회의에서 창기 개조 문제가 공식 제안되어 9월 19일 '베이핑시 기녀처리법(초안)' 이 만들어져 먼저 공창을 처리하고 이후 사창을 처리한다는 원칙이 정해졌다. 10월 15일에는 시위와 시정부의 지시에 따라 공안국, 민정국, 부련 등의 단위가 합동으로 '기원 폐쇄 총지휘부' 를 조직했으며 공안부 부장 겸 시공안국 국장 뤄루이칭(羅瑞卿)이 기원 봉쇄의 총지휘를 맡았으며 둥루친(懂汝勤, 민정국 국장), 양윈위(楊蘊玉, 부련주비위원회 부주임), 우촹전 등이 총부지휘를 담당했다. 총지휘부 아래에는 행동지휘부를 두었다. 11월 21일 베이징시 제2차 각계인민대표회의 둘째 날 회의 석상에서 '신민주주의 사회에서 그것도 인민의 수도 베이징에서 야만적인 제도가 계속 존재하는 것을 용납할 수 없다' 며 기원 봉쇄 문제가 제기되었다.[5]

총지휘부는 1949년 11월 22일 새벽 5시경 베이징 시 전 지역의 기원 196곳을 완전히 폐쇄했으며 먼저 창기 1,268명을 수용한 후 뒤이어 48명을 잇따라 수용해 총 1,316명을 수용했다. 기원 봉쇄 결의부터 불과 12시간 만에 봉쇄 업무를 완료했다. 이러한 전격적인 기원 봉쇄는 창기들에게는 등급[6]에 관계없이 상당히 강압적으로 느끼기에 충분했던 듯하다(《人民日報》. 1949. 11. 22).[7] 12시간이라는 지극히 짧은 시간에 전격적으로 기원을 봉쇄한 것으로만 보아도 그 폭력성을 읽어낼 수 있다.

기원을 봉쇄한 다음 날인 1949년 11월 23일, 베이징 8대 후통(胡同: 뒷골목)의 하나인 한자탄(韓家潭)의 춘염원(春艶院)이라는 기원을 '베이징시부녀생산교양원' 으로 탈바꿈시켜 창기 '개조' 를 시작했다. 부련주비위원회 부주임 양윈위와 부련 조직연락부 부부장 장지쉰(張洁珣)이 교양원의 지도를 맡았다. 수용된 창기들은 일률적으로 '학원(學員)' 혹은 '자매(姐妹)' 로 불렸으며, 교양원은 창기들에게 문화교육과 정치교육 그리고 성병 치료 등을 행했다.

성병 치료는 1949년 11월 28일 베이징대의원, 성병방치소(性病防治所) 등 6개 단위에서 57명의 의료인원으로 구성된 의료대가 정기적으로 부녀생산교양원으로 와서 학원들에 대한 성병 검사와 치료를 시행했다. 검사 결과를 보면, 창기 1,300명 중 98퍼센트가 병을 앓고 있었으며 가장 심각한 4명의 경우는 하반신이 이미 궤양과 출혈로 입원 치료가 행해졌다. 1,068명은 매독이나 임질 그리고 제4성병 등 2~3종의 성병을 앓고 있었다. 가벼운 질병에 걸린 자 208명, 그 외 폐결핵, 심장병, 아편 중독 등을 앓고 있는 사람들도 적지 않았다. 당시 항일전에 이은 국공내전의 여파로 상당히 물자 곤란에 처해 있었음에도 불구하고 1억여 위안, 시가로 환산하면 좁쌀 2만 근의 비용을 들여 약품을 구매해 치료에 사용했다(李万啓. 1988. p.71).

베이징의 '창기개조사업'의 교육 내용은 주로 수용된 기녀의 80퍼센트가 문맹이어서 글자를 가르치는 정도였기 때문에 '문화과목은 수월' 했으나 '정치과목'은 쉽지 않았다고 한다. 교양원은 여자 혁명 영웅에 대한 교육을 통해 창기들을 떨쳐 일어나게 하고자 했으나, 창기들은 감동 받지 않았을 뿐만 아니라 근본적으로 마음을 움직일 기미조차 보이지 않았다고 한다.

또한 자신들이 해왔던 '일'에 대해 의식주를 '해결' 하기 위해서거나 '자유자재로 돈을 벌기 위한' 행위로 인식하고 있어서 특별히 문제로 느끼고 있지 않았던 듯하다. 이에 지주계급이 잔혹하게 빈곤 농민을 핍박하는 평극(評劇: 화북 · 동북지역에서 유행하던 지방극의 하나) 〈구미호(九尾狐)〉, 〈백모녀(白毛女)〉, 〈하천한 여인(一个下賤的女人)〉 등을 창기들에게 관람하도록 했다. 나아가서 양원위는 빈농들에게 계급의식을 불러일으키기 위해 적용했던 고통 호소(訴苦) 운동을 창기들에게도 적용해 시행했다. 창기들은 이 운동을 통해 자신들이 과거 겪었던 삶을 토해 냄으로써 서서히 변화하기 시작했다. 그러나 여전히 자신의 삶을 고통으로 이야기하지 않는 창기들이 존재했으며, 이러한 창기들이 '말하지 않는' 중대한 이유를 혹독한 포주가 여전히 건재하기 때문이라고 판단한 교양원은 악질 포주를 고발하는 성토대회(控訴會)를 개최했다. 그 후 "1950년 4월 6일 오후 2시 베이징시 군관회 군법처는 법에 따라 극악무도한 포주 황수칭(黃樹卿), 황완스(黃宛氏)를 사형에 처할 것을 결정하고 즉각 집행했다." 이러한 '인민재판'은 대중운동이라는 방식을 이용하고 있는데, 대중운동 방식은 강력한 효과를 지니고 있었으며 그로부터 더 이상의 저항은 보이지 않았다.

그리하여 1950년 6월 말 1,316명의 '학원' 중 596명은 공인, 농민, 점원, 노점상인 등과 결혼했다. 379명은 친족의 손에 이끌려 집으로 돌아갔으며, 62명은 극단과 의무공작에 참여하고, 8명은 양로원으로 들여보냈으며, 62명은 창기와 포주를 겸하고 있어 사안에 따라 처리했다. 마지막으로 돌아갈 집이 없거나 집은 있으나 돌아가기 어려운 209명을 위해 정부는 새롭게 면직공장을 만들어 노동자로 일하게 했다. 당시 미성년 아이들(창기의 자녀와 포주가 산 여자 아이들 포함) 43명은 탁아소로 보냈으며, 24명은 모친이 데리고 가고, 3명은 농민이 부양한다고 데리고 갔다. 연령이 비교적 많은 아이들은 공장에 들어가 기술을 배우도록 했다(李万啓. 1988. p.105). 이로써 1949년 11월 22일 건립된 베이징시부녀생산교양원은 1950년 6월 그 소임을 다했다.

상하이의 창기개조사업 진행 과정

상하이의 창기개조사업도 대략적인 틀 안에서는 베이징 시와 큰 차이를 보이고 있지 않다. 1951년 11월 25일 정식 조치를 실시하기까지 먼저 유곽의 자동 폐업과 창기의 자발적 탈출을 도와주기 위해 1949년 5월 25일 상하이 인민정부가 수립되어 유곽과 창기 숫자를 파악하고 7월 9일 상하이 시 인민법원이 수립되면서 창기가 매춘 생활을 청산하려 할 때 포주가 몸값을 요구하는 것은 위법임을 명시했다. 또한 1949년 8월 16일 상하이 시 공안국은 창기관리를 위한 임시규정[8] 14항을 공포했다. 그중 14항에서는 창기와 포주간의 모든 계약을 폐기하고, 창기가 갱생을 원한다면 포주는 조건 없이 이를 허용해야 하며, 이를 어긴 자는 벌금 혹은 구속 또는 유곽 폐쇄처분을 당한다고 명시하고 있다(《大公報》. 1949. 8. 16). 또한 창기들은 피해자임을 명확히 지적하고 그들의 성분을 유민 또는 도시빈민으로 분류했다. 인민정부는 창기들의 사상개조를 지원하고, 성병을 치료해 주어야 하며, 귀향과 결혼문제에 조력하고, 무의탁자에게는 기술훈련을 시켜 생산에 종사할 수 있도록 해야 한다고 명시했다(《解放日報》. 1949. 12. 24).

상하이 시는 1949년 11월 부녀생산교양소를 설립해 유랑부녀 400여 명을 수용해 기본적인 질병 치료 후 노동기술을 습득시켜 대부분 쑤베이(蘇北)의 개간지구로 이송해 생산에 참가하도록 했다. 그러나 이 단계에서 아직 금창(禁娼)을 본격적으로 시행했던 것은 아니며 1950년 5월에서 6월 사이에 상하이 시 공안국은 창기에 대한 영업허가증을 발급하고 있었다.[9] 상하이를 '해방' 시키기 바로 전날 밤 중국공산당 중앙화동국(中央華東局)은 단양(丹陽)에서 상하이 접수관리 공작에 관해 논의하면서 수차례에 걸쳐 '추악한 사회 군체(群體)' 인 창기들을 어떻게 다룰 것인가에 대해서 논의했다. 그러나 '해방' 후 상하이 시 인민정부 부비서장 겸 민정국 국장인 차오만즈(曹漫之)가 개최한 좌담회에서 대다수는 상하이 해방 후 즉각적으로 창기를 단속하는 것은 불가능함을 표명했다. 왜냐하면 인민정부가 해결해야 할 임무는 산적해 있으며 그중에 남아 있는 적들을 소탕하고 신생 정권을 공고히 하는 일과 생산력 회복, 사회질서 안정 등이 우선 과제였기 때문이다. 또한 의료와 직업 알선 준비가 갖추어져 있지 않다는 점을 주요 원인으로 들었다(王申. 2003).

매춘금지령이 시행되기 약 1년 전인 1950년 12월 단계에서 공안국의 영업허가증을 받지 않고 영업하는 상하이의 사창은 지속적으로 증가 추세를 보이고 있었다. 그러나 사창을 근절할 대안이 마련되지 못한 관계로 상하이 시 당국은 교육, 혹은 벌금 등의 '소극적' 인 사창 단속 조치를 취하고 있었다.[10] 그러나 교육이나 벌금형을 받은 이후에도 누차에 걸쳐 재범을 저지른 사창주와 포주 등 약 50명을 장기적으로 '개조' 하기 위해 교양소로 보낸다.[11] 이러한 단속 조처에 힘입어 1951년경에 이르면 해방 초 공개적인 기원 264곳, 기녀 1,336명이었던 것이 2년이 경과하면서 허가 기원은 72곳, 기녀 181명 이외 가두의 사창 약 1,366명, 공사창 포주 581명 정도로 집

계된다.[12)]

상하이 시 각계인민대표회의 협상위원회는 1951년 11월 23일 오전 전체 회의를 열어 잔존 기원 단속과 창기 해방문제에 대해 집중적으로 토론, 결의했으며 인민정부가 받아들일 것을 건의했다. 성피화(盛丕華) 상하이 시 부시장이 이를 바로 접수해 즉각적으로 집행 명령을 내렸다(《解放日報》. 1951. 11. 24). 상하이 시 민주부련 및 가정부련 협회는 기원 단속 건의를 지지해 담화문을 발표했다. 담화문에서는 "창기제도란 구사회의 죄악적 통치 하에서 부녀의 정신과 육체를 훼손하고 부녀의 인격을 모욕한 만악의 제도"라고 규정했으며, 상하이 해방과 더불어 "해방된 상하이 부녀의 정치적 · 경제적 · 문화적 지위와 생활이 전에 없이 높아져 소수의 핍박받는 창기에 대해서도 관심을 표명하게 되었다"고 하였다. 이후 창기들에게는 노동과 학습으로 새롭게 거듭날 것을 촉구하면서 "각계 인민과 부녀들이 정부에 협조해 [포주를] 수시로 검거해 정부의 엄한 처벌을 청할 것"을 다짐했다(《解放日報》. 1951. 11. 24).

상하이에서 매춘금지령이 시행된 것은 1951년 11월 13일이었으며 11월 25일 시 공안국, 민정국, 부련 관계자 및 마을 간부 200여 명이 집결해 인민정부의 명령을 집행했다. 11월 26일 오전 10시에 유곽 폐쇄 조치가 완수되었다. 72개 유곽이 폐쇄되고 공창 201명, 사창 289명 등 총 490명이 수용되었다. 그 후로도 사창이 근절되지 않자 1952년 9월 25일 제2차 행동에 나서 사창 940명을 수용했다. 2차 수용 시에는 적지 않은 저항이 있었다. 그리고 1차 수용 창기들이 2차 수용 창기들의 교육을 담당하도록 해 자신들의 사업을 과시하고 선전하는 효과를 얻고자 했다.[13)] 그런데 이때 상하이 시 정부는 상하이가 해방된 후에도 사창뿐만이 아니라 공창도 존재하고 있었다는 사실이 알려지는 것에 극도로 신경을 쓰고 있었다.[14)]

이 사업은 상하이에서도 베이징에서와 마찬가지의 '개조' 방식을 취했다. 우선 고통호소 운동과 성토대회를 통해 창기들에게 '고된 생활을 토해내도록 해 고통의 뿌리를 잘라내고 계급교육'과 의식을 고양시키고자 했다. 둘째, 의료요원을 두고 창기들의 성병을 치유했다. 상하이의 창기들에게 성병은 아주 보편적이었으며 제1차 수용 인원의 88.3퍼센트인 459명이 각종 성병을 앓고 있었다. 신속한 성병 치료를 위해 상하이 시 위생국이 큰 병원에서 성병 치료 전문가 수십 명과 피부과, 부인과 의사를 뽑고 교양소 내 임시의원과 간이병상을 건립했다. 여기에 필요한 비용은 기원을 몰수해 충당했다. 셋째, 창기들에게 학습문화와 생산기능을 가르치고 '노동습관을 배양' 했으며 마지막으로 취직자리를 제공했다.

기원이 봉쇄된 후 1951년 11월 건립된 상하이 부녀노동교양소에 온 어떤 포주는 지금까지 합법적으로 운영되었던 것이 돌연 불법적 상황에 놓이게 된 것에 대해 불만을 제기하거나, 생활을 위해 어쩔 수 없었음을 호소하기도 했다. 창기의 경우는 베이징의 경우에서와 마찬가지로 등급에 따라서 상당한 차이를 보이고 있었다.[15] 교육 과정에서도 베이징에서처럼 창기들의 저항이 행해졌으며, 세수한 물을 물통에 다시 붓기, 고의로 트집 잡기, 곡성 시위, 욕하고 때리기, 발작, 곳곳에 구토하기, 소리 시위, 상호 도둑질, 패싸움, 도주하기 등 그 양태도 다양했다. 창기들로 하여금 구사회에서 자신들이 받았던 '압박' 을 자각하도록 해 '계급의식' 을 고취시키는 데에는 고통호소 운동이 중요한 작용을 했다. 또한 포주와 창기 사이의 감정적 유대를 끊게 하는 데에는 베이징에서와 마찬가지로 성토대회가 중요한 구실을 했으며 성병 치료에 막대한 비용을 투여한 점들이 창기들을 감화시키는 데 많은 부분 기여했다고 할 수 있다.

1951년부터 1958년 4월까지 상하이부녀노동교화소에서 7,513명을 수용(1952년부터 55년에 집중)했으며 공창의 경우 약 2년간 교육 후에 출소했다. 따라서 1953년부터 부녀노동교양소에서 개조 완료된 수용 인원의 석방을 개시했다. 그중 본래의 고향으로 돌아간 자가 2,400여 명, 국영농장에 취업하거나 가속이 데리고 간 경우가 2,500여 명, 공장에 들어가거나 사업단위에 들어간 자가 1,100여 명, 민정국 복리공장에 남은 자 600여 명, 다른 성(省)의 건설공작에 참여한 자가 300여 명, 구제기관 · 양로원 등에 배치된 자가 200여 명이었다.

즉 석방된 여성에게는 세 가지 길이 놓여 있었다고 할 수 있다. 고향의 친척이 있는 사람들은 가정으로, 태도와 자세가 모범적이고 상하이에 연고가 있는 사람들은 공장으로 갔으며, 돌아갈 곳이 없는 사람들은 간쑤(甘肅), 닝허(寧河), 신장(新疆)의 국영농장으로 갔다(揚洁曾 · 賀宛男, 1988).

해방 후 한국의 공창제 폐지 과정

제1차 세계대전이 끝나고 일본 전역에 진주했던 미 점령군(GHQ)은 1946년 1월 최고사령관령으로 '공창폐지에 관한 각서' 를 발령했으며, 일본 정부는 '창기취체 규칙' 외 관련 법령을 폐지해 공창제를 폐지했다. 그러나 한국의 경우는 미군정 주둔과 동시에 공창제를 폐지했던 일본과는 달리 1946년 5월 17일 먼저 군정청 법령 제70호 '부녀자의 인신매매 또는 그 매매 계약의 금지에 관한 법령' 이 공포되었다. 이 법령이 처음 공포되었을 때 대부분의 한국인과 언론은 이를 '공사창의 폐지 및 창기의 해방' , 즉 매매춘의 금지로 이해했다.[16] 이에 대해 군정장관 아처 러치(Archer L. Lerch)는 다음과 같은 담화를 발표했다.

> 노예상태에서 해방하려는 것은 창기를 포함하기는 하나 인신매매 금지가 공창의 폐지는 아니다. 물론 사창에는 아무 관계 없다. 따라서 창기를 제3자가 팔아먹는 것이 아니고 자기 자신이 자진해서 맺은 계약 아래 종사하

는 것은 무방하다(《한성일보》. 1946. 5. 29).

이는 미군정이 한국에서 공창제 폐지에 그다지 적극적이지 않았음을 의미한다.[17] 뿐만 아니라 미군정이 '자기 자신이 자진해서 맺은' = '자유의사에 의한' 매춘은 인정해 미군이 만족할 만한 유흥 · 휴양시설이 거의 없었던 남한에서 안정적으로 '매춘(여성)'을 제공하고자 한 조치로 이해할 수 있을 것이다. 이 점은 특수위안부시설협회(Recreation and Amusement Association: RAA)와 같은 서비스 시설이 적극적으로 만들어졌던 일본의 경우[18]에는 점령 후 곧바로 공창제의 폐지가 가능했으나 한국은 그렇지 못했다는 사실에서 추측해 볼 수 있다.[19]

이 법령이 발표된 후에도 지속적으로 공창이 늘어나자 좌우익 여성단체들이 연합[20]해 '폐업공창구제연맹(廢業公娼救濟聯盟)'을 결성했다. 이들의 공창제 폐지 활동은 1948년 2월 결실을 맺어 공창제가 폐지되었다. 당시 공창제 폐지를 앞두고 경기도 보건 후생국에서 도내 인천 유곽 22호 창부 118명을 대상으로 한 조사에 의하면, 창부들의 태반은 공장에 취업할 것을 희망했다. 구체적으로 보면, 118명 중 공장 직공 희망 40명, 화류계 재진입 희망 32명, 출가 희망자 11명 등이었다(《동아일보》. 1948. 2. 6).

공창제 폐지 후 《국민보》에 인터뷰했던 어느 공창은 공창제가 폐지된 것은 환영하지만 앞으로 살길이 막막하다며 "무거운 쇠사슬은 끊었으나 내일부터 우리는 어떻게 살아나가야 좋겠습니까"(《국민보》. 1946. 7. 10)라고 하소연하고 있다. 그러나 당국은 공창제 폐지 후 실질적으로 그들의 삶에 대한 대책을 전혀 마련하지 못하고 있었다. 창기들은 공창을 폐지하고 난 후 대책 마련을 요구하며 농성(《동아일보》. 1948. 2. 17).을 벌였으며, 이에 당국과 포주, 창기가 참여하는 간담회(《동아일보》. 1948. 2. 20)를 열어 대책을 논의했다. 그러나 창녀들의 채무 변제와 취업 대책 마련 등의 요구

(《동아일보》, 1948. 2. 20)는 받아들여지지 않았으며 단지 성병 치료를 위해 부분적으로 도립병원에 수용하는 미봉책을 시행했을 뿐이었다. 이처럼 아무런 대책 마련 없이 이루어진 공창 폐지는 유흥업의 다양화와 사창의 빠른 증가라는 결과를 낳았다. 게다가 미군의 진주로 인해 새롭게 형성된 군대의 매춘 문화는 성매매 시장의 빠른 증가에 촉매 구실을 했다(吳蘇伯. 1948)고 말할 수 있다.

이상과 같이 중국과 한국에서 전후 성매매를 국가가 어떻게 조직하고 관리하고자 했는가에 대해 간략하게 살펴보았다. 중국은 국가가 국가권력을 이용해 대대적으로 '창기개조사업'을 벌였다. 이처럼 국가의 조직적인 움직임은 '개조의 철저함과 견실함'으로 드러났다. 반면에 한국에서는 아직 그 역량이 미흡한 여성단체가 정부(미군정)에 청원해 매매춘을 금하는 법안을 만드는 형태를 띠었다. 그러나 미군정은 공창제를 폐지한 것이 자유로운 매매춘을 금지한 것은 아니라는 입장을 표명했다. 그 결과 중국의 '창기개조사업'은 성매매 근절이라는 차원에서 역사상 유례를 찾아보기 힘들 정도의 '성공'을 거두었다고 이야기 되는 반면, 한국은 공창제 폐지 후 성산업이 확대 일로를 달리게 되었다.

3. 동아시아 근대국가의 성관리 정책의 의의와 한계

'국민' 만들기와 '국민' 되기

위에서 살펴본 바와 같이, 한국과 중국 양국은 성의 관리와 통제에서 일정한 차이를 보이고 있으나 양국 모두 성매매를 '근대적 이념'에 위배되는 불법행위로 보고 성매매 여성을 '국민'에서 배제시켜 간다는 점에서 일치한다.

한국에서는 공창이 폐지되기 전 즉, 미군정법령 제70호가 발표되고 그것이 공창제 폐지를 명하는 법령이 아닌 것이 명확해지자 한성 시내 14개 부인단체가 폐업공창구제연맹을 결성해 힘을 합쳐 창기들을 '갱생의 길로 인도' 하고자 했다. 그들은 새로운 법령 제정과 '해방된 여성' 을 구제하기 위한 대책으로 갱생시설을 '국가가 설치해 창기들을 정신적, 경제적으로 갱생' 시켜 줄 것을 청원했다(《서울신문》. 1947. 3. 27). 나아가서 그들은 이를 위해 '백만원재단' 을 설립해 직접 '희망원' 을 세우고 200여 명의 창기를 수용해 글과 재봉, 요리 등을 가르쳤으며 성병을 치료(《동아일보》. 1946. 8. 11)했다. 일본에서도 마찬가지로 1956년 성매매 금지와 성매매를 한 자에 대한 처벌을 명기한 '매춘방지법' 이 제정되어 1958년에 전면 실시되었다. 이 법안은 매춘을 권유하고 시키거나 장소나 자금을 제공한 자에 대한 처벌과 창기의 '보도처분' 과 '보호갱생' 으로 이루어져 창기들은 '갱생' 의 대상이었다(川田智子. 1999. p.166).

마찬가지로 베이징과 상하이에서는 기원 폐쇄 후 각각 '베이징시부녀생산교양원' 과 '상하이부녀노동교화소' 에 모든 창기들을 수용했으며, 그곳에서 그들은 사상개조와 노동교육을 받았다. 상하이에서는 노동교육과 사상개조가 완료된 후에 선거권이 부여되어 재차 교육의 효과를 높이기도 했다(《新聞日報》. 1952. 8. 22). 이는 국민에게 부여되는 기본적 권리의 대상에서 창기는 배제되었으며 '노동모범' 으로 다시 태어날 때에 비로소 인정받을 수 있었던 것을 말해 준다. 즉 중국 공산당의 '(여성) 공민' 역시 '국가 이념' 과 일치를 요구받고 개조되지 않는 한 그 국가의 성원으로 인정받을 수 없었으며, 따라서 전면적이고 전폭적인 '개조' 사업이 행해졌다고 볼 수 있다.

또한 중국에서는 창기를 수용하는 과정에서 누가 창기인가에 대한 혼란이 생겨났던 듯하며, 품행이 바르지 못해 남녀관계가 문란한 자, 한두 사람의 고정 대상과 동거생활을 해 왔으나 매춘행위에는 속하지 않은 자, 유혹에 빠져 우발적인 타락에 빠진 자, 가수나 댄서 중 매춘행위를 하지 않은 자는 수용대상에서 제외시켰다(揚洁曾 · 賀宛男, 1988, p. 54~55). 그러나 이러한 원칙에도 불구하고 잘못 체포된 여성들이 적지 않았던 듯하다.[21] 이 과정에서 '창기개조사업'이 단지 창기의 문제로 끝나지 않고 여성 일반의 섹슈얼리티 통제에 미치는 효과를 생각하지 않을 수 없다. 내외적 감시의 강화 속에서 '노동모범'과 같은 여성에서 벗어난 '문란한 여성들'에 대한 통제를 통해 여성에 대한 규제가 강화되었음을 알 수 있다.

그런데 한국과 중국의 개조 내용을 비교해 보면, 창기가 국가 성원에서 배제된 존재라는 점에서는 일치하고 있으나 이들의 갱생 방향에서는 차이를 드러내고 있다. 중국은 '노동모범(婦女)'에 강조점이 있었다고 할 수 있다.[22]

한국의 경우는 창기들 스스로 생존권 문제가 절박하다며 공장 등에 취업을 시켜줄 것을 강력하게 주장하고 있으나 '희망원'의 '갱생' 교육에는 재봉과 요리 항목이 있었을 뿐이다. 이는 초기에 좌우익 연합으로 시작된 '폐창연맹'이 1947년 남한만의 단독선거가 결정되고 좌익계에 대한 탄압이 가속화되면서 1948년 공창제 폐지 후에는 전혀 영향력을 발휘할 수 없었기 때문이기도 하다. 주로 공창제의 문제를 경제구조에서 찾았던 좌익 여성들과 달리 여성의 '자각 부족'이라는 개인적 차원의 문제로 보거나 '가정보호론'의 관점에서 이 문제에 접근했던 우익계 여성들이 안고 있었던 한계라고 할 수도 있을 것이다. 그렇다고 해서 중국의 '창기개조사업'에서 여성들이 있어야 할 가장 바람직한 곳이 가정이 아니라는 것은 아니다. '개조'된 그녀들에게 결혼은 아주 중대한 사안이었지만[23] 단지 상대적으로 건전한 노동에 더 비중을 두고 있었다는 것을 이야기하는 것이다. 이는 근대 '국민 만들기' 전략에서 한국은 보다 '분리형'에 가깝고, 중국의 경우는 '참가형' 에 근접했다는 것을 의미한다.

개방형 '국민화': '국민' 이 주는 보호, 권리, 특권…… 소외

근대 이후 주요 행위자로서 '국가' 가 떠올랐다. 뿐만이 아니라 엘리트 지식여성들도 국가의 힘이 지니고 있는 '공공성' 에 대한 기대가 상당히 컸었다는 것을 폐창운동을 통해서도 엿볼 수가 있다. 그런데 공창제를 시행해 성매매를 국가가 조직하던 것이나 그것이 오명화되어 금지를 요구하기 시작한 것은 국가권력에 의한 성의 관리와 통제라고 하는 점에는 별로 다를 바가 없다. 특히 폐창을 주장했던 양국 엘리트들의 주장을 보면, 폐창의 주요 행위자로써 '국가' 를 들고 있다는 것을 알 수 있다. 물론 여기서 공창제가 국가의 공인하에 행해지는 매춘제도이기 때문에 당연하다는 주장을 펼 수도 있겠지만 당시 '공창제도와 축첩을 빨리 폐지하라' 며 애원세계사(愛元世界社) 총재 정인소(鄭寅笑)가 입법의원에 제출한 건의서(《여성신문》. 1947. 6. 6)의 내용을 보면, 폐지의 대상이 단순한 공창제가 아니라 매춘제도 일반을 의미함을 알 수 있다.

그렇다면 한국과 중국에서 당시 엘리트들이 요구하던 가장 이상적인 형태의 성매매 금지 대책은 국가가 창기들을 '건전한 국민' 으로 철저히 갱생시키는 데에 있었다고 생각할 수 있다. 그런데 일본이나 한국에서 미군정의 관심은 매매춘 금지 자체에 있었다고 하기보다는 미군의 성병문제에 있었기 때문에[24] 공창제 폐지 후 제대로 변변한 갱생시설이나 상담소 하나 갖추지 못한 채 창기들을 국가와 사회의 성원에서 배제, 소외시키는 결과를 초래했다. 따라서 생존의 위기에 내몰린 성매매 여성들은 근대국가의 법질서를 위반하면서 밀매음을 통해 살아갈 수밖에 없었다. 이와 상대적으로 중국의 '창기개조사업' 이 성공적이었다고 평가되는 것은 바로 '갱생' 의

'성공' 때문이다. 즉 국가가 조직적이고 체계적으로 성병의 관리에서 노동훈련과 사상교육까지 완결한 후 창기들이 새롭게 사회의 성원으로 자리매김하도록 도왔다고 하는 점을 평가할 수 있다. 이는 국가권력의 비대화가 결과하는 것이 무엇인지가 자명해진 지금 '개조'가 지니고 있는 폭력적 성격을 이야기하는 것도(임우경. 2005) 가능하지만 당시 '창기'=국민이 아니었지만 적어도 창기들이 '국민'으로 변화할 수 있는 물적 토대를 만들어주었다고 하는 점은 과소평가할 수 없다.[25)]

성패의 갈림길: 사회주의적 '문명화' 그리고 냉전

중국에서 이처럼 '창기개조사업'을 '성공'적으로 완료할 수 있었던 것은 앞의 역사적 배경에서 이야기했던 대로 무엇보다도 세계적 냉전질서가 형성되고 심화되는 과정 속에서 주체적으로 고립상황을 극복하고자 하면서 구체화한 중국 특유의 사회주의 체제를 들 수 있다. 특히 한국전쟁을 계기로 만들어진 총력전 태세하에서 개인 한 사람 한 사람의 물질적·정신적 생활 전반을 관리할 수 있게 됨으로써 '개조'된 창기가 재차 창기의 길로 되돌아오기 어려운 물적 토대가 만들어졌다고 할 수 있다.

중국 정부는 창기제도를 봉건주의, 제국주의와 같은 사회배경과 불가분의 관계에 있는 야만적인 제도로 간주해 사회주의적 '문명화'의 실현을 위해 이 사업을 추진했다.[26)] '인민해방'의 주체로 자기 정의한 정부는 사회주의의 도덕적 이상을 실현시키기 위해 창기를 해방시켜 '새로운' 부녀로 재창조해 내는 것은 과거의 부끄러운 역사, 즉 제국주의와 야만적 '봉건제도'에서 중국을 해방시키는 일이었다. 중국 공산당 정권의 입장에서 본다면, 창기업의 소멸은 중국이 강대하고 건강하며 '근대적' 국가로 변했음을 상징하는 것이었다. 그것은 청말 이후 지식인들이 오랫동안 꿈꿔 왔던

'민족 부흥'의 달성이기도 했다.

또한 중국 정부는 이 '창기개조사업'을 대외적으로 신정부의 '도덕적' 우월성을 과시하기 위해 대대적으로 이용했다. 상하이의 경우 1954년부터 외국 방문객들의 참관이 시작되었는데, 1956년 1년 동안에 북한, 인도, 일본, 뉴질랜드, 싱가포르, 노르웨이 등 31개국에서 110여 명이 참관하고 돌아갔다. 특히 일본의 참관단 중에는 국회의원이 포함되어 있었으며 이후 일본에서는 '매춘 등 처벌 법안'이 1954년부터 55년에 걸쳐 의원 입법되어 국회에 제출되는 데 일정한 영향을 미친 듯하다. 물론 참관의 효과가 반드시 중국 정부가 의도했던 결과를 만족시켜 주지는 못한 듯하다.[27] 그러나 어쨌든 이러한 확고한 정치적 목표는 '창기 개조'에 대한 확고한 의지로 표명되어 '성공적'으로 사업을 완수할 수 있었다고 말할 수 있다.

반면에 미군정은 한국의 성매매 문제에 대해 주로 미군의 성병 관리 대책의 일환으로 접근했다. 미군정은 인신매매를 금지하는 법령 제70호와 공창제 폐지법 등 매매춘에 관련된 법령을 제정해 공식적으로 인신매매와 국가권력이 개입해 성적 서비스를 제공하는 방식을 금지시켰다. 그러나 인신매매 금지와 공창 폐지를 전후해 미군을 상대하는 매춘 여성들과 미군을 소비자로 하는 댄스홀, 카바레, 카페, 바(bar) 등이 무수하게 증가했다. 미군정은 성병의 문제가 없는 한 결코 미군을 상대하는 매춘 여성이나 댄스홀이 증가하는 것을 문제 삼지 않았다(이임하. 2004. p.261). 그리고 한국 내의 냉전상황이 좌우익 연합을 통해 이 문제에 접근하기 어렵게 함으로써 문제를 심층적으로 해결하기가 어려웠다고 할 수 있다. 일본에서도 연합국 최고 사령부의 매매춘 정책의 기준은 점령국의 여성문제보다 자국 병사들의 성병 억제에 있었고, 병사들의 성병 감염이 감소한다면 문제될 것이 없었다. 전후 동아시아에서 형성된 냉전의 구조가 중국의 경우는 '극한적' 권력 형태를 가능하게 했고, 한국과 일본에서는 미군정에 의지하는 구조를 수립시켰다. 한국의 공창제 폐지 과정은 탈식민의 과정이었지만[28] 해방 후 등장한 미군정은 군대 유지를 위한 필수적 요인으로 매매춘을 용인했다. 이는 이후 한국사회의 성산업 구조에도 상당한 영향을 미쳤다. 이로써 한국은 냉전으로 만들어진 세계 구조 속에서 여성의 섹슈얼리티에 대한 통제 역시도 일국의 정책(내셔널 폴리시) 결정으로만 해결될 수 없는 사안이었음을 알 수 있다.

결론에 대신하여

근대 공창제 성립 이후 시작된 '폐창운동'이 추구하는 국가의 성매매에 대한 이상적 관리와 통제는 중국의 '창기개조사업'이 체현하고 있는 듯이 보인다. 국가권력의 극한적 비대화는 성매매라는 상품시장을 사라지게 했다. 그러나 성매매 폐지라고 하는 관점에서 '꿈의 실현'처럼 보이는 이 사업도 적지 않은 문제를 안고 있었다. 당시 중국에서 '고난을 한 몸에 받는 약자인 동시에 타락한 부랑자'로 정의된 '창기'를 강제 개조하는 것은 '무산계급의 혁명적 인도주의'로 정의 내려졌다. 여기서 해방의 주체는 공산당이며 창기는 객체로 전락한다. 따라서 정책에 '창기' 자신의 목소리는 사장되고 그들의 저항은 무시되거나 '사상교육'이 필요한 원인이 된다. 또한 창기 수용의 적용 범위를 선정하는 과정에서 '문란한 여성'들을 제재하는 부수적 효과를 통해 여성의 섹슈얼리티를 국가가 통제하는 문제를 제기할 수 도 있다. 그리고 사회주의적 모범 여성(노동부녀)만이 '국민'으로 포섭되어 여전히 배제의 대상이어야만 했던 '창기'로 인해 '창기'라는 오욕의 레테르는 사라지지 않게 된다. 따라서 '개조' 후에도 전직 '창기'들은 그 오욕을 안고 살아야만 했다.[29] 뿐만 아니라 일단 국가의 이름을 빌려 공동체에 의한 섹슈얼리티의 통제가 가능해짐으로써 반복적으로 여성의 섹슈얼리티는 관리 통제의 대상이 되어 많은 억압을 낳기도 했다.

한국의 경우는 '해방' 후 미군정에 의해서 성산업이 발전 일로를 걷게 되는 단초가 마련되었다고 볼 수 있다. 1948년 대한민국 정부의 수립으로 미군정기는 끝났지만 한국전쟁을 겪으면서 재차 주둔하게 된 미군으로 인해 기지촌 매매춘이 생겨났다. 이뿐 아니라 한국 정부는 기생관광을 통해 벌어들이는 외화를 묵인했으며 2004년 '성매매특별법' 이 만들어지기까지 성을 파는 여성에 대한 처벌은 있어도 성을 사는 남성이나 포주에 대한 처벌은 관대해 암암리에 성매매를 용인하고 있었다고 할 수 있다. '성매매특별법' 은 성을 사는 남성과 포주들에 대해서 그리고 성매매 자체를 불법화함으로써 그 이전의 '윤락행위 등 방지법' 보다 진전된 법이라고 하지만, 이 법이 시행되면서 성매매와 매매춘 여성들을 둘러싸고 한국사회가 들끓었다. 특히 성매매 당사자인 여성들의 저항이 만만치 않게 전개되면서 성매매에 대한 '인식' 자체가 도전받기에 이르렀다. '성매매특별법' 역시도 전후 국가가 '성' 을 관리하고자 하는 정책의 일단이라고 말 할 수 있는데, 성매매 여성들의 저항은 이러한 국가 관리에 대해 근원적인 물음을 던졌다고 할 수 있다.

이 글에서 살펴본 전후 국가의 성관리 정책을 둘러싸고 전개된 양상과 그 결과는 2004년 이후 지금까지 '성매매특별법' 을 둘러싸고 끊이지 않는 논쟁의 한가운데에 있는 우리에게 던져주는 시사점이라고 말 할 수 있을 것이다.

III.

냉전풍경 3
:일상의 재편과 욕망의 미시정치학

9. 냉전 초기 남한과 타이완에서 대중연예의 국가화 및 미국 대중문화의 번역
   : 1940년대 중반부터 1950년대 후반까지 대중음악을 중심으로
   신현준 · 허동훈

10. 미국 점령기 일본의 팝음악문화
   : 미군 클럽의 음악 실천을 통하여
   도야 마모루

11. 식민지 내면화와 냉전기 청년 주체의 형성
   : 1945년~50년대 청년문화의 특이성 연구
   이동연

12. 1950년대 냉전 국면의 영화 작동 방식과 냉전문화 형성의 관계
   : 한국과 중국의 경우
   염찬희

13. 상하이 영화의 포스트 국제성
   : 냉전 초기 동아시아에서 국제도시의 변용(變容) 문제
   박자영

신현준은 서울대학교 경제학과에서 글로벌라이제이션 시대 한국 음악산업의 변화를 주제로 한 논문(〈음악산업 시스템의 지구화와 국지화: 한국을 중심으로〉)으로 박사학위를 받았고, 성공회대학교 동아시아연구소 연구교수 및 싱가포르 국립대학교(NUS) 아시아연구소(ARI)의 방문연구원을 지냈다. 주요 관심 분야는 대중음악과 연관된 청년 정체성, '음악과 정치', 대중문화, 문화연구다. 최근에는 디지털 테크놀로지가 음악산업 및 음악소비에 미치는 변화에 관심을 집중하고 있다. 대표 저서로는 《얼트 문화와 록 음악 1/2》(1996/7), 《글로벌, 로컬 한국의 음악산업》(2001), 《월드 뮤직 속으로》(2003), 《한국 팝의 고고학 1960년대/1970년대》(2005) 등이 있다. homey81@gmail.com

허둥훙(何東洪)은 영국 랭커스터대학교(Lancaster University) 사회학과에서 〈타이완의 만다린 대중음악산업의 사회적 형성〉으로 박사학위를 받았으며, 현재는 타이완(臺灣) 푸런카톨릭대학교(天主教輔仁大學) 심리학과 조교수다. 연구 분야는 인디음악, 사회적 정체성, 문화산업과 문화정책, 문화정치 등이다. 학술적 경력 외에도 프리랜서 음악 평론가로 활동 중이며 타이페이 시에서 인디 라이브 하우스를 운영하고 있다. tunghungho@gmail.com

9 냉전 초기 남한과 타이완에서 대중연예의 국가화 및 미국 대중문화의 번역
– 1940년대 중반부터 1950년대 후반까지 대중음악을 중심으로

신현준 · 허둥훙

들어가며: 후냉전 문화경제 그리고 '한류에 반대하는 타이커'

이 논문은 냉전 초기 동아시아에서의 문화적 형성 및 변형을 타이완과 남한의 대중음악에 초점을 두어 다룰 것이다. 하지만, 그 전에 우리는 먼저 두 나라 문화경제의 최근 이야기를 묘사하면서 글을 시작하고 싶다.

이른바 한류(韓流)[1] 현상의 대두와 더불어 각 나라에서는 한류 현상에 대한 일종의 반발도 함께 발생하고 있다. 그 반발들 가운데 타이완의 미디어 담론은 가장 격렬해 보이고, 호전적이고 때로는 군사적인 수사를 사용하고 있다('침략', '승자/패자', '용기', '전략' 등등). 이러한 타이완의 일반적 분위기를 느끼고 싶다면 2004~05년경 타이완의 신문과 잡지에 실린 기사들의 제목을 훑어보는 것만으로도 충분할 것이다.[2]

* 이 논문은 2005년도 한국학술진흥재단 지원으로 연구됨(KRF-2005-079-AM0045)

타이완인들의 '반한류' 감정은 이른바 '타이커 정신(台客情神)'이라는 담론과 밀접히 연관되어 있다. 이 담론은 의미론에서 화용론으로 이동하면서 타이완 의식이 강한 강경론자들과 유화론자들 사이에 설전이 전개되고 있지만, 타이완인에 의한 '본토(本土)' 의식을 표상하고 있다는 점은 공통적이다. 실제로 한 신문기사의 제목은 '타이커, 한류를 야유하면서 배용준을 욕설의 표적으로 끄집어내고 있다'(《China Times》. 2005. 8. 20)였다.[3] 이제 타이완의 록과 랩 음악인들은 공식적으로 한류 스타들을 반대하면서, 이들이 단지 부드럽고, 달콤하고, '여성화된' 존재일 뿐이라고 비난한다.[4]

이런 현상을 '아시아 횡단 문화교통 속에서 동아시아 역내 라이벌전'이라고 부를 수 있을까? 즉, 냉전의 정치학에서 가장 우호적이었던 두 나라('자매국')는 이제 후(後)냉전 경제에서 숙명의 라이벌로 간주되고 있는 것일까? 달리 말해, 아시아라고 불리는 지구적 형성체에서 과거의 정치적 동지는 이제 경제적 숙적으로 변한 것일까? 이런 거대 서사는 실제로 발생하고 있는 것인가, 아니면 미디어에 의해 과장되고 있을 뿐인가? 미디어 담론이 대중적 감정을 반영한다는 점을 인정한다고 하더라도, 타이완과 남한 사이의 현 국제적(아제적[亞際的]) 문화정치를 재개념화하기 위해서는 말장난만 가지고는 불충분할 것이다. 그래서 우리는 그 역사를 추적하고자 한다.

무엇보다도 우리는 최근의 역사를 고려해 볼 수 있다. 1992년 남한(대한민국)이 타이완(중화민국)과 외교관계를 단절하고 중국(중화인민공화국)을 새로운 외교 파트너로 고른 이후 한국에서는 이른바 '중국열(China Fever)'이 일어났는데, 이는 1980년대까지의 '중국 공포(China Fear)'와는 달라도 너무 다른 것이다. 이제 많은 한국인들은 사업 · 유학 · 관광 등의 다양한 이유로 베이징 · 상하이 혹은 기타 중국 본토의 대도시를 방문하거나 체류하고 있고, 중국은 이제 한국의 제1의 교역 상대국이 되었다. 한국은 마치 중국에 '올인(all-in)'을 하고 있는 것처럼 보이고, 이는 특히 경제 분야에서 두드러진다. 따라서 타이완인들 사이에는 한국인에게 '배신당했다'는 느낌이 강하게 존재하는데, 이것이 타이완들 사이에서 공유되는 '반한감정'의 원천일 것이고, 이는 나이 든 세대에서 특히 강력하다.

그런데 과연 '배신'이란 무엇을 의미하는가? 공식 외교관계가 대중적 반한감정의 유일한 원인인지는 의심스러운데, 왜냐하면 타이완은 세계의 대다수 국가들과 공식 외교관계를 맺고 있지 않기 때문이다. 더구나 남한과 타이완이 '자매국'이었던 시기를 되돌아보더라도, 두 나라 간의 문화적 흐름은 많지 않았고, 있었다고 해도 그다지 능동적이거나 강렬하지는 않았다. 특히 영화, TV 드라마, 대중음악 등 대중문화의 주요 분야들로 시야를 좁혀 본다면, 타이완과 한국 사이에 문화교환이 그리 많지 않았음을 알 수 있다.[5] 타이완과 남한 모두에서 인기를 누렸던 대중문화 아이템이 있었다면, 그 대부분은 미국 · 영국 · 일본에서 제작되고 보급된 것들이었다.

그렇다면 타이완과 남한 사이의 아제적 관계란 무엇을 의미하는가? 적어도 우리는 자매국이라는 이데올로기나 배신이라는 이데올로기는 동전의 양면이라고 주장하고 싶다. 오히려 두 나라 사이의 문화교류는 '배신' 이후에 더 활발하고 풍부하게 되었으니 말이다.

그렇지만 추가적 질문이 제기되어야 한다. 적어도 1990년대 이후, 대중문화의 국경을 넘는 흐름은 남한에서 타이완으로 흐르고 있지 그 역은 아니다. 물론 우리는 이런 흐름의 방향이 역전 불가능하다고 생각하지는 않는다. 하지만, 한국에서 한류에 관한 담론이 왜 그토록 공격적인 반면, 타이완에서 타이커 담론은 기본적으로 방어적일까. 더 일반적으로 말한다면, 한국인들은 왜 그토록 손쉽게 '아시아'에 대해 이야기하는 반면, 타이완인들은 '아시아'에 대해 별 관심이 없거나 뜨악한 반응을 보이는 것일까.[6]

이 질문을 푸는 열쇠는 다양한 사회정치적 · 문화적 해석을 필요로 할

2006년 5월 타이베이의 한 대학교에서 개최된
타이커 문화에 관한 토론회의 포스터.

1964년 타이완(중화민국)과 남한(대한민국) 간 '문화교류'의 성격을 보여주는 자료들. 위부터 한국문화예술친선사절단의 타이난(台南) 공연 홍보 포스터, 당시의 공연을 기념하는 음반의 표지, 대한민국과 중화민국의 합작영화 〈탈출명령〉 제작을 기념하는 양국 연예인들의 기념촬영. 이상의 출처는 황문평(1981).

것이고, 우리는 이 글에서 냉전 초기 양국에서 대중문화의 역사를 추적함으로써 하나의 해석을 시도하고자 한다. 모든 것을 과거의 지나간 날들에 일어났던 것으로 환원시키는 일은 그다지 정당하지 않다고 하더라도, 비교분석의 시각에서 역사적 측면들을 고찰하는 일은 가치 있다고 우리는 판단한다. 그 근거는 그 고찰 과정에서 최근의 현상을 보다 잘 조명할 수 있다고 믿기 때문이다. 최근의 현상이 과거의 사실들과 연접된 것이든 이접된 것이든 말이다.

그런데 비교분석을 어떻게 할 수 있을까? 앞서 말했듯, 냉전기 양국 사이에 문화 흐름이 별로 많지 않았다면, 양국 간의 비교분석을 어떻게 시도해야 하는가? 우리가 할 수 있는 것이라곤 타국의 역사적 경험을 상상적 거울로, 상호참조(inter-referent)로 삼는 정도일 것이다. 그리고 대중문화가 탈역사화된 것이라고 부당하게 간주된다면, 우리의 작업은 탈역사화된 것을 재역사화시키는 작업일 것이다. 이제 우리는 타이완도, 남한도 우리가 지금 상상하는 것처럼 고정된 실체가 아니었던 시대로 들어갈 것이고, 이는 —종종 문화 본질주의에 빠져버리는— 이른바 '문화적 근접성(cultural proximity)' 의 담론을 넘어서기 위함이다.

이 작업을 하기 이전에 우리는 또 하나의 질문을 제기하고자 한다. 왜 남한의 연구자가 타이완을 상호참조로 선택했고, 타이완의 연구자가 남한을 상호참조로 선택했는가? 하나의 이유는 두 나라가 제2차 세계대전 이후 일본의 식민지에서 벗어나고 일정 기간의 공위기를 거친 뒤 반공 블록에 속하는 미국의 동맹세력이 되었기 때문이다. 그러나 해체적 렌즈로 미시적 수준을 들여다보면, 거시적 수준에서의 형식적 유사성은 계속 유지되기 힘들 것이다. 이는 양국에서 '식민지' 나 '동맹세력' 이라는 사회적 조건과 문화적 맥락이라는 것도 동일하지는 않았고, 따라서 임의로 병렬시킬 수는 없음을 의미한다. 지금 말할 수 있는 것이라곤, 양국이 유사하면서도 차이가 있었다는 정도다. 이 점을 탐구하기 위해서, 우리는 '미국화(아메리카화)' 라는 오래된 개념을 불러올 수밖에 없다. 이후에 전개될 주장을 편하게 하기 위해 미리 하나의 정의를 소개한다면, 미국화란 "아메리카를 경제적 · 사회적 · 문화적 발전 모델로 상상하거나 구성하는, 혹은 하나의 가능하고, 극단적으로 강력하고 호소력 있는 현대성의 모델로 상상하고 구성하는 이미지와 담론"이다(Nolan. 2005. p.90).

동아시아에서 아메리카나이제이션을 다시 생각하기

또 다른 예로 이 절을 시작해 보자. 2001년 8월 11일 일본의 기타큐슈(北九州)에서는 〈글레이 엑스포 2001: 글로벌 커뮤니케이션(GLAY Expo 2001: Global Communication)〉이라는 대형 국제 음악 페스티벌이 개최되었다. 일본의 록 밴드 글레이(Glay)가 헤드라이너(head liner)를 차지했고, 한국 밴드인 자우림(紫雨林)과 타이완 밴드인 우웨톈(五月天) 등이 게스트(손님)로 초대되었다. 그런데 이 페스티벌에서 밴드들 사이의 국제적 지위는 균등하지 않았다. 글레이는 이미 타이완과 한국에서 유명해져 있지만, 자우림과 우웨톈은 자국에서는 최고의 밴드임에도 일본에서 그다지 이름이 널리 알려져 있지는 않다. 그리고 자우림은 타이완에서, 우웨톈은 한국에서 거의 알려지지 않은 상태다.

그렇다면 동아시아에서 일본 대중문화와 팝 아시아니즘(Pop Asianism)의 헤게모니를 확인하는 것으로 충분할까? '동아시아에서 일본의 문화적 헤게모니' 가 일본의 경제적 헤게모니처럼 그저 자연스러운 사실이겠지만, 더 중요한 것은 이 세 나라들의 대중음악 사이에 번역 가능성(translatability)이 선명하게 나타나고 있다는 점이다. 21세기 일본, 한국, 타

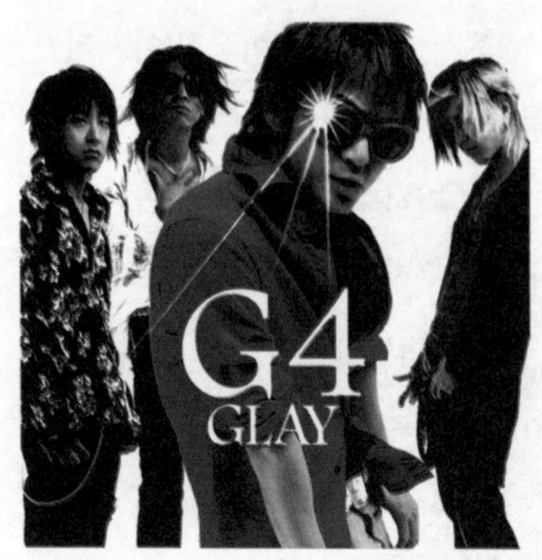

위부터 일본의 글레이, 한국의 자우림, 타이완의 우웨톈의 앨범 표지들. 자우림과 우웨톈의 음반은 베이징에서 구한 것인데, 최근 대중음악의 월경(越境)을 보여준다. 단, 자우림의 음반은 '짝퉁', 우웨톈의 음반은 '정품'이다.

進駐軍クラブから歌謡曲へ

戦後日本ポピュラー音楽の黎明期

東谷 護

みすず書房

일본 대중음악에 대한 미군 클럽의 역할을 분석한 도야 마모루(東谷護)의 저서 《진주군 클럽부터 가요곡으로: 전후 일본 대중음악의 여명기》(미스즈 서방, 2005).

이완 사이의 문화적 번역 가능성은 각국 대중음악의 '미국화' 혹은 '영미화'에 기인할 것이다. 세 밴드들은 상이한 방식으로 번안하기는 해도 영미의 록 음악에서 음악적 영감을 찾고 있다는 점에서는 공통적이다. 그들의 음악을 각각 제이팝(J-pop), 케이팝(K-pop), 만다린팝(Mandarin-pop)으로 부를 수 있다고 해도, 이 장르 이름들은 각 밴드들의 출신 지역이 어디고 그들 노랫말의 언어가 무엇인지만을 알려줄 뿐이다. 아티스트들의 독창성이나 창의성을 차치한다면, 세 밴드가 연주하는 음악은 장르적(generic)이다. 이런 속성에 '표준화'나 '근접성'이라는 딱지를 붙일지 말지는 누가 말하고 무엇을 위해 말하는가에 의존하는 문제다.

또 하나의 논점은 21세기 초에 또렷이 관찰되는 아시안팝의 공통적 특질이 20세기 전반기부터 존재해 왔던 오래된 대중음악 스타일들 사이의 문화적 근접성과는 다르다는 점이다. 후자의 경우 일본의 엔카(演歌), 한국의 트로트(뽕짝), 타이완의 라오거(臺語老歌) 등 식민적 혹은 후식민적(colonial or post-colonial)인 음악적 및 문화적 형식들을 말한다.[7] 제이팝, 케이팝, 만다린팝 등이 아시안팝으로 통합되고 패키지되고 있는가 또는 아직 그렇지 않은가를 고찰하는 것은 이 글의 범위를 넘어선다. 우리의 논점은 아시아에서 팝 음악이 어떤 임계점을 넘어섰고 이제는 좋은 의미든, 나쁜 의미든 충분히 '아메리카화' 되어서 우리가 아직 잘 모르는 어딘가로 가고 있다는 점이다.

그래서 우리는 '아메리카화(Americanization)' 담론, 그 가운데서도 아제문화연구(inter-Asia cultural studies) 대표자들의 주장을 점검하고자 한다. '아시아'가 아직 이론화되지 않았다면, 아시아의 아메리카화에서 이론적 대안을 발견할 수 있는 것일까? 일단, 우리는 요시미 슌야(吉見俊哉)의 최근 작업을 고찰하고자 하는데, 이유는 그가 아메리카화를 단지 이론적으로뿐만 아니라 역사적으로 접근하고 있기 때문이다. 2003년 《아제문화연구》에 발표된 〈욕망과 폭력으로서의 아메리카: 냉전기 일본과 아시아에서의 아메리카화(America as desire and a violence: Americanization in Japan and Asia during the Cold War)〉는 동아시아 · 동남아시아에서 아메리카화에 대한 '인스턴트 클래식'이 되었다고 해도 지나친 말이 아니다. 요시미는 일본에서 '아메리카'의 내면화에 대한 역사적 고찰을 통해 기존의 '아메리카'에 대한 통념에 도전하고 있는데, 그의 주장을 부연한다면, '아시아'란 아메리카와의 산물이며 '아메리카'는 일종의 아시아적 구성물(Asian construction)이고, 따라서 지리적 실체를 넘어선다고 할 수 있다.

요시미가 제기하는 중요한 방법론적 논점은 "정치적 · 군사적 이슈를 고려하면서도 일상적 의식과 문화의 시각으로부터 범권역적 맥락에서 아메리카의 의미를 연구할 필요성"이고, 이 점에 우리는 충분히 동의한다. 우리는 또한 일본, 남한, 타이완, 필리핀에서 미군 기지가 도시의 음악 문화 및 섹슈얼리티에 미친 영향에 대한 비교협력연구의 부재"[ibid]라는 현 지식생산의 한계에 대해서도 동의한다. 실제로 일본에서 미군 기지의 영향에 대한 상세한 분석에 기초한 요시미의 연구는 공시적 비교연구를 넘어서고 있다.

그러나 뛰어난 성과에도 불구하고, 그는 '일본과 아시아', '일본과 비(非)일본', '일본과 나머지'라는 이분법을 유지하고 있는 것처럼 보인다. 간략히 말해서, 비일본과 비일본의 비교연구가 거시수준에 머무르고 있다. 실제로 일본과 비일본의 비교 설정은 '전자는 수혜자이고 후자는 희생자'라는 결론을 반(半)자동적으로 낳는 경향이 있다. 이는 특히 비교연구가 양국 간 관계를 대상으로 할 때 더욱 두드러진다.

또 하나의 예로서 《냉전문화론》의 저자인 마루가와 데쓰시(丸川哲史)도 일본 제국주의의 지배와 냉전구조의 연속성에 대해 주장하면서 "38선과 타이완 해협에 이르는 분단선은 이전과 다르지 않다. (중략) 일본의 독립은 아시아에 대한 배반을 의미한다"라고 말하고 있다. 우리는 일본의 비판적 지식인들의 주체 위치에 대해 이해할 수는 있지만, 그들의 담론에서 '아시아'가 비일본으로, 따라서 동질적인 무엇인가로 다루어지고 있지 않은가라는, 그리고 그 결과 일본 외부의 나라들에서의 역사적 경험의 차이가 다소 간과되고 있지 않은가라는 의문을 지울 수 없다.[8)]

'비일본과 비일본' 사이의 비교연구를 시도함으로써 이런 이분법에서 벗어날 수 있을까? 요시미는 "일본 제국의 구(舊)식민지들이 전후 아메리카의 헤게모니를 어떻게 수용했고, 그 과정에서 주체 위치를 어떻게 변형시켰는가를 심층적으로 분석할 필요가 있다"고 말하면서 논문을 결론짓고 있으므로, 요시미 역시 우리의 시도에 동의할 것이다(Yoshimi. 2003. p.449).

요시미의 주장을 천광싱(陳光興)의 주장과 비교해 보고 싶은데, 아래 천광싱이 주장하는 핵심을 인용해 본다.

> 아래처럼 매우 간단한 지도를 통해 문제를 제기해 본다.
>
> 
>
>
> 제2차 세계대전 이후 문화적 흐름, 교환, 영향의 지배적 구조는 미국으로부터 일본, 한국, 중국, 타이완 등의 공간으로 이루어져 왔다. 미국의 학술 교과서들은 동아시아 대학교로 여행을 하여 적극적으로 읽히고 가르쳐졌다. 동아시아에서 발생하는 첨단 유행의 지적인 트렌드들, 예를 들어 구조주의, 후구조주의, 포스트모더니즘, 포스트식민주의 등은 대체로 미국의 학술시장에서 첨단 유행했던 것들을 재생산해 왔다. 그 역의 경우는 전혀

없었다. 그리고 동아시아의 상이한 지역들 사이의 교환은 없었다는 것은 매우 중요한 사실이지만, 아주 간단하게 인식할 수 있다(Chen. 2001. p.87).

천광싱의 주장은, 아메리카화는 일국적 층위뿐만 아니라 국제적[아제적] 층위에서 진행되는 반면, 아시아인들은 아메리카라는 거대한 거울의 함정에 빠져 있다는 것이다. 그의 주장은 기본적으로 지식생산의 영역, 이른바 '고급문화'의 영역에 초점을 두고 있지만, "동아시아의 상이한 지역들 사이의 교환이 없었다"는 사실은 대중문화의 영역에도 적용될 수 있을 것이다. 후자인 대중문화의 경우, 우리는 최근의 대중음악 사례를 소개한 바 있다. 그러나 요시미의 주장에 비해 천광싱의 주장은 일본과 비일본의 이분법 혹은 아시아 나라들 사이에 현존하는 위계에는 별 관심이 없는 것처럼 보인다. 실제로 천광싱은 다른 논문에서 타이완을 '준제국적 권력'이라고 명명한 바 있고, 이 준제국적 권력은 자신의 작은 영향권을 가지고 해외시장으로 팽창하고 있으며, 이 '팽창'은 초과이윤의 수단으로 군사력이 아니라 경제적 · 정치적 이점을 이용해 다른 나라들에 간접적으로 간섭해 그 나라들의 정책에 영향을 미치고 시장을 조작하고 있다고 서술한 바 있다(Chen. 2000. pp.16~17).

천광싱의 주장은 타이완을 냉전과 아메리카와의 피해자일 뿐만 아니라 수혜자로 위치 짓는 것으로 보인다. 그렇다면 우리는 아메리카화가 전능한 지배 과정이 아니라 자체의 모순과 공백을 가진 양가적 과정이라고 말할 수 있다. 우리는 이 점이 적어도 타이완과 한국 같은 몇몇 나라에서는 타당하다고 생각한다. '모더니티'와 '자본주의'라는 개념과 더불어, '아메리카'는 선과 악을 넘어서는 개념이 되었다. 어떤 나라가 더 많이 아메리카화될수록 더 많이 현대화된다는 것은 지배적인 냉전 이데올로기일 것이다. 그렇지만 이것이 단지 냉전 이데올로기에 의해 깊게 영향받은 '현대화 이론[근대화 이론]' 일 뿐이라고 비판하는 것만으로는 불충분하다. 우리는 냉전 초기에 형성되고 지금도 지속되고 있는 심층적 심리구조를 탐사해야 할 것이다.

남한과 타이완 서로를 거울에 비추어 보며 비교연구를 한다면, 냉전의 난점에 대한 마법적 해법을 도출할 수 있을까? 물론 아니다. 우리는 이런 시도가 자동적 해법을 낳는다고 믿고 있는 것은 아니며, 지금도 여전히 강력한 냉전 이데올로기에 조그만 균열을 만들어내기를 희망할 뿐이다. 그렇지만 두 '국민사(국사)' 를 어떻게 비교할 것인가? 두 역사를 비교할 공통의 기준이 없다면 말이다. 따라서 우리는 분절된 대화를 통해 각 나라에서 대중음악의 '국사' 담론을 해체하는 작업을 시작하는 것으로 만족할 것이다.

일본의 패전 이후 '아시아의 분단' 이전의 대중연예

무엇보다도 먼저 확인할 것은 일본의 패전 이후 타이완과 한국(당시 조선)에는 일종의 공위기가 있었다는 점이다. 이는 제2차 세계대전에서 연합군의 승리가 의심할 바 없이 미국의 주도하에서 이루어졌기 때문이다. 따라서 제2차 세계대전 이후 일본이 미국에 의해 '점령' 되었다면, 그리고 중국이 일본으로부터 '해방' 되었다면, 타이완과 조선은 모호한 정치적 상황으로 빠져 들어갔다. 그래서 이 시기는 '해방기' 라고 묘사될 수도 있고, '점령기' 라고 묘사될 수도 있다. 연합군(특히 미국)과 일본 사이에 협정이 이루어진 1952년까지 이 공위기는 지속되었고, 대한민국(남한)과 중화민국(타이완)이 1953년과 1954년에 미국과 상호방위협정(Mutual Security Agreement)을 체결하면서 최종적으로 종언되었다고 말할 수 있다.[9]

한국(조선)과 타이완 모두에서 일본으로부터의 해방은 또 다른 '외래'

세력의 점령을 수반했다. 한반도의 경우 38선 이북은 소비에트 군대에 의해, 38선 이남은 아메리카 육군(미 육군 24사단)에 의해 점령되었다. 반면 타이완은 국민당이 이끄는 국민정부(國民政府)에 의해 접수되었고, 당시에는 대륙에 있었던 국민정부로부터 파견된 천이(陳儀)가 이를 이끌었다. 점령 주체의 차이가 대중음악 및 대중연예에 영향을 주었는데, 이 절에서는 한국(조선)의 경우를 살펴보고 타이완의 경우는 다음 절에서 살펴보기로 하자.

두 개의 점령지로 분단된 한반도에서는 혼돈스럽지만 생동하는 정치적 정황이 전개되었다. 한국이 미군정으로부터 '무시(neglect)' 되었다는 찰스 암스트롱의 견해에 동의한다면, 바로 이 무시로 인해 한국은 문화냉전의 흥미로운 극장이 되었다(Armstrong. 2003. p.73). 그렇지만 암스트롱의 연구에서조차 대중음악 및 대중연예의 상황에 대한 언급은 거의 없다. 이는 문화냉전이 '대중연예' 보다는 '고급예술' 에 초점을 두어 수행되었다는 점을 반영한다. 이는 또한 대중연예인들은 순수예술인들보다 정치적 기후의 변화에 덜 민감했음을 의미하기도 한다.[10]

이 시기 한국(조선)의 음악인들과 연극인들이 음반 취입이나 방송 출연으로 생계를 해결할 수 없었다는 점은 분명하다. 일본인 스태프와 기술자들이 본국으로 철수하면서 생산시설과 배급 네트워크가 붕괴되었기 때문에, 레코드와 라디오는 엄밀한 의미에서 '상업적' 미디어로 불릴 수 없었다. 이미 식민지 시기부터 '레코드 스타' 의 지위에 오른 조선의 음악인들이 꽤 많았지만, 이들 대부분도 극장 등 '라이브 음악' 의 공간에 의존해야만 했다. 이들이 음악을 연주해 소득을 얻을 수 있는 음악적 공공 공간은 대체로 세 종류였는데, 하나는 식민지 시대부터 계승되었거나 이 시기 재건 또는 창립된 악극단(樂劇團)이 활동한 극장, 다른 하나는 서울(경성)의 도심에 있었던 수 개의 댄스홀(dancehall)과 카바레(cabaret), 그리고 마지막으로 남한 영토 여기저기에 산개한 미군 클럽이었다. 악극단은 음악인 · 무용

수 · 희극인 등 여타 대중연예인이 생계를 위해 일했던 쇼단의 전형이었는데, 이들 가운데 일부의 음악인들, 특히 KPK악극단을 이끌었던 김해송 등은 미군 클럽에서 연주하기도 했다.

이런 음악적 실천들은 1940년대 후반 한반도를 휩쓸고 지나간 이데올로기적 대립으로부터 상대적으로 자율적이었다. 그러나 대중연예도 이런 대립에서 완전히 자유로울 수 없었는데, 이는 무엇보다도 식민지 시대 음악생산의 유기적 협력관계의 파괴에서 가장 잘 드러난다. 첫째, 작사가, 작곡가, 가수 간 기존의 콤비관계는 정치적 신념의 차이에 따라 파괴되었다. 작사가 조명암과 작곡가 박시춘의 경우가 가장 전형적인 예인데, 전자는 1948년경 이북(소비에트 지대)으로 건너갔지만 후자는 이남(아메리카 지대)에 계속 남았다. 둘은 1945년 이전은 물론 1945년 이후에도 수많은 유명 대중가요를 만든 콤비였다. 뒤에 조명암은 북한의 공식 문화기구에서 중요 인물이 되었고, 박시춘은 남한의 음악산업에서 핵심 인물로 남게 된다. 이렇게 이데올로기적인 냉전적 대립이 첨예화되고 1947년 여름경부터 좌익의 정치활동에 대한 미 군정의 탄압이 본격화되면서 좌익 지식인들과 예술가들이 소비에트 지대(북한)로 건너갔고, 이와 더불어 좌익과 우익의 정치적 양극화는 지리적으로 전치되었다. 결국 1948년 8월 대한민국의 수립과 더불어 조선은 분단국이 되었다(따라서 이후 '한국'이라는 표현은 별도의 설명이 없다면 '남한'을 지칭한다).

남한에 남은 음악인들에게는 어떤 일이 발생했는가. 가장 먼저 지적해야 할 것은, 남한에 남은 대중연예인들이 국가가 지원하는 반공 · 반북 선전의 다양한 이벤트에 동원되어야 했다는 점이다. 한국전쟁이 발발하기 이전에도 몇몇 대중연예인들은 군인들의 반공의식을 고취하기 위해 전국 순회공연을 가졌다. 앞서 언급한 박시춘을 비롯한 많은 대중음악인들은 한국전쟁 기간 동안에는 정훈요원으로 복무하기도 했다. 또 하나 지적해야 할

식민지 시절 조선악극단, 해방 후 KPK악극단을 이끈 인물들의 모습. 오른쪽에서 세 번째가 김해송이고, 그는 냉전의 희생양이 되어 한국전쟁 기간 사망했다. 오른쪽에서 두 번째는 그의 부인이자 식민지 시대 한국 여가수를 대표하는 이난영.

점은, 대중음악인 및 대중연예인들이 수행한 이런 반공운동이 1980년대까지 한국 대중음악사에 자랑스럽게 기술되고 있다는 점이다. 당시의 대중연예인들이 반공선전운동에 자발적으로 참여했는지는 의문스럽지만, 대한민국에서 살아남기 위해서 다른 수단이 없었다는 점은 분명하다.[11]

더구나 미 군정이 한반도에서 철수하고 경제불황이 지속되면서 대중음악인들의 경제적 상황은 더욱 열악해졌다. 주한미군은 1945년 11월 7만 명에서, 1948년 8월에는 3만 명, 1949년 초에는 7,500명으로 각각 감축되었고, 1949년 6월 29일에는 군사고문단 몇 명만을 남겨 놓고 최종적으로 철수했다.[12] 한국전쟁이 발발하면서 음악인들의 환경은 극도로 악화되었다.

그렇다면 한국전쟁 이전 시기에 유행했던 음악 스타일은 어떤 것인가? 대중음악에 대한 지배적 담론은 이 시기의 한국 대중음악이 〈가거라 38선〉(박시춘 작곡, 이부풍 작사), 〈비 내리는 고모령〉(박시춘 작곡, 호동아 작사)처럼 '한숨과 탄식의 가사와 슬픈 멜로디'가 전부인 것처럼 서술하고 있는 경우가 많다. 하지만 이는 절반의 이야기일 뿐이다. 대부분의 음악인들이 식민지 시대에 경력을 시작했음에도, 몇몇 작곡가들은 〈귀국선〉(이재호 작곡, 손로원 작사), 〈울어라 은방울(해방의 역마차)〉(김해송 작곡, 조명암 작사), 〈럭키 서울〉(박시춘 작곡, 유호 작사) 등 즐거운 리듬 위에서 해방을 찬양하는 메시지를 담은 곡들을 다수 만들어냈다.

더군다나 몇몇 음악인들은 서울의 댄스홀과 미군 클럽에서 재즈(스윙)와 라틴 댄스음악을 연주하기도 했다. 그 결과 한국 대중가요의 음악스타일은 아메리카(라틴아메리카를 포함한 아메리카 대륙), 일본, 심지어는 중국에서 유래한 다양한 음악 스타일들을 융합하는 용광로의 한가운데에 존재했다. 그들 가운데 당대 최고의 가수였던 현인은 〈베사메 무초(Besame Mucho)〉를 번안해 불렀을 뿐만 아니라 볼레로 리듬과 이국적 무드를 가진 〈신라의 달밤〉(박시춘 작곡, 유호 작사)을 불러서 크게 히트시켰다.[13] 그러나 이 시기의 음악적 실험은 일관된 스타일로 결정화(結晶化)되지 못했으므로, 이 점에 대해서는 타이완으로 눈을 돌린 뒤에 다시 돌아오기로 하자.

타이완에서 국민당의 건국 과정에서 대중음악의 변모

한국 대중음악의 역사를 다룬 한 책(황문평. 1981. p.163)에서 저자는, 장제스(蔣介石)가 "중국이 항일가를 부르는 동안 일본은 유행가로 망할 것이다"라고 예견했다고 쓰고 있다. 저자가 그 말을 어디에서 들었는지는 확인할 수 없지만, 장제스의 발언은 1930~40년대 중국에서 대중음악에 대한 정치적 표상이 어떠했는지를 상징적으로 보여준다. 중국이 일본에 침공받던 시절 중국의 지도자는 대중음악을 '일본에서 만들어진' 것이거나 '친일적인 것'으로 인식했던 것이다.[14]

그러나 남한과는 달리, 타이완은 미군정의 지배를 받지 않았다. 따라서 타이완에서 '미국 대중문화의 영향'은 남한과는 상이한 양상을 띠었다. 1950년 이후 미 7함대가 타이완을 보호하는 데 중요한 역할을 했지만, 타이완에서 미군의 주둔은 1954년의 중미상호협방조약 이후 공식적으로 이루어진다. 또 하나의 사실은 1949년 장제스와 국민당이 타이완 섬으로 완전히 패주할 때까지 타이완은 '중화민국'과 등치되지 않았다는 점이다. 타이완에서는 이미 1947년 악명 높은 2·28사건이 발생하고 그 뒤를 이어 '백색 테러'가 1953년까지 지속되었다. 이런 정치적 기후로 인해, 국가권력에 대한 타이완 민중의 저항과 반란의 오랜 역사에도 불구하고, 이 시기 좌파 정치와 연관된 음악적 운동은 그리 활발할 수 없었다.[15]

험악한 정치상황에도, 몇몇 음악역사학자들은 제2차 세계대전 이후의 짧은 기간을 '타이완 대중음악의 재흥기(再興期)'라고 부르고 있다(楊克隆. 1998a). 이 기간에는 이른바 '전후 4대 명곡'이라고 불리는 〈望你早歸(빨리 돌아오라)〉, 〈補破網(망가진 어망을 고치기)〉, 〈燒肉粽(구운 고기떡)〉, 〈杯底毋通飼金魚(잔 끝까지 마셔)〉 등은 상이한 스타일과 메시지를 가지고 있기는 하지만, 이 불안정한 시기의 정황을 표현했다.[16]

그렇다면 타이완 대중음악의 재흥을 끝낸 것은 무엇이었는가? 간략히 말하면, 국민당의 타이완 통치와 중화민국의 (재)건국이었다. 이 과정을 설명하기에 앞서, 우리는 '타이완 대중음악'이 무엇인가를 설명해야 할 것 같다. 당시 타이완의 대중음악은 만다린어가 아니라 타이완어, 주로 민난어(閩南語) 가사로 불렸기 때문에 '타이완어 유행가요', 한자로는 '台語流行歌曲'이라 명명할 수 있을 것이다.[17] 국민당의 대중음악 정책은 타이완에 대한 새로운 지배에서 중요한 요소 가운데 하나였다. 이 점은 〈민생주의음악육성양편보술(民生主義育樂育成兩篇補述)〉(1953)에서 장제스의 악명 높은 언급, "국가가 군중의 여가시간에 대해서 방임할 때, 국제공산당 강도들은 이곳에서부터 손을 댄다. (중략) 그렇기 때문에 군중 속에서 공비들이 발전할 수 있는 것이다. 우리들은 이 점을 명확히 보았기 때문에 더욱 군중의 여가와 오락문제를 특별하게 중시하지 않을 수 없다"는 언급에 잘 드러나 있다.[18] 이런 명시적 가이드라인 이전에도 신문국(新聞局)은 1950년에 이미 금지곡 122곡을 발표했고, 제도화된 검열은 1980년대 말까지 지속되었다.[19]

국민당의 탈일본화(去日本化)와 국어운동(國語運動)의 전개에 따라 타이완어 대중음악은 일본 대중음악처럼 들린다는 이유, 그리고 국어(만다린어) 가사를 사용하지 않는다는 이유로 억압을 받았다. 따라서 타이완어 대중음악의 창작은 명시적으로 방해받거나 암시적으로 제재되었다. 대중음악의 국가 규제가 타이완어 대중음악을 주요 타깃으로 했지만 만다린어 대중음악도 검열에서 완전히 자유롭지는 않았다. 한 예로 만다린어 대중음악의 고전인 〈毛毛雨(보슬비)〉[20]는 제목과 가사가 '마오(毛) 주석'을 연상시킨다는 이유로 금지되었다(Shyu. 2001. p.242). 국민당이 '퇴폐적 소리(靡靡之

CD로 재발매된 1950~60년대 타이완 대중음악의 편집음반 표지. 위쪽 음반에는 '台語', 아래쪽 음반에는 '國語'라는 단어가 타이틀에 붙어 있듯, 본성인과 외성인의 문화적 차이를 보여 준다.

音)' 라는 전통적 수사와 더불어 '망국의 소리(亡國之音)' 라는 수사를 사용한 사실에서 냉전의 효과는 잘 드러난다.[21] 냉전의 효과는 도덕적 국가가 인민의 운명 속에 직접적으로 흘러들어 가 있었던 것이다.

그렇다면 1950년대 이후 어떤 종류의 대중음악이 장려되었고, 이런 대중음악을 권장한 주요 주체들은 누구였는가? 여기서 우리는 1950년 중화문예장금위원회(中華文藝獎金委員會)의 설립을 중요한 사건으로 꼽을 수 있다. 이 위원회는 문학과 예술의 창작 기준을 채택하고, '민족의식' 을 '반공항아(反共抗俄: 공산주의에 반대하고 러시아에 저항한다)의 의식' 과 명시적으로 등치시켰다. 이 위원회에 대해 타이완의 연구자 양커룽은 "수상(授賞) 제도는 문화노동자들을 반공선전 작업으로 유도했을 뿐만 아니라 이데올로기가 문예생산을 지배하는 시기를 개막케 했다"라고 평가한다(楊克隆. 1998b). 이 시기에는 군가가 '대중적' 이었고, 이 곡들은 교육부에 의해 선정되고 보급되면서 '애국가곡(愛國歌曲)' 으로 포장되었다.[22] 학생들은 이 곡을 배워서 불러야 했는데, 이들 만다린어 가사의 애국가곡들이 타이완어 가사의 황색음악(yellow music)을 대체한 것이다('황색음악' 이란 본래 '성적 암시가 있는 음악' 이라는 뜻이다).

이 효과는 단기적인 것에 그치지 않았는데, 그 이유는 '애국연예인(愛國藝人)' [23]이라는 이데올로기는 오늘의 지구화와 후냉전 상황까지 지속되고 있고, 이는 타이완에서 대중음악의 애국화가 그때 이후 다양하게 변모되었다고 해도 기본적으로는 유지되고 있다. 어쨌거나 1950년대 초 정치선전은 "1년 준비, 2년 역공, 3년 소탕, 5년 성공"이라는 '꿈' 을 달성한다는 것으로 요약할 수 있다. 그렇지만 국민당의 권위주의 체제도 문화적 유화 없이는 헤게모니를 획득할 수 없었다. 그 결과 군사적 통일과 더불어 '문화통일(文化統一)' 의 독트린이 1947년부터 1967년까지의 한 시기를 지배했고, 이후에 중국의 '문화혁명(文化革命)' 에 대응하는 '문화부흥(文化復興)' 으로 변

환되었다.[24)]

타이완과 남한에서 1950년대의 정황의 차이는 —한국전쟁이 타이완 사회의 변화에 깊게 영향을 준 것은 사실이지만— 타이완은 남한처럼 '열전(熱戰)'을 직접 경험하지는 않았다는 점이다. 내전의 전장은 타이완 섬이 아니라 중국 본토였기 때문에 전후 타이완의 인구 구성은 두 진영, 즉 '타이완인' 본성인(本省人)과 '중국인' 외성인(外省人)으로 분열되었다. 후자는 국민당의 군벌세력과 정치적 이산자이고 인구의 15퍼센트를 구성했을 뿐이다. 그렇지만 1945년부터 1955년에 이르는 1년 동안 '소수자'가 정치적 · 사회적으로 '다수자'를 지배했고, 본성인 대부분은 지배계급에서 배제되었다.

간단히 말해서, 타이완에서 대중음악은 문화통일 기간에 올바른 자리를 잡지 못했다. 민난 지역문화를 강력하게 의미화하고 있는 토착 연예형식들인 가극, 이른바 '거자이시(歌仔戲)'나 인형극, 이른바 부다이시(布袋戲)도 타이완어 대중음악과 마찬가지로 1949년 이후에는 좋은 시대를 맞지는 못했다. 따라서 대중음악의 공적 연주를 위한 공간은 군대의 무대나 라디오 스튜디오에서의 라이브 연주로 국한되었고, 이는 1950년대부터 1960년대 초까지의 대중음악계의 성격을 전반적으로 규정했다. 라디오 스튜디오의 경우 서너 밴드가 몇몇 가수들을 데리고 청취자들이 신청하는 곡을 연주했고, 이들 가운데 몇몇 가수만 스튜디오에서 노래를 녹음할 수 있는 기회를 잡을 수 있었다. 이러한 음악연주의 조건은 1962년 TV 방송국이 개국할 때까지 지속되었다. 그런데 애국가곡이 연예의 역할을 충분히 수행할 수 없다고 한다면, 이들 밴드들과 가수들은 어떤 음악을 연주했던 것일까?

문화통일 기간 타이완의 만다린어 대중음악

많은 책들이 기록하고 있듯 1950년대와 1960년대 초의 타이완 대중음악, 특히 만다린어 대중음악은 큰 변화를 보이지 않았다. '문화통일'의 초기에 타이완 사회는 '안정'되어 문화적 변화는 거의 없는 것처럼 보였다. 그러나 군가를 포함한 애국가곡들이 대중연예로 적절하지 않다면, 그리고 타이완어 가사를 가진 대중음악이 억제되었다면, 타이완 사회를 '안정'되게 만들었던 대중음악은 어떤 것이었을까?

대답은 의외로 간단한데, 이유는 만다린어 대중음악이 해외에서 '수입'되어 타이완 대중음악의 주류로 정착했기 때문이다. 리진광(黎錦光)이나 천거신(陳歌辛) 등이 작곡한 상하이 대중음악이 그것인데, 한 예로 천거신이 작곡한 〈恭禧恭禧(기쁨)〉는 1945년 이후 중국 대륙 전역에서 인기를 누렸다. 이런 스타일의 만다린어 노래들은 '시다이취(時代曲)'라고 불렸고, 그 기원은 식민지 시대의 상하이로 거슬러 올라간다. 1949년 이후 상하이의 많은 음악인들은 홍콩으로 이주했고, 그 결과 홍콩은 만다린어 대중음악의 새로운 허브(hub)가 되었다. 홍콩에 근거지를 두고 활동한 음악인들은 상하이의 오래된 레퍼토리를 연주했을 뿐만 아니라 새로운 곡을 창작하고 음반을 제작했다. 따라서 1950년대 초 작곡가 야오민(姚敏)과 작사가 천데이(陳蝶衣)—둘 다 상하이에서 이주해 왔다—의 합작에 의해 만들어진 많은 노래는 타이완에서도 역시 인기가 좋았다.[25] 당시 '하이파이(海派)' 혹은 '하이강파이(海港派)'는 홍콩에 근거지를 두고 활동한 음악인들의 스타일이나 유파를 지칭하는 용어였다. 따라서 타이완에서 만다린어 대중음악은 홍콩에서 제작된 원판을 SP레코드로 '번역'해 제작되었다.[26] 홍콩에서 제작된 만다린어 대중음악이 상하이 대중음악의 번역이었다면, 타이완에서 이루어진 과정은 중역(重譯)이었다고 말할 수 있다.

Fig1

mid 1950s

Fig2

mid 1950s

Fig3

late 1950s

Fig4

early 1960s

Fig5

early 1960s

Fig6

1961-1964

Fig7

late 1960s

Fig8

mid 1960s

Fig9

mid 1960s

Fig10

late 1960s

Fig11

late 1960s

Fig12

late 1960s

1950, 60년대 타이완에서 제조된 음반들(SP)의 표지. 출처: Chen and You(2000).

대중음악이 주로 SP와 라디오를 통해 보급되었지만, 또 하나의 보급 수단이 있었는데 이는 바로 영화였다. 만다린어 영화[27] 가운데 다수가 '뮤지컬 영화(歌唱片)' 였기 때문에 음악은 영화에서 중요하고 불가분한 요소였고, 영화 스타가 스타 가수인 경우가 비일비재했다. 따라서 '영화음악' 은 1950~60년대 만다린어 대중음악의 또 하나의 장르로 분류될 수 있다. 그렇지만 몇몇 비평가들은, 이 영화음악 및 주제가가 '아름다운 가사와 멜로디' 를 가지고 있지만 타이완의 사회적 상황 및 변화는 거의 반영하지 않고 있다고 주장하고 있다.

요약한다면, 1950년대 타이완에는 적어도 네 가지 스타일의 대중음악이 존재했다. 첫째는 공식적 교육과 정보부처에 의해 보급된 애국가곡, 둘째는 상하이에서 유래하고 홍콩에서 제작된 대중음악, 셋째는 국내 및 홍콩에서 제작된 영화의 음악과 그 주제가다.[28] 마지막으로 타이완어 유행가가 일본 곡조에 타이완어 가사를 붙여 '혼혈가곡(混血歌曲)' 의 형태로 생명을 유지했다는 점도 완전히 무시할 수는 없다.

1950년대 타이완의 만다린어 대중음악은 사회 속에 확고하게 뿌리내리지 않았고, 따라서 엄밀한 의미에서 '타이완적' 이라고 부를 수 없다. 이는 '상하이-홍콩-타이완' 의 경로가 만다린어 대중음악을 동남아시아의 화교 공동체까지 전파시키는 논리적 연쇄였다는 것을 의미한다. 타이완 자체에서 만다린어 대중음악을 대량 생산하게 된 것은 TV 방송및 LP 제작과 연관되는 현상이고, 1960년대 중반 이후 타이완은 만다린 대중음악의 수출 기지가 되었고, 홍콩에서 만다린팝을 대체한 칸토팝에 의해서만 도전 받았을 뿐이다. 이는 이 글의 범위를 넘는 또 다른 이야기이므로, 여기에서 우리의 질문은 어떻게 수입된 대중문화 생산물을 '우리 것' 으로 상상하게 되었는가에 국한할 것이다. 이 질문에 대답하기 위해서, 우리는 타이완에서 국민당의 건국(국가 건설)에서 문화의 역할을 다시 검토해 볼 필요가 있다.

국민당은 '전통문화'를 고안(invention)하는 것에 의존해 국민적 정체성을 구성하려 했다는 것으로 악명 높다. 거칠게 말해서 전통문화는 대중문화라기보다는 고급문화이고, 당대의 문화라기보다는 과거의 문화이고, 타이완 섬의 문화라기보다는 중국 대륙의 문화다. 따라서 건국은 '사향(思鄕)'이라는 정서와 긴밀하게 연관되었다. 문제는 대중음악과 대중문화 일반의 경우, 전통적인 것을 발견하기란 쉬운 일이 아니고 공유된 감정과 집단적 정체성을 위해 무언가를 의도적으로 고안해 내어야 했다는 것이다. 전통문화가 '중국인'으로서 국가적 정체성을 위한 상징들과 상징체계를 제공할 수 있었음에도 불구하고, 대중적 상상을 위한 구체적 물질성을 제공하지는 못했던 것이다. 따라서 1960년대까지 만다린어 대중음악에는 타이완 지역에 대한 언급이 거의 없다. 즉, 타이완어 대중음악이 상사(相思)로 가득 차 있다면, 만다린어 대중음악은 향수(鄕愁)로 가득 차 있었다. 따라서 타이완, 정확히 말해서 중화민국에서 '상상된 공동체'는 타이완의 내부가 아니라 외부에 있었다고 결론 내릴 수 있다. 홍콩에서 만들어진 만다린어 대중음악이 '수입된' 것임에도 '그들의 것'이 아니라 '우리 것'으로 간주될 수 있었던 이유 하나가 이것이다. 대중음악과 관련된 타이완의 국가적 정체성은 지리적 외부(1949년 이전 상하이 및 1949년 이후 홍콩)나 역사적 외부(제국 시절의 중국 및 1949년 이전의 난징 정부)에서 추구된 것이다. 간략히 말해서, 중화민국의 공식적 민족주의는 태생적으로 '탈영토화된' 혹은 '탈지역화된(delocalized)' 것이었다.

〈高山靑(높은 산은 푸르러)〉이나 〈台灣好(타이완 좋아)〉처럼 타이완의 자연풍경이나 일상생활을 인용한 대중음악이 전혀 없었던 것은 아니지만, 이 노래들에서 타이완은 '부흥기지(復興基地)'나 '이지타향(異地他鄕)'으로 묘사되었다(曾慧佳. 1998. pp.120~121). 또 하나의 예는 〈台灣小調(타이완 소곡)〉인데, 여기서 타이완의 일상생활에 대해서는 "모든 가정이 잘 먹고 있다(家家戶戶吃得飽)"라면서 냉전기의 타자인 공산주의 중국에 대한 경제적 경쟁관계를 대조시키고, 타이완의 경치에 대해서는 "모든 항구는 험준하고 중요하다(處處港口險要)"라면서 타이완 국민을 보호하는 '안도감'을 선사하고 적에 의한 '침입'을 중성화시키고 있다. 이 곡의 가사는 반공주의를 인민의 마음속에 내면화시키는 하나의 방식 및 타이완인을 중화인으로 전환시키는 시도를 보여주고 있다.[29] 요약한다면, 반공주의의 냉전 이데올로기 및 '대륙역공(反攻大陸)'은 분명 단정적(assertive)이지만 '정말로' 공격적(aggressive)인 것은 아니었다.[30]

타이완 대중음악을 다룬 대부분의 서적들은 만다린어 대중음악이 1960년대 중반 이후 전후 세대들에게 지루하고 '퇴폐적'으로 들리게 되었고, 그 이유는 만다린어 대중음악이 전후 세대들의 일상의 감정과 경험에 대해 말하지 않기 때문이라고 서술하고 있다. 따라서 젊은 도시 지식인들과 대학생들은 서양 대중음악, 정확히 말하면 영문 대중음악(Anglophone pop music)으로 주의를 돌렸다는 것이다. 이 음악은 러먼인웨(熱門音樂)라고 불렸고, 이 단어의 의미는 유행음악(流行音樂)과는 사뭇 달랐다. 그렇다면 어떻게 해서 '서양 대중음악'이 타이완처럼 철저하게 문화적으로 국가화된 사회에 진출할 수 있었던 것일까? 아메리카화의 문화적 과정은 문화적 국가화와 어떻게 양립할 수 있었던 것일까. 이 질문들에 대해서는 한국 대중음악을 고려한 뒤에 대답하는 것이 나을 것 같다.

전후 한국 대중음악에서 퇴폐적 이국주의

한국전쟁 기간 동안 대한민국의 수도가 부산으로 천도함에 따라, 음악 생산을 비롯한 문화적 생산 역시 한반도 남동부에 있는 부산이나 대구로 이동했다. 일정 시간이 경과한 뒤 부산과 대구는 음악 생산과 분배의 중심이 되었고, 이곳에서 몇몇 지역 레코드회사가 설립되어 대중가요를 녹음했다. 이른바 피난(被難)의 시대였다.

그렇지만 상이한 종류의 피난도 존재했다. 한편으로 전쟁 기간 동안 몇몇 음악인들은 북한으로 납북(拉北)되었고,[31] 다른 한편으로 다른 음악인들은 일본으로 밀항(密航)을 기도했다.[32] 두 상이한 월경(越境)은 당분간 불귀(不歸)를 전제하는 것이었다. 이 시기 한국의 공식적 민족주의가 반공주의(반북한)와 반제국주의(반일)에 기초했기 때문에, 망명자들은 전자의 경우 '빨갱이', 후자의 경우 '반역자' 라고 낙인 찍혀야 했던 것이다. 1960년대 중반 이후 일본과의 공식적 외교관계가 복원되면서 후자는 돌아올 수 있었지만, 전자는 거의 영원히 돌아올 수 없었다. 망명자들의 수가 그리 많았다고 볼 수는 없지만, 문제는 그들 대부분이 매우 중요한 인물이었다는 점이다. 두 종류의 월경은 '건전한 대중문화의 창조' 라는 공식적 슬로건이 기대만큼 달성하기 쉽지 않음을 반증해 준다는 점에서 짚고 넘어가지 않을 수 없다.

한국에 남아서 성공적 경력을 누리고 싶었던 사람들은 친정부적이고 반공적 정치에 줄을 서야만 했다. 그렇지만 한국에서 1950년대 대중음악에 대한 통제는 결코 완벽하지 않았다. 이 점에 대해서 우리는 일단 전후 기간 동안 한국에서 대중음악의 전개를 연대기순으로 묘사하기보다는 네 가지 주요한 대중음악 스타일들을 범주화하면서 설명을 시작하고자 한다. 이는, 우리가 한국전쟁이 미친 영향의 구체적 과정을 설명하기보다는 일반적 영향의 결과에만 분석을 제한한다는 것을 의미한다.

첫째 스타일은 일본의 영향이 강한 대중가요, '유행가' 혹은 '왜색가요' 다. 이 구파(舊派) 대중가요는 때로는 '뽕짝' 이라고 불렸는데, 여기서 '뽕' 은 다운비트(down beat)를 '짝' 은 백비트(bace beat)를 의미한다. 그렇지만 뽕짝은 경멸적 의미를 담고 있었으므로 점차 '트로트'라는 말로 대체되었는데, 여기서 트로트란 2박자 사교댄스 리듬의 하나인 폭스트롯(foxtrot)에서 파생된 것이다. 이 스타일은 1960년대 말까지 극장가를 중심으로 광범하게 퍼져 있던 악극단과 긴밀하게 연관되었다. 이 스타일은 퇴영적이고, 도피적이고, 패배적이고, 가장 중요하게는 '왜색'이라는 이유로 부단히 비판되었지만, 하층계급, 특히 농촌의 나이 든 사람들의 취향과 절합되었다. 몇몇 노래들은 전쟁의 상황과 피난살이를 묘사해 '진중가요(陣中歌謠)'라고 불리기도 했고, 진중가요는 1953년의 휴전 이후에도 살아남았다.[33)]

둘째 범주는 '국민가요(國民歌謠)'라 부를 수 있는데 뒤에는 '건전가요(健全歌謠)'라는 말로 대체되었다. 이 노래들은 '상업적' 가요가 아니라 '공식적' 가요로서 국민을 계몽하고 교육하는 기능을 수행했으며, 애국심, 국민총화, 반공선동을 표현하면서 대한민국의 국시와 밀접히 연관되어 있었다. 이 스타일은 엄밀한 의미에서 '대중가요'라고 불릴 수는 없지만 '대중적'이었고, 교육과 공보 당국에 의해 대중화되었다. 이 스타일의 생산과 배급은 '국민개창운동(國民皆唱運動)'이라는 이데올로기에 의해 지탱되었는데, 이 이데올로기는 당국뿐만 아니라 문화적 엘리트주의자들에 의해 공유되고 있었다.[34)] 1940년대 말부터 1950년대 초에 제정되어 보급된 많은 군가들도 이 범주에 포함될 수 있을 것이다. 이 스타일의 대중음악은 처음에는 대중음악인이 아니라 순수음악인에 의해 작곡되었지만, 〈승리의 용사〉, 〈전우야 잘 자라〉와 같이 예외적으로 대중가요 작곡가에 의해 만들어져 전쟁 기간 동안 군인들이 부른 곡들도 있다. 일정한 시간이 흐른 뒤 1957년 공보처는 몇몇 대중음악인들에게 '건전가요'를 만들 것을 의뢰하고, 몇몇 곡은 공공 공간에서 부를 것을 권장했다. 이 노래들은 지금 소개하고 있는 둘째 범주와 이제 막 소개할 셋째 범주의 중간 정도에 속한다고 할 수 있겠다.

셋째 범주는 '방송가요(放送歌謠)' 이고 문자 그대로 방송을 통해 전파된 스타일의 대중음악을 말하는데, 1957년까지는 주로 라디오를 통해, 그 뒤로는 TV와 라디오 모두를 통해 전파되었다.[35] 1960년대 중반까지 본격적 의미에서 사영방송(민영방송)은 존재하지 않았으므로, 방송가요는 국영방송사인 KBS와 연계되어 있었다. 악단(오케스트라)뿐만 아니라 가수도 KBS와 전속계약을 맺고 직원처럼 근무했다. 그렇지만 방송국 활동이 생계를 해결해 주지는 못했기 때문에, 전속계약임에도 불구하고 이들은 댄스홀이나 미군 클럽에서 '아르바이트' 로 연주를 하는 것이 일반적이었다. 방송가요의 음악 스타일은 빅 밴드 스타일(Big Band Style)의 기악편성의 반주에 크루너(crooner) 스타일로 노래 부르는 틴 팬 앨리(Tin Pan Alley)의 포맷을 따랐다. 당대의 미국 가수들 가운데 이상적 존재는 빙 크로즈비(Bing Crosby)와 패티 페이지(Patti Page)였다. 한편, 라디오 드라마가 대중화되면서 라디오 주제가도 일부에게 대중화되었고, 그들 가운데 몇몇 곡은 영화와 영화주제가로 번안되었다.[36]

넷째 스타일은 가장 범주화하기 곤란할뿐더러 그 의미를 해독하기도 곤란하며, 심지어 고정된 장르나 스타일의 이름을 붙일 수도 없다. 간략히 말해서, 이 스타일은 대중적 멜로디를 서양의 댄스 리듬과 혼성화시킨 것이다. 음악의 분위기는 명랑하고 쾌활하며 현악기보다는 관악기가 중요한 역할을 한다는 점에서 첫째 스타일과 구분된다.[37] 이 스타일은 댄스홀의 국제적 트렌드의 변동을 반영했는데, 그 가운데 가장 광적인 것은 맘보로서 소설 〈자유부인〉이 신문에 연재(1954년)되고 영화로 제작(1956)되어 사회적 논란을 야기하면서 맘보 열풍은 절정을 이루었다. 흥미로운 것은 많은 노래들이 신민요—그 기원은 식민지 시대로 거슬러 올라간다—의 멜로디를 가지고 있었다는 점, 그리고 몇몇 노래들은 다른 범주에서는 흔치 않은 코러스(후렴구)가 있었다는 점이다. 어쨌든 이 스타일은 1950년대 중간

KBS 전속악단으로 활동했던 '김광수와 그의 악단'의 연주 모습.

계급 도시 엘리트들의 쾌락주의적 라이프스타일을 반영하고 있었다.

이 중 앞의 세 스타일들은 타이완 및 홍콩에서 유행했던 스타일들과 그리 큰 차이는 없다. 따라서 우리는 마지막 범주에 집중하면서 몇 가지 논평을 하고 싶다. 맘보[38] 외에도 곡 제목에 특정한 서양 댄스 리듬의 이름이 들어가 있거나 그렇지 않더라도 이 리듬이 익숙한 멜로디와 결합된 곡들은 꽤 많이 있다. 예를 들어 종전을 전후해서는 부기우기 리듬이 유행했는데, 그 가운데 하나는 〈슈샤인 보이〉(손목인 작곡)이었고 다른 하나는 〈승리 부기〉(박시춘 작곡)다. 이 곡들에서 우리는 1940년대 말~1950년대 초 일본을 풍미했던 전후 '가요고쿠(歌謠曲)' 들, 특히 핫토리 료이치(服部良一)가 작곡한 곡들의 영향을 어렵지 않게 발견할 수 있다. 그렇지만, 〈도쿄 부기우기(東京ブギウギ)〉, 〈도쿄 슈샤인 보이(東京シューシャイン ボーイ)〉, 〈긴자 캉캉 무스메(銀座カンカン娘)〉, 〈사미센 부기우기(三味線ブギウギ)〉 등의 일본 가요곡들이 미군에 의해 안정적으로 점령된 도쿄의 풍경을 재현하고 있다면, 똑같은 스윙–부기 리듬의 한국 가요들은 서울이 아니라 부산과 대구에서 피난살이를 하는 혼란스러운 풍경을 재현하고 있다. 청자들의 느낌에 한국의 대중가요가 일본 가요곡에 비해 훨씬 직접적이고 조잡하다고 느낀다면, 이는 사람들이 살아갔던 역사적 경험의 차이에 기인할 것이다.

1950년대 중반 댄스 열광과 더불어 〈샌프란시스코〉, 〈아리조나 카우보이〉, 〈인도의 향불〉, 〈페르시아 왕자〉, 〈홍콩의 아가씨〉, 〈아메리카 차이나 타운〉같은 곡들이 큰 히트를 기록했다.[39] 이 이상한 이국주의는 비평가들에 의해 '국적 불명' 이라는 이유로 격렬하게 비난받거나 단순히 무시되었고,[40] 1970~80년대 이후에는 거의 잊혀 버렸다. 하지만 이런 스타일의 대중가요는 외국의 영향이 '민족문화' 에 의해 여과되지 않았을 때 어떤 일이 일어나는가를 여실히 보여주고 있다. 더 일반적으로는, 대중음악이 한국전쟁 직후 다수의 공존하는 대중적 욕망들, 이국적 관음주의, 도피의 욕망,

군사주의적 선전, 패배주의적 절망 등의 욕망들을 모두 표현했다고 말할 수 있다.[41)]

이런 노래들은 1950년대 한국인들의 상상의 한 가지 유형을 반영한다. 일본의 전후 가요곡들이 '경제부흥' 기간 동안 일본인들의 자신감과 성취감을 반영했다면, 타이완의 만다린어 대중음악이 '문화통일' 이라는 정책적 요구를 반영했다면, 동일한 시기의 한국의 대중가요는 '이국적 퇴폐주의' 를 반영했다. 1953년 이후 일본과 타이완에서 '아메리카' 는 직접적이거나 가시적이지 않았지만(물론 그 이유는 상이했다), 한국에서 아메리카는 직접적이고 가시적으로 현전했다. 냉전 이데올로기가 일본에서는 탈정치화되고 내면화되고, 타이완에서는 강제적으로 과잉 정치화되고 국가화되었다면, 한국 대중문화에서는 불시착되고 탈구되었던 것이다. 이는 도식적 분류로 들릴지 모르지만, 우리의 논점은 한국이 가장 아메리카화되었음과 동시에 가장 비(非)아메리카화된 사회였고, 용광로임과 동시에 문화적 체르노빌(cultural Chernobyl)이었다는 것이다. 이 논점에 대해 우리는 결론에서 다시 다룰 것이다.

'자유부인' 이라는 말로 상징되듯 '아메리칸 라이프스타일' 이 도시 중간계급의 정체성과 섹슈얼리티에 영향을 미쳤음에도, 그 라이프스타일이 완전한 헤게모니를 행사한 것은 아니었다. 그러기에 한국 사회는 미국에 정치적 · 군사적 · 경제적으로 너무나 깊이 의존하고 있었다. 이 모든 문화적 혼돈이 미군 기지에서 흘러나왔다고 말하는 것은 과장이겠지만, 그것은 적어도 이야기의 절반을 구성할 수는 있을 것이다. 그래서 이 논문의 나머지는 미군 기지 속으로 들어가 보고자 한다. '아메리카' 는 한국의 내부에 '기지촌' 이라는 형식으로 존재하고 있었는데, 이 아메리카는 상상적이거나 상징적인 것이 아니라 너무나도 현실적인 것이었다.

냉전기 내내 한국의 연예인들은 '반공'을 위한 정치적 선전에 자발적 혹은 비자발적으로 동원되었다. 한국반공연예인단이 1955년 이승만 대통령과 기념촬영을 한 사진(위)과, '총력안보 연예인 궐기대회'(1960년대로 추정)의 한 장면(아래). 출처는 황문평(1981).

남한과 타이완에서 팝/록 음악의 요람: 미군 클럽들

통상 '미국적 가치체제'를 전파하는 제도들로는 세 종류가 존재한다. 미국 라디오 방송국, 영어강좌 코스 그리고 미국해외공보처(USIA: United States Information Agency)[42]다. 이 가운데 영어강좌 코스와 USIA의 경우는 '서방' 혹은 '자유' 진영에 속하는 나라에서는 특별한 것이 아니지만, 라디오의 경우는 추가 설명이 필요하다. 미군 라디오 방송(뒤에는 TV 방송국)은 동아시아(일본, 오키나와, 남한, 타이완, 베트남, 필리핀)에 주둔한 미군, 상세하게는 8육군, 7함대 그리고 5공군의 존재와 밀접하게 연계되어 있다. 미국 군사력의 전략적 운동은 동아시아권에서 미국 대중문화의 확산을 거의 자동적으로 설명해 준다고까지 말할 수 있다.

미군 라디오 프로그램을 통해 지역 청중은 미국 대중음악(혹은 영문 대중음악)을 접할 수 있게 되었고, 이는 해적 음반 비즈니스를 부추겼다. 라디오 프로그램과 해적 레코드는 제2차 세계대전 이후 여러 지역에서처럼 타이완과 남한에서 중요한 미디어였다. 그렇지만, 미군 라디오 방송국이 상징적으로 가상적 · 아우라적 공간을 제공했음에도, 이것이 동아시아에서 아메리카화에 관한 이야기의 전부가 아니다. 당시 미국 대중문화의 존재는 지금 우리가 상상하는 것보다 훨씬 더 물질적이고 물리적이었다. 한국전쟁의 종언과 일본 본토로부터 미군의 철수 이후, 남한은 가장 많은 미군 병사(GI)가 체재하는 나라가 되었다.[43] 이른바 기지촌[44]이 전국 각지에 형성되어 남한에 미국 팝 문화를 대량 전파하는 온상이 되었다.

미군 기지 내부에서는 미군 병사를 위한 일종의 '쇼'가 발전한 미군 클럽들이 존재했다. 이는 미군 기지 쇼 혹은 단순하게 '미8군 쇼'라는 이름을 갖게 되었는데, '8군 쇼'라는 이름은 한국전쟁을 거치면서 24사단이 미8군으로 확대되었기 때문이다. 한국전쟁 직후 미국위문협회(USO: United

1950~60년대 한국에 산재해 있던 '기지촌'의 일상 광경. 한국 여성들의 상이한 섹슈얼리티를 볼 수 있다.

Service Organizations)는 미국의 연예인들을 데리고 오는 시도를 했지만, 이는 그리 오래가지 못했고 곧 미국 대중음악을 연주할 수 있는 한국의 연예인으로 대체되었다. 간단히 말해서, 많은 한국 음악인들이 미군에 의해 고용된 것이다.

경제적 관점에서 말한다면, 미군 쇼는 한국 국민경제에 매우 중요했다. 미군 쇼에서 일하는 음악인들 및 매니저들에게 지불된 소득은 100만 달러에 달했는데, 이는 1950년대 한국의 대외수출액을 상회하는 것이었다. 인플레이션에 허덕이던 한국 경제에서, 미군 쇼는 경화(硬貨), 즉 달러를 획득하는 중요한 원천이었다. 이에 더해, 미군 쇼에서 한국인 음악인들을 위한 노동시장은 미군 당국이 설정한 엄격한 기준과 규칙에 따라 조직되었다. 미군 당국은 3개월 혹은 6개월마다 '오디션'을 실시해 자신들의 필요에 맞는 연예인들을 선별했다. 직업을 찾으려는 한국인 음악인들에게 오디션이란 일종의 시험 같은 것이었다. 미군 기지는 이른바 '오프 리미트(출입금지)' 지역이었기 때문에, 오디션을 통과한 사람들은 미군에 의해 접수된 '금지된' 영역에 출입할 수 있는 선택된 소수였다.

오디션 시스템은 한국의 연예 비즈니스 시스템을 변모시켰다. 미군 쇼에 음악인들을 공급하는 데 특화하는 연예 에이전시들이 만들어졌고, 1958년 무렵 정부는 이들 가운데 몇몇을 공인했다. 이들 에이전시들은 미군 당국 앞에서 오디션을 보기 이전에 음악인들을 훈련시켜서 쇼단을 조직했다. 따라서 미군은 1958년 무렵부터는 한국의 연예 에이전시에 의해 조직되고 관리되는 쇼단을 고용하기 시작했다. 이런 하드 트레이닝과 엄격한 매니지먼트는 미군 기지와의 연계가 더 이상 존재하지 않게 된 뒤에도 한국의 엔터테인먼트 비즈니스의 주요한 성격이 되었다.

되돌아볼 때 미군기지 쇼가 한국인들, 특히 한국인 음악인들에게 거대한 영향력을 주었다는 것은 의심할 여지가 없고, 미군 기지 쇼가 한국의

'팝' 음악인들의 요람이었다는 것은 결코 과장이 아니다. 기지 쇼에서 '아메리칸' 음악을 연주하기 위해, 한국 음악인들은 '스테이지 매너'와 '쇼맨십' 같은 현대적 연예의 기술을 학습해야 했다. '아메리칸' 음악과 연예 일반은 무조건적으로 '현대적인 것'을 의미했고, 한국인 음악인들 사이에서 이런 현대적인 것을 획득하기 위한 투쟁은 매우 격렬했다. 이들은 아메리칸 팝 연예의 최신 경향을 따라잡고 훈련하는 데 기꺼이 많은 시간을 할애했다. 한국에서 연예를 위한 훈련은 마치 군사훈련 같은 것이었다!

그렇지만 미군 기지 쇼의 영향이 항상 긍정적이지만은 않았다. 무엇보다도 먼저, 고된 트레이닝과 엄격한 매니지먼트가 반드시 음악적 창의성을 동반하는 것은 아니었다. 쇼단에 가장 중요한 것은 아메리칸 스타일의 연예를 모방하는 일이었다. 이는 또한 미군의 다양한 취향에 영합하는 것을 의미했다. 예술적 창의성보다는 테크닉적 다재다능함(versatility)이 더 중요했고, 그 결과 음악인들은 가능한 한 많은 스타일들을 마스터해야 했다. 둘째로 캠프 쇼는 '패키지 쇼'라고 불렸는데, 이는 이른바 '버라이어티 엔터테인먼트 쇼'를 의미했고, 이는 빅 밴드, 가수, 댄서, 코미디언, 마술가, 기타 연주자 등으로 구성된 쇼단에 의해 조직되었다. 미군 병사들을 즐겁게 하기 위한 쇼가 반드시 훌륭한 뮤지션십을 요구하는 것은 아니었고, 그 결과 훌륭한 음악인들로 구성된 밴드(악단)가 오디션을 통과하지 못하는 경우도 있었다.[45]

마지막으로 중요한 것은, 미군 기지 쇼 무대는 당시 한국인들의 일상생활로부터 분리되어 있었다는 점이다. 이는 당시 인구의 70퍼센트를 차지하는 농민들에게 가장 심했다. 미군 병사를 위해 연주되고 영어 가사로 노래를 부르는 '미군기지 쇼 팝' 음악은 적어도 1960년대 초까지는 한국인들 대부분에게 결코 '대중적'이지 않았다. 1960년대 초반 미군 기지 쇼의 피크 이후, 많은 음악인들은 한국인 청중을 찾아 다양한 종류의 연예 공간을 발견하기 위해 분투했다. 몇몇 음악인들은 그때 싹트기 시작한 상업방송산업(라디오 혹은 TV)에 기반을 둔 새로운 시스템에서 악단장 · 작곡가 · 편곡가로 일반 대중에게 유명한 존재가 되었다. 그렇지만 모든 음악인들이 국내 청중을 위한 '일반 무대'를 위해 변신하는 데 성공한 것은 아니었다. 몇몇 팝 가수들은 크루너 스타일로 스타덤에 올랐고, 로큰롤과 솔 등 비트가 강한 음악이 그 뒤를 따랐다. 하지만 이건 별도의 이야기이므로 여기서 일단 이야기를 그치고 타이완의 경우를 검토해 보자.

타이완에서도 영문 대중음악은 도시 공간에 상징적으로 또 물질적으로 착근하기 시작했다. 1955년 이후 미국인 군인들과 사업가들을 위한 클럽들이 타이페이에 들어섰고 여기서 지역의 음악인들이 음악을 연주하기 시작했다. 한국에서처럼 이 클럽들은 음악적 학습의 형태를 만들어냈고, 여기서 영문 음악의 토착 수용자는 음악을 연주하는 음악인이 될 기회를 잡을 수 있었다. 중산베이루(中山北路)는 미 육군의 병참기지와 미국 의상, 음반, 서적을 파는 시장과 서점이 위치해 있었고 군인과 민간인이 동시에 이용하는 유일한 공항이 있었는데, 이 물리적 공간은 특히 중요했다. 이 곳은 청년 세대에게 소비재와 상징적 공간을 제공한 것이다. 미국 대중문화의 '클러스터링(clustering)'이 타이완에서 아메리카화의 유령을 길러낸 것이다.

타이완에서도 돈은 클럽에서 연주하는 사람들에게 중요한 유인이었다. 한 정보 제공자가 말하기를, 음악인 한 명이 월 2만 5,000NT(New Taiwan) 달러를 벌 수 있었다고 하는데, 당시 타이완인의 연평균 임금은 4만 6,000NT달러였다. 바로 이런 유인으로 인해 대부분의 음악인들은 자신의 작곡을 발전시키기보다는 미국 음악인들을 모방하고 한정된 청중의 요구를 충족시키는 기술을 발전시켰다. 그러나 음악을 연주할 공적 공간이 부족한 상태에서 기능을 가진 대부분의 음악인들에게 음악 자체는 돈을 버는 도구라기보다는 목적 그 자체가 되었다. 이렇게 새롭게 대중화된 음악은 타이완

미8군 쇼의 전형 두 가지. 여성들로 구성된 플로어 쇼단인 '21th Century Show'(위)와, 캄보 밴드 편성으로 이루어진 패키지 쇼단인 '에이원(A1) 쇼'(아래).

에서 러먼인웨(熱門音樂: 글자 그대로 의미는 '히트 음악')[46]라고 불렸고, 이 새로운 용어는 단지 가사의 언어뿐만 아니라 수용자의 감성을 반영했다. 국내 대중음악과 비교해 보면, 미디어(라디오, 텔레비전)를 통해 확산된 영문 음악의 비중은 작았으나 청중은 타이완팝과 만다린팝의 청중에 비해 보다 특정했다. 영문 음악은 도시 젊은이들에게 가장 선호되는 음악 형식이었는데, 왜냐하면 그 리듬이 도시의 소비적 라이프스타일과 공명했으며, 음악 연주가 1950년대 이래 대중음악에서 미국의 여러 도시를 가로질러 번성했던 타이완의 현대화된 사운드의 풍경(soundscape)을 상징했기 때문이다.

그렇지만 타이완에서 러먼인웨가 라디오 프로그램이나 해적음반을 통해 배급되는 미국 대중음악을 지칭한다면, 러먼인웨 신은 엄밀한 의미에서 음악 신이나 공적 공간으로 간주되지는 못했다. 몇몇 DJ들은 라이브 공연을 후원함과 동시에 해적음반 비즈니스에 개입했지만, 미국인 클럽에서의 라이브 연주는 한국처럼 넓은 신을 형성하지는 않았다. 간략히 말해서, 타이완에서는 만다린어 대중음악 신에 대해 대안을 제공할 정도로 '미군 쇼무대 신'이 존재했다고 말할 수는 없다.

미 제7함대가 타이완의 '보호'에 주요한 역할을 했어도, 타이완에서 미군 병사의 수는 한국처럼 거대하지는 않았다. 따라서 타이완에서의 음악 클럽은 미군부대 영내의 공식적 클럽보다는 기지촌의 비공식적 클럽에 가까웠고, GI 클럽이 번성한 것은 오히려 1960년대 중반 이후부터다(한국에서는 이 시기부터 미군 무대 신은 쇠퇴하기 시작한다). 미군의 베트남전쟁 개입에 따라 타이완은 미군의 후방기지가 되었고, 베트남전쟁에서 전투를 수행한 미군 병사들은 타이완을 휴양지로 삼았다. 이때부터 타이베이에 국한되지 않고 타이완 영토 여러 곳에 미군 클럽이 탄생하기 시작했다.

음악인들의 경우 일부는 방송국의 하우스 밴드로 충원되기도 했고, 거기서 그들은 버라이어티 쇼나 음악 쇼—대부분은 만다린어 대중음악이고 일부는 영문 대중음악이었다—에서 반주를 해주기도 했지만, 이것도 1960년 3개 채널의 TV 방송국이 개국한 뒤의 일이다. 또한 수용자의 경우 영문 음악의 타깃 청중이 형성된 것도 국내 해적음반 비즈니스와 미국이 세운 라디오 방송국 및 미디어의 발전에 힘입어 1960년대에 들어선 뒤의 일이다. 그렇지만 1960년대조차 미국인 클럽에서 연주하는 훌륭한 기능을 가진 타이완 음악인들은 음반 비즈니스에서는 거의 기회를 잡지 못했다는 사실인데, 이유는 그들이 '진짜'를 복제하는 것을 선호했기 때문에 음반회사들이 별 관심이 없었기 때문이다.[47] 그러나 한국에서는 1950년대에 미8군 무대에서 경력을 쌓은 상당수 음악인들이 1960년대 초중반부터 창작곡을 만들고 연주하기 시작했다. '미8군 쇼 무대에서 연주했다'는 경력은 적어도 1960년대 말까지는 국내 대중음악 신, 특히 방송과 연관된 음악 신에서 출세할 때 프리미엄으로 작용했다.

따라서 우리는 미군의 존재의 차이가 남한과 타이완에서 국내 대중음악 신의 차이를 노정했다고 결론 내릴 수 있는가? 그렇다. 그런데 이는 대중음악과 대중문화 일반의 현대화와 미국화에서 남한이 타이완보다 '선진적'이었음을 의미하는가? 이 질문에 '예'라고 답하는 것은 너무나도 단순하고 생각 없는 것임과 동시에 로스토(Walt W. Rostow)식의 '근대화 이론'을 반복하는 것이다. 그렇다면 대안적 결론은 무엇인가? 보다 좁게는 이 시기 한국과 타이완의 대중음악에 재현된 국민적/민족적 정체성의 차이는 무엇인가?

HIT SONG
▼由小梅領導的石器時代的人類合唱團。
▲幾個美國學校女娃娃組成的 THE THAI-KETTES

타이완 밴드의 선구자인 선샤인 밴드.
1968년경의 모습이다.

1970~80년대 타이완을 넘어서 동아시아 거의 전역에서 사랑을 받은 덩리쥔이 어릴 적에 군대의 병영에서 노래를 부르는 모습.

나가며: 아메리카화, 용광로인가 문화적 체르노빌인가[48]

일본과 오키나와까지 고려해 우리의 시각을 확장하면, 우리는 타이완과 한국의 경우를 보다 국제적이고 권역적인 시각 위에 놓을 수 있을 것이다. 1952년 이후 대부분의 미군 기지가 철수한 일본에서 '아메리카'는 비가시적이고 내면화되었던 반면, 1972년까지 미군에 의해 점령된 오키나와에서는 미군 기지가 거의 어디에나 존재했다. 그렇다면 한국과 타이완은 일본과 오키나와의 중간 어딘가에 놓여 있는 셈이고, 동아시아권에서 이런 유사한 지위가 이 둘을 '자매국'으로 만들었는지 모른다.

그렇지만 두 불완전한 국가의 지위상의 유사성에 대해 말하는 것만으로는 충분하지 않다. 우리가 보았듯, 미국 대중문화의 '번역' 과정에서 타이완과 한국 사이에는 차이가 가로놓여 있다. 1960년대 중반까지 미군의 편재로 인해 한국에서 미국 대중문화의 영향은 소화할 수 없을 정도로 강력했다. 몇몇 한국 대중가요에서 발견할 수 있었던 '이국적 데카당트주의'는 몇몇 음악 텍스트에 국한된 것이 아니라 한국전쟁 이후의 일반적인 문화적 조건이었다. 그 문화적 정세는 '용광로'의 수사만으로도, '문화적 체르노빌화'만으로도 온전히 설명될 수 없고, 후자의 의미를 적용한다면 한국은 일본과 타이완보다는 오키나와에 가깝다고 볼 수도 있다.

문화적 체르노빌화란 아메리카화가 재앙과 무정부를 낳는다는 것을 의미하고, 이런 측면은 한국의 문화적 텍스트와 일상생활 모두에서 발견될 수도 있다. 오직 반공이라는 정치적 이데올로기만이 사회문화적 통합을 형성할 수 있었을 뿐이지만 이 공식적 이데올로기조차 내적 모순에서 자유롭지 않았고, 어떤 식으로든 대안적 경로를 필요로 하게 되었다.[49] 어떤 의미에서 한국은 1961년 박정희가 쿠데타로 정권을 장악한 이후 비로소 타이완의 길을 따라갔다고 말할 수도 있다. '민족문화 중흥' 이라는 캐치프레이즈 아래 박정희 정권은 '외래 퇴폐문화' 를 제한하고 문화적 민족화/국가화를 추진하는 데 보다 더 의식적이었다. 그렇지만 1950년대 이전의 아메리카화의 사후 효과는 매우 오래 지속되어 공식문화('민족문화')와 공공문화('청년문화')의 충돌은 1970년대 이후에도 매우 첨예했다.

또 다른 의미에서 타이완은 1960년대 이후 '아메리카화' 의 길을 밟았고 외래 대중문화에 점차 개방되어 갔다. 따라서 문화적 민족화[국민화]라는 국가 프로젝트는 1960년대 말 이후 도전받기 시작했고, 1970년대 초 미국이 타이완과의 외교관계를 멀리하고 중국과 수교하게 되면서 심각한 사회적 위기에 직면했다. 그때 이후 엄밀한 의미에서 공적 문화가 타이완에서도 탄생하기 시작했고 국제적 음악문화(대부분은 영문 음악문화)가 보다 적극적으로 만다린어 대중음악과 번안되고 젊은 도시 수용자들에게 '우리의 음악' 이라는 세례를 받게 되었다.

따라서 우리는 이 논문이 타이완과 한국의 대중문화 사이의 유사성뿐만 아니라 차이를 조명해 주기를 희망한다. 두 나라가 '반공 블록' 을 형성했다고 결론짓는 것만으로는 부족하다. 이렇게 결론짓고 말아버리는 것은 왜 두 나라가 1987년경의 민주화 이후 상이한 길을 밟고 있는지, 그리고 왜 동아시아에서 두 나라의 국제적 지위가 상이해졌는지를 이해할 수 없다. 서론에서 우리가 언급한 '한류에 반대하는 타이커' 는 후냉전기 변화들의 하나의 예일 뿐이다.

만약 한국의 정치외교가 '친중국적' 이 되고 있고 타이완의 정치외교는 '친일본적' 이 되고 있다고 느낀다면 —우리는 이런 대중적 감정에 대한 표상을 지지하지 않는다— 우리는 1950년대를 돌아다볼 필요가 있다. 역사적 맥락으로 돌아가는 것은 위 질문의 이유에 대답해 줄 뿐만 아니라 새로운 국제적 · 아제적 질서를 상상하게 해줄 것이다. 달리 말해서, 지금이야말로 두 나라 사이의 문화적 교환에 대해 상상할 바로 그 시점인 것이다.

그를 위해 필요한 것은 냉전의 지리정치학적 상상력도, 후냉전의 지리경제학적 상상력도 아니고, 탈냉전의 지리문화적 상상력일 것이다. 이런 새로운 전망 위에서 냉전의 정치 이데올로기나 후냉전의 경제 이데올로기 대신 아시아가 평화적 통합으로 몰고 갈 것이 무엇인지를 사고할 수 있을 것이다. 확실한 것은 우리가 절실하게 필요로 하는 것은 한국과 타이완을 포함한 다수의 아시아에서 지역의 대중문화를 상호 노출하기 위한 아제적 공공 공간일 것이다. 충분히 지역적이면서 또한 충분히 국제적인(아제적인) 것은 가능할 것인가? 이제까지 그리고 앞으로도 지역적이지도 않고, 국제적이지도 않았던 민족주의에 빠지지 않으면서…….

도야 마모루(東谷護)는 현재 세이조대학(成城大學) 문예학부 공통교육연구 센터의 교수로 재직 중이다. 교토대학 대학원 인간/환경학연구과에서 박사학위를 취득했고 전공은 음악사회사와 현대문화사다. 최근에는 일본 대중음악 형성기를 대상으로 점령기 일본의 아메리카나이제이션의 문제를 연구하고 있다. 저서로는 《브라스밴드의 사회사: ブラスバンドの社會史》(공저, 2001), 《진주군클럽에서 가요곡으로: 전후 일본 파퓰러음악의 여명기(進駐軍クラブから歌謠曲へ》(2005)가 있다. touya@seijo.ac.jp

송태욱은 1960년대 청년문화와 김승옥에 대한 연구(〈김승옥과 '고백'의 문학〉)로 연세대학교에서 박사학위를 받았다. 도쿄외국어대학 연구원을 지냈으며, 현재 연세대에 출강하고 있다. 한국과 일본의 사상사 및 문화사에 관한 연구와 번역 작업을 진행해 왔다. 지은 책으로는 《르네상스인 김승옥》(공저)이 있다. 그 외 《번역과 번역가들》, 《탐구 1》, 《윤리 21》, 《일본정신의 기원》, 《형태의 탄생》, 《포스트콜로니얼》, 《천천히 읽기를 권함》, 《트랜스크리틱》, 《연애의 불가능성에 대하여》 등 많은 번역서가 있다. songtw@dreamwiz.com

10

미국 점령기 일본의 팝음악문화

– 미군 클럽의 음악 실천을 통하여

도야 마모루 저

송태욱 역

1. 들어가며

문제의 소재

오늘날 대부분의 일본인은 미국을 자명(自明)한 존재로 보고 있다고 해도 과언이 아니다. 1945년 8월 제2차 세계대전에서 패한 일본은 1952년까지 미국의 점령하에 있었다. 미국은 일본에 점령이라는 '폭력'을 내세웠고, 일본인은 그 폭력에 공포를 느끼고 있었다. 그런데도 일본은 미국을, 폭력을 휘두르는 강국으로만 보고 있었던 것은 아니다. 일본인 중에는 물질적인 면에서 압도적으로 강력한 미국을 동경의 눈으로 바라보는 사람도 있었다.

일본에서 미국은 점령정책이라는 이름으로 정치 · 경제 · 문화 등 다방면에 걸쳐 강제적인 정책을 펼쳤다. 미국은 여러 영역에 걸쳐 일본을 지도했고, 그것은 오늘날의 일본이 형성되는 데 큰 영향을 미쳤다. 그러므로 전후 일본은 모든 면에서 미국화(americanization)되었다고 해도 좋다. 그런데 미국화는 문화제국주의나 미디어제국주의 등의 핵심 개념으로 검토되는 일이 많으며, 오늘날과 같은 미국화를 논할 때는 매스미디어의 힘을 무시할 수도 없다. 또 일본의 미국화를 논하는 사람 중에는 미국이 다른 나라의 문화를 지배하고 있다고 강력하게 비판하는 사람도 있다. 그러나 미합중국의 문화 형태를 통일된 하나의 '지배적인 문화'로 파악하는 것은 쉽지 않다. 그러므로 미국화를 검토할 때는 겹눈으로 파악할 필요가 있다.

이 글에서는 오늘날과 같은 상황, 즉 다면적인 미국화가 생겨난 계기가 무엇이었는지 살펴보려 한다. 그것을 위해 매스미디어의 대표라고 할 수 있는 텔레비전이 일본에 등장하기 직전인 미국 점령기(1945~52)의 일본에 초점을 맞출 것이다. 전후 일본을 이야기하는 데 빼놓을 수 없는 것 가운데 하나가 텔레비전이지만, 본방송이 시작된 것은 1953년으로 텔레비전 방송의 역사는 그리 길지 않다. 텔레비전이라는 오락물을 손에 넣기까지 옥음방송(玉音放送)[1]이 흘러나왔던 그 여름날부터 일본인은 8년이라는 세월을 기다렸다. 이 8년이라는 기간은 일본이 미국에 점령을 당했던 시기와 거의 겹친다.

팝음악을 포함한 대중문화의 대량 배급을 가능케 한 텔레비전이 등장하기 전, 종전으로 초토화된 채 미국의 점령하에 있던 일본에서는 새로운 문화 창출의 싹이 돋아나고 있었다. 이 글에서는 그러한 문화 창출을 팝음악의 영역에서 다룰 것이다. 팝음악만을 본다면, 바로 이 점령기 전후에 일본 팝음악의 여명기라고 할 만한 움직임이 있었다. 그 움직임의 중핵은 미군의 오락시설과 각지의 미군기지 안에 만들어진 클럽에서의 음악 실천이었다. 이 글에서는 미국 점령기 일본에 나타난 미군기지라는 '미국' 안의 클럽을 둘러싼 음악 실천에 초점을 맞춰 미군 클럽에서 이루어졌던 팝음악의 실천을 해명하고, 그 실천에서 보이는 팝음악과 역사적 · 사회적 배경의 관계성이나 새로운 문화 창출의 과정을 더듬어감으로써 미국 점령기의 일본 팝음악문화가 내포하고 있는 문화적 의의를 살펴보고자 한다.

선행 연구와 방법

전후 일본을 이끌어간 것은 미국의 점령정책이었다. 미국의 일본 점령기에 대한 연구는 수없이 많지만, 그 대부분은 정치적 영역이거나 방송·신문 등 매스미디어 영역에 관한 것이다. 점령기 연구에서 음악, 특히 팝음악과 관련된 연구는 극히 적으며 학술적인 연구서로서는 필자의 《주둔군 클럽에서 가요곡으로: 전후 일본 팝음악의 여명기(進駐軍クラブから歌謠曲へ: 戰後日本ポピュラー音樂の黎明期)》(みすず書房. 2005)가 처음이다.[2)]

이 글에서는 필자(2005)가 1차 자료를 발굴해 기초 자료로 정리한 성과를 바탕으로 미국 점령기 일본의 팝음악문화를 개관한 다음 그 역사적 의의에 대해 말하기로 한다.

2. 미군이 일본에 준 음악적 충격

군악대의 존재

우선 새로운 음악 실천의 장인 점령기 주둔군 클럽을 일본의 서양음악 수용을 중심으로 검토하고자 한다.

전전(戰前) 일본의 서양음악 수용에 대해 이야기할 때 군악대를 피해갈 수는 없다. 주목하고자 하는 것은 군악대원이 퇴역한 후의 일이다. 군악대원은 퇴역한 후에 민간 밴드를 결성하고 대중음악 발전에 공헌했다. 그중 '히로메야(廣目屋)'라 불린 광고업과 관련된 사람들도 있었다. 이러한 흐름은 이후의 '친동야(ちんどん屋)'[3)]로 이어진다. 퇴역한 군악대원들은 또한 활동사진을 상영(1897)할 때 반주음악의 악대로 활약하기도 했다. 자신들의 음악활동 외에도 젊은 음악인을 육성하는 데 힘을 기울인 사람들도 있었다. 그 대표적인 예가 대형 백화점 등이 자사의 선전을 위해 결성한 소년음

악대다. 소년음악대 출신 중에는 재즈 밴드 등에서 활약한 사람도 있었는데, 전후에 곧바로 히트곡을 낸 작곡가 핫토리 료이치(服部良一, 1907~93)가 대표적이다. 이러한 악대나 민간 밴드 등이 전전 일본의 팝음악에 영향을 미쳤다. 더욱이 다이쇼(大正 : 1912~26) 시대에는 기업이 공장 음악(工場音樂)이라는 명칭으로 노동자의 여가생활을 위해 사내에 음악부를 만드는 움직임이 있었다. 역시 취주악(吹奏樂)을 지도한 사람은 군악대 출신자였다. 공장 음악은 1941년 이후 국가가 적극 개입해 후생 음악(厚生音樂)이라 불리게 되었다. 이처럼 군악대와 팝음악의 관계는 의외로 밀접한 점이 있었다. 물론 제2차 세계대전의 패전으로 군악대는 해산되었다. 군악대원 중에는 음악과 관계없는 길로 나아간 사람도 있었고 직업 음악가의 길을 걸은 사람도 있었다. 그중에는 오프 리미츠(off limits), 즉 일본인의 출입이 금지된 공간에서 재즈 연주의 길을 걸은 사람도 있었는데, 그들이 바로 점령기 오프 리미츠 안에서의 팝음악문화, 그리고 전후 일본의 팝음악에 영향을 미쳤다.

새로운 음악 실천의 장

롭 본자헤르 플레이스(Rob Boonzajer Flaes)는 주둔군 클럽에서의 음악 실천을 외래 음악의 수용이라는 관점에서 보고 구(舊)식민지의 브라스밴드(brass band)[4]를 조사하고 체계화했다. 그는 19세기 서양의 군악대가 편성, 연주, 제복 등에서 획일적이었던 데 비해 식민지의 브라스밴드에는 현지 사람들이 서양음악을 재래음악과 융합시키는 고안을 하는 등 다양한 요인이 뒤얽혀 있다는 사실을 지적했다. 대략적인 사실을 말하자면 이렇다. 비서구권 사람들이 서양음악을 처음으로 접했을 때는 커다란 충격을 받는다. 이 충격은 자신들도 서양음악을 공유하려고 모방하는 단계로 이어진다. 그리고 서양음악을 자신들의 민속적인 음악과 융합하려고 적극적으로 시도하는 발전적 단계로 이행된다. 이 단계에서는 이미 서양음악에 대한 모방에서 해방되었을 가능성이 크다. 발전 단계는 사운드 면에서만 나타난 것이 아니다. 흥행주 등이 나타남으로써 그 지역의 브라스밴드는 상품화되고 연주의 장도 확립된다.

이 모델을 근대 일본이 경험해 온 서양음악의 수용에 적용시켜 보면 거의 같은 발전 단계를 거쳐 왔음을 알 수 있다. 그러나 오프 리미츠라는 장(場)은 이 모델의 틀을 넘어선 것이다. 미국 점령기의 일본사회에 등장한 주둔군 클럽의 특징은 갑자기 완성된 시스템이 눈앞에 나타난 데 있다. 클럽에 필요한 것은 연주하는 밴드맨, 가수, 연주자에게 일을 알선하는 중개업자, 클럽의 운영을 떠받치고 있는 종업원이라는 존재였다. 패전과 함께 갑자기 등장한 새로운 음악 실천의 장에서는 클럽 측이 요구하는 수를 만족시키지 못할 만큼 밴드 수가 부족했다고 한다. 이를테면 수요와 공급의 균형이 깨진 것이다. 그래서 연주 경험 등 실적이 적은 사람, 연주 기술이 낮은 사람, 그리고 아마추어까지도 밴드에 참여할 수 있었다.

3. 주둔군 클럽에서의 팝음악문화 실천

주둔군 클럽이란 무엇인가

제2차 세계대전이 끝나고 2주일쯤 지난 1945년 8월 30일 오후 두 시가 넘은 시각, 연합군 최고사령관 더글러스 맥아더 원수가 가나가와(神奈川) 현 아쓰기(厚木) 비행장에 내렸다. 맥아더는 트럭 10대에 나눠 탄 1,200명의 부대를 이끌고 저녁 무렵 요코하마(横浜)에 도착했다. 점령군 사령부(GHQ)는 요코하마에 거점을 두었으나 1945년 10월 상순 도쿄의 히비야(日比谷)로 옮겨졌다.

미국은 초토화된 요코하마와 도쿄를 비롯해 타지 않고 남은 일본 각지의 건물이나 토지 대부분을 접수했다. 건물이나 토지는 군용 시설이나 군인용의 주택으로 개조되었다. 미군에 접수된 장소는 '오프 리미츠' 라 불렸다. 오프 리미츠 지역의 경계에는 일본인의 출입을 금지하는 표지나 담장이 설치되었다. 일본 땅인데도 일본인이 출입할 수 없는 '미국' 이 갑자기 사람들 앞에 나타난 것이다.

특이한 공간인 이 '미국' 에서 수많은 미군 병사들이 대(對)일본 점령정책에 종사했다. 일본 각지의 미군 기지나 캠프에는 미군 병사들의 오락시설로 클럽이 만들어졌다. 군인에게 계급이 있었던 것처럼 클럽에도 계급이 있었고, 부르는 명칭도 각각 달랐다. 다음에 드는 세 계통의 클럽이 대표적이다.

OC (Officers Club, 장교 클럽)
NCO (Non Commissioned Officers Club, 하사관 클럽)
EM (Enlisted Men' s Club, 병사 클럽)

이 외에 CC(Civilian Club, 민간인 클럽), AM(Air Men' s Club, 공군병사 클럽), Service Club(서비스 클럽), WAC(Women' s Army Club, 여군 클럽) 등을 설치한 기지나 캠프도 있었다. 흑인병사 전용 클럽도 있었다. 이 클럽들은 모두 미군 병사를 상대로 한 것이고, 일본인은 출입할 수 없는 오프 리미츠 공간이었다. 기지 주변에는 이 미군 클럽들을 모방해 일본인이 경영하는 미군 병사 전용의 카바레나 댄스홀 같은 것도 생겨났다.

클럽에서는 군인들에게 음식뿐만 아니라 밴드 연주나 쇼를 제공했다. 점령기 후반까지 미국 본토에서 오는 위문공연이 적었기 때문에 미군 클럽으로서는 일본인 밴드맨이나 예능인에게 밴드 연주나 쇼를 맡기지 않을 수 없

미국 여성이 그려진 미군 클럽의 무대(위)와, 미군 클럽의 무대에서 사회를 보는 미군 병사(아래)

는 상황이었다. 이러한 사정으로 일본인의 출입이 금지된 '미국'이라는 공간에 일부 일본인이 출입할 수 있었던 것이다. 특별히 오프 리미츠에 출입할 수 있었던 일본인은 주로 종업원, 밴드 연주나 쇼와 관계된 예능인, 예능인을 알선하는 중개업자, 그리고 미국 병사가 데리고 들어오는 방문객이었다.

'미국'을 체험하고 나중에 유명해진 사람으로는 아키요시 도시코(穐吉敏子, 1929~), 이시이 요시코(石井好子, 1922~), 윌리 오키야마(ウィリー沖山, 1936~), 에리 치에미(江利チエミ, 1937~82), 오이다 도시오(笈田敏夫, 1925~2003), 오하라 시게노리(小原重德), 고사카 가즈야(小坂一也, 1935~97), 고지마 마사오(小島政雄, 1913~68), 사와다 슌고(澤田駿吾, 1930~2006), 조지 가와구치(ジョージ川口, 1927~2003), 스기우라 료조(杉浦良三), 스마일리 오하라(スマイリー小原, 1921~84), 세라 유즈루(世良讓, 1932~2004), 하라 노부오(原信夫, 1926~2006), 페기 하야마(ペギー葉山, 1933~), 마쓰오 가즈코(松尾和子, 1935~92), 마쓰모토 히데히코(松本英彦, 1926~2000), 미야자와 아키라(宮澤昭, 1927~2000), 모리야스 쇼타로(守安祥太郎, 1924~55) 유키무라 이즈미(雪村いづみ, 1937~) 등을 들 수 있다. 그리고 가수나 밴드맨뿐 아니라, '나베프로'의 창시자 와타나베 신(渡辺晉, 1927~87)과 와타나베 미사(渡辺美佐, 1928~) 부부, '호리프로'의 창시자인 호리 다케오(堀威夫, 1932~), 비틀스의 일본 공연을 실현시킨 나가시마 다쓰지(永島達司, 1925~99) 등 전후 일본의 팝음악을 음지에서 떠받쳐준 사람들도 오프 리미츠를 드나들었다. 유명하든 그렇지 않든 간에 어떤 형태로든 주둔군 클럽과 관계가 있는 사람들을 헤아리자면 그 수는 한이 없다.

미군 병사들이 주로 요구했던 것은 재즈나 미국에서 유행하고 있는 팝송 등의 밴드 연주였다. 클럽에서는 댄스 곡목의 경우 글렌 밀러(Glenn Miller, 1904~44)[5]의 곡이 울려 퍼졌고, 당시 미국에서 유행하고 있던 팝송도 군 전용의 히트 키트(Hit Kit)라는 악보로 재빨리 전해져 노래로 불렸다.

스윙 스타일의 빅밴드나 캄보(combo)[6]에 의한 연주가 많았다. 밴드맨들은 밤낮으로 레퍼토리를 늘리는 것과 실력을 연마하는 데 열성적이었다. 쇼의 내용은 요술, 곡예, 유도, 검도, 왜장도(薙刀), 가라테(空手), 가부키(歌舞伎), 분라쿠(文樂), 인형 만들기, 꽃꽂이, 좀 색다른 것으로는 손금, 여성 귀족용의 정장 쇼(十二単), 모의 결혼식의 실연 등 아주 다채로웠다. 이러한 쇼에서 일본의 여자 프로레슬링도 탄생했다.[7]

미군 클럽의 연주자

미군 클럽에서 연주한 일본사람들에게 공통된 것은, 전후 일본사회의 불안정한 경제상황에서 고액을 손에 넣을 수 있다는 경제적인 이유로 클럽에서의 연주를 시작한 사람이 많았다는 점이다. 전후 얼마 지나지 않은 시점에서는 군악대 출신자가 강력한 네트워크를 통해 일에 대한 정보를 얻고 있었다. 또한 클럽 연주는 수요와 공급의 균형이 무너져 있었고 밴드맨의 수가 절대적으로 부족했기 때문에 아마추어가 참여하는 것도 비교적 쉬웠다. 그중에는 '돈이 된다'는 이유만으로 악기를 만져본 적도 없는 사람들까지 참여한 경우도 있었다.

연주자는 전전부터 재즈를 해왔던 사람들을 제외하면 클럽에서 요구하는 재즈 연주에 숙달되어 있었다고는 할 수 없다. 그들이 미국의 팝음악을 수용할 때 커다란 역할을 한 것은 악보였다. 위문용의 '히트 키트'(HIT KIT OF POPULAR SONGS), 해적판 '1001', '스톡 어레인지먼트'(stock arrangement)[8] 등 세 종류가 대표적이었다. 이 악보들은 어느 것이나 쉽게 입수할 수 없었다. 그래서 밴드맨들은 서로 빌리기도 하고, 레코드나 라디오에 귀를 기울여 악보를 베끼는 등 악보를 구하느라 노력을 게을리 하지 않았다. 밴드맨은 동시대의 평범한 일본인들보다 경제적으로 윤택했다. 세

가마보코 병사 내 미군 클럽에서의 연주(위)와,
미군 병사를 위한 쇼(아래).

할로윈 복장을 한 일본인 밴드맨(위)와, 멤버가 일본인 여성만으로 구성된 밴드.

대를 보면 10대 중반에서 20대 중반까지의 젊은이가 많았는데, 그중에는 젊은 혈기의 소치라는 말이 어울릴 정도로 도박이나 약물 등의 '유희'에 빠진 사람들도 있었다.

미군 클럽의 중개업자

클럽 측이 예능인을 제공받는 방법으로는 전전부터 있었던 대형 예능 프로덕션에 의뢰하는 것 외에도 클럽의 매니저나 일본계 장교 등의 지인이나 그들과 연고가 있는 개인적인 관계에 의존하는 일이 있었다. 그러나 이것만으로는 충분하지 않았다. 이러한 상황 때문에 영어를 할 수 있는 사람에게 중개업을 할 기회가 찾아온 것이다.

점령기 후반에 대형 중개업자로서 이름이 널리 알려져 있던 GAY컴퍼니는 중개업 중에서는 후발 주자였다. GAY컴퍼니가 대형 중개업자로까지 발전할 수 있었던 데에는 사장이 일본계 캐나다인 2세였던 것이 중요하게 작용했다. GAY컴퍼니는 주로 밴드를 알선하는 부문과 이로모노(色物)[9]라 불리던 쇼를 알선하는 부문으로 나뉘어 있었다. GAY컴퍼니는 도쿄에 사무소를 두고 있었고 주로 수도권의 클럽에 밴드나 쇼를 알선하고 있었는데, 도호쿠(東北) 지방의 미사와(三澤)나 하치노헤(八戸)의 클럽, 그리고 홋카이도(北海道)의 마코마나이(眞駒内)나 치토세(千歳)의 클럽에도 알선하고 있었다. 사원 한 사람이 예능인을 인솔하고 일주일에 이들 전 지역을 도는 투어를 했을 정도로 GAY컴퍼니는 많은 일을 맡고 있었다.

이러한 클럽과 직접 교섭해 일을 얻는 중개업자를 확보하고 있던 회사와는 별도로 개인적으로 '줍기(拾い)'라 불리는 중개업자도 있었다. 클럽 측에서 트럭으로 출연자를 데리러 오는 도쿄 역이나 신주쿠(新宿) 역 등의 터미널에서 대기하고 있다가 일을 구하러 그곳에 모여든 밴드맨과 교섭해

당일에 출연시킬 멤버를 뽑아내 즉석 밴드를 조직한 뒤 클럽 측에 알선하는 일이었다. 날품팔이 노동자를 확보하는 것과 같은 일이었다.

미군 클럽의 종업원

클럽에서 근무한 일본인 종업원은 오프 리미츠의 공간에서 매일 일한다는 것과 미군의 시중을 든다는 점에서 클럽에 출입하는 연주자나 중개업자와는 크게 달랐다. 패전국민으로서 승자인 미국, 즉 적국이었던 미국이 접수한 공간에 출입하며 일하는 종업원 각자의 마음속을 들여다보면, 어디까지나 생계유지를 위한 경제적인 일이라며 깨끗이 받아들인 사람, 물자가 풍부한 미국을 목격하고 놀라는 사람, 패전국민이 옛 적국의 국민 아래서 일하는 것에 의문을 품은 사람 등 복잡다단했다. 어떤 의미에서 정점관측(定點觀測)할 수 있는 위치에 있던 사람들에게 점령기의 음악문화는 전후 부흥의 한복판에 있었던 패전국 일본의 상황에 비하면 화려한 별세계나 마찬가지였다. 미군이 접수한 지역이 많았던 가나가와 현 요코하마는 주둔 군인을 포함해 관계자가 많았기 때문에 당연히 클럽 또한 많았다. 이미 알려진 사실에서만 봐도 주둔군 클럽과 주둔군 전용 카바레는 거의 30개에 이르렀다.

4. 점령기 요코하마와 미군 클럽

클럽이나 카바레는 병사의 수에 걸맞은 수가 필요하다고 생각되어 전성기에는 약 500군데에 이르렀다. 점령기에는 요코하마가 미국이 접수한 일본 면적의 62%를 차지하고 있었고 삿포로(札幌, 21%)와 센다이(仙臺, 9%)가 그 뒤를 이었다. 일본 전국에서 미국이 접수한 택지 면적도 요코하마가 61%를 차지했고 도쿄(19%)와 오사카(9%)순이었다. 요코하마는 접수지가 많았던 만큼 전국적으로 보면 주둔군 병사의 총수도 많았다. 1945년 12월 말까지 주둔군 병사 총수의 25%인 9만 4,000여 병사가 요코하마에 있었다. 병사의 오락을 만족시켜 주는 클럽도 그에 상응하게 있어야 할 상황이었다.[10] 실제로 대부분의 밴드맨이 요코하마의 클럽에서 연주했고, 앞에서 이름을 든 가수와 대부분의 밴드맨이 요코하마 클럽의 무대에 서는 등 요코하마에 연고가 있었다. 다음으로 클럽을 중심으로 요코하마에서의 음악 실천을 살펴보기로 하자.

미국 점령기 요코하마의 중심부에는 미군 전용 카바레가 30개 정도 있었다. 이들 클럽에서 연주한 사람 중에는 한 클럽과 장기간 전속계약한 사람도 있었고, 여러 클럽에서 연주한 사람도 있었다. 1946년 2월 11일 미군 기관지 《스타스 앤드 스트라이프스(Stars and Stripes)》가 요코하마에서 카바레가 호평을 얻고 있다고 전하고 있는 데서 알 수 있듯이, 요코하마의 클럽은 활기가 넘쳤다.

요코하마를 본거지로 삼고 있던 캠프 요코하마(CAMP YOKOHAMA)는 제브라(Zebra) 클럽(NCO)을 필두로 시사이드(Seaside) 클럽(NCO), 클럽 45(EM), 크로스로드(Cross Road, NCO), 골든드래곤(Golden Dragon, OC)을 통괄하고 있었다. 제브라 클럽에 출연한 사람 중에는 유키무라 이즈미, 스마일리 오하라가 있었고, 시사이드 클럽의 출연자에는 오이다 도시오가 있었다. 샵스&플랫츠의 하라 노부오도 그룹을 결성하기 전에 다른 밴드의 멤버로서 올림픽(Olympic, 카바레) 에 출연하고 있었다. 흑인 전용으로는 클럽45 외에 400클럽(NCO), 뉴요커(New Yorker, 카바레)가 있었다. 400클럽에는 일본의 재즈사에 그 이름을 남긴 불세출의 피아니스트 모리야스 쇼타로가 있었다. 그리고 뉴요커에는 베이스 주자인 오하라 시게노리와 육군 군악대 출신자로 멤버가 조직되어 나중에 핫토리 료이치 아래에

서 일을 하게 되고 가사기 시즈코(笠木シヅ子)의 백 밴드를 했던 클락스타(クラックスター)가 출연하고 있었다. 나중에 이름을 날리게 되는 젊은이들이 이렇게 미군 클럽에서 노래하고 연주하고 있었던 것이다.

5. 오프 리미츠 밖으로

미국 점령기가 끝난 후 주둔군 클럽에서 음악 실천이 어떤 형태로 전후 일본의 팝음악문화에 영향을 미쳤는가를 개관하기로 한다.

1952년 미국 점령기가 종결되고 주둔군이 철수하자, 전체는 아니지만 폐쇄된 클럽이 많았다. 클럽과 관계하고 있던 일본인은 오프 리미츠에 남을지 말지를 선택해야 할 국면에 봉착한 것이다. 다시 말해 수는 줄었으나 주둔군의 오프 리미츠 공간이 존속하고 있었기 때문에 점령기와 마찬가지로 일을 계속할지 아니면 오프 리미츠 밖에서 주둔군과 관계없이 일을 할지를 결정해야 했던 것이다.

오프 리미츠에 머물지 않았던 사람들은 다른 업종으로 바꾼 사람도 있었고, 직장을 바꿨어도 같은 업종에 종사했던 사람도 있었다. 특히 밴드맨, 가수, 중개업자 중에는 오프 리미츠 밖으로 나감으로써 가요곡과 관계한 사람들이 있었는데, 그들이 전후 일본의 팝음악문화를 발전시켜 나가는 데 커다란 구실을 했다. 이는, 미군 클럽 경험자들이 오프 리미츠와는 인연이 없었던 일본인에게 오프 리미츠에서 수용한 미국의 팝음악이나 그 팝음악을 능숙하게 자기 것으로 만든 가요곡 등을 청중에게 들려주었다는 점에서다. 또한 미디어의 이행기였기 때문에 텔레비전 시대에도 클럽 경험자들이 많은 활약을 했다. 밴드맨, 가수, 중개업자, 예능사업자 등이 점령기 이후 일본의 가요곡 문화를 떠받쳤던 것이다. 텔레비전에 나오는 노래 프로그램에서는 가수 뒤에 백밴드가 있는 풍경이 1980년대 중반까지는 당연한 것이었는데, 이는 점령기 음악문화에서 볼 수 있었던 가수의 백 밴드에서 그대로 이어진 것이었다. 그러므로 백밴드의 대부분은 빅백드(big band) 스타일이었다.

6. 결론

언뜻 보면 전후 일본의 팝음악문화는 '미국화' 된 것이라고 생각하기 쉽지만, 실제로는 미국의 팝음악이 지닌 사상 등을 능숙하게 제거하고 그 스타일만을 향수한 데 지나지 않았다. 예전에 나쓰메 소세키(夏目漱石, 1867~1916)가 《현대 일본의 개화(現代日本の開化)》에서, 일본의 근대화가 서구의 여러 나라들처럼 스스로의 필연에 의해 '내발적' 으로 진행된 것이 아니라 외압에 의해 억지로 추진된 '수박 겉핥기와 같은 피상적인' 것이라고 지적했는데, 패전 후의 일본의 상황도 이와 비슷했다. 미국의 점령정책이라는 외압에 의해 '미국화' 한 전후 일본이 탄생한 것이다. 그러나 팝음악문화에서는 '수박 겉핥기와 같은 피상적인' 것이 아니라 그때그때의 기분에 따라 국외, 특히 미국에서 온 팝음악을 수용해 왔다. 그러므로 미국에서 온 장르인 팝음악을 수용해도 일본에 정착하지 못했거나 유행하지 않은 것도 있었다. 그런 점에서 주둔군 클럽을 둘러싼 음악 실천은 일본에서 새로운 문화 창출의 기반이었던 것이다.

주둔군 클럽은 패전 후 미국과 일본이라는 서로 다른 문화가 승리국 대 패전국이라는 지정학적 배경 속에서 손님과 주인(밴드맨 등의 예능 관계자를 포함한)으로서 만나는 '장', 즉 접촉지대(contact zone)였고, 그곳에서의 실천이 전후 일본의 새로운 팝음악문화가 탄생하는 계기가 되었다. 즉 주둔군 클럽 자체가 미디어 역할을 담당했던 것이다. 클럽은 미국과 일본의 중개자 역할을 함으로써 전후 일본의 팝음악문화의 모형을 만드는 장이었다. 그리고 그 발전을 촉구하는 장치로서 큰 역할을 했다. 유명하든 그렇지 않든 간에 점령기에 클럽을 출입했던 젊은이들은 미국의 강제에 저항하는 일 없이, 오히려 자신에게 유리한 형태로 미국의 팝음악과 그 주변의 것들을 수용하고 소화해 새로운 문화 창출의 기반을 만들었던 것이다.

* 자료 1. 점령기 전반에 미군이 작성한 요코하마 시가도

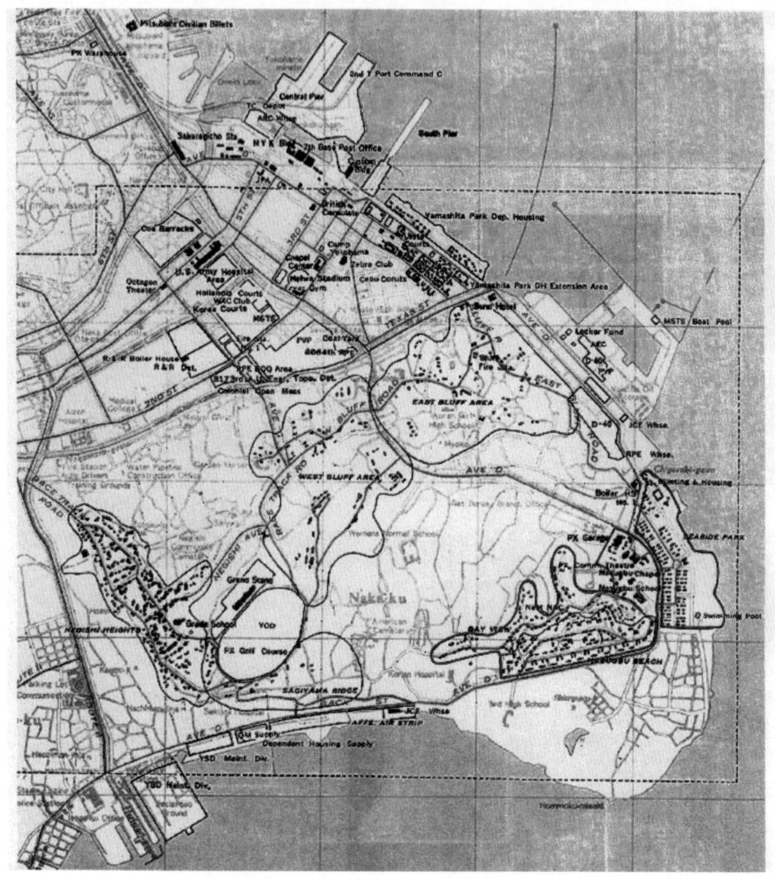

검은 글씨, 진한 틀 안은 미군이 접수한 지역. 출전: 도야(2005. p. 101)

*** 자료2 점령기 요코하마 시내에 있던 주둔군 전용 클럽**

	클럽명	종류	주요 연주자, 밴드명
1	GOLDEN DRAGON CLUB	OC	
2	BUND HOTEL	OC	
3	ZEBRA CLUB	NCO	TOMIYAMA's Blue Harmony, 스마일리 오하라(スマイリー小原)
4	SEA SIDE CLUB	NCO	오이다 도시오(笈田敏夫)
5	CROSSROAD CLUB	NCO	
6	SEA MEN'S CLUB	NCO	The blue coats
7	CLIFF SIDE CLUB	NCO	神月春光, 사쿠마 마키오(佐久間牧男), 미야자와 아키라(宮澤昭)
8	400 CLUB(흑인 전용)	NCO	모리야스 쇼타로(守安祥太郎) 찰리 이시구로(チャーリー石黑)
9	WAC	NCO	모리야스 쇼타로(守安祥太郎)
10	NEW GRAND HOTEL	NCO	
11	2nd MAJOR PORT	EM	
12	CLUB45(흑인 전용)	EM	
13	SAKURA PORT	EM	스즈키 슈지와 오리온 스윙 밴드 (鈴木修次とオリオン・スイング・バンド) 나카가와 고지 밴드(中川公バンド)
14	잔지발 클럽 (ザンジバルCLUB)	EM	CB나인(CBナイン)
15	엔지니어 클럽 (エンジニアCLUB)	EM	
16	COLONIAL CLUB	CC	神月春光
17	미쓰비시 클럽(三菱CLUB)	CC	
18	올림픽(オリンピック)	카바레	오시마 기이치와 그랜드 스타즈(大島喜一とグランド・スターズ), 하라 노부오(原信夫), 지미 다케우치(ジミー竹内)
19	NEW YORKER(흑인 전용)	카바레	神月春光, 클락스타(クラックスター), 오하라 시게노리(小原重德), 고지마 마사오(小島政雄)
20	HOT MESS CLUB		
21	사보이(サボイ)		
22	요코하마 서비스 클럽 (横濱サービスクラブ)		
23	옥타곤 시어터 (オクタゴン・シアター)		
	옥타곤 클럽 (オクタゴンクラブ)		神月春光
24	스파이크(スパイク)CLUB		
25	벙커스(バンカース)CLUB		
26	8001CLUB		
27	그랜드 체리 (グランド・チェリー)		레이몬드 핫토리와 그랜드 체리 악단(レイモンド服部とグランド・チェリー樂團) 다카노 밴드(高野バンド)

출처: 도야(2005, P.100)에서. 공란은 알 수 없는 것.

* 자료3 제브라 클럽의 복원도

〈3층〉 -〉 오른쪽 위에 아래 순으로
옥상정원
무도장
스테이지
주크박스
뚫린 곳
문
통로
4층으로
카운터
남성전용바(stag bar)
원반밀어치기놀이(shuffleboard)

〈2층〉
식당
남자화장실
세면실
문
소파
뚫린 곳
3층으로
부엌
매니저실
여성화장실

〈1층〉
주크박스
카운터
메인바
금고
사무실
옷보관소
슬롯머신
현금출납계
2층으로
문
미용실
입구
게임룸

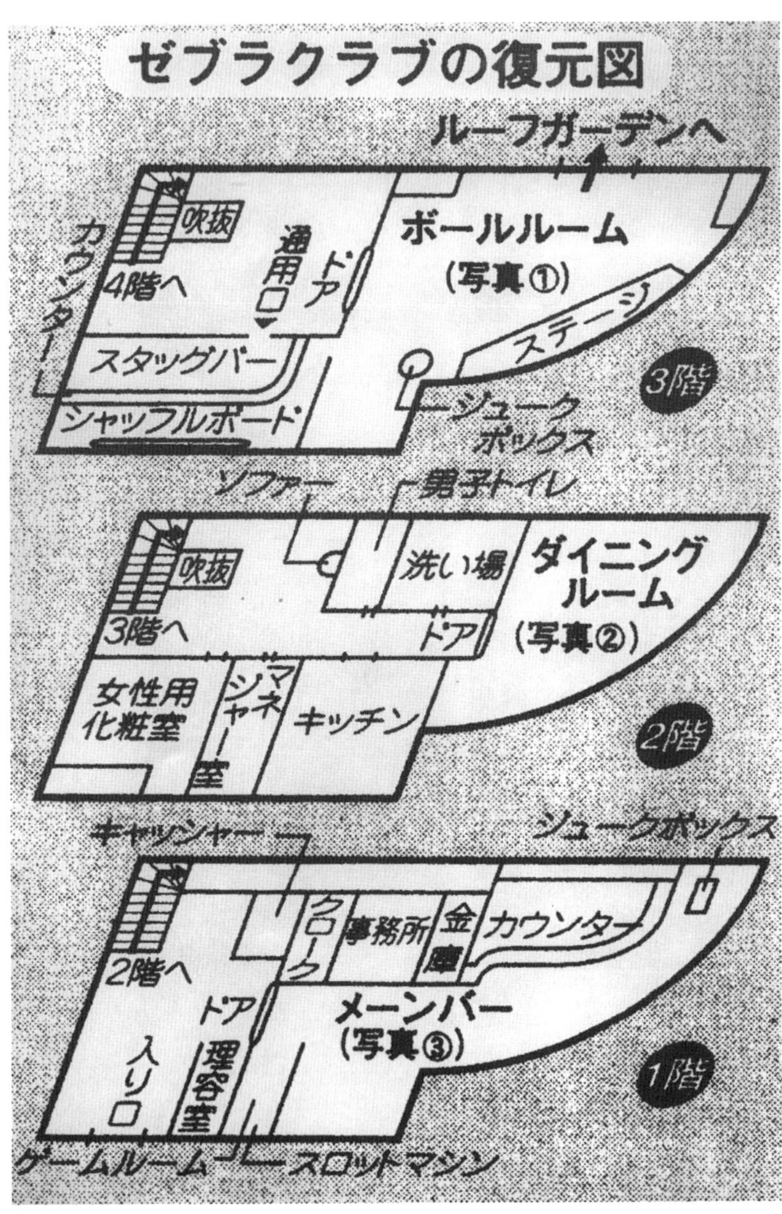
ゼブラクラブの復元図
ルーフガーデンへ
吹抜
カウンター
4階へ
通用口
ドア
ボールルーム
（写真①）
ステージ
スタッグバー
シャッフルボード
ジュークボックス
3階
ソファー
男子トイレ
吹抜
洗い場
ダイニングルーム
3階へ
ドア
（写真②）
女性用化粧室
マネジャー室
キッチン
2階
キャッシャー
ジュークボックス
クローク
事務所
金庫
カウンター
2階へ
ドア
メーンバー
（写真③）
入り口
理容室
1階
ゲームルーム
スロットマシン

제브라 클럽의 복원도

위, 오른쪽으로부터 무도장(ballroom), 식당(dining room), 메인 바, 제브라 클럽의 현관.

ENTRANCE

이동연은 현재 한국예술종합학교 전통예술원 한국예술학과 교수로 재직 중이며 《문화과학》의 편집위원으로 활동 중이다. 중앙대학교 영문학과에서 〈메타비평론 연구: 문학비평의 탈근대적 실천〉으로 박사학위를 받았으며 문화연구와 문화이론에 관한 다양한 저술 작업을 해왔다. 주요 저서로는 《문화연구의 새로운 토픽들》(1997), 《대중문화연구와 문화비평》(2002), 《문화부족의 사회: 히피에서 폐인까지》(2005), 《아시아 문화연구를 상상하기》(2006) 등이 있다. sangyeun65@naver.com

11

식민지 내면화와 냉전기 청년 주체의 형성

-1945년~50년대 청년문화의 특이성 연구

이동연

1. 들어가는 말: 청년문화의 억압가설

해방 전후 한국의 청년문화에 대한 연구는 공백 상태에 있다. 식민지 시대 '모던 걸', '모던 보이'로 대변되는 서양식 청년세대가 처음 등장하는 1930년대[1]나 서구 대중문화의 유행이 본격적으로 진행된 1960~70년대[2] 청년문화 연구와 비교해 보았을 때, 해방 전후기에 형성된 청년문화는 분명한 실체가 드러나지 않는다. 이는 해방 직후 좌우 이념적 분할과 갈등, 매카시즘의 등장, 그리고 한국전쟁의 발발과 같이 냉전체제가 본격화함에 따라 청년문화의 감수성이 두드러지지 않은 데 기인할 수 있다. 서양식 모던 보이와 모던 걸이라는 새로운 청년 주체들의 문화현상들은 이미 1930년대에 등장했고, 청년문화의 본격적인 등장은 1960년대 중반부에 시작된 터라, 해방 전후기는 사실상 '청년문화의 암흑기'라 해도 과언이 아니다. 담론의 공백은 청년문화의 현실 결핍에서 비롯한 것으로 이 시기 청년문화에 대한 담론도 활발하게 생산되지 못했다. '청년(靑年)'이라는 용어는 1920년대 문헌에 이미 등장하지만, '청년문화' 라는 용어가 공식적인 담론으로 사용되기 시작한 것은 1960년대 이후부터라 할 수 있다.[3)]

서양문화의 역사에도 1940~50년대는 냉전문화의 지속으로 인해 청년세대 문화가 사회적 중심 이슈로 부각되지는 못했다. 물론 제2차 세계대전 직후 끔찍한 전쟁을 일으켰던 기성세대에 항의하는 청년세대의 '비트문화' 가 등장하기는 했다. 1950년 비트세대들은 서양문명의 합리성이 최종적으로 몰고 온 것은 전쟁에 불과했다고 비판하면서 서양의 문명 대신 동양의 요가, 선불교를 통해 삶의 대안을 찾고자 했다. 비트족들은 섹스, 알코올, 마약에의 탐닉을 통해서 동양적 선(禪)의 경지에 오르고 싶어하는 쾌락들을 발산했다.[4)] "빨리 살고 일찍 죽는다는 비트족의 슬로건은 어떤 정치적 운동보다도 기성 질서에 대해 훨씬 급진적인 도전을 담고 있었고, 그들은 직업, 가족, 안전, 유보된 형태의 모든 만족을 우둔하고 체제 순응적인 것으로 간주한다"[5)]

그러나 서양에서도 청년문화가 사회적 충격이자 정치적 이슈로 등장한 것은 1960년대 들어서부터다. 주지하다시피, 1960년대 서양사회는 정치적인 격변기였다. 미국에서는 베트남전쟁에 반대하는 반전운동이 대학가 운동을 주도했고, 흑인인권운동, 여성주권운동 등 다양한 사회운동이 활발했다. 유럽에서는 관료주의와 권위주의에 빠져 있는 낡은 제도권 정치에 맞서는 학생들의 시위가 끊이지 않았는데, 이는 우파뿐 아니라 낡은 좌파정치에 대한 저항이기도 했다. 이른바 유럽의 1968년 혁명의 중심 주체들은 중산층의 권위주의와 엘리트주의, 인종주의와 남성 지배, 경쟁, 갱스터리즘, 그리고 사회에 대한 반지성주의 등에 반대했다. 1968혁명은 "억압적 교육제도, 가부장적 기성질서, 소비사회, 폐쇄적인 문화" 에 대한 감성적인 혐오와 문화정치적 행동으로 요약할 수 있을 것이다. 신좌파들의 문화적 에너지는 특히 사회의 재생산 부분에 대한 국가 주도성을 거부하는 방향으로 모아졌는데, 이는 자율적인 개인들의 공간을 최대한 창출하려는 '히피'와 '펑크' 같은 청년문화운동으로 대변되었다. "꿈, 상상력, 유희 원칙과 같은 기성의 문화와는 완전히 다른 문화적 코드들이 68운동을 전후하여 독일과 프랑스를 중심으로 한 유럽의 일상생활에 관철된다. 60년대, 특히 그 후반기에 접어들면서 젊은이들의 의상에는 화려한 원피스, 꽃이 그려진 혹은 꽃을 수놓은 청바지, 미니스커트가 등장"했다."[6]

한국의 청년문화도 1960년 4·19혁명을 경험하며 정치적 민주화와 함께 낡은 권위주의에 대한 도전을 감행했다. 청년문화는 또한 1960년대 도시문화의 형성에서 중요한 키워드였고, 영화와 대중음악에 재현된 청년세대의 군상들은 서양식 대중문화의 욕망을 꿈꾸었다.[7] 1960년대 한국의 청년문화는 이승만 정권의 몰락과 박정희의 5·16군사쿠데타로 인한 독재정치의 시작에도 불구하고 미니스커트, 맘보, 트위스트 등 새로운 라이프스타일을 추구하는 경향을 선보였고, 이는 1970년대 청년문화 본격 등장의 밑거름이 된다.

이렇듯 한국에서 청년문화는 통상 1960년대부터 논의되는 것이 일반적이다. 그러나 해방 전후 시기와 한국전쟁 발발 전후인 1945년에서 1950년대에도 청년문화는 그 나름의 특이성이 발견된다. 해방 전후 좌우익의 이념적 갈등 속에서 청년세대들의 문화적·정치적 갈등 양상은 시대적 아포리아를 이해하는 데서 중요한 사건들을 낳았고, 이러한 해방 전후기는 사회의 진보와 반식민-민족주의에 대한 청년 지식인들의 이념적 혼란이 가중되던 시기이기도 하다. 한편으로 식민지 시대에 이미 축적된 도시문화의 새로운 경험들이 청년문화의 유행 안으로 편입되었고, 이는 한국전쟁을 거치면서 1950년대 청년 지식인들의 낭만주의와 유미주의, 지적 데카당스의 흔적들을 공유하기도 했다. 카페, 음악다방, 무도장, 재즈, 그리고 릴케, 괴테는 1950년대 청년문화의 지적 나르시시즘을 대변하는 문화 아이콘이었다. 1950년대 서울 명동을 중심으로 형성된 청년문화의 전형들은 박인환, 전혜린, 김수영과 같은 이른바 '명동백작파' 문인들의 지적 행동과 글쓰기를 통해서 드러나기도 했다.

따라서 1950년대는 한국 청년문화의 암흑기, 청년문화의 부재기라는 통상적인 평가와는 다르게 급격한 지적, 정서적, 감성적 변환을 몰고 온 시대라고 보는 새로운 시각이 제기될 법도 하다. 특히 해방 이후부터 1950년대는 좌우 이념의 대립과 냉전 체제의 강화로 인해 청년문화의 공백기로 이해되고 있지만 그 내면을 살펴보면 다른 정체성을 갖고 있다. 1950년대 청년문화는 '식민지'와 '냉전'이라는 이중의 근대적 억압기제가 교차되는 시점으로 일상생활에서는 오히려 '일본화'와 '미국화'라는 두 개의 문화정체성이 충돌하는 특이성을 갖고 있다. 이러한 특이성은 청년문화의 빈곤, 혹은 부재를 야기하기보다는 해방정국과 전쟁과 냉전의 지속이라는 상황으로 인해 청년문화가 갈등을 일으키는 이중적이고 역설적인 현상들을 표상한다. 말하자면 청년문화의 표층과 심층이 분열적으로 표상된다고 할 수 있는데, 표층적인 측면에서는 청년 엘리트 지식인들을 중심으로 지적 냉소주의와 퇴폐주의의 성향이 드러나지만, 심층적으로는 분단과 전쟁의 갈등에서 벗어나려는 일상의 욕망들이 분출되기도 한다. 따라서 해방기에서 1950년대는 청년문화가 이미 신체 안에 각인된 '일본화'의 흔적들을 내장하고 있으면서 동시에 한국전쟁과 남북 분단을 거치면서 미군정하에서 '미국화'하려는 욕망을 드러내는 시기라고 할 수 있다. 따라서 이 시기의 청년문화가 왜 공백기이며 어떻게 억압되어 있는가를 질문하는 것보다 어떤 특이성을 갖고 유지되었는가를 살펴보는 것이 타당할 듯싶다. 그렇다면 이 시기 청년문화의 특이성은 어떻게 말할 수 있을까?

2. 해방 전후기(1945년~1950년대) 청년 주체형성을 읽는 토픽들

주지하듯이 1940년대에서 1950년대는 한국사회가 이념적으로 가장 혼란했던 시기였다. 일본 식민지 총동원 체제에서 해방을 맞은 1940년대는 '식민' 에서 '해방' 으로 극적인 전환이 이루어진 시기이고, 한국전쟁으로 시작된 1950년대는 내전에 따른 분단체제가 시작되는 시기였다. 이러한 사회적 상황에서 청년문화는 친일 대 민족의 대립, 좌익과 우익의 대립이라는 분할선에서 이념적으로 양분되는 시기를 내장하고 있다고 볼 수 있다. 1945년 해방을 기점으로 식민지 체제는 냉전 체제로 전환되었고, 일본 군국주의 체제는 미군정 체제로 전환되었다.

역사적인 반전의 시대를 살았던 해방 전후기 청년세대들에게 식민주의와 냉전질서가 그 세대들의 주체를 형성하는 데 결정적인 영향을 미친 것은 사실이다. 하지만 그렇다고 이 시기의 청년문화를 사회적, 정치적 상황에 의해 일방적으로 그 정체성을 결정할 수는 없을 것이다. 해방 전후기 청년문화의 주체형성을 살펴보기 위해서는 적어도 다음과 같은 문제 설정이 필요해 보인다.

첫째, 1930년대 식민지 시기 이후에 형성된 청년 주체의 근대화, 이른바 모던 보이와 모던 걸과 같은 근대적 청년 주체들의 문화적 감수성이 해방 이후 어떻게 변화했는가를 주목하는 것이 중요하다. 식민지 시대 청년은 상반된 두 이름으로 표상되었다. 먼저 식민지 시대 모던 걸과 모던 보이는 서양식 신식 문물을 수용하는 청년세대들을 지칭한다. 이들은 일본으로 유학 간 엘리트 지식인들을 대변하며 서양식으로 라이프스타일을 치장한 근대적 일상문화 양식에 익숙한 인간들이다. 따라서 식민지 시대 모던 보이, 모던 걸로 표상되는 청년은 근대적 문화충격을 자연스럽게 경험한 새로운 세대로 분류된다. 이른바 '근대적 청년'이라는 이름 안에는 새로운 근대 교육제도와 문물에 의해 길러진 새로운 인간의 의미가 들어 있다.

그러나 이와는 다르게 식민지 시대 청년은 '민족'이라는 이름으로 표상되기도 했다. 즉 청년은 세대적인 의미를 넘어서 식민지 민족의 독립을 위해 온몸을 던지는 선구자로 표상된 것이다. 실제로 식민지 시대 저항적 독립운동에 투신했던 자들이 20대 젊은 청년들이었고, 이 청년들이 민족을 구원할 수 있는 유일한 희망으로 표현되기도 했다. 3 · 1독립운동을 계기로 1920년대에는 전국에 청년학생운동 조직들이 결성되었고, 1929년에는 광주학생독립운동이 식민지 저항운동의 중요한 역사적 사건을 일으키기도 했다. 1930년대는 '고려공산청년회', '학생반제동맹', '학생계몽운동' 등 지속적인 청년들의 독립운동이 전개되었다. 또한 식민지 시대 민족정신의 고취, 근대교육의 대중화, 민중계몽화 운동에 앞장선 조직들이 흥사단, YMCA, YWCA와 같은 청년단체들이다. 이렇듯, 청년은 식민지 시대 민족독립, 민중계몽의 중심 아이콘이었던 셈이다.

해방 정국부터 한국전쟁이 지속된 시기까지도 청년이란 이름은 이러한 이중적인 의미들을 여전히 보유하고 있었다. 문학 진영에서도 해방 이후 1950년대에 등장한 젊은 작가들에 대해 평론가들은 신세대 작가들이라는 명칭을 부여하기도 했다. 당시 문학계의 젊은 작가에 해당된 손창섭이나 김수영은 황순원과 김동리와 같은 기존 세대의 작가들과는 다른 형식의 문학적 상상력과 문체를 보여주어 이해할 수 없는 작가들로 평가되기도 했다. 한국전쟁 이후 신세대 작가들로 분류되는 손창섭, 장용학, 선우휘, 하근찬 등은 사실주의적 전통적인 기법 을 버리고 전후 사회 폐허의 공허함을 표현할 수 있는 새로운 문학 형상화 방법론을 보여주었다.[8] 1950년대 문학계의 신세대 논쟁은 세대문제만이 아니라 '보수와 진보', '순수와 참여'를 구분하는 유의미한 용어로 사용되었다. 이는 또한 문학에 국한되는 문제가 아니라 지식인 담론 전체에 해당되는 문제이기도 했다. 일례로 사학자 김성식은 늙은 세대-주로 해방 이전의 지식인에 해방된다-는 물러가고 새 세대가 역사의 주인공이 되어야 한다고 주장하는데, 그 이유는 구세대의 보수주의는 신세대의 진보주의를 지도할 수 있는 능력을 이미 잃어버리고 있기 때문이다"라고 말한다.[9] 김성식의 이러한 주장은 1950년대 후반 신세대 작가들의 참여론을 일제 식민지 시대의 문화적 민족주의의 이념을 계승하는 것으로 본다.

> 김성식은 해방 이전 지식인들과 이후의 지식인들을 완전히 단절되는 존재로 보지는 않는다. 해방 전과 후의 지식인들은 현실에 대한 태도에 있어서는 차이를 보여주었음에도 '이념적' 으로는 계승되는 면이 있음을 암시한다. 일제 시대 지식인들은 그 활동이 여러 갈래로 갈라졌다 하더라도 "공통적 배경은 민족주의 사상이었"다는 것이다. …… 그의 이러한 주장은 1950년대 말 신세대 지식인들의 참여론이 일제하부터 존재하던 문화민족주의 이념의 계승 맥락에서 이해되어야 하다는 말로 해석될 수 있다.[10]

이 시기 청년세대, 청년문화의 특성은 새로운 세대에 속한 지식인들의 사회적 역할을 강조하는 것으로 요약할 수 있다. 청년세대는 새로운 지식인 그룹으로 분류되면서 식민지 시대의 반일 민족주의를 계승하면서도 동시에 냉전체제의 낡은 사회를 혁신할 수 있는 정치적, 문화적 자원을 보유한 세대로 이해된다. 청년세대는 일상의 변화를 주도하는 1956년 《사상계》에서 장준하는 《새 세대를 아끼자》라는 글에서 "우리의 새 세대는 비록 메마른 터전, 혼탁한 공기 속에서 자랐다 할지라도 청춘을 바치고 목숨을 건져 적을 물리치고, 깜빡이던 자유의 명운을 건지었습니다. …… 젊은 세대는 나라의 기둥입니다"[11]라고 언급하기도 했다.

둘째, 해방 전후 시기 청년 주체는 좌우익 이념의 혼란과 분단 과정에서 어떤 위치에 있었는가 하는 점이다. 이 시기에 좌익과 우익을 대변하는 청년단체들이 대거 결성되고, 이념적인 지향에 따라 청년세대 내부에서 극심한 대립을 겪었다. 미군정 체제의 확립은 우익 청년단체들의 전성시대를 열었다. 우익 청년단체는 1945년 '대한독립촉성전국청년총연맹' 으로 결성되었다가, 1946년 봄에는 '대한민주청년동맹(대한민청)' 으로 통합되었다. 4월 9일 종로 YMCA에 모인 300여 명이 이 단체를 결성했는데, 이 단체의 명예회장이 이승만, 김구, 김규식, 회장은 유진산, 감찰부장은 김두한이었다.[12] 이들 청년집단의 정체는 룸펜 폭력배들로서 해방정국에서 가장 폭력적인 면모를 보여주는데, 폭력에 의해 청년집단이 정치에 개입하는 단초는 이미 일제 강점기에 내화된 것이었다.[13] 이후 1946년 7월에는 반탁운동에 가장 열성적으로 참여한 우익단체인 '전국학생총연맹' 이 결성되고 같은 해 11월에는 가장 규모가 큰 극렬 우익단체인 '서북청년회' 가 결성되었다. 서북청년회는 '대한혁신청년회', '함북청년회', '황해회청년부', '북선청년회', '평안청년회' 등 이북 출신 청년회의 통합조직으로 '제주 4 · 3사건' 에서 알 수 있듯이 반공이데올로기로 무장해 민간인을 학살하는 역할을 담당했다. 우익 청년단체들은 대부분 우익 정치인과 긴밀한 연관성이 있었으며, 일례로 1948년에 설립된 대한청년단은 이승만을 총재로 옹립하고 10개 도지부, 9개 서울 구지부, 17개 지방지부, 180개 시지부, 4,230개 근, 읍지구로 구성된 우익정치의 하청조직이었다.[14]

중요한 것은 청년세대의 좌우익 대립이 정치적, 이데올로기적 의미만이 아니라 문화적 의미를 가지고 있는지를 살펴보는 일이다. 한 가지 눈여겨볼 점은 지배체제의 변환과 좌우 이념의 혼란 속에서 청년 혹은 청년문화는 하나의 허위의식으로 상상되는 측면이 많다는 것이다. 제주 4 · 3사건의 반공주의적 폭력을 상징적으로 보여준 서북청년단은 해방 전후 북한의 사회주의 건설로 인해 남하한 반공주의 세력들을 통칭하는 말인데, 이 세력을 청년집단으로 표상하는 것은 청년문화의 허위의식을 보여주는 것이라 할 수 있다. 사실 청년이라는 언어는 근대를 표상하는 개념으로 1920년대 일제 식민지 시기에 본격적으로 사용되었다. 이 당시에 청년은 연령의 의미보다는 새로운 것을 만들어내는 '근대적 계몽의 주체'로 독해되었다. 청년은 "민족의 미래 자체와 동일시되었으며, 배제되어야 하는 옛 조선, 낡은 조선이란 바로 계몽되지 못한 전체를 가리키는 것이었다.[15] 근대적 계몽주체로서 '청년'이란 개념은 1920년대 중반 사회주의 운동의 대두로 인해 계몽적 허위 집단에서 '무산자 청년'이란 현실적인 언어로 대체된다.[16] 해방 이후 청년의 개념은 다시 우익적인 이데올로기가 지배해 반공이데올로기의 전위나 선봉대라는 맥락 속에서 번역되었다. 이렇듯 청년이란 개념은 시대적, 역사적 상황에 따라 달리 쓰이고 번역된다.

따라서 1950년대 청년문화는 냉전문화라는 특이성을 갖고 있다고 볼 수 있다. 해방정국과 한국전쟁기에 냉전문화는 일상을 지배하는 이념적인 바로미터였고, 이는 학교, 가족, 매스미디어의 재현 속에서 재생산된다. 해방정국과 미군정기의 이념적인 혼란 속에 살았던 청년들은 좌와 우, 남과 북 중 하나를 선택해야 했고, '신탁통치이사회'의 결정 이후 분단이 가시화하는 시점에 이르러서는 청년들은 정치 세력을 확장하는 전위대 역할을 담당하면서 청년들의 문화적 감수성이 냉전문화 안에서 포획되는 것을 경험했다. 그리고 1950년 한국전쟁이 발발하고 휴전이 진행되는 동안 냉전문화는 반공문화, 분단문화로 전환하면서 청년들을 호명하기도 했다. 냉전문화는 냉전의 정치적, 사회적 체제를 의미하면서도 문화적 냉전으로 확산된다. 반공을 기치로 하는 자유민주주의의 허구성, 창작과 일상을 억압하는 문화적 검열, 교육과정에서 냉전 체제의 훈육들은 모두 냉전문화의 문화적 산물들이고, 청년문화는 이러한 냉전문화가 지배하는 일상의 공간에서 정체성을 잃고 표류했다. 이는 서양에서 1950년대의 냉전문화를 거부하려는 청년세대들의 문화적 저항과는 다르게 한국에서는 청년문화가 냉전문화로 흡수되는 식민지적 순응과 복종을 드러내는 것이라 할 수 있다.

셋째, 냉전문화의 특이성과 함께 허무주의와 지적 퇴폐주의가 1950년대 청년문화의 또 다른 특이성이라 할 수 있다. 한국전쟁 이후 1950년대 청년문화의 형성이 어떤 문화적 특이성을 가지고 형성되었는가를 분석하는 것이 필요하다. 이 시기 청년문화는 지적 나르시시즘과 데카당스에 빠져 있고, 도시문화는 활기찬 서양의 대중문화를 수용하기 시작했다. 청년들에게 도시와 문학과 문화의 의미는 전쟁과 분단, 미군정이라는 정세와 무관하지 않다. 1950년대 전후 청년작가로 대표적인 손창섭의 소설은 전쟁이 남기고 간 난민과 가난과 정신적 모멸감을 허주주의나 무기력증으로 표현하면서 전쟁 후유증의 정신적 공황을 표현했다.[17]

그러나 흥미롭게도 냉전문화와 지적 허무주의라는 1950년대 청년문화의 특이성의 이면에는 미국의 정치적, 문화적 동화를 발견하게 된다. 이는 미군정기에서 한국전쟁을 거치는 동안 미국의 군사적, 정치적 개입이 문화의 영역에 미친 영향을 말하는 것이다. 식민지 시대 모던 걸, 모던 보이가 일본화된 서양의 근대 라이프스타일을 복제하는 것이라면, 냉전기 청년세대들의 문화는 미국의 라이프스타일을 직접 흉내 내는 것이라 할 수 있다. 한국전쟁 휴전 후 미국은 국가안전보장회의(NSC)가 중심이 되어 휴전에 따른 남한의 재건계획들을 구체화하기 시작했다. 1953년 초 미 대통령의 특사로 방문한 헨리 타스카(Henry J. Tasca)는 한국경제원조 계획을 마련했는데, 이 보고서에 따르면 향후 4~5년간 남한의 재건에 들어갈 예산이 7억~10억 달러로 추산되었다. 재건 계획에는 휴전이 만족스럽게 이루어질 경우 20개 사단 규모로 한국군을 유지할 것, 1949~50년대 생활수준으로 복귀할 것, 투자는 새로운 건설보다는 재건에 주력할 것, 전쟁이 재개되면 영향을 받을 지역에 투자를 제한할 것 등의 내용들이 포함되었다.[18] 미국의 남한 재건 계획은 남한에서 미국의 영향권을 늘려나가는 방향으로 진행되었고,[19] 이는 곧 냉전문화 속에서 미국의 대중문화가 청년들의 일상에 흡입되는 여지를 열어놓는 것이기도 하다. 대중음악 속에는 미국의 지명과 미국적 유토피아를 그리는 가사들이 등장하고, 다방과 카페에서 흘러나오는 블루스, 로큰롤, 재즈 등의 미국식 대중음악이 청년문화의 새로운 감수성을 자극하기도 했으며, 미국의 일상생활 용품들이 유입되면서 라이프스타일의 미국화가 이 시기에 서서히 등장하기 시작했다.

허무주의와 퇴폐주의를 통해 시대적 절망을 노래하고자 하는 청년 지식인들의 글쓰기와는 다르게 한국전쟁 이후 청년세대들은 미국적 영향을 받은 파워엘리트 그룹들을 형성했다. 특히 1950년대는 청년 엘리트 그룹들에 대한 미국의 본격적인 지원이 이루어지면서 교육, 경제, 외교 분야에 미국 파워 엘리트 그룹들이 형성되던 초기였다. 미국에 대한 초월적 동경은 미국의 영토를 맥락 없이 미화시키는 당시 노래에서도 발견된다. 1952년 〈샌프란시스코〉(손로원 작사, 박시춘 작곡, 장세정 노래)라는 노래에서는 미국의 문화적 낭만주의를 동경의 기호로 대체하는 냉전기 청년세대들의 욕망을 읽을 수 있다.[20] 그러나 대중음악의 황당한 가사에서 엿볼 수 있는 이러한 욕망은 일제 식민지 근대의 체화된 스타일과 오버랩되면서 미처 농익지 못한 '미국화'의 모습을 보여준다. 김창남의 지적대로, 1950년대 '미국화' 된 대중음악은 아직 미국식 음악어법을 소화하지 못한 상태에서 미국문화를 모방하려는 욕구가 앞서면서 만들어진 사생아와도 같은 것이다.[21]

1950년대 청년문화의 미국화에 대한 동경은 대중문화와 일상생활의 영역에서 본격적으로 나타났다고 보기는 어렵지만, 이데올로기적으로 가장 강력한 동화작용을 경험한 시기라 할 수 있다. 이는 한국전쟁에서 미국, 혹은 미군이 차지하는 절대적인 영향력에 근거한 것이기도 하지만, 전쟁 이후 사회 재건의 이데올로기의 공통된 신념 속에서 미국의 이데올로기는 이념적으로나 문화적으로나 완전한 동일성을 획득할 수 있었다. 미국 역시 남한의 재건 계획에 대한 헤게모니를 쥐기 위해 주도면밀한 전략을 수립했고, 이는 청년세대와 학생들에 대한 관리 계획[22]에서도 드러난다. 그렇다면 청년문화의 일상에서 미국화는 어떤 의미작용을 하는가? 그리고 1950년대 청년문화의 특이성을 보여주는 청년 엘리트 그룹들의 데카당스는 미국화와 어떤 연관성이 있는가?

3. 냉전문화와 청년문화의 일상 : '명동백작파'의 허무주의

해방 전후 시기와 1950년대 청년들의 문화는 이후 청년문화의 융성기인 1960년대와 1970년대에 어떤 정치적, 지적 자양분을 주었는지를 분석하는 것은 근대 이후 한국 청년문화의 성격을 이해하는 데 중요한 단초를 제공해 줄 수 있을 것이다. 청년문화의 일상과 유행문화의 지형은 1945년 해방의 효과, 그리고 1950년 한국전쟁의 효과에서 형성된 것으로 볼 수 있다. 해방 전후는 이념적 대립, 분단으로 정치적 혼란기였지만, 식민지의 종료라는 정서적 해방감이 자리 잡은 시기이기도 했다. 이 당시 대중문화의 일상에서 파급된 변화 중의 하나가 '댄스홀'과 '댄스파티'였다. 식민지 시절 일본 고위 관료들이 미국인을 접대하기 위해 마련한 댄스홀들은 해방 이후에는 남한의 우파 정치인들과 미국의 고급 장교들이 만나는 장소였다. 1946년에 소설가 모윤숙이 만든 '낙랑클럽'은 서양식 미인들만을 출입시키는 고급 사교 클럽이었다.[23] 한국전쟁이 정전된 후 1950년대 후반의 청년문화, 혹은 청년들의 대중문화는 좌우익 대립에 따른 이념적 갈등이나 전쟁의 상처에 따른 정신적 고통을 뒤로하고 서서히 미국적 대중문화의 스타일을 모방하는 문화 유행들이 등장하기 시작했고, 청년문화 그룹들의 자유를 표상하는 문화적 오브제들이 등장했다. 명동에 있는 수십 개의 다방은 청년 작가들과 영화인들의 아지트로 활용되었고, 천편일률적인 반공영화 안에서도 남녀의 사랑을 그리는 빈도가 높아졌다.[24] 당시 정부는 전쟁의 기억에서 국민을 벗어나게 하기 위해 국민 명랑화 운동을 전개했는데, 명랑화 운동의 첫 사업으로 서울중앙방송국이 기획한 '노래자랑'은 당시 청년세대들에게 큰 인기를 얻었다. 1954년 정비석이 《서울신문》에 연재한 〈자유부인〉"은 당시 뜨거운 불륜논쟁을 낳았고, 1958년에는 영화로 만들어져 문화적 표현의 금기에 도전하기도 했다. 또한 1950년대 말 영화계에 일었던 멜로영화 붐은 신상옥, 신성일 등의 젊은 영화인들이 주도한 것이었는데, 1959년 제작된 111편의 영화 중 86편이 멜로영화였다.[25]

해방 전후기를 이념적 혼란기로 일반화할 수 있지만, 청년문화의 일상에는 좌우익 이념으로 환원할 수 없는 일상적인 욕망들이 자리 잡고 있었다. 이 시기에 문화 유행과 일상문화의 변화 속에서 청년문화가 어떤 특이성을 가지고 있는지, 이로 인해 청년이라는 용어가 어떻게 사용되었는지를 검토하는 것이 요구된다. 대중음악과 영화, 라이프스타일과 광고 등에 등장하는 청년들의 이미지는 어떻게 구성되고 있고, 이것이 해방 전후기의 사회적 상황을 어떻게 가로질러 가는지를 점검해 보는 것이 중요하다.

1950년대 청년문화의 일상을 독해하는 데에서 퇴폐적 엘리트주의와 대중문화에서의 미국화 현상은 중요한 키워드가 될 수 있다. 청년문화의 퇴폐성은 식민지 해방과 한국전쟁이라는 전후 커다란 두 역사적 사건에 대한 세대적인 반응으로 읽을 수 있다. 식민지 해방이 청년세대들에게 가져다준 정서적 위안감은 활기찬 도시문화 형성의 중요한 자원이 될 법했지만, 곧바로 이어진 이념적 갈등과 한국전쟁의 발발로 청년문화는 분단과 전쟁이라는 또 다른 냉전의 소용돌이에 빠지면서 심각한 정신적 혼란을 겪게 되었다. 해방 이후 1950년대까지 청년문화의 지배적인 성향을 대변한 문화적 데카당스주의는 이러한 정신적 혼란의 산물이었다고 볼 수 있다.

이 시기 청년문화의 데카당스주의를 가장 잘 대변했던 것이 이른바 '명동백작'으로 분류되었던 청년 문인들의 삶이었다. 1945년 해방 이전까지 명동은 '메이지마치(明治町)'라는 식민지 언어로 통용되었다 해방 후 명동이라는 본래의 이름을 되찾으면서 이곳은 청년세대들의 억압된 욕망을 분출하고 젊음의 공간으로 각인되었다. 1930년대 후반 일본의 총동원 체제에 의해 침체되었던 명동의 주점과 다방, 카페, 살롱은 과거의 활기를 되찾았고, 개인의 공간으로 침잠했던 청년 지식인들과 문인들은 다시 명동을 찾기 시작했다.

'명동백작파'는 소설가 이봉구의 《명동백작》에 등장하는 문인들, 혹은 그들의 삶의 양식을 말하는 것으로 해방 이후 1950년대에 이르기까지 명동을 중심으로 활동한 청년 예술가들의 사교계를 지칭하기도 한다. 일제 강점기 해외로 유학을 갔던 문인, 예술가들 그리고 식민지의 어두운 공간에서 침잠했던 청년 지식인들은 해방이 되고 난 후 활기를 되찾기 시작했다. 독립과 함께 찾아온 좌우 이념의 대립, 남북의 갈등, 미군정기의 등장이라는 해방정국의 또 다른 혼란에도 불구하고 젊은 예술인들은 식민지 조국의 굴레에서 벗어난 것만으로도 새로운 삶의 근원을 발견할 수 있었다. "내가 명동에 첫발을 들여놓은 것은 1947년경. 해방 직전, 일본에서 나와 서울로 올라온 것이 스물 댓 살의 풋내기였을 때인데, 그 당시 예술가들이 많이 모이던 소공동 · 명동 · 충무로에 나도 드나들게 되었던 것이다. 그때는 서울이 좁기도 하였지만, 문인 · 화가 · 음악인들의 수가 적었던 까닭에 우리는 모두 한 덩어리가 되어 꼭 벌레처럼 이리저리 몰려다녔다. …… 모두가 가난하고 그렇다고 타오르는 정열을 집안에서 혼자 삭이기에는 모두가 너무 젊었을 때였다. 그러니 아침이면 후다닥 집을 나와 이 다방 저 다방에 모였고 조금 후면 부글부글 끓어오르는 가슴을 쓸며 이곳저곳을 옮겨가야만 했다”[26]는 회고처럼 명동백작파는 혼란스러운 해방 정국에서 이념적, 감성적 동요를 겪을 수밖에 없는 지식인들의 삶의 태도를 그대로 반영했다.

따라서 해방정국의 기간에 명동이라는 공간은 지리적인 현실 공간을 넘어서 식민지 그늘을 벗어난 자유의 공간으로 읽을 수 있으며, 또한 그곳에서 예술 사교계의 장을 형성한 명동백작파들의 삶은 실제 삶의 의미를 넘어서는 시대의 아픔과 미래의 희망을 이중으로 고뇌해야 하는 은유의 공간이기도 하다. 다방과 술집을 전전하며 시와 노래를 탐닉하는 이들의 삶은 식민지 후유증을 앓는 ‘현실의 원칙’과 새로운 감각을 좇는 ‘쾌락의 원칙’이 서로 충돌해 반응하는 퇴폐적 감각을 양산한다. 한국전쟁이 발발한 후 문인들은 더 이상 명동의 다방들과 카페를 찾아갈 수 없었지만 피난처였던 부산은 이들에 의해 어느덧 또 다른 명동이 되었다. 말하자면 명동백작파의 데카당스는 해방정국과 전쟁의 시간 안에서는 모든 현실 공간을 은유적인 공간으로 대체시켜 버린 것이다.

> 그 후 끔찍한 6 · 25전쟁이 났고 우리는 모두 좁은 부산으로 피난을 가게 되었다. 집안 사정이 형편없었다. 밤이면 새우잠을 자고 해뜨기 무섭게 갈 곳이란 다방뿐인 나날이었다. 우리는 그 부산에서도 광복동의 금강다방과 광복동 입구의 에덴다방, 국제시장 안의 태양다방으로 몰려들어 서울보다 한결 더한 성시를 이루었다. 이 다방 저 다방을 몰려다니며 전쟁통의 비애가 가득한 유행가를 들으며 쓰리고 아린 가슴을 졸였다. 서로의 안부를 전해 들으며 어수선한 시국의 정보를 주고받으며 서울에서보다

더욱 커진 벌 떼들의 무리는 더욱 큰 소리로 왱왱대며 방황하였다.[27)]

따라서 이봉구의 《명동백작》에 등장하는 청년 예술인들은 식민지, 분단, 냉전이라는 기억의 궤적을 몸에 새긴 이들로서 식민지 조국, 혹은 분단과 전쟁의 현실에 정면으로 항거한 자들이기보다는 그러한 현실의 외각에서 이른바 '문화적 취향'을 소비하며 현실의 기억들을 해소하려 했던 이들이다. 명동백작파들은 식민지 조국을 위해 독립운동에 투신했던 유치환과 이육사가 떠난 명동의 자리를 계속해서 지키고 있던, 일종의 현실에서 이탈한 유미주의자들의 감각을 가지고 있었다. 이들이 해방 이후 명동의 다방을 다시 갔던 것도 식민지 이름인 메이지마치의 기억을 지워버리기 위해서가 아니라 보들레르의 시를 읽고 베토벤의 교향곡을 듣기 위해서다. 해방 후 명동에서 처음 연 다방, 그 다방의 이름은 '봉선화'였다. 어느 손님이 봉선화라는 이름이 다방 이름으로는 좀 가냘프다고 말하자 다방 마담은 이렇게 말했다고 한다. "길고 긴 여름날에, 또 무너진 흙담 앞에 비를 맞으며 서 있는 봉선화를 잊을 수가 없어요. 이건 소녀적인 센치가 아니에요"[28)]

이봉구의 《명동백작》에 기록된 이야기처럼, 식민지 조선의 처량한 신세와 해방의 끈질긴 정념을 표상하는 '봉선화'라는 다방의 기표는 식민지 해방 공간을 산 명동백작파들에게는 현실 그대로의 언어로 수용하기에는 촌스러운 것이었다. 명동백작파들은 봉선화 다방 정면에 걸려 있는 베토벤의 '데드마스크'와 축음기에 걸려 있는 교향곡 제9번 〈합창〉과 〈헝가리 무곡〉이 더 그리웠을 거다. 이렇듯 이봉구의 《명동백작》에 묘사된 명동백작파들의 감수성은 오장환의 〈The Last Train〉[29)]의 시구대로 조국의 운명에 대한 불안한 정서를 서양 클래식에 대한 취향으로 해소하려고 했다.

해방 정국 기간 동안 청년 문인들에게 명동은 서양의 낭만적 감수성을 즐길 수 있는 쾌락의 공간이었다면, 한국전쟁 이후에는 허무와 공포의 시절을 견뎌내기 위한 퇴폐의 공간이었다. 한국전쟁은 명동의 수많은 다방과 카페 공간을 폐허로 만들어버렸다. "명동은 포화 속에 타버리고 무너져 반조각이 되어버렸다. 명동 입구에서부터 문예서점, 명동극장, 국립극장 쪽만 남기고 건너편 동순루를 비롯해 많은 건물이 허물어졌다. 마돈나, 코롬방, 충무로로 통하는 명동거리가 절반이 타버린 명동장, 무궁원, 돌체, 위가로가 빈터만 남아 있었다. 명동장은 집만 없어진 게 아니고 주인 형제마저 넘어가 사람조차 볼 수 없었다"[30] 1950년 9월 28일 서울이 국군의 손에 탈환되어 명동에 다시 청년 문인들이 모이기 시작했지만, 이들은 전쟁의 폐허 속에서 냉전이라는 상황으로부터 자유로울 수 없었다. "오늘 폐허로 돌아간 허물어진 명동 위에 제일 먼저 생겨난 것, 그것은 술집도 다방도 극장도 아닌 명동이 아직 이 자리에 서기 전 무성하던 그 옛날 그 풀들이었다"는 김윤성의 시처럼, 분단 후 명동과 명동의 문인들은 냉전의 공포로 인해 새로운 허무주의에 시달렸다.

> 1950년대- 무엇보다도 그것은 두 가지의 근원으로 만들어졌다. 처절하고 무모한 듯한 죽음과 삶이 그것이다. 죽음은 동작동 묘지, 삶은 손창섭 · 장용학의 세계가 대표한다. 전쟁터에서 쓰러진 청춘, 부상당한 청춘, 누구나 보완할 수 없게, 수정할 수 없게 이지러진 청춘이 하나의 비극적 연대기를 만든 것이다. 그것이 얼마나 텅 빈 비극에 지나지 않았던가. 그 시대를 가장 처참하게 산 자가 그 시대를 빨리 망각해 버린 세대로서 그 시대를 장식했다는 것이 얼마나 공허한 일인가.[31]

1950년대의 시대적 공허함에 대한 퇴폐적 허무주의를 가장 잘 표현한 사람이 박인환이라 할 수 있다. 1950년대 명동백작의 주인공 중 한 사람인 박인환의 삶은 전쟁과 냉전의 시기를 산 청년세대들의 감수성을 은유적으로 가장 잘 표현했다. 박인환의 감수성은 냉전의 허무주의를 서양식 라이프스타일에 대한 낭만으로 해소하려고 한다. 따라서 박인환식 감수성은 서양식 노스텔지어에 대한 집착을 통해 냉전의 현실을 망각하려는 고급 예술 사교계의 허무주의의 전형을 보여준다. 미국으로 떠나는 한노단을 환송하러 모나리자 다방에 찾아간 박인환이 럭키 담배를 물며 즉석에서 읊조린 자작시[32]에는 서양식 낭만주의의 과도한 표현 속에 숨겨진 현실에 대한 허무의식을 읽을 수 있다.

4. 냉전문화에서 새로운 청년문화를 준비하며

해방에서 1950년대까지 청년문화는 분명 공백기인 것은 사실이지만, 앞서 설명한 대로 그 나름의 새로운 감수성을 갖고 있다. 이 시기 청년문화에는 결국 두 특이성이 있다고 볼 수 있는데, 하나는 좌우 이념과 전쟁, 분단이라는 현실로 인해 이념적 혼란을 가장 많이 겪었다는 점이고, 다른 하나는 이러한 이념적 · 정치적 혼란을 해소하기 위한 문화적 반응으로 허무주의와 퇴폐주의를 꿈꾸었다는 점이다. 전자는 반공 · 친공 청년단체들의 난립과 월북 · 월남이라는 이념적 선택에 따른 개인의 운명으로 설명할 수 있고, 후자는 '명동백작파' 의 문인들의 세계를 통해 설명할 수 있다.

해방 직후 결성된 청년 우익단체들의 집단 헤게모니는 남한의 친미 반공 정부의 정치적 토대를 다지는 데 결정적인 역할을 했으며, 이는 1960년대 청년 군사주의 문화로 이행한다. 청년 우익단체들은 부정선거, 경제적 이권, 반공사상 개조의 전위에 서면서 사실상 이 시기의 냉전문화를 주도했다고 볼 수 있다. 한편, 명동백작파는 해방과 냉전의 극단적 공간을 살아온 청년세대들의 불안한 일상의 감수성을 가장 지적인 형태로 반응한 것으로 이 당시 엘리트 청년세대들의 정치적 허무주의를 잘 보여준다. 명동 백작파의 젊은 문인들이 다방과 주점을 들락거리며 예술 사교계에서 집단적 공감대를 유지한 것은 모두 이들이 현실에서 이탈한 불안감과 공포 때문이다. 박인환은 이를 "청춘의 고독 때문"이라는 말로 위로를 얻으려 했고, 냉전이 지배하던 1950년대 명동의 샹송으로 불렸던 박인환의 〈세월이 가면〉[33]은 이러한 청춘의 고독을 달래주는 '세레나데' 였다.

그런데 한 가지 흥미로운 점으로 이러한 냉전적 질서 속에 청년문화의 또 다른 질서가 오버랩되고 있음을 확인할 수 있는데, 그것이 바로 청년문화 안에 스며들기 시작한 '문화적 미국화' 다. 문화적 미국화는 미국의 정치적 · 군사적 · 경제적 영향력을 반영하는 것일 수 있지만, 우리의 일상문화의 라이프스타일을 변형하는 데 결정적인 영향을 미쳤다. 1950년대 문화적 미국화는 크게 보아 두 가지 현상으로 나타나는데, 청년기독교주의의 본격화와 대중문화에서의 미국적 동일화다. 해방 이후 기독교주의는 청년세대의 서구 인식에 막대한 영향을 미쳤다. 해방 전후 시기 좌우 이데올로기의 대립에서 기독교주의는 우익 청년이데올로기를 형성하는 데 중요한 주축 역할을 담당했고, 한국전쟁 이후 기독교주의는 국가 재건과 교육계몽운동의 중심 역할을 담당하기도 했다. 이 당시 YMCA와 YWCA 등 기독교 청년문화를 주도하는 세력들은 대학과 지역사회의 주체 구성에서 중심 역할을 했다.

> 한국 기독교의 강한 친미주의는 단지 원조 물자 때문만에 형성되는 건 아니었다. 원조 물자가 큰 영향을 미치긴 했지만, 그것보다 더 중요한 것은 한국사회 전체가 한국전쟁을 거치면서 더욱 강하게 갖게 된 반공, 친미, 기복이라고 하는 3위1체적 삶의 원리를 수용하고 실천하는 데 기독교가

가장 유리한 위치에 놓여 있다고 하는 점일 것이다.[34)]

청년기독교주의는 서양식 근대학교와 선교라는 두 가지 방식을 통해서 사회적 활동 안에 뿌리내리기 시작했다. 이 당시 남한에서 청년들이 사회적 주체로 성장하는 데에서 기독교주의는 반공주의와 쌍을 이루며 지배적인 이념이 되었다. 한편으로 문화적 미국화는 라이프스타일의 변화를 통해서 청년세대들에게 강력한 영향력을 행사했다. 주지한 대로 1940~50년대 청년문화는 식민지 근대문화와 미군정 문화가 결정적인 영향을 미쳤다. 1930년대 모던 걸, 모던 보이들의 문화 유행은 일본에서 영향을 받았지만, 이 역시 서양의 문화를 번역한 것에 불과했다. 해방 전후 청년세대들의 문화 유행은 서양문명을 번역한 일본 라이프스타일의 재번역이기 때문에 국지적 특성에도 불구하고, 여전히 서양 근대문화 유행을 흉내 내는 행동이라 볼 수 있다. 역사적 · 정치적 · 이념적 혼동기에 청년문화는 여전히 서양의 문화, 미국의 문화를 흉내 내는 과정의 연속이라 할 수 있다. 이 과정에서 아메리카라는 기호는 "냉전 시기에 일본과 동아시아 사이의 제국적 관계를 형성하고, 그 점에서 '아메리카'는 이 권역에서 현대화의 모델의 역할을 일본으로부터 강탈한 셈이고, '아메리카'는 일본, 남한, 타이완에서 소비주의 현대성의 모델로 행동한 것이다"라는 요시미 슌야의 지적은 타당하다.[35)]

요시미 슌야에 따르면, 일본의 경우 1950년대 말에서 1960년대 초는 청년문화가 발전하는 시기면서 동시에 미군에 대한 치열한 투쟁의 시기다.[36)] 그는 1950년대 말 두 개의 '아메리카'가 나타난다고 말하는데. 한편으로는 소비의 대상으로서 '아메리카'(긴자, 록폰기, 하라주쿠), 다른 한편으로는 기지 반대 저항의 대상으로서 '아메리카'(오키나와, 요코스카)다. 그러나 그는 이 두 개의 아메리카를 분리해서 생각해서는 안 된다고 말한다. 전자의 '아메리카'는 마치 처음부터 소비문화의 수준에서 출발한 것처럼 이해되었고, 후자의 '아메리카'에서는 문화적 차원이 삭제(공해, 폭력, 매춘 등)되었는데, 이러한 두 개의 아메리카는 서로 연관되어 있는 것으로 이해해야 한다는 것이다.

1950년대 한국 청년문화의 특이성도 이러한 두 개의 미국화에 대한 '이접 효과'에서 나온다. 이러한 문화적 미국화는 영화와 대중음악에서 가장 두드러지게 나타난다. 1950년대 중반부터 한국영화는 새로운 감독들과 배우들의 출연으로 파격적인 스타일의 영화들이 제작되었다. 신상옥 감독과 배우 최은희의 등장은 새로운 청년세대들의 출연을 시사했고, 멜로드라마의 황금기를 열었다. 1950년대 한국영화계에 불기 시작한 이른바 '신예 프로덕션' 바람도 젊은 영화관객들을 끌어내기 위한 새로운 전략이라 할 수 있는데, 당시에 이러한 신예 프로덕션에 참여한 젊은 영화감독과 제작진들은 프랑스의 누벨바그나 미국의 서부극 또는 멜로드라마의 서사구조를 모방하면서 서양식 라이프스타일을 유행시켰다. 다음은 1950~60년대 활동했던 이강원 감독이 한 말이다. "전홍식(全洪植)은 일본에서 대학을 다니면서 불이(不二) 무역이라는 데서 영화수입하는 거 서류작업을 했어요. 그러다가 한국에서 영화제작 하나 해야겠다 해서 한 게 〈조춘〉(유두연, 1959)이에요. 그거이 인연이 돼서 '우리 새로운 영화할 수 없느냐' 했지. 마침 세계적으로 신물결이 일어날 때였죠. 프랑스에서는 누벨바그, 앞서 이태리 네오리얼리즘, 이런 풍토를 종합하려고 했죠."[37)]

영화에서의 새로운 움직임 못지않게 대중음악에서도 문화적 미국화를 통해 청년문화의 새로운 감수성의 변화를 읽을 수 있는 현상이 나타났다. 이영미의 지적대로, 1950년대는 미국 대중음악을 모방하려는 욕망이 기존의 작품 관행과 부조화하게 드러나는 대표적인 시기다. "해방 후 대중가요에 미친 미국의 영향은 우선 미국을 비롯한 서양, 혹은 다른 나라의 풍경 등을 상상적으로 형상화하거나 불필요하게 서양언어를 쓴 노래들에서 먼저 나타난다."[38] 이렇듯 1950년대 대중음악의 가사 속에 드러나는 미국 지리와 언어에 대한 과도한 표현들은 당시 문화 유행을 표현한 것으로 대중들의 새로운 문화에 대한 욕망을 읽을 수 있다. 미국적 기호들을 욕망하면서 청년세대들은 냉전의 기억에서 벗어나고 싶어한다. 이는 경제적 발전에 대한 욕망이기도 했다. "미국적인 것을 빨리 받아들이는 것이 바로 시대의 삶에 가장 잘 적응하는 것, 동경할 만한 첨단 유행의 삶을 사는 것, 곧 부유하게 잘사는 것이라는 판단으로 이어진다. 이러한 대중들의 사회 심리가 1950년대 대중가요의 미국지향성의 본질이다"[39]라는 지적대로 문화적 미국화의 욕망에는 새로운 산업경제 체제로의 편입을 갈망하는 집단적인 의지를 읽을 수 있다. 또한 미군정기에 스며든 블루스 음악과 트위스트, 맘보 스타일 등은 전쟁의 상처 심연에 자리 잡은 청년세대의 미국화에 대한 욕망을 담고 있고, 이는 1960년대 한국 대중문화의 미국화에 기여했다. 결론적으로 1940년대에서 1950년대 청년문화 혹은 새로운 대중문화는 식민지-냉전을 가로지르는 암흑기를 견디기 위한 냉소적인 퇴폐적 감수성과 역사적 상처에 대한 무의식, 최초의 미국적 라이프스타일의 취향들에 대한 대중적 열망이 동시에 공존했던 시기다.

1945년부터 1959년까지 한국의 청년문화는 제대로 연구되지 못하고 있다. 이는 앞서 설명한 대로 이 시기가 청년문화의 새로운 흐름을 보여주는 데 부족한 점도 있고, 뚜렷한 문화적 징후들을 발견할 수 없는 데 기인한다. 그러나 이 시기에 그 나름대로 형성된 청년문화의 흐름을 간파하면, 1960년대와 1970년대의 청년문화 붐의 역사적 배경을 제대로 이해할 수 있는 계기가 마련될 수 있다고 본다. 1950년대 청년문화는 냉전문화가 지배하는 흐름 속에서도 나름대로 문화적 욕망을 갈구하던 시기였고, 그런 점에서 냉전문화의 억압적인 측면들과 대중문화의 새로운 흐름을 함께 교차해서 볼 수 있는 특이성을 갖고 있다. 따라서 1950년대 청년주체들의 형성과 이들의 문화적 특이성을 좀 더 세밀하게 검토하는 것은 앞으로 중요한 작업 중의 하나라 하겠다.

염찬희는 2004년에 서울대학교 언론정보학과에서 시장개방 이후 한국 영화의 변화 과정이 갖는 특성을 분석하는 논문으로 박사학위를 받았다. 1995년 영화전문지 《씨네21》 영화평론상 공모를 통해 영화평론가로 등단했고, 이후 '젊은영화비평집단'에서 활동하면서 영화에 대한 사회적 발언을 해왔다. 최근에는 학문적 관심을 영상 분야로 넓히면서, 탈국경 시대 영상문화의 특성을 연구하는 중이다. 대표적인 글로는 〈아시아 영화의 탈식민기획〉(2000), 〈부산국제영화제: 담론정치학〉(2002), 〈스크린쿼터제도와 문화다양성론에 대한 담론분석〉(2005), 〈1960년대 한국영화와 '근대적 국민' 형성과정: 발전과 반공 논리의 접합 양상〉(2007) 등이 있다.

12

1950년대 냉전 국면의 영화 작동 방식과 냉전문화 형성의 관계

–한국과 중국의 경우

염찬희

1. 한류와 냉전문화

21세기 현재 한국의 대중문화 현상을 관찰할 때 두드러지는 특징 중의 하나는 한류다. 이러한 한류 현상에 대해서 학계와 정책의 장에서 많은 논의들이 쏟아져 나왔는데, 이 논의들은 주로 한국 문화상품의 수출 문제로 접근하는 담론을 구성해 왔다(방송위원회. 2005; 박제복. 2005; 윤재식. 2004 등). 한류에 대한 논의는 시기적으로 2005년에 이르면 기존의 한국 문화상품의 일방적 진출에 대한 집중에서 각국 문화상품을 위한 협력과 교류의 문제를 고민하자는 제안으로 전환하는 모습을 보인다(강만석. 2005 등). 이러한 변화는 한국 문화상품의 수출이 반한류 기류로 인해서 어려움에 봉착할 징후들이 포착되고 있다는 현장 보고가 동아시아 각 지역에서

* 이 논문은 〈1950년대 영화의 작동방식과 냉전문화의 형성과의 관계에 대한 연구〉(염찬희. 《영화연구》 제29호. 2006)를 토대로 중국과의 비교연구로 확장한 것임을 밝혀둔다.

속속 올라오면서 새롭게 제안된 전략으로 이해할 수 있다. 이상의 논의가 한류와 관련된 지배적인 담론의 양상이었다고 한다면, 한편에서는 새로운 담론이 출현했으니, 한류 현상을 계기로 동아시아 지역 내에서 벌어지고 있는 국가, 민족 간의 단절과 배척을 해결하고 평화적으로 공존할 수 있는 방법에 대해 사유하자는 제안의 성격을 띤 담론들이 그것이다(장수현. 2004; 백원담. 2005; 강만석. 2005 등).

이 글은 이들 새로운 담론이 품고 있는 필요성에 동의하면서 출발한다. 그러면서 기존의 연구들이 보여주었던 국가 간의 문화적 유사성 찾기에 집중하는(이동후. 2004; 손병우 · 양은경. 2003; 허진. 2002 등) 경향에서 탈피하고자 한다. 그리하여 아시아 역내 국가들의 서로 다른 점들, 아시아 지역의 국가들을 서로 엇나가게 한 지점들을 추적해 드러내고자 한다. 그러한 차이를 이해하는 과정을 거친다면 아시아 지역 내의 화해와 평화를 모색하는 방안이 찾아질 것이라고 기대한다. 아시아 지역 내의 국가들에서 문화적 유사성이 아니라 문화적 차이의 지점에 관심을 가지고 있기 때문에, 이 글은 무엇보다도, 국가들이 서로 배척하게 된 중요한 동인 중의 하나로 냉전문화에, 특히 냉전문화의 형성 과정에 주목할 수밖에 없다. 왜냐하면 제2차 세계대전 이후에 미국과 소련을 두 축으로 하는 냉전 국면이 전개되는 것과 동시에, 한국을 둘러싼 동아시아 지역의 개별 국가들에서는 이전과는 다른 국민문화가 형성되었다고 판단하기 때문이다. 그리고 그 형성의 과정과 형성된 문화의 내용을 밝힌다면 개별 국가들 사이에서 유사의 모습뿐 아니라 차이의 모습까지도 드러내 보일 수 있을 것이라고 판단한다.

이 글은 냉전의 서(西)의 축에 있는 한국과 동(東)의 축에 있는 중국을 비교한다. 한국을 분석의 중심에 두고 중국을 비교 대상으로 선택했다는 것이 정확하겠다. 한국을 중국과 비교하는 이유는 앞서 설명한 냉전의 두 축의 두 지점이라는 이유 외에도, 두 나라가 제2차 세계대전 종전 이후 정치적인 층위뿐 아니라 문화적인 층위에서도 교류를 단절했다는 점에서 한동안의 이 단절 시기를 차이의 기원으로 전제할 수 있다고 판단했기 때문이다.[1] 한국과 중국은, 일견하기에, 일제에 의한 점령과 그 이후의 냉전체제로의 편입이라는 유사한 역사적 경험을 했다. 반면에 한국과 중국은 서로 분명하게 다른 통치이념이 냉전체제와 연동했기 때문에도 더욱 양국의 일상세계에서 서로 영향을 주고받지 않는 다른 문화가 나타났을 것으로 추측해 볼 수 있다.

제2차 세계대전의 종전과 함께 해방을 맞은 한국과 중국은 각각 미 · 소 강대국이 각기 자본주의 진영과 사회주의 진영의 패권국으로 위치하면서 구축한 냉전체제에 편입되었다. 소련을 정점으로 하는 동의 축에 위치한 중국에서와 마찬가지로, 미국을 정점으로 하는 서의 축의 일원이 된 한국에서도 냉전체제는 다양한 기제의 작동을 통해서 정치 층위에서 전 층위로 퍼져나갔다고 하겠다. 해방 이후 1950년대에까지 한국사회 구성원들의 일상 층위에서는 반소 및 반북 · 반공이 내재화되는 과정을 쉽게 찾아볼 수 있다. 권혁범(2001)은 대중들의 일상 수준에서 볼 수 있는 지배적인 질서를 위반하는 행위라면 사소한 경우에 대해서도 배타적이고 공격적인 태도와 증오를 나타내는 대중들의 문화는 한국의 냉전체제가 정치 · 안보 · 군사의 영역에서 반공 · 반북주의를 강조하면서 문화적 이데올로기의 토대를 구성한 결과라고 주장한다. 그에 따르면, 이러한 냉전문화는 냉전주의적 성격을 가진 정권이 반공 · 반북주의적 이데올로기를 국민들에게 오랫동안 강제적으로 주입함으로써 일어난 결과다. 즉, 정권의 이데올로기적 실천이 일상문화 수준에서 사람들의 일상적 사고와 정서의 일부에까지 변화를 가져오는 과정에서 냉전적 주체가 구성된 것이라고 이해할 수 있다. 냉전적 주체로의 변화는 비단 한국만의 상황은 아닐 것이다. 그는, 냉전문화는 국가마다 다양한 형태로 나타나는데, 한국(남한) 냉전문화의 특성은 첫째, 분단이 우리에게 부과하는 압력에서 파생되는 일상적 수준에서의 언행 양식, 둘째로는 북을 '적'으로 규정하고 그것을 지속적으로 유지하는 데 필요한 사고방식 및 정서로 나타난다고 정리한다.

냉전체제의 특정 문화권 기입과 그로 인한 기존 문화의 변용이라는 측면에서 접근한다면, 이 글에서 한국과 비교하는 대상으로 삼는 중국에 대해서는, 제2차 세계대전의 종료와 함께 15년에 걸친 일본과의 전쟁을 끝내고 1950년 이후에는 마오쩌둥(毛澤東)의 주도 아래 '신중국' 건설에 매진하면서 정치 영역에서 반제(反帝) 및 반자본주의 · 반일 · 반(反)반공주의적 이데올로기를 주도했고, 이것이 대중의 일상 영역에서 작동하는 중요한 인식틀의 하나가 되었다고 간략하게 정리할 수 있겠다.

2. 냉전문화와 냉전영화, 영화와 문화

'세계사 재편의 주요 특질인 냉전체제가 새로운 국가 건설의 국면에서 구체적으로 어떠한 과정을 거쳐서 문화를 구성했는가?'라는 의문에 대해서 이글은 문화적 구성의 매개물로 당시 중요한 대중매체 가운데 하나였던 영화에 초점을 맞춘다.

냉전문화를 형성하는 역할을 했던 다양한 기제들 중에서 교육과 언론, 영화 등 소위 이데올로기적 국가기구에 집중한 연구들은 무수히 많다.[2] 카를 도이치(Karl W. Deutsch. 1962. pp.75~76)에 따르면, 어떤 형태든지 정치권력은 국민들을 통합하기 위한 수단으로 억압적 기구들뿐만 아니라 기억, 관습, 가치를 전달하는 사회적 의사소통 기구까지 활용했다. 사회적 의사소통 기구에서 이 글이 주목하는 영화라는 매체를 정치권력과의 관계라는 맥락에서 접근한다면 영화의 대중적 영향력, 선전 · 선동력에 대한 언급은 반드시 필요하다. 정치권력이 전 사회적으로 직접적인 통제를 행사할 수 있었던 사회주의 국가와 영화의 관계에 대한 기존의 연구들은 대개가 영화가 '오로지 정치, 선전 · 선동에만 복무' 했다고 주장한다(정태수. 2002 등 참조).[3] 정치권력이 영화의 선전 · 선동력을 이용한 역사적 사실은 사회주의 국가에만 국한되지는 않는다. 이준식(2004)은 1940년대 일제 지배 권력이 영화를 사상전의 중요한 무기로 간주했다는 사실을 몇 가지 자료를 통해서 증명한다. 즉, 영화가 지닌 영향력 · 지도력은 다른 무엇보다 뛰어나며 식민지 조선에서는 일본 본토에서보다 훨씬 강력한 영향력을 행사했다고 한 조선총독부 경무국 도서과 과장의 말을 인용한다.[4] 그리고 어떤 다른 매체보다 영화가 인간에게 큰 영향력을 갖는데, 그로 인해 영화는 모름지기 국운을 좌우하기까지 한다는 당시 내각의 외상(外相)인 마쓰오카 요스케(松岡洋右)의 말도 인용한다.[5] 특히 다른 오락매체가 별로 없는 상황이라면 영화의 영향력은 상당하기 때문에, 1940년대 조선에서 거의 유일한 대중 오락매체인 영화를 통제하는 일이 군중의 동원에 중요하다는 것이 이들 일본 지식인 및 정치인들의 지배적인 견해였다.

영화의 대중적 영향력을 이용한 국가권력에 대해서는 전 세계의 역사를 통해서 수없이 확인되었으니, 파시스트 국가들 외에 사상전이 중심이 되는 냉전 시기에 미국이 영화를 무기로 인식하고 활용했던 사실 또한 익히 알려져 있다(Armstrong. 2003; Shaw. 2001 등). 영화는 전 지구적으로 행해진 냉전 프로그램의 핵심 매체(Armstrong. 2003. p.79)였다. 냉전에 대해서 무기를 가지고 싸우는 열전과 비교하면서 냉전을 문자뿐 아니라 영상언어를 가지고 하는 전쟁으로 규정하는 토니 쇼(Shaw. 2001)의 연구는 영화라는 기제와 냉전체제 구축 및 유지의 관계성을 읽게 한다. 쇼는 문자언어나 이미지를 이용하는 선전을 통해서 동과 서의 냉전체제는 제2차 세계대전 이후부터 현실 사회주의가 붕괴되기까지 40여 년간 지속되었다고 설명한다. 송건호는 한국 냉전문화의 기원을 해방 이후의 시기로 본다.[6] 이들의 관점을 수용한다면, 한국과 중국의 냉전문화의 기원은 공통적으로 제2차 세계대전 이후라고 할 수 있다.

문화는 영화를 조건 짓고 다시 영화는 문화에 영향을 미친다. 영화는 집단의 기억을 구성하고 의사소통의 방식에 영향을 미치는, 즉 문화에 영향을 미친다. 이 글은 영화를 고리로 정치 및 사회 체제의 변동에서 문화의 변동을 설명하는 작업이 될 것이다. 구체적으로 한국의 경우는 해방 이후 '한국'을 세우고자 했던 1950년대를, 그리고 중국의 경우는 1949년 이후 '신중국' 건설을 위해 매진했던 마오쩌둥의 1950년대를 이러한 시각에서 재구성해 보고자 한다. 2차 대전 종전 이후 새로운 국가 건설이라는 과제를 수행하려던 정치 국면에서 바람직한, 즉 가치 있는 영화를 호명하는 문화적 실천 과정이 있었다. 이 문화적 실천 과정은 대중들에게 특정한 인식과 시선을 갖도록 하는 효과를 거두었을 것이다. 재구성이란 이 과정에 작용한 조건들과 그 조건들 사이의 관계 방식 혹은 구조를 드러내는 것과 동시에 가능해 질 것이다.

3. 국가권력과 영화계 사이의 통제와 복종이라는 이분법적 틀에 대한 의문

일제 식민체제에서 해방된 이후 1950년대의 한국에서 영화란 새롭고 '진정한' 민족국가로서의 '한국'을 건설하는 데에 중요한 역할을 할 수 있는 매체로 여겨졌다. 진정한 민족국가를 건설하는 데 중요한 역할을 할 영화는 진정으로 '한국 영화'여야만 했다.[7] 당시에 새로운 한국영화를 만들어가는 과정은 영화가 놓인 사회적 · 경제적 · 정치적 · 문화적 맥락에 있던 다양한 사회세력들이 서로 투쟁하면서 '새로운 한국영화'의 전통을 만드는 과정이었다. 이 당시를 사회문화적으로 묘사한다면, 제2차 세계대전이 종전되고 미국과 소련을 두 축으로 하는 냉전체제가 구축되기 시작하면서 냉전문화도 형성되기 시작했다고 요약할 수 있겠다.

이 지점에서 한 가지 의문이 떠오른다. 1950년대 한국에서 교육과 언론은 분명히 당시 국가권력이 장악하고 있던 기구였다. 그리고 당시 국가권력은 반공을 국시로 삼고 이러한 기구들을 동원했다는 증거들도 어렵지 않게 찾아볼 수 있다. 그런데 영화는 교육기관이나 언론과는 다르다. 이 시기는 영화법이 제정되기 전이다. 물론 미군정은 영화에 대한 포고령을 마련하고, 그에 준해 영화를 통제했기 때문에, 이 포고령을 흔히 영화법으로 이해하기도 한다. 그렇지만, 공식적으로 영화법은 1962년에야 제정된다. 영화제작사는 국가권력이 직접적으로 장악할 수 있는 대상이 아니었을 것이란 가정이다. 그럼에도 기존의 연구들에서 유래된, 국가권력에 영화가 동원될 수 있었다라는 주장에는 의문을 가져볼 수 있겠다. 의문은 이어진다. 동원이 가능했다면 그 이유는 무엇이었을까? 그렇다면 혹시 냉전체제의 구축이라는 국가 외부의 기획이 국가의 주요 정책으로 삼아진 맥락에서 영화제작사가 혹시 자발적으로 국가체제에 동조를 했던 것은 아니었을까? 그렇다면 미군정과 이승만 정권기 영화를 설명하는 기존의 틀인, 국가의 강요 및 통제와 영화인과 국민은 억압되어 복종해야 했다는 이분법적 틀이 과연 현실 적실성을 담보했다고 말할 수 있는가에 대해서 의혹이 생긴다. 덧붙여, 중국의 경우 마오쩌둥의 중화인민공화국 수립 이후의 영화는 국가체제에 복무하기 위해 만들어진 '단순한 정치영화' 라는 전제는 어떠한가? 이런 의문들은 이 글을 추동한 또 다른 갈래를 이루었다.

이러한 의문을 푸는 방식 중의 하나는, 새로운 국가가 건설되던 1950년대를 전후한 당시 영화와 영화가 놓인 맥락 사이의 관계의 모습과 관계 방식이 실제적으로 어떠했는지를 탐구하는 것이라고 생각한다. 그런 점에서,

이 글은 냉전문화가 형성되던 1950년대의 사회문화적 맥락에서 새로운 전통을 구축하려는 영화가 구체적으로 어떠한 방식으로 작동했는지를, 당시 그 장에 참여한 모든 조건들 사이의 관계상을 파악하는 데 집중해서 헤게모니 문화론적 접근법으로 고찰하고자 한다. 이러한 탐구는, 1950년대 당시에 '한국영화'와 '중국영화'의 전통을 만드는 과정에서 다양한 세력관계 사이에서 있었을 투쟁 방식들의 결과와 2006년 현재의 한국 및 중국의 문화, 특히 영화에 제한한다면, 영화를 규정하는 미학적 · 산업적 구조가 관련이 있을 것이라는 이 글의 또 다른 가설을 실증할 것이다.

4. 어떤 영화를 만들 것인가?

급격한 사회변화 시기에 해당 사회의 다양한 세력들은 헤게모니를 장악하기 위해 투쟁했고, 투쟁의 과정과 결과로서 그 사회가 지향하는 가치가 만들어지고 변화해 왔다. 2차 세계대전이 끝나면서 해방을 맞은 한국사회는 그 이후 1950년대까지 급변한다. 특히 가치체계의 변화가 두드러지는데 반공 · 반북 등의 냉전적 가치가 최상위로 부상한다. 중국은 1945년 항일전쟁이[8] 끝난 이후 4년간의 국공내전을 거친 후 1949년 마오쩌둥이 중화인민공화국을 수립하면서 반미, 반제의 기치 아래 반자본주의, 사회주의를 최상위의 가치로 부상시킨다.

레이먼드 윌리엄스도 말했듯이, 가치는 주어지는 것이 아니라 이해관계의 그물에서 만들어진다(Williams, 1980. p.16). 특히 지배적인 가치들은 대개의 경우에 지배계급의 가치인데, 이 가치들은 주류 매체에 의해서 사용되는 재현의 관습들을 통해 규범이 된다(Lacey. 1998. p.114). 금지해 배제하고 선별해 제시하는 방식을 통해서 훌륭하거나 바람직한 영화를 규정하는, 그리고 나아가 그런 영화를 만드는 장의 풍토를 규정하는, 그러한 과정에 대한 관심은 당시의 다양한 세력 간의 관계에 대한 관심이다. 그리고 그 당시의 문화에 대한 관심이다.

특정 텍스트에 가치를 부여하는 과정인 정전화(canonization)가 당시의 문화적 형성 과정을 이해할 수 있는 중요한 매개라는 것이 이 글의 전제다.

'정전' 은 주로 문학 분야에서 사용하던 용어로, 문학의 기성체제에서 묵시적인 합의를 통해 위대하다고 인정한 작품과 작가를 의미한다(두산세계대백과사전 참조). 그리고 어떤 저자나 작품이 정전으로 확립되는 과정을 정전화 과정이라고 한다. 천정환(2003. p.428 참조)은 문학에서 수용을 규율하고 제도화하는 데 정전 구성이 중요한 실제적 역할을 했다고 주장한다. 이 글이 정전화 과정이라는 개념에 관심을 갖는 이유는 정전 구성 과정의 의미에 대한 문학 영역의 접근 방식이 영화에서도 유용할 것이라는 판단에서다. 그리고 무엇보다 수용의 규율화와 제도화라는 점에서, 수용의 영역이 종결의 지점에 위치하는 것이라기보다는 끊임없이 생산의 영역으로 피드백(feedback)되어 영향을 주는 정도가 심한 영화의 경우에 특히 정전의 개념은 생산과 수용을 다 아우르는 유의미한 접근법으로 이해될 수 있겠다는 것이 이 글의 전제다.[9] 문학 정전화 과정에는 기성 문인들로 이루어진 문단 외에 문학가들, 교육자들, 더 나아가 교육 이데올로그, 종교지도자, 자본가, 정치가들 그리고 국가와 민족사 등까지도 배후로 개입한다는 천정환의 설명은, 이 글이 이 정전 개념을 영화 작동의 장으로 가져온다면, 실제로 볼 수 있는 다양한 영화 관련 세력들 사이의 관계와 투쟁을 설명해 줄 수 있을 것이라고 기대하게 했다. 또한, 정전화 개념을 문학에서 문화로 가져온 피에르 부르디외(Pierre Bourdieu) 등의 시각 또한 이글의 개념 차용에 힘을 보태준다.[10]

부르디외는 정전이 되는 텍스트에 대해서 그 작품 자체에 '가장 훌륭한' 어떤 속성이 이미 부여되어 있다는 종래의 내재적 자질론을 비판하면서, 정전에 역사성과 상황 맥락성을 부여한다. 부르디외의 주장처럼, 정전은 가장 훌륭한 속성을 내재한 텍스트가 아니라, 단지 다른 경쟁적 텍스트보다 높은 이념적 결속력을 보유한 텍스트로서, 통치하고 지배하게 될 현재와 미래를 고려해서 선별되는 텍스트로 이해하는 것이 타당하다고 하겠다(천정환, p.429 참조). 정전이란 경제적 · 정치적 영역에서 현존하고 있는 실천들을 재생산해 내는 데 필요한 일관성과 의미를 창조하기 위해서 지배 이데올로기가 작동한 결과물이다. 그는 정전 개념을 문학 분야에서의 생산물을 설명하기 위한 도구에서 나아가 문화 분야에서의 다양한 생산물을 연구하는 데 유용한 도구로 쓰일 수 있다면서 문화 영역으로 끌어왔다(천정환. p.429; Guillory. 1993. p.ix 등 참조). 정전에서 영구불변성을 기대할 수 없다는 것은, 역사적으로 볼 때, 시대와 사회의 변화에 따라 정전은 변해왔다는 의미다. 급격한 변화로 과거와의 괴리가 분명하게 드러나는 시기에는 전통의 가치에 대한 문제 제기와 함께 정전에 변화가 일어나곤 했다. 특정 가치에 정당성을 부여하는 재현의 규칙에 따라 진실이라고 취사선택된 사실들은 정전의 권위에 힘입어 모든 구성원에게 당연하게 받아들여야 하는 원리로 제시된다.

이상의 논의들을 종합하고 영화와 연관 지어 정리하면, 특정 시기의 정전화 과정은 그 시기의 그 사회에서 바람직하므로 지향해야 할 가치를 세우려는 세력들, 이해관계들이 벌인 투쟁의 결과다. 그리고, 특정 영화를 훌륭한, 가치 있는 영화작품으로 규정해 이후의 영화 제작과 평가의 방향성을 이끄는 정전화 과정은 특정 시기의 영화와 관련된 다양한 사회적 조건들이 투쟁한 과정적 결과다. 이러한 과정을 거쳐 정전의 자리에 오른 영화들의 속성은 지배집단의 가치를 재생산하고 다른 가치를 주변화시킨다.

'어떤 영화를 만들 것인가?' 의 문제는 감독이 역사적 · 사회적 맥락과 상관없이 자율적이고 독자적으로 결정한다고 할 수 없다. 그리고 '어떤 영화를 볼 것인가?' 의 문제는 관객의 입장에서 그 작품에 대해 사회적으로 인정된 평가를 수용한다는 의미를 갖는다. 이 문제는 사회적 가치관이나 정치적 판단과 무관하지 않다. 이처럼, 여러 다양한 요인들이 복잡하게 얽히는 과정에서 어떤 영화를 만들고 어떤 영화를 볼 것인지에 대한 기준이 정해지는 것이다. 특정 정치 국면에서, 정치권력과 영화산업, 그리고 관객 대중까지가 서로에게 미치는 힘의 작용 속에서 영향을 주고받으면서, 바람직한, 즉, 가치 있는 영화를 호명하는 문화적 실천을 수행하게 되는데, 이 글에서 정전화 과정이라고 부르는 그 과정에서 대중은 특정한 인식과 시선을 갖게 된다.

이 글에서는 정전을 '훌륭한, 혹은 바람직한 영화로 규정되는 영화' 로, 정전화 과정을 '특정한 영화 텍스트에 가치를 부여하는 과정' 으로 정의해 사용하고자 한다. 문학 영역에서 사용하는 정전의 개념에 비하면 상당히 느슨하다고 하겠다. 이 글은 결과로서의 정전에 주목하기보다는, 투쟁 과정을 담고 있는 정전 구성 과정인 정전화에 주목한다.

일제하에서 벗어나 독립한 한국(남한)에서는 민족국가 건설이 당면과제였다. 1950년대 당시 영화계에서는 제대로 된, 새로운 한국영화를 만드는 일이 당면과제로 대두했던 것이 사실이다. 이러한 과제를 갖고 새로운 전통을 창안하고자 하는 이 시점에서 바람직한 영화를 규정하는 투쟁이 있었다. 천정환의 설명처럼, 겉으로 드러난 영화계의 투쟁뿐 아니라 그 뒤에 숨겨진 정치권력과 영화 관계자들, 자본가, 그리고 관객 사이의 투쟁도 염두에 두고 그 관계성을 파악해야 한다. 이들 사이의 힘 관계의 역동성은 어떠한 방향으로 어떻게 움직였는지에 대해서 이 글은 그동안 주로 문학 영역에서 사용되어 왔던 정전화의 개념으로 접근하고자 하는 것이다.

이 글의 작업은 한국에서 새로운 국가의 형성기인 1940년대 후반과

1950년대의 좋은 영화를 규정하는 정전화 과정을 분석하는 것이며, 구체적으로 분석은 두 가지 차원에서 이루어진다.

첫째는, 정전화의 주체에 대한 분석이다. 이것은 정전화 과정을 크게 3원의 투쟁구조로 보면서, 영화를 제작하는 집단들, 영화 제작을 통제하는 국가기관, 그리고 이 둘과 영향을 주고받던 관객 대중에 대해서, 그리고 그들 사이의 관계에 대해서 분석하는 것이다.

둘째는, 정전의 내용과 정전화의 방식에 대한 분석이다. 한국의 경우, 해방 이후 영화는 좌우를 막론하고 일제 말기의 친일영화를 강하게 비판하면서 출발했기 때문에, 이전의 영화 전통을 부정하고 완전히 새로운 전통을 수립해야 했다. 구시대를 비판하기는 중국영화의 상황도 마찬가지다. 1940년대 말에서 1950년대에 이르기까지 어떤 영화를 바람직한 영화의 위치에 놓았는지, 그리고 그 방식은 어떠했는지에 대한 분석이 내용에 대한 분석과 함께 이루어져야 한다.

5. 영화 정전의 구성 과정과 헤게모니 투쟁 양상

조선영화동맹과 대한영화협의회의 갈등과 미군정청의 개입

조선영화동맹의 진보적 민족영화 제작 방향과 미군정청과의 갈등

해방 직후에 결성된 조선영화건설본부와 조선프롤레타리아영화동맹을 통합한 조선영화동맹(이하 영맹)은 1945년 12월 결성 취지를 천명한다.[11] 영맹은 진보적인 문화단체인 조선문화건설중앙협의회 산하로 결성되었으나, 반공 보수적인 미군정청에 소속되는 이중성으로 인해 그 성격에 대해 논란이 많은 조선영화건설본부와 좌파적 성격의 조선프롤레타리아영화동맹을 통합한 조직이었다는 것 때문에 그 성격을 여러 가지로 해석할 수 있다. 당시 좌파진영은 좌 · 우 진영의 통일공작에 공을 들였다는 조혜정(1997a)에 귀 기울인다면, 영맹의 성격을 좌파적으로 규정짓는 데 무리가 없는 듯하다. 영맹이 진보적 민족영화의 건설을 강령으로 세우고 영화검열 반대, 미국영화 독점 반대 활동 등에서 보인 좌파적 성향 때문에 미군정청과 갈등 관계에 놓였던 사실이 이를 증명한다. 영맹의 강령에서 볼 수 있던 일본제국주의의 잔재 소탕 노력이란 것은 당시 미군정청을 포함한 전 사회의 공통의 목표였다는 점에 주목한다면, 영맹은 미군정청과 갈등하지 않았고 국민과도 상통했다고 할 수 있다. 그러나 미국영화 독점에 대해 문화 침략이라며 반대하는 활동을 통해서, 영맹은 이해 당사국인 미군정청뿐 아니라 미국영화의 화려함에 매혹당한 당시의 한국 관객 대중에게 외면당했다.

영맹은 진보적 민족영화 건설 등을 위해서는 일반 대중에 대한 교육이 필요하다고 판단하고 이를 강조했다. 영맹은 공식적인 영화 교육이 존재하지 않는 당시 상황에서 일반 대중을 상대로 하는 영화 강좌를 개설하고[12] 세계명작영화주간을 설정해[13] 영화를 상영했다. 또한 서울 등의 도시 이외의 지역에 거주하는 대중을 위해서 이동영사위원회를 구성해 전국 각지로 순회상영을 다니는 등의 대중화 운동을 중시했는데,[14] 이러한 활동들도 정전화 과정의 한 움직임으로 볼 수 있다.

영화계 내부에는 영맹만이 있었던 것은 아니며, 다양한 성격의 조직들 사이에는 다양한 관계가 형성되어 있었다. 영맹은 특히 당시의 조선영화극작가협회(이하 극협)와 대립했는데, 극협의 중심 회원은 영맹에 가담하지 않던 보수적이거나 친일 경력이 있는 영화인 및 문학인들이었다. 영맹은 극협의 순수예술 지향적인 강령, 즉 '새로운 시대의 구상과 진실성을 가지고 향기 높은 새 전통의 수립과 영화예술의 질적 향상'이라는 강령에 대해서 비판하는 시각을 견지했다(이효인. 1994. p.262 참조). 영맹은 적극적으로 영화 작품에 대한 평가를 하곤 했는데, 그러는 중에 흥행에 크게 성공하면서 상영 중이던 〈똘똘이의 모험〉(이규환. 1946)에 대해 경고문을 보내는 일종의 사건을 일으켰다.[15] 이것은 이규환이라는 친일 영화인에 대한 비판으로도 읽을 수도 있다. 친일 잔재 청산을 시대적 과제로 인식하던 영맹으로서는 영화계 내부에 친일 영화인이 잔존해 있다는 사실을 묵과할 수 없었을 것이다. 게다가 훔친 쌀을 북한으로 보내려는 도둑을 일망타진한다는 소년들의 영웅적 이야기의 라디오 일일 연속극을 각색한 이 영화의 반공 이데올로기에 대해서(김남선. 2003. p.48 참조) 영맹은 친일 영화인이 반공 이데올로기를 어린이극에서 재현하고 있다는 점 때문에 더욱더 비판적이었던 것은 아닐까 싶다. 그리고 그에 대한 반작용으로 이들 친일영화인들은 영맹에 적대적이었을 것이다.

영맹이 가장 중요한 과업으로 설정했던 민족국가 건설, 진보적인 민족영화 수립의 문제는 미군정청 체제에서는 그 성격의 좌파성이 두드러졌을 것이다. 미군정청으로서는 설령 좌파성이 두드러지지 않은 모습을 보일 경우에조차도 기본적으로 영화를 정치와 연결 짓는 영맹이 부담스러웠을 것이다. 영맹은 미군정청에 의해 직접적인 폭력에 시달렸을 뿐 아니라, 법령에 기반한 다양한 통제를 감수해야만 했다. 영맹의 핵심 인사인 추민이 월북하고 서광제가 1947년 이후 공개 활동을 중단하면서 영맹의 영화 창작이 급속히 자취를 감추게 된 것도 미군정청의 통제와 유관하다. 이후 영맹은 사업만을 간신히 이어가다가 1948년 이후, 특히 이승만 정권의 반공 이념 강화 정책 이후 사라지는데, 이때부터는 영맹에 대한 논의 자체가 비공식화되었다.[16]

영맹의 몰락은 정전화 과정에서 차지했던 중요한 주체 자리가 바뀌게 되었다는 것을 의미한다. 몰락의 이유를 이상에서 살펴본 정치권력과의 관계, 다른 조직과의 관계로만 보는 것에서 더 나아갈 필요가 있다. 미군정이 진보 계열의 각계 · 각층 인물들에게 직간접적으로 행한 탄압의 맥락에서, 보수 우익 세력이 득세하면서 좌익 성향의 세력들은 견제의 대상이 되었고, 특히 영맹이 벌인 미국영화 반대 활동이라는 지점에서 관객이 영맹에 동조하지 않고 이반했기 때문이라는 점도 중요하게 고려해야 한다.

대한영화협의회 부각의 정치적 함의

운동으로서의 영화라는 관점을 견지한 영맹의 몰락에 이어, 순수예술 영화라는 영화관을 강조하면서도 한편으로는 국책에 순응한다는 친정부적인 정치적 색채를 띤 대한영화협의회가[17] 부상했다.

영맹에서 대한영화협의회로의 전환은 제작 경향의 변화와 상관관계를 보인다. 정부 수립 이전에는 해방영화 혹은 광복영화가 주로 제작되었다면, 정부 수립 이후의 사회 안정기에는 멜로드라마와 활극오락영화, 그리고 차분한 예술적인 의도를 담는 작품들이 주로 제작되었다(이영일. 1988. p.402). 이러한 제작 경향의 변화는 정전 구성의 주체 지형에서 나타난 변화와 무관하지 않다. 당시 극협(그리고 후에 대한영화협의회)에 회원으로 이름을 올렸던 최인규는 〈자유만세〉(1946)를 연출해서 관객에게 선보였다. 〈자유만세〉는 해방 이후 독립운동을 소재로 한 대표적 영화를 꼽을 때 빠짐없이 거명되는 영화다.[18] 이 영화는 항일을 주제로 하고 있다. 이 영화에 당시의 관객들은 크게 호응했다. 항일이라는 영화의 내용과 어긋나게도 최인규는 일제하에서 친일영화를 가장 많이 만들었던 감독이라는 사실을 관객이 몰랐던 것이 아니다. 따라서 당시 관객에게 감독의 친일 여부 사실은 중요하지 않았다고 볼 수 있다.[19] 그렇다고 해서 연출자보다 영화 내용이 관객에게 더 중요했다고 결론짓기에는 무리가 있다. 왜냐하면, 당시 많은 지면에서 〈자유만세〉가 최인규의 작품이라는 것을 강조하고 있기 때문이다. 결국, 이 영화가 흥행에서 성공했다는 역사적 사실에 대해서는, 당시 일반 대중에게는 일본 잔재의 소탕이 정서적으로 절실한 문제가 아니었다는 단서로 읽힐 수 있다. 그리고 나아가 이런 일반 대중의 정서는, 앞에서 언급했던 영맹의 정신 및 활동과 조응하지 못했고, 결국 영맹을 몰락의 길로 가게 한 기반이 되었을 것으로 추측해 볼 수 있다.

관객이 〈자유만세〉에 호응한 이유에 대해서는 항일이라는 내용에서 주는 만족감 외에도, 좌익을 배제하려는 정치권의 의도, 그리고 항일영화에 대한 언론에서의 부추김 등을[20] 더 생각해 볼 수 있다. 당시 주류 언론인 《경향신문》의 최인규에 대한 아래와 같은 영화 소식은 정치 세력의 의도와 맞아떨어진다.

> "정예감독 최인규씨가 해방 후 1년의 상념을 다듬어 쾌심의 작으로 자부하면서 자재 기타의 만난(萬難)을 극복하고 완성한 작품으로 이 1편을 통해서 조선영화의 장래(將來)할 길이 명시될 것이다. ……."[21]

〈자유만세〉는 민족 진보 계열의 영화, 예를 들어 〈해방뉴-쓰〉 등을 의식적으로 제외시키려는 정치권의 노력에서 더욱더 부각되었다는 이효인의 주장(1989. p.474 참조)도 있다.

영맹이 당시 사회의 당면과제인 민족국가 건설을 위해 공격적이고 적극적으로 영화를 이용했던 데 비해, 극협은 소극적이고 방어적으로 영화 활동을 했다. 그리고 이미 좌 · 우의 대세가 결정된 1948년 10월에 극협을 승계해 발족한 대한영화협의회(후에 한국영화인협회, 이하 영협)는, "고갈 상태에 봉착한 국내 영화계를 소생시키는 동시에 무식자화한 영화인을 완전 구호하며 세계 영화를 향상시키고자"하는 취지에서 "장래 국책에 순응할 것"[22]이라는, 분명한 정치적 입장을 표명했다.

1948년 이후에는 좌파적인 영화 조직은 완전히 사라지고, 우파적인 영화 조직만이 영화계에서 생존할 수 있었다. 이들 우파적인 영화 단체들은 미군 공보처, 국방부, 경찰청 등의 국가기관으로부터 후원을 받으면서 왕성하게 영화 창작을 해나갈 수 있었다. 자유라는 것을 좌익을 제외한 우익 내부에서의 자유라고 개념화하는 모습은 한국의 영화계와 언론계에서 공통적으로 나타나는 특징이다.

영화인과 국가기관의 인적 유대관계는 전쟁을 거치면서 형성되었다. 1950년에 한국전쟁이 발발하면서 대부분의 영화인들은 육 · 해 · 공군에 각각 지원했고, 군에서 제작하는 뉴스 · 다큐멘터리 등의 제작에 참여(호현찬. 2000. p.95 참조)함으로써 유대관계의 기초가 다져졌다. 이처럼 전쟁 기간 중에는 많은 영화인들이 종군함으로써 군 당국과 유대관계를 맺기도 했지만, 행정상 · 기술상으로도 영화인들은 군과 잘 지내야 할 필요가 있었다. 왜냐하면, 당시 전쟁 상황에서는 민간 영화 시설이 없었기 때문에 군 정훈국이나 미 공보원 시설을 이용해야만 영화가 만들어질 수 있었기 때문이다(김학수. p.172 참조).

한국의 경우, 해방 이후 한동안 활발하게 활동했던 영화 제작과 관련된 조직들의 이념 지형은 통치세력과 갈등하거나 혹은 동조하는 등으로 복잡했다. 이후에 일부 조직은 영화의 장에서 배제되고 또 일부 조직은 영화의 장에서 살아남았는데, 그 한 요인으로 이념적 지향성을 꼽을 수 있다. 예를 들면, 좌파적이거나 반일적이거나 반미적인 이념 공간의 위치에 따라 일부 조직은 당시의 통치세력과 갈등했고, 혹은 일반 대중과 갈등해 퇴출당하기도 했던 것이다. 영화를 이데올로기적 도구로 인식했다는 점에서는 한국과 중국이 동일한데, 한국은 이 도구를 주로 제작 부문에 국한해서 통제했다는 점에서 차이를 보인다. 중국은 아래에서 설명하고 있듯이, 영화제작사를 거의 다 국영화시켜 영화제작사를 대중에게 정책을 전달하는 통로의 출발점으로 삼았다. 그리고 단 하나의 국영 배급사를 통해 국영 영화제작사에서 만들어진 영화를 각 지역으로 보급했고, 부족했던 상영기술자를 양성해서 영화를 이동 상영하는 제도를 만들어 궁극적으로 전국의 인민에게까지 도달시키는, 소위 국가에 의한 제작-배급-상영의 일괄 통합 체계를 만들어 관리했다.

마오쩌둥, 〈옌안강령〉, 공산당, 영화제작사의 국영화

국공내전에서 승리한 중국 공산당이 중화인민공화국을 건국하자, 지난날 일종의 지하매체였던 영화는 중국의 공식 국가예술로 정착되었다(Kramer. 2000. p.79 참조). 투쟁의 매체로 영화를 다루었던 많은 게릴라적 예술가들 중에서 일부는 영화 정책과 행정을 담당할 관료에 임명되었다.

일본이 중국을 점령하고 있던 1940년대 초반에 이미 마오쩌둥과 지식인들은 종래의 항전문제에서 점차로 마르크스주의에 근거한 민주적인 '신중국'을 건설하는 문제로 고민을 옮겨 갔다(이선이. 2003. p.288 참조). 신중국 건설의 중요한 도구로 문예에 주목한 마오쩌둥은 1942년에 항전운동의 중심지였던 옌안(延安)에서 문예와 혁명의 관계에 대한 강연을 하게 된다. 그가 주장하는 바의 핵심은, 문예란 모름지기 노동자 · 농민 · 병사 대중의 실생활에 대한 이해에서 비롯해야 하며, 소부르주아계급을 노동자 · 농민 · 병사로 개조시키기 위해서 노동자 · 농민 · 병사를 칭송해야 하며 그 중요한 도구로 문예가 쓰여야 한다는 것이다. '옌안강령(延安綱領)'으로도 불리는 이 강화는 후에 공산당의 영화에 대한 기준 설정에 중요한 근거가 되었다. 이런 점에서 볼 때, 이 글은 옌안강령이 정전 영화를 위한 모범 답안을 만드는 데 영향을 미친 중요한 요인이 되었다고 해석한다.

1948년 11월, 중국 공산당 중앙은 영화사업에 대한 원칙을 마련해서 지시했으니, 그 지시안은 영화 극본에서 어떤 것을 선택하고 어떤 것을 버려야하는지를 명확하게 규정하는 것이었다. 지시안의 내용은 다음과 같다(陸弘石 · 舒曉鳴. 2002. p.164).

> 현재 우리의 영화 사업은 아직까지 초창기며, 만일 우리 사업에서 소화할 수 있는 수준을 심각한 정도로 넘어서면 해(害)가 되어 그 결과, 장차 새로운 영화 사업의 생장을 질식시켜서 반대로 구시대의 유해한 영화들의 시장 확보를 도울 것이다.
>
> 영화 극본의 표준은 정치적으로 반제(反帝), 반봉건(反封建), 반관료자본적(反官僚資本的) 사상이어야 하며, 반(反)소련, 반(反)공산당, 반인민민주적(反人民民主的) 사상을 담고 있지 않아야 한다. 그리고 정치와 그다지 관련 없는 영화는 선전에 해를 끼치지 않고 예술적 가치만 있으면 그만이다. 예술적 표현도 반드시 큰 곳에 착안해야 하며, 세부적인 부분에 얽매여서는 안 된다. 세부적인 부분까지의 완벽은 다만 차근차근 도달할 수 있을 뿐이며 단번에 이루어낼 수는 없다. 이것은 실천하고 비평 · 학습하는 과정 속에서 점진적으로 이룰 수 있는 것이다.

이러한 지시는 1949년에 신중국이 성립된 이후, 그리고 일정 기간 동안 영화 제작에 중요한 지침서가 되었다는 점에서, 영화의 정전을 틀 짓는 역할을 했다고 하겠다. 이 지시는 지침의 수준으로써, 영화 상영 금지나 촬영 금지 등으로 대표되는 금지를 통한 배제의 기준안으로 작용하지는 않았다고 볼 수 있다. 그 이유는 몇몇 중국 학자들과의 인터뷰를 통해서 당시 상황과 당시 지식인들의 태도, 그리고 당시 영화인들의 의식에 대해 이 글이 나름대로 내린 판단 때문이다. 이러한 표준안은 이전의 국민당 통치 지역에서뿐 아니라 해방구에서 함께 운동을 하던 사람들이 가졌던 인식에 기반해 만들어진 것이었다.[23] 국공내전 이후 국민당 성향의 영화인들은 모두 홍콩 등지로 빠져나갔고, 남아 있는 이들은 대개가 공산당 성향의 영화인들이었다는 점도 이 지시안이 강요로 받아들여지지 않았던 중요한 요인 중의 하나였다.

따라서 한국에는 해방공간에서 그리고 1950년대 초반에 다양한 이념의 영화인들이 존재했던 것과 달리, 중국에서는 냉전 초기에 동질적인 이념의 영화인들만 영화계에 남아 있었다고 할 수 있다. 그러한 동질적 성향은 영화인들을 공산당 정권의 정책에 자발적으로 조응하게 했고, 국가권력은 영화인들에게 특별한 강요나 통제를 할 필요가 없었던 것이다. 이들이 주류 영화 제작사의 인력들이었고, 국영 영화제작사의 상황이랄 수 있겠다. 물론, 비주류였던 민영 영화제작사의 상황과 태도는 영화에 대한 관점에서는 이들과 달랐다는 점을 간과해서는 안 될 것이다. 민영 영화제작사는 신중국 건설을 위해 노동자 · 농민 · 병사를 국민의 형상으로 재현하는 작업에 몰두하던 국영 영화제작사들과는 달리, 순수예술로서의 영화 작업을 중시하며 그에 몰두했다. 모든 분야에서 정치적인 간섭이 심했던 신중국 초기에 공식 국가예술로서 영화에는 정치적 색채가 짙게 담기는 것이 일반적인 분위기였다. 그러나 소수의 민영 영화제작사들은 영화의 정치화를 반대하면서 예술로서의 영화 제작 활동을 계속했던 것이다. 물론 전국적으로 불고 있던 혁명 사회주의라는 전반적인 분위기 속에서 그런 흐름과 동떨어져 있던 이러한 민영 영화제작사의 비정치적인 영화들이 호응을 받기는 어려웠을 것이다(이종희. 2000. p.32 참조).

이것이 인식과 정서 영역의 상황이었다고 한다면, 제작 현장에서는 내전에서 승리한 중국 공산당이 대륙에서 기존 영화 스튜디오들을 인수하기 시작한 1949년부터 본격적으로 변화가 시작되었다. 이미 1945년에 둥베이(東北)영화제작소를 인수했던 중국 공산당은 중국 전역 주요 요지의 영화사들을 국영화하거나 국영 영화제작소를 신설했다.[24] 즉, 1949년에 베이징에 베이징영화제작소를, 상하이에는 상하이영화제작소를 설립하고 1949년까지 남아 있던 개인 소유의 군소 스튜디오들을 합병해 나갔다(Kramer. p.79~80 참조).

몇몇 제편창(製片廠)을 예로 들어보자. 상하이전영제편창은 1949년에 설립되었다가, 1953년에 7개 민영 제편창과 합병해 상하이연합전영제편창(上海聯合電影製片廠)으로 설립되었고, 이후 1956년에 장난(江南)전영제편창, 해연(海燕), 천마(天馬)전영제편창 등과 함께 합쳐져 연합기업 성격의 상하이전영제편공사(上海電影製片公社)로 개편되었다. 베이징(北京)전영제편창의 경우는 1949년에 '중전삼창(中電三廠)'을 인수해 같은 해에 베이핑(北平)전영제편창으로 문을 열었다가, 다시 이름을 베이징전영제편창으로 바꾸었다. 이처럼 몇 차례에 걸친 합병을 통해서, 1953년에는 모든 영화사는 국영으로 전환되었고(Armes. 1987. p.146), 모든 스튜디오는 당 간부들이 관리할 수 있었다. 1950년대 중반까지 베이징, 상하이, 창춘(長春)전영제편창의 3개 제편창이 중국 전역을 포괄하고 있었다고 한다면, 1956년 광둥성(廣東省)에 광저우(廣州)전영제편창(후에 주장강(珠江)전영제편공사로 개칭)을, 1958년 산시성(陝西省)에 시안(西安)전영제편창을, 쓰촨성(四川省)에 어메이(峨眉)전영제편창을, 후난성(湖南省)에 샤오샹(瀟湘)전영제편창을, 광시(廣西)자치구 난닝(南寧)에 광시전영제편창 등을 설립함으로써[25] 총 13개 제편창을 국영으로 만들어 1949년에 설립한 중공중앙선전부영화국(中共中央宣傳部電影局)(1955년에 중앙전영사업관리국(中央電影事業管理局)으로 개칭) 산하에 두고 관리할 수 있게 했다.

전국 주요 지점들에 영화제작소를 설립하는 일은 1958년에 완료되었고, 1951년에 문화부 소속으로 이미 설립한 영화배급사 중국영편경리공사(中國影片經理公司)를 통해서 국가가 영화 배급망을 장악했다. 이로써 제작에서 배급까지 영화 소통의 전 영역을 국가가 관리하고 통제할 수 있게 되었다.

상영 장소 확보의 문제는 이동극장을 통해서 해결하고자 했다. 영화진흥위원회가 발간한 《중국영화산업백서 I》(2001. pp.83~85)를 보면, 1949년 이전 중국에는 도시에만 영화관이 있었을 뿐으로, 현이나 농촌에는 없었고, 그뿐만 아니라 상영기술을 가진 상영 인력도 없었다. 이런 열악한 상황을 타개하기 위해서 중앙전영업관리국(약칭 중앙전영국)은 1950년에 난징(南京)에 상영기술자양성소를 세우고 단기간 내에 상영 기술자 1,800여 명을 배출했다. 그리고 이들을 600개 상영대로 조직해 전국의 농촌지역을 순회하며 영화를 상영하도록 했다. 이러한 기회를 통해서 농사만 짓던, 혹은 영화가 중국에 들어온 지 거의 50년이 지난 이때까지도 '전깃불 그림자극, 전영(電影)'을 접할 기회가 거의 없던 열악한 사정 속의 일반 대중들은 영화의 재미에 매료될 수 있었던 것이다. 이동극장에서 주로 상영하는 영화는 대지주나 반역자들이 법정에서 재판을 받고 처형당하는 내용의 정치 선전영화였는데다가, 그러한 선전영화가 상영될 때는 선동연설과 토론회도 함께 마련해서(Kramer. p.81), 당국은 일반 대중을 쉽게 국가 이데올로기에 결속시키는 효과를 거둘 수 있었다.

이처럼 중국은 국가정책에 국민을 동원하기 위해서 영화를 제작부터 수용에까지 이르는 전 차원을 철저하게 관리하는 체제를 구축했다.

영화인들의 상황에 대한 크라머(Kramer. p.80)의 소개를 보면, 당 지도부와 밀접한 관련을 맺고 있던 옌안 출신 예술가들은 이데올로기적으로도 인정을 받은 반면, 홍콩 출신이거나 외국 또는 국민당 장제스의 영향을 받았던 영화인들은 공개적으로 모욕을 당하거나 적대적 시선을 감수해야 했다. 제작 현장에 남을 수 있었던 영화인들을 한쪽 방향으로 이끈 것은 개인이 가지고 있던 정치적 의식뿐 아니라, 1949년 7월에 국민당 통치 지역의 진보적인 영화인과 해방구의 문예인이 함께 모여(陸弘石 등. p.161~162 참조) 결성한 중화전국영화예술인협회(中華全國電影藝術工作者協會)라는 단체였다. 이 협회는 영화인들에게 영화가 미학적 측면보다는 당의 확성기로서의 기능이 더 중요하다는 것을 확인시켜 주었으며, 장차 영화가 추구해야 할 정치적 방향도 공식적으로 제시했다(Kramer. p.80 참조). 이 협회는 행정 조직인 중앙전영국(中央電影局)과 영화의 제작 방향에서 조응했다고 볼 수 있다. 중앙전영국은 1949년에 설립된 당 선전부 산하 영화정책기관이다.

정전을 구성한 사건들

한국의 영화 〈피아골〉 상영 중지 사건: 반공 지향

1955년 〈피아골〉(이강천)이 제작 완료되어 상영 일정을 잡고 대기 중인 상황에서 《한국일보》에 시인 김종문의 다음과 같은 기고문이 실렸다.

> "오늘날 우리가 영위하는 일체의 문화활동은 오직 '반공'이라는 세계적인 과제를 완수하는 데 기여하는 것이어야 한다. …… 휴전선을 사이에 두고 공산군과 대치하고 있는 특수한 입지조건 위에서 우리의 문화활동은 강력한 반공기반 위에 세워져야 한다는 것은 당연한 일이 아닐 수 없다. 특히 지난번 입법 당로에서 논의된 바 있는 영화법안은 우리의 '반공문화'를 더욱 굳건한 방향으로 추진시켜 가는 데 있어 중요한 법적 근거를 다져주는 것이기도 했다. …… 〈피아골〉은…… 공산주의라는 '이즘'에 대해서는 아무런 적극적인 비평이 없고…… 이 영화는 빨치산에 대한 일반 대중의 엽기적인 호기심을 상업대상으로 삼았을 뿐이요 반공영화라고는 인정할 수 없다…… 가장 큰 문제는 등장한 빨치산 전원이 죽어가는

순간까지도 끝끝내 공산주의를 부정하지 않고 있다는 사실이다.……."[26]

이 기고문이 발표된 이후 어떠한 반론도 신문 지상에서 찾아볼 수 없다. 두 평론가가 자신의 소견을 제시하기는 했으나, 이청기는 〈피아골〉이 상영중지 처분을 받게 된 이유를 작품의 분석을 통해서 설명하는 글로, 이정선은 새로운 스타일은 높이 사야 한다면서 문제가 제기된 부분을 피하고 스타일에만 집중하는 글을 발표한 것에 그쳤다. 어느 누구도 공산주의자의 몰인간성이 타당한지를 문제 삼지는 않았던 것이다. 이러한 논쟁의 부재를 단지 공권력의 억압 때문이라고 말할 수는 없다. 오히려 당시의 사회 분위기 때문이었을 것이라고 이 글은 판단한다.

여론에서 특별한 움직임도 없고 하니, 결국 〈피아골〉은 "반공영화로서 신통하게 생각할 수 없다"는 견해를 치안당국이 표명할 수 있었고, 문교부에서는 내무부의 권유라는 명분으로 상영중지라는 조치를 내리게 되었다.[27] 이 영화를 제작한 회사 측에서는 "국책에 순응하겠다"는 명분으로 상영허가를 자진 취하하고 재검열을 받기 위한 조치를 취했다.[28] 영화사의 허가권을 정부가 쥐고 있는 한에서는, 그리고 저항의 어떠한 움직임도 발견할 수 없는 한은 제작사가 이런 반응을 보이는 것은 당연했다고 하겠다. 새삼스럽게 국책을 중시해서라기보다는 영화사를 지키기 위해서였다고 판단할 수 있다. 일반 대중의 의견에 민감한 언론이 이러한 조치에 대해 특별한 논평이나 언급을 하지 않고, 사실 보도 등을 통해 동조했다는 것은 당시 일반 대중의 생각도 이와 크게 다르지 않았다고 해석할 수 있다.

이 사건은 〈피아골〉이라는 한 편의 영화에 대해 발생한 사회적 사건이었지만, 이를 두고 영화 담당부서와 영화계, 그리고 영화평론가들이 갈등의 양상으로든 동조의 양상으로든지 간에 언론을 타고 드러난 방식은, 영화 제작 담당자뿐 아니라 국민들의 머릿속에도 영화를 제작하는 방향에 대한 하나의 기준이 되었을 것이다.

한국의 경우에 개별 영화에 대해서 지면상에 비판이 시작되어도 그에 대한 후속 글들이 올라오지 않아서 논쟁이 벌어지지 않곤 했다는 문화적 특성을 보였다고 한다면, 중국은 공개 논쟁이 활발했다. 때로는 '백화제방 백가제명' 운동의 경우처럼 다양한 지역에서 많은 논객들이 지면에 등장해서 활발하게 논쟁을 벌였다. 또 때로는 영화 〈우쉰전〉 비판 운동처럼 초반에 칭찬하던 논의를 후에 공격하면서 비판 논의로 전환시켜 영화 자체뿐 아니라 칭찬했던 주체까지도 비판의 대상으로 삼게 되는 역동적인 논쟁의 과정을 보이기도 했다.

중국의 영화 〈우쉰전〉에 대한 비판 운동– 반봉건 계급투쟁 지향

영화 〈우쉰전(武訓傳)〉(쑨위[孫瑜]. 1950)은 검열을 거쳐 1950년에 개봉되었다. 이 영화는 거지에서 지주가 된 이후에도 가난한 사람들을 위해 학교를 세우는 등 선행을 많이 해 존경을 받았던 우쉰(1838~96)이라는 실존 인물의 입지전적 생애를 담고 있다. 개봉 초기에 큰 호평을 받았고, 심지어 우쉰을 역사의 위인에서 민족적 영웅으로 추앙하자는 움직임이 일기도 했다(Kramer. p.86 참조).

1951년 2월까지도 좋은 평가가 이어졌는데, 1951년 3월 《병보일보(进步日報)》, 4월 《문예보(文藝報)》에 이 영화를 비판하는 기사가 실리기 시작했다. 이 후에 지면상에서 공개토론이 시작되었다. 특히, 1951년 5월 20일 자 《인민일보(人民日報)》에서는 후차오무(胡橋木)가 초안을 잡고, 후에 마오쩌둥이 거의 전문을 고친 '응당 영화 〈우쉰전〉에 관한 토론을 중시해야 한다(應當重視武訓傳的討論)' 는 제목의 아래와 같은 비판문이 발표되면서 이 영화에 대한 비판 운동이 시작되었다.

〈우쉰전〉이 제시하는 문제점은 근본적인 성질을 갖는다. …… 인민 군중들에게 이러한 추악한 행위를 찬양하고, 심지어 '인민을 위해 복무한다'는 혁명의 명목을 내걸고 찬양하였으며, 혁명적인 농민투쟁에 대해서 실패 부분을 두드러지게 하였다. 설마 이것을 우리는 용인할 수 있단 말인가? 이러한 찬양을 승인 혹은 용인하는 것은 바로 농민 혁명 투쟁을 헐뜯고, 중국 역사를 헐뜯고, 중국 민족의 반동 선전이 정당한 선전으로 퍼지는 것을 헐뜯는 것을 승인 혹은 용인하는 것이다.
…… 계급투쟁으로 응당 전복시켜야 할 반동의 봉건통치자들을 전복시키는 것이 아니라, 피압박인민의 계급투쟁을 부정하는 우쉰같은 사람이 반동의 봉건 통치자에게 투항하는 것이다.[29]

여기에서 이 사설이 발표될 당시에는 발표자가 익명이었다는 점, 그리고 나중에서야 마오쩌둥이 썼다는 것이 밝혀졌다는 점을 주목할 필요가 있다. 이 사설이 이후 전국의 각 지방신문에 〈우쉰전〉에 대한 비판의 글을 계속 되게 만든 시발점이 되었다는 주장에 대해서, 이 사설이 다른 이름으로 나왔다가 나중에 마오의 글이라는 사실이 밝혀졌다는 사실을 상기한다면, 비판글이 이어진 것에 대해서 마오의 생각에는 무조건적인 추종이 따랐다거나 추종이 요구되었다는 해석은 무리라는 것이 이 글의 주장이다. 물론 이 사설이 마오의 생각이라는 것이 알려지면서 다른 논객의 글 이상으로 받아들여졌을 것이라는 추정에 대해서 부정할 수는 없지만, 당시의 사회적 담론의 지형이 이 사설의 주장과 충돌하기보다는 쉽게 섞이는 특성이 있었다는 점으로 받아들이는 것이 타당할 듯하다. 다만, 마오가 썼다는 것이 알려지면서, 분명하게 드러나는 실천은 〈우쉰전〉을 개봉 초기에 긍정적으로 평한 비평들을 공공연하게 비판한 것이다. 이것은 사상논쟁의 수준에서 넘어가 권력의 힘이 발휘된 것으로 설명할 수 있겠다. 반년 넘게(陸弘石 등.

p.285) 비판이 이어지는 과정에서 필름은 회수되었고 감독과 영화를 검열한 검열관과 추천인 등이 소환당해 자기비판을 해야했다는 크라머(Kramer. p.87)의 설명에서도 그러한 추정이 가능하다.

이러한 〈우쉰전〉 비판 운동은, 마오가 사설을 통해서 우쉰이 계급투쟁의 역사단계나 필연성을 거부했다고 비판했다는 이유 때문에 반봉건 계급투쟁의 가치를 사회적으로 중요하게 부상시킨 중요한 사건이라고 할 수 있다. 그리고 비판 내용과 함께 비판 운동의 전개 과정은 영화관계자들뿐 아니라 영화 관객들에게도 '바람직한 영화는 어떠해야 하는가', '무엇을 담아야 하는가', '어떻게 재현해야 하는가' 라는 기준을 제시한 또 하나의 사례로 작용했을 것이다.

영화 축제를 통해 선별되는 중국영화들

1951년 3월 8일, 중국 중앙선전부영화국은 전국 26개 도시에서 '국영영화제작소 신작영화전람달' 을 열었다. 이 일종의 영화 축제에서 상영된 영화들은 선택되었다는 이유로도 당시 중국영화의 새로운 정전으로 등록될 수 있었다고 하겠다. 왜냐하면, 선택하는 주체의 가치가 상영목록에 담겨 있다는 것을 관객은 의식적이든 무의식적 차원에서든 전달받게 되는 것이기 때문이다.

상영 목록을 잠시 훑어보면, 〈신아녀영웅전(新兒女英雄傳)〉(스둥산[史東山], 뤼반[呂班], 1951), 〈백모녀(白毛女)〉(왕빈[王濱], 수이화[水華], 1950), 〈녹색언덕의 붉은 기(翠崗紅旗)〉(장쥔샹[張駿祥], 1951), 〈민주청년진행곡〉(民主青年進行曲)〉(왕이[王逸], 1950) 등으로(陸弘石 등. p.162 참조) 혁명정신이나 민족정신을 고취하는 영화들이 대부분이었다. 대표적으로, 주인공이 노예에서 해방된 후 공산주의 해방운동에 참여해 억압자를 징벌하고 혁신된 인민공동체로 돌아오는 내용의 〈백모녀〉는 이후 이런 작품을 만들기 위해서 중국 공산당이 노력했던 모범으로(陸弘石 등. p.86 참조), 그리고 중국의 영화사가들로부터 중국 영화의 정전으로 이야기된다(Kramer. p.84 참조). 향후 영화를 만드는 기준이 비단 〈백모녀〉 한 편에 제한되었다기보다는, 신작영화전람달이라는 이 영화 축제에서 상영된 영화 대부분이 정전으로 역할했다고 하겠다.

1951년에 열린 신작영화전람달 같은 축제가 1959년에 다시 한 번 더 열리는데, 중화인민공화국 건국 10주년을 축하하는 행사로 문화부가 주최했다. 이 '건국 10주년 경축 신영화 전람달'에는 〈노병신전(老兵新傳)〉(선푸[瀋浮], 1959), 〈임칙서(林則徐)〉(일명 〈아편전쟁〉, 정쥔리[鄭君裡], 천판[岑範], 1959), 〈임씨 가게(林家鋪子)〉(수이화[水華], 1959), 〈다섯 송이 금화(五朶金花)〉(왕자이[王家乙], 1959) 등 17편이 상영되었다. 1951년과 1959년의 2차례에 걸친 전람달에서 상영 영화를 선택하는 과정은 당시의 사회주의 혁명 분위기 속에서 진행되었기 때문인지, 담당 부서와 기타 다른 조직 및 세력, 조건들 사이에서 충돌이 특별히 드러나지는 않은 것 같다.

1957년 4월 문화부는 우수영화에 상을 주는 의식을 거행했는데, 1949~55년에 제작된 영화를 대상으로 69편에 수상을 했다. 대표작으로는 1위 수상작인 〈백모녀〉, 2위 수상작인, 1950년 체코슬로바키아의 카를로비바리(Karlovy Vary) 국제영화제에서 수상하기도 한, 〈중화의 아들 딸(中華女兒)〉(링쯔펑[凌子風]. 1949) 등이 있다.

중국공산당 중앙위원회와 정무원은 신중국 초기에 영화 분야에서 거둔 성적을 높이 평가했으며, 저우언라이(周恩來) 총리는 신작영화전람달에 "신중국 인민예술의 찬란한 빛"이라는 친필을 써서 격려했다. 이 영화들은 제재가 광범위하고 내용이 풍부하며 노동자 · 농민 · 병사의 형상이 잇따라 스크린을 차지하면서, 진실하고 소박하며 시대 분위기와 생활의 숨결이 충만한 풍격(風格)을 기초적으로 형성시켰다고 루훙스와 슈사오밍(陸弘石 · 舒曉

위쪽에서 아래로 〈백모녀(白毛女)〉(왕빈 · 수이화, 1950), 〈녹색언덕의 붉은 기(翠崗紅旗)〉(장쥔샹, 1951)(중간), 민주청년진행곡〉(民主青年進行曲)〉(왕이, 1950)

鳴, p.164)은 평가한다. 이들 영화에 대한 대중의 반응은 좋았다고 전해진다.

이 시기 영화는 대부분 노동자 · 농민 · 병사를 찬양했고, 이러한 영화적 재현은 관객들에게 바람직한 중국인의 상을 제시했을 것이다. 그러는 과정에서 붙여진 우수영화라는 이름은 앞서 설명한 2차례의 영화 축제에서 선택되었다는 이유로 이들 영화가 가치 있다고 인정하게 하여 관객들에게 이들 영화에서 재현하는 신중국의 새로운 질서를 쉽게 받아들이도록 영향을 미쳤을 것이다.

한 중국 영화학자와의 다음과 같은 인터뷰 내용이 이러한 판단의 바탕이 된다.

> "나는 한족이 아닌 소수민족으로 어린 시절을 중국의 변방에서 보냈다. 어린 시절 중국의 변방에서도 단체로 영화를 관람할 수 있었다. 그때, 나는 영화에서 보여진 병사의 상에 심취했었던 것 같다. 왜냐하면, 그때 당시 영화를 보고 돌아서 나올 때면 자주 불끈불끈 주먹에 힘이 주어지면서 '마오쩌둥을 위해서라면 나도 총을 들고 누구와도 싸울 수 있다' 는 생각을 하곤 했던 것으로 기억한다."

한국 영화 행정기관의 변화와 주류영화 장르의 변화의 관계

영화 행정 업무를 담당하는 부서가 바뀌고 법제가 변하는 것과 함께 영화텍스트 장르가 변했다는 상관 관계성을 한국의 1940년대 후반과 1950년대 초반 영화에서 찾아볼 수 있다.

한국전쟁 이후 국방부에서 관장해 오던 영화 행정 업무는 1955년에 문교부 예술과로 이관되었다. 행정 주체의 변화를 보다 자세히 살펴보면 다음과 같다. 1945~48년은 미군정청 공보부에서 영화를 담당하다가 이후인

1948~50년은 공보처 영화과에서, 1950~52년에는 국방부 보도과, 또다시 1952~55년에는 국방부와 공보처 합동으로 업무가 이관되었다. 그러다가 1956년 문교부로 이관되었고, 1956년 7월 문교부고시 제24호 공연물검열 세칙이 공포 · 시행되었는데, 이는 1946년 미군정청에서 제정 공포한 법령 제115호를 대체한 것이었다(김학수. p.167, 183 참조).

이러한 변화에서 이 글이 주목하는 지점은 미군정청 공보부, 그리고 국방부가 행정업무의 주체일 때 장르적으로 반공영화가 주요한 흐름을 이루었다면, 문교부로 행정업무의 주체가 변화하면서 문예물이 주류 영화 장르로 올라선 변화에 대해서다.

흔히, 반공영화의 제작은 1949년 〈성벽을 뚫고〉(한형모)로부터 시작되었다고 한다.[30] 이후 〈나라를 위하여〉(안종화, 1949) 등의 반공영화가 쏟아져 나왔는데, 이러한 반공물들은 흥행에 성공했다. 성공 이유를 몇 가지로 정리해 볼 수 있겠다. 첫째는 대중의 의식 때문이다. 정부 수립 이후에 사람들 사이에는 반공의식이 투철하게 자리 잡고 있었다(김화. 2001. p.178~179 참조). 두 번째는 검열 때문인데, 1946~56년은 미군정청의 법령에 따라 영화 검열이 이루어졌고, 그 검열이 반공영화를 양산시킨 이유가 되었다. 세 번째로는 무료상영을 이유로 들 수 있겠다. 미군정청이 주로 반공물을 무료로 상영했기 때문에 비교적 많은 관객이 반공영화를 볼 수 있었다(김학수. p.167 참조). 제작비 충당을 네 번째 이유로 꼽을 수 있는데, 국방부에서 반공물 장르를 후원하고 제작비를 지원해 주었기 때문이다.

아래 〈표〉에서도 볼 수 있듯이 1955년 이전까지 반공영화는 한국영화 제작 지형에서 중요한 장르였다. 이들 영화가 중요한 장르로 정전화될 수 있었던 이유를 다만 국가권력의 통제라는 단일 이유로 설명한다면, 당시 해방 이후 38선을 경계로 남북이 갈리고 전쟁이 일어나는 공통의 경험을 한 대중의 의식, 그리고 현실적으로 제작비 충당이라는 경제적 측면, 그리고 영화 행정기관이 국방부였다는 통제 주체의 영향력까지의 현실적 상황을 설명에서 배제시키는 우를 범하는 것이다.

〈표〉 1949~60년 반공극영화 제작편수 및 국산영화 총제작편수(출처: 조준형, 2001)

연도	1949	1950	1951	1952	1953	1954	1955	1956	1957	1958	1959	1960
편수	3	1	2	0	1	7	5	2	0	2	1	1
총편수	20	5	5	6	6	18	15	30	37	74	111	92

대개는 1950년대 중반 이후, 즉, 문교부가 영화 관련 담당부서가 된 이후, 한국영화는 사극, 자유풍조의 멜로드라마 영화, 문예영화, 희극영화 등이 주로 제작되고 반공영화는 점차 줄어드는 경향을 보였다.

서울 인구가 150만 명이던 1955년 당시에 사극인 〈춘향전〉(이규환, 1955)은 12만 명의 관객을 동원했다.[31] 이 영화의 대대적인 성공은 사극 제작의 흐름을 만들었다. 그리고 문예물인 〈꿈〉(신상옥, 1955)이 관객의 호응을 얻으면서 이 영화 이후에 문예영화는 하나의 흐름을 이룬 것으로 알려져 있다. 또한, 〈자유부인〉(한형모, 1956)이라는 자유풍조의 멜로드라마 영화가 흥행에서 크게 성공한 결과로 1956년 총제작편수 30편 중 16편, 1957년 총제작편수 37편 중 26편이 멜로드라마 영화로 만들어졌을 것으로 흔히 판단한다.

반공물에서 문예물 등으로 지배 장르가 뚜렷하게 변화를 보인 이유 중의 하나로 1958년에 시행되기 시작한 우수국산영화제도를 빼놓을 수 없다. 이 제도는 잘 만든 한국영화에 보상을 해준다면, 미국영화에 몰리는 관객으로 인해 위기에 봉착해 있는 한국영화를 살릴 수 있겠다고 판단해서 문교부가 만든 제도다. 이 '국산영화제작장려 및 영화오락순화를 위한 보상

한국(남한)에서 반공영화의 원조로 일컬어지는 영화는 〈성벽을 뚫고〉(한형모, 1949)로, 군에서 제작 지원을 했다(위).
《서울신문》의 연재소설인 〈자유부인〉에 대해서 황산덕 교수는 춤바람 등을 묘사하고 있는 내용은 중공군 2개 사단보다 더 무서운 사회의 적이라며 비난했다. 그렇지만 영화 〈자유부인〉(한형모, 1956)은 한국 전쟁 후 변화한 사회의 문화를 세세하게 다루어 많은 관객들을 끌어들였다(아래).

특혜 조치' 의 문제는, 잘 만든 한국영화에 주는 보상이 외화수입권이라는 데 있었다.[32] 외화수입권은 우수한 국산영화 그리고 국제영화제에서 수상한 우수한 국산영화, 외국에 수출하게 된 국산영화뿐 아니라, 문화영화 및 뉴스영화를 수입하는 업자, 우수한 외국영화를 수입하는 업자에 대해서 주어졌다. 이러한 조치 이후, 〈표〉 에서도 볼 수 있듯이 국산영화 총제작편수가 1958년 74편에서 1년 만인 1959년 111편으로 급증했다는 통계는 수상을 통해서 외화수입권을 확보하고자 했던 제작자들의 반응으로 읽을 수 있다. '어떤 영화를 우수한 영화라고 해서 상을 줄 것인가?' 에 대해서는 그 결과로 볼 때 대개가 문예물이었다. 따라서 제작자들은, 대부분이 그러했지만, 특히 외화수입권을 확보하려던 제작자들은, 문학작품을 각색한 문예물을 제작하는 데 심혈을 기울였다. 이 수상제도는 다만 장르 차원에서 문예물로 방향을 잡아주는 데 그치지 않고, 수상을 위해 선택되었던 영화 표현 방식이나 영화의 주제나 소재 선정 등에서도 영화를 제작하려는 사람들에게 영화를 어떻게 제작할 것인지를 결정하는 데 일정한 역할을 했을 것으로 판단한다.

6. 금지와 권유를 통한 냉전문화 형성

좌익 배제로 반공 · 친미 문화 형성

좌익 금지, 정치적 반공문화

그래엄 터너(Turner. 1994. p.188~189 참조)는 영화제도에는 어떤 영화를 보여줄까는 물론 어떤 영화를 만들까를 최종적으로 결정하는 정치적 이해관계가 내포되어 있다고 한다. 이런 제도들을 분석해 본다면, 이들이 봉사하는 이해관계, 추구하는 목적, 그리고 제도들의 기능이 관객과 영화산업, 그리고 문화 전반에 의미하는 바를 알 수 있게 된다는 것이다.

입법기구에 의해서 설립된 새로운 법령과 제도를 수행하는 역할은 행정기구가 맡는다. 이때, 수행하는 방식을 통해서 이전의 구조 위에 새로운 구조가 덧씌워져서 이전과 다른 구조가 나타난다. 이것을 형상화시켜 보면 마치 미늘을 다는 것과 같은 형태라고 할 수 있다. 이 미늘 다는 과정과 함께 문화는 변화한다.

해방 이후, 한국의 통치 주체의 자리를 차지한 미군정은 주로 금지를 통한 배제 기제를 가동시켜서 바람직한 영화를 구성했다고 정리할 수 있겠다. 1946년에 미군정은 '영화에 관한 포고령'을 발표하고 미군정 공보부에서 이를 담당했다. 현재로 말하면, 일종의 영화법이다. 미군정은 해방 이후 구식민지 질서의 온존과 재편을 통해 자신의 기반을 강화하는 한편, 북한에 진주한 소련군에 대항해 한반도 남쪽에 '공산주의에 대한 방벽을 구축'하려는 임무(이효인. 1994. p.259) 수행을 위해 제도를 정립하고자 했다. 영화에 대해서는, 금지를 핵심으로 하는 포고령을 발표했다. 김학수(p.154)에 따르면, 이 포고령은 1956년 문교부에서 공연물 검열세칙을 공포하기까지 한국영화 행정의 규범으로 작용했다.

포고령은 상영 전 사전허가, 사전허가 미필 영화에 대한 조치, 허가 수속 방법, 허가와 불허의 경우에 관한 규정 등을 내용으로 하고 있는데, 핵심은 검열이었다. 따라서 이때의 포고령을 흔히 일제 시기의 규제 중심 영화법을 답습한 것으로 평가한다. 이러한 영화법에 대해서, 특히 사전허가를 위해 영문서류까지 준비해야 하는 허가 수속 부분에서 당시 영화인들은 치욕을 느꼈다고 전해진다. 결국, 영맹을 포함한 문화 8개 단체는 미군정청의 이와 같은 포고령에 대해서 "조선영화의 민주주의적 재건을 저해하고 영화 상영의 자유를 압박하는 것이므로 철폐하라"는 결의를 하고, 이를 영문으로 번역해 미군정청에 보내는 등 적극적으로 반대 의사를 표현했다. 그러나 미군정청은 아무런 답변도 하지 않았다.

미군정청은 명문화된 영화법에 근거해 한국의 영화를 통제하기 이전에도 이미 다양한 통제를 벌였다. 예를 들면, 특히 갈등관계에 있는 영맹이 벌이는 행사들에 대해서는 직접적인 탄압을 가했기도 했다. 그러는 중에, 수도경찰청에 "민중의 휴식을 목적으로 하는 오락 이외에 정치나 선전을 일삼아 치안을 교란시킨 자는 엄벌에 처한다"는 흥행취체에 관한 고시를 내도록 명령을 하기도 했다(김학수. p.155 참조). 이 고시에 대해서도 문예인들은 '문화옹호남조선문화인예술가총궐기대회'를 조직해 크게 반발했지만(이효인. p.486 참조), 역시 미군정청은 별다른 반응을 보이지 않았다. 이러한 사건들을 통해서 볼 때, 한국의 영화를 통제하고 한편으로 반공 이념을 전파할 목적으로 영화를 이용하려던 미군정청과 남한의 영화인조직은 특별한 사안에서는 갈등을 드러내기도 했다.

미군정청은 1947년에 접어들면서 좌익에 대해서는 사회 전체의 모든 층위에서 직간접적으로 탄압을 했다. 이 과정에서 특히 당시 활발하게 활동했던 좌익 성향의 영화인들은 투쟁의 힘을 잃었다. 결과적으로, 영화계 내에서는 좌익계열의 영화 창작은 의욕이 꺽였고, 반면에 우익 보수세력은 득세를 하게 되었다. 그러한 제작 현장의 지형 변화는 영화 창작에 하나의 전형이 되었으니, 금지되지 않는 영역을 다루는 방향으로 창작의 길을 이끄는 결과를 가져왔다고 하겠다.

한국의 영화산업에 대한 미국 상무성의 1949년 1월 보고서에 따르면, 한국에 수입되는 외국영화는 대부분이 미국영화였고, 그 나머지 중 대부분은 중국영화였다(문원립. 2002. p.170). 극영화, 뉴스릴(news reel), 단편영화, 문화영화 등이 수입영화에 포함되고, 이들 영화의 검열 기준은 민주주의와 미군정에 해가 되는 내용인지의 여부였다는 점에서, '~을 할 것'이라

한국전쟁이 휴전으로 돌입했으나 전쟁의 여운이 남아있던 1954년은 반공영화, 군사영화가 주를 이루었다. 간첩 이야기가 등장하는 〈운명의 손〉(한형모, 1954)이 대표적인 예가 된다.

는 지도나 권유의 방식보다는 '~을 하지 말 것' 이라고 금지하여 배제하는 방식을 채택하고 있다는 것을 알 수 있다.

금지를 통한 배제 방식은 이후 한국정부의 수립 이후에 재생산되면서 강화된다. 해서는 안 되는 것들이 검열과 테러 등을 통해서 분명하고 강하게 제시되는 상황, 그리고 열악한 제작자본, 이러한 조건들이 접합하는 지점에서 〈성벽을 뚫고〉라는 반공물이 제작되었다고 볼 수 있다. 그리고 〈성벽을 뚫고〉에서 자본 회수의 안전성을 확인한 이후에 반공물 장르는 하나의 흐름을 이루게 되었다고 하겠다.

관객이 반공물을 좋아했다는 기록들이 있다. 예를 들면, 반공물의 흥행 성공에 대해서 '정부 수립 이후에 국민들 사이에 반공의식이 투철하게 자리 잡고 있음을 보여주는 것' 이라는 김화의 평가(2001. p.179)가 있다. 그러나 이러한 평가는 지나친 감이 없지 않다. 왜냐하면, 흥행이라고 하는 입장객수를 호응 지수로 보는 것은 무료상영과 동원에 의한 허수를 간과한 것으로 보이기 때문이다. 따라서 동원과 무료상영이라는 실재했던 상황을 고려한다면, 반공물은 많은 관객에게 접근했다고 해석하는 것이 적절하겠다.

여기서 무료상영과 동원이라는 형식을 다만 어느 정도의 입장객 수를 보장해 주었다는 것으로 해석하는 데 만족해서는 안 될 것이다. 무료상영과 동원이라는 형식은 관객들에게 접근해도 해를 입지 않는 영화, 즉, 보아도 무방한 것, 나아가 보아야 할 것으로 이들 영화를 범주화하는 하나의 제도로 작용을 했다고, 그로 인해서, 그 내용에 접근할 때 국가가 인정하는 지배적인 가치라는 의미로 작용했을 것으로 보는 것이 타당하겠다.

반공물은 상당수가 국방부의 제작 후원으로 만들어졌고, 무료로 상영되었는데, 이 장르의 형성은 국가권력의 강제 외에 관객의 정서, 그리고 영화계 내부의 필요 등의 복합 요인들이 얽혔기 때문이다.

반공주의는 정치 및 군사의 층위로부터 일상문화의 층위에까지 스며들 수 있었는데, 이들 층위를 관통하는 것은 금지와 권유의 이원 기제였다. 〈운명의 손〉(한형모, 1954)과 같은 반공멜로물의 내용 등은 '모든 이웃을 잠재적 간첩으로 상정할 수 있게 하며, 그 결과 스스로를 배타적 감시자로 만들게' (권혁범, 2001)하는 한국 냉전문화의 전형으로 읽을 수 있다.

그러한 냉전문화 속에서였기 때문에, 반공 계몽장르인 〈피아골〉에 대해서 공산주의자들을 인간적으로 그렸다는 작은 단서가 이 영화를 공개적으로 공격하는 것이 가능했을 것이다. 이때의 공격은 개인의 문제라기보다는 대중의 집단 정서와 무관하지 않다고 보여진다.

남한 단독정부 수립을 반대하고 통일정부를 주장하던 백범 김구의 장례 실황과 환국 이후의 활약상을 담은 기록영화 〈백범국민장실기(白凡國民葬實記)〉(윤봉춘, 1949)가 1949년 5월 10일 국제극장에서 상영되던 도중 당국으로부터 상영금지령을 받고 상영이 중지되는 사건이 발생했다(김학수. p.165). 이 사건은 정치권력이 직접 나서서 통일을 지향하는 내용에 대해 금지한 사례다.

금지를 통한 배제 방식은 정치적, 법적, 제도적 그리고 관객의 정서적 층위를 관통하면서 작동했다. 그 결과, 특히, 북한을 다룰 때에 '공산주의 이데올로기에 대한 환멸을 강조하거나 공산주의자들에 대한 투쟁 의욕을 고취하거나' (조준형. 2001), 공산주의자들은 모두 한결같이 비인간적으로 재현해야만 하는, 재현하는 것이 당연한, 문화적 토대가 형성되었다고 할 수 있다.

일상적 반공과 친미문화의 형성

정치권력 외에 1950년대에 한국영화 문화 형성에 중요한 역할을 한 주체로 미공보원(USIS: United States Information Service)을 빼놓을 수 없다. USIS는 남한에 수립된 대의민주주의 정부를 안정시켜 반공보루를 강화하고자 했고, 그러한 목표를 달성하기 위해서 다양한 문화적 활동을 벌였다. USIS는 남한에서 다양한 활동을 했는데, 특히 남한의 일반 대중을 상대로 할 때에는 영화를 중점적으로 이용했다.

USIS는 한국영화의 제작을 후원하기도 했는데, 주로 정치 계몽적인 성격의 영화를 후원했다. 〈민족의 절규〉(안경호, 1948), 〈국민투표〉(최인규, 1948)가 대표적인 예가 된다. 〈민족의 절규〉는 이승만의 업적과 이승만이 행한 연설을 수록한 기록영화이고, 〈국민투표〉는 단정 수립을 위한 선거에 참여할 것을 독려하는 계몽영화였다(김학수. p.163). 당시 미군정청은 영화의 무료 상영 여부를 결정해 지시하는 역할을 담당했는데, 국가정책적으로 국민을 동원하기 위한 내용이거나 계몽적인 영화들에 대해서 전국 각지에서 무료 상영하도록 조처했다.

USIS가 제작을 지원하고 무료로 순회 상영한 영화는 그 방식과 주제라는 양 차원에서 한국의 대중문화에 영향을 주었으니, 주제의 차원에서는 '친미적 정서 유발'과 '반공의식 확보'였다. 그리고 방식의 차원에서는 이전에 지방 대중들에게서 호응이 높았던 창극 · 악극 등의 지방 순회공연을 구세대적인 것으로 밀어내고 선진화된 볼거리를 대치했다. 라디오라는 방송매체가 부족하고 농촌지역의 문맹률이 높은 상황에서 서구화된 영화는 거의 모든 주제를 다양한 수준의 한국인들에게 전달할 수 있는 가장 중요하고도 유일한 매체였다(허은. p.246 참조). 특히 중소도시와 농촌 등의 지역민들은 USIS가 배급하는 영화를 새롭고 진기한 볼거리로 여기면서 그 내용을 별다른 여과 없이 스펀지처럼 빨아들였다고 한다.[33)]

미국의 영향력은 미군정의 치밀한 공보 활동과 함께, 상업영화의 장에서 할리우드영화가 대량으로 수입 배급되는 상황과 함께 한국사회에 다층적으로 행사되었다. 당시 한국의 영화시장은 할리우드영화의 범람이 문제로 대두되었는데, 국내 영화상영관 중 90%가 미국산 영화를 개봉하고 있었다는(김학수. p.164 참조) 통계를 통해서 당시 관객이 얼마나 미국영화를 좋아했는지를 알 수 있다. 공산주의, 북한의 문제와 관련해서는 특히 금지를 위주로 하는 배제를 통한 통제 방식이 작동하는 과정에서 한국의 관객은 탈정치화되고 보수화되고 미국화(Americanization)를 욕망했다. 통치 주체인 미군정청, 남한 단독정부 수립의 이승만 대통령은 다양한 매체를 통해서 자유주의 국가이며 근대화된 선진 미국의 환유로 재현되었다. 그리하여 일반 대중은 그들의 삶을 욕망했을 것이다.

리얼리즘 기피, 환영주의 채택

38선으로 남북이 갈리고, 한국전쟁을 경험하는 과정에서 형성된 반공의식은 북한과의 차별의 지점으로 자유와 쉽게 결합한다. 그리고 정권 안보 차원에서 강력한 반공주의를 고수하던 이승만 정권 시기에는, 식민 시기 나운규로 대표되는 비판적 리얼리즘의 전통을 잇지 못하게 했다(허은. 2003. p.246; 이효인. p.277 참조). 좌익 성향의 영화인들이 모두 축출되거나 지하로 숨은 당시에 영화 작업을 하던 반공적인 영화인들은 리얼리즘 전통을 오히려 비하하거나 금기시했다.

일제하에서 조선영화가 그러했던 것처럼, 일제 점령하인 1930년대와 1940년대의 중국영화는 민족주의적 · 사실주의적 성향을 나타냈다. 이러한 전통이 마오쩌둥 시대에 부활했다. 이 점이 중국과 한국이 다른 점 중 하나라고 할 수 있다. 한국의 정치 상황은 미군정 체제로 시작했고, 이러한 정치 상황은 현실에 대한 비판을 위주로 하는 리얼리즘보다는 환영의 세계로 이끄는 환영주의를 종용했던 것이다. 이 환영주의는 미국의 자유주의적 생활방식을 담아내는 데에도 적절한 방식이었다. 정리하면, 비주체적인 식민적 자유주의 분위기의 한국과 주체적인 사회주의 분위기의 중국에서 환영주의와 리얼리즘으로 영화 양식이 차이를 보였다고 하겠다.

냉전 초기 국가권력이 영화 창작과 배급에 행사한 정치 참여에의 금지라는 단호함은 한국전쟁이라는 공통의 경험과 기억을 가지고 있는 일반 대중들의 정서와 접합하면서 대중들을 탈정치화하고 개인주의화하며 보수화하게 하는 하나의 요인으로 작용했을 것이다. 일반 대중의 이러한 성향은 영화 제작자들에게 어떤 영화를 만들지에 영향을 주는 하나의 요인으로 작용했을 것이다. 유교적 미덕을 찬양하는 〈춘향전〉(1955), 〈자유부인〉(1956) 등이 당시까지 한국영화 사상 최고의 흥행을 경신했던 것도 당시의 탈정치화되고 보수화된 한국영화 관객의 정서와 무관하지 않다. 이와 같은 관객의 정서는 이후 한국영화에서 문예물이 주류로 자리를 잡는 데에도 중요한 역할을 했다. 이런 이유로 이글은 문예물이 주류로 자리 잡은 이유를 다만 우수영화상제도들로만 보는 견해에 이의를 제기한다.

1950년대 중반 이후의 영화제도들을 통해서 정치권력은 이전의 금지 중심으로부터 벗어나 선별해 권유하는 통제 방식을 선회했다. 우수영화를 수상하는 영화제가 대표적인 예라고 할 수 있다. 한국, 일본, 타이완, 홍콩, 인도네시아, 필리핀 등이 1954년부터 매년 아세아영화제를 개최했는데, 이들 참가국들은 아시아 지역에서 공산진영에 대척하는 자유진영 전선을 형성하고 있는 국가들이었다. 그리고 1958년 이후부터 국산영화를 장려하기 위해 시행한 우수영화 시상제 등은 국제영화제 등과 함께 제도가 요구하는 틀에 맞는 영화를 만들게 하는 교본의 전시장이었다고 하겠다. 문교부에서 1958년부터 전년도 상영영화를 대상으로 우수국산영화 5편을 선정해 외화 수입권을 주기 시작했는데, 선정영화의 대개는 문예물이었다는 점에 주목할 필요가 있다. 1958년 제5회 아시아영화제에 출품작을 선정하는 과정에서 선정작은 우수한 영화라고 하기엔 문제가 되는 사건이 있었다. 한국의 비참한 암흑상을 그렸기 때문에 해외영화제 출품작으로는 주제가 적당하지 못하다면서 이미 출품심사위원회에서 출품작으로 결정되었던 영화

〈돈〉(김소동, 1958)을 제외시키고 밝은 톤의 희극영화 〈청춘쌍곡선〉(한형모, 1956)으로 긴급 대체한 것이다.[34] 또한 1959년 1월 이승만 대통령은 한국영화 발전을 치하하는 담화를 발표하고 특히 두 영화를 칭찬했는데, 이 영화들이 두 달 후에 아시아영화제 출품 심사위원회에서 출품작으로 선정된 네 편 중에 포함되어 있었다는 점은 두 영화 자체의 우수성으로만 설명하기엔 미흡하다. 이러한 일련의 사건들은 정치권력과 영화계 사이에서 힘의 관계로 길항하는 과정에서 '이 영화가 좋다, 이런 영화가 가치 있다'를 결정했던 사례들로 꼽힐 수 있겠다. 시기적으로 1958년 리얼리즘 양식의 영화 〈돈〉이 환영주의적 영화 〈청춘쌍곡선〉으로 대체된 사건을 통해서는 금지와 권유가 동시에 작동했고, 1959년 대통령이 칭찬한 영화 사건은 권유를 통한 통제 방식의 활성화를 의미한다고 하겠다.

사상개조 방식, 반부르주아, 반자유주의 문화 형성

미국영화 수입 금지, 반미문화

미국영화에 빠진 관객은 한국영화를 외면했지만,[35] 자유민주주의 국가 한국을 출발시키는 과정에서 미국영화의 상영을 막은 것은 국가가 한 일이 아니었다. 무엇보다도 이승만 정권 수립 이전인 미군정 시기에는 조혜정이 정리하듯이(1997b. pp.24~28) 오히려 중앙영화배급사(Central Motion Picture Exchange)[36]를 통해 미국영화의 유입을 지원하고, 적산극장 불하 문제를 통해 미국영화 상영 공간을 확보해 놓은 상태였다. 미국영화 때문에 위기의식을 느낀 한국영화 제작자들이 한국영화 보호책을 당국에 강력하게 건의하자, 친미적인 이승만 정권은 중앙배급사의 자금을 동결시키고 흥행물의 배정에 공평을 가하려고 노력하는 수준에서 미국영화 수입에 관여했다(김화. p.177 참조). 그렇지만 성과는 없었다.

1940년대에 중국의 집권세력은 일반 대중이 자국영화보다 미국영화를 더 좋아하자 위기의식을 느꼈다. 중국의 경우는 한국과 달리 제작에서 배급까지를 국영화했기 때문에 1950년 한국전쟁이 일어나자 미국영화 상영을 전면적으로 중단시킬 수 있었다. 크라머의 《중국영화사》(Kramer. p.82)를 통해서 당시 중국에서의 미국영화 문제를 재구성해 본다면, 중국에서 미국영화는 1950년 당시 몇몇 홍콩영화와 함께 70% 이상이라는 놀라운 극장점유율을 보였기 때문에, 당시의 당국이 미국영화를 통제할 수 있는 수단은 검열뿐인 듯했다. 그러나 검열만으로는 미국영화의 상영 수를 줄일 수 없었다. 왜냐하면 검열의 내용 조항에는 정치적인 문제를 다루지 않는다면 상영을 막을 규정이 없었기 때문이다. 그러던 차에, 1950년 한국전쟁이 발발했고, 이 사건을 계기로 중국은 미국의 영화를 적국의 영화라는 명분을 들면서 상영을 중지시킬 수 있었던 것이다. 많은 관객은 미국영화가 상영되지 않았기 때문에 극장에 가는 것에 흥미를 잃었고, 관객 수는 점차 감소했다. 설령 미국의 영화에 취미를 붙였다 하더라도, 중국의 관객으로서 전쟁이 발발한 상황에서 적국의 영화를 요구할 수는 없었을 것이다. 한반도에 군사 투입을 앞두고 있는 중국의 목소리를 전달하고, 이데올로기적으로나 문화적으로 동아시아의 패권을 노리고 있는 미국과 유럽에 대한 중국의 공세를 과시하는 내용의 다큐멘터리 〈항미원조(抗美援朝)〉가 제작되어 상영된 때도 바로 이때인 1950년이다.

5·4 전통과 옌안강령의 충돌, 반우파 이데올로기 공고화

1950년대 초반까지 마오쩌둥은 새로운 사회의 건설을 위해 지식인을 포함해서 일반 대중까지를 사상개조를 통해서 국가정책에 동원하고자 했다. 그는 제1차 경제계획이 끝나는 해인 1956년에 이르자 경제적으로는 어느 정도 발전을 했다는 점에 만족했다. 그러나 한편으로는 혹시 존재할지 모르는 인민 내부의 모순을 찾아내어 고쳐나갈 방안을 고민했다. 마오쩌둥은 1956년 5월 2일 전국시대에 유가 · 불가 · 법가 · 묵가 · 도가들 사이에 벌어져 당시 중국의 정신을 풍요롭게 해주었던 철학논쟁인 백화제방 백가쟁명(百花齊放 百家爭鳴)을 이 시대에 다시 해보자고 제안했다.[37] 학문과 예술 활동에서 자유롭고 건설적인 논쟁을 해줄 것을 지식인들에게 요구한 것이다. 그리고 민주당 등의 중도 성향 지식인이나 반공(反共) 우파 지식인들에게까지도 공산당의 정책을 자유롭게 비판하라고 권유했다. 마오쩌둥의 이 연설이 발표된 후 공산당에 대한 비판이 나올 때까지는 시간이 걸렸으나, 《문예보》에 여지껏 시행된 예술정책이 반예술적이며 반대중적이었다고 비판하는 중뎬페이(鐘惦棐)의 글, '영화의 징(電影的鑼鼓)' 이 게재되면서 (Kramer. p.93), 많은 논자들이 공산당을 공공연히 비판하기 시작했다. 1957년 봄이었다. 한동안 자유롭게 사상논쟁이 지면상에서 지속되었다. 이러한 글들이 만들어낸 여론은 영화에 가해졌던 시나리오 검열과 상영 허가 심사라는 관료주의적 절차를 간소화하게 하는 데 기여했다(Kramer. p.93).

그러나 공산당에 대한 비판과 마오쩌둥에 대한 비판이 쏟아지고, 단시일 안에 이전의 기준에서 벗어난 80편의 극영화가 쏟아져나오자, 공산당 외의 인사들, 지식인들이 공산당과는 반대되는 의견을 가지고 있었으면서도 표현하지 못하고 있었다는 사실이 드러나게 되었다. 그러자 1956년 6월 8일 중국 공산당 기관지 《인민일보》는 '이것이 모두 무엇인가' 라는 제목의 사설을 발표했다. 소수의 우파들이 당을 전복시키려 책동하고 있다고 비판한 이 사설은 중국 지식인 사회를 강타한 이른바 '반우파투쟁' 의 신호탄이었다.[38] 중뎬페이의 글과 이어졌던 일련의 비판적인 글들은 대안을 제시하지 못했고, 이것을 명분으로 삼은 정부는 새로운 반격을 가할 수 있었다.

영화에 집중해서 당시의 반우파 투쟁을 본다면, 1957년 《인민일보》에 실린 중뎬페이를 비판하는 샤옌(夏衍)의 기고문을 대표적인 예로 들 수 있다. 샤옌은 《인민일보》 기고문을 통해서 영화 부문에서 공산당이 담당했던 역사적 역할을 입증하고, 예술 창작과 사상에서의 자유라는 문제를 비판했다. 이것은 〈우쉰전〉 비판 이후 5 · 4운동의 자유로운 전통을 잇는 세력과, 중화인민공화국 수립 이후 문예에 대해서 중요한 기준으로 작용해 오던 옌안강령을 지지하던 세력 사이에서 벌어진 헤게모니 투쟁에서 절정을 이룬 한 사건이었다.

몇 달 뒤 당의 노선을 위협한 영화제작자들과 5 · 4세대 관료들은 대부분 사상개조를 위한 교육을 요구받았다. 이후에 또 다시 중국영화의 정전은 "영화는 인민교육의 도구이며, 영화제작자는 특정 계급에 봉사하여야 한다. 그들이 원하든 원치 않든 관계없이."라는 샤옌의 전제를 따르게 되었다(Kramer. pp.96~97 참조). 마오쩌둥을 정점으로 하는 공산당의 사회주의 이데올로기에 대해서 저항하던 자유주의 부르주아적 이데올로기는 결국 투쟁에서 패해 반자본주의, 반미라는 반우파의 이데올로기가 정치와 문화 영역에서 헤게모니를 장악했다.

이러한 이데올로기는 '바람직한' 영화가 제작되고 수용되는 과정에 영향을 미쳐서 다시 일사분란하게 일반 대중에게까지 전달되어 중국의 대중문화 전반을 냉전문화적인 특성으로 채워나갔다고 하겠다.

7. 나가면서: 한국과 중국의 다른 냉전문화

한국에서 냉전체계는 북한과 관련된 것은 모두 배제시키거나 증오의 대상으로 대상화했다. 이와 같이 북한을 타자로 위치 짓는 작업은 일상적 문화 수준에서는 지배적 가치와 어긋나는 사람이나 집단에 대해 배타적이고 적대적인 증오감을 보이는 문화를 구성하는 역할을 했다. 이러한 냉전 문화의 기원에 대한 탐구를 통해서 볼 때, 반북 · 반공주의는 공산주의라는 이유로, 그리고 한국전쟁에서 북한을 도왔다는 이유로 북한과 한편으로 보이는 중국에 대한 적대감을 한국민의 정서에 각인시켜 놓았다. 그러나 여기서 적대감은 모호함과 병존하므로써 희석되는 경향이 있다. 한국은 영화라는 매체에서 반북(反北)을 강조하다 보니까, 그 외의 대상, 특히 중국에 대해서는 부재의 영역에 밀어넣거나 북한의 뒤에 있는 거대한 어떤 집단 정도로 모호하게 구축하는 경향이 있다. 한국의 영화 속에서 중공군의 모습은 뭉뚱그려진 집단일 뿐으로, 애증이라는 정서적 관계를 구축할 수 있는 개별 인간으로 재현되지 않았다.

반면, 중국에게 한국은 자국과 한편인 북한과 대적관계에 있는, 이차적인 관계망 속에 위치한 타자이다. 그 적대감의 정도도 크지 않다. 중국의 냉전문화는 반미가 중심되는 이데올로기이기 때문이다. 예를 들면, 한국전쟁을 소재로 한 영화 중 중국영화학자들이 뛰어난 영화로 평가하고 있는 〈기습(奇襲)〉(쉬유신[許又新], 1960), 〈영웅아녀(英雄兒女)〉(우자오디[武兆堤], 1964)도, 미군을 우스꽝스럽게 재현하는 데에 반해서, 한국인(북한의 인민)은 중국의 군인과 친밀한 사이로 재현한다. 남한 군인에 대해서는 대치하는 적군일 뿐, 그 외에는 별다른 특성을 부여하지 않는다. 이 중국의 영화들에 공통적으로 나타나는 것은 자국 병사의 인간성을 찬양하며, 그 인간성에 기반해서 북한인과 서로 정을 주고받는다는 재현 방식이다.

현재 한국의 문화는 탈냉전의 문화인가? 그렇지 않다. 권혁범이 주장하듯이, 경제 협력이나 정치 협상을 통해서 남북한이 통일될 수는 없다. 문화냉전이 해체되어야만 한국의 통일은 가능하다. 언론인이자 역사가인 송건호도 지적하듯이, 냉전의 기원은 해방 이후다. 한국(남한)과 중국은 영화를 포함한 이데올로기적 국가기구를 동원해 건국 작업을 진행하는 과정에서 금지와 권유의 기제를 통해 영화 정전을 형성했다는 점에서 공통점을 갖는다. 정전화된 영화를 통해서 지배적인 가치를 재생산하고 주변의 가치를 배제시켰다는 점에서도 같다. 그러나 앞에서 살펴보았듯이, 무엇을 금지시키고 무엇을 권유했는가의 문제에서 차이가 난다고 하겠다. 이러한 과정을 거쳐서 한국과 중국은 각국에 특별한 냉전문화를 형성했던 것이다.

무엇을 금지시키고 무엇을 권유했는가의 차이를 발생시킨 이유 중의 중요한 하나는 물론 당시의 사회 정치적인 맥락이다. 해방 이후 한국은 좌익과 우익의 이념 투쟁이 활발했던 시기에 영화조직이 구성되고, 영화가 만들어지는 상황에서 정치권력은 좌익 성향의 영화인들을 직간접적으로 배제시켜 나갔다고 한다면, 1949년 이후 중국은 국공내전을 거치면서 이미 우익적 · 친미적 국민당 성향의 영화인들은 축출되었기 때문에 정치권력은 남아 있던 좌익성향의 영화인들을 배제하거나 금지할 필요가 없었다. 새로운 국가 건설이라는 유사한 시대적 과제를 안고 출발한 한국과 중국이 이처럼 다른 통제 방식을 선택했던 근저에는 이와 같이 다른 사회 정치적 맥락이 있었다.

한국은 한국의 정치권력과 미국 통치세력이 공존하는 가운데 이중의 통제방식이 혼재하며 작동하는 특성을 보였다. 즉, 한쪽에서는 한국의 통치세력이 미 군정청의 방식을 이어받아 1948년 이후 1950년대 초반까지는 주로 영화계뿐 아니라 일반 대중을 상대로 금지를 통한 배제 일변도의 통제에서, 그 이후에는 금지/복종과 권유/순종의 기제를 혼합하는 통제 방식을 선택하는 변화를 보였다. 그리고 다른 한쪽에서는 반공기지를 한국에 구축해야 했던 미국이 대중매체, 특히 영화를 활용해서 냉전문화를 형성하는 데 한 역할을 담당했다. 이에 반해서, 1949년 중화인민공화국의 수립 이후 중국은 1960년대 초반까지 영화계와 일반 대중을 권유를 통해서 통제하고 자발적으로 조응하는 반응을 받아내다가, 1950년대 중반 이후에 이르면서 강요로 통제 방식을 변화시키는 방식으로 냉전문화를 변형시켜 갔다.

박자영은 〈공간의 구성과 이에 대한 상상: 1920, 30년대 상하이 여성의 일상생활 연구〉로 중국 화동사범대학 중어중문학과에서 박사학위를 받았다. 현재 협성대학교 중어중문학과 조교수로 있다. 상하이를 비롯한 20세기의 동아시아 도시들에서 진행된 공간의 구성과 일상생활의 재편 문제에 관심을 갖고 있다. 논문으로 〈소가족은 어떻게 형성되었는가: 1920~30년대 《부녀잡지》를 중심으로〉(2003), 〈상하이 노스탤지어〉(2004), 〈1990년대 이후 중국에서의 문화연구〉(2004), 〈좌익영화의 멜로드라마 정치〉(2005), 〈동아시아에서 사회주의 인민의 표상 정치: 1970년대 한국에서의 중국 인민 논의, 리영희의 경우〉(2007) 등이 있다. 번역서로 《세상사는 연기와 같다》(2007) 등이 있다. aliceis@naver.com

13

상하이 영화의 포스트 국제성

–냉전 초기 동아시아에서 국제도시의 변용(變容) 문제

박자영

1. 서론: 탈냉전 시대 냉전적 사고의 흔적들

냉전기 사회주의 문화 현실은 이데올로기 및 정치 이데올로기적인 선전(propaganda)의 개념에 입각해 도구적인 관점에서 파악되는 것이 '주류적' 인 양상이다. 가령 독일의 중국 영화학자 슈테판 크라머(Stefan Kramer)는 중국 영화사를 기술하면서 냉전기 "공산당은 영화의 대중매체적 성격을 간파"했고 "선전도구로 철저하게 이용"했으며, 영화는 "역사를 왜곡시키는 도구"이자 "노골적인 정치선전교육수단"이 되었다고 논평한다.[1] 동유럽과 소련의 현실 사회주의가 붕괴하고 전 지구화와 신자유주의가 급속도로 전파되어 자본주의의 '승리' 가 선전되는 '탈냉전' 시대라고 선언되는 지금에도, 이 같은 시각은 여전히 사라지지 않고 위세를 떨치고 있다. 오히려 공세적인 자본주의의 우산 아래 사회주의의 폐해와 사회주의 문화의 선전적 기능은 표 나게 강조되고 있어 사회주의 시대를 끔찍한 현실처럼 재현하는 냉전적 사고의 그늘이 오늘날 더 깊고 음습하게 자리 잡고 있는 점을 발견하게 된다.[2]

그러나 대중적 시각과는 달리 1990년대 중후반 이래 중국 문화 연구계에서는 사회주의 현실 및 문화를 새로운 각도에서 검토하는 견해가 제기되고 있다. 이 논의들은 기본적으로 1990년대 동구 및 소련 사회주의권의 해체와 더불어 일어난 근대성(modernity) 재론의 연장에서 사회주의 현실과 문화를 재검토하고 있다. 냉전기 중국의 국가 이데올로기를 주요하게 구성하는 마오쩌둥의 사상을 기존의 관념처럼 봉건제의 잔재로 재단하는 것이 아니라 현대성의 견지에서 재평가하면서 구체적인 현실에 육박하고 있다.[3)]

자세히 살펴보자면, 이 연구들은 마오쩌둥 시대의 문화 현실이 부정되거나 소거되어야 할 현실이 아니라 엄연한 현실로 인정하면서도 이것이 어떻게 가능했는지, 이 속에서 어떤 실천이 존재했는지에 천착한다. 포스트 냉전 시대에도 여전히 강력하게 작동하고 있는 이데올로기적인 구분선을 현실의 재현(representation)으로 넘어서며 사회주의 문화 현실이 어떻게 구성되었는지 그 현실을 직접 대면해 탐구한다. 대표적으로 문화대혁명 시기 대중 정치의 문제를 '숭고(sublime)' 라는 미적 경험(aesthetic experience)의 문제로 재구성한 왕반(Wang Ban, 王斑)의 연구를 들 수 있다.[4)] 정치를 미학과 관련시키는 방식을 논의의 도마에 올리는 왕반의 관심은 문학의 정치에의 종속 부분을 표 나게 문제 삼던 기존의 연구 관행을 답습하는 데 놓여 있지 않다. 다시 말하자면 그는 선전과 내셔널리즘과 혁명, 집단화와 대중운동, 그리고 중앙집권적인 국가의 이데올로기와 정치적인 기획을 위해 문학과 예술이 어떻게 복무하게 되었는지를 밝히는 데 그다지 관심을 기울이지 않는다. 오히려 왕반은 정치가 어떻게 예술처럼 느껴지고 보일 수 있게 되었는지, 그리고 정치가 어떻게 즐거움과 고통, 열정이라는 개인의 살아 있는 체험의 형태를 띠게 되었는지에 주목한다. 그의 관점에서 보자면, 정치는 여전히 권력이지만 정책이나 법, 통제, 조직이나 당파의 형태를 지닌 권력이 아니라 개인의 감정, 심리 그리고 취향이라는 내면의 영역에서 작동하고 각인된 권력의 형태를 띤다는 점이 강조된다.[5] 왕반의 연구는 민족/국가 공동체와 집단 정체성을 상상하는 관점을 변경시킬 뿐만 아니라, 사회주의 문화를 격하하거나 비반성적으로 보는 방식과 다르게 해석할 수 있는 새로운 방법을 제공해 준다.

이렇듯 사회주의 중국의 문화를 거시적인 체제와 정책의 문제에서 조망하는 것이 아니라 일상생활과 인민대중의 감수성과 현실의 문제로 바투 댔을 때, 냉전적 사고는 형해화되면서 현실이 입체적으로 드러날 기회가 생긴다. 냉전기의 중국 인민들이 문화 기제들을 어떻게 수용하고 느꼈는지에 주안점을 둔 연구들은 기존의 사회주의 문화 연구에서 흔히 등장하는 이원대립 구도인 체제에 억눌린 개인이라는 지점에 주목하지 않는다. 이보다 인민이 체제 속에서 문화 기제의 정치적이고 이데올로기적인 작동을 '이용' 하거나 그 '틈새' 를 발견하는 등 이 속에서 새로운 현실을 구성하는 일상적인 지점들을 적극적으로 드러내는 데 주안점을 둔다. 이는 중국 당대의 사회 문화 문제를 체제 대 개인의 대립구도로 파악해 '개인' 에 방점을 찍어 연구하던 관행이 지니는 한계를 넘어서며 당시의 체험들에 착목해 전체적인 구도를 파악하는 데 도움을 준다고 할 수 있다.[6] 새로운 연구 경향들은 냉전 형성기의 사회주의 문화와 현실을 새롭게 보는 데 유효한 관점을 제공해 준다고 하겠다.

2. 냉전기 동아시아 국제도시의 변화라는 각도

이 글은 1950년대의 사회주의 사회 문화 현실이 어떻게 형성되는지를 중화인민공화국의 성립 이후에 대표적인 국제도시였던 상하이(上海)가 어떻게 변모하는가에 초점을 맞추어 살펴보고자 한다. 상하이가 지니고 있던

'국제성' 이라는 독특한 성격은 특히 냉전 형성기이자 국민국가 건설기라는 특징을 지닌 1950년대와 불화하는 듯 보인다. 상하이 · 하얼빈(哈爾濱) 등의 예에서 알 수 있듯이, 동아시아 국제도시의 중요한 조건 중의 하나는 '조계지' 라는 특성이다. 그런데 조계지가 지니는, 제국주의의 정치 · 상업 활동과 연관된 현실 및 관련 이미지를 고려한다면,[7] 동아시아에 존재했던 국제도시가 지니고 있었던 국제성(internationalism)이 국민국가(nation-state)가 건설되고 새로운 이데올로기 진영이 형성되던 시기에 어떤 운명을 맞았는지는 이 시기의 문화 형식을 살펴보는 데 중요한 문제 지점이 아닐 수 없다. 전전(戰前)의 상하이가 지니고 있던 '국제성' 적인 특징이 냉전 초기 '국민문화' 형성에 어떤 방식으로 작용했는지를 검토하는 것이 이 글의 주요한 논점 중 하나다.

한편, 냉전 초기 동아시아에 존재했던 국제도시의 모습이 어떻게 변화했는지를 살펴보는 작업은 더 나아가 국제성이라는 관점을 삽입함으로써 이 시기 동아시아에서 이루어진 냉전문화의 형성 과정을 새롭게 바라보는 시각을 찾는 작업과 연관되기도 한다. 냉전은 정치적 기획이자 현실이었을 뿐만 아니라 미시적으로 내면화된 심리와 신체 구조를 형성하는 문화이기도 하기 때문이다.[8] 동아시아에서 냉전체제 및 냉전문화는 미국이 이 지역에서 영향력을 갖기 시작하고 이에 대한 대척공간이 구축되면서 주요한 틀이 형성된다.[9] 따라서 제국주의적인 자본주의와 긴밀하게 관계 맺고 있던 전전의 동아시아 국제도시들이 일국 차원의 변화에 적응하면서 지역 및 이데올로기 차원에서 어떻게 지형을 변화시키고 새로운 국면을 형성했는지를 살펴보는 일은 냉전체제의 지역 내적인 역학과 구도를 검토하는 데 긴요하다.

다시 말하면, 이데올로기와 체제의 면에서 상이한 경로를 걷게 되는 동아시아의 국제도시들이 어떻게 변화했는지를 비교 · 검토할 때, 서구나 미

1930년대 초 난징루 모습. 20세기 초중반 상하이는 '동양의 파리', '모험가의 낙원', '마도' 등의 별명으로 불려지며 반식민지 조계지로서 번영을 구가했다.

국의 정치적인 관점에서 이데올로기적인 대립 전선에 따라 균일하게 재단되는 대상으로서의 동아시아가 아니라 동아시아 내부에서 엇갈리는 교류와 단절의 계기를 짚고 계승과 전복의 모티브들을 모색해 동아시아의 현실과 전망을 재구성할 수 있을 것이다. 따라서 냉전 초기 동아시아 도시에서 보이는 국제성의 변용에 대해 검토하는 것은 냉전 초기 동아시아 전체의 사회 문화를 재평가할 수 있는 유효한 경로를 획득하는 것이라 할 수 있다.

그런데 조계지에 덧씌워졌던 퇴폐와 관련된 상하이의 이미지를 생각한다면, 상하이가 지녔던 '국제성'은 사회주의 문화와 적대적인 관계를 이루고 있는 것처럼 보인다. 실제로 건국 초기 마오는 상하이를 포함한 각 대도시가 '반혁명 진압(鎭反)' 운동을 서둘러 개시하지 않는다고 여러 차례 비판한다.[10] 이에 따라 상하이 시정부는 '반혁명 진압' 운동을 전개해 1개월여 만에 8,000여 명의 '반혁명분자'를 구금한다. 상하이의 각계 인민대표회는 "상하이는 과거 제국주의, 봉건주의, 관료자본주의로 중국 인민을 노예화하는 중심이 되었고 해방 전후 제국주의와 장개석은 계획적으로 특무를 잠복하도록 해 각지에서 대량의 반혁명분자가 상하이로 도망 와서 상하이에 잠복해 있는 반혁명분자의 수는 매우 많았다"는 점에서 상하이 시의 결정에 전격 동의한다.[11]

그렇다면 위의 묘사대로 상하이의 국제성은 사회주의 문화 형성에 부정적으로만 작용했을까. 다시 말하면 상하이의 국제성은 사회주의 문화 및 현실과 모순적인 관계를 이루며 삭제된 것인가 하는 질문이 떠오른다. 사실 전전(戰前)의 상하이가 지니고 있었던 국제성의 면모는 다기했다. 상하이에서 조계지 특유의 타락과 퇴폐적인 분위기가 만연했던 것은 사실이었다. 그러나 다른 한편, 일관된 통제가 불가능한 조계지라는 조건은 기존의 현실을 뒤바꾸는 기획과 실천을 가능하게 하는 역동적인 상황을 낳기도 했다. 1920, 30년대 상하이는 노동운동과 공산주의 그리고 아나키즘 활동이 전개되며 전 세계의 디아스포라들이 활약하는 국제주의적인 활동이 전개되는 유력한 장소 가운데 하나였다.[12] 그러나 위에서 언급했듯이 전후에 기억되는 전전의 상하이와 관련되는 국제성의 이미지는 활력을 소진한 퇴폐와 타락의 그것으로 표상되곤 했다.

그렇다면 실제의 전전의 상하이의 국제성과 관련된 현실 및 이미지와 전후의 그것의 격차는 어떻게 발생한 것인가. 퇴폐적이면서도 다른 한편 역동적이었던 상하이의 국제도시적인 성격은 냉전초기인 1950년대 사회주의 건설기를 경과하면서 어떻게 재규정되었던 것인가. 이 글은 냉전체제의 구축과 불가분의 관계를 가지면서, 전전의 상하이가 갖는 국제성의 의미가 재구성되었다는 것을 밝히고자 한다. 그리고 국제성의 이데올로기는 일국적인 것과의 관계 속에서 새롭게 배치되어 진다는 것을 밝힐 예정이다.[13] 이와 관련해 이스라엘 출신의 재미 중국학자인 요미 브래스터(Yomi Braester)는 상하이의 도시 이미지 전변(轉變)과 관련된 흥미로운 논의를 전개한다. 그에 따르면, 상하이에 드리운 퇴폐 이미지는 1960년대에 이르러 공산당 선전에 의해서 강화되었다는 점을, 상하이에 주둔한 해방군인 모범 8중대(好八連)의 캠페인 작업에 대한 분석을 통해 밝히고 있다. 1930년대 영화에서 상하이는 퇴폐와 도덕적 타락, 식민지적 방종의 아이콘을 지니고 있는 메트로폴리스로 재현되었지만 계급이라는 구분선을 따라서 적과 아를 구분했으며 도시는 전체적으로 오염된 것으로 그려지지 않았다. 그러나 1960년대에 전개된 모범 8중대 캠페인은 기존의 스테레오타입을 1960년대의 정치적인 어젠다에 맞추어 개조하는 한편 도시 '전체'를 비판하는 것으로 그 재현의 방식을 전면적으로 바꾼다.[14]

브래스터의 논의는 1960년대 중국의 전체적인 정치적 분위기에 대해 특히 문화대혁명의 발발과 관련한 흥미로운 전환 지점을 지적하고 있다. 그러나 브래스터의 논문은 1960년대의 캠페인에 초점을 맞추었기 때문에,

결정적인 전환 이전의 1950년대 상하이의 이미지에 대해서는 간단히 거론할 뿐, 어떻게 이미지를 쇄신했는지는 자세히 논의하고 있지 않다. 특히 1950년대 공산당의 통치가 1927년 이래 국민당의 통치와 불연속성을 지니지 않았다는 논의가 실증적으로 제기되면서 논쟁이 벌어지는 마당인 만큼,[15] 1949년 이전과 1960년 사이에 가로놓인 1950년대에 대한 논의의 필요성, 그 가운데 특히 국민당 통치의 주요 공간으로서의 상하이와 문화대혁명의 발발지로서 상하이라고 하는 급격한 단절적인 부상 '사이'에 놓인 1950년대의 상하이에 대해 논의할 필요성은 더 커진다 하겠다. 1960년대 문화대혁명이 아시아 지역 및 전 세계에 끼친 만만찮은 파장을 고려하고 이와 동시에 동아시아 지역(region)의 차원에서도 1950년대의 매개적인 시기가 제대로 다루어지지 못한 일반적인 연구 현황을 생각해 본다면, 1950년대 상하이의 국제성에 대한 논의는 적지 않은 의미를 지닌다 하겠다.

이 글에서는 그간 연구에서 결락된 1950년대 상하이에 대한 재현과 이미지 및 관련되는 현실 등을 상하이를 다룬 영화를 통해 살펴보고자 한다. 이 과정에서 기존의 국제도시적인 측면이 어떻게 변화하는지에 주목한다. 상하이는 중화인민공화국 성립 이전에 중국 영화제작의 중심지였다. 이뿐만 아니라 이때 스크린에 옮겨진 주요한 소재 가운데 하나가 휘황찬란한 국제도시 상하이의 밤과 낮을 배경으로 살아가는 사람들이었으므로 상하이를 다룬 영화는 상하이의 국제성이 어떻게 변화했는지 검토하는 데 적절한 대상 가운데 하나라고 할 수 있다. 구체적으로 이 글은 상하이의 국제성이 1950년대에 어떻게 서술되는지, 이는 배제되거나 억압되었는지 혹은 전용(轉用)되거나 보유되었는지 등의 방향과 양상을 질문한다. 이는 홍콩 등의 동(남)아시아의 자본주의 진영에서 국제도시의 변용 및 재/탈구축이 권역의 역작용을 통해 어떻게 이루어졌으며 이렇게 재/탈구축된 국제성이 1950년대라는 전형기에 지니는 의미는 무엇인지를 전반적으로 따져보는

〈네온사인 아래의 보초병(霓虹燈下的哨兵)〉(왕핑[王苹], 1964)의 한 장면. 상하이에 진주한 후 모범 8중대 군인들이 어떻게 타락한 생활을 하는가가 영화의 주요한 내용 중의 하나다. 영화에서 상하이는 모범군인을 타락의 구렁텅이에 몰아넣는 원천으로 비판 받는다.

작업 가운데 자리매김 될 수 있다.

구체적으로 이 글에서는 국제성의 변용을 상하이 영화가 제작되는 제도적인 조건 그리고 텍스트에 재현된 이미지와 상상, 이에 대한 관객들의 반응이라는 세 가지 차원에서 살펴본다. 이러한 각도를 통해 상하이에 도드라진 국제성의 변용이 냉전 문화를 어떻게 변용하면서 구성하는지 그 과정과 양상을 분석하고자 한다.

3. 냉전 초기 상하이의 포스트 국제성

상하이 영화가 제작되는 조건들: 제도의 차원

냉전 초기에 영화 텍스트 안팎에서 드러난 포스트 국제성의 면모를 본격적으로 살펴보기 이전에, 상하이 소재 영화들이 제작된 조건에 대해서 짚고 넘어가도록 하자. 영화들에서 보이는 국제성의 변용이 어떤 맥락에서 이루어졌는지는 영화계의 전반적인 조건 아래에서 파악했을 때 보다 적절하게 위치 지워질 수 있을 것이다.

중화인민공화국이 성립한 직후 중국 영화계는 크게 옌안 해방구 출신의 '옌안파(延安派)'와 상하이 등 국민당 통치지구 출신의 '상하이파(上海派)'라는 양대 진영에 의해 꾸려진다. '옌안파'는 정치를 위해 예술이 복무해야 한다는 노선을 견지한다. 한편 '상하이파'는 1930, 40년대 상하이 좌익영화의 전통을 잇고 있는 이들로 구성되었는데, 이 시기 좌익영화란 기존 제도를 비판하는 것을 주요 창작 방침으로 삼았으며 옌안파에 비해 상대적으로 예술성을 중시하는 경향을 지닌다. 이후에 두 진영은 중국 정치/예술 운동의 장에서 크고 작은 긴장관계를 형성하면서 신중국 영화의 구체적인 형식을 구성하는 데 중요한 역할을 한다.16) 이 가운데 영화 제작 물량에서 우선적으로 주도권을 잡은 쪽은 상하이파였다. 그런데 중화인민공화국에서 정치 비판 운동은 영화 비판을 필두로 개시하는 경우가 많았고, 그때마다 전체 영화계에 심각한 영향을 끼쳤지만 특히 상하이파가 집중적인 비판의 대상이 되었다는 점은 눈여겨볼 만한 대목이다.

'신중국' 초기에는 국영 영화사 3개사와 민영 영화사 7여 개사가 존재했는데 이 민영 영화사들은 모두 상하이에 소재했다.[17] 초기 3년 동안 이들 민영 영화사는 신중국의 문화적인 분위기를 적극적으로 수용하면서 다양한 소재의 영화 61편을 제작하며 영화계에 활력을 부여한다. 그러나 사회주의 초기 관방(官方)의 영화 비판 운동의 화살은 매번 민영 영화사가 제작한 영화들에 겨누어진다. 대표적으로 1951년 〈우쉰전(武訓傳)〉 비판사건을 들 수 있다. 1930년대 좌익영화의 대표작인 〈대로(大路)〉(1934)를 촬영한 쑨위(孫瑜)가 감독하고 상하이의 쿤룬(崑崙) 영화사가 제작한 〈우쉰전〉(1950)은 관객의 열렬한 호응을 받으나 이후 관방의 거센 비판을 받게 된다.[18] 이 여파로 상하이의 민영 영화사에서 제작한 〈관중대장(關連長)〉(스후이[石揮], 1951)과 〈우리 부부 사이(我們夫婦之間)〉(정쥔리[鄭君裡], 1951)도 비판의 도마에 오른다. 민영 영화사가 제작한 영화가 비판을 받는 와중에 합병 등의 과정을 통해 1953년 민영 영화사들은 상하이영화촬영소(上海電影制片廠)로 통폐합된다. 이후 영화사는 기본적으로 국유 사업으로 재편된다.[19] 통폐합된 상하이영화촬영소는 〈평화를 위하여(爲了和平)〉(황줘린[黃佐臨], 1956) 등의 영화를 제작해 관객들의 호응을 얻는다.

1956년 소유제의 사회주의 개조가 기본적으로 완성되자 중국에서는 사회주의 건설 붐이 일어난다. 이에 따라 마오쩌둥이 '백화제방, 백화쟁명' 방침(이하 쌍백 방침)을 천명하자, 영화이론과 비평에서도 이에 호응하는 목소리들이 나온다. 이때 새로운 목소리를 내는 주요 발신지 중의 하나가 상하이였다. 1956년 11월 상하이의 유력 일간지의 하나인 《문회보(文匯報)》

는 '우수한 국산영화는 왜 이렇게 적은가?(爲什么好的國産片這樣少?)' 라는 제목의 토론란을 개설했는데 3개월 동안 50여 편의 글이 실리는 등 활발한 토론이 이루어졌다.[20] 한편 1930년대 중국의 대표적인 무성영화인 〈신녀(神女)〉(1934)를 감독했던 우융강(吳永剛)은 1957년에 '정치는 예술을 대체할 수 없다(政治不能代替藝術)' 라는 제목의 글을 발표하며 기존의 정책과 다른 목소리를 낸다.[21]

그러나 1956년을 전후해 조성된 창작이론과 비평의 해빙 무드는 주지하다시피 곧 된서리를 맞게 된다. 특히 이러한 역전된 분위기가, 쌍백 방침에 호응해 활발한 목소리를 내고 영화를 제작했던 상하이 영화계에 끼친 영향은 적지 않았다. 1957년 여름 반우파 투쟁이 전국적으로 전개되면서 《문회보》의 영화 토론은 '선명한 자본주의 경향' 을 지닌 것으로 비판받고 '토론' 의 기획자인 영화평론가 메이둬(梅朵)는 우파분자로 분류된다. 뒤이어 상하이 영화계의 '우파' 46인 명단이 발표되는데, 여기에 우융강 등 등 유명 영화인들이 포함된다.[22] 뿐만 아니라 쌍백 기간 동안 상하이에서 제작되었던 영화들도 공개적으로 비판된다. 1958년의 '대약진' 운동의 공세 속에서 관방은 1차로 우융강이 감독한 〈츄옹이 선녀를 만나다(秋翁遇仙記)〉(1956) 등 6편을, 그리고 2차로 중화인민공화국 건국 이래 최초로 민족자본가를 주인공으로 삼은 〈불야성(不夜城)〉(탕샤오단[湯曉丹], 1957) 등 7편을 '독초(毒草)' 영화로 지목하고 상영금지 조치를 내린다.[23]

1958년 10월 상하이 시는 기존의 연합기업 성격의 상하이영화제작사를 취소하고 상하이시 영화국(電影局)을 출범시키면서 영화계를 안정화시킨다.[24] 이후 건국 10주년을 계기로 영화계는 탄성을 회복해 1959년 한 해 동안 80편의 영화가 제작되기에 이른다. 이에 상하이영화국에서는 드라마와 예술다큐멘터리 25편을 제작해 영화 제작 붐에 가담한다. 희극적인 분위기가 짙은 〈오늘은 쉬는 날(今天我休息)〉(루런[魯韌])과 〈언제나 봄(萬紫千紅總是

〈우쉰전〉(1950)의 한 장면. 청대 말기의 자수성가한 거지인 우쉰을 그린 영화는 '봉건 시대의 경제적인 기초와 상부구조는 하나도 건드리지 않고 오히려 봉건문화를 열렬히 선전'한 것으로 비판 받으면서 대대적인 정치적인 공세에 휘말리게 된다.

春)〉(선푸[瀋浮]), 그리고 상하이 해방 전후 전투를 다룬 〈상하이 전투(戰上海)〉(왕빙[王冰]) 등의 영화는 모두 1959년에 제작되어 신중국 영화사에서 절정의 기량을 선보인다. 이렇듯 상하이파가 중심이 되어 제작한 상하이 소재 영화들은 10여 년 동안 소장기복(消長起伏)하는 정치운동 속에서 지속적으로 논쟁의 대상으로 떠오른다.[25]

상하이의 포스트 국제성을 다룬 영화들은 이 같은 영화 제작의 조건 속에서 생산된다. 정치와 예술, 농촌과 도시의 긴장 관계 속에서 영화로 도시를 다룬다는 것은 정치적으로 불리하고 위험한 일처럼 보인다. 모리스 마이스너(Maurice Meisner)가 지적했듯이, 1949년 이전 혁명가들은 도시를 보수주의의 요새, 국민당의 근거지, 제국주의 외세의 중심, 사회적 불평등과 불순한 이데올로기와 도덕적 부패의 온상으로 간주했기 때문이다.[26] 특히 국제적인 세력이 활동했던 해방 전 상하이는 '모험가의 낙원' 이나 '마도(魔都) 상하이'[27]라는 표현이 표지하는 대로 화려함과 퇴폐 그리고 쾌락이 점철된 도시로 상상되었기에, 해방 전 국제도시 상하이를 다루는 영화는 정치적인 위험에 한 발을 디뎌 놓기 십상이었다.[28]

따라서 신중국 성립 이후 제작된 상하이 영화들이 정치운동의 파고 속에서 상하이 도시가 담지하고 있던 국제성의 위험한 기호를 어떻게 처리했는지는 특별히 주목할 만하다. 이는 당시의 영화가 전반적으로 당의 이데올로기에 발맞추어 재구성되었다는 것을 부정하는 것은 아니다. 중요한 것은, 이 이데올로기의 방향이 어디에 맞추어져 있으며 은폐했던 것은 무엇이며 이 이데올로기가 어떻게 작용했느냐에 놓여 있다. 그리고 한편으로 상하이를 소재로 다루는 데 직면하게 되는 특정한 상황은 제작자와 수용자, 그리고 텍스트 차원에서 여전히 잔진동을 보유하고 있다는 현실을 알려주고 있다. 이는 냉전기 사회주의 문화 현실이 어떠했으며 이 속에서 어떤 새로운 삶과 상상이 가능했는지를 탐색할 공간을 개방시켜 준다.

이에 따라 다음 절에서는 냉전 초기인 1950년대에 국제성의 면모가 어떻게 다루어졌는지를 해방 전후의 상하이를 다룬 영화 텍스트들을 중점으로 검토하고자 한다. 1950년대 영화 가운데 관련 소재를 주로 다룬 영화인 〈인민의 큰손(人民的巨掌)〉(1950), 〈내일까지 단결하라(團結起來到明天)〉(1951), 〈평화를 위하여(爲了和平)〉(1956), 〈바다의 혼(海魂)〉(1957), 〈불야성(不夜城)〉(1957), 〈영원히 사라지지 않는 전파(永不消逝的電波)〉(1958), 〈지하소년 선봉대(地下少先隊)〉(1959), 〈상하이 전투(戰上海)〉(1959), 〈언제나 봄(萬紫千紅總是春)〉(1959), 〈오늘은 쉬는 날(今天我休息)〉(1959) 등이 주요한 검토 대상으로 떠오른다.

노동, 오락, 풍요의 의미 전치하기: 텍스트의 차원

생산과 노동의 기억: 1949년 봄 상하이, 새로운 기억의 서사

1940년대 후반부터 1950년대 말에 걸쳐 제작된, 상하이를 배경으로 하는 영화에서 1949년 상하이 '해방' 전후는 반복적으로 재현되는 소재다. 1949년에서 상연된 〈인민의 큰손(人民的巨掌)〉(천리팅[陳鯉庭])(1950)에서 1959년 상하이 해방 10주년을 맞이해서 제작된 〈상하이 전투〉에 이르기까지 10여 년 동안 1949년 봄에 이루어진 상하이 해방은 스크린의 전면에서 혹은 배경으로 즐겨 다루어지던 레퍼토리였다. 상하이 해방 소재는 1950년대 내내 반복적으로 재현되고 1950년대 말에 절정을 이룬다. 그러나 이와 대조적으로 1960년대 영화에서는 거의 다루어지지 않는 특징을 지닌다. 문제는 건국 초기에 집중적으로 이루어지는 상하이 해방에 대한 재현이 특정한 초점을 가지고 있으며, 이것이 국제성의 변모와 관련해 흥미로운 시사를 던져준다는 점에 있다.

상하이는 1949년 5월 25일 인민해방군이 상하이 쑤저우허(蘇州河) 북안을 접수함으로써 '해방' 된다. 그런데 상하이 해방을 다루는 영화들은 일정한 주제에 일관되게 눈길을 돌린다. 영화들은 해방 전후 국민당의 공장 파괴에 맞서 상하이의 공장을 어떻게 사수할 것인가를 주로 서사하는 것이다. 상하이 해방에 대한 특정한 방향의 재현은 특히 1950년대 후반에 제작된 영화들에서 도드라지는데, 이는 상하이와 상하이인에 대한 기억 및 역사 서술의 새로운 기원으로 반복적으로 재현된다. 조계지의 국제도시 상하이가 지니고 있던 소비와 쾌락의 이미지는 이러한 일관된 재현과 기억하기의 방식을 통해 배제되고 공장지대 상하이라는 생산과 건설의 도시로서 이미지가 쇄신된다. 상하이 해방은 다수의 영화에서 다루어지는데(〈인민의 큰손〉,〈내일까지 단결하라(團結起來到明天)〉(자오밍[趙明], 1951), 〈불야성〉(1957), 〈지하 소년선봉대(地下少先隊)〉(가오헝[高衡], 1959), 〈상하이 전투〉(1959)), 문제는 이렇게 반복적으로 재현되는 방식에 놓여 있다.

상하이의 국제성에 드리워진 소비와 쾌락 이미지를 걷어내고 상하이를 노동자의 진지(陣地)로 탈바꿈시키는 기제는 무엇보다 〈상하이 전투〉에서 적극적으로 드러난다. 영화에서 승리를 목전에 둔 인민해방군 주인공에게 도드라진 정서는 순수한 기쁨이나 환희라기보다 노스탤지어의 정취에 젖은 감격이라는 점은 주목할 만하다("(나는) 보았노라, 돌아왔노라", "오늘 우리들은 돌아왔다").[29] 이는 상하이에 대한 기억을 과거로 소급해서 국제성의 이미지를 탈각시키고 노동자와 당의 도시로 상하이의 기원을 '재설정' 할 때 도드라지는 정서라는 점에 주목해야 할 것이다("얼마나 좋은 도시인가. 우리의 당이 여기에서 태어났네.", "상하이는 우리 당의 고향이고 혁명의 고향이야. 또 우리들의 고향이 아닌가?").[30]

그런데 흥미로운 점은 영화가 인민해방군의 상하이 귀환에 운명적 · 역사적 필연성을 강조하다 보니("정말 재미있는 일이로군요. 반공으로 일어

영화 〈내일까지 단결하라〉의 한 장면. 영화는 상하이의 공장을 어떻게 사수할 것인가를 초점으로 삼는데 이때 상하이는 퇴폐와 환락의 공간이 아니라 공장과 노동의 그것으로 부각된다.

선 장제스가 여기(=상하이)에서 멸망하다니…….", "바로 역사가 안배한 것이지"),[31] 적의 수중에 떨어진 집/고향을 적에게서 될 수 있는 한 손상시키지 않고 지켜내어 탈환해야 한다는 역설적인 상황이 발생된다. 이에 따라 인물들은 적의 수중에 떨어진 집/고향을 적에게서 온전한 모습으로 구해야 하는 난제에 빠진다. 인민해방군에게 국민당과의 상하이 전투에서 "적은 소멸시키고 상하이는 보호하라"라는 이중의 과제가 직접적으로 주어지는 지점에서 곤혹의 지점은 명확히 드러난다. 〈상하이 전투〉는 이 난제를 어떻게 해결하는지 그 방식에 초점을 맞춘다. 전투의 종결은 끝까지 적을 추격해 섬멸하는 것이 아니라, 인민해방군이 적에게 투항 권고를 하고 국민당 군대가 이를 받아들여 상하이의 도심 공격이 멈춤으로써 이루어진다는 점이 강조된다. 전쟁 상태임에도 불구하고 도시의 보존에 힘을 기울였다는 점이 두드러지는데, 이는 상하이를 사회주의적으로 표상하는 데 주요하면서도 심화된 내용을 이룬다. 상하이를 공장지대로 표상하는 것에서 한걸음 더 나아가 이 영화에서 상하이는 공산당과 혁명의 집/고향으로, 전쟁에서 공격을 멈추고 수호해야 하는 성스러운 공간으로 새롭게 표기된다.

이렇듯 냉전 초가 영화들은 노스탤지어적인 시선으로 상하이 해방의 순간을 재서사화하면서 도시의 역사를 다시 쓴다. 새로운 기억의 서사를 통해 이 도시의 역사에서 적극적이고 긍정적인 의미가 돋을새김 되고 상하이는 고난을 겪고 이겨낸 영웅의 공간으로 격상된다("이 얼마나 좋은 도시인가!", "영웅의 도시가…… 노예의 상태에서 벗어났구나!").[32]

그리하여 상하이는, 중국 공산당의 발원지로서 의미가 공고하게 된다. 영화가 상하이 해방을 특정한 방향에서 재현함으로써 상하이는 공산당의 탄생지로서 도시 역사의 새로운 기원을 확정 짓고 이와 동시에 부정적인 기억의 페이지를 말소시켜 노동자와 당의 새로운 시간표가 구동되는 공간으로 바뀌어 표상된다.

난징루와 퍼레이드의 세계: 사회주의적인 오락으로의 갱신

한편, 해방 전 국제도시 상하이에 드리워진 상업도시, 소비도시로서의 면모는 난징루(南京路)의 공간과 거리에서 두드러지게 표현된다.[33] 그렇다면 사회주의 중국 이후, 공장지대와 노동자의 도시로 재현된 상하이 소재 영화의 화면에서 난징루의 소비적 · 상업적 공간은 사라지는가. 이는 사회주의적으로 전유되면서 보존되는 흥미로운 장면을 선보인다.

상하이 해방 전후를 다루는 영화에서 가장 대조적으로 재현되는 공간 중의 하나가 바로 난징루 등의 상업적인 거리와 광장이다. 해방 직전을 그리는 장면에서 난징루는 악대와 광대를 대동한 상업적인 퍼레이드만을 허용하는 소비 공간이거나(《상하이 전투》), 시위를 벌이는 공중을 기마대 등이 진압하는 억압적인 공간(《내일까지 단결하라》, 《불야성》)으로 그려진다. 그런데 해방 이후를 묘사하는 화면에서 난징루는 사라지지 않고 등장한다. 그러나 이 공간의 기능은 명확하게 변경된다.

브래스터가 지적했듯이, 상하이 해방과 관련해 특히 반복적으로 재현되는 장면 가운데 하나가 해방 후 난징루에서 벌어지는 '해방 축하 퍼레이드' 장면이다. 상업적이고 소비적인 공간으로 제한되어 전용(專用)되었던 난징루는 해방 축하 퍼레이드뿐만 아니라 공적이고 정치적인 행사가 열리는 열린 공간으로 변화한다.[34] 시위대의 전단이 뿌려지고 시위대를 진압하는 경찰이 등장하는 해방 전 난징루의 저항/억압적인 이미지는 북과 꽹과리가 울리고 사람들이 군무를 추고 꽃가루가 날리고 폭죽이 터지는 축제가 벌어지는 해방적인 이미지로 전치된다(《불야성》, 《지하 소년선봉대》, 《상하이 전투》). 공중에게 억압적이었던 공간이 해방 이후 영화 속에서 소거되거나 사라지지 않고 해방적인 공간으로 바뀌어 표상되는 것이다.

국제도시 상하이의 중핵인 난징루 재현에서 보이는 이러한 변화는 냉전 초기 영화가 상하이의 공간을 어떻게 달리 사용하는가라는 전반적인 사

항과 관련지어 볼 필요가 있다. 냉전 초기 상하이 영화에서 상하이의 거리와 공원 등은 무의미한 군중이나 개별적인 존재가 거니는 공간으로 재현되지 않는다. 이 공간들은 '공적' 공간으로서의 기능이 부각되며 이 공간에서 이루어지는 오락과 행위는 명백히 기능을 바꾼다. 해방 이후의 상하이에서 이루어지는 오락은 난징루의 퍼레이드가 대표하듯이 공적인 공간에서 집단적으로 이루어지는 양상을 띤다. 거리와 광장, 공원, 극장, 캠퍼스 등의 개방된 공간은 사적인 휴식과 오락을 취하는 공간에서 공적인 기능을 지닌 공간으로 바뀐다. 이곳에서 이루어지는 오락적 행위는 오락의 요소를 보존하되 사회주의적으로 개조되어 정치적인 의미를 지니는 것으로 코드를 바꾼다.

여기에서 오락과 행위는 정치적인 퍼포먼스이면서 공적인 오락과 휴식의 의미를 동시에 지닌다는 점에 유의하자. 가령 신중국 이후 기능 전환된 공간들의 사용은 〈소년 선봉대〉와 〈불야성〉 등에서 풀밭이나 광장이 앙가무와 합창, 군무, 붉은 스카프 의식을 집단적으로 진행하는 장소로 표현되는 장면에서 잘 드러난다. 사적인 소비와 오락의 공간은 공적이고 정치적인 퍼포먼스와 집회가 벌어지는 공간으로 전치되며, 사회주의적 오락과 휴식의 의미로 재전유된다. 이러한 다시쓰기 과정을 통해 상하이 국제도시의 소비적 · 상업적 이미지는 명확하게 지워진다. 소비적이고 상업적 이미지를 대신하는 것은 새로운 오락의 기의(記意)이며, 공적이고 집단적인 생활의 장소이다. 상하이 해방 전후를 다루는 영화에서 장면은 배경화면처럼 시각적으로 영화 곳곳에서 제시된다.

일상의 퇴폐에서 일상의 풍요로

노동자와 공장지대로 상하이를 표상하는 작업은 국제도시 상하이에 덧씌워진 방종과 퇴폐의 이미지를 '배제' 할 뿐만 아니라 이 이미지를 '벗겨내

〈지하 소년선봉대〉의 상하이 해방 축하 퍼레이드 장면(위). 영화 속 거리에서 행해지는 퍼레이드는 조계지 상하이의 억압적이고 상업적인 공간 묘사와 대조를 이룬다.
〈바다의 혼〉에서 타이완 가오슝의 거리 장면(아래). 영화 속에서 재현된 가오슝의 밤거리는 상하이의 조계지 풍경을 연상시킨다.

는' 작업을 통해서 '완성' 된다. 국제도시의 이미지를 외면하고 배제하는 재현이 1950년대 초기부터 이루어졌다고 한다면, 상하이에 달라붙은 이 이미지를 벗기는 작업은 1950년대 후기에 주로 이루어진다. 그런데 퇴폐 이미지의 탈각 작업은 이중적으로 이루어진다. 먼저 퇴폐 이미지를 상하이의 기표에서 분리시킨 다음 새로운 기의를 덧씌우는 것이다.

1957년에 제작되어 제10회 노동인민영화제에서 '세계평화를 위한 투쟁 2등상' 을 타기도 한 〈바다의 혼(海魂)〉(쉬타오[徐韜])에서는 사회주의 중국영화로서는 이례적으로 타이완을 묘사한 장면이 대거 등장한다. 〈바다의 혼〉은, 국민당 군함이 상하이에서 출항해 타이완에 기착하는 장면을 상세하게 묘사한다. 그런데 이 대목은 퇴폐 이미지를 상하이에서 타이완으로 이전시키는 것에 대한 메타포로써 주목할 만하다. 상하이에서 출발한 군함이 기착한 타이완의 가오슝(高雄)의 거리와 밤 풍경은 1930년대 상하이 영화에서 관습적으로 재현되던 조계지 풍경에 다름 아니다. 영화는 '할리우드 바' 라는 간판을 선명하게 보여주는데, 이 바에 다국적 손님이 넘쳐나는 장면을 포착한다. 그리고 일본 노래를 부르는 타이완 여가수와 서구적인 스타일을 한 여주인공인 바의 여종업원을 등장시키면서 이 장면에 국제성의 이미지를 서명한다. 영화는, 군함이 상하이의 국제성을 가오슝으로 이전시켜 퇴폐 이미지를 타이완에 전달하고 다시 중국으로 투항하게 되는 의미심장한 여정을 제시한다. 가오슝의 거리에 두드러진 국제성은 퇴폐 이미지와 직결되며, 이때 국제성은 오염과 타락의 의미를 지니는 것으로 재현된다.

한편, 퇴폐 이미지를 타이완에 이전시키는 동시에 이 이미지를 '건강' 하게 개조해 보전하는 작업이 진행된다. 이러한 작업의 일단은 항일전 시기 지하 공산당원의 스파이 활동을 그린 〈영원히 사라지지 않는 전파〉(1958)에서 예비적으로 이루어진다. 스파이로 활약하기 위해 남녀 주인공은 해방군과 노동자에서 상하이의 소시민으로 신분을 위장한다. 그들은 의복에서 호화 가구, 오락에서 생활습관에 이르기까지 프티부르주아의 방식으로 일상생활을 개조하면서 혁명 임무를 수행한다. 영화는 스파이 영화의 외양 속에서 상하이의 퇴폐 이미지가 혁명을 위해 전복적으로 사용될 수 있는 가능성을 제시하며 퇴폐의 의미에 틈을 낸다.

그런데 상하이에 퇴폐 이미지를 탈각시키면서 다시 쓰는 과정은 1959년에 제작된 두 편의 컬러영화에서 잘 드러난다. 상하이 해방 전투를 다룬 〈상하이 전투〉에서, 인민해방군의 상하이 교외 전쟁터는 파괴와 죽음의 현장답지 않게 꽃이 만발한 꽃밭이다. 인민해방군이 주둔하고 있는 야외의 꽃밭 전투지는, 어두침침한 실내에서 회의하고 작전을 지시하는 국민당의 화면과 대조적인 이미지를 형성한다. 대조적인 화면 가운데 이 전쟁이 파괴와 죽음이 아니라 생산과 삶을 위해 치러지고 있다는 점이 은연중에 강조된다. 이때 주목할 점은 교외의 전장에 핀 꽃이 낭비와 소비 혹은 퇴폐가 아니라 활기와 여유를 안겨 주는 것으로 의미가 전치된다는 것이다.

꽃으로 장식된 아름다운 도시 이미지는 대약진운동에 참가하는 상하이 여성의 일상을 다룬 〈언제나 봄(萬紫千紅總是春)〉(선푸[瀋浮], 1959)에서 본격적으로 제기된다. 이 영화에서 상하이는 꽃과 산물이 넘쳐나는 도시로 재현된다. 해방 이후 신상하이(新上海)는 꽃과 농산물 및 공산품이 풍부한 아름다운 노동자의 도시로 묘사되며, 이 속에서 퇴폐의 이미지는 끼어들 틈이 없다. 넘쳐나는 산물과 꽃의 '아름다움'은 퇴폐로 비난받지 않으며 집단생활에 참여한 여성에게 생산의 기쁨과 생활의 즐거움을 적절하게 장식하는 소재로 보유된다. 퇴폐 이미지를 풍요의 이미지로 바꿔 씀으로써 '즐거운 노동자'라는 표현은 형식적인 수사만이 아니라 현실적이고 실제적으로 작용할 수 있게 된다(〈오늘은 쉬는 날〉(1959)). 상하이를 배경으로 한 영화에서, '풍부함'과 '아름다움'은 소비와 퇴폐의 등가로서 비난받다가 생

〈바다의 혼〉에서 가오슝의 바 장면(위). 군함은 상하이의 국제성과 퇴폐 이미지를 타이완에 전달하고 중국으로 돌아온다.
〈바다의 혼〉 속 가오슝의 바에서 남녀 주인공이 처음 만나는 장면(가운데). 여주인공은 서구적인 스타일로 치장되어 있다.
〈영원히 사라지지 않는 전파〉의 한 장면(아래). 지하공산당원인 남녀 주인공은 상하이의 소시민으로 위장하여 혁명 임무를 수행한다.

〈상하이 전투〉에서 인민군의 전장(위 왼쪽)과 국민당 수뇌부의 실내 회의실 장면(위 오른쪽). 같은 전쟁터이지만 국민당의 어두운 실내 회의실과 대조적으로 인민군의 전장은 환한 야외의 꽃밭이다.
〈언제나 봄〉에서 시장 장면(아래). 해방 후 상하이는 꽃과 산물이 풍부한 아름다운 노동자의 도시로 그려진다.

산과 풍요를 구성하는 요소로 급격하게 의미가 전환됨으로써 사회주의 중국에 보유된다.

포스트 국제성, 순응과 보유 사이에서: 수용의 차원

그렇다면 관객들이 영화에서 묘사된 이러한 포스트 국제성을 어떻게 받아들였을까? 영화 제도와 텍스트 재현의 측면에서 상하이의 포스트 국제성과 관련된 담론들은 위와 같이 변용되었다고 한다면, 수용자들이 어떻게 상하이의 포스트 국제성을 받아들이고 이 과정에서 어떤 장력이 형성되었는지는 중요한 문제가 아닐 수 없다. 영화 제도와 텍스트 바깥의 현실과 맞대어 봐서 영화 텍스트와 이를 생산한 현실들이 관객들에게 어떠한 효과를 발휘했으며 중국 인민들의 심상에 어떤 이미지와 상상을 추동했는지는 달리 검토할 문제다. 어떻게 수용이 되었는가를 살펴보는 작업은 한 시대의 문화 형태가 어떻게 구성되었는지 그리고 냉전문화 형성에 어떻게 실제적인 작용을 했는지 등 더 나아간 검토를 수행하는 데 도움이 되기 때문이다.

전반적으로 관객들이 '교육'의 차원에서 영화를 관람했다는 점은 부인할 수 없다. 당시의 유력한 영화잡지였던 《대중영화(大衆電影)》에 실린 독자들의 관람후기에는 '이 영화가 나를 교육시켰다(這部電影教育了我)'라는 표현이 대거 등장한다.[35] 그러나 관객들이 영화가 구현하는 이데올로기적인 재현에 찬성하고 동일시하는 의견만 내놓은 것은 아니다. 관객들은 관방이 제시한 방향에 맞추어 제작된 영화 텍스트의 표현 방향이 사실에 어긋난다는 이유로 이의를 제기하기도 하기 때문이다.

대표적으로 한 독자는 〈내일까지 단결하라〉에서 상하이를 노동자의 도시로 기원을 재설정해 재현한 대목과 관련해 이 재현과 다른 의견을 내놓는다. 《대중영화》에 편지 형식의 관람기를 발표한 이칭(亦青)이라는 여성

노동자는 영화에서 묘사된, 해방 전에 노동자들이 모여 춤추고 노래하는 장면이 사실과 다르다는 점을 지적한다.

> "그러나 한두 장면은 우리 노동자가 당시에 압박받은 현실을 잘 표현하지 못했다. 가령 모두 모여 춤추고 노래하는 장면이 있었는데, 이러한 활동은 진실 되게 그려지지 못했다. 그 당시 노동자는 절대로 이렇게 자유로울 수 없었다. 이 같은 미미한 활동조차도 금지되었다. 휴식 시간의 행복한 생활은 해방 후에야 비로소 가능해진 것이다. 당시 밥도 배불리 먹지 못했는데 어떻게 가벼운 마음으로 이렇게 지낼 수 있었겠는가?"[36]

영화에 대한 이러한 독자/관객의 반응은 관객들이 영화에서 제시하는 해석에 동의하지 않고 이를 재해석하는 감각을 보유하고 있음을 알려준다. 더 나아가 이 반응은 영화에서 노동자와 생산의 도시라는 초점에 맞추어 재구성한 상하이에 대한 재현이 관객들의 기억과 유리되거나 배치되는, 현실과 거리가 먼 과도한 해석이라는 점을 과감하게 지적하고 있다. 물론 독자의 지적이 해방 이전의 자본주의와 다른 '사회주의적' 인 오락의 의미를 강조하면서 사회주의의 가치를 강화하는 데 맞추어져 있는 것도 사실이다. 그러나 이 관객의 반응에서 전체적인 이데올로기 방향과 다르지 않지만 텍스트 의도와 배치되어 수용되는 양상을 엿볼 수 있다. 그리고 정책, 텍스트, 관객 사이에 논쟁하고 협상하면서 전체적으로 문화의 틀을 구성하는 과정을 포착할 수 있다. 이런 점에서 영화와 정책의 이데올로기가 그대로 관객들에게 수용되지 않고 나름의 기억과 안목으로 해체되어 수용될 수 있는 여지가 분명히 존재한다는 사실이 드러난다.

한편 '자본주의 부활을 선언하는 영화'[37]라는 대비판을 받은 〈불야성〉은 포스트 국제성이 관객의 차원에서 다르게 수용되는 양상을 알려준다는

〈대중영화〉의 표지 사진. 1950년 6월 상하이에서 창간되었으며 사회주의 중국에서 가장 대중적인 인기를 누린 영화 잡지 가운데 하나다.

〈불야성〉(1957)의 한 장면. 영화는 신중국 이후 최초로 민족 자본가를 주인공으로 내세워 신중국 초기의 사기업이 국영기업으로 개조되는 과정을 묘사했다. 제작 후 '독초영화'로 지목되며 1960년대 비판영화로 전국적으로 상영되었다.

점에서 흥미롭다.[38] 〈불야성〉은 자본가의 사회주의식 개조를 선전하기 위한 상부의 지시로 제작된 '임무 영화'였다. 제작 당시 독초 영화로 규정되어 제작이 중단되고 개봉되지 못했던 이 영화는 1964년 후반작업을 진행해 이듬해 공개된다. 영화는 자산계급 사상을 반영하는 반면 교재로 중국 전역에서 대대적으로 상영되어 비판된 것이다.[39]

그러나 비판을 명목으로 완성되어 가까스로 공개된 이 영화를 관객들은 다르게 받아들인다. 1950년대에 제작되었던 비판 영화들이 인민들에게 선풍적으로 인기를 끌었던 것이다. 상하이의 대표적인 문학비평가인 천쓰허(陳思和)는 〈불야성〉의 극작가인 커링(柯靈)을 기념하는 글 가운데 문혁 초기 상하이에 인 비판 영화 붐에 대해 다음과 같이 기술한다.

> "누구의 생각인지는 모르겠지만 문혁 초기 상하이 그러니까 문예가 가장 압살당하던 시기에 문예계에서 갑자기 비판 영화 붐이 일어났다. 신문에 거명된 비판 영화 작품이 영화관에서 돌아가면서 상영되었다. 영화를 상영할 때 스크린 외부에 음향시설이 있었는데, 이 음향시설에서는 '문제'가 되는 장면이 나올 때마다 저속한 말투로 비판을 가하고 소독(消毒)하는 목소리가 흘러나왔다. 이렇게 하여 좋은 분위기는 아니었지만, 관중들의 눈은 틔워졌다. 독초 영화가 이렇게 예술적인 수준이 높구나, 이렇게 많은 우수한 예술가가 빛나는 연기를 하는구나, 라고……. 당시의 상하이에서는…… 마오쩌둥의 휘장처럼 대번에 비판 영화 표의 교환과 암거래가 유행했다……. 무대 위의 마이크는 쩌렁쩌렁 시끄럽게 울렸으나 주변의 관중들은 몰래몰래 감탄하기에 바빴다. 동시에 나는 '대독초' 〈불야성〉을 만든 커링 선생의 이름을 기억하게 되었다."[40]

이렇게 관객들은 비판의 방식을 '통해서' 영화를 즐기고 감상하는 방법을 익힌다.[41] 관방의 주요한 정책이 영화를 선전도구로 활용하고 다의적인 해석을 허용하지 않는 방향으로 흘렀다면, 관객들은 이데올로기 선전을 그대로 받아들이는 것만이 아니라 비판영화가 공개되는 경로를 통해서 영화를 달리 읽고 감상하는 실천을 수행하는 것이다. 화려한 부르주아의 세계와 자본가의 일상이 단편적으로 묘사되고 이 세계가 사회주의적으로 개조되는 과정이 서사되는 〈불야성〉에 대한 관객의 인상에서, 이 영화가 이데올로기적인 공세대로 '자본주의를 복벽(復辟)하는 선언서'로 진지하게만 관람된 것이 아니라 한계적인 상황에서 지금 이곳과 다른 사유방식과 삶을 상상하는 위안과 유토피아로 기능한 지점을 관찰할 수 있다. 이로써 국제성과 관련된 문화와 상상이 이데올로기의 공세 아래에서 어떻게 상기되고 보유되는지 구체적인 양상을 발견할 수 있다.

4. 나가며: 상하이의 포스트 국제성을 통해 무엇을 재검토할 수 있는가

이상의 검토를 통해 냉전 초기에 기존의 상하이가 지니고 있던 국제성이 어떻게 드러나는지를 영화 제도, 텍스트, 관객의 수용 측면에서 다각적으로 살펴보았다. 영화 제도적 측면에서 상하이 영화들은 정치운동의 파고 속에서 불리한 위치를 부여받으며 갱생의 계기를 모색해 온 현실이 드러난다. 영화 텍스트에서 상하이의 국제성은 사회주의 문화 및 현실에서 삭제되어 사회주의 중국이라는 일국의 틀 속으로 폐쇄되어 재배열되는 것으로 변용된다. 곧 상하이의 국제성은 사회주의적으로 전용(轉用)되거나 보유되면서 사회주의 국민 문화를 형성하는 계기로 잠복한다는 점이 밝혀진다. 동시에 관객 차원에서 영화 제도 혹은 텍스트의 의도를 거스르고 넘어서서 감상하는 실천의 공간이 존재한다는 점도 드러났다. 이렇듯 냉전 초기 상하이의 국제성 변용 양상에 대한 검토를 통해서 제도가 텍스트의 표상과 관객의 수용 방향을 결정하는 것이 아니라는 점이 드러난다. 상하이의 국제성은 선택과 배제, 개조와 보유, 관방 이데올로기에 대한 순응과 균열이라는 방식을 통해 사회주의 중국의 냉전문화의 형식을 구성한다.

그런데 위에서 언급한 영화들이 개인의 선택이 아니라 상부의 명령에 따라 의무적으로 제작되었다는 점을 다시 짚어볼 때, 순응과 균열의 방식으로 형성된 문화 형식이 보다 세밀하게 드러난다. 이는 수용의 측면뿐만 아니라 제작과 텍스트 측면에 이르기까지 장력이 존재했다는 점을 알려준다. 그리고 이와 더불어 냉전기 사회주의 문화를 단조롭게 읽는 독법을 갱신하는 효과를 얻을 수 있을 것이다.

상부의 지시를 받고 제작한 영화 가운데 〈불야성〉처럼 제작 단계부터 '독초' 영화로 규정되어 상영금지 조치를 당하는 영화가 등장하는 대목을 상기해 보자. 그리고 위에서 언급한 영화 가운데 상당수는 문화대혁명 시기에 '독초이거나 심각한 과오가 있는' '중국영화 200편'으로 분류되어 비판받게 되는 사정을 생각해 보자.[42] 다른 관점에서 생각해 보면, 비판 공세는 영화를 제작하는 과정에서 영화 제도와 정책이 노선이나 방침이 그대로 반영되지 않는다는 것을 알려주는 사례로서 사고될 수 있다. 영화사가 국유기업/정부기관이며 따라서 상부의 지시에 따라 영화를 제작하지만 실제로 영화를 촬영하는 가운데 영화감독과 스태프에게는 당의 노선을 거스르지 않는 선에서 이와는 다르게 자율성을 발휘할 공간이 생산된다. 물론 이러한 자율성이 제작현장에서 의도한 것은 아닐지라도 사회주의 문화에 대한 기존의 통념과 다르게 공식 이데올로기가 제작 현실을 완전히 통제 혹은 장악한다는 것이 불가능하다는 것을 말해준다. 상하이 영화계에 닥친 몇 차례의 재난은 실천이 가능한 공간이 존재한다는 것을 역설적으로 드러내준다.

한편, 영화 텍스트가 영화 제도와 정책 사이에 보이는 순응과 균열은 영화 속에서 상하이로 표상되는 국제성을 다루는 방식 속에서 잘 드러난다. 본론에서 지적했듯이, 냉전 초기 동아시아에서 인터내셔널리즘적인 면모는 일국 내로 폐쇄되는 것이 전반적인 경향이라는 점이 주지되어야 한다. 냉전기에 인터내셔널리즘은 불온한 것으로 간주되면서 국민국가 내부로 소실되는 운명을 맞이한다.[43] 냉전기 아시아에서 국제성은 국민/민족국가 내부로 폐쇄되면서 국가 지향적인 인터내셔널리즘의 시스템을 구축하는 데 소용되었다고 볼 수 있다.

그러나 냉전 초기에 국제성과 관련된 기호들이 소실되거나 은폐되기만 하는 것은 아니라는 점을 주목해야 한다. 국제성 표식과 관련된 기호들은 기의를 다시 씀으로써 보유되는 것이다. 〈언제나 봄〉 등의 경우처럼 영화 텍스트는 공농병(工農兵) 중심의 사회주의 사회 문화 건설이라는 방향에 순응하면서, 이를 통해 상하이의 국제적인 면모가 가져다준 풍요로운 현실을 '사회주의적' 으로 전치해 드러낸다. 요컨대 영화에서 해방 전 상하이의 국제적인 면모는 일국적인 것으로 재편성되고 이러한 포스트 국제성으로의 변용 과정에서 국제성은 흔적으로 화면에 제시된다. 포스트 국제성으로 변용되는 과정에서 국제성이 흔적으로 드러나는 것이다. 이는 사회주의 이념에 순응하면서도 불일치하는 순간이 드러나는 순간이다. 영화 정책이나 제도의 측면만 감안해 중국영화의 선전 및 도구적인 성격을 강조하는 것은 행위자의 실천 가능성과 수행성을 홀략(忽略)하고 텍스트의 자율성을 봉쇄하는 일의적인 독법이라 하겠다.

영화 제작 및 재현 수용의 맥락을 통해 일차적으로 밝힌 냉전 초기 국제도시 상하이의 변용 문제는 차후에 다음과 같은 몇 가지 연구 지점을 경유할 때 냉전기 동아시아 도시의 문화와 일상의 구성 과정 및 의미를 비교·검토할 수 있는 보다 총체적인 연구로 이어질 것으로 기대된다.

첫째, 1950년대 해방 전 상하이가 지니고 있던 국제성과는 다른 국제성이 냉전체제의 형성과 더불어 대두된다. 이 과정을 통해 국민국가의 경계를 넘어 새로운 국가와 지역이 연대의 대상으로 떠오르며, 상하이가 표상하던 국제성의 지위를 대체한다. 그렇다면 냉전 초기 중국과 동아시아에서 새롭게 떠오르는 국제성의 양태를 해방 전의 상하이의 그것과 비교해 역사적인 의미를 전체적으로 새롭게 조망할 수 있을 것이다.

둘째, 앞에서 제기했다시피 홍콩 등 냉전체제에서 새롭게 대두되는 자본주의 진영의 국제도시의 형성과 성격 및 기능을 해방 전의 상하이와 비교해 살펴보며 전전과 전후의 동아시아 국제도시가 동아시아 지역의 질서 안팎에서, 그리고 냉전체제의 구획선에서 어떻게 위치하며 기능하는지에 대해서 따져볼 수 있다. 국제도시의 메커니즘에서 권역의 문화정치가 구축되는 과정과 냉전체제의 틀을 역으로 검토함으로써 냉전 체제가 형성한 문화의 현실을 새롭게 검토할 지점을 획득할 수 있을지도 모른다.

미주

I. 냉전풍경 1: 지역적 사건 혹은 지정학적 상상력

1. 냉전기 아시아에서 아시아주의의 형성과 재편 I (백원담)

1) 浦野起央. 〈アジア諸國人民會議の決議〉. 《第三世界國際關係資料集: 第三世界與國際協力》. 有信堂. 1976. 1955년 4월 4일에서 10일까지 일주일 동안 인도 뉴델리에서는 아시아 여러 나라 인민회의가 열렸다. 이 회의는 반둥회의 이전 아시아를 범위로 이루어진 비동맹회의로서, 반둥에서 열린 아시아 · 아프리카회의의 기본 구상은 이 회의에서 이루어졌다고 할 수 있다. 8~13쪽.

2) 일본에서의 전후라는 시간성에 대한 비판적 인식을 아시아의 그것과 대비해 볼 수 있는데, 이를 마루가와 데쓰시의 논의를 통해 소개하면 다음과 같다. 마루가와는 일본에서 1955년 체제 이전의 '전후'란 연합국에 의해 신탁통치 되었던, 아직 독립하지 못한 일본의 시간성이고, 하지만 역으로 어떤 의미에서는, 어떻게 일본이 '독립'할 수 있을까가 모색된, 희망으로 가득 찬 시간이었다고 했다. 마루가와는 일본의 '독립'은 처음부터 '편면강화(片面講和)'라고 불렸듯이, 구연합군을 동서로 분할해 한쪽하고만 교섭한 결과였지만, 이 '편면강화'라는 수행적 결과가 오히려 냉전구조를 창출했다고도 할 수 있다는 점에서 전후라는 시간성을 문제 삼는다. 즉 일본은 냉전에 휘말린 것이 아니라, 냉전 성립의 당사자성을 계속 부인해 오다 슬며시 미국과의 합작에 의해 냉전을 성립시켰다는 점에서 아시아에 대한 배반의 의미를 안고 있다는 것이다. 丸川哲史. 〈竹内好と'敵對'の思想〉. 《冷戦文化論: 忘れられた曖昧な戦争の現在性》. 双風舎. 2005 참조.

3) Charles K. Armstrong. "The Cultural Cold War in Korea, 1945~1950" *The Journal of Asian Studies* Vol. 62, No. 1. 2003. 찰스 암스트롱은 '냉전'이란 직접적인 군사적 개입에 머무르지 않고, 보다 미묘하고, 정치적이고, 은밀한 방법들을 사용해 상대 블록에 있는 인민의 '마음과 정신(hearts and minds)'을 획득해, 상대방이 내부로부터 전복되기를 바라는 것이라고 문화냉전 개념을 정의하면서, 해방 이후 한국전쟁 이전 미군정의 문화냉전은 소련의 그것에 비해 패배로 귀결되었음을 구체적 예증을 들어 설명한다. 제2차 세계대전 직후 문화냉전은 유럽을 중심으로 이루어졌으며, 한반도에서 문화영역은 아시아에서 강렬한 정치적 투쟁의 부지였으며, 문화영역을 통해 정치적 양극화가 창조되고 심화되었다는 것이다.

4) 전전의 일본에서 동아신질서에서 대동아공영권으로 아시아주의가 이행되

는 과정에 대해서는, 임성모. 〈대동아공영권 구상에서의 '지역'과 '세계'〉. 《세계정치》 제26집 2호. 서울대학교 국제문제연구소. 2005 참조. 일본의 패권적 아시아주의가 관료와 군부를 주축으로 하는 우익세력에 의해 제창되고 발전되어 온 과정에 대한 연구로는, 김경일. 〈전시기 일본의 대동아공영권 구상과 체제〉. 《일본역사연구》 제10집. 일본사학회. 1999 참조.

- 전전 아시아의 분업구조와 일본의 대동아공영권에 대한 연구로는, 한석정. 〈대동아공영권과 세계체제론의 적용에 대한 시론〉. 《한국사회학》 제33집. 한국사회학회. 1999 참조.
- 일본의 동아신질서 이데올로기의 구체적 양상은 石原莞爾. 《石原莞爾 選集 6: 東亞聯盟運動》. たまいらぼ. 1986; 大川周明関係文書刊行会 編. 《大川周明關係文書》. 芙蓉書房出版. 1998 참조.
- 대동아공영권 이데올로기의 양상은 교토학파 高山岩男. 《世界史の哲學》. 岩波書店. 1942; 林房雄. 《大東亞戰爭肯定論》. 番町書房. 1964; 情報局記者會. 《大東亞共同宣言》. 新紀元社. 昭和 19年 참조.
- 비판적 견지에서 일본의 아시아주의 점검은 竹內好 · 丸山眞男 등 편. 《近代日本思想史講座 8: 世界のなかの日本》. 筑摩書房. 1961; 鶴見俊輔 외. 《日本の百年 4: アジア解放の夢 1931~1937》. 筑摩書房. 1957 등 참조.

5) 다케우치 요시미. 〈일본인의 아시아관〉. 서광덕 · 백지운 역. 《다케우치 요시미 평론선: 일본과 아시아》. 소명출판. 2004. 214~221쪽.

6) 다케우치 요시미. 〈일본의 아시아주의〉. 앞의 책.

7) 竹內好. 〈大東亞戰爭と吾等の決意(宣言)〉. 이 글은 원래 1942년 1월 발행된 《中國文學》 제18호 권두에 무서명으로 발표되었고, 《日本と中國のあいだ》(竹內好. 文藝春秋. 1973)의 편집부기에 재수록되었다. 저자의 일기에 따르면, 다케우치는 이 선언을 1941년 12월 13일 동인회(同人會)에서 발표 후 16일에 집필했다. 《竹內好全集 第14券: 戰前戰中集》. 筑摩書房. 1981. 294~298쪽.

8) 일본 천황이 아시아를 병영체제로 만들어가는 과정의 모든 칙령에는 '천우(天佑)'라는 말이 앞에 들어간다.

9) 다케우치 요시미. 〈일본인의 아시아관〉. 앞의 책. 205쪽.

10) 쑨거. 《다케우치 요시미라는 물음: 동아시아의 사상은 가능한가?》. 윤여일 역. 그린비. 2007. 참조.

11) 竹內好. 〈魯迅〉. 〈毛澤東評傳〉. 《竹內好全集 第5卷: 方法としてのアジア.中国 · インド · 朝鮮. 毛沢東》. 筑摩書房. 1980.

12) 竹內好. 〈アジアのナショナルリヅムについて〉. 《竹內好全集 第5卷》. 筑摩書房. 1981. 3~4쪽.

13) 山田宗睦.《續 戰後思想史: 論争形式による》. 新讀書社出判部. 1960. 11쪽.
14) 竹內好.〈思想の新しい季節〉. 山田宗睦.《續 戰後思想史》 앞의 책에서 재인용.
15) 이반 블라디미로비치 미추린(Ivan Vladimirovich Michurin; 1855~1935)는 소련의 육종학자로, 여러 과수의 새로운 종자를 만든 업적으로 유명하다. 리센코(Trofim Denisovich Lysenko)는 그의 연구를 계승해 '획득형질의 유전'을 주장했다. 이는 멘델(Gregor Mende), 모건(Thomas Hunt Morgan) 등이 발전시킨 유전학의 이론과는 충돌한다. 유전학에서는 획득형질이 유전되지 않는다는 것이 정설이기 때문이다.
16) 山田宗睦.《戰後思想史》. 三一書社. 1959. 야마다 무네무쓰의《戰後思想史》는 많은 사회적 반향을 불러일으켰고,《續 戰後思想史》는 이에 대한 논평에 대응하는 형식으로 쓰였다.
17) 山田宗睦.《續 戰後思想史》. 앞의 책. 12~13쪽.
18) 竹內好.〈日本共産黨論〉.〈日本共産黨への注文〉.《竹內好全集 第6巻: 日本イデオロギイ.民衆・知識人・官僚主義.国の独立と理想》. 筑摩書房. 1981.
19) 다케우치 요시미.〈일본인의 아시아관〉. 앞의 책. 212쪽.
20) 魯迅.〈科學史敎篇〉.《墳》. 未名社, 1927. 이 글은 원래 1908년 6월 잡지《河南》 제5호에 수록되었다. 여기 인용된 글은 유중하의 번역(《文境》 제4호. 1992)을 사용했다. 이 글은 루쉰 나이 17세에 일본 도쿄에서 의학공부를 중지하고 중국에 돌아와 쓴 것이다. 루쉰은 어린 나이에도 불구하고 서구 제국주의의 본질과 그것이 아시아 근대 특히 중국에 패권적으로 관철된 문제와 이에 근시안적으로 대응하는 중국 사회와 지식계를 보면서 과학과 문화가 인류사를 이끌어온 과정을 통찰해냈고, 자신의 활동영역을 의학에서 문학으로 이후의 뚜렷한 행로를 기획했다.
21) 다케우치 요시미.〈방법으로서의 아시아〉. 앞의 책. 168~169쪽.
22) 竹內好.〈日本とアジア〉《近代日本思想史講座 第8巻: 世界體制のなかの日本》. 筑摩書房. 1961 중 200쪽.
23) 다케우치 요시미.〈방법으로서의 아시아〉. 앞의 책. 159쪽.
24) 와다 하루키(和田春樹).《한국전쟁(朝鮮戰爭)》. 서동만 역. 창작과비평사. 1999.
25) 和田春樹.《北の友へ 南の友へ——朝鮮半島の現狀と日本人の課題》. 御茶の水書房. 1987.
26) 佐佐木隆爾.《世界史の中のアジアと日本: アメリカの世界戰略と日本戰後史の視座》. 御茶の水書房. 1988.
27) 佐木秋夫 編.《苦惱するアジアの民族》. 時事通信社. 1973 참조.
28) 모리스 마이스너.《마오의 중국과 그 이후 1》. 김수영 역. 이산. 2004.
29) 丸川哲史.〈竹內好と'敵對'の思想〉. 앞의 책.

30) 이종범 · 최원규 편. 《자료 한국근현대사 입문》. 혜안. 1995. 392~393쪽.

31) 1946년 3월 20일 서울 덕수궁에서 열린 역사적인 제1차 미 · 소 공동위원회에서의 소련 측 대표 슈티코프의 개최 성명. 《프라우다》 1946년 3월 25일자; 브루스 커밍스. 《한국전쟁의 기원》. 김자동 역. 일월서각. 1986. 316~317쪽에서 재인용.

32) Fedor Burlatsky · David Skvirsky. *MAO TSE-TUNG: An Ideologocal and Psychologocal Portrait*. Moscow: Progress Publishers. 1980. 80~81쪽.

33) 丸川哲史. 《Resionalism》. 東京: 岩波書店. 2003. 38쪽.

34) 丸川哲史. 《Resionalism》. 38쪽.

35) 브루스 커밍스. 《브루스 커밍스의 한국현대사》. 김동노 외 역. 창작과비평사. 2001. 399~400쪽.

36) 모리스 마이스너. 앞의 책. 79쪽.

37) 毛澤東. 〈毛澤東主席在中央人民政府委員會第八次會議上的講話〉(1950. 6. 28). 中國人民抗美援助總會宣傳部 編. 《偉大的抗美援助運動》. 人民出版社, 1954. 3쪽.

38) 毛澤東. 〈給中國人民支援軍的命令〉(一九五○年十月八日于北京). 《毛泽东选集 第五卷》. 人民出版社. 1977年 4月 제1版 32쪽.

39) 당시 중국공산당은 국민당의 패퇴와 함께 전 국토의 군사적 장악을 지속하고 있었다. 1949년 12월 광시 성(廣西省)과 쓰촨 성(四川省) 함락, 1950년 3월 신장(新疆), 1950년 10월 티베트 입성에 이르기까지 1949년 10월 1일 중화인민공화국 선포에 이어서도 국공내전의 여파는 국민당의 잔여 부대와 국민당과 연계되었던 군벌세력의 잔존 속에서 잔재세력을 중심으로 한 또 다른 내부 반란의 위기 속에서 강하게 남아 있었다.

40) 에드가 스노. 《에드가 스노 자서전》. 최재봉 역. 김영사. 2005 참조.

41) 柴成文 · 趙勇田. 《중국인이 본 한국전쟁: 抗美援助紀實》. 윤영무 역. 한백사. 1991. 109~110쪽. 중국에서는 《抗美援朝紀實》(柴成文 · 趙勇田. 北京: 中共黨史資料出版社. 1987)이 먼저 나왔고, 《板門店談判——朝鮮戰爭卷》 (柴成文 · 趙勇田. 北京: 解放軍出版社, 1989)으로 보완본이 출판되었다.

42) *Welcome the Triumphant Return of the 'Most Beloved Ones'*. Runmin Ribao(People's Daily) Editorial). October 25, 1958. *Eight years of the Chinese People's Volunteers Resistance to America aggression and Aiding Korea*. Foreign Language Press. Peking. 1958. 4~5쪽.

43) 백남운 저. 방기중 해제. 《쏘련 인상》. 선인. 2005. 206쪽.

44) 이에 대한 자세한 논의로는 다음 자료 참조.

- 이종석. 〈냉전기 북한-중국관계: 밀월과 갈등의 전주곡(Ⅰ)〉. 《전략연구》 통권 제17호. 한국전략문제연구소. 1999. 12.
- 이종석. 〈냉전기 북한-중국관계: 밀월과 갈등의 전주곡(Ⅱ)〉. 《전략연구》 통권 제18호. 한국전략문제연구소. 2000. 3.

45) 이에 대한 연구로는 다음 자료 참조.

- 이종석. 〈국공 내전 시기 북한-중국관계(Ⅰ)〉. 《전략연구》. 한국전략문제연구소. 통권 11호. 1997. 11.
- 이종석. 〈국공 내전 시기 북한、중국 관계(Ⅱ). 《전략연구》. 통권 제12호. 한국전략문제연구소. 1998. 4.
- 이종석. 〈국공 내전 시기 북한、중국 관계(Ⅲ)〉. 《전략연구》. 통권 제13호. 한국전략문제연구소. 1998. 9.
- 김중생. 《조선의용군의 밀입북과 6 · 25전쟁》. 명지출판사. 2001.

46) 항미원조운동자료집에는 당시 중국정부가 중국 전역을 화북 · 동북 · 서북 · 화동 · 중남 · 서남 · 서장의 7개 지구로 나누어 각 성시(省市) 단위로 분회를 두고 지속적인 원조운동을 벌였던 3년의 정황 정리를 수록하고 있다. 항미원조대사기(抗美援朝大事記)에 따르면, 1950년 7월 14일, 한국전쟁 발발 19일 만에 각 인민단체 대표로 구성된 '미국의 대만과 조선침략을 반대하는 중국 인민 운동 위원회(中國人民反對美國侵略臺灣朝鮮運動委員會)'가 꾸려지고, 전국 각지에서 '미국의 타이완 · 조선에 대한 침략에 반대하는 운동주일'을 거행할 것에 관한 통지가 나간다. 中國人民抗美援助總會宣傳部 編. 《偉大的抗美援助運動》. 앞의 책. 1,111쪽. 1,290쪽. 1,294쪽 참조.

47) 侯松濤. 〈抗美援助運動與民衆社會心態硏究〉. 《中共黨史硏究》 2005年 第2期.

48) 모리스 마이스너는 중국의 한국전쟁의 참전 의미에 대해 그것이 중국국민당의 잔여부대와 중국국민당과 연계되었던 군벌세력의 잔존 속에서 잔재세력을 중심으로 한 또 다른 내부 반란의 위기 속에서 국가위기를 극복하는 대안으로서 새기고 있다.

49) 侯松濤. 〈抗美援助運動與民衆社會心態硏究〉. 앞의 논문.

50) 彭德懷. 〈關於中國人民志願軍抗美援朝工作的報告〉. 中國人民抗美援助總會宣傳部 編. 《偉大的抗美援助運動》. 앞의 책. 389~400쪽. 이 글은 중국인민지원군 사령관 펑더화이가 중앙인민정부위원회 제24차 회의에서 행한 보고다.

51) 唐金海 · 張曉雲 主編. 《巴金 年譜》. 四川文藝出版社. 1989. 731~745쪽.

52) 1950년 11월 중화전국문학예술계연합회(中華全國文學藝術界聯合會, 이하 문련)는〈關于文藝界展開抗美援朝宣戰工作的號召〉를 발표하고, 문련 소속 분회 및 각지 문예조직의 일치행동을 호소하고 문예형식으로 미제국주의의 죄행을 폭로

하고, 제국주의 독소가 일부 사람에게 미치는 영향을 제거하며, 항미원조 보가위국(保家衛國)의 문예선전활동을 광범위하게 전개했다.

53) 〈爲什麼俄們對美國侵略朝鮮不能置之不理〉.《人民日報社論》1950년 11월 16일; 中國人民抗美援助總會宣傳部 編.《偉大的抗美援助運動》. 앞의 책, 685~689쪽.

54) 中共中央文獻硏究室 編.《周恩來年譜 1950~1976》(下卷). 中央文獻出版社. 1998.

55) 侯松濤.〈抗美援助運動與民衆社會心態硏究〉. 앞의 논문.

56) 路翎.《初雪》. 寧夏人民出版社. 1981.

57) Chen, Kuan-Hsing. "The Club 51: the Culture of U. S. Imperialism" 성공회대학교 동아시아연구소 집담회 자료집. 2001.

58) 그러나 38선의 분할은 확실히 1945년 이전 제국일본이 아시아를 구조적으로 편성해 갔던 지배 선분을 따르고 있다는 점을 간과해서는 안 될 것이다. "38도선은 관동군과 조선군의 관할을 나누었던 선분이며, 타이완해협은 항일전쟁이 벌어진 대륙지역과 그 반대의 침략전쟁이 인재 공급원으로서 규정한 식민지 타이완과의 사이에 가로놓였던 분할선이다. 이러한 점에서 본다면, 일본을 제외하고 아시아의 모든 지역에서 제국지배와 냉전구조가 어떤 종류의 차이를 포함한 연속성이라는 상을 나타낸 것도 쉽게 납득할 수 있을 것이다." 丸川哲史.《冷戦文化論-忘れられた曖昧な戦争の現在性》. 東京: 双風舎. 2005.

2. 냉전기 아시아 상상과 반공 정체성의 위상학(김예림)

1) 이 글에서 '아시아'는 주로 동아시아, 동남아시아를 지시하는 것으로 사용한다. 당시 논단에서 대부분 "아세아", "아시아"라는 용어를 사용하고 있기 때문에 일단 이 용어를 그대로 빈다. 당시 문헌들을 보면, 논자마다 차이는 있지만 주로 '아시아'는 동아시아와 동남아시아 지역을 지시한다. 그러나 문화사/문명사 논의에서는 인도나 서아시아 지역도 언급되곤 하기 때문에 이 글에서는 당시 용례를 따라 '아시아'로 쓴다.

2) 현실사회주의의 붕괴와 지구화의 가속화 그리고 시장개방이 맞물린 1990년대 초반의 상황에서 《상상》, 《창작과비평》등을 중심으로 동아시아론이 전개된다. 2000년대에는 특히 대중문화산업의 팽창('한류'로 대표될 수 있는 대중연예산업)이 지역적 상상이 대중화 · 일상화되는 데 결정적 역할을 한 것으로 보인다. 최근에는 동아시아 대중문화 교통과 관련해 논의들이 활발하게 이루어지고 있다. 최근 국내외 역사연구 · 문화연구 영역에서의 동아시아 · 지역주의 연구 가운데 이 글이 참고한 자료로는, 천광싱(陳光興). 《제국의 눈》. 백지운 외 역. 창작과비평사. 2003; 쑨거(孫歌). 《아시아라는 사유공간》. 류준필 외 역. 창작과비평사. 2003; 이동연. 《아시아 문화연구를 상상하기》. 2006. 그린비; 백원담. 《동아시아의 문화선택, 한류》. 펜타그램. 2005; 김소영 외. 《트랜스: 아시아 영상문화》. 현실문화연구. 2006; 신현준. 〈K-pop의 문화정치학〉. 아시아 대중문화 국제콘퍼런스 발표문. 2005. 그 외의 참고문헌은 글 진행과정에서 별도로 밝힌다.

3) 요네타니 마사후미(米谷匡史). 〈포스트 동아시아, 새로운 연대의 조건〉. 천광싱(陳光興) · 권혁태 외 저. 연구공간 '수유+너머' 번역네트워크 역. 《반일과 동아시아》. 소명출판. 2005.

4) 일본의 전후 아시아 인식에 대해서는 주 9를 참고할 것. 최근에 이루어진 1945년 이후 아시아론에 대한 논의로는 박진희. 〈이승만의 대일인식과 태평양동맹 구상〉. 《역사비평》 통권 76호. 역사문제연구소(역사비평사). 2006 가을; 최영호. 〈이승만 정부의 태평양동맹 구상과 아시아민족반공연맹 결성〉. 《국제정치논총》 제39집 제2호. 한국국제정치학회. 1999: 박태균. 〈박정희의 동아시아 인식과 아시아 · 태평양 공동사회 구상〉. 《역사비평》 통권 76호. 역사문제연구소(역사비평사). 2006 가을. 그 외. Shin Gi-Wook. Asianism in Korea's politics of identity. *Inter-Asia Cultural Studies*. Volume 6, Number 4. 2005가 있다.

5) 당시 일상의 풍속도와 가치관을 보여주는 "마카오 신사"나 "무역풍"으로 들뜬 도시, 다방 풍경에 대한 자료들 혹은 해방 후 국경을 넘어 귀향하는 이산자들의 육

성을 수집해 삶의 현장으로 밀려들어 오고 묻어들어 온 아시아라는 것의 상을 구성할 수도 있을 것이다. 그러나 조사 결과 이러한 기록들은 산발적으로 흩뿌려져 있었고, 더구나 당대인이 체험한 시공간이 일국적 차원으로 집중되면서 확연하게 소실되고 있었기에 보류하지 않을 수 없었다. 이 삶의 기록들은 '사상'보다는 '체험'으로서의 아시아 상을 구성하는 데 매우 중요한 자료가 될 수 있을 것이다. 이 문제와 관련해 귀환을 모티프로 한 소설들에 대한 논의는 지역적 상상과 관련해 의미 있는 연계점을 제공해 준다고 생각한다. 그러나 이는 '연계'되는 지점일 뿐 이러한 텍스트를 통해 해방 이후 냉전기에 실제적으로 전개되었던 지역적 상상을 추론하기란 어렵다. 왜냐하면 귀환의 경험 자체가 '고국', '고향'이라는 현실적 · 가치론적 구심점을 향해 이산의 지역적 경험을 지워나가는 '축소'와 '환원(reduction)'의 양식이기 때문이다. 귀환 소설에 대한 최근의 논의로는 정재석. 〈해방기 귀환 서사 연구〉. 연세대학교 석사논문. 2007 참고.

6) 일본의 동남아배상정책이 전후 일본 경제에 부흥을 가져온 중요한 계기로 작용했음은 주지의 사실이다. 이에 대해서는 内海愛子. 《戦後補償から考える日本とアジア》. 山川出版社. 2006. 특히 1, 2장 참고.

7) 쑨거(孫歌). 《아시아라는 사유공간》. 류준필 외 역. 창작과비평사. 2003. 특히 〈아시아는 무엇을 의미하는가〉가 이 문제를 다루고 있다. 인용은 84~85쪽. 그 외 다케우치 요시미(竹內好). 《일본과 아시아》. 서광덕 외 역. 소명출판. 2004; 梅棹忠夫. 〈文明の生態史觀序説〉. 文藝春秋 編. 《戦後50年日本人の発言》 上 참고.

8) 다케우치 요시미와 우메사오 다다오의 아시아론의 이론적 · 이념적 입장은 매우 다르다. 쑨거는 이들의 아시아론이 갖는 의의를 전후 일본의 자기성찰이라는 측면에서 논하고 있다. 이에 대해서는 위의 책 참고.

9) 小熊英二. 《'民主'と愛國》. 新曜社. 2003; 丸川哲史. 《冷戦文化論》. 双風舎. 2005; 丸川哲史. 《リージョナリズム》. 岩波書店. 2003; 道場親信. 《占領と平和》. 青土社. 2005: 나카노 도시오(中野敏男). 《오쓰카 히사오와 마루야마 마사오》. 서민교 외 역. 삼인. 2005; 大串潤兒. 〈戦後の大衆文化〉. 《戦後改革と逆コース》. 吉田 裕 編. 吉川弘文館. 2004; 佐藤卓己. 〈前後世論の成立〉. 《思想》 No 980. 2005

10) 특히 '전전//전후'라는 '단절'의 메커니즘에 대한 비판적 검토로는 나카노 도시오의 위의 책 참고.

11) 이와 관련해서는, 이시카와 마쓰미(石川眞澄). 《일본 전후 정치사》. 박정진 역. 후마니타스. 2006; 北原 惇. 《幼兒化する日本人》. リベルタ出版. 2005 참고.

12) 박인환. 〈인도네시아 人民에게 주는 詩〉. 《신천지》. 1948. 2.

13) 박인환. 〈南風〉. 《신천지》. 1947. 7.

14) 설정식. 〈滿洲國〉. 《신천지》. 1948. 10.
15) 이에 대해서는 김예림. 《1930년대 후반 근대인식의 틀과 미의식》. 소명출판. 2004 참고.
16) 주요한. 〈勝利의 太平洋〉. 《춘추》. 1942. 4.
17) 식민지 시기 "남방" 열풍에 대해서는. 권명아. 《역사적 파시즘》. 책세상. 2005. 특히 4부 참고.
18) 상흠. 〈太平洋 同盟과 東亞의 政局〉. 《신천지》. 1949. 8. 25쪽.
19) 정일형. 〈太平洋 同盟의 政治的 構成〉. 《신천지》. 1949. 9. 11쪽.
20) 이에 대해서는 최영호; 박진희. 앞의 글 참고.
21) 이선근. 〈解放 亞細亞 五年史〉. 《신천지》. 1950. 2. 16쪽.
22) 박기준. 〈波濤치는 太平洋-太平洋의 過去와 亞細亞의 將來〉. 《신천지》. 1949. 9. 182쪽.
23) 이 논의가 전후에 다시 출현한 양상에 대해서는 다케우치 요시미. 앞의 책 참조.
24) 전후 일본 정부는 경제적 심각성과 국토의 황폐함을 역설하면서 국가적 차원의 일치단결을 호소한다. 이에 대해서는 経済安定本部. 〈經濟実狀報告書〉(1947) 참고. 그 외 당시 일본의 노동운동 상황 혹은 국가 재건의 논리를 파악할 수 있는 것으로, 小泉信三. 〈共産主義批判の常識〉. 1949 참고. 이 자료들은 모두 文藝春秋 編. 《戰後50年 日本人の發言》(上). 文藝春秋. 1995에서 참고. 그리고 전후 일본의 경제부흥에 대해서는 하시모토 주로(橋本壽朗). 《전후의 일본경제》. 유희준 · 송일역. 소화. 1996; 이혜숙. 〈전후 미국의 대일 점령 정책: 경제정책을 중심으로〉. 《사회와역사》 제52집. 한국사회사학회. 1997 참고.
25) 군정기 미국의 대한 정책에 관해서는 김균. 〈해방공간에서의 의식통제: 미군정기 언론 · 공보정책을 중심으로〉. 《언론문화연구》 제17집. 서강대학교언론문화연구소. 2001 참고.
26) 오소백. 〈이 풍진 世上을 만났으니〉. 《신천지》. 1949. 7. 70쪽.
27) 이태영. 〈韓國戰爭의 歷史的 意義〉. 《사상계》. 1953. 5. 24쪽.
28) 성창환. 〈經濟學을 공부하는 學徒에게〉. 《사상계》. 1955. 6. 101쪽.
29) 이태영. 앞의 글. 12쪽.
30) 김기석. 〈韓國戰爭의 歷史的 意義〉. 《신천지》. 1953. 549쪽.
31) 위의 글. 49쪽.
32) 이에 대해서는 김석길. 〈아시아 反共民族 會議의 胎動〉. 《신천지》. 1954. 2; 신기석. 〈아시아 民族 反共聯盟의 進路〉. 《신천지》. 1954. 8; 공진항. 〈韓國의 反共十字架 運動〉. 《초점》. 1956. 2 참고.
33) 김용성. 〈亞細亞의 中立性〉. 《현대공론》. 1954. 5. 248쪽.

34) 김두헌. 〈國家生活의 必然性〉. 《신천지》. 1950. 5. 7쪽.

35) 오종식. 〈韓國의 國際的 位置와 그 歷史的 課題〉. 《현대공론》. 1954. 5. 20쪽.

36) 위의 글. 18쪽.

37) 코스모폴리터니즘을 둘러싼 인식은 냉전기 한국의 경제개발 논리와 관련해서도 흥미로운 측면이 있다. 1960년대 중반에 이철범은 '민족의 생존'을 논하면서 코스모폴리터니즘의 허구성을 논한다: "이상한 일이다. 이차대전 후 세계 속에 존재하는 모든 국가 민족은 그 국가, 민족을 넘어 세계주의에의 길을 높이 외치고 있지만 기실 어느 때보다 제 민족, 국가 속에 움츠러든다는 것은 실로 모순에 찬 일이다 …… 세계는 어느 때보다도 무섭게 분열되고 있으며 어느 때보다도 세계 평화를 갈망하고 있다. 세계주의를 내거는 모든 나라가 남의 나라보다도 제나라 제 민족의 의지에 뿌리박고 있다는 이 모순을 인식해야 하겠다".(이철범. 〈民族意志의 決斷만이〉. 《세대》. 1965. 8. 152~153쪽)

38) 일례로, 이상백과 유정기는 1956년 1월부터 3월에 걸쳐 《조선일보》에 〈동양문화/서양문화〉를 주제로 논쟁을 벌인다. 그리고 1957년 8월《사상계》는 〈동양의 재발견〉이라는 제하의 특집을 마련한다. 여기에는 총 5편의 논문이 실리는데, 아시아적 정체성 문제를 다루는 경제학자의 글에서 동양철학의 '무'의 사상이나 동양 예술의 특질을 분석하는 글들에 이르기까지 다양한 연구 결과가 실린다.

39) 동양사학회 창립 및 동양사 관련 연구논문과 학회목록은, 김임자. 〈자료: 국내 동양사관계논문요목 1945~1960〉. 《동양사학연구》 1권. 동양사학회. 1966 참고. 그리고 1945년 이후 한국과 타이완의 국립대학 형성 및 인문학 재편 양상을 검토한 논문으로는 윤영도. 〈2차세계대전 후 남한과 대만(臺灣)의 국립대학의 초기 형성 연구〉. 《중국현대문학》 제40호. 한국중국현대문학학회. 2007 참고.

40) 배성룡. 〈東洋政治思想及 그 樣相의 硏究〉. 《사상계》. 1953. 5. 70쪽. 그는 또 동양인의 불확실한 인생관을 개선해 "방황하는 실망적, 낙담적인 인간적 불안"에서 벗어나자는 주장을 하기도 했다. 이에 대해서는 배성룡. 〈東洋人의 人生觀〉. 《사상계》, 1953. 4 참고.

41) 김덕룡. 〈國史의 基本性格〉. 《사상계》. 1953. 11. 53쪽.

42) 제2차 세계대전 후 미국 지역연구의 판도에 대해서는, 김경일. 〈전후 미국에서 지역연구의 성립과 발전〉. 《지역연구의 역사와 이론》. 김경일 편저. 문화과학사. 1998 참고. 그리고 미국의 일본연구에 내포된 정치적 맥락에 대해서는 道場親信. 앞의 책. 특히 1부 참고. 미국 지역연구에 대한 비판으로는 해리 하르투니언. 《역사의 요동》. 윤영실 외 역. 휴머니스트. 2006. 특히 1장 참고.

43) 배성룡. 〈우리 民族性과 東洋學〉. 《사상계》. 1954. 1 참고.

44) 김기석. 〈日本의 不義와 東洋의 理想〉. 《사상계》. 1954.2 참고.

45) 인용 및 구체적인 논의에 대해서는 배성룡. 〈東洋的 衰退史觀 槪論〉. 《사상계》. 1954. 3 참고.

46) 신기석. 앞의 글. 48쪽.

47) 백낙준. 〈아세아와 세계정국〉. 《사상계》. 1954. 3. 13쪽.

48) 이 시기 일본인의 대중심리에 대해서는 北原 惇. 앞의 책 참고.

49) 이에 대해서는 小熊英二. 앞의 책. 특히 11장 참고.

50) 1960년대 개발 내셔널리즘의 형성과 중산층 판타지의 형성 및 일상문화에 대해서는 김예림. 〈1960년대 중후반 개발 내셔널리즘과 중산층 가정 판타지의 문화정치학〉. 《현대문학의 연구》 32. 2007. 참고.

51) 특히《여원》과 같은 잡지는《사상계》나 동시대 다른 매체와는 달리 베트남전이나 베트남에 대한 문화적인 관점의 기사를 많이 실었다. 베트남 여성들, 베트남의 풍광, 한국 참전군인의 편지, 수기 등이 그 사례들이다.

52) 박태균. 앞의 글.

3. **복수성 관리하기: 냉전 초기 싱가포르 주변의 정치학(렁유)**

1) 냉전 여론이라는 사고는, 미국의 복수성에도 불구하고 냉전의 주류 관점을 수용했던 사회의 광범위하고 자유주의적인 부문의 현존이 이데올로기적으로 그리고 문화적으로 존재했음을 제시해 준다. Robert J. Corber. *In the Name of National Security: Hitchcock, Homophobia, and the Political Construction of Gender in Postwar America*. Durham: Duke University Press. 1993. 참조.
2) Robert Griffith. "The Cultural Turn in Cold War Studies" *Review in American History*. 2001. pp.150~157; Christian G. Appy. *Cold War Constructions: The Political Culture of United States Imperialism, 1945~1966*. Amherst: The University of Massachusetts Press. 2000.
3) 예를 들어, Jim George. *Discourses of Global Politics: A Critical (Re)Introduction of International Relations*. Boulder: Lynne Rienner. 1994. pp.69~89.
4) 여기에서 '포스트콜로니얼'이란, 현재 '포스트콜러니얼학과 식민담론 분석'의 항목하에 있는 영역을 지칭하는 것이다. 이 영역의 고정된 정의가 없으므로, 포스트콜로니얼은 지식과 문화가 우발적으로 결정된 '서구' 중심과 '식민화된' 주변 사이의 상호작용을 구성하는 하나의 축을 사용한다. 포스트콜로니얼은 제국주의의 종말에 대한 표준 '서양' 역사 서사들에 저항하지만, 제국을 끊임없이 재구성되는 불변의 대상으로 보고 있다. '포스트콜로니얼'에서 중요한 것은 '식민화'가 식민지 영향의 수동적 지점으로 해석되는 것이 아닌, 서양의 비유, 문화 형식, 지식에 저항하고 그것들을 변형시키는 능동적이고 역동적인 요인으로 해석되는 능력이다. 예를 들어, Bill Ashcroft · Gareth Griffiths · Helen Tiffin. *The Empire Writes Back: Theory and Practice in Post-Colonial Literature*. London and New York: Routledge. 2005; Patrick Williams · Laura Chrisman(eds). *Colonial Discourse and Post-Colonial Theory: A Reader*. Hemel Hampstead: Harvester Wheatsheaf. 1993. 참조.
5) 문화적 표현이면서 이데올로기적 구조로서 '서양'과의 혼돈을 피하기 위해서, 여기에서 유럽은 미국을 포함한다.
6) 〈냉전학 저널(The Journal of Cold War Studies)〉과 같이 최근 공개된 아카이브 자료 사용을 홍보하고자 하는 새로운 저널들조차 주로 유럽에 초점을 맞추고 있다. 유럽 이외 지역의 냉전에 대한 기사가 특집으로 나가는 경우는 드물다.
7) Akira Iriye. *The Cold War in Asia: A Historical Introduction*. Englewood Cliffs: Prentice-Hall. 1974.

8) Sankaran Krishna. "The Importance of Being Ironic: A Postcolonial View of Critical International Relations Theory" *Alternative* 18:3. 1994. pp.385~417. 서양 중심의 자기지시성을 주장하는 텍스트는 David Campbell. *Writing Security: United States Foreign Policy and the Politics of Identity.* Minneapolis: University of Minnesota Press. 1998. 참조.

9) Christina Klein. *Cold War Orientalism: Asia in the Middlebrow Imagination, 1945~1961.* Berkeley: University of California Press. 2003.

10) Aijaz Ahmad. *In Theory: Classes, Nations, Literatures.* London: Verso. 1992.

11) Bill Ashcroft. *Post-Colonial Transformation.* London and New York: Routledge. 2000.

12) Richard Clutterbuck. *Riot and Revolution in Singapore and Malaya, 1945~1963.* London: Faber and Faber. 1973. p.56.

13) 친 펑(Chin Peng)의 정당정치에 대한 가설로는, 내부 압력으로 영국과의 평화적이고 열린 협력이라는 정책을 말레이공산당이 포기하도록 했는데, 그것이 라이 테크가 취한 접근방식이었기 때문이다.

14) Phillip Deery. "Malaya, 1948: Britain's Asian Cold War?" *Journal of Cold War Studies* 9:1 winter. 2007.

15) Malcolm MacDonald. "Malaya Faces New Problems in a Changing Asia" *The Straits Times Annual.* 1951. p.25.

16) Foreign Office, Great Britain. *Proposed Meeting between the Commissioner General, Singapore and other High Commissioners and Governors in the Far East to Consider Ways of Conducting the Cold War in S.E. Asia.* 1950. FO 371/84482. London: Public Records Office. 1994; 또한 Colonial Office, Great Britain. "The Cold War in S.E. Asia" inward saving telegram December 12, 1953. CO1022/245(London: Public Records Office. 1984)

17) Deery. 앞의 글. pp.31~32.

18) 아마도 싱가포르가 이미 길을 잃었으며, 가까운 미래에 공산주의 지배에서 스스로를 구원할 수 없을 것이라는 게 내 개인적인 견해다. 그 일이 발생한다면 물론 결과는 말레이반도와 동남아시아 전역에서 폭발적일 것이다. 나는 경고자가 되기를 바라지는 않지만 우리가 더욱 쓰디쓴 대안에 직면하기 전에 현실을 직시하는 일이 좋을 것이라고 생각한다." Kenneth T. Young. memorandum from the director of the Office of Philippine and Southeast Asian Affairs. "Political Situation in Singapore" February 17. 1956. Foreign Relations of the

United State, 1955~1957. vol.22(Washington: United States Government Printing Office. 1989). p.765.

19) John Foster Dulles. telegram from the Department of State to the Consulate General at Singapore. March 1, 1956. *Foreign Relations of the United States, 1955~1957*. p.767. 또한 Walter S. Robertson. memorandum from the Assistant Secretary of State for Far Eastern Affairs to the Secretary of State. "Imminent Political Crisis in Singapore: Recommendations." March 30, 1956. Foreign Relations of the United States, 1955~1957. p.770

20) Staff study prepared by an interdepartmental committee for the Operations Coordinating Board. "Summary on the Communist Threat to American Interests in Singapore and Malaya and Possible Countermeasures." December 14, 1955. *Foreign Relations of the United States*. p.744~754: John Foster Dulles. circular instruction from the Department of State to certain Diplomatic missions and Consular Offices. "Detailed Suggestions of Possible British Action to Counter Subversion in Maylal." January 14, 1956. *Foreign Relations of the United States*. pp.756~759.

21) *The Singapore Standard*. April 3, 1954. p.1

22) *The Singapore Standard*. April 14, 1954. p.1

23) *The Singapore Standard*. April 8, 1954.

24) *The Singapore Standard*. September 1, 1954.

25) Mary Bradford. "A Planter's Wife… and the Emergency." *The Straits Annual*. 1952. pp.46~48.

26) '브리그 계획'이란 말레이시아에서 고립되어 살고 있는 공유지의 정착자들을 임시 공동체로 옮기는 작업으로, 그 공동체는 경찰 경계 표시와 철창 울타리로 보호되어 있었다. 브리그 계획은 공산주의 폭동을 더욱 어렵게 만들기 위한 의도였다. Harry Miller. "Resettling 500,000 Squatters." *The Straits Annual*. 1952. pp.77~80

27) S. Brooke-Wavell. "Jungle Squad." *The Straits Annual*. 1952. pp.115~117.

28) Jim Baker. *The Eagle in the Lion City: America, Americans and Singapore*. Singapore: Landmark Books. 2005. p.194.

29) Kumar Ramakrishna. *Emergency Propaganda: The Winning of Malayan Hearts and Minds 1948~1958*. Richmond: Curzon Press. 2002.

30) Ramakrishna. 앞의 책. pp.79~80.

31) Department of Public Relations, Federation of Malaya. *Background Information and Material for Speakers: The Emergency and Anti-Bandit Month*. 1950.

32) Phillip Deery. "The Terminology of Terrorism: Malaya, 1948~52" *Journal of Southeast Asian Studies* 34:2, 2003. p.246.

33) Information Services, Federation of Malaya. *The Danger and Where it Lies*. Kuala Lumpur: n.p. 1957. pp.49~50.

34) Legislative Assembly, Singapore. "The Communist Threat in Singapore" sessional paper no. cmd. 33. 1957.

35) "Our Greatest Loss" *The Malayan Undergrad*. November 11. 1951. p.1.

36) Donald Wyatt. "Communism or Communalism in South East Asia?" *The Malayan Undergrad*. January 1960. p.6.

37) Tse-kwang, Hsu. "War. Inevitable?" *The New Cauldron*. Michaelmas/Hilary Terms 1950/51. p.7.

38) "Aggression in Asia" *Fajar* 7. May 10, 1954, p.1. 또한 다음을 참조하라. "Points of View" *Fajar* 14. December 30, 1954. pp.1-2; "Lest we Forget." *The New Cauldron*. Hilary Term 1951-1952. pp.3-7.

39) Tommy Koh. "The Student's Role in the Asian Social Revolution" Fajar 2:7. April, 1960. p.2; "Socialism - 1: An Article for Discussion" Fajar 3. October, 22, 1953. p.10; Nadeswaran, "Socialism - 2" Fajar 4. December, 1953. pp.5-6, p.8.

40) "Emergency and the University" *The Malayan Undergrad*. March 6, 1951. p.4; "Council to Protest Against Students' Detention" *The Malayan Undergrad*. May 9, 1951. p.1; " 'Democracy' Comes to Malaya," *Fajar* 5. March 10, 1954. p.1; Chua Sian Chin, "In the Name of Democracy," *Fajar* 5. March 10, 1954. p.3; "One More Step to the Rear - Forward March!" *Fajar* 6. April 10, 1954. p.1.

41) John Drysdale. *Singapore: Struggle for Success*. Singapore: Times Books International. 1984. p.78.

42) 좌익 인민행동당 당원들이 당에서 제명되자 친공산주의 당원들이 대거 탈당했으며, 이는 바리산 소시알리스(Barisan Sosialis: 사회주의 전선)의 탄생을 가져왔다.

II. 냉전풍경 2: 지식/정보 혹은 규율의 재생산 제도

1. 탈식민, 냉전, 그리고 고등교육(윤영도)

1) 미군정과 친일파 사이의 정치적 권력 관계, 공모 관계, 그리고 미군정에 의해 시행되었던 교육정책에 내재되어 있는 신식민주의(혹은 문화 제국주의)적 성격에 주로 초점을 맞춘 연구 성과들로는 한준상, 이희수, 이길상 같은 이들의 논문을 예로 들 수 있을 것이다.
2) 《녹기(綠旗)》. 1943년 1월호. 日文(김병걸 · 김규동 편. 《친일문학작품선집 1》. 실천문학사. 1986. 12쪽에서 재인용)
3) 박광현. 〈'경성제국대학'의 문예사적 연구를 위한 시론〉. 《한국문학연구》 제21집. 동국대학교 한국문학연구소. 1999. 3 참조.
4) 정재철. 〈일제하의 고등교육〉. 《한국교육문제연구소논문집》 No. 5. 1989; 歐素瑛. 〈傳承與創新-戰後初期的臺灣大學(1945-1950)〉. 國立臺灣師範大學 歷史學系. 박사논문. 2004 참조.
5) 경성제국대학과 다른 제국대학들의 학부 비교는 다음을 참고하라. 박광현. 〈京城帝國大學と朝鮮學〉. 名古屋大學大學院 人間情報學硏究科 박사논문. 2002. 2. 11쪽.

	법학부	의학부	공학부	문학부	이학부	농학부	경제학부
東京帝大	●	●	●	●	●	●	●
京都帝大	●	●	●	●	●	●	●
東北帝大		●			●		
九州帝大		●	●			●	
北海道帝大		●				●	
京城帝大	◐(法文-법학)	●		◑(法文-)	●(1941 설치)		●
臺北帝大	◐(文政-정학)			◑(文政-문학/철학/사학)	●(1940 농학부에서 분리)	●	

6) 스테판 다나카. 《일본 동양학의 구조》. 박영재 · 함동주 역. 문학과지성사. 2004. 49-54쪽.
7) 경성제국대학 설립 당시인 1926년을 기준으로 당시 법문학부 내 문학과 · 사학과 · 철학과에 개설된 강좌들만 살펴보자면 다음과 같다. "국사학(田保橋潔), 조선사학 제1강좌(今西龍), 조선사학 제2강좌(小田省吾), 동양사학(玉井是博), 국어학 · 국문학(高木市之助), 조선어학 · 조선문학 제1강좌(高橋亨), 조선어학 ·

조선문학 제2강좌(小倉進平), 지나어학 · 지나문학(兒島獻吉郎), 외국어학 · 외국문학(佐藤淸), 지나철학(藤塚鄰), 철학 · 철학사(安倍能成), 미학 · 미술사(上野直昭).” 괄호 안은 당시 강좌의 담당교수들로 모두 일본인이었다. 박광현, 〈京城帝國大學と朝鮮學〉, 212쪽 참조.

8) 박광현, 〈京城帝國大學と朝鮮學〉, 131쪽.

9) 이 글에서 논의하고자 하는 바가 조윤제(조선문학), 김태준(지나문학) 등과 같은 일제 시기 경성제국대학을 다녔던 조선인 학자들이 생산해 낸 지식들 모두를 일본 제국주의 이데올로기에 충실한 연구로 매도하고 폄하하고자 함은 아니다. 다만 이들의 지적 배경과 학문적 방법론이 일정 부분 일본에 의해서 비롯한 근대적 인문학이라는 지식체계의 형성과정과 깊은 관련을 맺고 있고, 또한 이들이 일본 제국주의 시기 지식-담론 체계의 영향에서 사실상 그리 자유롭지 못했다는 점을 지적하고자 함이다.

10) 이에 대해 박광현은 '동양'이라는 문화적 동일성을 역규정하기 위한 개념으로서 '외국문학'이라는 이분법적으로 타자화된 개념을 사용한 것이라 설명하고 있다. 이는 일본의 제국주의 담론에서 민족을 넘어서는 제국적 자기 동일성을 형성하기 위한 타자와의 경계 긋기를 위해 '동양'과 '서양'이라는 이분법적 개념을 자주 이용했다는 측면에서 일정 정도 설득력이 있다고 할 수 있을 것이다. 예를 들자면, 앞서 언급한 도쿄제국대학의 대표적인 사학자인 시라토리의 경우, 유럽에서 말하는 세계사가 '서양사'에 불과하다고 주장하면서, 이에 대등한 '동양사'를 구축하는 작업을 시도했으며, 일본의 천황제라는 역사적 관념을 통해서 일본의 유일성과 정체성을 확인하고자 했다.(스테판 다나카, 앞의 책, 80쪽, 107쪽) 이와 같은 '동양'이라는 관념하에 동아시아의 자기 동일성의 근거를 찾고자 했던 제국주의 지식-담론을 생산해 내는 것은 당시 제국대학의 중요한 임무였다. 이 과정에서 형성된 '동양'의 동질성은 '서양'이라는 타자에 대한 대립적 개념으로서 형성된 것일 뿐, 이것이 곧 '동양'의 이민족들에 대한 진정한 동질성의 인식을 의미하는 것은 아니었다. 일본은 근대화 · 문명화라는 잣대를 통해 서구가 비서구에 대해 구사했던 것과 마찬가지의 오리엔탈리즘 담론을 다른 '동양'의 제민족들에게 구사했다.

11) 참고로 타이베이제국대학의 1944년 학제를 살펴보면, 문정학부 · 이학부 · 농학부 · 의학부 · 공학부의 5개 학부에 총 17개 학과가 있었으며, 문정학부에 25개 강좌, 이학부에 13개 강좌, 농학부에 22개 강좌, 의학부에 24개 강좌, 공학부에 30개 강좌 등 총 114개 강좌가 개설되어 있었다.

12) 동양문학 강좌는 당시 한학 연구가로 유명한 구보 덴즈이(久保天随, 본명은 久保得二)가 담당했으며, 그가 죽은 뒤 간다 기이치로(神田喜一郎), 하라다 스에키요

(原田季清) 등이 이를 이어받아 담당하게 된다.

13) 歐素瑛. 앞의 글. 20쪽.

14) 이 가운데 특히 고등교육과 관련된 부분을 잠시 살펴보자면, 미국교육사절단은 1946년 3월 제1차 보고서에서 1) 고등교육 기회의 균등화와 확대(제국대학 졸업생의 각종 특권의 수정이 불가피함), 2) 관공립 고등교육기관과 사립 고등교육기관의 본질적인 동등 지위 확보, 3) 대학 과정에 일반교양 과정의 확충(기존 일본 고등교육은 지나치게 일찍 전문화되고 과도하게 세분화되어 개방적인 인문적 태도를 배양할 필요가 있음) 등을 일본 고등교육의 개혁을 위한 중점 사항들로 지적하고 있다.

15) 여기서 통폐합된 학교에는 경성대학과 8개 관립학교(경성경제전문학교, 경성법학전문학교, 경성의학전문학교, 경성광산전문학교, 경성사범학교, 경성공업전문학교, 경성여자사범학교, 수원농림전문학교), 그리고 1개 사립학교(경성치과전문학교)가 포함되었다.

16) 이러한 서울대학교의 설립 과정에서 가장 중요한 모델이 되었던 것은 미국식 고등교육 시스템이었다. 우마코시 도루의 설명에 따르면, 종합대학으로서 새롭게 탄생한 서울대학교는 상당부분 미국의 대규모 주립대학을 모델로 한 것이었으며, 관리운영기구로서 설치된 이사회를 비롯한 다양한 행정 조직들과 교원 조직들 역시 미국식 대학 모델을 채용한 것이었다 한다. 우마코시 도루(馬越徹). 《한국 근대대학의 성립과 전개》. 한용진 역. 교육과학사. 2001. 참조.

17) 歐素瑛. 앞의 글 참조.

18) 羅宗洛. 〈回憶錄: 接受臺灣大學日記〉. 《植物生理學通迅》 第35券. 第2期. 1999. 4. 참조.

19) 吳密察. 〈植民地大学とその戦後〉. 《記憶する台湾 : 帝国との相剋》(吳密察 外). 東京大學出版會. 2005 참조.

20) 여기서 '재서사화'라고 설명하는 이유는, 일제 시기에는 제국주의적 오리엔탈리즘의 맥락 속에서 지방학이라는 범주하에 형성되었던 인문학적 지식들이 국민국가 형성이라는 맥락 속에서 민족적 자기 정체성을 설명하기 위한 지식으로서 재맥락화 되었던 측면, 즉 다시 말해서 여전히 일제 시기에 형성되었던 일본식 오리엔탈리즘 지식의 범주에서 크게 벗어나고 있지 못한 측면이 있기 때문이다. 홍석률은 〈1960년대 한국 민족주의의 두 흐름〉(《사회와역사》 통권 62집. 한국사회사학회. 2002)에서 "해방과 분단을 거친 후 남한 사학계를 주도했던 인사들은 진단학회로 대표되는 일제하 문헌 고증 사학자들이었다. 일제하 문헌 고증 사학은 '식민주의 역사학과의 정면 대결이 아니라 일인 사학의 테두리 속에서 한국인의 능력을 보여주고자 하는 동참적 경쟁의식'에 치중한 것이었다는 평가를 받고 있다"(195

쪽)고 설명하고 있는데, 이는 당시 역사학계에도 역시 국문학계의 경우와 마찬가지로 일제 시기 생산되었던 지식들이 '재서사화'되는 측면이 존재하고 있었음을 보여주는 것이라 하겠다.

21) 경성제국대학 최초의 조선인 지나어문학 전공자이면서 또한 일제 시기 동안 국문학 방면에서 《조선소설사》, 《조선한문학사》 등과 같은 뛰어난 연구 업적을 낳기도 했던 김태준(1931년 졸업)의 경우, 좌익 정치활동으로 인해 해방 이후 다시 대학으로 복귀하지 못하고, 남로당의 문화공작을 펼치다가 국군 토벌대에 붙잡혀 처형당하고 마는데, 이는 중문학계는 물론 학술계 전반에 커다란 손실이라 할 수 있을 것이다.

22) 사실상 근대 이전까지만 해도 중국문학은 타자의 문학인 외국문학으로 인식되었다기보다는 한학(혹은 국학)이라는 차원에서 자기 동일적인 것으로 인식했다고 보는 편이 나을 것이다. 그런 의미에서 보았을 때, 일제 시기 수용한 '동양' 담론을 통한 중국문학에 대한 인식은 비록 같은 '동양'이라는 범주로 묶여 있기는 했지만, 다분히 제국주의적인 차원에서 대상화·타자화된 것이었다고 할 수 있을 것이다. 그리고 이와는 별개로 국내 유림의 한학 전통 담론 역시 하나의 중요한 흐름을 형성했다.

23) 이후 한국전쟁을 전후로 인문학 분야에는 전반적인 세대교체와 함께 미국의 교육 원조 및 교류 프로그램 등을 통해 새로운 영미 계열의 이론과 방법론들이 적극 수용되면서 해방 직후의 지식-담론과는 다른 새로운 층을 형성해 나가게 된다. 이 과정에서 미국의 지적 영향력은 급격히 확대될 수 있었다.

24) 中國文學系系史(第二稿). www.cl.ntu.edu.tw 참조.

25) 타이완 출신의 학자들 가운데 타이완대학의 교원으로 임용되었던 이들로는 중국문학과의 우서우리와 황더스 이외에, 사학과의 양윈핑(楊雲萍) 교수, 천징허(陳荊和) 강사, 쉬셴야오(徐先堯) 조교 등이 있었다. 吳密察. 앞의 글 318쪽.

26) 1994년에 이르러서야 비로소 외국문학과에서 일본어문학과를 독립시키게 되는데, 냉전 질서의 해체와 국민당 정권의 약화, 그리고 대만독립파의 득세 등 전반적인 정체 변화와 깊은 관련이 있으리라 여겨진다.

2. 홍콩의 탈식민주의 정치와 문화 냉전(뤄융성)

1) 陳光興.《去帝國: 亞洲作為方》. 台北: 行人出版社. 2006.

2) 지면의 한계로 이 글에서는 여기에서 제기한 모든 문제를 조금씩 다룰 수 없으므로 졸고를 참고할 수 있다. Law Wing Sang. "The Impacts of Cultural Cold War and the Vicissitudes of Chinese Cultural Nationalism in Hong Kong" *Conference on Dynamics of Cold War Culture in East Asia: Cultural Changes in the Region During the Cold War in 1960s–70s and Cultural Politics of the Nation State*. Institute of East Asian Studies, Sunkonghoe University, Seoul. 2007.

3) 후에 중국과 소련의 관계 악화로, 중국이 홍콩의 영국 당국에 중요하게 요구한 것은 바로 소련 (고립) 압박정책이었다. 중국공산당이 홍콩 좌파에 지시한 것은, '애국과 반패권'을 위주로 하는 정책이었다. 소위 '반패권'은 '소련'의 침투를 막는 것이었다. 비록 소련의 세력이 홍콩에서 순전히 가짜였다 하더라도 홍콩의 친베이징 좌파는 그 지시를 기본으로 다른 좌파가 이끄는 노동운동을 공격했다.

4) 許敦樂.《墾光拓影》. 香港: MCCM Creations. 2005.

5) 예를 들어, 1952년에는 선지(沈寂), 쓰마원썬(司馬文森), 수스(舒適), 류충(劉瓊), 마궈량(馬國亮) 등 좌파 영화인 20여 명을 국경 밖으로 추방했다. 1964년에는 유명한 우파 문화인사 자오즈판(趙滋蕃)이 '환영받지 않는 인물'로 거론되어 홍콩에서 강제 추방당했다.

6) 이 지적은 결코 좌파와 우파가 식민지 정부와 투쟁하지 않았음을 말하는 것이 아니다. 실제로 1950년대 내내 여러 번 식민지 정부와 좌파 간의 충돌이 있었다. 예로 1952년의 '3 · 1' 소동과 1954년 전차노조 분규, 1957년의 해군 도크(dock) 노조 파업 등이 있었다. 周奕.《香港左派鬥爭》. 香港: 利文. 2002 참조

7) 張家偉.《香港六七暴動內》. 香港: 太平洋世紀. 2000.

8) 香港專上學生聯會 編.《香港學生運動回》. 香港: 廣角鏡, 1983.

9) 그러나 홍콩 좌파 인사들의 설명에 따르면, 홍콩 노조 분열의 절정은 1952년이었다. 미국 국무원이 만들고 자금을 댄 국제자유노조연합회(國際自由工會聯合會) 조직은 아시아, 특히 홍콩에서 각종 직업의 '자유노조' 운동을 책동하고, 좌파 이외의 다른 '자유노조(自由工會)'를 만들었다. 周弈.《香港左派鬥爭史)》. 香港: 利文出版社. 2002. pp.75~80 참조.

10) 1956년 10월 10일 쌍십절, 홍콩 주룽반도 침사추이 구 장사완 북쪽에 있는 리정 아파트에서 한 사무실 직원이 상급자의 지시를 받아 벽에 붙은 깃발과 커다란 쌍십절 간판을 떼어버린다. 이에 친대만 인사들이 집단적으로 항의를 표시했

다. 이들은 홍콩정부에 사과의 표시로 10만 개의 폭죽을 터뜨릴 것과, 깃발을 제거한 사람이 장제스의 동상 앞에서 절할 것을 요구했다. 이 요구가 거절당하자 친대만 인사들은 그 직원을 구타하고 사무실에 불을 지른다. 공산주의자가 운영하는 공장이 불에 타고 몇 명이 죽음을 당한다. 이후 사태는 더욱 커져서 10월 11일 시위대가 한 택시 안에 외국인이 타고 있는 것을 보고 불을 지른다. 이 불로 스위스 대사 부인이 죽음을 당한다. 양 세력의 갈등을 극단적으로 드러내주는 사건이다.-옮긴이

11) 陸鴻基.《從榕樹下到電腦前. 香港教育的故》. 香港:進一步多媒體. 2003. pp.138~144.

12) 羅永生.〈以管理主義轉化殖民主〉. 陣清橋(編).《文化想像與意識形態: 當代香港文化政治論》. 香港: 牛津大學出版社. 1997.

13) 張詠梅.《邊緣與中心. 論香港左翼小說中的 香港》. 香港: 天地圖書. 2003.

14) 容世誠."圍堵頡頏 ; 整合連橫:'亞洲出版社'-'亞洲影業公司'初探".1950-1970年代香港電影的冷戰因素學術研討會暨影人座談會. 香港大學亞洲研究中心. 十月 2006.

15) 鍾寶賢.《香港影視業百年》. 香港: 三聯. 2004.

16) 1953년 '영화제작 검열규정'은 다음과 같이 설명하고 있다. '정치문제에 관해서는, 그 영화의 상영 가능 여부와 관련해 영화가 혼란을 야기할 수 있는지 불쾌한 사건인지에 대한 문제를 전적으로 심사위원의 판단에 의거한다.' 余莫雲.《香港電影史話》. 次文化堂. p.147. 1996.

17) 羅卡. 〈傳統陰影下的左右分家: 對'永華'和'亞洲'的一些觀察及其他〉. 《香港電影的中國脈絡》(第十四屆香港國際電影節特刊). 香港: 香港市政局. 1990. pp.10~14.

18) 한옌리(韓燕麗)는 〈정치를 논하지 않는 정치학〉에서 〈만포여랑(曼波女郎)〉(이원[易文], 1956), 〈옥녀사정(玉女私情)〉(탕황[唐煌], 1959), 〈후문(後門)〉(리한샹[李翰祥], 1960)의 영화 서사를 분석했다. 그 영화는 모두 생모가 딸을 찾는 것을 주제로 하는데, 생모는 결코 비극적인 인물이 아니다. 〈만포여랑〉에서 주연 배우는 마지막에 양부와 계속 유쾌한 생활을 하는 것을 선택한다. '양부'와 '생모'의 알레고리는 홍콩인이 조국(생모)을 떠나 식민지 생활(양부)에 다다른 경험을 가리킨다. 사실 홍콩에서 상당히 유행했던 문화현상은 '양부'와 '생모'의 관계로 '식민과 피식민'의 관계를 대체하는 것이었다. 韓燕麗.〈不談政治的政治學: 港產倫理親情片試〉. 1950-1970年代香港電影的冷戰因素學術研討會暨影人座談會, 香港大學亞洲研究中心. 十月 2006.

19) Alfred Eckes& Thomas Zeiler(eds). "Containing and Consuming,

1947~1957" *Globalization and the American Century*. Cambridge: Cambridge University Press. 2003. pp.131~155.

3. 미 점령하의 '일본문화론'(미치바 치가노부)

1) 굳이 이 '진부'한 형상에 집착함으로써 다워는 때로 감상적인 울림이 있는 '파트너십'이라는 말을 역사적으로 탈신화화하고자 했던 것으로 생각할 수 있다. 하지만 이 말이 너무 쉽게 멜로드라마적 상상력을 자극한다는 점에는 유의해야 하겠다.
2) 이에 대해서는 五百旗頭真.《米国の日本占領政策: 戦後日本の設計図》. 中央公論社. 1985; 道場親信.《占領と平和: '戦後'という経験》. 青土社. 2005; 加藤秀俊.〈解説日本文化論〉. 加藤秀俊 編.《日本文化論》. 徳間書店. 1966 참고.
3) 이 글은 2006년 4월 성공회대학교에서 개최된 학술회의〈동아시아에서 탈식민지적 재편과 문화냉전/냉전문화의 전개: 1945-1950년대〉에서 발표한 논문을 수정한 것이다. 동시에 졸저《占領と平和: '戦後'という経験》(青土社. 2005)에 수록된 논문의 논지 일부를 압축해 수정 · 보완한 것임으로 밝혀둔다.《菊と刀》의 출판과정 및 일본문화론의 전개에 대한 보다 상세한 논의는 이 논문들을 참고해 주기 바란다.
4) 2002년 여름, 일어판《菊と刀》을 공급해 온 출판사(社會思想社)가 도산해 얼마동안 이 책을 구할 수 없었는데, 2005년 여름에 대형출판사 고단샤(講談社)에서 문고본으로 재간되었다. 이에 대해서는 副田義也.《日本文化試論: ベネディクト《菊と刀》を読む》. 新曜社. 1993 참고.
5) 青木保.《'日本文化論'の変容: 戦後日本の文化とアイデンティティー》. 中央公論社. 1990. 29쪽.
6) 豊下楢彦.〈'無条件降伏'と戦後世界秩序: 分析枠組のための覚書〉. 川端正久 編.《1940代の世界政治》. ミネェルヴァ書房. 1988. 347쪽.
7) 加藤哲朗.《象徵天皇制の起源: アメリカの心理戦〈日本計画〉》. 平凡社新書. 2005. 참고.
8) プルース・カミングス.《朝鮮戦争の起源 第1巻: 解放と南北分断体制の出現 1945-1947年》. 鄭敬謨 · 林哲 譯. シアレヒム社. 1989 참고.
9) 야마모토 타케토시(山本武利)는 프로파간다의 발신원이 명시되어 있는 경우를 '화이트 프로파간다'로, 발신원이 명시되어 있지 않은 모략적 프로파간다를 '블랙 프로파간다'로 분류한다. 山本武利.《日本兵捕虜はなにをしゃべったか》. 文春新書. 2001. 46쪽.
10) Alexander H. Leighton. *Human Relations in a Changing World: Observation on the Use of the Social Sciences*. New York: E. P. Dutton & Company. 1949 참고.

11) 加藤哲朗. 앞의 책 참고.

12) 위의 책. 122~135쪽.

13) 위의 책. 12쪽.

14) 위의 책. 30쪽.

15) 위의 책. 222쪽. 그리고 국무성의〈초기 대일 방침〉형성과정에 대해서는 五百旗頭. 앞의 책; 道場親新. 앞의 책. 67~78쪽. 참조.

16) 東野眞.《昭和天皇　二つの〈独白録〉》. 日本放送協会. 1998; 山本武利. 앞의 책 참고.

17) 山本武利. 앞의 책. 181~182쪽.

18) Alexander H. Leighton. 앞의 책. 44쪽.

19) 위의 책. 43쪽. 베네딕트의《국화와 칼》제1장〈연구과제: 일본〉에는 연구팀이 답해야 했던 문제가 단적으로 나타나고 있다. "본토에 침공하지 않고 일본을 항복시킬 수 있을까? 황궁 폭격을 해야 할 것일까? 일본인 포로에게 무엇을 기대할 수 있을까? 일본 군대 및 일본 본토에 대한 선전에서 어떤 말을 하면 미국인의 생명을 구하고 마지막 한 사람까지 항전하겠다는 일본인의 결의를 약화시킬 수 있을까?(1967. p.7). 이는 당연히 알렉산더 레이턴(Alexander H. Leighton)이 말한 것과 동일하다.

20) Alexander H. Leighton. 앞의 책. 92쪽.

21) 위의 책. 151쪽

22) 물론 자유주의자들이 모두 천황제에 찬성한 것은 아니다. 반식민지주의를 중시하고 일본에 대해 비판적인 친중국파 자유주의자들은 천황에 대한 중벌이나 천황제의 폐지를 주장하고 있었다. 미국의 자유주의자를 지탱하는 문화상대주의는 온갖 문화와 사회의 독자적인 '틀'을 승인했고 그 선택을 존중한다는 점에서 반인종주의적이며 반식민지주의적이었다고 할 수 있다. 제라르 르클레르(Gerard Leclerc)는 문화상대주의적인 미국의 인류학이 지닌 의미에 대해 다음과 같이 언급했다. "미국의 인류학은, 모든 인간사회는 독특한 '문화적 선택'이나 에토스(……)에 바탕을 둔 가치체계라고 사고함으로써 1930년부터 1950년까지 식민지화된 원주민 사회가 생존권을 주장하는 데 어떤 대변자가 될 수 있었다." 여기서 그는 미국의 문화상대주의와 그것에 비판적으로 대치했던 영국의 기능주의를 다음과 같이 대비하면서 흥미로운 지적을 하고 있다. "기능주의는 식민지 제국의 틀 내부에서 전통과 근대를 매개하는 간접통치에 대해 오히려 호의적인 시각을 갖고 있다. 이에 대해 문화(상대-인용자 주)주의는 오히려 정치적 · 문화적 자주성, 즉 제국을 부정하는 것으로써의 자치의 연장선에 있는 간접통치의 측면을 강조한다." 이는 '독립'을 전제로 한 일본점령 모델에도 합치하는 입장이다. 아이러니하

게도 일본의 식민지 지배를 받은 조선에서 구총독부를 활용한 '간접통치'가 실행되거나 '신탁통치' 방안이 제안되거나 하는 등, 오히려 앞 모델에 가까운 통치가 실시되었다. 인류학자들의 눈길은 조선에 닿지 않았고, 눈앞의 '적'이었던 일본에 '자주성'을 부여하는 점령정책들이 이루어졌다. 이 공화제를 '강요'할 필요가 없으며 상징천황제 형성으로 적절하다고 하는 이 시대의 문화상대주의, 자유주의자들의 입장에 대해서는 다시 한 번 생각해 볼 필요가 있을 것이다.

문화상대주의의 정신은 동시대적으로는 유네스코의 반인종주의 프로그램, 즉 인류라는 종의 단일성을 강조하고 인종적 우월이라는 억설이나 사회진화론적 관점을 논박하는 프로그램에 살아 있다(外務省情報部文化課 編.《世界の平和と安全国際教育科学文化機関ユネスコ教本》. 東京都ユネスコ協会. 1952). 핑켈크로트 알랭(Finkielkraut Alain)은 이 문화상대주의의 비전이 자문화 자폐증을 해소하는 보편적인 관점을 잃어버리게 하고 개개인에게 질곡이 된다는 점을 부정적으로 지적했다. 그의 언급은 제3세계에 대한 것이지만 오히려 일본의 천황제에 해당하는 문제라 할 수 있을 것이다. "식민지 해방철학의 비호 아래 종전에는 제국주의 서구의 심벌이었던 문화 개념이 서구로부터 등을 돌리고 거꾸로 서구가 지배했던 사회에 질적 보증을 주게 되었다. 문화적 정체성이라는 테마는 이렇게 해서 식민지 지배하의 사람들을 모방으로부터 해방시키고 침략자에 대한 열등한 패러디를 대신해서 그들 자신에게 차이에 관한 주장을 갖게 만들었고 멸시받았던 그들의 여러 생활양식을 자랑거리로 일변시켰다." 이 분리된 문화주의에 대항하는 알랭의 공화주의적 '보편' 지향은 몇 가지 이유에서 수용하기 어렵다. 즉 '보편'지향이 '적'의 이면에 불과하다는 점 그리고 상대화를 필요로 하는 문맥과 '보편' 지향이 결국 권력의 레토릭으로 되어가는 과정을 소거시켜버린다는 점에서 수용하기 어렵다. 그런데 근대 일본의 두 바퀴째(?) 문화주의를 지탱하는 철학이 베네딕트의 문화상대주의로 구현되었고 거기서부터 또다시 아오키 타모츠가 말한 '긍정적 특수성', '일본문화론'의 순환작용을 발견할 수 있다. 즉 '일본인'에 의한 '자기 주석'이라 할 만한 텍스트를 활용하면서 작성된 '패턴'에는 텍스트 그 자체인 천황제가 한가운데에 깊이 내장되어 있기 때문이다. 베네딕트의 자유주의적 태도는 일본 국민이 '자유로이 표명된 의사(포츠담선언)'에 따라 선택할 것을 미리 지시하며(실제로는 이를 추인하는 형식이었지만), 이 선택에 오히려 동기를 부여한다는 전도가 발생하고 있다. 문화상대주의는 외부의 관찰자가 그 체계 내지 패턴을 기술(記述) 가능하다고 보고 자료제공자(informant) 자신이 이 패턴을 관찰된 패턴 혹은 자기주석적 패턴으로 전유하기 시작할 때 발생하는 자기 신화화에 충분히 대응하지 못한다는 점에서 문제적이라고 여겨진다. 자민족중심주의를 비판하는 자유주의적 태도가 뜻밖에 노정하는 자민족중심주의, 이 어려운 문제를 어떻

게 감당할 것인가 하는 점에 오늘날 자유주의자들의 과제가 있다고 할 수 있다.

23) マーガレット M カフリー.《さまよえる人:ルース·ベネディクト》. 福井七子·上田誉志美 訳. 関西大学出版部. 1993; Pauline Kent. "An Appendix to The Chrysanthemum and the Sword: A Bibliography" *Japan Review*. 1995. 6.

24) 蒲生正雄 編.《現代文化人類学のエッセンス: 文化人類学理論の歴史と展開》. ぺりカン社. 1978.

25) 위의 책. 193쪽.

26) マーガレット M カフリー. 앞의 책. 418쪽.

27) 위의 책. 419~421쪽.

28) 위의 책. 425쪽.

29) 켄트 폴린(Kent Pauline)은 배서대학에 보관되어 있는 'Benedict Ruth 文書'에 대한 연구를 바탕으로 베네딕트가《국화와 칼》을 집필할 때 사용한 참고문헌의 복원을 시도하고 있다.

30) 中村政則.《象徴天皇制への道: 米国大使グルーとその周辺》. 岩波新書. 1989. 202~205쪽; 中村政則.《戦後史と象徴天皇》. 岩波書店. 1992. 87~89쪽.

31) 山極晃 · 中村政則 編.《資料日本占領 1: 天皇制》. 岡田良之助 訳. 大月書店. 1990.

32) 中村政則.《象徴天皇制への道: 米国大使グルーとその周辺》. 岩波新書. 1989. 87쪽.

33) 앞에서 살펴보았듯이, 알렉산더 레이턴은 천황제 이데올로기가 가공하고 구성한 역사상(像)의 정치적 의미에 대해 분석하고 있다. 베네딕트가 이 작위적 존재에 무지했었다고 생각하기는 어렵다.

34) 中村政則. 앞의 책.

35) ルース·ベネディクト.《定訳　菊と刀(全)》. 長谷川松治 訳. 現代教養文庫. 1967. 38쪽

36) 위의 책. 359쪽

37) 道場親信. 앞의 책. 144~146쪽.

38) 위의 책. 162쪽

39) ヒラリー · ラプスリー.《マーガレット·ミードと ルース·ベネディクト:ふたりの恋愛が育んだ文化人類学》. 伊藤悟 訳. 明石書店. 2002. 602쪽.

40) マーガレット · M · カフリー. 앞의 책. 472쪽

41) 井口治夫.〈太平洋戦争終結を巡る歴史論争: ボナー · ヘェラーズのヘンリー · スティムソン元陸軍長官批判〉細谷千博 · 入江昭 · 大芝亮 編著.《記憶としてのパールハーバー》. ミネル ヴァ書房. 2004.

42) Alexander H. Leighton. 앞의 책.

43) 米国戦略爆撃調査団.〈太平洋戦争総合報告書〉. 冨永謙吾 編.《現代史資料39 太平洋戦争5》. みすず書房. 1975. 56쪽; 米国戦略爆撃調査団.〈日本の戦争努力〉. 冨永謙吾 編.《現代史資料39 太平洋戦争5》. みすず書房. 1975. 627쪽.

44) マーガレット・ミード 編著.《人類学者 ルース・ベネディクト: その肖像と作品》. 松園万亀雄訳. 社会思想社. 1977. 111~119쪽.

45) 宮守正雄.《一つの出版·文化界史話: 敗戦直後の時代》. 中央大学出版部. 1970; 宮田昇.《翻訳権の戦後史》. みすず書房. 1999.

46) 中井三朗.〈戦後翻訳権をめぐる諸問題〉.《文学》8月号. 1955. 75쪽; 宮田昇. 위의 책. 53쪽

47) 이 제도는 나중에 공동(空洞)화되어 번역 에이전시를 통한 자유계약 시대로 들어간다. 1951년 6월 제14회 입찰을 마지막으로 자연 소멸된다. 宮田昇. 위의 책. 98쪽.

48) 東野眞. 앞의 책. 82쪽.

49) 위의 책.

50) 有山輝雄.《占領期メディア史研究: 自由と統制1945年》. 柏書房. 1996. 242쪽.

51) 위의 책. 246쪽.

52) 東野眞. 앞의 책. 82쪽.

53) 中井三郎. 앞의 글. 78~79쪽

54) 御厨貴・小塩和人.《忘れられた日米関係: ヘレン・ミアーズの問い》. ちくま新書. 1996. 115~119쪽.

55) 다케야마 아키코(竹山昭子)에 따르면, 1945년 11월부터 1946년 2월까지의 단기간에 천황제 논의와 관련된 투고가 집중적으로 이루어졌다. 신문의 부제에 '천황제'라는 용어가 출현하는 것은《아사히신문》,《마이니치신문》,《요미우리신문》의 경우 모두 다 1945년 10월부터이며 1946년에 절정을 맞는다. 그 후 3월에는 감소한다.《세계》,《중앙공론》,《문예춘추》,《전망》,《평론》,《조류》와 같은 종합잡지에서도 천황제 관련 논의는 1946년에 집중되어 있고 "1947년 3월로 모습을 감춘다."(竹山昭子.〈アメリカ占領期マスメディアの天皇制論議〉.《メディア史研究》第5号. 1996. 135쪽). 그 배경에는 역시 GHQ의 천황정책이 있다. 점령 초기의 자유화에 이어 전후 천황제의 존재양식(상징천황제)이 정식화되자(헌법개정안 발표), 천황제를 논하는 것 자체를 검열로 배제하는 정책이 이루어졌다고 한다. 에토 준(江藤淳)은 그 일면만을 비판함으로써 단순한 '우파' 평론가로 남아 있게 된다. 딜레마에 대한 파악을 놓쳤기 때문이다.

56) ルース・ベネディクト. 앞의 책. 359쪽.

57) 和辻哲朗. 〈科学的価値に対する疑問〉. 《季刊民族学研究》 14巻 4 号. 1950; 津田左右吉. 〈菊と刀のくに: 外国人の日本研究について〉. 《展望》 5 月号. 1951: 道場親新. 앞의 책. 214~218쪽.

58) 道場親新. 앞의 책. 174~190쪽.

59) 中野好夫. 〈解説〉. マーク・ゲイン. 井本威夫 訳. 《ニッポン日記》. 筑摩書房. 1963.

60) 川島武宜. 〈評価と批判〉. 有賀喜左衛門. 〈日本社会構造における階層性の問題〉. 둘 다 《季刊民族学研究》 第14巻4号. 1950.

61) 南博. 〈社会心理学の立場から〉. 《季刊民族学研究》 14巻 4 号. 1950: 飯塚浩二. 〈外人のみた日本/問題は受け取る側の態度/民衆の問題に密着した学問の高揚を吾々は実例によって知らされつつある〉. 《日本読書新聞》 550号; 飯塚浩二. 〈外人の日本研究/共同研究者の眼でみよう/津田博士の〈菊と刀のくにに望む〉〉. 《日本読書新聞》 592号. 한편 사회학자 쓰루미 가즈코 (鶴見和子)나 야나기다 구니오(柳田國男)는 비판적인 평가를 내렸다. 특히 야나기다 구니오는 불교적 죄업관이 뿌리 깊이 박혀 있는 일본인들이 '죄'의식과 인연이 멀다는 것이 이상하지 않느냐며 이론을 제기했고 정보제공자(informant)에게 문제가 있었던 것이 아니냐고 질문을 던졌다. "실제로 말의 통합만으로 하나의 민족의 형식을 설명하는 것이 무리한 일이 아니었던가"라고 베네딕트의 이론적 전제를 비판하고 있다는 점에서 근본적인 문제 제기라 할 수 있다.

4. 전후 대중매체를 통한 문화전파에 관한 연구(이종님)

1) 현대 커뮤니케이션 매체에 대한 윌리엄스의 관심 중 가장 핵심적인 논의는 문화를 물질적 영향력으로 파악하는 것이다. 윌리엄스는 커뮤니케이션이 "그 자체로 끊임없이 형성하고 변화시키는 주된 방식"이라고 말한다. 레이먼드 윌리엄스. 《텔레비전론》. 박효숙 역. 현대미학사. 1996. 11~18쪽 재정리.
2) Garth S. Jowett & Victoria O'Donnell. *Propaganda and Persuasion*. Bev-erly Hills, CA: Sage. 1986.
3) Kolko Joyce & Gabriel. *The Limits of Power: The World and United States Foreign Policy, 1945~1954*. New York: Harper & Row. 1972.
4) 차재영. 〈주한 미점령군의 선전활동 연구〉. 《언론과사회》 가을 통권 제5호. 성곡언론문화재단. 1994. 30~31쪽.
5) 김민환. 〈미군정의 언론 정책〉. 《언론과사회》 여름 통권 제8호. 성곡언론문화재단. 1995. 7쪽.
6) 박권상. 〈미군정하의 한국언론에 관한 연구(상)〉. 《신문과방송》 통권 제202호. 한국언론연구원. 1987. 67쪽.
7) 차배근. 《커뮤니케이션학 개론》. 세영사. 1976. 560쪽.
8) Karl W. Deutsch. *Nationalism and Social Communication: An Inquiry in-to the Foundations of Nationality*. London: MIT Press. 1961. pp.74~76.
9) '민족화'란 '다양한 이해를 가진 주민들을 동일한 자연적 공동체로 인식하게 만드는 과정'을 의미한다.
10) 김균. 〈미국의 대외 문화정책을 통해 본 미군정 문화정책〉. 《한국언론학보》 제44권 3호. 한국언론학회. 2000. 56쪽.
11) 김균. 앞의 글. 58~59쪽.
12) 최장집. 《한국현대정치의 구조와 변화》. 까치. 1989. 87쪽.
13) 박찬표. 《한국의 국가형성과 민주주의: 미군정기 자유민주주의의 초기 제도화》. 고려대학교출판부. 1997. 332~344쪽.
14) 김민환. 앞의 글. 8~9쪽.
15) 송건호. 《현대한국언론사》. 삼민사. 1990, 서울신문사. 《서울신문 40년사》. 1985. 재정리
16) Annual USIS Report. January 1, 1955. p.8.
17) Inspection Report USIS/KOREA. 1961. pp.11~24.
18) Annual USIS Report. January 1, 1954. p.20.
19) USIA/Washington 1955. pp.7~15.

20) Inspection Report USIS/KOREA. 1961. p.29.

21) Inspection Report USIS/KOREA. 1958. pp.2~25. 허은. 〈1950년대 '주한 미공보원(USIS)'의 역할과 문화전파의 지향〉. 《한국사학보》 제15호. 고려사학회. 2003 참고.

22) 한국방송공사. 《한국방송60년사》. 1987. 123쪽.

23) 임종수. 〈한국방송의 기원: 초기 라디오방송에서 제도 형성과 진화〉. 《한국언론학보》 제48권 6호. 한국언론학회. 2004. 375쪽.

24) 노정팔. 《한국방송50년》. 나남. 1995. 참조.

25) 박용규. 〈한국 초기 방송의 국영화 과정에 관한 연구: 1945년부터 1953년까지를 중심으로〉. 〈한국언론학보〉 제44-2호. 한국언론학회. 2000. 102~103쪽.

26) 윤병일. 〈방송사 유감〉. 한국TV방송50년위원회 편. 《한국의 방송인》. 커뮤니케이션북스. 1986. 58쪽.

27) Inspection Report USIS/KOREA. 1961. p.51.

28) 차재영. 앞의 글. 34쪽.

29) 김미현 편. 《한국영화사: 개화기(開化期)에서 개화기(開花期)까지》. 커뮤니케이션북스. 2006. 117~118쪽.

30) 김민환. 앞의 글 참고.

31) Ordinance No. 68. Summation No. 8, May 1946.

32) Memorandum. "American Future Films" GHQ, SCAP, Govt, Sect, Korea Division, March 20, 1946, RG 332, Box, 2075.

33) O.P. Echols, Chief, Civil Affairs Division, War Department to Maurice Livingston, June 17, 1946, RG 165(CAD), 062.2, bOX 2075. 김균. 앞의 글. 63쪽 재인용.

34) Official Gazette. USAMGIK. Ordinance No. 115, October 8, 1946.

35) Inspection Report USIS/Korea. 1961. p.32.

36) 이영일. 《한국영화전사》. 삼애사. 1969. 186쪽.

37) 민성욱. 〈뉴스영화의 영화관 상영에 관한 연구〉. 중앙대학교 석사논문. 1991.

38) 현재 대한뉴스는 KTV 영상홍보원 국가기록영상관에서 자료를 관리하고 있으며, 기록내용을 기준으로 정치, 행정, 법, 국방 · 군사, 경제, 산업(기술), 사회, 교육, 예술, 오락 · 운동, 순수과학 등으로 분류하고 있다.

39) 이러한 '재정향 문서(reorientation papers)'는 1945년 7월 SWNCC가 발의하고 그 산하 '극동소위원회'의 두 국무부 요원에 의해 구체화되었는데, 이들이 일본에서 탄생한 인류학자 고든 볼스(Gorden Bowles)와 일본 역사전문가 휴 보턴(Hugh Botton)이다. 이에 관해서는 SWNCC 160/D, 19, July 1945, "Positive

Policy for Reorientation of the Japanese", National Archives(NA), Record Group (RG) 165(NA, MicrofilmPublication, T 1205), National Records, Suitland, Maryland 참조. 김정기.《전후 일본정치와 매스미디어》. 한울. 2006. 59쪽 재인용.

40) 김정기.《전후 일본정치와 매스미디어》. 한울, 2006. pp.56~77.

41) 김균. 앞의 글. 68쪽.

5. 냉전기 동아시아의 '성'관리 정책(이선이)

1) 사실, 중국에서 '창기개조사업'은 인민공화국 수립 이전부터 도시의 '해방'과 더불어 시행되었다. 1947년 11월 '해방'된 스자좡(石家莊) 시에서는 1948년 1월 4일 기원(妓院)에 대한 폐쇄령과 '창기개조사업'을 거행했으며 '악독한' 포주 등을 인민법원에서 처리했다. "자신들의 상처를 열고 정신적 고통을 인식한 후 고통 호소(訴苦) 대회를 거행…… 처음 그녀들은 자신들에게 고통이 있다는 것을 인정하지 않았다. 심지어는 포주들이 자신들에게 그다지 나쁘게 하지 않았다고 한다…… 노동부녀로 개조……. 이 개조작업은 아주 어려웠으며 아주 많은 동정심과 인내력을 요하는 일이었다(《人民日報》. 1949. 11. 24.). 지린(吉林) 시에서도 인민공화국 선포 직전인 1949년 7월에 기원 폐쇄와 창녀 수용, 포주에 대한 처벌 등이 행해졌다.
2) 삼반오반운동이란 1950년 12월부터 시작된 대중운동으로, 삼반은 부패, 낭비, 관료주의에 반대하는 것이며 오반이란 뇌물, 탈세, 국가 자재의 도용, 게으름과 국가 자재 빼돌리기, 국가의 경제 정보 유출 등에 반대하는 운동이었다. 이 운동은 "부르주아를 소멸하고자 한 운동이 아니라 인민경제에 위해를 끼지는 행위를 소멸시키는 것이 목적이라고" 밝히고 있었지만, 이러한 대중운동이 조직적으로 행해지면서 건국 직후 중앙 인민정부의 정권 기반을 강화시켰다고 말할 수 있다.
3) 중국 정부의 '창기개조사업'이 성별로 구성된 사회구조에 대한 근본적인 문제 제기와 변혁을 목표로 한 것이 아니라 유민으로 분류된 창기를 정화해 신중국의 질서에 편입시키는 사회정화사업의 일환으로 행해졌음을 밝힌 최근 연구가 있다(장수지. 2006).
4) 잠행규정과 기원등기 그리고 임시규정에 관한 내용을 보면 다음과 같다. 잠행규정은 각 기원은 반드시 유숙객 명부(성명, 연령, 직업, 주소)를 기재해야 한다. 사복을 입고 총기를 가진 사람, 군복 입은 자, 통신기기 소지자, 사사로이 회합을 여는 자 등이 오면 신속하게 신고해야 한다. 기원등기제는 기원 내부의 실정을 파악하기 위해 기원 상호, 주인과 포주의 이름, 주소, 기녀 수, 포주에 속한 기녀와 자영 기녀, 기녀는 언제, 어디서, 얼마에 사왔는가, 자영 기녀 남편의 직업, 자녀 수, 집 주소 등을 등기하도록 했다. 임시규정은 즉각적으로 매매계약을 폐지하고 기녀가 기적에서 탈피하는 것을 방해할 수 없도록 했다. 가족을 부양하고 있는 기녀의 자유 회복을 위해 부채를 일괄 해소해 주고 주인이 빚 독촉을 할 수 없도록 했다. 또한 기녀에서 벗어나 가족 부양 귀가비와 부분 생활비를 부담해 주는 것 등을 규정하고 있다(李润山. 1988). 이 규정의 내용을 보면, 기원이 당시 냉전적 상황에서 국민당 스파이 등에 의해 저항의 장으로 이용되는 것에 대한 우려를 읽을 수

있다. 당시 '이러한 제한 조치'가 행해지자 '돈벌이가 막힌' 포주들은 서로 결탁하고 협력했으며 '창기들을 선동'해 관할기관에서 '소란'을 일으키며 저항했다.

5) 창기제도는 봉건사회의 잔재이며 임질 · 매독 등의 성병으로 인해 국민 건강을 심각하게 위협하기 때문에 즉각적인 봉쇄가 제기되었다. 이에 결의안을 채택하고 당시 시장이었던 녜룽전(聶榮臻)은 즉각적 집행 의지를 표명했다. 1949년 8월에 기원을 직접 방문해 '참상'을 목격한 각계인민대표회의 주석 펑전이 상당히 '흥분해' 기원 처리에 대한 의견을 제시했다. 또한 마오쩌둥도 이 결의에 대해서 찬성했다고 하는 의견을 전해 회의장의 분위기가 한껏 고조되었다(《人民日報》. 1949. 11. 22). 당일 채택된 결의문 전문은 다음과 같다.

> '창기제도'는 구통치자와 착취자가 부녀의 정신과 육체를 훼손하고 부녀 인격을 모욕하는 짐승과 같은 야만제도의 잔재다. 매독과 임질을 전염시켜 국민의 건강에 미친 위해가 지극히 크다. 게다가 기원 주인, 포주, 고리대업자는 극단적으로 야만적인 봉건적 악재다. 전 인민의 의지에 근거해 일체의 기원을 즉각 봉쇄할 것을 결정한다. 모든 기원의 주인과 포주 등을 집중적으로 심사 처리하고, 아울러 기녀들은 집중적으로 훈련시켜 사상을 개조하고 성병을 고쳐 돌아갈 곳이 있는 자는 돌려보내고 결혼 상대가 있는 자는 결혼을 돕고 돌아갈 곳도 배우자도 없으면 기술을 배워 생산에 종사하게 한다. 기원의 재산은 몰수해 기녀 구제에 사용한다. 이는 부녀 해방과 국민 건강과 관련해 중요한 조치이므로 본시의 각계 인민은 일치 협력해야 한다(《人民日報》. 1949. 11. 22).

6) 당시 베이징의 창기는 민국(民國) 18년(1929년) 조사 당시 1등급 기녀(頭等妓女) 328명, 기원 청음소반(清吟小班) 45곳, 2등급 기녀(二等妓女) 528명, 기원 다실(茶室) 60곳, 3등급 기녀(三等妓女) 1895명, 기원 하처(下處) 190곳, 4등급 기녀(四等妓女) 301명, 기원 소하처(小下處) 34곳, 그밖에 사창(혹은 토창[土娼])이 있었는데 사창은 주로 외국인 병사를 상대하고 있었으며 시정부의 관할권 안에 있지 않아 숫자나 상태 파악이 어려웠다고 한다(王書奴. 1992: pp.329~330).

7) 류자오장(劉朝江)의 회상에 따르면, 기원 봉쇄에 대한 기녀들의 반응은 등급에 따라 차이가 명확했다. "지금 그녀들을 해방시킨다고 한다면 누가 믿겠는가? 장시간에 걸쳐 형성된 이들의 기녀의식은 아주 강렬했다. 어느 기녀들은 기꺼이 기녀 직업을 받아들였다…… 기녀들은 서로 등급이 같지 않았으며 생활 조건도 달랐기 때문에 기원 봉쇄에 대한 태도 역시도 동일하지 않았다. 1, 2등급 기녀는 젊고 아름다웠으며, 마부가 딸려 있고 생활 조건도 아주 좋았다. 어떤 기녀가 말하기를 '

이곳은 먹는 것도 좋고 입는 것도 좋다, 집에서는 어떻게 이렇게 향유할 수 있는가?' 어떤 기녀는 말했다. '나는 기적에서 벗어나 결혼하는 것을 원치 않는다. 결혼을 하면 단지 한 남자하고만 잠을 잘 수 있다. 이곳은 얼마나 많은 풍류가 있는가?' 3등급 기원에서 출현한 정황은 완전히 다르다…… 정책 교대가 확실해지자 개별 기녀가 울며 소란을 피우는 것 외에는 큰 파동을 불러일으키지 않았다. 오히려 어떤 기녀는 기원 봉쇄에 찬성했다(劉朝江. 1988).

8) 임시규정 14항의 구체적 내용은 다음과 같다. (1) 군인, 정치국원, 공무원에 대한 접대 금지, (2) 만 20세 이하, 심신 불건전한 자 출입 금지 (3) 아편 등의 마약류 판매, 보존, 사용 금지 (4) 신원 불명자, 위조 신분증 소지자 출입 금지, (5) 도박 혹은 유사 도박행위 금지 (6) 야간의 고성방가, 소란 행위 등 공공의 안녕 방해 행위 금지 (7) 금기물품 혹은 장물 은닉 금지 (8) 유곽에서의 사교행위 금지 (9) 창기와 손님 외박 금지 (10) 병든 창기 손님 접대 금지 (11) 유괴 및 인신매매 엄금, 18세 미만 창기 손님 접대 금지 (12) 길거리 호객행위 금지 (13) 창녀 학대와 접객 강요 금지 (14) 창녀와 포주의 일체 계약 폐기, 창기가 갱생을 희망한다면 포주는 조건 없이 이를 허용할 것 등이다(扬洁曾 · 贺宛男. 1988: 29).

9) 上海市公安局关于目前处理私娼办法的报告. 1950年 12月 2日. 上海市档案馆所藏 档号 B1-2-46.

10) 上海市公安局关于目前处理私娼办法的报告. 1950年 12月 5日. 上海市档案馆所藏 档号 B1-2-46.

11) 上海市公安局关于对屡教不改的私娼主处罚的报告. 1950年 12月 30日. 上海市档案馆所藏 档号 B1-2-46.

12) 上海市府党组关于本市禁娼的方案. 1951年11月16日. 上海市档案馆所藏 档号 B1-2-549.

13) 1차 수용 수치는 中共上海市关于本市处置娼女的计划. 1951年 11月 26日(上海市档案馆所藏 档号 B1-2-549)에 따랐다. 扬洁曾 · 贺宛男의 연구서에 따르면, 공창 181명, 사창 320명 등 총 501명이 1차 수용에서 행해졌다고 하며 2차 · 3차의 내용은 여기에 따랐다.

14) 상하이 시 정부는 신문지상에 금창사업 소식을 대대적으로 알릴 것을 방침으로 삼으면서 해방 후에도 공창제가 운영되고 있었다는 사실이 유출되는 것을 경계하고 있다. "응당 해방 전의 기원과 기녀의 수가 2년을 경과하면서 인민정부의 공작과 자진 전업으로 이미 대대적으로 감소했다는 사실과 창기[존재]의 근본적인 사회 연원과 기녀의 고통을 게재한다. 반드시 주의해야 할 점은 공창, 허가증, 화대 등의 사항이 게재되어서는 안 된다. 이는 불필요한 오해를 막기 위해서다"라고 지시를 내리고 있다. 上海市公安局关于目前处理私娼办法的报告. 1950年 12月 2日.

上海市档案馆所藏 档号 B1-2-46.

15) 상하이의 창기는 공부국(工部局)에서 1920년 조사한 보고에 따르면 총수 6,141명(華界, 虹口, 廣東 제외)으로 갑, 장삼(長三, 1,200명) 을, 요이(幺二, 490명) 병, 야계(野鷄)는 공공조계(2만 4,850명) 또는 영국·프랑스 조계에 주로 출입(1만 2,311명) 정, 화인간정붕(花烟間釘棚)은 영국과 프랑스 조계 출입(2만 1,315명). 1900년 전후까지는 서우(書寓)라 불리는 가무/악기/시에 뛰어난 예기가 있었으며, 이들은 매춘이 생업이 아니었다. 장삼과 요이를 거느린 기원에서는 손님의 숙박을 전제로 화대를 받았으며 함육장(鹹肉庄)은 가무는 이름뿐이고 매춘이 전업이었으며, 야계(野鷄)는 가창에 해당한다(王書奴. 1992: pp.330~331).

일반적으로 사창의 생활은 아주 고통스러웠던 것으로 여겨지며 집에 어린아이가 있거나 병든 노모가 있었다. 비교적 어린 나이인 16세쯤에 창기가 된 자들은 대부분이 감격스러워 했으며 이곳에서의 태도도 비교적 유순했다. 상하이에서 소위 손꼽히는 공창 기녀들은 과거 사치스러운 생활을 보낸 경험이 있어 태도가 가장 나쁘다. 때문에 이곳 기녀들의 빈부 정도가 다르고 과거의 생활습관도 달라서 그들의 정치 각오의 정도 역시 달랐다. 上海市府党组关于本市禁娼初步情况报告. 1951年 11月 28日. 上海市档案馆所藏 档号 B1-2-550.

16) 《동아일보》(1946. 5. 28), 《한성일보》(1946. 5. 27) 등 각 신문에서는 이 법령을 공창폐지로 받아들여 보도하고 있다.

17) 1946년 6월 5일자 《동아일보》에는 공창문제를 둘러싸고 러치 장관과 기자단의 문답이 실려 있다. "문: 法令七十號-婦女子賣買禁止令-가 벌서 實施되엿는데 公娼營業은 繼續中이니 이것은 民主社會에 있을 수 없는 일이니 이에 對하야 長官의 意向은 如何 답: 法令七十號一條에는 婦女의賣買 又는 賣買계약은 玆에 전적으로 금지하나란 말이 있는데 이 法令도 公娼을 目的으로 賣買하는 것도 玆에 禁止되어 있다. 이 問題는 數千年來 人類社會의 큰 問題로 되어 있는데 이것을 없세는데 對해서는 그 方法에 있어서 注意를 기피하지 안호면 안 될 問題이다." 여기서 말하는 이 문제란 '공창제' 자체를 의미하기보다는 매매춘의 의미를 지니고 있으며 매매춘 소멸에 대해서 상당히 소극적이었음을 엿보게 하는 대목이기도 하다.

18) 제1차 세계대전이 끝나고 미 점령군은 일본 전역에 진주했으며 1945년 말까지 그 수가 약 43만 명에 달했다. 점령 전부터 미군에 의한 성적 유린에 대한 우려가 고조되어 일본 정부는 다각도로 대책을 강구했다. 그중에 가장 대표적인 것으로는 전시 자국 군인에게 제공했던 '위안부'를 점령군에게 제공하고자 특수위안부시설협회를 구성했다. 신문광고 등을 통한 모집에 전후 굶어 죽을 지경에 처해 있던 여성들이 응해 최전성기에는 7만에서 폐쇄기에는 5만 5,000명의 여성이 RAA에서

일했다(総合女性史研究会編. 1992. p.234).

19) 미군을 위한 성적 서비스와 휴양시설의 제공은 미군이 본격적으로 진주하기 이전부터 제기되었던 문제였다고 한다. 일제의 조선총독부는 일본으로 철수하는 자국 여성을 보호한다는 명분으로 인천과 서울에 매매춘이 가능한 댄스홀을 개설했으며, 또한 미군 선발대의 요구에 따라 규모가 큰 건물들과 삼척해안과 온양온천을 비롯한 유명한 휴양지들이 미군 전용의 휴양시설로 제공되었다. 이에서 더 나아가 1945년 11월 13일 경기도 경찰부장 조개옥은 "명월관 · 국일관을 서양식 요리점으로 개조하는 동시에…… 조선막걸리와 소주를 되도록 조선 사람에게도 팔지 않을 것"과 "다만 연합국 군인에게 사교(社交) 여성과 가정 여성을 구별시킬 편의"를 제공하기 위해 "기생 등 음식점에 드나드는 여자들은 복장을 양복으로 하되 숭하지 않은 완장이나 휘장을" 붙이도록 지시했고 군정청은 명월관 · 국일관 · 송죽원 · 동명관 등 요리점을 미군들이 사용하기 편리하게 개조하라고 지시했다. 그러나 이를 반대하는 여론이 형성되어, 이 지시는 철회되고 제안자인 조개옥은 11월 17일 해임되었다(이임하. 2004. pp.272~273).

20) 좌우익 여성운동의 분열 속에서도 공창제 폐지 문제에서는 '대대적으로 연대해' 한목소리를 내고 있었다고 하는 점은 주목할 만하다(문경란. 1988; 강이수. 1999). 당시 이념을 넘어서 근대'국가' 건설에 매진하고 있던 '여성'들에게 '매춘'은 근절의 대상이었다. 물론 근절해야 하는 이유에 대해서는 좌익 여성들은 주로 경제구조의 문제로, 우익 여성들은 여성 개인의 윤리적 문제, '가정생활 파괴' 등으로 입장이 나뉘고 있다.

21) '잘못 잡아들이지 않는다는 원칙하에' 수용정책을 시행했으나 '잘못 수용해 사과 후 석방'시키기도 했다. 上海市府党组关于本市禁娼工作的初步情况汇报(草稿). 1951年 12月. 上海市档案馆所藏 档号 B1-2-550.

22) 개조된 창기들은 대체로 적당한 일자리를 할당 받았으며 당시 신문에서 모범사례로 소개된 차오링디(赵领娣)는 11세에 기루에 팔려가 온갖 설움과 착취를 당하다 '해방'되어 '노동 모범부녀(훌륭한 직공)'로 거듭난 경우다(《北京日报》. 1954 .3. 7). 이 밖에 당시 성공적 개조사례의 경우 대부분 군인, 간호사, 농민, 공인 등으로 자신의 직업 영역에서 성공적인 분투를 한 경우들을 들고 있다(李潤山. 1988).

23) 1955년 4월 출소자 중 900여 명의 여성들이 신장(新疆)지역으로, 5월에는 470여 명이 간쑤(甘肅)의 농업생산합작사로 배치, 1956년 500여 명이 장쑤 성(江蘇省) 북부지역의 국영농장으로, 600여 명은 완난(皖南)의 국영농장으로 배치되었다(扬洁曾 · 贺宛男, 1988: pp.54~56). 허셔터는 1986년 중국을 방문해 양지쩡(扬洁曾)을 인터뷰했는데 그의 이야기에 따르면, 돌아갈 곳이 없는 사람들은 간쑤, 닝허(寧河), 신장 등의 국영농장으로 갔다. 출소자들이 이에 동의했던 것은 결

혼의 기회를 획득할 수 있었기 때문이며 마찬가지로 간쑤와 신장 같은 곳에서는 여성 부족으로 부인을 구하지 못했기 때문에 서로의 이해가 맞아떨어졌다고 한다(Hershatter. 2003. p.331).

24) 이는 일본의 예에서 더욱 극명하게 드러나는데, 미군에 의한 점령이 시작되면서 바로 미군에게 성적 서비스를 제공하고자 구성되었던 RAA는 미군 병사들 사이에 성병이 만연하자 GHQ가 '공창폐지에 관한 각서'를 발표하면서 1946년 2월 출입금지 조치가 내려진다. 그 후 '특수음식점가'로 부활한 창부집중지구에서 성병을 관리하고자 그곳에서 일하는 여성들로 하여금 조합을 결성하게 하고 업자들은 '전국성병예방자치회'를 조직한다. 이처럼 미군정의 섹슈얼리티 정책에서 주요 관심은 언제나 미군의 성병 관리에 있었다(藤目ゆき. 2004. pp.367~370).

25) 캐서린 문은 한국의 기지촌 매춘 여성들이 한미 양 정부의 안보동맹을 위해 어떻게 이용되고 주변화되고 비가시화되었는가에 대한 연구(캐서린 문. 2002: 229)에서 전직 매춘 여성들의 인터뷰를 통해 그들이 진정으로 원하는 것이 무엇인가에 대해 밝히고 있다. 그들은 국가로부터 보호받기 원하며 국가가 자신들을 민족 가족의 일부로 포함시키고 스스로의 삶에 권력을 부여할 수 있도록 권리와 특권을 부여해 줄 것을 공통적으로 희망한다고 말한다. 여기서 유추해 볼 수 있는 것은 사회적으로 소외되어 경멸당한 매매춘 종사자들이 '갱생'을 통해 국가의 성원으로 인정받을 수 있었다는 것은 그들의 갈망의 실현이다. 그리고 그 갈망이 실현되었을 때 그들은 국가와 민족을 위해서 더욱더 고군분투한다. 이는 중국에서 매매춘에 종사하고 있었던 여성들이 항전 시기 공산당의 사업에 누구보다도 가장 적극적으로 임했다는 역사적 사실을 통해서도 알 수 있다(浦安修. 1943. p.685).

26) 상하이 시 각계인민대표회의 협상위원회에서 창기제도를 "제국주의와 반동정부의 장기간에 걸친 죄악적인 통치 아래서 지극히 반동적 · 암흑적 · 잔혹적 · 야만적인" 제도로 보는 보고 등이 행해졌다(《解放日報》. 11. 24). 뿐만 아니라 당시 대부분의 신문의 논조는 여전히 창기제도를 제국주의와 국민당의 죄악으로 논하고 있다. 이는 바로 창기개조운동이 당시 지니고 있었던 정치적 목표를 선명하게 보여주는 예라고 할 수 있다.

27) 1958년 이 노동교양소를 방문한 독일인 페터 슈미트(Peter Schmid)는 오히려 이 열정과 상반되는 시니컬한 느낌을 전하고 있다. 특히 당시 책임자 양지쩡(杨洁曾)에 대해서는 혹독하기까지 한 평을 내놓고 있다. "냉혹하면서 모성적인 인자로움의 결핍, 아름다운 여성들에 대한 관리권을 지니고 있는 것에 악의적 쾌감을 느끼고 있는 것은 아닌가 의심한다. 그리고 교양소는 마치 감옥과 별로 다르지 않으며 사면이 회색벽에 정문에는 오성기가 걸려 있고 안팎은 격리되어 있고 단지 두 달에 한 번 친족이 면회가 가능할 뿐이며 '우리는 타락한 부녀와 전투를

진행해 새로운 인간을 창조하기 위해 노력해야 한다'는 오만한 훈시가 걸려 있다. (……) 생산지표는 최고의 진리처럼 홍기와 마오의 초상이 함께 걸려 있었다. 어느 곳에도 싱싱한 꽃, 한 마리의 새도 없었다. 어떻게 이렇게 삭막한 영혼 속에서 진정으로 온유한 것이 생겨날 수 있겠는가. 통조림처럼 기계 앞에서 양말과 장갑을 짜고…… 좁은 곳에서 잠을 자고……"라고 당시 상하이 방문 후기를 남기고 있다(Shmid, Peter. 1958. pp.110~111).

28) 공창제 자체가 일본 제국주의에 의해서 이식되었으며 해방 후 일제 잔재의 청산이라고 하는 과제 속에서 이 문제에 접근하는 시각도 적지 않았다(《동아일보》. 1946. 5. 27).

29) 상하이에서 1995년 상영된 영화 〈홍진(紅塵)〉을 보면, 개조된 창기가 주위의 시선과 편견으로 약 30여 년을 고통 받으며 살다가 남편마저도 그녀의 곁을 떠나게 된다. 결국 그녀는, 남편이 떠난 집에서 과거에 입었던 아름다운 옷으로 갈아입고 자살을 한다. 그녀를 떠났던 남편이 유품을 수습하며 그 집을 떠나면서 이 영화는 막을 내린다. 이는, 창녀는 개조되었지만 '창녀 차별'은 사라지지 않음으로써 벌어진 비극이라고 할 수 있다.

III. 냉전풍경 3: 일상의 재편과 욕망의 미시정치학

1. 냉전 초기 남한과 타이완에서 대중연예의 국가화 및 미국 대중문화의 번역 (신현준 · 허둥훙)

1) 한류란 '동아시아 수용자들에 의해 한국의 대중문화 생산물과 팝 스타들이 전파되고 수용되는 현상'으로 정의할 수 있다. 한류에 대한 국제적 재편에 관해서는, "Roll Over Godzilla: Korea Rules" *New York Times*. 2005. 6. 28를 참고하라. 일부를 인용하면 "남한은 아시아의 팝 문화 리더로 부상하고 있다. 텔레비전 드라마, 멋진 영화, 대중음악부터 온라인 게임에 이르기까지 남한의 문화산업 및 스타들은 동아시아 각지에 있는 사람들이 보고, 듣고, 노는 것을 규정하고 있다."

2) 타이완의 문화연구자 양팡치(楊芳枝)의 도움을 받아 타이완 미디어의 기사 제목 몇 개를 열거해 본다(Yang. 2005). "한류의 침공은 새로운 경제적 역차(逆差)를 위한 역사적 높이를 창출하고 있다"(《United Evening News》. 2004. 10. 10), "잘생긴 남자배우들과 예쁜 여자배우들: 한류에 익사한 타이완"(《Sinorama》 26(7). pp.98~101. 2001), "한국인이 할 수 있다면, 우리는 왜 못하는가: 새로운 한국의 세력은 경제에서 승리하기 위해 영화를 사용하고 있다"(《Digital Times》 81. pp.116~117. 2004), "타이완의 국제적 스타들은 다 어디로 간 것인가?"(《Ming Sheng Bao》. 2005. 12. 30).

3) 타이커의 문자적 의미는 '타이완에서 온 손님'이고, 중국 대륙인들이 일상 언어에서 타이완인들을 매도하기 위해 사용했다. 그렇지만 타이완인의 '하층계급성'에 대한 경멸은 미디어 선전(media hype)을 통해 첨단 유행의 '틈새(niche)' 라이프스타일로 의도적으로 치환되었다. 상업적이자 문화적인 유용(流用)과 사회정치적 진지함 사이의 진행 중인 싸움에 대해서는 Lee. 2006을 보라. 타이완의 유명 록 스타인 우바이(五伯)는 대중음악에서 '타이커 정신'을 장려하는 존재인데, 그는 "타이커가 우리의 퇴행의 또 하나의 변명이 되지 않게 하라"라고 선언한 바 있다(《China Times》. Recorded by Huang Jun-jie. 2005. 8. 17). 보다 상세한 설명은 Yang. 2005. 특히 pp.14~20을 참고하라. 참고로, 배용준은 유명한 한류 연기자로서 2005년 8월 타이베이를 '허리케인 스타일로' 방문했다.

4) 한 예로, 타이완의 래퍼인 MC 핫도그(MC HotDog)와 투아 지(Tua-Gi), 선주민(先住民) 록 음악인인 장전웨(張震岳) 등은 육두문자가 들어간 노래와 연주를 통해 한류를 외래문화의 침략이라고 비난한 바 있다.

5) 물론 예외는 있다. 한 예로, '아시아의 디바'라고 불릴 수 있는 타이완의 대중

가수 덩리쥔(鄧麗君)은 한국에서도 인기를 누렸다. 또한 1970년대 이후 한국에서는 몇몇 화교가수들이 활동했는데, 그 가운데 주현미는 1980년대 가장 인기 있는 가수였다. 한편 1960년대 한국 대중가요인 〈빨간 마후라〉는 타이완과 동남아시아에서 인기를 누렸고, 1965년에는 남한과 타이완의 합작영화인 〈탈출명령(脫出命令)〉(강범구 감독)이 제작되었다(황문평. 1983. 338~341쪽). 노래나 영화의 제목에서 짐작할 수 있듯, 이 작품들은 중화민국과 대한민국 사이의 반공동맹과 군국주의적 정서를 표상하고 있다.

6) 비판적 학자인 우리의 타이완 친구 한 명은 아래와 같이 말했다. "나는 아직 아시아 개념에 대해 진정으로 사고해 보지 않았다. '대륙 중국'의 존재로 인해 아시아라는 용어는 내게 그리 편하지 않다. 아시아는 10년 전부터 첨단 유행의 개념이 되었지만, 나는 항상 아시아라는 용어에 불쾌해 했다. 이런 불쾌함은 타이완의 주변성(marginality) 때문일 것이라고 나는 추측한다. 아시아의 흥기는 지구화와 관계가 있고, 특히 아시아의 입장에서 반서양(특히 반미국) 감정과 관계가 있다. 물론 아시아의 두 제국주의 나라인 일본과 중국은 오래전부터 아시아 개념에 관해 이야기해 왔다. 그러나 아직도 '국가(nation)'가 아닌 타이완의 경우에는 아시아에 대해 말하는 것의 요점이 무엇인지 나로서는 알 수 없다. 우리가 주변화된 집단을 위해 민족감정을 제거할 수 있다고 하더라도 아시아라는 개념을 사용함으로써 우리가 얻고 또 잃는 것은 무엇인가?"

7) 음악 장르들의 이름이 공통적 합의를 이룬 것 같지는 않으며, 이 이름들은 대부분 사후에 명명된 것들이다. 한 예로 엔카는 단지 '연주하는 노래'라는 의미를, 라오거는 단지 '오래된 노래'라는 의미가 있을 뿐이다. 일본에서 '류코카', 한국에서 '유행가', 타이완에서 '류싱거'라고 표기되는 이름들은 20세기 전반기에 사용되었고, 모두 '流行歌'라는 동일한 한자어에 기초하고 있다. 이상의 오래된 스타일의 아시아 대중음악들이 20세기 후반기의 국민화/토착화/지역화 과정을 거쳐서 21세기에 이르러 '아시안팝'으로 변형되었는가를 연구하는 일은 흥미로울 것이다. 이에 대해서는 일단 SHIN. 2005를 참고하라.

8) "군사적 요소는 일본으로부터 장제스와 이승만의 독재체제로 이동했고, 이들의 권위주의 권력으로 인해 타이완과 남한은 경제력에 비례하지 않는 군사력을 갖추게 되었다"(Yoshimi. 2003. p.443)라는 문장에서 남한과 타이완 사이의 차이는 그리 강조되고 있지 않다. 실제로 일본에 관한 그의 분석은 미시적 층위로 깊이 들어가고 있지만, 한국과 타이완에 대해서는 거시적 층위에 머무르고 있는데, 이는 더 넓은 국제적 시각을 갖춘 비교분석의 어려움을 보여준다.

9) 대한민국과 중화민국이 미국과 맺은 군사적 관계만을 추려내는 일이 미국의 영향력의 다양한 측면을 배제하는 것은 아니다. 우리는 단지 이 나라들에서의 아메리

카화가 미국이 주도한 전후 지리정치학의 중요성에 기초한 구성물이라는 점을 강조할 뿐이다. 1950년대 이래 타이완에서 미국의 문화적 · 이데올로기적 헤게모니를 형성하는 데 영향을 미친 여타의 에이전시들이 다수 존재했다. 미국 정부가 주도한 교육 및 문화 교환 프로그램에 대해서는 趙綺娜. 2001를 보라.

10) 1945년부터 1947년까지 한국 음악인들의 정치적 조직화는 변화무쌍했고 주로 좌익의 주도로 이루어졌다. 해방 하루 뒤인 1945년 8월 16일 좌익 성향의 김순남과 강장일 등의 주도로 조선음악건설본부가 결성되었고, 며칠 뒤 조선연극건설본부, 조선문학건설본부와 더불어 조선문화건설중앙협의회 산하로 들어갔다. 이 합집산을 거친 뒤 12월 13일에는 조선음악가동맹이 결성되는데, 이 단체는 1947년 여름까지 좌익 문예활동의 중심으로 활동했다. 1947년 8월 미군정이 좌익활동을 불법화함에 따라 김순남 · 이건우 · 강장일 등 조선음악가동맹의 주축 인물들은 북한(소비에트 지대)으로 넘어갔다. 조선음악가동맹에 관한 더 상세한 설명은 김수현. 1995을 참고하라. 당시 미군정 교육담당 고문으로 근무했던 엘리 헤이모위츠(Ely Haimowitz)는 음악가 김순남, 무용가 최승희 등 재능 있는 예술인들의 월북에 대해 개탄했다고 전해지고 있다(Armstrong. 2003. pp.76~77). 대중음악인의 정치적 조직화는 순수음악인들에 비해 부진했는데, 조선음악가동맹이 '대중화' 노선을 취한 1947년 1월 이후 조선음악가동맹이 대중음악인의 조직을 지부로 결성하려고 했지만 실패로 돌아갔다. 그 뒤 대중음악인들은 1947년 6월 대중음악가협회를 별도로 결성하고 김해송을 초대 회장으로 선임했지만, 이 단체도 그리 활발하게 활동하지는 않았다.

11) 해방 공간에서 대중음악인은 '음악가'보다는 '연극인'과 밀접한 관계를 맺었다. 우익 성향의 '무대예술인'들은 전국연극예술협회와 전국가극협회를 1947년 10월 29일과 1947년 11월 5일에 각각 결성했고, 두 단체는 1948년 2월 한국무대예술원으로 통합된다. 이후 무대예술원은 이후 반공악극을 공연하는 등 반공선전의 전위적 조직으로 활동한다.

12) 김일영. 2005. pp.49-50. 참고로 한국전쟁이 발발한 몇 달 뒤 미군은 32만 명 수준으로 급증한다.

13) 음반제작의 경우 1945년 10월 이전에 조선레코드문화협회가 결성되었다는 기록이 있는데, 이 기록은 '인민가요(人民歌謠)'를 현상 모집한다는 광고를 게재하고 있다. 1년 여 뒤인 1946년 12월에는 조선레코드회사가 설립되었는데, "조선의 음악문화를 고려한 레코드 생산을 할 터이라고 하며 과거의 각 레코드회사에서 제작한 소위 유행가 음반에 유사한 저조(低調)하고 야비(野卑)한 레코드는 전연 생산치 않으리라고 한다"는 '회사의 방침'에 대한 기록이 존재한다. 그런데 8개월 뒤인 1947년 8월에는 조선레코드회사가 아닌 고려레코드를 통해 〈애국가〉, 〈여

명의 노래〉, 〈건국의 노래〉, 〈해방기념일의 노래〉 등의 음반이 발표된다. 제목에서 짐작할 수 있듯, 이 노래들은 연예와 오락을 위한 것이 아니라 선전과 계몽을 위한 것들이고, 제작 주체는 바뀌었지만 조선레코드회사의 방침이 계승되고 있음을 알 수 있다. 따라서 '유행가 음반'이 본격적으로 다시 보급되기 시작한 것은 1948년 이후의 일이고, 이는 기존의 통상적 기록에 비해 시점상 매우 늦다. 이상의 기록은 이준희, 2005에서 참고한 것이다.

14) 그렇지만 장제스의 이 언급은 그리 정확하지 않은데, 그 이유는 일본 군부 역시 퇴영적이고, 패배적이고, 퇴폐적이라는 근거로 유행가를 금지하려고 했기 때문이다. 동아시아 · 동남아시아의 방대한 영토를 점령했던 일본 제국은 적어도 1940년대 이후 유행가를 권장하지는 않았다.

15) 타이완에서 저항가요의 역사에 대해 한 타이완의 학자는 "저항운동가요는 1920년대에 발흥해 1937년 황민화운동과 더불어 사라지기 시작해서 계염령이 해제되는 1987년에 부활되었다"라고 서사화하고 있다(楊克隆, 1998b).

16) 한 인터넷 기사는 1945년부터 1959년까지 타이완어 가사를 가진 대중가요를 열거하고 있다. 이 리스트는 완벽하지는 않지만, 어떤 곡들이 대중적이었는지를 보여줄 것이다. http://www.tnfsh.tn.edu.tw/music/台灣民謠報告/光復初期6/戰後創作歌謠（1945~1980）.pdf. 작곡가 양산랑(楊三郎) 및 타이완어 대중음악 일반에 대한 더 상세한 설명에 대해서는 Taylor, 2004, pp.76-78를 보라.

戰後創作歌謠	作詞家	作曲家	年度
搖嬰仔歌	盧雲生	呂泉生	1945
望你早歸	那卡諾	楊三郎	1947
收酒矸	張邱東松	張邱東松	1947
苦戀歌	那卡諾	楊三郎	1947
補破網	李臨秋	王雲峰	1948
異鄉夜月	周添旺	楊三郎	1948
燒肉粽	張邱東松	張邱東松	1949
杯底不可飼金魚	呂泉生	呂泉生	1949
青春悲喜曲	陳達儒	蘇桐	1950
安平追想曲	陳達儒	許石	1951
港都夜雨	呂傳梓	楊三郎	1951
孤戀花	周添旺	楊三郎	1952
秋風夜雨	周添旺	楊三郎	1954
鑼聲若響	林天來	許石	1955
夜半路燈	周添旺	許石	1955
秋怨	鄭志峰	楊三郎	1957
關仔嶺之戀	許正照	吳晉淮	1957
阮若打開心內的門窗	王昶雄	呂泉生	1958

17) 그렇지만 현 시점에서 타이완어 유행가라고 말할 때는 주의할 필요가 있다. 왜냐하면, 하카(客家) 및 다른 토착 선주민 언어가 존재하며 이들의 언어는 오랫동안 침묵당했기 때문이다. 사회정치적 운동이 국민당에 도전해 최종적으로 타이완의 야당 민진당을 낳았던 1990년대에조차, 이들 토착 선주민들의 언어와 문화는 동등하게 취급되지 않았다.

18) 楊克隆. 2005a에서 재인용.

19) 대중문화와 대중음악을 검열한 '수문장(gatekeepers)'으로는 많은 위원회들이 존재했지만, 주로 교육부(教育部), 신문국 그리고 가끔은 경비총부(警備總部)가 검열에 많은 영향을 미쳤다.

20) 이 곡은 중국 현대 대중음악의 아버지로 불리는 리진후이(黎錦暉: 1891~1967)에 의해 작곡되고 그의 딸인 리밍후이(黎明暉)의 목소리로 녹음되었다. 리진후이와 리밍후이의 삶과 예술에 대해서는 Jones. 2001. pp.73~104를 보라.

21) 1930년대 '퇴폐적 소리'에 대한 국민당의 담론에 대한 분석으로는 Jones (2001), pp.114~115를 보라.

22) 자오유페이(趙友培)가 부른 〈反攻進行曲(반공행진곡)〉, 헤이뉘(黑女)가 부른 〈反共抗俄歌(반공항아가)〉, 쑨링(孫陵)이 부른 〈保衛我台灣(우리 타이완을 지킨다)〉 등이 당국이 선정하고 수상한 곡들이다(曾慧佳. 1998. p.109).

23) 민진당 치하인 오늘날조차 타이완에서 대중음악은 국가의 눈길 아래 있으며, 달라진 것이 있다면 그 눈길이 조금 복잡해졌다는 정도다. 좋은 예는, 선주민 장후이메이(張惠妹, 일명 아메이[阿妹])다. 그녀가 2000년 천수이볜(陳水扁) 타이완 총통 취임식에서 타이완 국가를 부르고, 중국 정부가 이를 비난하고 그녀의 공연을 금지하겠다고 위협했을 때, 아메이의 애국적 행동은 그녀를 '만다린팝'의 스타덤으로 오르게 만들어준 상업적 힘에 투항했다. 아메이는 자신이 단지 연예인일 뿐이며 정치에는 관심이 없다고 주장했다. 그러나 그때 이후 타이완에서의 애국적 수사는 '친타이완이냐, 친중국이냐'라는 양 진영으로 분열되었다. 우리의 분석과는 다소의 이견이 있지만, 아메이에 관한 더 상세한 분석으로는 Tsai(2005)의 분석을 참고하라.

24) '문화통일'과 '문화부흥'의 연속성과 불연속성에 대해서는 Chun. 1994 and Shyu. 2001을 참고하라.

25) 쩡후이자는 야오민이 만든 곡을 아래와 같이 나열하고 있고, 이 가운데 앞의 7곡은 천데이가 작사했다고 소개하고 있다.〈春風吻上我的臉(가을 바람이 내 얼굴에 입 맞추고)〉, 〈我要爲你歌唱(나는 너를 위해 노래할 거야)〉, 〈我是一隻畫眉鳥(나는 한 마리 지빠귀)〉, 〈東山飄雨西山晴(동쪽 산에 비가 오면, 서쪽 산은 맑다)〉, 〈情人山(연인의 산)〉, 〈江水向東流(강물은 동쪽으로 흐른다)〉, 〈小小羊兒

要回家(작은 양들은 집에 가려고 한다)〉, 〈情人的眼淚(연인의 눈물)〉, 〈月桃花(무늬월도꽃)〉, 〈紫丁香(라일락)〉, 〈好預兆(좋은 징조)〉(曾慧佳, 1998, p.109).

26) 이 시기 레코드 제작의 시각적 분석으로는 레코드 표지 디자인의 역사적 변화를 분석한 CHEN & YOU, 2004를 참고하라.

27) 홍콩에서 광둥어 음악 및 영화가 1960~70년대가 되어서야 지배적 형식으로 자리 잡았다는 사실을 염두에 둘 필요가 있다. 즉, 그 전에는 만다린어 음악 및 영화가 지배적이었다. 한편, 1950년대 중반 홍콩 및 만다린어 사용 사회에서 인기를 누렸던 뮤지컬 영화로는 〈桃花江(복사꽃 강)〉(1955), 〈採西瓜的姑娘(멜론처럼 달콤한 소녀)〉(1956), 〈歌迷小姐(노래하는 새같은 아가씨)〉(1959) 등이 있다. 앞의 두 영화의 음악 역시 앞서 언급한 야오민이 담당했다. 뮤지컬 영화들과 더불어 멜로드라마, 코메디, 역사물 등도 인기를 누렸고, 많은 주제가들은 현재 '국어회념노가(國語懷念老歌)'의 하나의 스타일로 기억되고 있다. 당시 만다린어 영화 및 영화음악에 대한 최근의 '회념'의 한 예로는 "Music in Taiwan and Mandarin Films: A Companion"(http://www.twfilm.org/companionship/intro.html)을 참고하라.

28) 해방 이후 타이완에서 최초로 제작된 영화는 1949년의〈阿里山風雲(아리산의 전설)〉(장처[張徹] 감독)이라는 것이 공식 기록이다. 이 영화의 주제가인 〈高山青(높은 산은 푸르러)〉도 1950년대 인기곡 가운데 하나인데, 이 곡의 작곡가가 누구인지에 대해서는 논란이 있다. 이 논란을 무시한다면, 저우란핑(周藍萍)은 1950년대 타이완에서 가장 유명한 음악인이자 만다린어 영화음악에 주요한 역할을 수행했다.

29) 일본의 '풍경 식민주의' 및 민진당의 '풍경 민족주의'와 비교해 볼 때, 국민당은 이런 정치적 기법을 배우지도 못했거나 사용하는 법을 배우는 데 실패했다. '풍경 식민주의' 및 '풍경 민족주의'는 20세기 동안 타이완의 의식에 강력한 내포(connotation)를 가졌다.

30) 앨런 화이팅(Whiting, 1995)은 민족주의를 세 유형으로 구분한다. 바로 긍정적 민족주의, 단정적 민족주의, 공격적 민족주의다. 긍정적 민족주의는 '우리', 즉 내부 집단의 긍정적 태도에 집중하지만, 단정적 민족주의는 공동체의 이해와 정체성에 도전하는 부정적 준거집단을 '그들'이라고 도입한다. 공격적 민족주의는 특정한 외래의 적을 식별한다. 화이팅의 전반적 견해에 모두 동의할 수 없지만, 민족주의를 세 유형으로 분류하는 것은 일정한 설명력이 있어서 이 글에서 '빌려 쓰는' 것이다.

31) 납북된 사람들 가운데, 김해송이나 김형래 같은 '한국 뮤지컬의 선구자'들은 사망했다. 그렇지만 김해송의 경우 강제적으로 납북되었는지 자발적으로 월북한 것

인지 불확실했다. 이런 모호한 행적으로 인해, 그의 작품들은 한동안 그의 처남인 이봉룡의 이름을 달고 유통되었다. 김해송의 부인이자 이봉룡의 누이인 이난영은 식민지 시대 가장 유명한 가수였는데, 김해송이 사망한 뒤 그녀는 딸들과 아들들을 홀로 키우면서 직업적 음악인으로 훈련시켰다. 미군 쇼 무대에서 성공적인 경력을 쌓은 뒤 김시스터스(뒤에는 김보이스)는 1959년 라스베이거스로 이주해 그곳에서 다소 성공적인 경력을 이어갔다. 다른 많은 음악인들도 김시스터스가 개척한 길을 따랐지만 크게 성공하지는 못했다. 김시스터스에 대해서는 Maliankay. 2005를 참고하라.

32) 한 예로 한국 대중음악계에 큰 족적을 남긴 손목인과 길옥윤은 일본으로의 밀항에 성공한 뒤 그곳에서 음악인으로 성공적 경력을 쌓았다. 더 많은 음악인들이 그들의 길을 밟으려고 했지만 일본 정부에 의해 강제출국 당했다. 한국 대중음악 발전에서 중요한 역할을 수행한 또 다른 S와 K는 일본으로의 밀항을 기도하다가 일본 경찰에 체포되어 일정 기간 동안 구류된 끝에 한국으로 돌아왔다(황문평. 1981. 201쪽 및 황문평. 1983. 242~243쪽).

33) 1950년부터 1953년까지의 정치상황은 몇몇 곡에서 재현되고 있다. 〈전우야 잘 자라〉는 '낙동강전투'를, 〈굳세어라 금순아〉는 '1 · 4후퇴'를, 〈이별의 부산정거장〉은 서울로의 환도를 각각 묘사하고 있는데, 이 세 곡은 모두 박시춘에 의해 작곡되었다.

34) 민주주의 언론운동을 이끌고 진보적 신문인 《한겨레》를 창간한 송건호조차 1955년에 대중음악과 매스커뮤니케이션에 관한 신문 기사를 기고했는데(《조선일보》. 1955. 3. 22), 거기서 그는 "물론 오락을 위주로 한 재즈가 사회 일부에 유포되고 있기는 하나 광범한 대중이 애창할 만한 진정한 대중가요는 들어볼 수가 없다"고 말하고 있다. 또한 그는 결론에서 "명랑하고 건전한 진정한 대중가요"를 "유행가"와 구분하고 있다(송건호. 1955. 4).

35) 1970년대 중반 대중가요를 대량 금지한 것으로 악명 높은 정부 당국에 의한 대중음악 검열에 대해 이 논문이 언급하지 않는 것에 의아해 하는 독자들이 있을지 모르겠다. 물론 1950년대에도 몇몇 곡과 가수에 대한 무조건적 금지를 포함한 대중음악의 공식적 규제가 허다하게 존재했다. 그렇지만 1957년까지 대중음악을 검열하는 제도적 장치가 공식화되지는 않았다. 이해 음악방송위원회(뒤에는 방송윤리위원회)가 공보처 산하에 설립되었고, 이것이 제도적 검열의 출발을 이룬다. 그렇지만 그때까지도 음반의 생산과 배급과 관련된 법령이나 규제는 없었다. 김윤미. 2002를 보라.

36) 이 스타일의 선구자는 작사가이자 작곡가인 손석우인데, 그는 1960년대 초 히트곡들을 다수 작곡했다. '한국의 패티 페이지'라고 불린 송민도는 손석우가 작곡한

라디오 주제가를 다수 불렀는데, 그녀는 이미 1952~53년경 부산에서 손석우가 번안한 〈I Went to Your Wedding〉을 〈눈물의 왈츠〉라는 이름으로 취입했다.

37) 노래 제목 가운데 서양의 댄스 리듬을 도입한 곡들 몇몇을 나열해 보면 다음과 같다. 〈승리 부기〉, 〈서울 부기〉, 〈기타 부기〉, 〈대전 블루스〉, 〈센티멘털 블루스〉, 〈그날 밤의 블루스〉, 〈비의 탱고〉, 〈나의 탱고〉, 〈낙엽의 탱고〉, 〈방랑자의 탱고〉, 〈달밤의 룸바〉, 〈코리아 룸바〉, 〈도라지 맘보〉, 〈아낙네 맘보〉, 〈차이나 맘보〉, 〈노래가락 차차차〉, 〈정열의 차차차〉, 〈아리랑 도돔바〉, 〈마도로스 도돔바〉 등등.

38) 물론 이 시기 타이완에도 댄스 리듬을 제목에 담은 곡들이 존재했고, 대표적인 곡은 〈포모사 맘보(Formosa Mambo)〉다.

39) 이 '이국적' 노래들 대부분은 손로원에 의해 작사되었는데, 그는 '데카당트'라고 불렸다고 한다. 불행히도 그에 관해 기록된 문헌은 매우 적다.

40) 주류 저널리즘에서 이 곡들은 "비현실적 퇴폐가요"로 표상되었다. 송건호(주 32번을 참고하라)는 아래와 같이 쓰고 있다. "대중가요의 사상성에 일찍부터 눈뜬 전체주의 국가들은 그들의 사상선전을 노래를 통하여 보급하려 노력하였는데 이것은 과거의 일본이나 공산국가에서 볼 수 있는 예이다. 따라서 우리도 좋은 대중가요의 작사 · 작곡을 위하여 노력하여야 할 것이고 비현실적인 퇴폐가 또는 불건전한 째즈는 될 수 있는 한 없애도록 노력하여야 한다." 이상이 뒤에 민주화운동의 중요한 리더가 될 전도유망한 저널리스트가 대중음악에 대해 갖는 시각이었다.

41) 휴전 이후에조차 대중연예인은 '반공궐기대회'를 비롯해 정부 주도의 정치적 대형행사에 동원되었다. 더구나 1950년대 이승만 정권의 악명 높은 '정치 깡패'인 임화수는 1957년 한국연예주식회사를 설립해 대중연예인들의 '애국심'을 통제하고 시험했다. 1959년 반공예술인협회가 임화수의 비호 아래 설립되었고, 이 협회의 회원들은 북한공산주의에 반대하는 대중선동을 적극 수행했다. 1960년 4월 협회 회원들은 대통령선거의 부정에 항의하는 고려대학교 대학생들과 충돌했고, 이 충돌이 4 · 19혁명의 발단이 되었다. 일반적으로 1950년대 한국 우익의 민족주의는 1960년대의 민족주의보다 더 공격적이고 호전적이었다.

42) 1953년 미국 의회가 승인하고 아이젠하워가 착수한 USIA는 대중매체를 통해 미국의 대외정책을 수월하게 만드는 작업을 수행했다. 그 역사에 대해서는 http://dosfan.lib.uic.edu/usia/abtusia/commins.pdf를 참고하라.

43) 전국 각지에 150개의 군사기지와 더불어, 미군의 수는 1953년 32만 5,000명, 그 이듬해인 1954년에는 22만 3,000명에 이르렀다. 군대 규모의 일정한 감소가 발생한 뒤에도 미군의 수는 1950~60년대 동안 5만~6만 명 수준을 유지했다. 확

실히 검증되지 않은 수치이지만, 전성기의 미군 클럽의 수는 270개 이상이었다고 한다.

44) 기지촌에 관한 영어 번역은 'base village' 혹은 'camptown' 등으로 다양하다. 기지촌에 관한 생생한 묘사로는 서울신문사(1979), 특히 제4장인 '한국 사회와 미군'(411-460쪽)을 참고하라. 이 책에는 주요 기지촌이 다섯 곳 나오는데, 부평의 '아스콤 시티(ASCOM city)', 파주의 '용주골', 동두천의 '리틀 시카고', 부산의 '하야리아(Hialeah)'와 '텍사스', 포천의 '운천리'와 '쑥고개'가 그것이다. 우리는 여기에 서울의 심장부에 있는 용산 미군기지 인근의 '이태원'을 추가할 수 있을 것이다. 기지촌의 황량한 삶이 대중음악에서 묘사되기도 있는데, 1970년대 초 포크 가수 김민기의 노래 〈기지촌〉과 〈종이연(혼혈아)〉이 그것이다. 최근조차 아시아의 다른 나라에서 인기를 얻은 블록버스터 TV 드라마인 〈슬픈 연가〉(2004)에서도 남주인공과 여주인공이 기지촌에서 성장하는 장면이 등장한다.

45) 정확히 말하면, 미군 병사들을 위해 연주하는 악단(밴드)은 세 범주로 구분된다. 첫째, 정상에는 '플로어 밴드(floor bands)'가 있었는데, 이들은 쇼단의 일부로서 오디션을 통과한 존재였다. 그 아래로는 '하우스 밴드(house bands)'가 있었는데, 이들은 쇼단과 함께 순회공연을 하는 것이 아니라 특정한 클럽에 전속되어 연주를 하는 존재였다. 밑바닥에는 '오픈 밴드(open bands)'가 있었는데, 이들은 미군 부대 내의 정규 클럽이 아니라 그 주변에서 개인이 운영하는 클럽에서 연주를 하는 존재였다. 이들은 미8군 쇼에 플로어 밴드나 하우스 밴드가 사정상 연주하지 못할 경우 이따금씩 빈자리를 채우기도 했다.

46) 1956년부터 1968년까지 타이완의 러먼인웨 신에 대한 특집 보고에 따르면, 타이베이 시(市)에서 주당 17개 프로그램이 미국 대중음악에 관한 것이었다(미국 라디오 방송국과 다른 도시의 프로그램은 여기에 포함되지 않았다). 여기에 우리는 다음과 같이 덧붙일 수 있다. 아메리칸 라디오 방송국이 음악 프로그램을 방송하기 시작했을 때, 고전음악, 재즈, 이지 리스닝, 차트에 오른 대중음악 등 여러 장르가 포함되었다. 대중음악 노래들이 1950년대 중반 이후 미국에서 대규모 시장점유율을 얻게 되자, 타이완에서 사람들은 울프먼 잭(Wolfman Jack)의 로큰롤 프로그램, 빌보드의 싱글 차트 방송 〈핫 원헌드레드(Hot 100)〉를 들을 수 있었다. 더욱이 1960년대 말, 미국에서 록 음악이 번성하고 록 앨범이 중요한 형식으로 등장하자, 타이완에서는 해적음반 시장이 나타났다(Ho, 2003, pp.66~67).

47) 나의 많은 정보 제공자들은 음반 회사에서 녹음을 한 밴드를 거의 기억하지 못했다. 나의 수집 음반 중에는 당시 유명한 밴드인 선샤인 밴드(The Sunshine Band)에 의해 녹음된 하나의 '커버 앨범'이 있다. 그러나 레퍼토리는 15분간의 벤처스(Ventures) 메들리, 〈캔자스시티(Kansas City)〉, 〈키스 마이 굿바이

〈Kiss My Goodbye〉〉 등이었다. 클럽에서 인기가 있었던 밴드의 유일한 만다린어 자작곡 녹음은 1973년에야 발매되었으나 잘 팔리지 않았다. 그렇지만 한국에서는 1964년 이래 애드훠(Add 4)와 키보이스(Key Boys) 같은 유명 밴드는 커버송뿐만 아니라 한국인 작곡가가 만든 창작곡을 연주하기 시작했다. 특히 애드훠의 경우 리더인 신중현이 밴드의 레퍼토리의 거의 전 곡을 작사 · 작곡했다. 이 밴드들의 인기는 1960년대 말까지 서울의 젊은 수용자에게 국한되었지만, 그들 가운데 일부는 1960년대 말~19070년대 초 더 큰 성공을 누리게 되었다. SHIN & KIM. 2006을 참고하라.

48) 아메리카화에 의해 야기된 문화적 변형이 '용광로인가 문화적 체르노빌인가'라는 질문은 존 로퍼에 의해 제기된 것이다(Roper. 1996). 로퍼는 '문화의 아메리카화'를 미국 대중문화를 통해 투사되는 '미국이라는 관념(idea of America)'에 의해 국가적 · 민족적 정체성에 대한 개인의 의식 혹은 민족문화의 성격, 심지어는 구조가 변화하는 일종의 문화변동이라고 정의한다. 그러나 문제는 두 극단 사이에 중간적 경우가 많다는 것이고, 한국과 타이완의 경우 '문화적 혼종화'만으로도, '문화적 체르노빌화'만으로도 온전히 설명될 수 없다는 데에 있다.

49) 그런 의미에서 한류의 욕망은 '아메리카화된' 것이라고 우리는 주장한다. 특히 그 욕망이 문화산업의 지구적 시스템에서 상향 이동을 목표하는 욕망이라면 말이다. 그 욕망이 1990년대 한국 정부가 '세계화'를 나라의 캐치프레이즈로 간주할 때 형성되었다면, 우리는 1950년대와 1990년대를 통시적으로 비교연구할 필요가 있을 것이다. 또한 1990년대 이후 콘텍스트 자체가 전회하고 있고, 우리는 이를 '아메리카화의 아시아화로의 치환(전치)'이라고 부르고 싶다. 그러나 아메리카화가 반(反)아메리카적 토착주의만으로 극복될 수 없듯, 아시아화에 대한 투쟁 역시 반아시아적 지역주의만으로는 곤란할 것이다. 이와 관련된 논문으로는 Siriyuvasak and SHIN. 2007을 참고하라.

2. 미국 점령기 일본의 팝음악문화(도야 마모루)

1) 1945년 8월 15일 일본의 천황 히로히토가 발표한 종전 조서를 가리킨다. 그 전날 녹음해 다음 날 라디오로 방송했는데 천황의 목소리가 직접 방송을 탄 것은 그때가 처음이었다.−옮긴이.

2) 일본에서는 지금까지도 제도화된 학문 영역에 집착한 나머지 음악 연구에서는 패러다임 이동이 조금밖에 이루어지지 않았다. 당연히 일본의 팝음악을 다룰 때 공유할 수 있는 기초자료의 정비도 이루어지지 않았을 뿐만 아니라 사실(史實)을 확보해 놓은 것도 극히 적다. 이는 학문적으로 문제이며 시급히 해결되어야 할 것이다.

3) 기이한 옷차림을 하고 악기를 연주하며 선전이나 광고를 하고 다니는 사람.−옮긴이

4) 금관악기를 중심으로 편성된 악대. 곧 각종 금관악기(통상 타악기를 곁들인다)로 이루어진 악대를 가리키나, 미국에서는 속어(俗語)적으로 일반 취주악대(목관악기도 포함된 것)를 가리키는 경우가 많다. 그에 따라 한국이나 일본에서도 통례적으로 일반 취주악대를 가리킨다.−옮긴이

5) 미국의 재즈 트롬본 연주자, 편곡자, 지휘자. 1938년 악단을 결성해 색소폰과 브라스 진용을 교묘하게 배치한 신선한 감각의 연주로 일약 유명해졌다. 1942년 소집에 응하여 공군 밴드를 지휘하다가 1944년 12월 영국해협에서 비행기 사고로 사망했다. 그러나 독창적인 밀러 스타일은 오늘까지 많은 후계자에게 계승되었다. 〈달빛의 세레나데(Moonlight Serenade)〉, 〈인 더 무드(In the Mood)〉 등이 유명하다.−옮긴이

6) 7, 8명 정도로 편성된 소규모 재즈 악단.−옮긴이

7) 클럽에서 공연된 다종다양한 예능 중에서 여자 프로레슬링이 탄생한다. 그 경위에 대해서는 필자의 〈여자 프로레슬링 흥행에서 보는 음악의 사용 방식(〈女子プロレス興行にみる音樂の使われ方〉). 小田亮 · 龜井好惠 編著. 《プロレスファンという裝置》. 青弓社. 2005)에 자세히 소개되어 있다.

8) 재즈나 댄스 오케스트라를 위해 팔리고 있는, 지휘보가 붙은 파트 악보집. 유명한 댄스 밴드의 히트곡이나 영화 주제가 등이 많으며 다른 댄스 밴드나 아마추어 밴드 등에서 흔히 사용된다.−옮긴이

9) 원래는 요세(寄席) 연예 중에서 고단(講談), 조루리(淨瑠璃: 이야기에 맞추어 인형을 놀리는 인형극) 등에 대해 음곡(音曲)이나 무용, 요술, 만담 등을 가리킨다.−옮긴이

10) 점령기 요코하마의 상황은 요코하마 시가 기획한 〈시정의 발자취(市政の歩み)〉

라는 동영상(제작은 사단법인 가나가와뉴스영화협회, 1954)의 〈제1부 접수 해제(接収解除) 편〉에 자세하게 소개되어 있다. 이 동영상은 요코하마 시의 공식 홈페이지에 공개되어 있다. 홈페이지 주소는 다음과 같다.
http://www.city.yokohama.jp/me/keiei/kichitaisaku/eizo.html(요코하마시 도시경영국 기지대책부)

3. 식민지 내면화와 냉전기 청년 주체의 형성(이동연)

1) 1930년대에는 이미 서양식 스타일의 젊은 세대들이 등장하기 시작한다. 신문 광고에는 서양식 골격과 헤어스타일, 의상스타일을 모방하려는 광고들이 자주 등장하고, 근대적 청춘 남녀들의 이미지가 새로운 유행형식을 표상한다. "나팔 통바지, 폭넓은 넥타이, 길다란 발모(髮毛), 송납식(松衲式) 두발의 모-던 뽀이…… 원숭이 궁둥짝같은 홍안, 핏빛 같은 구홍(口紅), 제비꼬리같은 눈섭, 송곳같은 구두 뒤축의 모-던 껄"(적라산인. 〈모건수제〉. 《신민》. 1930년 7월호, 김진송. 《서울에 딴스홀을 허하라: 근대성의 형성》. 현실문화연구. 1992. 310~311쪽에서 재인용)
2) 한국 대중문화 전성기는 1960년대 청년문화의 형성에서 비롯한다. 이 시기 영화는 청춘세대들의 멜로물들이 최고의 인기를 얻었고, 대중음악은 서양식 라이프스타일을 추구하는 도시 음악, 밴드 음악들이 유행하기 시작했다.
3) 청년문화에 대한 본격적인 학술 연구는 1970년대 초《현대사회와 청년문화》(한완상. 법문사. 1973)를 통해서 이루어졌는데, 이 책은 1960년대 서양의 청년세대가 주도했던 반문화운동에 영향을 받았다.
4) 이동연. 《문화부족의 사회: 히피에서 폐인까지》. 책세상. 2005. 98쪽.
5) 딕 파운틴 · 데이비드 로빈슨. 《세대를 가로지르는 반역의 정신 쿨》. 이동연 역. 사람과책. 2003.
6) 오제명 외. 《68 · 세계를 바꾼 문화혁명》. 길. 2006. 210쪽.
7) 1963년에 등장한 〈청춘교실〉(김수용)을 필두로 〈가정교사〉(1963, 김기덕), 〈말띠여대생〉(1963, 이형표), 〈맨발의 청춘〉(1964, 김기덕), 〈학사주점〉(1964, 박종호) 등 이른바 청춘영화 붐이 일어났다. 이 당시의 청춘영화는 기존의 신파적 멜로드라마와는 달리 도시 청년들의 서양식 라이프스타일을 표상했다. 한편 대중음악에서도 신중현을 필두로 '펄시스터즈', '윤복희' 등 서양식 블루스 음악이 본격적으로 소개되기 시작했다.
8) 정희모. 《1950년대 한국문학과 서사성》. 깊은샘. 1998; 고은. 《1950년대: 그 폐허의 문학과 인간》. 향연. 2005 참고. 1956년 《한국일보》에 발표된 젊은 평론가 이어령의 〈우상의 파괴〉라는 평론도 기존 문단의 거목들의 낡은 세계관에 대한 비판으로서 새로운 청년세대의 정신을 담고 있기도 했다.
9) 김성식. 〈한국 지식층의 현재와 장래〉. 《사상계》 1961. 81쪽.
10) 김건우. 《사상계와 1950년대 문학》, 소명출판사. 2003. 155쪽.
11) 장준하. 《장준하 전집》 2. 세계사. 1992. 73쪽.
12) 강준만. 《한국 현대사 산책: 1940년대편》 1권. 인물과사상사. 2004. 244~245쪽.

13) "일제는 조선인 청년들을 전쟁에 동원하는 과정에서 많은 청년들이 일본어도 모르고 학교도 제대로 다니지 못해 조직생활을 해본 경험이 없는 군인이나 전쟁노무자로 동원하는 데 어려움이 있자, 이를 해결하기 위해 청년단이나 청년훈련소를 조직하여 조선인 청년들을 황국 청년으로 교육하는 데 주력했다"(한홍구. 〈한홍구의 역사이야기: 황당한, 그러나 미워하기 힘든…〉. 《한겨레21》. 2002년 11월 14일자)

14) 강준만. 《한국 현대사 산책: 1940년대편》 2권. 2004. 162쪽 참고.

15) 이기훈. 〈청년, 근대의 표상: 1920년대 '청년' 담론의 형성과 변화〉. 《문화/과학》 제37호. 문화과학사. 2004년 봄. 219쪽

16) 1925년 조선청년동맹은 청년운동자를 16~30세로 한정했다(이기훈. 위의 글. 225쪽 참고).

17) "음습한 공간에서 서식하는 인간들은 한결같이 팔이나 다리가 없거나 폐병환자, 간질환자, 백치, 정신병자, 벙어리 등의 형태로 성치가 않다. 실제로 이와 같은 불구나 온갖 병자는 전쟁이 휩쓸고 지나간 1950년대 한국사회에서 흔히 눈에 띄던 인간 군상이기는 하다"(장석주. 《20세기 한국문학의 탐험 3: 1957~1972》. 시공사. 2000. 50~51쪽 참고)

18) 도널드 스톤 맥도널드. 《한미관계 20년사(1945~1965): 해방에서 자립까지》. 한국역사연구회 1950년대반 역. 한울아카데미. 2001. 40~42쪽 참고.

19) 미국의 국가안전보장회의 1953년 170/1 문건에 의하면 미국의 정책은 첫째, 침략에 반대하는 유엔의 개입을 지원하고, 둘째, 공산세력이 전복이나 침략을 통해 한반도를 지배하는 것을 막고, 셋째 한반도에 자유정부의 존속을 보장하기 위해 미국이 한국에서 강력한 지위를 유지한다는 것이다(도널드 스톤 맥도널드, 위의 책, 47쪽).

20) 이 노래의 가사는 다음과 같다. "뷔너스 동상을 얼싸안고 소근대는 별그림자/ 금문교 푸른 물에 찰랑대며 춤춘다/ 불러라 샌프란시스코야 태평양 로맨스야/ 나는야 꿈을 꾸는 나는야 꿈을 꾸는 아메리칸 아가씨" 이영미는 노랫말의 낭만주의가 곡의 스타일과 일치되지 않는 점을 지적하면서 미국에 대한 강박관념을 읽을 수 있다고 지적한다(이영미. 《흥남부두의 금순이는 어디로 갔을까》. 황금가지. 2002. 82쪽).

21) 김창남. 〈한국 대중문화의 정체성과 미국문화: 대중음악을 중심으로〉. 《우리 학문 속의 미국》. 학술단체협의회 편. 한울아카데미, 2003. 249쪽.

22) 1965년 미 대사관이 작성한 전쟁 이후 지금까지 한국 청년들의 태도에 대한 보고서에 따르면 다음과 같이 기록되어 있다. "한국 학생들은 지적이고 철학적인 관심보다는 오히려 개인주의와 민족주의라는 한 쌍의 동기에 의해 자극받는다. 그

들은 새로운 사상이나 새로운 정치운동에 대해 결국 '그 안에 나를 위한 어떤 것이 있는가?'라고 묻는 반응을 나타낸다. …… 한국의 청년들은 외국의 영향력에 대해 여전히 모호하고 그 의미를 파악하기 어려운 분노의 감정을 나타낸다. 하지만 그들은 외국인들, 특히 미국인들과 개인적인 친분관계를 갖고자 한다." (도널드 스톤 맥도널드. 앞의 책. 276쪽)

23) 강준만. 《한국 현대사 산책: 1940년대편》 2권. 인물과사상사. 2004. 167쪽.

24) 1950년대 말 다방의 숫자는 300개를 육박했고, 1954년 한형모 감독의 《운명의 손》은 간첩인 카바레 댄서가 남한으로 전향하는 과정을 그린 전쟁영화지만, 한국 영화 최초로 키스신이 등장하는 멜로물로도 읽을 수 있다.

25) 김영희. 〈제1공화국 시기 수용자의 매체접촉현황〉. 《한국언론학보》 제47권 6호. 한국언론학회. 2003년 12월. 321~322쪽(강준만. 《한국 현대사 산책: 1950년대편》 3권. 인물과사상사. 2004. 290쪽에서 재인용).

26) 백영수. 〈명동, 그리운 사람들〉. 이봉구 《명동백작》. 일빛. 2004 서문.

27) 백영수. 위의 글. 6쪽.

28) 이봉구. 《명동백작》. 일빛. 2004. 29~30쪽.

29) 저무는 역두에서 너를 보냈다./ 비애야!// 개찰구에는 못 쓰는 차표와 함께 찍힌 청춘의 조각이 흩어져 있고/ 병든 역사가 화물차에 실리어 간다.// 대합실에 남은 사람은/ 아직도/ 누굴 기다려// 나는 이곳에서 카인을 만나면/ 목놓아 울리라./ 거북이여! 느릿느릿 추억을 싣고 가거라/ 슬픔으로 통하는 모든 노선이/ 너의 등에는 지도처럼 펼쳐 있다.

30) 이봉구. 앞의 책. 112쪽.

31) 고은. 《1950년대: 그 폐허의 문학과 인간》. 향연. 2005. 23쪽.

32) 가을에 향기가 있다면 그것은 스카치위스키의 애닯고 가냘픈 향기. 정든 친구끼리 스탠드바의 문을 열어보자. 가슴에 바람을 알리는 샹송이 들린다, 우리 친구가 노래하는 〈라 비앙 로즈〉와 같은 노래야만 한다./ 〈사브리나〉의 오드리 햅번과 같은 목소리면 더욱 고맙고/ 우리는 위스키를 마신다/ 한 잔은 과거를 위해. 두 잔은 오늘을 위해서/ 내일을 위해서는, 그까짓 것은 생각할 필요가 없다./ 그저 우울을 풀었으면 마음대로 마시면 된다. 술병에서 꽃이 쏟아지고 별이 흘러나오는 환상이 생길 때까지/ 가을은 위스키를 부르고 우리에게 망각을 고한다(이봉구. 앞의 책. 145쪽)

33) 사랑은 가고/ 과거는 남는 것/ 여름날의 호숫가/ 가을의 공원/ 그 벤치 위에/ 나뭇잎은 떨어지고/ 나뭇잎은 흙이 되고/ 나뭇잎에 덮여서/ 우리들 사랑이 사라진다 해도// 지금 그 사람 이름은 잊었지만/ 그의 눈동자 입술은/ 내 가슴에 있어/ 내 서늘한 가슴에 있건만.

34) 강준만. 《한국 현대사 산책: 1950년대 편》 2권. 인물과사상사. 2004. 113쪽.

35) 요시미 슌야. 〈욕망과 폭력으로서 '미국': 전후 일본과 냉전 시기 아시아에서의 '미국' 소비〉. 《문화/과학》 42호. 문화과학사. 2005년 여름 참고.

36) 1953년 이시가와에서 미군 사격장 확대에 대한 항의 및 세타가와(도쿄) 기지에 반대하는 주민들의 대규모 집회 및 그해 10월 연좌농성(100명 부상), 1955년 다치가와의 미군 공군기지 확대에 반대하는 저항, 그해 10월 미군의 강간과 폭력에 반대하는 항의가 있었다.

37) 한국영상자료원 엮음. 《한국영화를 말한다: 한국 영화의 르네상스 1》. 이채. 2005. 208쪽.

38) 이영미. 《한국 대중가요사》. 시공사. 1999. 126쪽. 가령 다음의 가사들을 보라. "럭키 모닝 모닝 모닝 럭키모닝/ 달콤한 바람 속에 그대와 나/ 새파란 가슴에 꿈을 안고서/ 그대와 같이 부르는 스윙 멜로디/ 랄랄랄 랄랄라라라 단둘이 불러보는 럭키모닝"(〈럭키모닝〉, 1956). "오늘의 선데이 희망의 아베크/ 오늘은 선데이 행복의 아베크/ 산으로 바다로 젊은이 쌍쌍/ 다같이 노래하는 청춘의 세계란다/ 오늘은 선데이 그대와 함께/ 오늘은 선데이 즐거운 아베크/ 지는 해가 야속 터라 청춘 아베크"(〈청춘 아베크〉, 1957).

39) 이영미. 같은 책. 134쪽.

4. 1950년대 냉전 국면의 영화 작동 방식과 냉전문화 형성의 관계(염찬희)

1) "……. 한국과 중국의 교류 재개는 1992년 8월 24일 한중수교 체결로 가능해졌다……. 6·25라는 민족상잔의 비극의 배후 지원 세력으로 40여 년간 우리와 적대관계에 있던 중국이 새로운 협력자로 우리 곁에 다가오게 되었다." 〈새 지평 연 한중수교〉, 《국민일보》. 1992. 8. 22.

2) 조민(1999), 김성재(1990), 찰스 암스트롱(Armstrong, Charles. 2003) 등은 일상에서 반공이 내재화되는 데 주요한 역할을 한 것으로 교육과 언론을 꼽는다. 1950년대 교과서와 교육정책 담당자를 분석한 김성재(1990)에 따르면, 오늘날까지 한국교육을 결정짓는 주요한 골격은 미군정기에 수립된 교육정책이고, 미국식 민주주의 교육을 통해 냉전체제를 수용하고 반공의식을 내면화해 분단을 극복의 대상이라기보다 기정사실로 바라보도록 했다는 것을 알 수 있다. 자세한 내용은 조민, 그리고 암스트롱 등을 참조하라.

3) 영화가 선전 선동력이 강하다는 주장은 일일이 열거하기 힘들 만큼 많은 문헌들에서 찾아볼 수 있다. 암스트롱(Armstrong, Charles. 2003)은 영화가, 역사적으로 볼 때, 선전전뿐 아니라 교육에서도 탁월한 매체였다고 정리한다. 그리고 도성희(2000)는 "중국공산당이 그 성립 시기부터 영화를 인민과 당의 중요한 매개물로 간주했음은 주지의 사실이다. … (중략) 중국의 혁명 세력들도 영화가 지닌 사회주의 이데올로기의 선전과 항일 투쟁의 선동에 있어서 효과적인 기능에 주목했다"고 정리한다.

4) 도서과는 당시 영화정책의 주무 부서였다.

5) 〈世界巨頭의 영화관〉. 《삼천리》 13/6. 1941. 195쪽과 《영화순보(映畵旬報)》 87. 1943. 4쪽(이준식. 188쪽 재인용)을 참조하라.

6) KBS 〈인물현대사〉 제21회 '송건호 편'(2003. 11. 29)에 이러한 내용이 간략하게 정리되어 있다.

7) 예를 들면, 해방 이후 조선영화동맹의 민족영화 건설, 조선영화극작가협회의 새 전통의 수립을 위한 매진도 새로운 '한국영화'를 만들고자 하는 노력의 일환이었다고 볼 수 있다.

8) 중국에서는 중일전쟁을 '항일전쟁'이라 부른다.

9) 영화 제작의 장이 관객을 포함한 일반 대중의 장과 유리되어서 한 편의 영화가 제작되는 듯이 보이지만, 상품으로서 영화를 인식하고 흥행을 중요시하는 경우에는 더욱더 관객이 영화의 내용을 포함한 제작 공정에 영향을 미친다.

10) 사실, 기존의 영화 연구에서 정전의 개념을 사용한 성과물을 찾아보기는 어렵다.

11) 조선영화동맹의 결성 시기에 대해서는 1945년 12월 이외에도 1946년 2월 등의

다른 견해들이 있으나, 이 글에서는 조혜정, 1997b, 그리고 김학수, 2002의 견해를 따른다.

12) "…… 강사와 연제는 다음과 가트며 영화인은 물론 일반의 청강을 환영한다고 한다. 민주주의 해설 김영건, 영화개론 추민, 영화사 김정혁, 영화정책론 이근호, 영화공업론 이창용 …….."(〈제1회 영화강좌〉. 《서울신문》. 1946. 5. 25), 같은 내용을 동아일보에서도 찾아볼 수 있다(〈영화강좌개최〉. 《동아일보》. 1946. 5. 29)

13) 〈세계명작영화주간〉(《동아일보》. 1946. 9. 25). 영맹에서는 선별한 영화들을 세계의 명작으로 소개하고, 미국영화 일색이던 시절에 프랑스 영화들을 모아 영화제를 개최하기도 했다.

14) 기록에 따르면, 영맹은 1946년의 열악한 환경 속에서도 뉴-쓰영화 10본, 문화영화 3본, 극영화 2본을 제작 완성하였다(〈1946년도 문화계 총결산〉. 《경향신문》. 1946. 12. 24에서 참조).

15) 영맹이 〈똘똘이의 모험〉의 제작자에게 경고문을 보낸 것이 다음과 같이 신문에 공개되기도 했다. "…… 어린 소년을 장정 7인이 무수히 때려주는 장면이 잇는데 이러한 것은 세계 영화사상에 유례가 없는 몰상식하고도 민족적 수치인 장면임으로 이 부분은 '컷트'를 해버리는 것이 조흘 것이라고 조선영화동맹에서는 제작자에게 경고문을 보냇다 한다."(《자유신문》. 1946. 9. 11)

16) 신문 자료를 검색해 보면, 1948년 3월 20일자 《조선중앙》에 영맹이 영화인에게 호소하는 성명서를 발표했다는 기사를 끝으로 영맹에 대한 보도는 사라진다.

17) 정부 수립 이전의 공식적인 명칭은 조선영화극작가협회였다.

18) 〈은막 70년 그 시절 명작들: 해방 후 독립운동 소재의 대표작-자유만세〉. 《한국일보》. 1991. 3. 23 참조.

19) 김종원과 정중헌은 공저 《우리 영화 100년》(2001. 224쪽)에서, 최인규에 대해 "〈자유만세〉와 더불어 이른바 '광복 영화 3작'으로 꼽히는 〈죄없는 죄인〉(1948), 〈독립 전야〉(1948)를 발표함으로써 일제 말기 어용 영화의 제작에 참여했던 죄책감에서 벗어나려는 발빠른 행보를 보였다"면서, 이를 "면죄부를 노린 놀라운 변화"라고 기술하고 있다.

20) 한 예로, 〈자유만세〉는 당시 중국에도 소개되었는데, 장제스(蔣介石) 총통이 난징(南京)에서 이 영화를 관람하고 크게 감격해 '자유만세, 한국만세'라는 휘호를 써 주었다는 일화가 전해진다(이영일. 401쪽).

21) 〈〈자유만세〉, 고려영화작품〉. 《경향신문》. 1946. 10. 20.

22) 〈대한영화협의회 발족- 국책 순응, 질적 향상을 목표〉. 《경향신문》. 1948. 10. 26.

23) 이 부분에서 서양의 학자와 중국의 학자들 사이에 이견이 있는 것이 사실이다. 이 글은 2006년 1월에서 2월 사이에 만난 몇몇 중국의 학자들과의 인터뷰 결과 루홍스(陸弘石) 등의 견해를 수용하게 되었다.

24) 슈테판 크라머(Stefan Kramer)는, 일본의 '만주영화주식회사'를 인수해 '둥베이전영제편창'이 설립된 해를 1945년이라고 밝히고 있으나, 《論兩岸三地電影》(梁良. 1998)을 참고한 영화진흥위원회(2001)의 《중국영화백서》는 1946년이라고 기재하고 있다. 지린성(吉林省)에 위치한 이 둥베이전영제편창은 1955년에 창춘(長春)전영제편창으로 개편되었다.

25) 이상의 제편창 설립과 변화에 대해서는 영화진흥위원회의 《중국영화산업백서 I》 56~ 66쪽을 참조했다.

26) 〈국산 반공영화의 맹점- 〈피아골〉과 〈죽음의 상자〉에 대해서〉. 《한국일보》. 1955. 7. 24.

27) 〈영화 〈피아골〉 상영중지- "좋지못한 영향"을 고려〉. 《조선일보》. 1955. 8. 25 참조.

28) 〈제작자측 상영신청 취하- 상영중지 받은 영화 〈피아골〉〉. 《경향신문》 1955. 8. 26.

29) 張學正 等 主編. 《文學爭鳴檔案: 中國當代文學作品爭鳴實錄(1949~1999)》. 天津: 南京大學出版社. 2002. 636~639쪽에서. 유다진 번역.

30) 반공영화는 '공산주의 이데올로기에 대한 환멸을 강조하거나 공산주의자들에 대한 투쟁 의욕을 고취하는 영화'라고 정의한다(조준형. 2001).

31) 〈화제의 영화 춘향전/한국영화사상 초유의 히트/총 수입 물경 3천만환〉. 《한국일보》. 1955. 1. 26 참조.

32) 현실적으로 외화에 대한 요구는 미국의 할리우드영화에 대한 요구에 몰려 있었다. 미국영화는 미국에서 만들어진 모든 영화를, 할리우드영화는 미국의 할리우드 지역에서 만들어진, 특히 상업적 성격이 강한 미국영화를 칭한다.

33) "지금까지의 상태로 보아 우리는 공보원이 보여주는 영화 '뉴쓰'같은 것을 그저 막연히 보아왔고……. …… 아무 의미 없이 일방적으로 받아들였을 뿐 또 정부 자체 역시 어떠한 특수한 지도가 행하여졌다고 볼 수 없던 것이니…….(〈시청각 교육의 당면과제〉. 《한국일보》. 1958. 3. 16).

34) 〈지양돼야 할 영화비평- 마니라영화제의 참패를 계기로〉. 《조선일보》 1958. 5. 31.

35) 해방 후 처음으로 서양영화가 상영된 것은 1945년 9월 26일이었다. 1946년에 한국에서 상영된 영화 259편 중 58%가 미국영화였고, 한국영화는 고작 10편에 지나지 않았다.(김종원 · 정중헌. 2001. 222쪽 참조)

36) 미군정은 1946년 4월에 중앙영화배급사 조선사무소를 설치해 한국 내 극장에 미국의 영화를 독점적으로 상영하기 시작했다. 당시 중앙영화배급사는 뉴욕에 위치한 영화수출협회(Motion Picture Export Association)의 조선출장소 기능을 했다(조혜정. 1997b. 38~39쪽 참조).

37) 백화제방 백가쟁명 운동에 대해서는 브리태니커백과사전과 다음사전을 참조했다.

38) 다롄(大連) CN어학원 인터넷 카페에 실린 글 〈중국 '반우파투쟁' 피해자들, 50년 만에 진실 찾기〉(2007. 4. 30)에서 참조.

5. 상하이 영화의 포스트 국제성(박자영)

1) Stefan Kramer. *Geschichte des chinesischen Films*. Metzler. 1997(황진자 역.《중국영화사》. 이산. 2000).
2) 특히 중국의 경우 현재에도 이루어지고 있는 문화대혁명에 대한 재현에서 이러한 냉전의 그늘이 걷히지 않고 대중적인 기억으로 강하게 잔류되어 있음을 감지할 수 있다. 문화대혁명의 문제와 의미에 대한 본격적이고 진지한 논의는 개진되지 않는 상황에서 중국에서 문혁은 주로 '회고록'과 '기실(記實)'의 형식을 띠며 개인적인 체험이나 파편적인 사실로써 반복적으로 소환되어 서술되고 있다. 문혁이 서사되는 방식과 관련해 다음의 논의들을 참고할 수 있다. 戴錦華.〈鏡城突圍〉.《隱形書寫: 90年代中國文化研究》. 江蘇人民出版社. 1999. 43쪽; 賀桂梅.〈文化媒介: 1998年的"反右"書籍熱與知識群體的歷史救贖〉.《人文學的想像力: 當代中國思想文化與文學問題》. 河南大學出版社. 2005. 이러한 경향은 최근 중국에서 출간 붐을 이루는 문혁을 소재로 한 소설에서도 재연된다. 위화(余華)의《형제(兄弟)》등 최근 출간된 소설에서 자주 등장하는 문혁 소재가 지닌 의미와 한계에 대해서는 니웨이의 다음 글을 참고하시오. 倪偉.〈後革命時代的文革敍事〉. 중앙대 국제회의 발표문. 2005.
3) 사회주의 문화를 재평가하는 일부 입장은 마오의 사회주의를 현대성의 견지에서 재평가한 '신좌파'의 관점과 관련된다. '신좌파'의 논의에 대해서는 다음을 참고하시오. 汪暉.〈當代中國思想的狀況與現代性問題〉.《天厓》第5期. 1997(이욱연 외 역.〈중국 사상계의 현황과 현대성 문제〉.《새로운 아시아를 상상한다》. 창비. 2003).
4) Ban Wang. *The Sublime Figure of History: Aesthetics and Politics in Twentieth-Century China*. Stanford University Press. 1997.
5) Ban Wang. 위의 책.
6) 이 같은 지점을 착목한 대표적인 논문들로 다음을 거론할 수 있다. Hung-Yok Ip. "Fashioning Appearances: Feminine Beauty in Chinese Communist Revolutionary Culture". *Modern China* 29: 3. 2003; 唐小兵.〈千萬不要忘記的歷史意義: 關于日常生活的焦慮及其現代性〉.《英雄與凡人的時代: 解讀20世紀》. 上海文藝出版社. 2001; 孟悅.〈白毛女演變的啓示: 兼論延安文藝的歷史多質性〉. 王曉明主 編.《二十世紀中國文學史論》(下卷). 東方出版中心. 2003.
7) 상하이, 하얼빈 등 20세기 전반기 동아시아의 국제도시와 국제성의 문제를 다룬 논문으로 다음을 참고하시오. Joshua A. Fogel. "Integrating into Chinese Society: A comparison of the Japanese Communities of Shanghai and

Harbin" Sharon Minichiello(ed.). *Japan' s Competing Modernities: Issues in Culture and Democracy, 1900–1930*. University of Hawaii Press. 1998; Leo Ou Fan Lee. "Shanghai Cosmopolitanism" *Shanghai Modern: The Flowering of a New Urban Culture in China 1930–1945*. Harvard University Press. 1999; James Carter. *Creating a Chinese Harbin: Nationalism in an International City 1916–1932*. Cornell University Press. 2002; 사카이 나오키. 〈'국제성'을 통해 무엇을 문제 삼을 것인가〉. 이연숙 · 이규수 역. 《국민주의의 포이에시스》. 창비. 2003; 임성모. 〈하얼빈의 조선인 사회〉. 김경일 외. 《동아시아의 민족이산과 도시: 20세기 전반 만주의 조선인》. 역사비평사. 2004.

8) 냉전의 문화 및 제도적 기제에 대해서는 최근 논의가 활발하게 이루어지고 있다. 특히 냉전체제와 관련 문화 형성의 핵심으로 미국이 지적되곤 한다. 그 가운데 미국의 대학제도와 지역연구 시스템 등이 냉전 체제 및 문화의 형성에 지대한 영향을 미쳤다는 논의들이 특별하게 주목된다. 이에 대해서는 다음을 참고하시오. 노엄 촘스키 외. 《냉전과 대학: 냉전의 서막과 미국의 지식인들》. 정연복 역. 당대. 2001; Masao Miyoshi & H. D. Harootunian(ed.). *Learning Places: The Afterlives of Area Studies*. Duke University Press. 2002. 동아시아에서 진행된 '냉전문화'/'문화냉전'에서 대해서는 다음 논문을 참고할 수 있다. Chen Kuan-hsing. "America in East Asia: The Club 51 Syndrome" *New Left Review* 12. 2001; Charles Armstrong. "The Cultural Cold War in Korea. 1945–1950" *The Journal of Asian Studies* 62: 1. 2003; Yoshimi Shunya. "'America' as desire and violence". Americanization in Postwar Japan and Asia during the Cold War" Inter-Asia Cultural Studies 4: 4. 2003.(요시미 슌야. 〈욕망과 폭력으로서의 '아메리카': 전후 일본과 냉전 중 아시아에서의 미국화〉. 김소영 편저. 《트랜스: 아시아 영상문화》. 현실문화. 2006); 정일준. 〈미국의 냉전문화정치와 한국인 '친구 만들기': 1950, 60년대 미공보원(USIS)의 조직과 활동을 중심으로〉. 학술단체협의회 엮음. 《우리 학문 속의 미국》. 한울아카데미. 2003; 丸川哲史.《冷戦文化論: 忘れられた曖昧な戦争の現在性》. 双風舎. 2005.

9) 동아시아에서 냉전체제의 형성을 '미국(화)'의 문제와 연관해 다룬 논문으로 특히 위의 각주 8)에서 천광싱(2001), 요시미 슌야(2003), 정일준(2003) 등의 논문을 주목할 수 있다.

10) 毛澤東. 〈中央轉發北京市委鎮反計劃的批語〉(1951년 2월 25일). 《建國以來毛澤東文稿》 제2책. 139쪽; 양규송(楊奎松). 〈중국정권 성립직후 도시에서

의 권력기반 확립 노력: 상해 '진반(鎭反)' 운동을 중심으로 한 역사적 고찰〉. 《중국근현대사연구》. 제28집. 한국중국근현대사학회. 178쪽에서 재인용.

11) 양규송, 위의 글, 179~180쪽. 양규송에 따르면, '반혁명진압' 운동은 '반혁명' 분자의 직접적인 제거뿐만 아니라 사회 각 계층에 대한 고도의 통제를 겨냥한 것으로 본다. 이러한 관제 정책의 일환으로 각 단위에서는 '오류(五流)'로 분류된 정치인사 파일을 작성해 관리한다. 가령 상하이의 영안(永安) 염색공장 서무과의 정치배경통계표에 따르면, 전체 인원 38명 가운데 9명이 가족이나 친척이 있어서 해외와 통신하는 등 해외와 관련되어 문제 성격이 있는 것으로 파악하고 있다. 이를 파일은 '문제성질 일류(一流)'로 분류하고 있다. 〈永安印染廠職工參加反動組織情況表〉(1953년), 上檔, C197/107/1-14, 양규송, 위의 글, 194~195쪽에서 재인용.

12) 주지하다시피 상하이는 식민지시대 조선인의 주요한 망명지 가운데 하나였다. 20세기 전반기의 상하이에 거주한 조선인에 대해서는 다음을 참고하시오. 손과지. 《상해한인사회사(1910-1945)》. 한울. 2001. 일본 신감각파의 대표적인 작가 중의 한 명인 요코미쓰 리이치(橫光利一)도 1920년대의 메트로폴리탄 상하이에 거주하는 일본인의 삶을 통해 국제성과 국민주의의 충돌 문제를 다루고 있다. 요코미쓰 리이치. 《상하이》. 김옥희 역. 소화. 1999. 국제성의 감각과 관련하여《상하이》를 분석한 글로 사카이 나오키의 다음 논문을 참고하시오. 사카이 나오키. 〈국제성을 통해 무엇을 문제삼을 것인가〉. 이연숙 · 이규수 역. 《국민주의의 포이에시스》. 창비. 2003.

13) 내셔널리즘과 인터내셔널리즘 그리고 코스모폴리타니즘의 관계는 최근 전 지구화(globalization)가 보편적인 상황이 되면서 문제적으로 제기되는 개념들 가운데 하나다. 이와 관련하여서 《뉴 레프트 리뷰(New Left Review)》에서 아키부기(Archibugi)가 '코스모폴리티컬 민주(cosmopolitical democracy)' 를 주장함으로써 전개되었던 논쟁을 참고할 수 있다. 이를 둘러싼 주요한 주장과 반론들에 대해서는 다음을 참조하시오. Daniele Archibugi. "Cosmopolitical Democracy". *New Left Review* 4, Timothy Brennan. "Cosmopolitanism and Internationalism". *New Left Review* 7, Peter Gowan. "Neoliberal Cosmopolitanism". *New Left Review* 11. 페리 앤더슨은 이 논쟁과 연관하여 내셔널리즘과 인터내셔널리즘이 고정된 불변의 개념이 아니라 역사적으로 규정되어졌으며 시기구분이 필요한 개념이라는 점을 역설하고 있다. 특히 그는 1945년 이후에 자산계급 및 자본과 짝 지워졌던 내셔널리즘과, 노동 및 노동계급과 연관되었던 인터내셔널리즘의 관계가 서구 식민주의와 제국주의에 대한 저항 속에서 역전된다는 점을 지적하고 있다. 인터내셔널리즘의 개념을 역사화하는 그의 시도는 이글

에서 다루는 주제와 관련하여 주요한 참조를 제공한다. Perry Anderson. "Internationalism: A Breviary". *New Left Review* 14. March-April 2002.

14) Yomi Braester. "A Big Dying Vat: The Vilifying of Shanghai during the Good Eighth Company Campaign" *Modern China* 31: 4. 2005.

15) 이와 관련해 다음 자료를 참고하시오. Marie-Claire Bergere. *The Golden Age of the Chinese Bourgeoise, 1911~1937*. Cambridge University Press. 1989; Thomas Rawski. *Economic Growth in Prewar China*. University of California Press. 1989; Lloyd Eastman. *The Nationalist Ear in China 1927~1949*. Cambridge University Press. 1991; Deborah S. Davis. "Social Class Transformation in Urban China: Training, Hiring, and Promoting Urban Professionals and Managers after 1949" *Modern China* 26: 3. 2000.

16) 신중국 초기 '옌안파', '상하이파' 간의 대립에 대해 도드라지게 주목한 영화사 저술로 다음을 참고하시오. 尹鴻·凌燕著. 《新中國電影史》. 湖南美術出版社. 2000. 특히 18쪽의 서술을 참고할 것.

17) 신중국 초기인 1951년 5월까지 상하이에 소재했던 주요 민영 영화사로 원화(文華), 쿤룬(崑崙), 궈타이(國泰), 다퉁(大同), 다광밍(大光明), 화광(華光), 다중화(大中華) 영화사를 들 수 있다. 이외에 1950년 3월 국영과 민영의 공동경영으로 설립된 창장(長江) 영화촬영소가 있었다. 이 시기 주요 국영 영화 촬영소로는 둥베이영화촬영소(東北電影制片廠), 베이핑영화촬영소(北平電影制片廠), 상하이영화촬영소(上海電影制片廠)가 있었다. 尹鴻. 앞의 책. 2~3쪽.

18) <우쉰전> 사건의 자세한 전말에 대해서는 다음 책의 1장을 참고하시오. 祁曉萍編著. 《香花毒草: 紅色年代的電影命運》. 當代中國出版社. 2006.

19) 1953년 상하이 소재 민영 영화사가 '상하이영화촬영소(上海電影制片廠)'로 국유화되고 난 다음에도 상하이 영화 제작현장에서는 몇 차례 조직 개편이 이루어졌다. 1956년 10월 '쌍백' 방침에 따라 공산당의 영화정책과 제작관리 체제 개혁이 이루어지는데 상하이영화제작사도 상부지침에 따라 '우라오사(五老社)', '선지사(沈記社), '우화사(五花社) 등의 창작집단 체제를 조직했다. 이듬해인 1957년 4월에 경영관리를 강화하는 한편 영화의 예술적인 특색을 강조하기 위하여 '상하이영화촬영소'는 '상하이영화제작사(上海電影制片公司)로 개편된다. 이렇듯 1953년 이후에 여러 차례 조직이 개편되고 명칭이 바뀌지만 1953년 이후에 영화제작은 국유사업의 성격을 견지한다는 점에서 일관된 성격을 지닌다. 陽金福 編著. 《上海電影百年圖史 1905~2005》. 文匯出版社. 2006. 214~216쪽.

20) 《문회보》는 이 토론란을 1956년 11월 14일자부터 개설해 국산영화의 질적인 제

고 문제를 둘러싼 토론을 적극적으로 전개했다. 이 토론에 라오서(老舍)도 참여해 〈영화를 구하라(救救電影)〉라는 글을 기고했고 이 논의는《인민일보(人民日報)》, 《광명일보(光明日報)》 등에서도 종합 보도되어 전국적인 관심을 끌었다. 楊金福 編著.《上海電影百年圖史》. 文匯出版社. 2006. 216쪽

21) 쌍백 방침에 호응해 발표한 글과 이론 가운데 전국적인 차원에서 영향을 끼친 것으로《문예보(文藝報)》23기에 발표한 중뎬페이(鍾惦棐)의 '영화의 징(電影的鑼鼓)'이 있다. 중뎬페이는 "예술 창작은 최대한도의 자유를 보증해야 한다"는 논의를 펼쳐 기존의 정책에 비판의 목소리를 높인다. 그러나 중뎬페이는 반우파 투쟁 시기인 1957년에 10월 한 달 동안만 15차례 '반당분자' 중뎬페이 비판 좌담회가 열리는 등 우경 기회주의로 찍혀 대대적인 비판을 받게 된다. 楊金福編著. 앞의 책. 210쪽.

22) 楊金福 編著. 앞의 책. 210쪽. 관련자 46인은 직위 강등, 임금 삭감, 해고 및 노동개조 등의 처벌을 받으나, 1960년 이후 '우파' 딱지를 뗀다. 1979년 1월 관련자 전원의 우파 분류는 잘못된 것으로 판정 받아 기존의 판정은 수정된다.

23) 구체적으로 지목된 상하이영화제작사가 출품한 영화 목록은 다음과 같다. 1958년 7월 1차로 〈츄옹이 선녀를 만나다(秋翁遇仙記)〉, 〈안개 낀 바다에서의 야간 항해(霧海夜航)〉(위타오[俞濤], 1957), 〈퉁소를 불다(洞簫橫吹)〉(루런[魯韌], 1957), 〈아푸의 보물 찾기(阿福尋寶記)〉(쉬쑤링[徐蘇靈], 1957), 〈버려진 사람은 누구인가(誰是被拋棄的人)〉(황쭈모[黃祖模], 1958), 〈경기장에서 일어난 일(球場風波)〉(마오위[毛羽], 1957) 등 6편이 거론되며, 2차로 〈봉황의 노래(鳳凰之歌)〉(자오밍[趙明], 1957), 〈간호사의 일기(護士日記)〉, 〈난관을 뚫고 용감하게 나아가다(乘風破浪)〉(쑨위[孫瑜], 장쥔차오[蔣君超], 1957), 〈행복(幸福)〉(톈란[天然], 푸차오무[傅超武], 1957), 〈전방에서 온 편지(前方來信)〉(푸차오우[傅超武], 1958), 〈사랑은 길고 우의는 깊어(情長誼深)〉(쉬창린[徐昌霖], 1957), 〈불야성(不夜城)〉 등 7편이 지목된다.

24) 陽金福編 著.《上海電影百年圖史 1905~2005》. 文匯出版社. 2006. 221쪽.

25) 인훙의 지적대로, 상하이파 영화감독의 고난은 정치 대 예술의 긴장에서 예술의 패배로 읽는 것이 아니라, 출신배경과 현재의 사회 조건 사이에서, 그리고 예술적인 표현과 사회 정치적인 영화에 대한 수요 사이에서 발생한 모순을 부단하게 조정하고 해결책을 모색하는 데 노력을 기울이는 측면에서 파악할 필요가 있다. 尹鴻 등. 위의 책. 19쪽.

26) 모리스 마이스너.《마오의 중국과 그 이후(1)》. 김수영 역. 이산. 2004. 122쪽.

27) 상하이를 모험가의 낙원으로 묘사한 저술로 다음을 대표적으로 거론할 수 있다. Miller, G.E, pseud. *Shanghai, the Paradise of Adventurers*. Orsay Pub-

lishing House Inc. 1937. 상하이를 '마도'라고 지칭하는 명칭은 다이쇼(大正) 시대의 일본 작가 무라마쓰 쇼후(村松梢風) 이후에 유행했다. 상하이를 '마도'라고 지칭하는 명칭은 다이쇼(大正) 시대의 일본 작가 무라마쓰 쇼후(村松梢風) 이후에 유행했다. 그는 1923년 상하이를 여행한 후 '마도'라는 제목의 여행기를 출간했다. 이후 일본에서 '마도'는 상하이를 상징하는 주요한 어휘가 되었다. 村松梢風.《魔都》. 小西書店. 1924. 이와 관련해 일본인의 상하이 체험에 대해서는 다음을 참고하시오. 劉建輝.《魔都上海: 日本知識人の近代體驗》. 講談社. 2000.

28) 1930, 40년대 중국 영화들은 주로 도시를 배경으로 다루었지만 신중국 성립 이후 도시와 농촌의 소재 비율은 역전되어 농촌 제재의 영화가 압도적인 수를 차지한다. 아이밍즈의 통계에 따르면, 1949년부터 1961년까지 11년간 도시를 무대로 한 영화는 21편에 불과하다. 艾明之.〈關于描寫工場勞動者生活的脚本〉.《電影藝術》. 1961年 6月. 劉文兵.《映畵のなかの上海: 表象としての都市・女性・プロパガンダ》. 慶應義塾大學出版會. 2004, 209쪽에서 재인용.

29) "看到了, 又回來了.", "今天我們回來了."

30) "回來了", "多好的城市啊, 我們的黨就出生在這裡……. 上海是我們黨的老家, 也是革命的老家, 不也是我們大伙的老家嗎?"

31) "眞有意思, 在這裡反共起家的將介石又他滅亡在這裡…", "是歷史按排的."

32) "多好的城市啊", "我們勝利了. 這座英雄的城市近百年來忍受了多少苦難和欺侮. 終于擺脫了奴隸的枷鎖站起來."

33) 이병인.〈1930년대 상해의 구역상권과 소비생활〉.《중국근현대사연구》제17집. 한국중국근현대사학회. 2003년 3월.

34) Braester, Yomi. *Ibid.* 이와 관련해 상하이 공간의 변화 양상을 특히 1990년대 개혁개방이 가속화된 이후에 초점을 맞춘 논의로 왕샤오밍의 다음 글을 참고하시오. 王曉明.〈从建筑到广告: 最近十五年上海城市空间的变化〉.《중국현대문학》제40호. 한국중국현대문학학회. 2007년 3월.

35) 교육적 기능이 도드라진 관람후기의 예로 초기의 영화인〈내일까지 단결하라〉에 대한 다음의 관람기를 참고하시오. 亦青.〈繼續勇敢的創作: 給《團結起來到明天》編, 導, 演工作同志的信〉.《大衆電影》. 1951年4月10日; 王魯.〈我眞正的認識了工人: 我看了《團結起來到明天》之後〉.《大衆電影》. 1951年5月25日; 項堃.〈在共産黨的敎育下 我做了眞正的人〉. 위의 책.

36) 亦青. 앞의 글. 30쪽.

37) 紅代會北京電影學院井岡山文藝兵團, 江蘇省無産階級革命派電影批判連絡站, 江蘇省電影發行放映公司 .《毒草及有嚴重錯誤影片四百部》. 1968.

38) 이 영화는 제작 당시에 개봉될 수 없었기에 제작된 연대와 동일한 1950년대 관객

들의 반응을 직접적으로 살펴볼 수는 없다. 그러나 공개 당시의 관객 반응을 통해 1950년대 관객들의 반응의 일단을 유추해 볼 수 있다.

39) 〈불야성〉의 제작 및 상영과 관련된 상세한 전후에 대해서는 다음 책의 6장 '〈不夜城〉擔重任, "資改"電影遭尷尬'를 참고하시오. 祁曉萍編著. 《香花毒草: 紅色年代的電影命運》. 當代中國出版社. 2006.

40) 陳思和. 〈紀念柯靈先生〉. 陳思和編. 《墨磨人生 : 柯靈畫傳》. 上海書店出版社. 2001.

41) 다른 기억으로 천퉁이 등의 다음과 같은 술회도 참고할 수 있다. 그들에 따르면, 당시에 '독초 영화 비판', '문예반동 분쇄'를 입에 달고 다니던 이른바 '조반파(造反派)'들 가운데에서도 '비판 영화'를 볼 때 내심으로 좋아하면서 비판할 마음이 사라지는 이들이 적지 않았다고 한다. 陳同藝 · 陳朝玉 · 汪心水. 《影視春秋》 第1輯. 山東人民出版社. 1981. 76쪽.

42) 紅代會北京電影學院井岡山文藝兵團. 江蘇省無産階級革命派電影批判連絡站. 江蘇省電影發行放映公司. 《毒草及有嚴重錯誤影片四百部》. 1968. 여기에는 중국 일반 영화 200편과 중국 애니메이션 영화 20편, 1930년대 중국 및 홍콩 영화 20편, 외국영화 100편, 중국 뉴스다큐멘터리 영화 30편, 중국 교육영화 30편 모두 400편의 영화를 간단한 정보 및 비판사와 함께 수록하고 있다. 이 글의 검토 대상 작품 10편 중 〈인민의 큰손〉,〈바다의 혼〉, 〈불야성〉, 〈오늘은 쉬는 날〉, 〈상하이 전투〉, 〈지하 소년선봉대〉 6편이 독초 영화로 규정되어 있다.

43) 이와 관련해 1950년대 아시아에 존재하는 두 가지 인터내셔널리즘 담론이 충돌하는 양상을 싱가포르의 사례를 들어 검토하는 서닐의 논의를 참고할 수 있다. 그는 글로벌 시민권의 담론으로 보는 관점과 인터내셔널 시스템을 힘의 원천이자 국가 지향적인 국가 발전 프로그램으로 보는 관점을 각각의 두 가지 인터내셔널리즘 담론 유형으로 지적한다. 이 관계를 통해 그는 궁극적으로 글로벌 시민권이라는 전자의 인터내셔널리즘 담론이 훈육화된 국가 발전의 목표라는 후자의 담론에 압도되고 희생되었다는 점을 논증하고 있다. Sunil S. Amrith. "Asian Internationalism: Bandung's Echo in a Colonial Metropolis" *Inter-Asia Cultural Studies* 6: 4. 2005.

참고 문헌

I. 냉전풍경 1: 지역적 사건 혹은 지정학적 상상력

1. 냉전기 아시아에서 아시아주의의 형성과 재편 I (백원담)

김사량.《노마만리》. 실천문학사. 2002.

김사량.《종군기》. 실천문학사. 2002.

김일성.《김일성 전집》1~36. 조선로동당출판사. 1995~2001.

김중생.《조선의용군의 밀입북과 6 · 25전쟁》. 명지출판사. 2001.

다케우치 요시미.《다케우치 요시미 평론선: 일본과 아시아》. 서광덕 · 백지운. 소명출판. 2004.

모리스 마이스너.《마오의 중국과 그 이후 1》. 김수영 역. 이산. 2004.

브루스 커밍스.《한국전쟁의 기원》. 김자동 역. 일월서각. 1986,

브루스 커밍스.《브루스 커밍스의 한국현대사》. 김동노 외 역. 창작과비평사. 2001.

백기완 외.《민족 · 통일 · 해방의 논리》. 형성사. 1984.

백기완 외.《해방전후사의 인식》. 한길사. 1979.

백남운.《쏘련 印象》. 방기중 해제. 선인. 2005.

백범사상연구소 편.《백범 어록》. 사상사. 1973.

서동만.《북조선 사회주의체제 성립사 1945~1961》. 선인. 2005.

서정주.《미당 자서전》. 민음사. 1994.

申福龍 편.《韓國解放前後事 論著》I Journals · Ⅲ Books. 선인문화사. 1998.

쑨거.《다케우치 요시미라는 물음: 동아시아의 사상은 가능한가?》. 윤여일 역. 그린비. 2007.

에드가 스노.《에드가 스노 자서전》. 최재봉 역. 김영사. 2005.

와다 하루키.《한국전쟁》. 서동만 역. 창작과비평사. 1999.

이종범 · 최원규 편.《자료 한국근현대사 입문》. 혜안. 1995.

장준하.《민족주의자의 길》. 사상사. 1972.

정현수 외.《해외자료로 본 북한체제의 형성과 발전 Ⅱ》. 선인. 2006.

柴成文 · 趙勇田.《중국인이 본 한국전쟁: 抗美援助紀實》. 윤영무 역. 한백사. 1991.

찰스 암스트롱.《북조선 탄생》. 김연철 · 이정우 역. 서해문집. 2006.

毛澤東.《毛澤東文集》제1~8권. 1996.

毛泽东.《毛泽东选集》第五卷, 人民出版社. 1977年 4月 제1版.

周恩來.《周恩來外交文選》. 中央文獻出版社. 1990.
竹內好.《竹內好全集》제1권, 제5~6권 제9~17권. 筑摩書房. 198.1
中國人民抗美援助總會宣傳部編,《偉大的抗美援助運動》. 人民出版社. 1954 .
唐金海・張曉雲 主編.《巴金 年譜》. 四川文藝出版社. 1989.
路翎.《初雪》. 寧夏人民出版社. 1981.
石原莞爾.《石原莞爾 選集 6: 東亞聯盟運動》. たまいらぼ. 1986
大川周明.《大川周明關係文書》. 芙蓉書房出版. 1998.
高山岩男.《世界史の哲學》. 岩波書店. 1942.
林房雄.《大東亞戰争肯定論》. 番町書房. 1964.
情報局記者會.《大東亞共同宣言》. 新紀元社. 昭和 19年.
竹內好・丸山眞男 等 編.《近代日本思想史講座 8: 世界のなかの日本》. 筑摩書房, 1961.
鶴見俊輔 외.《日本の百年 4: アジア解放の夢 1931~1937》. 筑摩書房. 1957.
山田宗睦.《戰後思想史》. 三一書社. 1959,
佐佐木隆爾.《世界史の中のアジアと日本: アメリカの世界戰略と日本戰後史の視座》. 御茶の水書房. 1988.
丸川哲史.《Resionalism》. 岩波書店. 2003.
丸川哲史.《冷戰文化論: 竹内好と'敵對'》. 双風舍. 2005.
丸川哲史.《冷戦文化論: 忘れられた曖昧な戦争の現在性》. 双風舍. 2005
佐木秋夫 編.《苦惱するアジアの民族》. 時事通信社. 1973
綜合研究開發機構 編. 資料2 アジア・太平洋 問題年表〉.《事典/アジア・太平洋; 新しい地域像と日本の役割》. 中央經濟社, 1990.
浦野起央.《第三世界國際關係資料集: 第三世界與國際協力》. 有信堂, 1976.

Burlatsky, Fedor ・Skvirsky, David. *MAO TSE-TUNG: An Ideologocal and Psychologocal Portrait*. Moscow: Progress Publishers. 1980.
Hinton, Harold C. *The People' s Republic of China 1, 1949~1957: A Documentary Survey From Liberation to Crisis*. Washington: Scholarly Resources Inc. 1986.
Spainer, John W. *The Truman-MacArthur Controversy and The Korean War*. NY: W.W. Norton & Company. 1965.
Welcome the Triumphant Return of the 'Most Beloved Ones'. Runmin Ribao(People's Daily) Editorial). October 25, 1958. *Eight years of the Chinese People' s Volunteers Resistance to America aggression and Aid-*

ing Korea. Foreign Language Press. Peking. 1958.

魯迅.〈科學史教篇〉. 유중하 역.《文境》제4호. 1992.
권혁태.〈일본 진보진영의 몰락〉.《황해문화》통권 48호. 새얼문화재단. 2005년 가을.
기광서.〈해방 후 소련의 대한반도정책과 스티코프의 활동〉.《중소연구》제26권 1호. 한양대 아태지역연구센터. 2002.
김경일.〈전시기 일본의 대동아공영권 구상과 체제〉.《일본역사연구》제10집. 일본사학회. 1999 참조.
김성보.〈소련의 대한정책과 북한에서의 분단질서 형성 1945~1946〉. 역사문제연구소 편.《분단 50년과 통일시대의 과제》. 역사비평사. 1995.
김재웅.〈북한 건국사상총동원운동의 전개와 성격〉.《역사와현실》제56권. 한국역사연구회. 2005. 6.
노기영.〈이승만정권의 태평양동맹정책과 한미일관계〉. 부산대학교 석사논문. 1998 참조.
박진희.〈이승만의 대일인식과 태평양동맹 구상〉.《역사비평》통권 76호. 역사문제연구소(역사비평사). 2006년 가을.
유재일.〈한국전쟁과 반공이데올로기의 정착〉.《역사비평》계간 16호. 역사문제연구소(역사비평사). 1992년 봄.
이종석.〈냉전기 북한-중국관계: 밀월과 갈등의 전주곡(Ⅰ)〉.《전략연구》통권 제17호. 한국전략문제연구소. 1999. 12.
이종석.〈냉전기 북한-중국관계: 밀월과 갈등의 전주곡(Ⅱ)〉.《전략연구》통권 제18호. 한국전략문제연구소. 2000. 3.
이종석.〈국공 내전 시기 북한-중국관계(Ⅰ)〉.《전략연구》. 한국전략문제연구소. 통권 11호. 1997. 11.
이종석.〈국공 내전 시기 북한、중국 관계(Ⅱ).《전략연구》. 통권 제12호. 한국전략문제연구소. 1998. 4.
이종석.〈국공 내전 시기 북한、중국 관계(Ⅲ)〉.《전략연구》. 통권 제13호. 한국전략문제연구소. 1998. 9.
임성모.〈대동아공영권 구상에서의 '지역'과 '세계'〉.《세계정치》제26집 2호. 서울대학교 국제문제연구소. 2005 참조
한석정.〈대동아공영권과 세계체제론의 적용에 대한 시론〉.《한국사회학》제33집. 한국사회학회.

Armstrong, Charles K., "The Cultural Cold War in Korea, 1945~1950" *The Journal of Asian Studies*. 2003.
Chen, Kuan-Hsing. "The Club 51: the Culture of U. S. Imperialism. 성공회대학교 동아시아연구소 집담회 자료집. 2001.
侯松濤.〈抗美援助運動與民衆社會心態研究〉.《中共黨史研究》2005年 第2期.
賀艶青.〈毛澤東的國際戰略與第三世界〉.《中國共產黨史研究》2005년 제3기.
孫歌.〈'開かれたアイデンティティ'形成のために〉.《世界》2006년 2월호.
《조선일보》. 1945. 11. 23~1955. 12. 31

2. 냉전기 아시아 상상과 반공 정체성의 위상학(김예림)

기본자료

《신천지》, 《사상계》, 《신태평양》(1947 창간호), 《태평양》(1946 창간호), 《亞美理駕》, 《신영화》, 《현대공론》, 《전망》, 《초점》, 《(주간)국제》, 《민성》, 《조선일보》, 《以北實話》, 《戦後50年日本人の発言》上(文藝春秋 編. 1995)

논문

김경일. 〈전후 미국에서 지역연구의 성립과 발전〉. 《지역연구의 역사와 이론》. 김경일 편저. 문화과학사. 1998.

김균. 〈해방공간에서의 의식통제: 미군정기 언론·공보정책을 중심으로〉. 《언론문화연구》 제17집. 서강대학교언론문화연구소. 2001.

김예림. 〈시장 혹은 전장으로서의 아시아: 냉전과 경제개발기의 문화변동〉. 《냉전시대의 사회주의와 자본주의》. 제2회 서울-상하이 청년학자 포럼 자료집. 2006.

김임자. 〈자료: 국내 동양사관계논문요목 1945~1960〉. 《동양사학연구》 1권. 동양사학회. 1966.

박진희. 〈이승만의 대일인식과 태평양동맹 구상〉. 《역사비평》 통권 76호. 역사문제연구소(역사비평사). 2006 가을.

박태균. 〈박정희의 동아시아 인식과 아시아. 태평양 공동사회 구상〉. 《역사비평》 통권 76호. 역사문제연구소(역사비평사). 2006 가을.

신현준. 〈K-pop의 문화정치학〉. 아시아 대중문화 국제콘퍼런스 발표문. 2005.

요네타니 마사후미(米谷匡史). 〈포스트 동아시아, 새로운 연대의 조건〉. 《반일과 동아시아》. 천광싱(陳光興)·권혁태 외 저. 연구공간 '수유+너머' 번역네트워크 역. 소명출판. 2005.

윤덕영. 〈해방직후 신문자료 현황〉. 한국현대사통합데이터베이스. 코리아콘텐츠랩. 2002.

윤영도. 〈2차세계대전 후 남한과 대만(臺灣)의 국립대학의 초기 형성 연구〉. 《중국현대문학》 제40호. 한국중국현대문학학회. 2007.

이혜숙. 〈전후 미국의 대일 점령 정책: 경제정책을 중심으로〉. 《사회와역사》 제52집. 한국사회사학회. 1997.

정재석. 〈해방기 귀환 서사 연구〉. 연세대학교 석사논문. 2006.

최영호. 〈이승만 정부의 태평양동맹 구상과 아시아민족반공연맹 결성〉. 《국제정치 논총》 제39집 제2호. 한국국제정치학회. 1999.

Shin, Gi-Wook. "Asianism in Korea's politics of identity". *Inter-Asia cultural studies* Volume 6, Number 4. 2005.

단행본

고모리 요이치(小森陽一)·다카하시 데쓰야(高橋哲哉). 《내셔널 히스토리를 넘어서》. 이규수 역. 삼인. 2003.
권명아. 《역사적 파시즘》. 책세상. 2005.
김소영 외. 《트랜스: 아시아 영상문화》. 현실문화연구. 2006.
김예림. 《1930년대 후반 근대인식의 틀과 미의식》. 소명출판. 2004.
나카노 도시오(中野敏男). 《오쓰카 히사오와 마루야마 마사오》. 서민교 외 역. 삼인. 2005.
다케우치 요시미(竹內好). 《일본과 아시아》. 서광덕 외 역. 소명출판. 2004.
백원담. 《동아시아의 문화선택, 한류》. 펜타그램. 2005.
오기영. 《진짜 무궁화: 해방 경성의 풍자와 기개》. 성균관대학교출판부. 2002.
이동연. 《아시아 문화연구를 상상하기》. 그린비, 2006.
쑨거(孫歌). 《아시아라는 사유공간》. 류준필 외 역. 창작과비평사. 2003.
______. 《다케우치 요시미라는 물음》. 윤여일 역. 그린비. 2007.
쓰루미 스케(鶴見俊輔). 《전후 일본의 대중문화》. 김문환 역. 소화. 2001.
이시카와 마쓰미(石川眞澄). 《일본 전후 정치사》. 박정진 역. 후마니타스. 2006.
천광신(陳光興). 《제국의 눈》. 백지운 외 역. 창작과비평사. 2003.
하시모토 주로(橋本壽朗). 유희준·송일 역. 《전후의 일본경제》. 소화. 1996.
해리 하르투니언. 《역사의 요동: 근대성 문화 그리고 일상생활》. 윤영실 외 역. 휴머니스트, 2006.
內海愛子. 《戰後補償から考える日本とアジア》. 山川出版社. 2006.
大串潤兒. 〈戰後の大衆文化〉. 《戰後改革と逆コース》. 吉田裕 編. 吉川弘文館. 2004.
道場親信. 《占領と平和》. 青土社. 2005.
北原 惇. 《幼兒化する日本人》. リベルタ出版. 2005.
小熊英二. 《'民主'と愛國》. 新曜社. 2003.
佐藤卓己. 〈前後世論の成立〉. 《思想》 No 980. 2005.
鶴見俊輔. 《前後日本の思想》. 中央公論社. 1959.
丸川哲史. 《冷戦文化論》. 双風舍. 2005.
________. 《リージョナリズム》. 岩波書店. 2003.

II. 냉전풍경 2: 지식/정보 혹은 규율의 재생산 제도

1. 탈식민, 냉전, 그리고 고등교육(윤영도)

강명숙. 〈국립서울대학교 설립 과정에 대한 재론(再論)〉. 《한국교육사학》 제26권 제1호. 한국교육사학회. 2004. 4.

강명숙. 〈1945-1946년의 경성대학에 관한 시론적 연구〉. 《교육사학연구》 제14집. 교육사학회. 2004.

歐素瑛. 〈傳承與創新 - 戰後初期的臺灣大學(1945-1950)〉. 國立臺灣師範大學 歷史學系. 博士논문. 2004.

노암 촘스키 외. 《냉전과 대학: 냉전의 서막과 미국의 지식인들》. 정연복 역. 당대. 2001.

北山富久二郎. 〈臺北を中心とする我が南方政策の回顧と檢討〉. 《臺北帝國大學記念講演集》. 1932.

羅宗洛. 〈回憶錄: 接受臺灣大學日記〉. 《植物生理學通迅》 第35券. 第2期. 1999. 4.

미군정청. 〈군정청법령 제15호〉. www.Koreanhistory.or.kr.

박광현. 〈'경성제국대학'의 문예사적 연구를 위한 시론〉. 동국대학교 한국문학연구소. 《한국문학연구》 제21집. 1999.3.

박광현. 〈京城帝國大學と朝鮮學〉. 名古屋大學大學院 人間情報學研究科 박사논문. 2002.

브루스 커밍스 외. 《대학과 제국: 학문과 돈, 권력의 은밀한 미래》. 한영옥 역. 당대. 2004.

서울대학교 편. 《서울대학교 20년사: 1946-1966》. 서울대학교. 1966.

서울대학교 편. 《서울대학교 50년사: 1946-1996》. 서울대학교. 1996.

서울대학교 편. 《서울대학교 학문 연구 50년(I) : 총괄 · 인문 · 사회과학》. 서울대학교. 1996.

서울법대 편. 《서울법대 100년사 자료집》. 서울대학교. 1996.

스테판 다나카. 《일본 동양학의 구조》. 박영재 외 역. 문학과지성사. 2004.

吳密察. 〈植民地大学とその戦後〉. 吳密察 外. 《記憶する台湾 : 帝国との相剋》. 東京大學出版會. 2005.

우마코시 토오루(馬越徹) 저. 한용진 역. 《한국 근대대학의 성립과 전개》. 교육과학사. 2001.

이길상. 〈제국주의 문화 침략과 한국 교육의 대미 종속화〉. 《역사비평》 통권 20호. 역사문제연구소(역사비평사). 1992. 8.

이준식. 〈일제 강점기의 대학 제도와 학문 체계: 경성제대의 '조선어문학과'를 중심으로〉. 《사회와역사》 통권 61집. 한국사회사학회. 2002.

이충우. 《경성제국대학》. 다락원. 1980.

이희수. 〈미군정기의 국립서울대학교 설립과정에 관한 교육사회학적 분석〉. 중앙대학교 석사논문. 1986.

이희수. 〈미군정기 최대의 교육 운동, 국대안 반대운동〉. 《월간 중등 우리교육》 통권 제9호. 우리교육. 1990. 11.

정규영. 〈콜로니얼리즘과 학문의 정치학: 15년전쟁하 경성제국대학의 대륙연구〉. 《교육사학연구》 제9집. 1999.

정선이. 《경성제국대학연구》. 문음사. 2002.

정재철. 〈일제하의 고등교육〉. 《한국교육문제연구소 논문집》 No. 5. 중앙대학교 한국교육문제연구소. 1989.

정태수. 〈미군정기 한국교육행정의 기국와 요원의 연구: 미군측 사료를 중심으로〉. 《교육행정학연구》 Vol. 6 No. 1. 한국교육행정학회. 1988.

한용진. 〈일제 식민지 고등교육 정책과 경성제국대학의 위상〉. 《교육문제연구》 제8집. 154~172쪽. 고려대학교 교육문제연구소. 1996. 2.

한준상. 〈미국의 문화침투와 한국교육: 미군정기 교육적 모순 해체를 위한 연구과제〉. 박현채 외. 《해방전후사의 인식3: 정치 사회 운동의 혁명적 전개와 사상적 노선》. 한길사. 1987.

홍석률. 〈1960년대 한국 민족주의의 두 흐름〉. 《사회와역사》 제62권. 한국사회사학회2002.

3. 미 점령하의 '일본문화론'(미치바 치카노부)

青木保.《'日本文化論'の変容: 戦後日本の文化とアイデンティティー》. 中央公論社. 1990.

有山輝雄.《占領期メディア史研究: 自由と統制·1945年》. 柏書房. 1996.

有賀喜左衛門.〈日本社会構造における階層性の問題〉.《季刊民俗学研究》第14巻4号. 1950.

飯塚浩二. 〈外人のみた日本/問題は受け取る側の態度/民衆の問題に密着した学問の高揚を吾々は実例によって知らされつつある〉.《日本読書新聞》550号. 1950.

________.〈外人の日本研究/共同研究者の眼でみよう/津田博士の〈菊と刀のくにに望む〉〉.《日本読書新聞》.《日本読書新聞》592号.

五百旗頭真.《米国の日本占領政策: 戦後日本の設計図》上下. 中央公論社. 1985.

井口治夫.〈太平洋戦争終結を巡る歴史論争: ボナー・へェラーズのヘンリー・スティムソン元陸軍長官批判〉. 細谷千博. 入江昭. 大芝亮.《記憶としてのパールハーバー》ミネルヴァ書房. 1985

池田徳眞.《プロパガンダ戦史》. 中公新書. 1981.

石井英一郎.〈編輯後記〉.《季刊民族学研究》. 14巻4号. 1950.

岩島久夫.《心理戦争: 計画と行動のモデル》. 講談社現代新書. 1968.

江藤淳.《閉された言語空間: 占領軍の検閲と戦後日本》. 文春春秋. 1989.

小熊英二.《単一民族の神話の起源:〈日本人の自画像〉の系譜》. 新曜社. 1995.

外務省情報部文化課編. 《世界の平和と安全国際教育科学文化機関ユネスコ教本》. 東京都ユネスコ協会. 1952.

加藤哲朗.《象徴天皇制の起源: アメリカの心理戦〈日本計画〉》. 平凡社新書. 2005.

加藤秀俊.〈解説　日本文化論〉. 加藤秀俊 編.《日本文化論》. 徳間書店. 1966.

マーガレット M. カフリー.《さまよえる人　ルース・ベネディクト》. 福井七子・上田誉志美 訳. 関西大学出版部. 1993.

蒲生正雄 編.《現代文化人類学のエッセンス: 文化人類学理論の歴史と展開》. ペリカン社. 1978.

ブルース・カミングス. 《朝鮮戦争の起源　第1巻　解放と南北分断体制の出現 1945-1947年》. 鄭敬謨・林哲. シアレヒム社. 1989.

川島武宜.〈評価と批判〉.《季刊民族学研究》14巻4号. 1950.

ポーリン・ケント.〈ベネディクトの生涯と学問〉.《日本人の行動パターン》. 福井七子 訳. 日本放送協会. 1997.

________________. 〈Race: Science and Politicsとベネディクト〉ベネディクト. 《人種主義とその批判的考察》. 筒井清忠・寺岡伸悟・筒井清輝　訳. 名古屋大学出版会. 1997.
________________. 《〈菊と刀〉のうら話》. 国際日本文化研究センター. 1998.
長谷川松治. 〈はしがき〉.　ルース・ベネディクト《菊と刀》上. 社会思想研究会出版部. 1948.
進藤栄一. 《敗戦の逆接: 戦後日本はどうつくられたか》. ちくま新書. 1999.
副田義也. 《日本文化試論: ベネディクト《菊と刀》を読む》. 新曜社. 1993.
竹山昭子. 〈アメリカ占領期マスメディアの〈天皇制論議〉〉. 《メディア史研究》第5号. 1996.
ジョン・ダワー. 《敗北を抱きしめて: 第二次大戦後の日本人》. 高杉忠昭・田代泰子 訳. 岩波書店. 2001.
______________. 《容赦なき戦争: 太平洋戦争における人種差別》. 猿谷要 監修. 斎藤元一 訳. 平凡ライブラリー. 2001.
津田左右吉. 《文学に現れたる我が国民思想の研究:　貴族文学の時代》.　洛陽堂. 1916. 《津田左右吉全集》別巻第2. 岩波書店. 1966.
_________. 〈日本歴史の研究に於ける科学的態度〉. 《世界》3月号. 1946.
_________. 〈建国の事情と万世一系の思想〉. 《世界》4月号. 1946.
_________. 〈菊と刀のくに: 外国人の日本研究について〉. 《展望》5月号. 1957.
鶴見和子. 〈〈菊と刀〉アメリカ人のみた日本的道徳観〉. 《思想》276号. 1947.
豊下楢彦. 〈〈無条件降伏〉と戦後世界秩序: 分析枠組のための覚書〉. 川端正久 編. 《1940代の世界政治》. ミネェルヴァ書房. 1988.
中井三郎. 〈戦後翻訳権をめぐる諸問題〉. 《文学》8月号. 1955.
中野好夫. 〈解説〉. マーク・ゲイン《ニッポン日記》. 井本威夫 訳. 筑摩書房. 1963.
中村政則. 《象徴天皇制への道: 米国大使グルーとその周辺》. 岩波新書. 1989.
_________. 《戦後史と象徴天皇》. 岩波書店. 1992.
東野眞. 《昭和天皇　二つの〈独白録〉》. 日本放送協会. 1998.
アラン・フィンケルクロート. 《思考の敗北あるいは文化のパラドクス》. 西谷修 訳. 河出書房 新社. 1998.
福井七子. 〈「日本人の行動パターン〉から菊と刀へ〉. 《日本人の行動パターン》. 福井七子 訳. 日本放送協会. 1997.
米国戦略爆撃調査団. 〈太平洋戦争総合報告書〉. 冨永謙吾 編. 《現代史資料39太平洋戦争5》. みすず書房. 1975.
米国戦略爆撃調査団. 〈日本の戦争努力〉. 冨永謙吾編. 《現代史資料39太平洋戦争5》.

みすず書房. 1975.
ルース・ベネディクト.《定訳　菊と刀(全)》. 長谷川松治 訳. 現代教養文庫. 1967.
____________________.《文化の型》. 米山俊直 訳. 社会思想社. 1973.
____________________. 《日本人の行動パターン》. 福井七子　訳. 日本放送協会. 1997.
御厨貴 ・ 小塩和人.《忘れられた日米関係: ヘレン・ミアーズの問い》. ちくま新書. 1996.
道場親信.《占領と平和:〈戦後〉という経験》. 青土社. 2005.
マーガレット・ミード 編著.《人類学者　ルース・ベネディクト: その肖像と作品》. 松園万亀雄 訳. 社会思想社. 1977.
南博.〈社会心理学の立場から〉.《季刊民族学研究》14巻 4 号. 1950.
宮田昇.《翻訳権の戦後史》. みすず書房. 1999.
宮守正雄.《一つの出版 ・ 文化界史話: 敗戦直後の時代》. 中央大学出版部. 1970.
山極晃.〈解説〉. 山極晃・中村政則 編.《資料日本占領 1: 天皇制》. 岡田良之. 大月書店. 1970.
山極晃・中村政則 編.《資料日本占領 1: 天皇制》. 岡田良之. 大月書店. 1990.
山本武利.《日本兵捕虜はなにをしゃべったか》. 文春新書. 2001.
山本武利.《ブラック・プロパガンダ: ラジオの謀略》. 岩波書店. 2002.
山田裕.《日本人の戦争観: 戦後史の中の変容》. 岩波現代文庫. 2005.
米谷匡史.〈津田左右吉・和辻哲郎の天皇論: 象徴天皇制論〉. 網野善彦・樺山紘一・宮田登 ・安丸良夫・山本幸司.《岩波講座天皇と王権を考える 1 人類社会のなかの天皇と王権》. 岩波書店. 2002.
ポール・ラインバーガー.《心理戦争》. 須磨弥吉郎 訳. みすず書房. 1953.
ヒラリー・ラプスリー. 《マーガレット・ミードとルース・ベネディクト:ふたりの恋愛が育んだ文化人類学》. 伊藤悟 訳. 明石書店. 2002.
C. ダグラス・ラミス.《内なる外国:《菊と刀》再考》. 加地永都子 訳. 時事通信社. 1981.
ダグラス・ラミス.《《菊と刀》再考パートⅡ》.《国立歴史民俗博物館研究報告》91集. 2001.
ジェラール・ルクレール.《人類学と植民地主義》. 宮治一雄・宮治美江子 訳. 平凡社. 1976.
渡辺治.《戦後政治史の中の天皇制》. 青木書店. 1990.
和辻哲朗.〈〈日本思想史〉ノート(抄)〉.《和辻哲朗全集》別巻 1 . 岩波書店. 1991
_________.《国民統合の象徴》.《和辻哲朗全集》第14巻. 岩波書店. 1962.

________. 〈科学的価値に対する疑問〉. 《季刊民族学研究》 14巻 4 号. 1950.
________. 〈天皇の責任論について〉. 《和辻哲朗全集》 別巻 2 . 岩波書店. 1992.

Gilmore, Allison B. *You Can't Fight Tanks with Bayonets: Psychological Warfare against the Japanese Army in the Southwest Pacific*. University of Nebraska Press. 2000.

Kent, Pauline. "An Appendix to The Chrysanthemum and the Sword: A Bibliography" *Japan Review*. 1995. 6.

Leighton, Alexander H. *Human Relations in a Changing World: Observation on the Use of the Social Sciences*. New York: E. P. Dutton & Company. 1949.

Winkler, Allan M. *The Politics of Propaganda: The Office of War Information 1942-1945*. New Heaven: Yale University Press. 1978.

4. 전후 대중매체를 통한 문화전파에 관한 연구(이종님)

강현두 외.《세계방송의 역사》. 나남. 1992.

공제욱 · 정근식 편.《식민지의 일상, 지배와 균열》. 문화과학사. 2006.

김균. 〈미국의 대외 문화정책을 통해 본 미군정 문화정책〉.《한국언론학보》 제44권 3호. 한국언론학회. 2000. 40~75쪽.

김기원.《미군정기의 경제구조》. 푸른산. 1990.

김미현 책임 편집.《한국영화사》. 커뮤니케이션북스. 2006.

김민환. 〈미군정기의 한국 언론: 신문의 실상과 역사적 의미〉.《신문과방송》 8월호. 한국언론연구원. 1991.

김민환. 〈미군정의 언론정책〉.《언론과사회》 여름 통권 제8호. 성곡언론문화재단. 1995. pp.6~38.

김춘옥.《방송저널리즘》. 커뮤니케이션북스. 2004.

노정팔.《한국방송과 50년》. 나남, 1995.

도널드 스턴 맥도널드 지음.《한미관계 20년사(1945~1965년): 해방에서 자립까지》. 한국역사연구회 1950년대반 옮김. 한울. 2001.

레이먼드 윌리엄스 지음.《텔레비전론》. 박효숙 옮김. 현대미학사. 1996.

마동훈. 〈초기 라디오와 근대적 일상〉.《언론과사회》 제12권 1호. 성곡언론문화재단. 2003. pp.56~91.

문원립. 〈영화사와 작가연구: 해방직후 한국의 미국영화의 시장규모에 관한 소고〉.《영화연구》 18호. 한국영화학회. 2002.

민성욱. 〈뉴스영화의 영화관 상영에 관한 연구〉. 중앙대학교 석사논문. 1991.

박권상. 〈미군정하의 한국언론에 관한 연구(상)〉.《신문과방송》 통권 제202호. 한국언론연구원. 1987. pp.63~76.

박기성.《한국방송문화연구》. 나남, 1985.

박용규. 〈한국 초기 방송의 국영화 과정에 관한 연구: 1945년부터 1953년까지를 중심으로〉. 〈한국언론학보〉 제44-2호. 한국언론학회. 2000. pp.93~123.

박찬표.《한국의 국가형성과 민주주의》. 고려대학교 출판부. 1997.

서울신문사. 〈서울신문 40년사〉. 1985.

선혜진 · 리대룡. 〈한국에서의 PR 개념 형성과 발전에 미친 미국과 일본의 영향〉.《언론과학연구》 제5권 2호. 한국지역언론학연합회. 2005. pp.209~242.

송건호.《현대 한국 언론사》. 삼민사. 1990

신인섭 · 오두범. 〈한국 현대 PR사 정리의 과제와 쟁점: 문제 제기적 성찰〉.《홍보학연구》 제6권 1호. 커뮤니케이션북스. 2002. pp.5~34.

유명숙. 〈정전논쟁의 과거와 현재〉. 백낙청 외. 《성찰과 모색》. 서울대학교출판부. 2002.
윤병일. 〈방송사 유감〉. 한국TV방송50년위원회 편. 《한국의 방송인》. 커뮤니케이션북스. 2001.
이영일. 《한국 영화 전사》. 삼애사. 1969.
이재경. 〈방송저널리즘의 기본가치와 역사적 변화〉. 《프로그램 텍스트》 제12호. 2005.
이효인. 〈해방직후의 민족영화운동〉. 최장집 외. 《해방전후사의 인식 4》. 한길사. 1989.
임종수. 〈한국방송의 기원: 초기 라디오방송에서 제도 형성과 진화〉. 《한국언론학보》 제48권 6호. 한국언론학회. 2004. 375쪽.
정용욱. 〈6 · 25전쟁기 미군의 삐라 심리전과 냉전 이데올로기〉. 《역사와현실》 통권 제51호. 한국역사연구회. 2003.
정진석. 《한국의 인쇄매체》. 한국의 언론 Ⅱ. 한국언론연구원. 1992.
조준형. 〈반공영화소사〉. 《영상문화정보》 제22호. 한국영상자료원. 2001.
조혜정. 〈미군정기 조선영화동맹 연구〉. 《영화연구》 제13호. 한국영화학회. 1997.
차배근. 《커뮤니케이션학개론》. 세영사. 1976.
차재영. 〈주한 미점령군의 선전활동 연구〉. 《언론과사회》 가을 통권 제5호. 성곡언론문화재단. 1994. pp.29~52.
최장집. 《한국현대정치의 구조와 변화》, 까치, 1989.
허은. 〈1950년대 '주한 미공보원(USIS)'의 역할과 문화전파 지향〉. 《한국사학보》 제15호. 고려사학회. 2003. pp.227~256.
호현찬. 《한국영화 100년》. 문학사상사. 2000.
후가가와 히데오. 《카치프레이즈의 전후사》. 1991.
毎日新聞社. 《日本ニュース映畫史》. 1997.

Blum, R. *Cultural Affairs and Foreign Relations*. Englewood Cliffs: Prentice-Hall. 1963.
Deutsch, Karl. W. *Nationalism and Social Communication-an Inquiry into the Foundations of Nationality*. London: MIT Press. 1961.
Hunt, H. M. *Ideology and U.S. Foreign Policy*. New Haven and London: Yale University Press. 1987.
Show, Tony. "The Politics of Cold War Culture" *Journal of Cold War Studies* 3-3. 2001.

Memorandum by Gereral Hodge to General MacArthur. September 24, 1945, VI. pp.1054~1055.

United States Army Military Government In Korea, Department In Korea, Department of Communication, History of the Korea Broadcasting Corporation (KBC), Mimeograph held in NARA, Record Group No. 332, Box No 15, August 15, 1948.

USAFIK. The Summation of Non-Military Government in Japan and Korea, 1945~1946.

《경향신문》. 1948~61.

《조선일보》. 1945~61.

《한국일보》. 1948~61.

http://www.daehannews.co.kr.

http://www.showakan.go.jp/

5. 냉전기 동아시아의 '성'관리 정책(이선이)

《국민보》. 1946. 7. 10. 〈모창녀의 이야기〉.
《동아일보》. 1946. 1. 9. 〈공창제도철폐령의 공포〉.
《동아일보》. 1946. 5. 27. 〈공창제도 철폐령의 공포〉.
〈세기의 악풍 금일부터 일소〉.
〈부녀자 매매에 단 불우 여성들에 해방의 종〉.
〈공창도 일제 철폐 위반자는 엄중한 처벌〉.
〈공창기 폐지 법령〉.
《동아일보》 1946. 5. 29. 〈부녀매매전적금지〉.
《동아일보》 1946. 6. 2. 〈단연일소하자 공창가〉.
《동아일보》 1946. 6. 5. 〈수산전문과 공창문제〉.
《동아일보》 1946. 8. 11. 〈폐업 공창 구제 연맹을 결성 시내 14부인단체서 총궐기〉.
〈갱생의 '길'로 인도 백만원 재단으로 희망원을 설치〉.
《동아일보》 1947. 10. 31. 〈공창제도폐지〉.
《동아일보》 1948. 2. 6. 〈창녀 농성에 당국 대책협의〉.
〈사창 철저 단속〉.
《동아일보》 1948. 2. 20. 〈공창폐지후의 대책 당국 · 포주 · 창녀간담〉.
《서울신문》1947. 3. 27. 〈공사창 폐지하라-전국폐창연맹서 건의〉.
《여성신문》 1947. 6. 6. 〈공창제도와 축첩 빨리 폐지하라〉.
《한성일보》 1946. 5. 27. 〈우슴에 찬 공창가〉.
《한성일보》 1946. 5. 28. 〈공창폐지령과 사회파문〉.
《한성일보》 1946. 5. 28. 〈여성해방의 첫걸음〉.

강이수. 〈미군정기 공창폐지와 여성운동〉. 《미군정기 한국의 사회변동과 사회사 Ⅱ》. 한림대학교출판부. 1999.
문경란. 〈미군정기 한국 여성 운동에 관한 연구〉. 이화여자대학교 석사논문. 1988.
박찬표. 《한국의 국가형성과 민주주의- 미군정기 자유민주주의의 초기 제도화》. 고려대학교출판부. 1997.
신규환. 《1930年代 北平市政府의 衛生行政과 '國家醫療'》. 연세대학교 박사논문. 2005.
양동숙. 〈해방 후 공창제 폐지 과정 연구〉. 《역사연구》 제9호. 역사학연구소. 2001.
吳蘇伯. 〈대책 없는 공창폐지의 결과는 이렇다: 지하정조경매장〉. 《신천지》. 1948. 10.

유해정.《일제시기 공창폐지 운동에 관한 연구》. 고려대학교 석사논문. 2002.
이배용.〈미군정기 여성생활의 변모와 여성의식 1945-48〉.《역사학보》제150집. 역사학회. 1996.
이임하.〈미군의 동아시아 주둔과 섹슈얼리티: 미군정기의 매매춘 문제를 중심으로〉.《동아시아와 근대, 여성의 발견》. 청어람 미디어. 2004.
이혜숙.〈미군정의 경제 정책에 대한 정치사회학적 연구〉. 서울대학교 박사논문. 1992.
임우경.〈그많던 창녀들은 다 어디로 갔을까: 1950년대 상하이의 창녀개조사업과 실천의 역설〉.《여/성이론》제12호. 도서출판 여이연. 2005.
장수지.〈1950년대 上海市 禁娼事業과 娼妓해방〉. 연세대학교 석사논문. 2006.
캐서린 문.《동맹 속의 섹스》. 이정주 역. 삼인. 2002.

《大公報》. 1951. 11. 27.〈消滅殘存的暗黑野蠻的娼妓制度!〉.
《大公報》. 1951. 11. 30.〈恢復姊妹們的健康〉.
《大公報》. 1951. 12. 14.〈婦女教養所進行階級教育〉.
《大公報》. 1951. 12. 14.〈感謝政府幫助姊妹們逃出火坑〉.
《人民日報》. 1949. 11. 22.〈解放妓女〉.
〈京市府封閉全市妓院〉.
〈關於封閉妓院的決議〉.
〈決議封閉妓院並開始討論五項財政稅收案〉.
《解放日報》. 1949. 12. 24.〈建議取締本市殘存妓院"〉.
《解放日報》. 1949. 12. 27.〈摧毁舊社會遺留的娼妓制度〉.
《人民日報》. 1949. 11. 24.〈石家莊市是怎樣改造妓女的〉.
《新聞日報》. 1952. 8. 22.〈"解放姊妹們的新的生活〉.
上海市公安局关于目前处理私娼办法的报告. 上海市檔案館所藏 檔号B1-2-46. 1950年 12月 2日.
上海市公安局关于对屡教不改的私娼主处罚的报告. 上海市档案馆所藏 档号B1-2-46. 1950年 12月 30日.
上海市府党組關于本市禁娼的方案. 上海市档案馆所藏 檔号B1-2-549. 1951年 11月 16日.
中共上海市關于本市處置娼女的計划. 上海市档案馆所藏 檔号B1-2-549. 1951年 11月 26日.
上海市府黨組關于本市禁娼初步情況報告. 上海市档案馆所藏 檔号 B1-2-550. 1951年 11月 28日.

上海市府党組關于本市禁娼工作的初步情況匯報(草稿). 上海市档案馆所藏 檔号 B1-2-550. 1951年12月.
上海市人民政府關于"關于確定遊民勞改期向題中的若干具體問題的規定"及"對妓女的處理方針"的批复,上海市档案馆所藏 檔号 B1-2-876, 1953年 6月.
上海市民政局關于處理妓女出所意見的報告,上海市档案馆所藏 檔号 B1-2-876, 1953年 6月 30日.
上海市政治法律委員會關于妓女出所的函. 上海市档案馆所藏 檔号 B1-2-877. 1953年 7月 9日.
上海市人民政府關于處理妓女出所意見的批复. 上海市档案馆所藏 檔号 B1-2-877. 1953年 7月.
李大釗. 〈廢娼問題〉.《每周評論》第19期. 1919. 4. 27. 中華全國婦女聯合會婦女運動歷史研究室 編.《五四時期婦女問題文選》. 北京: 三聯書店. 1981.
林崇武. 〈娼妓問題之研究〉.《民鍾季刊》. 第2劵 第2期. 1936.
李润山. 〈封闭妓院的前奏〉.《北京封閉妓院紀實》. 中國和平出版社. 1988.
. 〈新生活中的姐妹们〉.《北京封閉妓院紀實》. 中國和平出版社. 1988.
李万啓. 〈氷河開凍〉.《北京封閉妓院紀實》. 中國和平出版社. 1988.
劉朝江. 〈深夜緊急行動〉.《北京封閉妓院紀實》. 中國和平出版社. 1988.
毛澤東. 〈做一個完全的革命派〉. 1950. 6. 23.《毛澤東選集》 제5권. 人民出版社. 1977.
浦安修. 〈五年來華北抗日民主根據地婦女運動的初步總結(1943. 7. 16)〉.《中國婦女運動歷史資料》. 1988.
王書奴.《中國 娼妓史》. 上海書店. 1992.
王申. 〈上海市解放初期禁娼斗争纪实〉.《四川大學校》. 哲學社會科學版.
扬洁曾 · 贺宛男.《上海娼妓改造史话》. 生活 · 读书 · 新知. 1988.(김하림 역.《당원이 된 창녀: 중국창녀개조사》. 한마당. 1989.
張洁珣. 〈序〉. 北京公安局.《北京封閉妓院紀實》. 中國和平出版社. 1988.
川田智子. 〈売春防止法が女性に与える影響ー風俗産業で働く女性たち〉.《買売春解体親書ー近代の性規範からいかに抜け出すか》. つげ書房新社. 2002.
藤目ゆき.《性の歴史学》. 不二出版. 1997.(김경자 외 역.《성의 역사학》. 삼인. 2004.)
総合女性史研究会.《日本女性の歴史》. 角川選書. 1992.
山本恒人. 〈工業化と中国社会主義の形成〉. 上原一慶.《現代中国の変革》. 世界思想社. 1994.

Hershatter, Gail B. *Dangerous Pleasures: Prostitution and Modernity in Twentieth-Century Shanghai*. University of California Press. 1997.(韩敏中・盛宁 역.《危险的愉悦: 20世紀上海的娼妓問題与現代性》. 江蘇人民出版社. 2003.)

Shmid, Peter. *The New Face of China*. London: George G. Harrap and Company, Ltd. 1958.

III. 냉전풍경 3: 일상의 재편과 욕망의 미시정치학

1. 냉전 초기 남한과 타이완에서 대중연예의 국가화 및 미국 대중문화의 번역 (신현준 · 허둥훙)

Armstrong, Charles K. "The Cultural Cold War in Korea,1945-1950" *The Journal of Asian Studies* 62(1). pp.71~100. 2003.

CHEN, Kuan-Hsing (Translated by Yiman Wang). "The Imperialist Eye: The Cultural Imaginary of a Subempire and a Nation-Stat. *Positions: East Asia Cultures Critique* 8(1) (Spring 2000).

CHEN Kuan-Hsing. "America in East Asia: The Club 51 Syndrome" *New Left Review* 12. November-December. pp.73~87. 2001.

CHEN Li-Min & YOU Man-Lai. "The Style of Graphic Design as a Reflection of Humanity: A Case Study on the Early Taiwan Popular Music Album Design from 1954 to 1971" The paper presented in the 6th Asian Design Conference (Tsukuba, Japan). October 14~17, 2004.

CHUN, Alen "From Nationalism to Nationalisation: Cultural Imagination and State Formation in Postwar Taiwan" *The Australian Journal of Chinese Affairs* 31. pp.49~69. 1994.

Dean, John. "The Diffusion of American Culture in Western Europe Since World War Two: A Cross-cultural Survey" *Journal of American Culture* 20(4). pp.11~24. 1997.

FUNG, Anthony. "The Emerging (National) Popular Music Culture in China" The paper presented in *Inter-Asia Cultural Studies* conference(Seoul, Korea). July pp.21~23, 2005.

HO Tung-hung. "The Social Formation of Mandarin Popular Music Industry in Taiwan," Dissertation submitted for the Degree of Doctor of Philosophy, Department of Sociology, Lancaster University, 2003.

CHEN, Li-Min and YOU Man-Lai. "The Style of Graphic Design as a Reflection of Humanity: A Case Study on the Early Taiwan Popular Music Album Design from 1954 to1971," 2000. http://www.idemployee.id.tue.nl/g.w.m.rauterberg/conferences/CD_doNotOpen/ADC/final_paper/627.pdf.

Malaiankay, Roald. "How to Work that Oriental Body: The Kim Sisters and their Audiences" The paper presented in the IASPM (International Association for Study of Popular Music) conference(Rome, Italy). July 24~30, 2005.

Nolan, Mary. "Anti-Americanism and Americanization in Germany" *Politics and Society* 33(1). pp.88~122. 2005.

Roper, Jon. "Encountering America: Altered States" in Melling, P. & Jon Roper. *Americanisation and the Transformation of World Cultures: Melting Pot or Cultural Chernobyl?*. New York: The Edwin Mellen Press. 1996.

SHIN Hyunjoon. "Cultural Politics of K-pop: Out of "Gayo" Nationalism into Pop Asianism" The paper presented in the International Conference of Institute for East Asian Studies at Sungkonghoe University(Seoul, Korea). February 22, 2005.

SHIN Hyunjoon and KIM Pilho. "The Birth of Rok: Postcolonial localization of Rock Music in South Korea, 1964-1975" Unpublished, forthcoming.

SHYU, Mei-ling. "Wechselbeziehungen zwischen Musik und Politik in China and Taiwan," Dissertation zur Erlangung der Würde des Doktors der Philosphie der Universität Hamburg. 2001.

Siriyuvasak, Ubonrat and SHIN Hyunjoon. "Asianizing K-pop: production, consumption and identification patterns among Thai youth" *Inter-Asia Cultural Studies* 8(1). 2007.

Taylor, Jeremy E. "Pop Music as Post Colonial Nostalgia in Taiwan" in Rossiter, Ned, Allen Chun & Shoesmith, Brian (eds.). *Refashioning Pop Music in Asia: Cosmopolitan Flows, Political Tempos and Aesthetic Industries*. RoutledgeCurzon. 173~182. 2004.

Tsai, Eva. "Existing the Age of Innocence: Inter-Asia Stars, Politics and Publics" The paper presented in the workshop of National University of Singapore. *East Asian Pop Culture: Transnational Japanese and Korean TV Dramas*. December 8~9. 2005.

Allen S. Whiting. "Chinese Nationalism and Foreign Policy After Deng" *The China Quarterly* no. 142. June 1995.

YANG, Fang-Chih Irene. "The History of Popular Music in Taiwan" *Popular Music and Society* 18(3). 53~66. 1994.

YANG, Fang-Chih. "Rap(p)ing Korean Wave: The History of Popular Music in Taiwan" The paper presented in the workshop of National University of Singapore. *East Asian Pop Culture: Transnational Japanese and Korean TV Dramas*. December 8~9. 2005.

YOSHIMI Shunya. "America as Desire and Violence: Americanization in the postwar Japan and Asia in the Cold War" *Inter-Asia Culture Studies* 4(3). pp.433~450. 2003.

김수현. 〈해방공간 조선음악가동맹의 조직과 활동〉. 《민족음악의 이해》 4호. 민족음악연구회. 1995.

김일영 · 조성렬. 《주한미군: 역사 · 쟁점 · 전망》. 한울아카데미. 2005.

김윤미. 〈한국 대중음악의 통제와 저항의 정치적 함의: 음반심의제도와 사전심의폐지 운동을 중심으로〉. 한국정신문화연구원 한국학대학원 석사논문. 2002.

김창남. 〈한국전쟁의 문화적 영향과 의미: 대중음악과 영화를 중심으로〉. 《성공회대학논총》 15호. 성공회대학교출판부. 2000.

김호연. 〈한국 근대 악극 연구〉. 단국대학교대학원 박사논문. 2003.

박찬호. 《한국가요사》. 현암사. 1992.

서울신문사 편. 《주한미군 30년사: 1945~1978》. 행림출판사. 1979.

송건호. 〈대중가요와 사회: '매스 커뮤니케이션'에 대하여〉. 《조선일보》. 1955. 03. 22.

신현준. 《한국 팝의 고고학 1960 / 1970》. 한길아트. 2005.

이성욱. 〈한국전쟁과 대중문화〉. 《문화과학》 23호. 문화과학사. 2000.

이준희. 〈1940년대 후반(1945-1950) 한국 음반산업의 개황〉. 《한국음반학》 14. 2005.

황문평. 《노래백년사》. 숭일문화사. 1981.

황문평. 《야화 가요60년사: 창가에서 팝송까지》. 전곡사. 1983.

姜信子. 《日韓音楽ノート—「越境」する旅人の歌を追って》(岩波新書 542). 岩波書店. 1998.

吉見俊哉. 〈冷戦体制と'アメリカ'の消費 — 大衆文化における'戦後'の地政学〉. 《冷戰體制と資本の文化: 1955年以後1》(岩波講座 9 - 近代日本の文化史). 岩波書店. 2002.

東谷 護. 《進駐軍クラブから歌謡曲へ: 戦後日本ポピュラー音楽の黎明期》. みすず書房. 2005.

丸川哲史. 《冷戦文化論: 忘れられた曖昧な戦争の現在性》. 双風舍. 2005.

三井 徹, 東谷 護 外.《ポピュラー音楽とアカデミズム》. 音楽之友社. 2005.

蔡文婷. 〈台語歌謠望春風〉. 《光華雜誌》 27(5). 2002. http://home.comcast.net/~tzeng2/TaiwanPopSongs/index.html.

陳光興.〈帝國之眼 —「次」帝國與國族—國家的文化想像〉.《台灣社會研究季刊》第十七期. 頁1~37. 1994.

陳郁秀·盧修一.《音樂台灣》. 台北: 白鷺鷥文教基金會. 1996.

方翔.《重回美好的五50年代: 國內國語歌壇的清流國內國語歌壇的清流》. 台北: 海陽. 1986.

黃裕元. 《臺灣阿歌歌: 歌唱王國的心情點播》(新臺灣史話 7). 台北: 向陽文化出版. 2005.

黃奇智.《時代曲的流光歲月(1930-1970)》. 香港: 三聯書店. 2000.

楊克隆.〈台灣流行歌曲研究〉. 台灣師大國文研究所碩士論文. 1998. http://ws.twl.ncku.edu.tw/hak-chia/i/iunn-khek-liong/sek-su/sek-su.htm.

楊克隆. 〈台灣戰後反對運動歌曲的壓抑與重生: 以解嚴前後的反對運動歌曲為例〉. 1998. http://ws.twl.ncku.edu.tw/hak-chia/i/iunn-khek-liong/hoan-tui-koa.htm.

曾慧佳.《從流行歌曲看台灣社會》. 台北 : 桂冠圖書, 1998.

張釗維. 《誰再那邊唱自己的歌: 1970年代台灣現代民歌發展史》. 台北 : 時報文化. 1994.

趙綺娜.〈美國政府在台灣的教育與文化交流活動(1951至1970)〉.《歐美研究》31(1). 頁 79~127. 2001.

2. 미국 점령기 일본의 팝음악문화(도야 마모루)

阿部勘一・細川周平・塚原康子、東谷護・高澤智昌.《ブラスバンドの社會史》. 青弓社. 2001.

穐吉敏子.《ジャズと生きる》. 岩波新書. 1996.

軍司貞則.《ナベプロ帝國の興亡》. 文春文庫. 1995.

服部一馬・齋藤秀夫.《占領の傷跡―第二次大戰と横浜》. 有隣新書. 1983.

堀威夫.《いつだって青春》. 東洋經濟新聞社. 1989.

細川周平.〈近代日本音樂史・見取り圖〉.《現代詩手帖》5月號. 思潮社. 1998.

伊藤强.《それはリンゴの唄から始まった》. 駸々堂出版. 1984.

神奈川縣涉外部基地對策科.《提供施設の推移: 聯合軍の占領から今日まで》. 1983.

基地問題調査委員會編.《軍事基地の實態と分析》. 三一書房. 1954.

北中正和.《にほんのうた戰後歌謠曲史》. 新潮文庫. 1995.

小坂一也.《メイド、イン、オキュパイド、ジャパン》. 河出書房. 1990.

夏目漱石.〈現代日本の開化〉. 三好行雄編.《漱石文明論集》. 岩波文庫. 1986.

野地秩嘉.《ビートルズを呼んだ男》. 幻冬舍文庫. 2001.

大山昌彦.〈ブラスバンドの社會史(書評論文)〉.《ポピュラー音樂研究》6. 日本ポピュラー音樂學會. 2002.

笈田敏夫.《ス、ワンダフル》. 桐原書店. 1985.

奥村泰宏・常磐とよ子.《戰後50年横浜再現》(寫眞集). 平凡社. 1996.

大森盛太郎.《日本の洋樂1》. 新門出版社. 1986.

大森盛太郎.《日本の洋樂2》. 新門出版社. 1987.

占領軍調達史編さん委員會事務局(編著).《占領軍調達史―部門編 I ―》. 調達廳總務部總務課. 1957.

思想の科學研究會編.《共同研究 日本占領》. 德間書店. 1972.

思想の科學研究會編.《共同研究 日本占領軍 その光と影 上・下》. 德間書店. 1978.

高橋一郎・佐々木守.《ジャズ旋風》. 三一書房. 1997.

竹中労.《タレント帝國: 藝能プロの內幕》. 現代書房. 1968.

東谷護(編著).《ポピュラー音樂へのまなざし》. 勁草書房. 2003.

東谷護.〈戰後日本ポピュラー音樂史の構築へむけて―眞正性とメディアを手がかりに〉. 三井徹(監修).《ポピラー音樂とアカデミズム》. 音樂之友社. 2005.

東谷護.〈女子プロレス興行にみる音樂の使われ方)〉. 小田亮、龜井好惠編著.《プロレスファンという裝置》. 青弓社. 2005.

東谷護.〈占領期にみる戰後日本のジャズ〉.〈ユリイカ〉2月号. 青土社. 2007.

東谷護.〈横浜の音樂文化—占領期、戰後復興期を中心に〉.〈鄉土神奈川〉45号. 神奈川縣立圖書館. 2007.

內田晃一.《日本のジャズ史=戰前・戰後》. スイング、ジャーナル社. 1976.

內田晃一.〈ゲイ、カンパニー物語〉.〈Jazz World〉6月號. ジャズワールド. 1995.

內田晃一.〈米軍ショーに登場したショー、アティスト〉.《Jazz World》8月號. ジャズワールド. 1997.

植田紗加榮.《そして, 風が走りぬけて行った》. 講談社. 1997.

横浜市總務局市史編集室.《横浜市史 II 資料編 I 連合軍の横浜占領》. 横浜市. 1989.

横浜市總務局市史編集室.《横浜市史 II 第二卷(上)》. 横浜市. 1999.

横浜の空襲を記錄する會.《横浜の空襲と戰災5接收、復興編》. 横浜の空襲を記錄する會. 1977.

吉見俊哉.〈アメリカナイゼーションと文化の政治學〉. 井上俊・他編.《現代社會の社會學》. 岩波書店. 1997.

吉見俊哉.〈'アメリカ'を慾望/忘却する戰後〉.《現代思想》臨時增刊 7月號. 青土社. 2001.

吉見俊哉.《親米と反米—戰後日本の政治的無意識》. 岩波書店. 2007.

Carr, Roy. *A Century of Jazz: From Blues to Bop, Swing to Hiphop – A Hundred Years of Music, Musicians, Singers and Styles*. London: Octopus Publishing Group Ltd. 1997.

Dower, John. *Embracing Defeat: Japan in the Wake of World War II*. New York: W. W. Norton and Company. 1999.

Finnegan, Ruth. *The Hidden Musicians : Music-Making in an English Town*. Cambridge: Cambridge University Press. 1989.

Flaes, Rob Boonzajer. *Brass Unbound : Secret Children of the Colonial Brass Band*. Amsterdam: Royal Tropical Institute. 2000.

Longhurst. Brian. *Popular Music and Society*. Cambridge: Polity Press. 1995.

Mitchell, Tony. *Popular Music and Local Identity*. Leicester: University of Leicester Press. 1996.

Negus, Keith. *Popular Music in Theory*. Cambridge: Polity Press. 1996.

Nettle, Bruno. *The Western Impact on World Music : Change, Adaptation, and Survival*. New York : Schirmer Books. 1985.

Shuker, Roy. *Key Concepts in Popular Music*. London: Routledge. 1998.

3. 식민지 내면화와 냉전기 청년 주체의 형성(이동연)

강준만. 《한국 현대사 산책: 1940년대편》 1권. 인물과사상사. 2004.
강준만. 《한국 현대사 산책: 1940년대편》 2권. 인물과사상사. 2004
강준만. 《한국 현대사 산책: 1940년대편》 2권. 인물과사상사. . 2004.
강준만. 《한국 현대사 산책: 1950년대편》 3권. 인물과사상사. . 2004.
강준만. 《한국 현대사 산책: 1950년대편》 2권. 인물과사상사. . 2004.
고은. 《1950년대: 그 폐허의 문학과 인간》. 향연. 2005.
김진송. 《서울에 딴스홀을 허하라:근대성의 형성》. 현실문화연구. 1992.
김성식. 〈한국 지식층의 현재와 장래〉. 《사상계》 1961.
김건우. 《사상계와 1950년대 문학》. 소명출판. 2003
딕 파운틴 · 데이비드 로빈슨, 《세대를 가로지르는 반역의 정신 쿨》. 이동연 역. 사람과책, 2003.
요시미 슌야. 〈욕망과 폭력으로서 '미국': 전후 일본과 냉전 시기 아시아에서의 '미국' 소비〉, 《문화/과학》 제42호. 문화과학사 2005년 여름.

이동연. 《문화부족의 사회: 히피에서 폐인까지》. 책세상. 2005.
이봉구. 《명동백작》. 일빛. 2004.
장준하. 《장준하 전집》 2. 세계사. 1992.
이기훈. 〈청년, 근대의 표상: 1920년대 '청년' 담론의 형성과 변화〉. 《문화/과학》 37호. 문화과학사. 2004년 봄.
장석주. 《20세기 한국문학의 탐험 3: 1957-1972》. 시공사. 2000.
이영미. 《흥남부두의 금순이는 어디로 갔을까》. 황금가지. 2002
_______. 《한국 대중가요사》, 시공사, 1999.
김창남. 〈한국대중문화의 정체성과 미국문화: 대중음악을 중심으로〉. 한술단체협의회 편. 《우리학문 속의 미국》. 한울아카데미. 2003.
한국영상자료원 엮음. 《한국영화를 말한다: 한국 영화의 르네상스1》. 이채, 2005.
한홍구. 〈한홍구의 역사이야기: 황당한, 그러나 미워하기 힘든……〉. 《한겨레21》 제433호. 2002년 11월 6일.

4. 1950년대 냉전 국면의 영화 작동 방식과 냉전문화 형성의 관계(염찬희)

단행본

김남석. 《한국 문예영화 이야기》. 살림. 2003.

김종원 · 정중헌. 《우리 영화 100년》. 현암사. 2001.

김학수. 《스크린 밖의 한국 영화사》. 인물과사상사. 2002.

김화. 《이야기 한국영화사》. 하서. 2001.

백원담. 《동아시아의 문화선택, 한류》. 펜타그램. 2005.

이영일. 《한국영화사(한영판)》. 영화진흥공사. 1988.

이종희. 《중국영화의 어제, 오늘, 내일》. 책세상. 2000.

임대근. 《중국영화 이야기》. (주)살림출판사. 2004.

조민. 《한국사회 냉전문화 극복방안 연구》. 통일연구원. 1999.

천정환. 《근대의 책 읽기》. 푸른역사, 2003.

한국영상자료원. 《신문기사로 본 한국영화 1945~1957》. 공간과사람들. 2004.

____________. 《신문기사로 본 한국영화 1958~1961》. 공간과사람들. 2004.

호현찬. 《한국영화100년》. 문학사상사. 2000.

Armes, Roy. *Third World Film Making and the West*. Univ. of California Press. 1987.

Deutsch, Karl. *Nationalism and Social Communication*. MIT Press. 1962.

Guillory, John. *Cultural Capital: The Problem of Literary Canon Formation*, Univ. of Chicago Press. 1993.

Hall, Stuart(ed.). *Representation: Cultural representations and signifying practices*. Sage. 1997.

Kramer, Stefan. *Geschichte der chinesischen Films*. Metzler. 1997(황진자 옮김. 《중국영화사》. 이산. 2000).

Lacey, Nick. *Image and Representation: key concepts in media studies*. Palgrave. 1998.

Turner, Graeme. *Film as Social Practice*. Routledge. 1990(임재철 외 옮김. 《대중영화의 이해》. 한나래. 1994).

Uskali Maki. Bo Gustafsson & Christian Knudser(eds.). *Rationality, institutions and economic methodology*. Routledge. 1993.

Williams, Raymond. *Problems in Materialism and Culture: Selected Essays*. Verso. 1980.

陸弘石・舒曉鳴.《中國電影史》. 1998(김정옥 옮김.《차이나 시네마》. 동인. 2002).
張學正 等 主編.《文學爭鳴檔案: 中國當代文學作品爭鳴實錄(1949~1999)》. 天津: 南京大學出版社. 2002.

논문

강만석.〈아시아 방송 교류〉 토론문. 한국방송영상산업진흥원.《한류의 새로운 흐름 어떻게 만들어 갈 것인가?》자료집. 2005.
권혁범.〈탈분단시대의 냉전주의와 민족주의〉.《통일논총》제19권. 숙명여자대학교 통일문제연구소. 2001.
_______.〈반공주의 회로판 읽기: 한국 반공주의의 의미 체계와 정치 사회적 기능〉.《당대비평》제8호. 생각의나무. 1999.
김성재.〈냉전체제가 우리 교육에 미친 영향과 그 극복방안〉.《월간 중등우리교육》통권 제4호. 우리교육. 1990.6.
김재용.〈초기 북한문학의 형성과정과 냉전체제〉.《통일문제연구》제6권 1호(통권 제21호). 평화문제연구소. 1994. 6.
도성희. 〈중국영화의 간략한 변천사〉. 《영상문화정보》 18. 한국영상자료원. 2000(http:// www. koreafilm.or.kr/journal/18_main_03.asp에서).
문원립.〈영화사와 작가연구: 해방직후 한국의 미국영화의 시장규모에 관한 소고〉.《영화연구》18호. 한국영화학회. 2002.
박제복.《한류, 글로벌 시대의 문화경쟁력》. 삼성경제연구소. 2005.
방송위원회.《'한류''지속을 위한 방송산업 경쟁력 제고 방안 연구》. 방송위원회. 2005.
백원담.〈냉전기 동아시아에서 아시아주의의 형성과 재편〉. 동아시아연구소 국제컨퍼런스 발표문. 2006.
손병우・양은경.〈한국 대중문화의 현주소와 글로벌화 방안: 한류(韓流) 현상을 중심으로〉.《사회과학연구》. 충남대학교 사회과학연구소. 2003.
오생근.〈문학제도의 시각과 위상〉.《현대비평과 이론》1. 한신문화사. 1991.
유명숙.〈정전논쟁의 과거와 현재〉. 백낙청 외.《성찰과 모색》. 서울대학교 출판부. 2002.
윤재식.《'한류'와 방송영상콘텐츠 마케팅》. 한국방송영상산업진흥원. 2004.
이동후.〈한일 합작드라마의 "초국적 상상력"(transnational imaginations): 그 가능성과 한계〉.《한국방송학보》제18권 4호. 한국방송학회. 2004.
이선이.〈延安整風運動에 대한 知識人의 對應: 王實味와 丁玲을 中心으로〉.《中國史研究》제24집. 중국사학회. 2003.

이준식. 〈문화 선전 정책과 전쟁 동원 이데올로기〉. 방기중 편. 《일제 파시즘 지배정책과 민중생활》. 도서출판 혜안. 2004.
이효인. 〈1950년대 한국영화 연구의 의미〉. 《영상문화정보》 16. 2000.
______. 〈해방 직후의 한국영화계와 영화운동〉. 《우리 영화의 몽상과 오만》. 민글. 1994.
______. 〈해방 직후의 민족영화운동〉. 최장집 외. 《해방전후사의 인식 4》. 한길사. 1989.
장수현. 〈중국의 한류를 통해서 본 동아시아공동체론〉. 《인문학연구》. 제31권 2호. 충남대인문과학연구소. 2004.
정연재. 〈19세기 미국문학을 통해 본 정전 형성과정에 대한 고찰〉. 《서지학연구》 제28권. 서지학회. 2004.
정재찬. 〈문학 정전의 해체와 독서현상〉. 《독서연구》 제2호. 한국독서학회. 1997.
정태수. 〈스탈린주의와 북한 영화 형성 구조 연구〉. 《영화연구》 제18권. 한국영화협회. 2002.
정종화. 〈한국영화 성장기의 토대에 대한 연구〉. 중앙대학교 석사논문. 2002.
조준형. 〈반공영화 소사〉. 《영상문화정보》 22. 2001.
조혜정. 〈미군정기 조선영화동맹 연구〉. 《영화연구》 제13호. 한국영화학회. 1997.
______. 〈미군정기 영화 정책에 관한 연구〉. 중앙대학교 박사논문. 1997b.
허은. 〈1950년대 '주한 미공보원(USIS)'의 역할과 문화전파 지향〉. 《한국사학보》 제15호. 고려사학회. 2003.
허진. 〈중국의 "한류 (韓流)" 현상과 한국 TV 드라마 수용에 관한 연구〉. 《한국방송학보》 제16권 1호. 한국방송학회. 2002.
Armstrong, Charles. "The Cultural Cold War in Korea, 1945~1950" *The Journal of Asian Studies* Vol. 62, No. 1. 2003.
Shaw, Tony. "The Politics of Cold War Culture" *Journal of Cold War Studies*. Vol. 3, No. 3. 2001.

기타

《경향신문》. 1948~61.
《조선일보》. 1945~61.
《한국일보》. 1948~61.
www.visitseoul.net/korean_new /history/ photo/ph_1945_1104.htm. 《사진으로 보는 서울 III. 1945~61》

인터뷰
文春英. 中国传媒大学 广告学院 教授
袁慶豊. 中国传媒大学 媒體管理学院 教授
和群坡. 中国传媒大学 广告学院广告设计系 教授

5. 상하이 영화의 포스트 국제성(박자영)

영화자료

〈萬家燈火〉(1948)
〈烏鴉與麻雀〉(1949)
〈三毛流浪記〉(1949)
〈人民的巨掌〉(1950)
〈團結起來到明天〉(1951)
〈爲了和平〉(1956)
〈海魂〉(1957)
〈不夜城〉(1957)
〈永不消逝的電波〉(1958)
〈戰上海〉(1959)
〈地下少先隊〉(1959)
〈萬紫千紅總是春〉(1959)
〈今天我休息〉(1959).

단행본 및 논문

戴錦華. 〈鏡城突圍〉. 《隱形書寫: 90年代中國文化硏究》. 江蘇人民出版社. 1999.
劉建輝. 《魔都上海: 日本知識人の近代體驗》. 講談社. 2000.
尹鴻·凌燕著. 《新中國電影史》. 湖南美術出版社. 2000.
楊早. 〈90年代文化英雄的符號與象徵: 以陳寅恪, 顧準爲中心〉. 戴錦華編. 《書寫文化英雄: 世紀之交的文化硏究》. 江蘇人民出版社. 2000.
唐小兵. 〈千萬不要忘記的歷史意義: 關于日常生活的焦慮及其現代性〉. 《英雄與凡人的時代: 解讀20世紀》. 上海文藝出版社. 2001.
陳思和. 〈紀念柯靈先生〉. 陳思和編. 《墨磨人生 : 柯靈畫傳》. 上海書店出版社. 2001.
孟悅. 〈白毛女演變的啓示: 兼論延安文藝的歷史多質性〉. 王曉明主編. 《二十世紀中國文學史論》(下卷). 東方出版中心. 2003.
賀桂梅. 《人文學的想像力: 當代中國思想文化與文學問題》. 河南大學出版社. 2005.
倪偉. 〈後革命時代的文革敍事〉. 중앙대 국제회의 발표문. 2005.
祁曉萍編著. 《香花毒草: 紅色年代的電影命運》. 當代中國出版社. 2006.
楊金福編著. 《上海電影百年圖史》. 文匯出版社. 2006.
村松梢風. 《魔都》. 小西書店. 1924.
丸川哲史. 《冷戦文化論: 忘れられた曖昧な戦争の現在性》. 双風舎. 2005.

劉文兵.《映畫のなかの上海: 表象としての都市・女性・プロパガンダ》. 慶應義塾大學出版會. 2004.

Anderson, Perry. "Internationalism: a Breviary". *New Left Review* 14. 2002.

Amrith, Sunil. "Asian Internationalism: Bandung's Echo in a Colonial Metropolis". *Inter-Asia Cultural Studies* 6: 4. 2005.

Armstrong, Charles. "The Cultural Cold War in Korea. 1945-1950". *The Journal of Asian Studies* 62: 1. 2003.

Bergere, Marie-Claire. *The Golden Age of the Chinese Bourgeoise*. Cambridge University Press. 1989.

Braester, Yomi. "A Big Dying Vat: The Vilifying of Shanghai during the Good Eight Company Campaign". *Modern China* 31: 4. 2005.

Chen, Kuan-hsing. "America in East Asia: The Club 51 Syndrome". *New Left Review* 12. 2001.

Davis, Deborah S. "Social Class Transformation in Urban China: Training, Hiring, and Promoting Urban Professionals and Managers after 1949". *Modern China* 26: 3. 2000.

Eastman, Lloyd. *The Nationalist Ear in China 1927-1949*. Cambridge University Press. 1991.

Fogel, Joshua A. "Integrating into Chinese Society: A comparison of the Japanese Communities of Shanghai and Harbin". Sharon A. Minichiello ed. *Japan's Competing Modernities*. University of Hawaii Press. 1998.

Ip, Hung-Yok. "Fashioning Appearances: Feminine Beauty in Chinese Communist Revolutionary Culture". *Modern China* 29: 3. 2003.

Lee, Leo Ou Fan. *Shanghai Modern: The Flowering of a New Urban Culture in China 1930-1945*. Harvard University Press. 1999.

Lu, Junhua(eds.). *Modern Urban Housing in China 1840-2000*. Prestel. 2001.

Miyosh, Masao & Harootunian(ed.). *Learning Places: The Afterlives of Area Studies*. Duke University Press. 2002.

Rawski, Thomas. *Economic Growth in Prewar China*. University of California Press. 1989.

Tang, Xiao bing. "The Lyrical Age and Its Discontents: On the Staging of Socialist New China in The Young Generation". *Chinese Modern: The Heroic*

and the Quotidian. Duke University Press. 2000.
Wang, Ban. *The Sublime Figure of History: Aesthetics and Politics in Twentieth-Century China*. Stanford University Press. 1997.
Yoshimi, Shunya. "'America' as desire and violence". Americanization in Postwar Japan and Asia during the Cold War". *Inter-Asia Cultural Studies* 4: 4. 2003.
Zhang, Yingjin. *Chinese National Cinema*. Routledge. 2004.

김소영 편저. 《트랜스: 아시아 영상문화》. 현실문화연구. 2006.
남영우 외. 〈상해시 주택의 경관적 변화와 유형별 분포 패턴〉. 《한국도시지리학회지》 제5권 2호. 한국도시지리학회. 2002.
노엄 촘스키 외. 《냉전과 대학: 냉전의 서막과 미국의 지식인들》. 정연복 역. 당대. 2001.
데이비드 하비. 《신제국주의》. 한울. 2005.
류훙스 · 슈사오밍. 《차이나 시네마》. 김정욱 역. 동인. 2002.
모리스 마이스너. 《마오의 중국과 그 이후》(1). (2). 김수영 역. 이산. 2004.
목포대학교 아시아문화연구소. 《20세기 상하이와 상하이인의 정체성 모색을 위한 중국 소장 영상자료의 수집과 해석(영화목록 및 해제)》. 2005.
배경한 엮음. 《20세기 상해인의 생활과 근대성》. 지식산업사. 2006.
사카이 나오키. 〈국제성을 통해 무엇을 문제 삼을 것인가〉. 이연숙 · 이규수 역. 《국민주의의 포이에시스》. 창비. 2003.
슈테판 크라머. 《중국영화사》. 황진자 역. 이산. 2000.
양규송 · 강명화 역. 〈중국정권 성립직후 도시에서의 권력기반 확립 노력: 상해 '鎭反' 운동을 중심으로 한 역사적 고찰〉. 《중국근현대사학회》. 2005.
왕후이. 〈중국 사상계의 현황과 현대성 문제〉. 《새로운 아시아를 상상한다》. 이욱연 외. 창비. 2003.
이병인. 〈1930년대 상해의 구역상권과 소비생활〉. 《한국근현대사연구》 제17권. 중국근현대사학회. 2003.
이연식. 〈사회주의 국가 도시와 도시계획: 중국의 도시개발과 계획〉. 《대한지방행정공제회》. 1989.
임성모. 〈하얼빈의 조선인 사회〉. 김경일 외. 《동아시아의 민족이산과 도시: 20세기 전반 만주의 조선인》. 역사비평사. 2004.
정일준. 〈미국의 냉전문화정치와 한국인 '친구 만들기': 1950. 60년대 미공보원(USIS)의 조직과 활동을 중심으로〉. 학술단체협의회 엮음. 《우리 학문 속의 미국》. 한울아카데미. 2003.
최완규 엮음. 《북한 도시의 형성과 발전: 청진 · 신의주 · 혜산》. 한울아카데미. 2004.